暗黒の大陸　ヨーロッパの20世紀

マーク・マゾワー 著
中田瑞穂・網谷龍介 訳

未來社

暗黒の大陸——ヨーロッパの20世紀　**目次**

装幀――戸田ツトム

凡例

・原文中の（ ）と［ ］は原文のとおりに表示した。〔 〕は文中に訳者の補足を挿入する場合に用いている。
・原文中の引用符‘ ’は「 」に、引用符内の引用符“ ”は『 』にそれぞれ対応している。
・原文で引用されている書名・雑誌名は『 』で括った。
・イタリック体による強調は訳文に傍点を付した。
・原注と訳注は傍注の形式で一括して掲載した。原注は▽、訳注は▼で示し、区別している。なお、原注の文献注は段落全体についての文献注である場合が多いので注意されたい。
・索引の項目は原著のものに、若干の人名を付け加えている。また人名の項目には訳者が生没年、簡略なプロフィールを補足した。本書中には多くの人名が登場するが、煩雑さを避けるため、すべての人名に訳注を付けるのではなく、本文の理解に欠かせないと思われる最低限の人名にのみ訳注を付けている。訳注がない人名の経歴等は索引に補って記しているので、そちらを参照いただきたい。なお、人名を網羅して索引項目に加えているわけではないため、なかには訳注も索引もない人名があることをお許しいただきたい。
・原著巻末の本書のテーマに沿った地図と住民構成についての表は、本書巻末に翻訳して収録した。適宜参照いただきたい。
・原著には書誌ガイド（Guide to Further Reading）が付いているが、割愛させていただいた。

暗黒の大陸——ヨーロッパの20世紀

ルーシーに

フロウマ・マゾワー、
マックス・マゾワー、
レグ・シェーファーの
思い出に

はじめに

なぜヨーロッパ諸国は文明と礼節を他の大陸に広める権利を主張するのか。ヨーロッパ自身にではなく？

――ヨーゼフ・ロート、一九三七年▽(1)

ヨーロッパは一見、歴史の長い国家と国民の大陸のように見える。しかし、ヨーロッパは多くの点で非常に新しく、二十世紀の間にしばしば激しい政治変動によって作り出され、作り変えられてきた。いくつかの国は、例えばプロイセンのように、地図からかき消されてしまったが、それは最近のことでありまだ記憶している人々もいる。他方でオーストリアやマケドニアのように、三世代しか経ていない国もある。私の祖母が、ロシア帝国の一部であったワルシャワで生まれたときには、トリエステはハプスブルクに、サロニカ〔現ギリシャ領テッサロニキ〕はオスマン帝国に属していた。ドイツ人はポーランド人を、イギリス人はアイルランドを、フランスはアルジェリアを支配していた。ヨーロッパの大半を見回しても、今日規範となっている民主的国民国家に最も近づいていたのは、バルカンの君主制諸国であった。男女の普通選挙権が認められているところはどこにもなく、議会が君主に優越している国はわずかだった。つまり現代民主主義は、それと密接に関連する国民国家と同様に、一九一四年の古いヨーロッパ秩序の崩壊に始まる、長期にわたる国内的、国際的実験の産物なのである。

▽（1）J. Roth, *Juden auf Wanderschaft* (Cologne, 1985 edn), p. 84〔ヨーゼフ・ロート『放浪のユダヤ人――ロート・エッセイ集』平田達治、吉田仙太郎訳、法政大学出版局、一九八五年〕

第一次世界大戦では六千五百万人が動員され、八百万人以上が戦死し、二百十万人が傷を負った。大陸の四つの古い帝国は一掃され、ヨーロッパは、チェコの政治家トマシュ・マサリクの表現によれば、「巨大な墓地の上の実験室」となった。ロシアの芸術家エル・リシツキーは、「世界大戦は、われわれにすべての価値を吟味することを強いた」と述べている。ドイツ皇帝が亡命し、ツァーリ〔ロシア皇帝〕と家族が射殺された、旧体制《アンシャン・レジーム》の廃墟の只中で、政治家たちは、参政権を与えられ空前の動員を受けた大衆に向けて、より公正な社会と、大衆自身のものである国家を約束した。自由主義者ウッドロー・ウィルソンは「民主主義にとって安全な」世界を、レーニンは、欠乏から解放され、過去の搾取的階統制《ヒエラルヒー》から自由な共同体社会を提案した。ヒトラーは、異分子を排し、純血と目的の統一を通じて帝国的使命を遂行する戦士的な人種を構想していた。この三つの競合するイデオロギー――自由民主主義、共産主義、ファシズム――はいずれも、社会を、ヨーロッパ大陸を、そして世界を、人類の「新秩序」へと作り変えることを自らの使命と見なしていた。彼らの間での、現代ヨーロッパを規定するための絶え間ない闘争が、二十世紀のほぼ全体を通じて続いたのである。▽(2)

短期的には、ウィルソンもレーニンも、夢見ていた「より良い世界」の建設に失敗した。ヨーロッパを横断する共産主義革命は実現せず、社会主義の建設はソヴィエト連邦に限られた。すぐそれに続いて、諸国が次々と権威主義を受け入れ、自由民主主義も危機に直面した。一九三〇年代末には、国際連盟は崩壊し、右翼が勢いを増し、ヒトラーの新秩序がヨーロッパの未来であるかのように見えた。自由主義者による個人の自由の擁護に、ナチスは人種主義的な集団的福祉を対置した。自由主義による国家の形式的平等の教義に対し、ナチスはダーウィン的闘争と優越人種の支配を提唱した。自由貿易に対しては、ドイツのリーダーシップの下にヨーロッパ経済を協調させることが主張された。しかし、イデオロギー闘争のなかで、運命はめまぐるしく変わった。一九四〇年代――世紀の分水嶺――には、ナチスのユートピアは頂点に達し、同じように急速に崩壊した。ファシズムは、配下においたはずの歴史の手によって決定的な敗北を喫した、最初の主要なイデオロギーとなった。

長期的には、一九四〇年代はもう一つの理由からも重要である。総力戦での消耗と残忍な経験は、一世紀近いヨーロッパ大陸内外の帝国主義、ナショナリズム闘争の極みであり、大陸じゅうで人々はイデオロギー政治に倦み疲れていった。大衆動員の大波は引き、それとともに戦間期の軍国主義と集団主義も衰退した。イデオロギーの信奉者は悪くすると冷笑的に、よくて無関心になり、〔公的事柄から〕身を引き、家にこもった。人々は、民主主義の静かな美徳——私的なことや、個人、家族のための空間が残されていること——を再発見した。こうして一九四五年以降、ヒトラーに対する戦争という難問に取り組むことによって再活性化され、新たに社会的責任に目覚めた民主主義が、西側で再登場した。民主主義が、右翼からではなく左翼からの競争に直面したのは、ようやくそのときになってからである。赤軍は、ナチス・ドイツの帝国主義的夢想を踏み潰し、東ヨーロッパの新しいソヴィエト帝国に共産主義をもたらしたのである。

冷戦は、ヨーロッパの将来をめぐるイデオロギー闘争の最終局面に相当したが、少なくともヨーロッパ大陸そのものでは現実の戦争を避けるという点で、前の段階とは決定的に異なっていた。確かに危機はあったが、二つの超大国は概して「平和的に共存」しており、互いの最終的な崩壊を目指しつつも、大陸の安定と平和のために、相手が目の前に存在する権利を受け入れていた。二つの体制は、戦うことの不可能な戦争のために軍備を行ない、市民への福祉、経済発展、物質的繁栄を競った。両者はともに最初は驚異的な成果を上げたが、ただ一方だけ〔アメリカ〕が、増大するグローバル資本主義の圧力に適応できることを示した。ソヴィエト帝国が一九八九年に崩壊するとともに、冷戦だけではなく、一九一七年に始まったイデオロギーの敵対関係の時代そのものも終わったのである。

▽（2）第一次大戦に関する数字は次を参照。*Encyclopaedia Britannica*, vol. 23 (Chicago, 1949), p. 775; マサリクは次からの引用。E. Goldstein, *Winning the Peace: British Diplomatic Strategy, Peace Planning, and the Paris Peace Conference, 1916–1920* (Oxford, 1991), p. 4; リシツキーは次からの引用。M. Rowell and A. Z. Rudenstine (eds.), *Russische Avantgarde aus der Sammlung Costakis* (Hannover, 1984), p. 52

すべてのイデオロギーに共通しているのは、自身のユートピアを歴史の最終到達点として示したがることであり、それは、世界共産主義でも、グローバル民主主義でも、ナチスの千年王国であっても同じである。そこではイニャツィオ・シローネのいう「大文字の歴史を勝者の側と同一視させる、広く行き渡った美徳」が共有されている。彼らは現在を過去に読み込み、例えば冷戦がこのような結果に終わったからということだけで、民主主義はヨーロッパの土壌に深く根ざしているに違いないと決めてかかる。今日では違う種類の歴史が必要とされている。政治の道具としてはそれほど役に立たずとも、われわれを過去の真実に近づけ、現在を、われわれの先行者たちの闘争と不確実性のたんなる一つのありうべき結果にすぎないものとみる歴史である。なんといっても、民主主義は第一次大戦終結時にはヨーロッパで絶頂を極めたものの、その二十年後には事実上瀕死の状態にあった。そして仮に一九八九年が民主主義の共産主義への勝利を意味するとしても、それは、その前に共産主義が国民社会主義《ナチズム》を戦争で徹底的に打ち砕き、打ち負かさねば、実現しなかった勝利である。民主主義は、ファシズムや共産主義に打ち勝つように運命づけられていたわけではなかった。同様に、ヨーロッパはどのような民主主義を築きうるのか、築こうとしているのかもまだわからない。要するに私がここで描いているのは、間一髪の成功と予想外の展開の物語であり、必然的な勝利と前進のそれではないのである。▽(3)

イデオロギーは、歴史の指針としてよりもむしろ、信念と政治的行動の手段として重要である。過去の教条がもはやわれわれを束縛しなくなっても、それらの教条が最初から大いなる詐欺だったわけではない。共産主義の終結は「幻想の終焉」といわれたが、そのような弔辞は歴史的分析とは異なる。一九四五年以降、ファシズムは同様に政治的病理として説明された。気が狂った独裁者が魔法や催眠術をかけられた民衆を破滅においやったというわけである。しかし、大陸の傷は、幾人かの狂人の仕業として片づけられるものではないし、そのトラウマはヒトラーやスターリンの精神状態のなかに見出せるものでもない。好むと好まざるとにかかわらず、ファシズムも共産主義も、大衆政治、工業化、社会秩序の問題に取り組む真剣な努力を含んでいたのであり、自由民主主義が常にすべての答えをもっていたわけではないのだ。「われわれはもはや過去の良いものを取り、たんにそれをわれわれの遺産と呼ぶことはできない」と、ハンナ・アレントは書いている。そして「悪いものはたんに捨て去り、時とともに自然に忘れ去られてしまう過去の重荷と見なすことも」と。▽(4)

特に国民社会主義《ナチズム》は、多くの人々が認めたがらないだろうが、ドイツばかりではなくヨーロッパ史の主流にしっくりとあてはまる。ソヴィエト共産主義は、ヨーロッパで最も遅れた、戦争によって破壊された国で、新しい無産社会を創造し、崩壊した帝国をまとめ、同時に産業革命を数年に短縮するという試みであり、真にラディカルな過去との断絶を含んでいた。それに対し、ナチズムは国内ではそこまで野心的ではなく、ゆるぎなく確固としており、国外ではるかに攻撃的であった。革命的なレトリックは、過去との思想上、制度上の大きな連続性を覆い隠している。ナチズムが人種的ナショナリズムの福祉体制を作り上げたのは、ヨーロッパ思想上、より一般的に見られた傾向を極端まで推し進めたものであり、ナチズムの権力掌握は、ヨーロッパでもっともテクノロジーが進んだ経済〔をもつドイツ〕において、ごくわずかな反対にしか出会わなかった。しかし、この堅固に確立された体制は、ソヴィエト連邦が決して試みなかったような方法で、ヴェルサイユ体制を力で打ち倒すという行為を犯した。それゆえに第三帝国は、自由民主主義に対する、二十世紀のもっとも困難な挑戦となったのであり、またヨーロッパの民主主義の思想と行動の内容変化を分析することは、一九三〇年代後期にはナチス路線に沿って大陸が組織化されるという現実の可能性を承認することを意味する。

ファシズムよりも共産主義に焦点を当てて、まったく違う二十世紀の見方をとることも、もちろん可能である。近

▽(3) イニャツィオ・シローネ（一九九五）は次からの引用。'The choice of comrades' in N. Mills (ed.), *Legacy of Dissent: Forty Years of Writing from Dissent Magazine* (New York, 1994), p. 58

▽(4) H. Arendt, *The Origins of Totalitarianism* (New York, 1958), p. ix〔ハナ・アーレント『全体主義の起原　I』大久保和郎訳、みすず書房、一九七二年〕

年ではエリック・ホブズボームによるパノラマ的な『極端の時代』に典型的に示されているように、マルクス主義歴史学はファシズムを重要視せず、共産主義と資本主義の闘争を根本的なものと見なし、そこに集中している。私がそうしないことを選ぶのはなぜか。民主主義に対しての共産主義の衝撃は、重要ではあっても、ヒトラーによる挑戦よりも概して間接的であり、小さな脅威だったからである。しかしもっと根本的なのは、二十世紀がなにか一つのことを示したとしたら、それは、政治は経済には還元できないということだからである。価値やイデオロギーの違いは真剣に受け止められるべきであり、たんに階級利益の引き立て役と見なされるべきではない。言い換えれば、ファシズムは、資本主義のもう一つの形態以上のものだったのだ。

ダイナミックで、人種的に純粋なドイツ帝国というナチスのユートピアは、実現のために戦争を要求した。そのユートピアは、ヨーロッパ文明のなかにある破壊の潜在能力を悪夢のように暴き出した。帝国主義は向きを変えてヨーロッパ人をアフリカ人と同様に扱いだした。だからこそ、ファシズムの「新秩序」の経験（そしてその短命な魅力）は、一九四五年以降できる限りすばやく忘れ去られた。ボローニャの市当局はムッソリーニのブロンズの騎馬像を溶かし、パルチザンの高潔な一組の男女に鋳直した。フランスは反ヴィシーの統一抵抗運動の記憶を列聖し、オーストリアは臆面もなくヒトラーの最初の犠牲者としての立場から甘い汁を吸い、反ナチの「オーストリアの自由のための戦士」の記念碑を建てた。これらは歴史から解放されたヨーロッパの創造神話である。やっかいな記憶を抹消し、自由の勝利の必然性を主張するのである。

ヨーロッパの文明的な優越性の感覚を無傷で維持することは、精神的な境界線を絶えず引きなおすことを必要とした。いわゆる「ヨーロッパ共同体」は大陸の半分を暗に無視している。戦後のヨーロッパは西側と同一視されたのである。落胆した東ヨーロッパ人は、野蛮人と距離を取るために、自分たちは「中央ヨーロッパ」であると主張した。今日もその習慣は続いている。ある著名なイギリスの歴史家は最近、ボスニアの戦争は「原始的な部族闘争で、人類学者しか理解できない」と述べた。ユーゴスラヴィアを野蛮な第三世界の一部とみなすほうが、現在のヨーロッパそのものが汚れているかもしれないと認めるより好ましかったのである。二十世紀の殺戮の記録をもってしても、ヨーロッパの自己欺瞞の能力は衰えなかったようである。▽(5)

私自身のヨーロッパの地理的観念と境界線は、基本的にはプラグマティックなものである。この本はヨーロッパ内部の出来事と闘争を扱っていて、世界におけるヨーロッパの地位について書いているわけではない。しかし、もちろん、ヒトラーのヨーロッパ大陸に対する野心は、海外におけるヨーロッパの帝国主義の文脈に置かずには考慮できないし、冷戦はアメリカ合衆国に言及せずには描きえない。ソ連は、ユーラシアの大国として、時代によってヨーロッパの歴史の内側にも外側にも立っている。したがって本書のヨーロッパは、現実がそうであるように、穴だらけで融通の利く境界をもっている。東ヨーロッパは西ヨーロッパに劣らず、バルカンはスカンジナヴィアと同様に、物語の一部である。

地理上の論点はつねに、政治、宗教、文化をめぐる議論を隠蔽するものであり、熱心にヨーロッパの統一を確立しようとしている人は、私の不可知論をまったく不満足に思うだろう。しかし、私の立場は、現在ヨーロッパの観念そのものをとりまく不確かさに照応しているにすぎない。おもえばファシズムは、三つのイデオロギーのなかで最もヨーロッパ中心主義であり、共産主義や自由民主主義よりもはるかにそうであった。反アメリカ、反ボルシェヴィズムの教義は、少なくとも明確であるという長所をもっていた。冷戦終焉後の今日、ヨーロッパがわれわれにとって何を意味するかは、はるかに曖昧である。ヨーロッパは「西」（それ自体時代遅れの部分を含む概念だが）の一部なのか、「ユーラシア」の西の突出部なのか、両方なのか、どちらでもないのか。ＥＵの「ヨーロッパ」は希望や妄想ではあるかもしれないが、現実ではない。私がここで試みたように、この大陸の分断と不確かさを真剣に考慮することは、

▽（5）J. Keegan, ‘A primitive tribal conflict only anthropologists can understand’, *Daily Telegraph*, 15 April 1993. 同じ著者による次も参照。*A History of Warfare* (London, 1993), pp. 6, 55-6〔ジョン・キーガン『戦略の歴史——抹殺・征服技術の変遷：石器時代からサダム・フセインまで』遠藤利国訳、心交社、一九九七年〕

形而上学を捨て、神秘的で本質的な「ヨーロッパ」を探すことを拒絶し、代わりに、何を意味するべきかを定義しようとする不断の論争を探ることを意味する。

最終的に問題となるのは、この歴史の中心にある価値である。人々を行動へと駆り立て、制度を作り、変容させ、国家政策を導き、共同体、家族、個人を支える価値の問題である。「社会秩序はどれも、科学的ではなく人間的な問題、すなわち共同体生活の問題へのありうる解答の一つである」とフランスの研究者レイモン・アロンは一九五四年に書いている。「ヨーロッパ人は自由な共同体が必要とする巧妙な技をまだ使えるのだろうか。自分たちの価値体系を維持しているのだろうか」と。アロンが提起した「共同体生活の問題」は、本書の中心的なテーマであろう。しかし、アロンに抗して、次のように尋ねねばなるまい。ヨーロッパの「自分たちの価値体系」とは何なのか？　自由主義はその一つにすぎず、他のものも含まれる。ヨーロッパの二十世紀はそれらの対立の物語なのだ[6]。

本書は他の大勢の研究者たちの研究に基づいて書かれた。まず彼らに多くを負っている。イギリスの大学にとって困難な時期に、私を支えてくれた機関や個人にも感謝したい。この本はサセックス大学のユニークで活気のある環境から生まれた。ヨーロッパ学部の私の学生や同僚、歴史と国際関係専攻グループの助力を感謝したい。特に故クリストファー・ソーン、アラスデア・スミス、ナイジェル・ルウェリン、ロッド・ケッドワード、ジョン・レール、パット・セインに。

ボブ・コーナー、ケント・ムリキン、そしてノース・カロライナの全国人文学センターのスタッフにも、このプロジェクトを始める機会を与えてくれたことに感謝したい。アネンバーク基金のおかげで私はそこに滞在することができた。ディミトリ・ゴンディカスとプリンストン大学のギリシャ研究プログラムには継続的援助を、ウィーンの人文学研究所にはこの本を静かな環境で書き上げさせてもらったことに、バーバラ・ポリティとヴァルター・ルマーディングには非常な厚遇を感謝している。本書の一部は最初『ディーダルス』(*Daedalus*)と『ディプロマシー・アンド・ステイトクラフト』（*Diplomacy and Statecraft*）に発表された。これらの雑誌の編集者の転載許可に感謝したい。

デブ・バーンストーンは最初からこのプロジェクトに関して私を信頼してくれた。彼女と、ニコス・アリヴィザトス、ブルース・グレアム、デイヴ・マゾワー、マイケル・ピノク、ガイアン・プラカシュ、パット・セイン、ジョン・トンプソン、ヨハンナ・ウェーバーは私を勇気づけ、助け、多くの修正を示唆してくれた。父の四〇年代の回想は大きな助けとなった。ピーター・マンドラーはあらゆる種類の、特に知的な貴重な交際を与えてくれた。スティーヴ・コトキンは私が言おうとしていることをその前に理解し、言葉にできるよう後押ししてくれた。みんなに心から感謝したい。本書を非凡な祖母ルース・シェーファーと、祖父、フロウマとマックスの最愛の思い出にささげる。ヨーロッパの二十世紀の物語は彼らの物語でもある。

▽（6）R. Aron, *The Century of Total War* (London, 1954), p. 325

第1章　見捨てられた神殿：民主主義の興隆と失墜

……民主主義の危機——ときには破局すら——がいたるところで語られているとき。

——ハンス・ケルゼン、一九三二年▽(1)

自由？　多くの人が苦笑する。民主主義？　議会？　議会の悪口を言わないものなどほどんどいない……。

——フランチェスコ・ニッティ、一九二七年▽(2)

「退位させられた君主の会議」がジュネーヴで一九二×年に開かれ、ヨーロッパでかつて冠を戴いた人々が以前の支持者を取り戻そうと集まった。しかし、「ボルシェヴィキの野蛮な猛襲から、アメリカの魂なき機械化から、目覚めつつあるアジアのナショナリズムの怒りからヨーロッパ文化を守ることができるのは君主国だけである……ヨーロッパが選ぶことができるのは、絶滅か、君主国だ……」という彼らの感動的な宣言に、人々が耳を傾けることはなかった。時代の精神に屈服し、彼らは最後にはインド洋の小さな島に自分たち王様の共和国を作った。驚いたことに、そこに住んでみると彼らは旧臣民からすぐに忘れられてしまった。「君主国の歴史のたそがれ」が始まったのである。▽(3)

これは、ポーランドの作家アレクサンダー・ワットが一九二七年に「亡命した王たち」で描いたフィクションである。しかし、第一次世界大戦によってもたらされた実際の国制上の変化も、同様に劇的である。「ブルジョワの勝利」

のとき、旧体制《アンシャン・レジーム》はついに倒れた。スルタン〔オスマン帝国の皇帝〕やパシャ〔オスマン帝国の高官〕、皇帝や諸公は無力な存在となった。第一次世界大戦前には、ヨーロッパには三つの共和国しか存在しなかったが、一九一八年の終わりまでには十三になった。「ウィルソン、ロイド・ジョージ、クレマンソー、マサリク、ベネシュ、ヴェニゼロスのような人たちから見ると、ヴィルヘルム皇帝の逃亡、カール皇帝の退去はルイ十六世の逃亡を完成するものだった。一九一八年は、ヨーロッパ規模の一七九二年のようなものだった」とフランスのある著述家は評している。▽[4]

ロシア、オーストリア＝ハンガリー、ホーエンツォレルン・ドイツ、オスマン・トルコの専制帝国がまったく予想もつかない崩壊を遂げたあと、パリ講和では議会制民主主義がヨーロッパじゅうで王座につくことが認められた。バルト海からドイツとポーランドを通りバルカンにいたる民主主義のベルトは、自由主義の最新の原則に沿って起草された新しい憲法を備えていた。イギリスの研究者ジェームス・ブライスは一九二一年の古典『近代民主政治』で、「民主主義が正常で自然な統治形態として普遍的に受け入れられた」と論じた。▽[5]

しかし、自由主義の勝利は短命であった。ロシア革命や共産主義による体制転覆の亡霊が、大陸を横断して西へ影を投げかけた。ヨーロッパの大部分で、極端な政治的分極化の結果、内戦前夜のような危機が生じるとともに、民主的な価値は雲散霧消してしまった。多くの国の支配エリートたちは、まず第一に反共主義者であり、民主主義者であ

▽（1）H. Kelsen, *La Démocratie: sa nature, sa valeur* (Paris, 1932), p. viii〔ハンス・ケルゼン『民主主義の本質と価値　他一篇』長尾龍一、植田俊太郎訳、岩波書店、二〇一五年〕

▽（2）F. Nitti, *Bolshevism, Fascism and Democracy* (New York, 1927), p. 15〔フランチェスコ・ニッティ『ボルシェビズムとファッシズムと民主主義』田中力訳、日本評論社、一九三三年〕

▽（3）'Kings in exile', in A. Wat, *Lucifer Unemployed* (Evanston, Ill., 1990), pp. 17–35

▽（4）B. de Jouvenel, *Après la défaite* (Paris, 1941), p. 7〔ベルトラン・ド・ジュヴネル『若き理念の勝利――フランスの自覚』岡田真吉訳、三省堂、一九四二年〕

▽（5）James Bryce, *Modern Democracies*, i (New York, 1921), p. 4〔ジェームス・ブライス『近代民主政治』第一巻―第四巻、松山武訳、岩波書店、一九二九―一九三〇年〕

ることは二次的なものであることを露呈し始めた。すでに一九一九年には、ハンガリーでクン・ベーラの革命政権が鎮圧され、ホルティ提督の体制が打ち立てられたことで、そのことが明白となった。イタリアでは、一九二二年に自由主義エリートがファシスト政権の形成に手を貸した。プリモ・デ・リベラはスペインで権力を掌握し、ポルトガルの共和制はサラザール教授の独裁に屈した。ポーランドは、ハイパーインフレーションと政治的不安定の時期のあと、一九二六年に、議会制から急激に方向転換を遂げた。一九二九年に世界恐慌が始まると、政府は次々に右旋回した。この趨勢は容赦ないように見えた。ある明敏なスペインの評論家は次のように記した。「今日ヨーロッパの独裁の問題を考察するとき、すぐに衝撃を受ける事実の一つは、いかに簡単に独裁が確立されたか、さらに権力に留まるのがどんなに容易であるか、ということである。」▽(6)

一九三〇年代までには、議会は王たちのあとを追っているかに見えた。ソ連の西のほとんどの地域では、左翼は消滅するか防御に追い込まれ、重要な政治的議論はすべて右翼で行なわれた。大陸の北の縁でのみ、有効な議会制統治が生き延びていた。「もっとも勇気ある者も深い落胆の時に直面し、世界大戦の残骸から引き上げた社会的・国際的宥和への希望が残念ながら幻想であったように見える。われわれはそんな時代に生きている。」ある研究者は「民主主義に対する今日の反動」を分析して一九三四年にこのように書いた。一九二五年にはすでに、ドイツの法学者モーリッツ・ボンが「ヨーロッパ民主主義の危機」を語っており、ユースタス・パーシーは一九三一年に「民主主義は試練に立っている」と見、H・G・ウェルズは「民主主義のあと」に期待していた。「これは自由の終焉だろうか」とサルバドル・デ・マダリアーガはスペイン内戦の最中に問うた。ウィリアム・ラパール教授はジュネーヴから、「民主主義の危機は、……近代世界で民主主義が勝利したかのように見えたあとに生じ、文明化された人類にまったく不意打ちを食らわせた」と書いた。▽(7)

一九四〇年の夏、ドイツ軍が進軍してくるパリにあって、反自由主義者のベルトラン・ド・ジュヴネルは、一九一八年の「ブルジョワの勝利」のあとに「大量の議会」を作り出した「法律家の奔流」をこきおろし、「一九一九年から一九二〇年のブルジョワ議会主義の大潮流が引き」、「不可抗力のように見えたこの風潮に替わり、権威主義という別の潮流が現われてきた」ことに、人々は徐々にしか気がつかなかった、と難じた。議会制民主主義の決定的な崩壊と思われる状況に直面していたド・ジュヴネルには、共和国大統領や上院、下院などの機構は、たんなる「法学部教授たちの夢想」にすぎないように思えた。▽(8)

今日、戦間期の民主主義の経験を、当時の新鮮さで見ることは難しい。しかし、民主主義はヨーロッパに適合していると、決めてかかることができないのは確かである。冷戦で民主主義が勝利したことで、民主主義はヨーロッパの土壌に深く根づいていると考えたくなるかもしれないが、歴史はそうではないことを物語っている。一九一八年に勝ち誇っていた民主主義は、二十年後には事実上消滅していた。民主主義の擁護者はあまりにもユートピア的で、野心的であり、数が少なすぎた。それゆえ民主主義が政治的危機と経済的混乱に直面して崩壊したのは、運命づけられていたともいえるかもしれない。民主主義は、憲法上の権利に焦点を置き、社会的責任を無視しており、二十世紀よりも十九世紀に似合うようにも見えた。一九三〇年代までには、ヨーロッパ人の大方が民主主義のために闘いたいとはもう望んではいない、という気配は濃厚だった。現代の問題に立ち向かう、ダイナミックで非民主的な代替案がそこにはあった。ヨーロッパにとって、民主主義とは異なる権威主義的な政治秩序も、民主主義と比べて、自らの伝統にことさらにそぐわないものでもなければ、社会、工業、技術の組織者としての効率性で見劣りするものでもなかった。

▽（6）F. Cambo, *Les Dictatures* (Paris, 1929), p. 98

▽（7）V. M. Dean, 'The attack on democracy', in Dean *et al.*, *New Governments in Europe: The Trend towards Dictatorship* (New York, 1934), p. 15; M. J. Bonn, *The Crisis of European Democracy* (New Haven, Conn., 1925); Eustace Percy, *Democracy on Trial* (London, 1931); H. G. Wells, *After Democracy: Addresses and Papers on the Present World Situation* (London, 1932); S. de Madariaga, *Anarchy or Hierarchy* (New York, 1937), p. 14; W. E. Rappard, *The Crisis of Democracy* (Chicago, 1938), pp. 2–3

▽（8）De Jouvenel, op. cit., pp. 7–8, 229

憲法の制定

一九〇八年、オスマン帝国治下のサロニカ（テッサロニキ）で、ある住民は「憲法はすばらしいもので、それが何か知らないのはばか者だ」と主張した。十九世紀を通じて、立憲政府は中産階級の政治改革要求の中心であった。この要求は第一次大戦勃発前の十年間に速度を増し、ヨーロッパの帝国じゅうに広がり、サンクト・ペテルスブルクやイスタンブール、バルカンの君主国にも浸透した。

協商諸国とアメリカ合衆国が一九一八年に勝利し、憲法改革は中・東欧を席捲した。ポーランドとバルト諸国は、ドイツ敗北後すぐさま自由主義的願望を実現し、その願望にみあう民主的憲法を起草した。旧ハプスブルク帝国からもぎ取られた領域でも同様な転換が生じた。一九一八年十一月には、臨時憲法によってオーストリアは「民主共和国」であると宣言された。チェコのナショナリスト指導者たちは、チェコスロヴァキア国家の独立宣言を一九一八年十月にパリで発表した。「われわれは近代的民主主義の理想を受け入れ、支持する。それはわが国民の何世紀にもわたる理想だったからである」と彼らは宣言した。「われわれはウィルソン大統領によって示されたアメリカの原則を受け入れる。解放された人間の原則、諸国民の現実の平等の原則、政府の権力は被統治者の合意に由来するという原則である。」一九二〇年初頭には、チェコの国民議会は民主共和国の憲法を採択した。▽(2)

もちろん、ヨーロッパにおける民主主義の将来の鍵は、実際、二十世紀を通じてそうなるとおり、ドイツであった。皇帝は亡命を強いられ、立憲主義的なバーデン公マックス下の過渡的な自由主義体制は、社会民主党指導者のフリードリヒ・エーベルト首相のもとでの、政治体制の全面的な民主化にすぐ道を譲った。一九一九年一月、制憲国民議会が普通選挙権に基づいて選出された。六ヶ月後に採択された憲法の第一条は、次のように規定されていた。「ライヒは共和国である。政治的権威はすべて人民に発す。」ボルシェヴィキに刺激されて同時期に設立されていた労働者や兵士の評議会は、議会統治の優位を受け入れさせられた。

ナショナリストの準軍事組織、盗賊、農民急進主義者や親ボルシェヴィキ派が、みな旧体制の崩壊を利用しようと目論む、戦後の中央ヨーロッパの混沌と混乱の只中で、中産階級の法律家や政治家は、新しい民主的な憲法秩序の基礎を築こうとしていた。ロシア系フランス人研究者ミルキヌ゠ゲツェヴィチは、一九二九年の調査である『新しいヨーロッパの諸憲法』で、ダンツィヒ（グダンスク）自由市、ヴァチカン、プロイセン、バイエルンの憲法を含め、二十二もの事例を議論の対象とした。めまぐるしい戦後の最初の十年は、法律家が王だった。大学教授は特別な影響力を振るい、ドイツのフーゴ・プロイス▼(1)やオーストリアのハンス・ケルゼン▼(2)のような専門家は、おのおのの国の憲法で自分たちの理論を実践にうつした。

彼らは着想を――それもしばしば逐語的に――得るために、フランスやアメリカ、イギリス、スイスなどの確立された自由主義政体を探し回った。しかし、真に代表的で包括的な民主主義を創る情熱のあまり、彼らはこれらの模範を凌ぎさえしたのである。彼らの作った憲法秩序は、公法や、政治、社会と公法の関係に関する最新の学説を反映していた。その基本的な目的は、第一級の注釈者の言葉であらわすなら、社会的・政治的生活のすべての側面を特定の憲法条項のなかで考慮することによって、政治を法律に従属させ、権力を「合理化」し、古い封建秩序の矛盾や非合理な残滓を一掃することであった。▽(10)

当然、のちに民主主義諸制度の崩壊の責任を負わされるのも法律家たち自身であった。彼らは経験不足で、非現実的で、「政治的な便宜」よりも「法的完璧さ」を求めがちであった。政治を法で置き換えるというのは、一九一八年

▽（9）M. W. Graham, *New Governments of Central Europe* (London, 1924), pp. 604ff.
▼（1）ワイマール憲法を起草したドイツの公法学者。
▼（2）オーストリア出身の公法・国際法学者。第一次大戦後のオーストリア憲法を起草した。純粋な規範の体系としての法を、事実とは厳格に区別しつつ形而上学的根拠を排して厳密に基礎づけようとする純粋法学を唱える。ナチスの政権掌握後アメリカに亡命し、国際法や法哲学の分野で影響を及ぼした。
▽（10）B. Mirkine-Guetzevitch, *Les Constitutions de l'Europe nouvelle* (Paris, 1929), p. 25

以後の中央ヨーロッパのひどく分極化した状況下では、ドン・キホーテ流の非現実的な野心だった。批判者たちは、このような大仰でユートピア的な構想は、現実世界では稼動しない政治構造を作り出しただけだと非難する。この批判は、戦間期の政治的不安定を助長した他の多くの要因を無視している。経済危機、社会的混乱、パリ講和の不平等などである。しかし彼らも、戦後の憲法秩序構造の重要性、新しさは少なくとも認めていたのである。[11]

新しい憲法はほとんどの場合、冒頭で民主的、国民的、共和的な性格を強調していた。一九二〇年のオーストリア憲法第一条には「オーストリアは民主的共和国である。主権は人民に存する」とある。リトアニア憲法は「リトアニア国家は独立の民主共和国である」と始まっていた。主権は通常「人民」に存すると述べられたが、ポーランド、アイルランド自由国（一九二二年憲法）、ギリシャなどいくつかの国では「国民《ネイション》」に存するとされた。一九二一年のセルビア人・クロアチア人・スロヴェニア人王国の一九二一年憲法[3]では「すべての王国臣民に対して一つのナショナリティのみが存在する」と希望的に述べられていた。チェコスロヴァキアでもほぼ同様な表現が採られている。同じようにワイマール憲法も「自発的に組織された人民の国民的自己意識」への信頼を宣言していた。

十九世紀のブルジョワの政治生活は、主に専制的君主やその個人的な統治システムとの闘いを中心に展開していたので、新しい憲法は、当然ながら執行権に対する圧倒的な不信を表明していた。権力は立法府に集中させられた。新しい憲法は、執行府の仕事を監視するための議会委員会の設置を認め、政府信任投票を実施する条件を細かく規定した。政府の閣僚は首相や大統領によってではなく、議会によって任命されるよう規定される場合もあった。このような議会の優越は、のちに見るように、新しい民主的憲法構造の敵対者が批判する点の一つとなった。[12]

同じように高度に現代的で開放的な民主主義を願う観点から、人民の意思をもっとも忠実に反映する立法府を作るために多くの国で比例代表制が採用された。レファレンダム〔国民・住民投票〕もこの理由から人気があった。地方的な法制度や慣習のもつれた山を「合理化」し、一国大の法体系を作るために、地方政府の権力を明文で定めて制約し、中央国家の権力を強化する憲法もあった。ポーランドやクロアチアの法律家が提案した、地方政府の自治を守る法案は拒否された。なんといっても、ウィルソンの遺産には民主主義だけでなく国民自決も含まれているため、中央権力の強化という考えは、強力なドイツ人少数派と向かい合うチェコ人、ウクライナ人と向かい合うポーランド人、ユーゴスラヴィアのセルビア人を惹きつけたのである。ドイツやオーストリアにおいてのみ、新国家は単一国家ではなく連邦制国家として建国されたが、これも、長い対立の末にようやく勝ち取られたものであったし、長続きしたわけでもなかった。実際ヒトラーやドルフスが明白な形で権力を集権化する以前でも、ドイツやオーストリアの中央政府は財政や福祉立法において特別な権力を振るい始めていたのである。

新しい憲法が十九世紀の自由主義的価値観から明白に離反し、最も論争を呼んだのは、政治的、市民的自由権に加えて、保健、福祉、家族、社会保障の分野にまで権利を拡大していた点である。野心としても約束としても新しい、社会政策上の目標が、憲法条項のなかに規定された。それは、ドイツやオーストリアのように社会民主党が終戦時に権力を握った国だけではない。ルーマニアでさえも「社会的人権」が述べられ、セルビア人・クロアチア人・スロヴェニア人王国でも土地改革と社会的・経済的立法の必要性が言及された。スペインの憲法は国家を「全階級の勤労者の民主共和国」と規定し、財産は「社会的利用のために」収用されることがあると定めた▽(13)。

他の点同様、この点でも、新しい憲法は制定者たちが非常に多様な政治的関心事をもっていたことを反映している。新憲法は、一方で古典的な十九世紀の自由主義の表現であり、他方で第一次大戦の衝撃によって強化された人民の「真の社会的民主主義」への要求にも応えようとしていた。社会的民主主義というこの課題は、明らかにロシアの出

▽（11）A. J. Zurcher, *The Experiment with Democracy* (New York, 1933), p. viii
▼（３）第一次世界大戦後に成立したユーゴスラヴィア王国の一九二九年までの正式名称。
▽（12）Mirkine-Guetzevitch, op. cit., pp. 16–21
▽（13）ibid., pp. 9, 34–5; B. W. Diffie, 'Spain under the Republic', in V. M. Dean *et al.*, *New Governments in Europe*, op. cit., pp. 404–5

来事への対応であり、大衆をボルシェヴィズムから議会主義の側に勝ち取ろうという望みの反映であった。ワイマール憲法を起草したフーゴ・プロイスは「ウィルソンかレーニンか」と書き、憲法をドイツのボルシェヴィズム化に対する防壁とみなした。[14] このように新しい憲法は、旧式の議会主義と、戦争の破壊のなかから現われた現代大衆社会の同時代的圧力との折り合いをつける試みだった。前向きの楽観主義と新しい不安——憲法は民主主義の擁護者であるヨーロッパのブルジョワジーの戦後の曖昧な状況を映し出していた。

ヨーロッパの内戦

「ロシアの民衆の魂は、本質的に普遍的で民主的な魂であったことが明らかになった。世界じゅうの民主主義と融合するだけではなく、その先頭に立って、自由、平等、博愛の原則に従って人類の進歩を導いていく備えができている。」一九一七年三月、臨時政府首相のリヴォフ公爵はこのように宣言した。[15]

一九一七年の終わりに近づくまで、ロシアは、ヨーロッパの民主革命が最初に勝利する場になると思われた。古い専制を打ち倒した諸党派はみな、獲得した成果を君主国の再建から守ることに力を傾けていた。自由民主主義は一九一七年初めには大流行であり、明らかな敵がいるとすれば、それはボルシェヴィキではなく、ロマノフ王朝派[4]のかたちをとっていた。マルクス主義理論によればいまは「ブルジョワ支配」の段階が必要であり、それを誘導するために、レーニンを含む左派は制憲議会を要求していた。ボルシェヴィキは、権力を掌握した十月になっても、いま行なっている革命が、「ブルジョワ民主革命」なのか「プロレタリア社会主義革命」なのか、決められないでいた。

皇帝《ツァーリ》の帝国が崩壊しつつあるなか、ウクライナとフィンランドの議会の離脱に伴う一九一七年から一九一八年の戦闘は、ボルシェヴィキを第二の可能性に向かわせた。さらに重要だったのは、制憲議会選挙の結果であった。左派は支持されたが、ボルシェヴィキは、全体の四分の一以下の票、エスエル党（社会革命党）の半分以下の議席しか獲得できず、手ひどい敗北をこうむった。このように選挙民に拒否されたことで、レーニンは立場を修正した。彼の「制憲議会に関するテーゼ」によれば、「ブルジョワ共和国においては制憲議会は民主主義原則の最高の形態である」のは確かであるが、「革命的社会民主主義」によれば、「ソヴィエト共和国がより高位の民主主義原則の形態」であることが明らかになったのである。制憲議会は「ブルジョワの反革命」の時代錯誤のシンボルとなり、議員らは「別世界の人々」として見限られた。レーニンは一九一八年一月の制憲議会の招集を妨げはしなかったが、開会の翌日、実力行使によってこれを閉鎖した。穏健な社会民主主義者からすれば、これは間違ったマルクス主義であったが、レーニンは一顧だにしなかった[16]。

レーニンの勝利は、のちのムッソリーニの右からの勝利と同様に、実際、自由主義の失敗の結果であった。ロシアの自由主義者たちは、深い根をもつ社会的危機を、「人民」に立憲的自由を与えることで解決できると誤って考えた最初の人々であったが、そのように考えた人々はあとを絶たない。このような自由は、「人民」、特に徴兵されたロシアの千五百万人の農民兵が望んでいたものではなかった。彼らにとってより重要だったのは平和と土地だが、自由主義者たちはどちらも提供することはなかったし、都市の労働者階級にもほとんどなにも提供しなかった。工場で、地方で、軍隊で、社会秩序は崩壊していき、ロシア政治における中道は消え去った。トロツキーの赤軍がペトログラードで権力を掌握するかなり前から、ケレンスキーの臨時政府は抜け殻となっていた。

しかし、ロシアの立憲主義者たちの希望はなかなか消え去らず、一九一八年六月には、短命に終わることになる制憲議会議員委員会がサマラに設立された。内戦終結後には、「ブルジョワ反革命主義者」たちはパリで制憲議会の残

▽（14）フーゴ・プロイスは次からの引用。E. Kennedy, 'Introduction', p. xxi, in her translation of C. Schmitt, *The Crisis of Parliamentary Democracy* (Cambridge, Mass., 1987)

▽（15）リヴォフは次からの引用。O. Figes, *A People's Tragedy: The Russian Revolution, 1891–1924* (London, 1996), p. 355

▼（4）二月革命までのロシアの王朝であるロマノフ家の君主の復位を求める保守派。

▽（16）J. Burbank, 'Lenin and the Law', *Slavic Review* (1995), pp. 23–44

部議会を形成した。しかしこれは、いまやソヴィエト連邦となりつつあるものの内部の権力バランスにほとんど影響を与えることはなかった。ソ連で圧倒的に渇望されていたのは、立憲的自由ではなく、社会経済的変革、国民的安定化であり、無法状態と社会的無秩序に決定力ある国家の行動で終止符を打つことであった。このように、自由主義が戦時中最初に勝利を収めたロシアは、自由主義が最初に、最も恐るべき敗北に見舞われる場となったのである。

ボルシェヴィキの手にかかると、立憲主義すらブルジョワジーに反対する手段となった。なぜ彼らの憲法形態が決定版と見なされなければならないのか。それは時代遅れで階級的に偏向しており、より現代的なものと置き換えられる必要があるのではないだろうか。「人民の利益は民主的諸制度の利益より高位にある」と、人民に語ろう」と、レーニンは一九一七年十二月に主張した。制憲議会の解散後まもなく、レーニンは、議会の「死せるブルジョワ議会主義」を、「プロレタリアの、単純で、いろいろな意味で無秩序で不完全でもあるが、生き生きした活気のあるソヴィエト機構」と対置した。そして、搾取される労働者の権利に関するレーニンの宣言に基づき、ソヴィエト第五回大会は独自のロシア連邦共和国憲法を採択した。大会はこの文書を通じ、搾取を廃止し、ブルジョワジーを「徹底的に粉砕し」、ソヴィエトによって意思を表明する労働者に権力を与えることによって、社会主義の創設を目指した▽(17)。

この新国家の市民権は、少なくとも理論上は、性別や出生地によって制限されるものではなく、女性や、外国人の一部にも選挙権が与えられた。しかし、社会的背景による制限があり、「都市と農村のプロレタリアート」と「貧農」が優先され、少なくとも七種類の人々――金利生活者、僧侶、商人など――は、選挙権を認められなかった。さらに、すべての法律上の権利は条件付きであり、権利の行使が社会主義革命に害を与えると見なされた場合、政府によって取り上げることができた。一九一九年十二月にメンシェヴィキ▼(5)のマルトフが、革命が繰り返し自己の憲法を侵していることを批判したのに対し、レーニンは、マルトフの要求が意味するのは「ブルジョワ民主主義への回帰以外のなにものでもない」と応答し、「テロルもチェカ〔秘密警察〕も……不可欠である」と断言した。一年後にはレーニンの主張は次のようにさらに明確になった。「科学的な用語としての『独裁』は、いかなる法にも制約されず、どんな規則にも限定されず、直接力に基づいた権威以外のなにものでもない。」このようにスターリン期のはるか前から、共産党支配の絶対主義的性格が露わになった。たとえば、帝政期と同様の、法を行政的なものとする考え方は維持され、「ブルジョワ的な」権力分立と整合的な考え方は採られなかった。帝政期と違うのはもちろん、より重要だがヨーロッパの他地域の憲法上の革新とも異なり、大衆への社会経済的利益の供与――公共住宅、医療、学校、婚姻・離婚法の自由化――が、古典的な個人の自由より優先された。しかし、革命政治は内戦であり、国家のテロルが階級闘争の手段として特別な役割をもつと考えられている点においても異なっていた▽(18)。

しかし当面、ソヴィエト体制の発展は、ヨーロッパの他の地域に対しては、一九一八年に予想されたほどの影響を与えることにはならなかった。西側はロシア内戦に介入したが、共産主義政権の打倒に失敗した。同様に、ヨーロッパの他の地域でもひどく恐れられていた革命は実現しなかったか、容易に鎮圧された。一九一八年から一九年にかけて、スコットランドからアドリア海までのヨーロッパを、ドイツの街頭衝突からフィンランドの激しい内戦まで、ソヴィエト、ストライキ、暴動、蜂起の波が覆った。それにもかかわらず、ボルシェヴィキ体制が実際に一定期間権力を掌握したのはハンガリー一ヶ国のみだった。ロシア同様、内戦がそれに続いたが、結果は正反対であった。

一九一九年初頭、カーロイ・ミハーイ伯爵の自由主義体制は、クン・ベーラというボルシェヴィキ支持者によって倒され、クンはただちにタナーチ（ソヴィエト）共和国の設立を宣言した。しかしクンはブダペシュトを数ヶ月しか維持できなかった。協商列強に後押しされて、ルーマニア軍がハンガリーに侵出し、共産主義者たちは逃亡した。一

▽（17）投票については次を参照。O. Radkey, *Russia Goes to the Polls* (Ithaca, NY, 1990 edn), ch. 2; E. H. Carr, *The Bolshevik Revolution, 1917–1923*, vol. 1 (London, 1986 edn), pp. 116, 191f.〔E・H・カー『ボリシェヴィキ革命――ソヴェト・ロシア史 一九一七―一九二三 第一巻』原田三郎ほか訳、みすず書房、一九六七年〕; I. Getzler, 'Lenin's conception of revolution as civil war', *Slavonic and East European Review*, 74: 3 (July 1996), pp. 469–72; Z. Zik (ed.), *Ideas and Forces in Soviet Legal History* (New York, 1992), no. 78

▼（5）ロシア社会民主労働党内の穏健派。民衆革命を当面の目標とし、ブルジョワジーとの協調を主張した。

▽（18）H. Shukman (ed.), *The Blackwell Encyclopaedia of the Russian Revolution* (Oxford, 1988), pp. 192–3; Carr, op. cit., p. 182

九一九年秋には、ホルティ提督[6]の摂政の下、ジェントリー層が権力に戻り、急進派の疑いがあるものに対してテロルを行なう体制を作り上げ、迅速に連合側の承認を得た。

当初、ホルティの右翼体制は、反共産主義で、反民主主義であり、民主化が発展する時代における例外であり、ヨーロッパの封建主義の最後のあがきのように思われた。しかし、時が経つにつれて、これが過去の遺物以上のものであり、未来を見通してもいることがわかってきた。民主主義は、共産主義とファシズムという双子の急進主義の間にきつく挟まれて、ますます圧迫されていくのである。新しい権威主義モデルが、ヴェルサイユの自由主義の際立った優位に挑戦するのはまもなくであった。

ブルジョワの疑念

支配エリートが、農民と労働者が協力して権力を掌握する可能性を恐れていたときには、ヨーロッパじゅうの民主的継承諸国〔第一次大戦後の諸帝国崩壊後に成立した諸国〕への支持を作り出すためにとられた主要な手段の一つが、土地改革であった。貴族層を犠牲にして、私有財産制の完全撤廃を主張するボルシェヴィキの脅威からブルジョワ社会を守るのである。このように、東・中欧では、大所領が分配され、農民的小土地所有者の新しい階層が作り出された。彼らは独立独歩で、民主的であるが、保守的で、共産主義の誘惑を受けつけないと、一般に期待されていた。

しかし、このような政治的プロジェクトは、政府が土地所有階層から土地を収用できる場合のみ機能した。大所領の所有者がエスニック・マイノリティであったバルト諸国やチェコスロヴァキア、バルカンの一部では、政治家たちは幸運であった。マグナート〔大所領を有する貴族層〕が土地改革の芽をさっさと摘み取ってしまったハンガリーや、大土地所有者が政府と結びついていたイタリアでは、土地改革には不運がつきまとった。ワイマール・ドイツでは、東エルベのユンカーが、改革を進めようとした宰相ブリューニングを「農民ボルシェヴィズム」と非難した。スペインではもちろん、農地改革の恐れは、内戦の煽動に大きな役割を果たした。

一九一八年から一九年の革命の波は、実際、土地持ち農民の政治的保守性を実証した。ボルシェヴィキ寄りの勢力が権力を握ったのは、ベルリン、ミュンヘン、ウィーン、ブダペシュトなどの都市だった。一九二〇年のトリノのように、ヨーロッパのボルシェヴィキ寄りの勢力が、ストライキや、工場選挙、デモで力を示したのは、都市であった。急進左派の潜在能力が制約されたのは、戦時中のロシア以外では農村住民に訴えかける力が欠けていたからである。ロシアほど惨めな状態に置かれた農民にはヨーロッパではめったに出会うことはなかった。多くは、政治的な急進主義には無関心だった。ブルガリアの農民主義者たちが、ある程度例外ではあったが。ポー河流域、アンダルシアのラティフンディア〔大所領〕、ハンガリーの大平原のように、土地なし農業労働者がいるところでのみ、ロシアの革命への共鳴が見出された。オーストリアの小農業者は、赤いウィーンを非難したのに対し、イタリアの日雇い農業労働者《ブラッチャンティ》は強力な左翼農民組合《レーゲ》を作り出した。イタリアの政治エリートは、農村の不満を、唯一可能な民主的手段である土地改革で鎮めようとせず、力に頼った。農村の内戦はムッソリーニへの道を開いた。

一九二〇年代初頭のイタリア・ファシズムの勃興は、ヨーロッパの民主主義の崩壊の責任を新憲法に負わせる批判者たちに対する、有効な反証である。つまるところ、ムッソリーニが首相となったとき、カルロ・アルベルトの一八四八年憲章▼(7)は、国家の憲法上の基礎として残っているのである。戦後のイタリアが示したものは、民衆の不満と政治的不安定を前にして、権力をほぼ自発的に右翼にゆだねてしまった、自由主義の不確かさと弱さであった。

一九二二年十月に、王がムッソリーニに組閣を命じたとき、ファシスト運動はまだ比較的小さかった。権力につく

▼(6) ハンガリーの海軍軍人、政治家。クン・ベーラの革命後、立憲君主制となったハンガリーの摂政（一九二〇—四四）として事実上の君主の役割を務めた。

▼(7) サルディーニャ（ピエモンテ）王国で、一八四八年革命時に当時の国王カルロ・アルベルトが承認した憲法的法規。統一後はイタリア王国の憲法。

のを助けたのは、茶番とはいわないまでもメロドラマめいたローマ進軍の影響よりも、むしろ、一九一九年の選挙で導入された新しい男子普選の結果が作り出した、イタリアじゅうに広まった社会主義への脅威であった。政治、行政、裁判所、議会のこれだけ広い諸階層が、なぜファシストに共感をもったのかを説明できるのは、この脅威である。ムッソリーニの最初の政府は他の三つの政党との連合であった。彼らの、特に自由主義者たちの支持なしには、ムッソリーニは組閣できなかっただろう。自由主義者と、社会主義者の支持なしには、一九二三年の選挙法改革を実現できず、彼の政府が下院を支配することが保障されることもなかっただろう。

実際、一九二五年までに、より急進的な統領《ドゥーチェ》の支持者たちの多くは、ファシズムが旧体制と妥協することへの失望を表明していた。保守主義者のガエターノ・セルヴェンティは、著書『ヨーロッパ民主主義の興隆と最初の歴史的反動』のなかで、戦後民主主義を「世界においてヨーロッパ的価値が急速に衰退し続ける」ことの徴候と決めつけたが、やや意外にも、彼が「議会ファシズム」と呼ぶものに対しても、「ムッソリーニらが自らの活力は民主体制のなかでも生き続けると考えるのは間違っている」と非難した。同様に、スペインの評論家フランシスコ・カンボは、ムッソリーニに対し、議会主義と妥協することによって、過去との真に革命的な断絶の機会を失うことになると警告した。このような批判は、ファシズム運動内部そのものにもみられ、革命的刷新への欲求は、一九二五年から二六年のいわゆる「第二の波」をもたらした。ようやくそのときになって、州長官の権力を拡張し、体制批判者から市民権を剝奪し、野党を抑圧し、報道の自由と市民的自由を攻撃する諸法が通過した。一九二〇年代初頭の流動的な政治情勢のなかで、ファシズムも民主主義と同様に手探りで進んでいたのである。▽(19)

次の四年間に、ファシズム国家の輪郭はより明確になった。過去のいくつかの特徴は残された。王は国家元首に留まり（権限は削減されたが）、議会は効果のない議論を続けた。地方での警察権力の広範な利用は、自由主義時代と同様、欠かせないものとして残った。このように、いくつかの点においては、ファシズムは、自由主義の前任者をきわめて円滑に踏襲している。こう考えると、戦後の大衆民主主義は、長いエリート支配の歴史に挟まれた、短い幕間のようにもみえる。

ファシズムが自由主義とはっきりと異なる点は、権威主義国家を率直に擁護することである。古代ローマの権威の標章であるファスケス〔束桿〕を彼の運動の象徴に選ぶことになったムッソリーニは「規律は受け入れられなければならない」と述べた。「そして受け入れられないなら、強制されねばならない」と。個人や集団の諸権利は、もちろん、厳しく限定された。暴力と行動の美徳が賞揚される一方、議会は、非効率で役に立たないレトリックと非難された。統領《ドゥーチェ》自身が彼独特の言い回しで述べている。

> ファシズムは、民主主義の、政治的平等という決まりきった虚言、集団的無責任の精神、幸福と無限の進歩の神話を拒否する。……前世紀における自由主義の重要性を過大視し、現在と未来にわたる人間性の宗教に仕立て上げようとすべきではない。実際には自由主義は前世紀のいくつもの教義のなかの一つにすぎない。……いままさに自由主義は見捨てられたみずからの神殿の扉を閉じようとしている。……だからこそ、現代世界の政治的実験はすべて反自由主義なのだ。歴史が自由主義や教授たちの狩場であるかのように、自由主義が文明の最後の無比の言葉であるかのように、これらの実験を歴史から追放しようと望むのはこのうえなく滑稽である。……今世紀は権威の世紀であり、右翼の世紀であり、ファシストの世紀なのだ。▽[20]

自由主義的個人主義を攻撃するなかで、ファシズムは革命的含意をもつ社会的プロジェクトを提案した。ブルジョワ

▽（19） G. Serventi, *Ascesa della democrazia europea e prime reazioni storiche* (Rome, 1925), 358; F. Cambo, *Autour du fascisme italien* (Paris, 1925), p. 196; 次も参照。F. Lyttelton, 'Fascism in Italy: the second wave', in G. Mosse and W. Laqueur (eds.), *International Fascism, 1920–1945* (New York, 1966), pp. 75–101

▽（20） B. Mussolini, *Le Fascisme* (Paris, 1933), pp. 19f. 〔『ファシズモ原理——自一九三二年至一九三三年』（ムッソリーニ全集、九）村松正俊訳、日本評論社、一九三五年〕

は生活を公私の領域に分けたが、これを、日々の経験総体としての「全体主義的な」政治概念に取って替えた。「一人の人間が、政治においてはファシストで……、学校では非ファシスト、家族の間では非ファシスト、職場では非ファシストというわけにはいかない。」統領《ドゥーチェ》の長い統治期間には多くの紆余曲折があったが、ファシズムのこれらの最小限の要素は残りつづけた。▽[21]

国外の反応は、大方肯定的であった。外部の観察者たちは、イタリアの議院内閣制の経験に感心していなかった。ムッソリーニの成功が容認されたのは、往々にして、現代世界における議会制民主主義の効力に対する、より一般的な不安感が底流にあったためであった。チャーチルやオースティン・チェンバレンといった慇懃無礼なイギリスの政治家たちは、議会主義の伝統がそもそも輸出できるかどうかおおいに疑っており、イタリア人たちが、明らかに適していない政府の形態から抜け出したことに祝辞を述べたのであった。

民主主義モデルの普遍性に対する同様の疑問は、より広範に見られた。絶対主義の伝統をもつ「ラテンの諸民族」が民主主義を「喜劇」以上のものにできるかどうか、疑問視するものもいた。例えばポルトガルでは、共和国設立後十五年の間に、八人の大統領と数ダースもの内閣が登場し、数え切れないほどのクーデターが試みられた。アングロサクソンの世界には、特別な歴史的伝統があって、それが民主的諸制度のねばり強さを説明するのかもしれない。例えば、王権に対する長い闘争の成功や、その闘争の間にゆっくりと痛みを伴って獲得された自由への深い愛着である。戦前のギリシャやルーマニア、セルビア、さらにまさにイタリアそのものが、腐敗、クライエンテリズム、▼[8]変わらぬ後進性と、議会とが、まったく両立可能であることを示している。

同時に、政府の性質や国家の役割が戦後には変化したために、議会自体の意思決定の場としての重要性は、自由主義の唱導者たちが認めるよりも小さくなった。議会は、経営や労働組合の中央団体や、その他の利益団体と、権力を分かち合わなければならなくなったのである。一九二〇年代に議会が実際にどのように機能しているか詳細に観察してみれば、「どうして議会のことなどで思い悩む必要があるのか」という疑問が出てくるだろう。

議会主義への批判

『ファシズム』が生まれたのは、自由民主主義の政治的社会的敗北のためである」と、フランスの批評家は述べた。『誰のためのファシズムか』（一九三八）の著者は、より簡潔に「ファシズムは民主主義の堕落の産物である」と主張した。この堕落が最も明らかなのは、議会の働きそのものであった。多くのヨーロッパ人は、戦後の「独裁の繁茂」の根源は、「今日実践されている議院内閣制の危機に」あると考えていた[22]。

比例代表制は、最初から警告した批判者がいたように、立法府の破片化、多党化を招いた。人民の意志を反映しようとしたシステムそのものが明らかにしたのは、階級、エスニシティ、宗教の違いが逆巻く最中に、人民の意志など存在しないということだった。一九三〇年のドイツ議会では十六政党が、一九二九年のチェコ選挙では十九政党が、議席を得た。ラトヴィア、エストニア、ポーランドではときにはより多いことすらあった。カンボによれば、「イタリア議会の非効率が最大になったのは、……比例代表制の採用と同時であった」のであり、彼は、比例代表制を「ファシスト革命成功の最も明確な理由の一つ」としていた[23]。

選挙法を変えれば、この破片化に歯止めをかけられるかもしれない。フランスは一九二四年に、ギリシャは一九二八年に、比例代表制に替わって、多数制を導入した。批判者たちはイギリスの例を挙げ、多数制が民主主義の安定性を高めると主張した。しかし問題は、選挙制度そのものよりさらに先に及んでいた。高度に組織された政党は、しばしば独自の教育、文化、福祉、準軍事組織をもち、国家全体の立場にたつより、部分的な利益の媒介者として行動し

▽（21）G. Gentile, *Che cos'è il fascismo* (Florence, 1925), p. 38
▼（8）政治的クライエンテリズムを指す。政党や政治家が「パトロン」として、「クライアント」である自分の支持者に対し、公務員や公企業での準公務員ポストや、公共住宅の入居、有利な許認可など、物質的利益を提供し、その見返りとして支持を得ること。
▽（22）H. Rogger and E. Weber (eds.), *The European Right: A Historical Profile* (Berkeley, Calif., 1966), p. 8
▽（23）Cambo, *Les Dictatures*, op. cit., p. 51; cf. Bonn, op. cit., p. 80

ていると非難されていた。ドイツのある保守理論家は、政党の「エゴイズム」を批判し、その影響を「病気の徴候」「退廃」と見なした。ベルギー人は、「政党体制」による支配を軽蔑的に口にした。農民党があり、工業労働者には共産党や社民党があり、さらには「中間層・職人・商人の党」（チェコスロヴァキア）まであった。政党は、階層だけでなく、エスニシティの分断線に沿っても形成された。精神的刷新のための政党もワイマールで短い間見られた。議会は、社会全体の社会的、国民的、経済的な激しい緊張を解決する場というよりは、むしろその緊張を拡大するレンズのようだった。議員が椅子を投げたり、侮辱しあうのは、まれなことではなかった。極端な場合には、一九二八年のベオグラードのスクプシュティナ〔議会〕でのように、セルビア議員がクロアチア農民党指導者を至近距離から射殺することすらあった。その結果、国王アレクサンダルは議会を中断し、憲法を破棄し、きわめて強い願望をこめた行為として、国名をセルビア人・クロアチア人・スロヴェニア人王国からユーゴスラヴィア王国に変更した。しかし、これらの変革もほとんど効果はなく、一九三四年にはアレクサンダル自身がクロアチアのナショナリスト急進主義者に暗殺された[24]。

ワイマール政党制の分析のなかで、ジグムント・ノイマンは、ドイツの政党は互いに意思疎通するより対立していたと主張している。どの支持者グループも、旗やプラカードを備え、ますます軍事化していく政党組織に動員され、他の社会グループに敵意をもっていた。政治的対話や連合政権は、ますます手に負えなくなった。「一方が議論を始める前に、自分の立場をすでに決定してしまっていたなら、議論は意味がなくなってしまう……その結果、自由主義と議会主義の知的な基礎が揺るがされている」からである。ノイマンは「議会の崩壊は、必然的に他の政治権力要素、おそらくはライヒ大統領、［または］ライヒ政府の擡頭をもたらすだろう」と予言した。彼の同僚モーリッツ・ボンによれば、立法府の麻痺は、「国民が望むことを喜んで行なうが、経済集団の支配や多数派の支配には従わない独裁者を求める叫びを作り出す」。ハンス・ケルゼンは、ヨーロッパ随一の法理論家であるが、「議会制度の危機」を指摘し、ライヒ議会に対して政府の権限を強化することを論じた。ノイマン、ボン、ケルゼンらはみな明確に自覚的な民主主義者だが、前例のない経済的政治的分極化の時代にあって、真っ二つに裂かれていく社会に生きていることを意識していた。民主主義は国民を一つにするものと思われてきたが、そうではなくむしろ国民を分断しているように見えた。▽(25)

競合する政党利益があまりにも多様であるために、政権の形成は非常に困難になっていった。内閣存続期間の平均が一年を超える国は一九一八年以降のヨーロッパにはほとんどなかった。ドイツやオーストリアでは平均八ヶ月、イタリアでは五ヶ月、一九三一年以降のスペインでは四ヶ月をきった。フランス第三共和国▼(9)は、多くの東欧の憲法の無力な模範であったが、平均内閣存続期間は、一八七〇年から一九一四年の十ヶ月、一九一四年から一九三二年の八ヶ月、一九三二年から四〇年のたった四ヶ月と減少していった。これは、安定的な二大政党制の立法府や、絶対多数を支配できる政党が、ほとんどどこにも存在しないためであった。ポール＝ボンクールは一九三二年十二月に「国家の権威を民主主義において再確立することは……われわれが意図する綱領の第一の、最も本質的な要素となるでしょう」という声明を発表したが、一ヶ月後には彼の内閣は倒れてしまった。このような政府では、憲法や政党綱領で約束した社会経済改革を押し進めることは当然困難であった。▽(26)

立法権の手詰まりから、執行権強化が要求されるようになった。ブリュッセルでは国家改革研究所が議会手続きの改革を強力に推進し、「国家改革」はベルギー政治の流行のスローガンとなった。チェコの首相ベネシュは、ヨーロッパの危機の解決に続き、「ヨーロッパの自由主義的立憲民主主義の最後の段階に比べて、執行権力を強化し安定化

▽(24) Kelsen, op. cit., p. 22
▽(25) S. Neumann, *Die deutschen Parteien: Wesen und Wandel nach dem Kriege* (Berlin, 1932), pp. 110–12; Bonn, op. cit., p. 82; Kelsen, 'Die Krise des parlamentarischen Systems' は次からの引用。J. Bendersky, *Carl Schmitt: Theorist for the Reich* (Princeton, NJ, 1983), p. 110 n. 8〔ジョーゼフ・W・ベンダースキー『カール・シュミット論：再検討への試み』宮本盛太郎ほか訳、御茶の水書房、一九八四年〕
▼(9) 一八七〇年の普仏戦争の敗北による第二帝政崩壊後、新たに成立した共和政を指す。一九四〇年にナチスのフランス侵攻によって崩壊。
▽(26) E. Giraud, *La Crise de la démocratie et le renforcement du pouvoir exécutif* (Paris, 1938), pp. 73–4, 166

することになるだろう」と述べた。チェコスロヴァキアでも他のどの国でも、この議論が一九四五年以降忘れられることはなかった。▽(27)

実際、執行権強化のための憲法改正は、ポーランド、リトアニア（一九二六年と一九三五年）、オーストリア（一九二九年）、エストニア（一九三三年と一九三七年）に行なわれた。一九三一年スペイン憲法は、戦間期ヨーロッパで最も現代的なものであったが、かなりの立法権限を執行権に委譲することを認めていた。しかし、このような動きが、民主主義の保護手段となるよりも、むしろ、例えばピウスツキのポーランドでのように、独裁への道の一歩になるのではないかとの危惧も多かった。フランスの指導的な自由主義者ヴィクトル・バッシュは、一九三四年五月、人権連盟で次のように警告した。「われわれは民主主義を守らなければならない。われわれは議会が片隅に追いやられることも、これらの立法政令《デクレ・ロア》も受け入れない。憲法には従っているかもしれないが、民主主義の原則そのものに反しているからである。▽(28)」

自由民主主義者とプラグマティックな立憲主義者の衝突を見極められるのは、まさにこの点である。前者は、権力を、十分弱めることのできない敵と見なすのに対し、後者は、危機のさいには、民主主義の本質を守るために、執行権がすべての利用可能な憲法上の権限を用いるべきだと主張するのである。ワイマール・ドイツ以上にこの衝突が深刻な影響を及ぼしたところはなかった。

一九二〇年代末までには、右派の法理論家カール・シュミットは、「例外状態」の分析をすでに展開していた。そこでは立憲緊急権力が、独裁を行なうためではなく、むしろ憲法を擁護するために採用される。議会が麻痺していたため、シュミットは憲法の擁護者としての大統領という考えを推進した。一九三〇年三月から一九三三年一月の間に、ワイマールは緊急令によって大統領制へと接近した。一九三〇年九月の破滅的な選挙で、ナチスと共産党は、第二党、第三党となった。そのため、多数派連合は不可能となり、シュミットの議論の信憑性が増した。いまやドイツは、民主主義を完全に倒そうとする政党の手に政府を渡すか、さもなくば、憲法四十八条による緊急令▼(10)の利用が不可欠とい

う状況に立ちいたったようであった。▽(29)

しかし、四十八条の利用が増加していくにつれ、民主主義がどのポイントで独裁に陥るのか、見極めるのは困難になっていった。一九二五年から一九三一年の間には十六しか緊急令は出されなかったが、一九三一年には四十二となり、それに対し議会を通った法律は三十五であった。三二年には緊急令五十九に対し、法律は五であった。一九三二年七月二十日には、パーペン首相は緊急令を用いてプロイセンに戒厳令をしき、社会民主党の率いる州政府を排除した。法律家たちは、「ライヒ大統領の独裁的権限」に言及し始め、保守主義の反議会主義者らは議院内閣制に代わるものとして「民主的独裁」を持ち出した。シュミットのような法律家が権威主義的な新国家の基礎作りをしていると広く疑われたのも、驚くにはあたらない。彼が構想したのはおそらく、ヒトラーを遠ざけておく手段として、このような解決策を支持していたシュライヒャー将軍の下での権威主義国家である。ある自由主義系新聞は、一九三二年にシュミットの見解についての議論に「独裁研究者のための憲法ガイド」と副題をつけた。▽(30)

ドイツの憲法論議は、戦間期ヨーロッパの危機的雰囲気のなかでの権威主義と民主主義の複雑な関係を浮き彫りにしている。他地域でも非常に良く似た議論が並行して行なわれていたことは、つけ加えておかねばならないだろう。一九二〇年代のワイマールは明らかに民主主義であったが、ブリューニング首相の下ではその程度は減少し、ヒトラーの直接の前任者たるパーペンとシュライヒャーのもとでは、すでに権威主義国家にかなり接近していた。議会制民

▽(27) J. Stengers, 'Belgium', in Rogger and Weber, op. cit., pp. 136–7; Giraud, op. cit., p. 35; E. Beneš, *Democracy: Today and Tomorrow* (London, 1940), p. 215

▽(28) 次からの引用。Giraud, op. cit., p. 150; ポーランドについては次を参照。J. Holzer, 'The political right in Poland, 1918–1939', *Journal of Contemporary History*, 12 (1977), pp. 395–412

▼(10) ワイマール憲法第四十八条が大統領に与えた緊急時の立法権限に基づく政令。議会の事後承認は必要なものの、次第に議会の立法権限を形骸化する手段として拡張的に利用された。

▽(29) Bendersky, op. cit., pp. 130–31

▽(30) M. S. Wertheimer, 'The Nazi revolution in Germany', in Dean *et al.*, op. cit., pp. 206–7; Bendersky, op. cit., pp. 132–5, 169

主主義の自由主義モデルは見直すべきであると多くの人が感じていた。問題は、第一にどの程度立法権から執行権に権力を委譲するかであり、第二に、執行権が優位に立ったとき議会はどのような機能をもつべきかであった。結局、議会が完全に廃止されたり、無期限に中断されることはまれにしか生じなかった。ヒトラーのドイツで、ファシスト・イタリアで、多くの権威主義国家で、議会は日陰者として細々と生き長らえた。これは、代議制議会が、どのような構成方法をとっていようと提供できるある種の民衆的正統性を、これらの体制がなお必要としていたことの印であった。

民主主義の危機

議会のみが論争の的になっていたわけではなかった。自由民主主義はより広い戦線で攻撃を受けていた。単純化すると、戦間期のヨーロッパはどの程度民主的な精神をもっていたのか、という問いになろう。失望した法律家たちは、問題は、憲法の民主主義制度の行き過ぎにあるのではなく、公衆に民主的価値観が欠如していることにあると論じた。モーリッツ・ボンが、議会の危機の背後には「ヨーロッパ的生活の危機」があると述べたのは、多くの人の見方を代弁していた[31]。

反自由主義的、反民主主義的信条は、十九世紀の最後の四半世紀から徐々に勢力を増し、大戦の勃発によって急速に広まった。「暴力の信奉」はファシスト運動に最も良く表われているが、のちに歴史家たちが「一九一四年世代」と名づけた人々の多くに共通していた。戦争で養われ、急進主義のイデオローグたちは理性よりも暴力を、美辞麗句よりも行動を選んだ。マリネッティからエルンスト・ユンガーまで、一九二〇年代の若いヨーロッパ男性の多くは対立の政治を喜んで正当化し、唱導さえするように見えた。「流血なしには何事も成就されない、私は血の粛清を待ちわびている」とフランスの若い右翼ドリュ・ラ・ロシェルは『若いヨーロッパ人』のなかで書いている。暴力は表現主義からシュールレアリスムまでの芸術家たちに取りついた。戦争の遺産を、ヨーロッパの多くの国を分極化させる「内戦」の雰囲気に見るものもいた。レーニンの内戦概念やナチスの「緊急事態」にその法的な表現を得た、「内戦」である。[32]

前線からの帰還兵士のなかには、ユンガーのような思想家や、右翼の政治家、例えばＳＡ（突撃隊）隊長のレーム、オズワルド・モズレー、フランデレンのナショナリストのヨルス・ヴァン・セヴェーレン、ハンガリーのサーラシ・フェレンツ（急進右翼の矢十字党の創設者）、そしてもちろんヒトラー自身がいた。彼らは民主主義を、停滞し、物質主義的で、退屈な、大衆の共感を喚起することなどできない、フロックコートとシルクハットの政治家たちの古い世代の要望を反映した、「ブルジョワ的」なものだと攻撃した。ベルトラン・ド・ジュヴネルは青年層にとって民主主義が魅力的でないと主張した。アンリ・ド・モンテルランは座りっぱなしのブルジョワの「やつれた顔つき」と、ファシストの「肉体の革命」の恩恵を受け、鍛錬された若い権威主義者の肉体的な活力を対照させた。エミール・シオラン、ミルチャ・エリアーデら若いルーマニア知識人は、「民主的合理主義」に対するヒトラーの非難や、メシア的精神的全体主義のエネルギーを称えた。自由主義が自己中心的な個人を賞賛したのに対し、彼らは、自己犠牲の精神、従順さ、共同体的義務を提示した。[33]

民主主義が活力を失って時代遅れになったと考えたのは、確固とした反民主主義者ばかりではなかった。『特性のない男』の著者ロベルト・ムージルは「ファシズムに抵抗しては戦わないが、民主主義のなかでその未来のためには戦う。それはつまり、民主主義に反してだ」と断言した。Ｈ・Ｇ・ウェルズはオクスフォードの夏季学校の学生たち

▽（31）Bonn, op. cit., p. 84
▽（32）R. Wohl, *The Generation of 1914* (Cambridge, Mass., 1979); ドリュは次からの引用。Weber, 'The right: an introduction', in Rogger and Weber, op. cit., p. 18
▽（33）モンテルランは次からの引用。de Jouvenel, op. cit., pp. 36–7; Eliade and Cioran in L. Volovici, *Nationalist Ideology and Antisemitism: The Case of Romanian Intellectuals in the 1930s* (Oxford, 1991)

に、独裁の熱烈な支持者たちの熱狂と自己犠牲に競合できるように、自らを「自由主義ファシスト」、「啓蒙されたナチス」に改造するよう促した。民主主義がこのような賛同者を動員できなければ、民主主義にほとんど将来はない、と彼は考えたのである。自由主義はあまりにも個人主義的で、より集団主義的な時代の要請に応えることができないように見えた。▽(34)

一九三〇年にドイツのヘルマン・ミュラー首相は「民主主義者なき民主主義は、内的にも外的にも危険である」と警告した。しかし、戦後の憲法体制の創設者たちは、この問題をあまり考慮しなかった。例えばケルゼンは誇らしげに彼の「政治的イデオロギーをきれいに取り除いた法的理論」の構想を推進したが、そのような理論は、政治から距離をおいているがゆえに、支持者をもたなかった。ケルゼンはオーストリアのキリスト教社会党や社会民主党を、政治的カトリシズムやマルクス主義などに汚染された異なる法的伝統を辿っていると批判した。しかし少なくとも、これらの党は大量の党員に支持されていたが、ケルゼンは違った。彼の立場は知的には難攻不落であったかもしれないが、政治的には彼はなお十九世紀のブルジョワ文化の心地よい幻想とともに生きていた。ヨーロッパの民主主義は、一九一八年直後には、国際・国内諸勢力の不安定な連合によって後押しされ強化されたが、この連合がいまや大陸のいたるところで壊れ始めていた。つまり、確信的な民主主義者はますます少なくなっていったのである。

まず第一に、民主主義の国際的後ろ盾は、時がたつにつれてますます支えにならなくなった。ウッドロー・ウィルソンのメシア的自由主義の遺産は、アメリカの孤立主義によって傷つけられ、ヨーロッパの勝利者であるイギリスとフランスは、独裁より共産主義を危惧していた。中・東欧の新興諸国が共産主義を寄せつけずにいる限り、これらの国の内政状況には注意を払わなかった。また彼らは、中欧列強の退位させられた君主や皇帝が権力に戻らないよう保障してはいたが、その他の脅威にはほとんど関心がなかった。彼らは、民主主義がヴェルサイユによって強制された平和と同一視されるのであれば、民主主義の廃止は、和平合意への攻撃をも意味するということに気づかなかった。カタルーニャから帰国したオーウェルは、一九三〇年代後半のイデオロギー戦に不戦敗しつつある「イギリスの深い深い眠り」に苛立ちをぶつけた。

民主主義への明確な支持は、ヨーロッパじゅうで希薄であった。グリエルモ・フェレーロは一九二五年に、イタリアにおける民主主義の敗北は、主に強力な民主主義政党の不在に起因すると述べた。しかし、それはイタリアだけではなかった。戦間期には、古き自由主義者の中心グループは周辺的な存在であり、彼らの勝利は、君主や貴族の敗北によるものであった。一九二五年のジョン・メイナード・ケインズによれば、「自由党員であることの積極的な意味づけは、大変弱かっ」たのである。イギリスの自由党の衰退は、政治体制の安定性にほとんど影響を与えなかったが、例えばワイマールの民主党や他の古典的な自由主義政党の場合はそうではなかった。普通選挙権により、左翼、保守主義、ナショナリズム、カトリシズムの大政党を前にして、自由主義政党は周辺的な政治的役割に追いやられる危険にさらされた。とりわけ共産主義の脅威は、多くの自由主義者を権威主義的解決へと向かわせた。そこで彼らは他の種類のエリート主義者と手を組んだ。社会悪を科学的、非政治的に解決しようとし、議会による統治の不安定や無能力に我慢ならない、社会工学者、ビジネス経営者、テクノクラートたちである。[35]

ヨーロッパの左翼は社会民主党と共産党の分裂によって深刻に弱体化し、一九一八年から一九年のような強さを取り戻すことはなかった。共産主義者は「ブルジョワ的形式主義」と見なした議会制民主主義に反対し、少なくとも一九三四年まではこれを破壊しようと試みたが、かなわなかった。一九三〇年代のフランスを例外と見なすことが可能だが、共産主義者は政治の周辺に止まり、ある最近の歴史家の言葉によれば、「戦間期の選挙戦で、常に敗北者の側

▽(34) Musil in D. Luft, *Robert Musil and the Crisis of European Culture* (Berkeley/Los Angeles, Calif., 1980), p. 279; H. G. Wells, 'Liberalism', in his *After Democracy*, op cit., p. 24

▽(35) E. di Nuoscio, 'La democrazia dei partiti nel pensiero politico di Guglielmo Ferrero', in L. Cedroni (ed.), *Guglielmo Ferrero: itinerari del pensiero* (Milan, 1994), p. 670; 次も参照。A. Lyttelton, 'The "crisis of bourgeois society" and the origins of Fascism', in R. Bessel (ed.), *Fascist Italy and Nazi Germany: Comparisons and Contrasts* (Cambridge, 1996), pp. 12–23; Keynes, 'Am I a Liberal?' は次からの引用。P. Mandler and S. Pedersen (eds.), *After the Victorians: Private Conscience and Public Duty in Modern Britain* (London, 1994), p. 10

に」立った。ドナルド・サスーンは、「理性的に判断すれば、ヨーロッパの戦前の共産主義の記録は、敗北の記録として記述される以外にない」と結論づけている。社会民主党は、社会主義へと転換できるのであれば、民主主義を破壊しようとは望んでいなかった。「共和国、それでは不十分／社会主義が目標だ」という歌が、ドイツ社会民主党のワイマールに対する態度を要約していた。これは、マルクス主義の前提と留保に基づいた、非常に暫定的な支持にすぎなかった。特に、ワイマール憲法第二部で定められた一連の社会権の多くが空文に終わるとわかってからは、留保の面が強くなった。少なくとも一人の批判者は慧眼にも結末を見通している。ヘルマン・ヘラーは恐慌の最高潮で、ワイマールが社会的法治国家、すなわち憲法に前もって示された社会、経済的公正を伴う国家になるという約束を実現するか、独裁へと変わっていくかどちらかだと警告した。社会民主党が、特にスカンジナヴィア諸国の例が知られているように農村住民と、あるいはベルギーやイギリスのように保守と、確かな同盟を作り出したところでのみ、民主主義は生き延びた。他のところでは、社会経済的権利と福祉による便益に対する憲法の約束は、恐慌と大量失業によって、傷つけられていった。左翼の裂け目を癒す人民戦線戦略は、ドイツとオーストリアにとっては遅すぎ、スペインの共和国を助けることにも失敗し、心臓部のフランスでも最後には崩壊した。▽(36)

保守派の側も、多くは戦間期の民主主義に満足しておらず、エリート主義的、貴族的、ときには王朝主義的な統治形態への回帰を切望していた。彼らにとって民主主義の問題は、大衆に権力を与えたことにあり、民主主義と権威が両立できない点にあった。彼らは倫理上の理由からも民主主義を攻撃しがちであった。権利に重点を置き過ぎ、義務について十分強調していない。利己主義と部分的な自己利益を生み出し、市民意識や共同体意識をはぐくむことに失敗して、自らの没落を招いたというのである。カトリックや正教会やナショナリストの民主主義批判者は、一九二〇年代に右のような主張を行なっていた。スペインのデ・マダリアーガは、自由民主主義を「全員一致の有機的民主主義」に変えるべきだと主張した。フランスの社会的カトリックのエマニュエル・ムーニエは、「個人主義に対抗する闘い、責任感、指導力の回復、共同体の感覚……［そして］肉体と精神からなる人間全体の感覚」を要求して、一九四〇年の第三共和国の崩壊を歓迎した。彼の読者は、彼が長年「自由・人民民主主義」の有害な個人主義の拒否を求めつづけてきたことを思い出すことになった。[37]

このような批判は、国民全体を体現し表出するという、民主主義が自任してきた役割を果たせなかったことを浮きぼりにしている。かつてはそれが、誇らかにうたわれていた。「われわれチェコスロヴァキア国民は、より完全な国民の団結を形成するために……」と一九二〇年のチェコ憲法前文は始められたが、この国のスロヴァキア人、ユダヤ人、ハンガリー人、ドイツ人が、自分たちもこのような文言に含まれると考えているかどうかは、未解決のままだった。フーゴ・プロイスは、ワイマール憲法を起草するさい、「プロイセン国民やバイエルン国民は存在しない。……ただドイツ国民のみが存在し、ドイツ共和国において政治組織を形作ることになる」と注記した。しかし、事実は逆であった。オーストリアは、新しいドイツに参加することを禁じられ、バイエルンは分離を阻まれた。憲法そのものが、内戦の雰囲気のなかで起草されたのである。ブルジョワは、自由主義憲法が国民を承認し、育むと確信をもって主張したが、この主張はエスニシティと階級の亀裂線によっていたるところで矛盾を露呈した。結果として、国民の統一を第一に優先するものは、より統合力をもつ権威主義的な統治形態へとますます引き寄せられていった。自由民主主義が国民の形成に失敗したため、国民が生き延びるべきならば、それは犠牲にされるべきだった。ヒトラーは一九三一年、ブリューニング首相に書き送っている。「憲法が役立たずだと明らかになったとき、国民が死ぬのではない。憲法が変えられるのだ。[38]」

▽(36) D. Sassoon, *One Hundred Years of Socialism: The West European Left in the Twentieth Century* (London, 1996), pp. 36–41 は次からの引用。Kennedy, op. cit., p. xxxviii

▽(37) de Madariaga, op. cit., R. Paxton, ‘France: the Church, the Republic and the Fascist temptation’, in R. J. Wolff and J. K. Hoensch (eds.), *Catholics, the State and the European Radical Right, 1919–1945* (New York, 1987), p. 83

▽(38) F. Morstein Marx, *Government in the Third Reich* (New York, 1937), p. 33; Graham, op. cit., p. 292; ヒトラーは次からの引用。A. Bullock, *Hitler and Stalin: Parallel Lives* (London, 1991), p. 271〔アラン・ブロック『ヒトラーとスターリン――対比列伝』(全三巻) 鈴木主税訳、草思社、二〇〇三年〕

したがって一九三〇年代までに多くの人が、いったいなぜ民主主義がヨーロッパで栄えると期待しえようか、と考えるようになったのも、驚くべきことではない。この種の態度は、イギリスの宥和政策の追求ともぴったりと合致していた。「イギリスに適している議院内閣制は、他の国にはほとんど適さないのだろう」と『タイムズ』紙は軽蔑的に述べ、スペインへの不介入を擁護した。「近年スペイン政府は議会型の共和制民主主義にあわせようとしてきたが、ほとんど成功を収めなかった。」この見方からすれば、ヨーロッパの民主主義の危機は、たんにイギリスの優越性を示すものだった。[39]

しかし、このような見解はイギリス本国に限られたものではなかった。カール・レーヴェンシュタインは、民主主義の内在的伝統をもつヨーロッパの国がほとんどないことを指摘した大勢のなかの一人にすぎなかった。彼は、住民が人民の自由のために闘った長い伝統をもっている国はほとんどないと主張した。東欧の歴史は、民主主義が、民衆の動員の結果というより、ヴェルサイユの勝者による――おしつけではないというのであれば――どさくさまぎれのプレゼントだった、と示してはいないだろうか。だとすれば、彼らがそのために闘ったわけではないものを失うことに、これほど静かに黙従するのは、驚くべきことだろうか。ヨーロッパの政治的伝統における民主主義の伝統の浅さを考えれば、これほど容易にほとんど抵抗もなく反自由主義体制が打ち立てられた原因を理解するのに役立つだろう。[40]

さまざまな右翼

ベネデット・クローチェは、かつて、ファシズムをイタリアの歴史における幕間劇として描いた。自由民主主義こそがイタリアの本来の状態なのだという主張である。ファシズム批判者の多くは、ヨーロッパの右翼への傾斜は集団狂気の爆発であり、結局は大衆の狂気に対して理性が打ち勝つと考える傾向があった。今日でも、多くの人にとって、戦間期のヨーロッパは狂気の独裁者によって道を誤ったのだと考えるほうが、自分で民主主義の放棄を選んだと考えるより容易である。われわれはムッソリーニを道化として、ヒトラーを狂った支離滅裂の狂人として、スターリンを誇大妄想症者として描いた本を熱心に楽しむ。しかし、例えばムッソリーニの人生は、われわれにファシズムの主張を実際に伝えることができるのだろうか。一九四〇年にマイケル・オークショットは、自由の敵を、「一人の暴君、一人の専制者」――まず君主、そして独裁者――に見るという、自由主義者の典型的な過ちを指摘し、それでは本当の民主主義への挑戦がどこから来るのかを見失ってしまうと注意を促した。▽[41]

オークショットは右翼と左翼の政治的教条と実践を真剣に受け止める必要性を強調した。「どちらも……われわれの文明の……伝統のある潮流に属している」からである。自由主義は、ファシズム、共産主義、政治的カトリシズム、ナチズムと異なり、「今日の世界との接点」を失ってしまっており、これらから学ぶべき点がある。あるムッソリーニ期イタリアの研究者は、次のように書いた。「民主主義は、ファシズムの極端な例をもとに、個人の自由と全体の福祉のために必要な社会問題の規制・統制とを、どのように両立させるのか、学ぶべきである。ファシストの実験を知ることで、十九世紀の基準を今日の世界に適用することがいかに無益かわかるであろう。」そして、ジョージ・ケナンという若いアメリカの外交官は、民主主義よりも「善意の専制のほうが、……善政を行なう潜在的可能性が大きい」と結論づけ、さらに進んで、合衆国にも「権威主義国家への立憲的変化の道」を辿るように提案した。▽[42]

右翼の明白な非合理性と、理性や論理よりも行動と直感を好む姿勢を考えると、権威主義国家の理論を真剣に受け止めるのは奇妙に思えるかもしれない。カール・シュミットやマルティン・ハイデガーら右翼の知識人は、そろって

▽（39）*The Times*, 10 August 1936

▽（40）K. Loewenstein, ‘Autocracy versus democracy in contemporary Europe’, *American Political Science Review*, 29: 4 (August 1935), pp. 571–93, ibid., 29: 5 (October 1935), pp. 755–84

▽（41）M. Oakeshott, *The Social and Political Doctrines of Contemporary Europe* (London, 1940), pp. xvii, 4

▽（42）Oakeshott, op. cit., p. xiii; H. Arthur Steiner, *Government in Fascist Italy* (London, 1938), p. 141; Kennan in M. Weil, *A Pretty Good Club: The Founding Fathers of the US Foreign Service* (New York, 1978), p. 171

右翼の現実に失望していた。ムッソリーニやヒトラーのような人々は、躊躇なく彼らの思想を取り上げたり見放したりした。逆にいえば、右翼の非合理性はともすると誇張されやすい。右翼もまた、何百万もの人に受け入れられる政治理論（または諸理論）や法体系をもっており、自由主義と同様に力強く、前向きに伝統を継承していたのである。一九三四年ポルトガルの独裁者サラザールは「今日の世界における、巨大な実験室のなかで」と述べ、次のように続けた。

十九世紀の政治体制が崩壊し、新しい社会経済的条件の要請に諸制度を適応させる必要が、ますます差し迫って感じられるとき、われわれは誇らしく思う。……なぜなら、われわれの理念と成果によって、諸国を悩ます問題や困難を理解するために、重大な貢献を行なったからだ。……政治の進化に退化の動きが生じなければ、二十年以内にヨーロッパには立法議会はなくなるだろうと確信している。▽[43]

事実、一九三〇年代中頃までには、北の周辺部を除くヨーロッパの大半で自由主義は疲弊し、組織された左翼は壊滅させられ、イデオロギーと統治をめぐる闘争は右翼の間で行なわれていた。つまり、権威主義、伝統的保守主義、テクノクラート、急進右翼の間でである。フランスのみが一九三〇年代を通して、左翼と右翼の間の内戦を続けていたが、最後にはヴィシー▼[11]で決着がついた。しかし、内戦はすでに短期間オーストリアで勃発しており（一九三四年）、スペインでは右翼の勝利に終わるまでより長期にわたって内戦が戦われた。イタリア、中欧、バルカンでは右翼が覇を唱えた。体制はルーマニアの国王カロルの国王独裁から、スペイン、ギリシャ、ハンガリーの軍人支配、ドイツ、イタリアの一党制国家と多岐に及んだ。これらのすべてがファシストだったわけではなく、実際、ファシストを敵であり、最大の脅威と考える体制もあった。

決定的な違いは、民主主義以前のエリート時代に時計の針を戻そうとする旧右翼の体制と、大衆政治の手段を通じて権力を掴み、維持しようとする新右翼の間にあった。前者は、フランコ将軍やギリシャの独裁者メタクサスなどであり、大衆政治を恐れ、王朝や教会など既成の権力秩序の砦と同盟した。バルカンでは右翼が十九世紀に立ち戻ろうとし、強力で専制的な国王が、閣僚を選び、政党を監督し、厳しく統制された選挙を実施した。

これとは対照的に、急進的な新右翼はイタリアやドイツで、選挙と議会の手続きを通して権力の座に到達した。彼らの手段は政党であり、これによって普通選挙権の時代に正統性と権力を手に入れ、大衆政治の新しいゲームになじめない旧式の保守主義者を出し抜き、弱体化することができた。ヒトラーがブリューニング首相に対して、「民主主義の根本原則は『すべての権力は人民に発する』である」と力説したとき、彼は、大量得票政党の指導者として語っていた。ナチ党（ドイツ国民社会主義労働者党）のような、大衆包括運動は、一九二〇年代のポピュリスト的衝撃の真の後継者であった。なぜなら彼らは、民衆が代議政府を求める要求に含まれる、とてつもない力に気がついていたからである。新旧右翼の間の本当の緊張関係は、オーストリア、ハンガリー、ルーマニアなどの国で最も明白に見出すことができる。そこでは一九三〇年代に、保守主義者と急進ナショナリストの間に流血を伴う政治的対立が生じた。▽(44)

もちろん、この新右翼は大衆政党を権力への手段に用いたものの、議会のゲームを続けるのではなく、議会主義に替わるものを提示し、一九一八年以後に見られた、国民の一体性を実現する参加型政治への要求を満たそうとした。まず、ファンファーレと国際的関心のなか、ムッソリーニの協同体《コーポラティズム》国家が設立され、一九二〇年代に多大な賞賛を浴びた。イタリアのコーポラティズムは、階級ではなく生産者の団体によって社会の代表を組織する、典型的なファ

▽（43） E. C. Egerton, *Salazar, Rebuilder of Portugal* (London, 1943), pp. 224–7
▼（11） 一九四〇年六月の独仏休戦協定に応じ、第二次大戦中も存続したフランスの政権。ナチス・ドイツの占領下に入った北西部を除くフランス南部を支配し、保養地ヴィシーに首都をおいた。大戦においては中立の立場をとったが、経済、軍事などさまざまな面で対独協力（コラボラシオン）を行なった。一九四二年十一月にはそのフランス南部も占領され、ドイツの支配下に置かれた。
▽（44） ナチスが「民主主義の基本的な教え」を実現したという考えについては、次の書評論文を参照。P. Fritzsche, 'Did Weimar fail?', *Journal of Modern History*, 68 (September 1996), pp. 629–56; また次も参照。Bullock, op. cit., p. 271

シストの手段として宣伝された。一九三四年に『フォーチュン』誌は、「協同体国家はムッソリーニにとって、ルーズヴェルトにとってのニューディールのようなものだ」と説明した。

実際には、コーポラティズムは、ファシズムが労働者を手なずけ、経営エリートと協働していることを隠し偽るためのまやかしだった。しかし、その魅力は、実際にコーポラティズムが、分裂が少なく有機的な政治的代表制への道を指し示していたことから生じていた。階層的性格すら、本質的な新しさの証明とみられていた。あるファシズム政治の観察者は一九三〇年代に、次のように書いた。「イタリアがわれわれに示すのは、この中央権力が、既存の全国的な職能組合構造の直接の所産でありうるということである――自由に選ばれたエリートは、社会的権利と社会的正義についての新しい理想に動機づけられており、配下の組織を通じて、個人の自由を多数の利益のために制限する用意と能力がある。▽(45)」

同様の仕組みは、他地域でも適用された。アントニオ・サラザールは、協同体的な統一共和国を宣言する新しいポルトガル憲法を一九三三年に導入した。政府は個人の権利を「共通善のために」制限する権限を与えられた。ナチス・ドイツと同様に、議会の痕跡は生き残ったが、政党は禁止され、首相が政令によって統治した。上院は職能評議会になり、労使関係はカトリックの有機体思想にそって、国民労働憲章によって強制的に作り直された。この憲章では、ストライキ、ロックアウトが非合法化され、独立した労働組合は破壊され、職能別全国組織の創設へといたった。このように、階級間の戦いや資本主義に典型的な対立は、少なくとも理論上は、調和と協力によっておきかえられることになった。しかし、イタリアと同様に、理論の不公正さが明らかになる。カトリックは共産主義を恐れていたため、資本主義への敵意を緩和させ、経営者は自律性の多くを維持した。▽(46)

恐慌に苦しむオーストリアで、ハンス・ケルゼンの民主的憲法は、オーストリア・マルクス主義者には疑いをもって、大ドイツ人民党（親ドイツの国民自由主義）には敵意をもって、自前のカトリック・コーポラティズムに関心をもつキリスト教社会党には冷ややかに見られていた。ドルフス首相はマルクス主義者のウィーンとカトリックの地方との対立を、最初は議会に基づいた統治の中止によって（一九三三年三月四日、ヒトラーがドイツでこれに倣う八日前）、さらに翌年には、社会主義者が首都に築いた莫大な住宅資産に軍事攻撃を命じることによって、解決しようとした。ヨーロッパの左翼に対する大打撃であった、赤いウィーンの破壊とともに、ドルフスはカトリック権威主義体制を作り上げた。それは自由主義と民主主義に替えて、「キリスト教ドイツ身分制国家」の教義を打ち出すものだった。▽(47)

このようにオーストリアはポルトガルを追って、自覚的にキリスト教的なナショナリズムの道を切り開いた。これがのちにスロヴァキア、スペイン、ギリシャ、クロアチア、ヴィシー・フランスに、またポーランド、ハンガリー、ルーマニアの右翼政治にも浸透した。暴力的な反ユダヤ主義はこの必然的結果だった。哲学者のモーリッツ・シュリック▼(12)が、まさにウィーン大学のホール内で狂った学生に殺害されたとき、あるカトリック・ナショナリズム系の新聞は、次のように応じた。

> われわれがみなに念を押しておきたいのは、われわれはキリスト教的ドイツ的国家に住むキリスト教徒であり、どの哲学が善く、適しているかを決めるのはわれわれだということだ。ユダヤ人がユダヤ哲学を許されるのは、彼らのユダヤ文化協会の内部であるべきだ！　しかし、キリスト教的ドイツ的オーストリアのウィーン大学の哲学講座は、キリスト教哲学者に与えられるべきである！　最近、オーストリアのユダヤ人問題の平和的解決はユ

▽（45）J. P. Diggins, *Mussolini and Fascism: The View from America* (Princeton, NJ, 1972), pp. 164–5
▽（46）T. Gallagher, *Portugal: A Twentieth Century Interpretation* (Manchester, 1983), pp. 64–74
▽（47）U. Kluge, *Der österreichische Ständestaat, 1934–1938* (Vienna, 1984), chs. 1–3; F. Stadler and P. Weibel (eds.), *Vertreibung der Vernunft: The Cultural Exodus from Austria* (Vienna/New York, 1995)
▼（12）ドイツの哲学者、物理学者。戦間期のウィーンで自然哲学を講じ、論理実証主義に基づいて科学的な立場から哲学を論じる科学者・哲学者の集団であるウィーン学団を率いた。その反形而上学的な学風や、学団にユダヤ系のメンバーも含まれたことに対して、本文のように「ユダヤ的」との批判が向けられた。

ダヤ人のためでもある、さもないと暴力的解決が不可避であるからだと、繰り返し説明されてきた。ウィーン大学内の恐るべき殺人が、ユダヤ人問題の真に満足のいく解決に寄与するよう希望する！[48]

シュリック自身がユダヤ人ではないという事実は、彼が同時代の哲学における「ユダヤ」的運動に加わっていることに比べれば、明らかに重要ではなかった。ナチスの進軍のはるか前から、オーストロ・ファシズムは「ユダヤ人に汚されていない」共同体という目標を目指していたのである。一九三八年のアンシュルス〔ドイツとの合邦〕は、オーストリアの独立を破壊したかもしれないが、民主主義を破壊したわけではなかった。民主主義はすでに崩壊していたからである。

オーストロ・ファシズムとナチズムには多く共通点があったが、相違点があった。オーストロ・ファシズムは、ドルフス、続いてシュシュニクの指導のもと、カトリック権威主義を目指していた。ナチズム同様に民主主義と議会には敵意をもっていたが、社会における教会の指導的役割を受け入れていた。その結果、体制支持者と人種主義の唱導者たちの間には裂け目が広がっていった。左翼の力が弱り、対立の焦点が右翼内部に移った状況下では、この裂け目を真剣に受け止める必要がある。

ドイツ・ナショナリズムとカトリシズムを結びつける、戦間期のオーストリアの保守思想家にとって、協同体国家の教義が普遍的な信条なのか、それともカトリック・ドイツ人のみのために構想されたものなのかは、常に曖昧だった。これに対してナチズムは、反宗教的かつ明白なナショナリズムの立場に立った。「ナチズムは、すべての人類は人種の違いに関わらず同じであるという、国際的で普遍的な自由主義科学のドグマに反対する」と、オーストリアの哲学者フェルディナンド・ヴァインハンドルは一九四〇年に述べている。[49]

そのため、議会制自由主義を攻撃する右翼勢力のなかで、ナチズムがもっとも極端で、非妥協的であった。議会に正統性がないのだとしても、教会にも、王朝にもないという立場である。ここに、ドルフスのオーストリア、フランコのスペイン、アントネスクのルーマニアらと、第三帝国の違いがあった。前者はみな、伝統的な権威の基盤をみとめ、共存していたのである。右翼の一方は旧秩序を大衆政治の力に抗して擁護し、他方はこの力を社会改造の革命的試みに利用した。ファシスト・イタリアですら、国王や教会が体制とともに存在することを許容した。しかしナチス・ドイツでは、正統性は、総統《フューラー》の布告によって示される、人民の意志にのみ発したのである[50]。

法とナチス国家

一九二〇年代の自由主義的なヨーロッパの憲法が、政治を法の支配に従属させることを目指しているのと対照的に、ヒトラーにとって法は政治に従属するものであった。しかし、第三帝国は確かに無法国家ではなかった。反対に、ナチス体制は、無秩序状態の圧力に抗して、法と秩序を擁護していると主張した。この主張は大衆の支持の観点からも自己イメージとしてもきわめて重要だった。帝国官報には、第三帝国の最初の三年間だけで四千を超える法令、布告、命令が公示された。ヒトラー自身、一九三四年の「長いナイフの夜[13]」に仲間のエルンスト・レームを殺害してから、遡及的政令を出し、「国家反逆的攻撃を制圧するために六月三十日、七月一日、二日にとられた措置は、合法である」と規定した。第三帝国には法律が豊富に存在したが、民主主義とはかなり異なった、政治に対する関係のなかで作動していた[51]。

▽（48）次からの引用。ibid., p. 15
▽（49）ibid., p. 86
▽（50）次を参照。P. Diehl-Thiele, *Partei und Staat im Dritten Reich* (Munich, 1971)
▼（13）一九三四年にヒトラーがエルンスト・レームなど突撃隊（ＳＡ）や前首相シュライヒャーに対して行なった粛清。
▽（51）K. Loewenstein, 'Law in the Third Reich', *Yale Law Journal*, 45 (1936), p. 811; H. W. Koch, *In the Name of the Volk: Political Justice in Hitler's Germany* (London, 1989), chs. 3–4

ドイツの法的伝統は常に非常に保守的であった。実証主義、ヴィルヘルム行政の専制的性格、司法官のキャリア構造、これらすべてが作用して、裁判官は法を、個人ではなく国家を保護するための手段だとみなしていた。ワイマール期には、保守的でナショナリスト的な共感から、極右を寛大に扱った。一九三三年以降、彼らは新しい状況に適応し、ナチスは先行体制の合法的な継承者であるという見解に安住した。しかし合法性の化粧板の背後に、体制自身が革命的な野望を隠しもっていた。▽[52]

まず手始めに、ナチスはワイマール憲法が代表する自由主義的な法体系の価値を明確に拒絶した。例えばハンブルクの裁判所は、「この憲法の破壊は、ナチズムの長年にわたる未解決の目標の一つである」と述べ、その理由として、「ブルジョワ立憲主義の堕落形態」は、「ドイツ的世界観」と反発しあうからだとした。ボルシェヴィキのように新しく憲法を起草するのではなく、ナチスの司法は「指導者原理」に基づいていた。司法はヒトラーの意志を反映しなければならず、「健全な人種共同体」の建設という体制の目標の手段としての役割を果たさなければならない、という考え方である。「指導者原理」のもとで、「形式的な法的基準」は、ヒトラーの権威によって認められた恣意的な手段に従属した。「民族共同体《フォルクスゲマインシャフト》の保護」は、ユダヤ人やロマ、アーリア人の「堕落した」集団——社会不適応者、同性愛者、身体的精神的障害者——の権利を、法がもはや擁護しないことを意味した。警察の抑圧と医療による暴力はますます強化され、ワイマール福祉国家の療法プログラムに取って替わった。悪名高いローランド・フライスラーは、「国家によって侵されない個人の自由な領域を作り出す基本的人権は、新国家の全体主義的原則と両立しえない」と強調した。▽[53]

ナチスというよりは保守的ナショナリストである裁判官にとっては、このような発言が意味する事態は厄介なものだった。彼らは「ナチス的憲法秩序」という虚構にしがみつき、あるいはワイマール憲法の停止は一時的なものにすぎないとむなしく主張した。体制の最初の数年間、裁判所はゲシュタポの略奪行為に対して、正当な法手続きの観念を維持しようとした。例えば、法の適用に関してある程度の一貫性がなければ、どう企業を動かしていけるだろうか。

かつてマックス・ウェーバーは、資本主義経済が円滑に機能するためには合理的な法体系が必要だと主張していた。実際、ナチスの経験は彼の議論を反証することにはならなかった。ドイツのユダヤ人がこれらの規定から速やかに除かれるという明確な但し書きのもとに、民法、商法の大部分はそのまま残されたのである。

しかし多くの場合、急進的ナチズムは、一貫性と独立性への裁判官の自然な要求を圧倒した。法的見地からは、ドイツは「二重国家」になっていて、政治的指導者によって発せられる恣意的な布告の絶え間ない波が、法の慣行上の主要部分を蝕んでいった。警察権力に対する制約は廃止され、ゲシュタポは裁判所が放免した人物を捕え、まっすぐ強制収容所に送り込んだ。裁判官のなかには、裁判所の尊厳を損なうとして、特にこの行為に憤慨するものもあった。彼らは、ゲシュタポと、いつ釈放になるかを知らせる一連の協定の交渉をした。ゲシュタポは引き換えに、放免された被告の逮捕を目立たないように行なうことに合意した。▽(54)

しばしば、法律家たちは実際に政治指導者の望みを予期して対応していた。「ドイツ人の血統と名誉を保護する法律」（ニュルンベルク法）が「人種混合」婚を禁止する一年以上前から、裁判官や公務員たちは、パートナーの一方がユダヤ人の場合に婚姻儀式を執り行なうことを拒否していた。一九三四年一月、帝国内務大臣フリックは、現存の規則を役人に注意喚起しなければならず、「ナチスの見解に完全には適合しないように見えたとしても」、現在有効な法律に従って儀式を実施するよう命令した。▽(55)

しかしナチスの見解は、「健全な人種的感情」が「形式的な法的基準」を凌駕すべきであるというものだった。べ

▽（52）I. Müller, *Hitler's Justice: the Courts of the Third Reich* (tr. D. Schneider) (Cambridge, Mass., 1991), pp. 6–27

▽（53）E. Fraenkel, *The Dual State A Contribution to the Theory of Dictatorship* (New York, 1941), p. 13〔E・フレンケル『二重国家』中道寿一訳、ミネルヴァ書房、一九九四年〕; Loewenstein, 'Law in the Third Reich', op. cit., p. 803; cited by M. Burleigh and W. Wippermann, *The Racial State* (Cambridge, 1991), p. 177〔M・バーリー、W・ヴィッパーマン『人種主義国家ドイツ――一九三三―四五』柴田敬二訳、刀水書房、二〇〇一年〕; cf. Dickinson, *Politics of Child Welfare*, p. 218

▽（54）Fraenkel, op. cit.

▽（55）Müller, op. cit., pp. 91–2

ルリン地方裁判所のある裁判官は以下のように述べている。「ユダヤ人に対抗する行動一つ一つが政府によって個別に命じられなければならないという考えは正しくない。もしそうだとすれば、法をユダヤ人に不利に解釈することは許されず、ユダヤ人は法の保護を甘受することになる。これが無意味であることは明らかだ。[56]」

自由主義は、健全な人種共同体のために破壊された。これは法的前例に対するイデオロギーの優位だけでなく、政治が生活のあらゆる領域に拡張されることにも明らかだった。ナチスの法は、先行するファシスト国家にもまして、全体主義国家がすべての個人に対して要求する新しい権力がいかなるものであるかをあらわにした。ヒトラー自身がこれを「すべての形態の自由主義的な自律性を破壊する、包括的な権力の要求」と呼んだ。古いブルジョワの公私の区別は、「ドイツ民族が遂行中の自己保存のための闘争において、政治的ではない生活の側面などもはやありえない」という主張によって、挑戦を受けた。あるナチスの法律家は、「いわゆる『私的領域』というのは相対的に私的であるにすぎない。これは同時に、潜在的には政治的でもあるのである」と主張した。[57]

一方で、民族共同体《フォルクスゲマインシャフト》の成員は、積極的な国家のおかげで利益を得ていた。国家は公共住宅を建て、子供の養育に助言し、料理の本を発行し、自由な休暇や近代的な医療を提供した。これらはしばしば、一九二〇年代に社会民主主義者が始めた同様の介入的福祉政策を継続したものであり、市民的理想主義からの賛意を同じように引きだすものだった。しかし他方で、集団の保健は、精神的、身体的あるいは人種的に病んだ肉体を、国家が隔離し、不妊化し、さらには殺害すること、婚姻と出産を統制すること、そして反対者に対する厳しい制裁を意味した。伝統的な家族単位は助成されたが、同時に、より高次の権力に従属させられた。

告発と監視の脅威は家族、家庭、さらには潜在意識にまで入り込んだ。「夜九時のことだった。」一九三四年、四十五歳のあるドイツ人医師の夢はこのように始まる。

> 診察が終わり、私はソファーに寝そべり、マティアス・グリューネヴァルトの本を眺めながらのんびりしていた。そのとき、急に私の部屋の壁が、次にアパート全体の壁が消えた。見回すと、恐ろしいことに、壁があるアパートはもう一つもなかった。そのときスピーカーの声が聞こえた。「今月十七日の布告により、壁は廃止された……。」[58]

夢を書き留めたあとで、医師は夢を書き留めたことで告発される夢を見る。睡眠すらもはや私的なものではなかった。良心の自由は認められていなかったので、「ハイル、ヒトラー」と言わずに、「ハイル」とのみ（そのような挨拶は神に対してのみ値するという理由で）言ったエホバの証人信者は、合法的に職から追われた。ヒトラー・ユーゲントの価値観と相容れないと見なされた価値観に従って教育された子供は、両親によって「ネグレクトされている」とされ、里子に出される可能性もあった。例えば一九三八年には、子供がヒトラー・ユーゲントに入ることを父親が拒否したために、ある家族が引き裂かれた。簡易裁判所によれば、彼は「子供の養育権を濫用した」のである。[59]

このように生活における公私の領域の区別が廃止されたことは、民衆のナチスに対する態度を評価するさいに、考慮にいれる必要がある。民主主義のもとで、自由な市民は、誰をどの程度の熱意で支持するか選ぶことができる。しかし第三帝国では、熱狂以下のものは、潜在的裏切りと見なされ、罰せられる可能性があった。表明する手段がないので、世論は存在しなかった。これではどのように体制の人気を測れようか。

例えば、市民が祭日に鉤十字の旗を挙げる義務があるかどうかという問いを議論したとき、ある解説者は、法的義

▽（56）Fraenkel, op. cit., pp. 52, 94
▽（57）R. C. van Caenegem, *An Historical Introduction to Western Constitutional Law* (Cambridge, 1995), p. 284
▽（58）C. Beradt, *The Third Reich of Dreams: The Nightmares of a Nation, 1933–1939* (Wellingborough, Northants, 1985), p. 21
▽（59）Fraenkel, op. cit., pp. 43–4, 54, 56, 58

務はないが、旗を揚げ忘れたらナチズムへの熱意が欠けていることの印であると見なされうると主張した。そしてその解決策は、おそらくしばらくの間の強制収容所送りであろうと続けた。別の例では、ある公務員が冬季救済基金への募金を断ったとして訴追された。被告は、他のさまざまな募金には惜しみなく寄付しているし、冬季救済基金は「自発的」なものなのだから、どの慈善事業を好むか決めることは許されるべきだと抗議した。しかし彼の主張は、裁判所を説得することはできなかった。裁判所は「被告の自由の概念は極端な性格のものである。……彼にとって自由とは、明確に法によって要求されている場合を除き、すべての義務を無視する権利であり」、このために、彼は「総統《フューラー》がドイツ魂を信頼して与えた自由を、卑劣にも濫用している」と判示したのである。[60]

個人が妨げられることなく自由に判断することをもはや許されないこの環境のもとでは、秘密警察にせよ地下反体制活動にせよ、民衆が体制にどのような感情を抱いているか観察者が推し測ることは容易ではない。食料品価格、ユダヤ人の扱い、外交政策、教会など、特定の問題に関しては、人々は比較的率直に語っていた。しかし、体制そのものについての思い切った意見はめったに表には出なかった。その理由は明白である。

それでも、いくつかの全般的な傾向を指摘することはできよう。ナチス・ドイツでは、イタリア、ロシアの一党制国家でもよくあるように、人々は指導者と党組織を区別していた。地元の役人の行動にはあからさまに不平や苛立ちが表明されたが、その同じ口から、指導者に対しては称賛、尊敬、崇拝すら語られた。イタリアの歴史家エミリオ・ジェンティーレは、ムッソリーニの下での「政治の神聖化」について述べた。統領《ドゥーチェ》、ヒトラー、スターリンの誰であれ、指導者崇拝は住民を統合し、さもなくば不人気の体制を受け入れさせる。[61] このような「政治の神聖化」には、記念建築物や集会場、プロパガンダのための展示や出版物に、惜しみなく金をかけることも含まれていた。大衆集会、パレード、行進は儀式を提供し、権力の感覚を明示し、個人の原子化と無力を際立たせた。敵にあふれた世界で指導者は霊感と安心を与えた。しかし指導者崇拝は、共同体生活全般の軍事化と並んで、ラジオの普及、識字率の向上、教育の普及など現代生活の日常的な形態を通じて喧伝された。

これは、たんに体制権力が検閲と操作によって人々の目をくらましている過程とはいえなかった。むしろ、指導者と住民双方が結び合って価値観を分かち合い、議論する物語であった。一国社会主義、ドイツの民族共同体《フォルクスゲマインシャフト》、あるいはイタリア帝国という原理的なユートピア計画は、新しい、統一された国民という肯定的なイメージを投影するものであり、まったく不人気どころではなかった。政策課題は政党間ではなく、唯一存在が許された政党の内部、あるいは省庁などの公私の機関の間で議論された。体制を全体として否定するのでなければ、体制のある側面に対する反対は、さまざまなかたちで表明できた。党内闘争において、狂信者に対して「普通」の人々の側に、あるいはそれまでのやりかたを好む人々に対して「理想主義者」の側につくことによってである。

平和時に帝国が高い支持を得ていたことは、他のかたちでもわかる。もちろんナチス体制は、大衆の服従を引き出すために、法と警察を抑圧手段として利用した。一九三九年までにも、裁判所は数千の死刑判決を出した。ファシスト・イタリアでは政治犯の死刑判決は二十九件であり、日本の裁判所では数件であったのと比較すると、ナチス法の相対的な厳しさは際立っている。他方で、平時のナチス・ドイツの強制力は、決してスターリンのソ連ほどは目立たなかった。ナチスの強制収容所は一九三〇年代に二万五千から五万人を収容していたが、ソ連のグラーグ〔強制収容所〕には何百万人もいた。一九五〇年代の全体主義理論は、少数のエリートが大量の住民をまったくのテロルで抑えつけていたと仮定したが、これは今日では都合のよい思い違いに見えてくる。この理論の影響で、戦間期ヨーロッパの非民主主義体制の安定性に対してわれわれの目がくらまされているのである。第三帝国は抑圧のみのうえに建てられたものでも、法システムの機能だけによるものでもない。ドイツ住民の多数はヒトラーに賛成しなかったが、彼に抵抗することにも失敗したのである。人々は新しい状況を受け入れ、体制は通常生活の一部になった。▽(62)

ヨーロッパの二つの一党制の大国、ナチス・ドイツとソヴィエト・ロシアの相違点は、共通点よりも重要である。

▽（60）ibid., pp. 40, 48–9
▽（61）E. Gentile, *The Sacralization of Politics in Fascist Italy* (Cambridge, Mass., 1996)

ナチスは選挙での大規模な支持を背景に権力についたが、共産主義はクーデターによるものだった。第三帝国は大政党によって動かされ、その指導者の権力は党内でも国全体においても疑問の余地のないものだった。ソ連は、倍の住民が広大な大陸に散らばっており、党員はナチスと同数程度で、内外の緊張に引き裂かれており、レーニンの死に伴う熾烈な後継者をめぐる危機に悩まされ、そして最後に、同輩者中の第一人者にすぎない地位に常に神経質になっている指導者〔スターリン〕によって動かされていた。ヒトラーは仲間の「古参党員」を評価し、彼らから「総統《フューラー》」として認められていたが、スターリンは自身の権力を強化するために、従来の同志を容赦なく粛清した。長いナイフの夜はひどく残忍なものではあったが、ナチ党の大部分は無傷であった。対照的に、一九三〇年代末の共産党は、レーニンによって作り出された革命勢力とはほとんど共通性がなくなっていた▽[63]。

これらの対照性は、党のイデオロギー上の目的が両者で同じではないことを反映している。ヒトラーのドイツは、教育程度の高い労働力を備えたヨーロッパ最大の工業国であり、ナチ党の国内の目的は、人種的福祉国家――民族《フォルクス》共同体《ゲマインシャフト》――の形成であった。これは建設的な面でも強制的な面でも、それまでの福祉の伝統の上に作られ、それを拡張するものだった。国内の犠牲者は主に、数少ないマイノリティであり、ボルシェヴィキが何百万の農民を標的にしたのとは違った。ボルシェヴィキの目標ははるかに急進的であった。私的所有の廃止、連邦をまとめあげる新しいソヴィエトという国民帰属の創設、ヨーロッパで最も後進的な農業経済において、他地域では十九世紀後半全部、あるいはそれ以上かかった産業革命を、十年に凝縮して遂行することである。ボルシェヴィキがこの計画を推し進めようとしたときに直面した非常に大きい重圧や緊張は、ここに起因するのである。二つの企てのこの相違が、一九三〇年代に両国で生じた国内の暴力のレベルの違いを説明する。

しかし、ナチスの国内政治の多くが伝統的なドイツ人の生活にあまりにも円滑に適合しえたために、ヒトラーを筆頭とする、ナチズムの真に急進的な信奉者は、旧来どおりのやりかたに埋没してしまうこと、たんに秩序と安定を望む銀行家、中産階級、ナショナリスト保守主義者にのみ込まれてしまうことを常に警戒していた。平常であるということは、革命を脅かす。なぜならそれは革命のユートピア的な夢を妨げる重しとなるからである。ドイツ住民が体制を容易に受け入れたことは、われわれを警戒させるのとほとんど同じように、ヒトラーをもむしろ警戒させた。ナチスの権力掌握を強固にするために、レームを排除し、彼の無法な突撃隊をコントロール下に置くことと、ブルジョワに屈服することはまったく別であった。総統《フューラー》は、特に一九三五年から三六年に民衆の無関心が拡大している証拠が増えるにつれて、「政治的無気力」に愕然とした。▽(64)

ナチスの急進派は、イタリアのファシスト党の不名誉な運命を見ていた。ファシスト党は権力を制圧したあと、国家機構に吸い込まれ、急進的なファシスト革命の思想を捨てざるをえなくなったのである。第三帝国の指導者たちは異なる野望をもっていた。ムッソリーニが国家を神聖視したのに対し、ヒトラーは国家の惰性と受動性を党のダイナミズムでコントロールする必要性を強調した。「国家がわれわれに命令するのではなく、われわれが国家に命令するのだ」と彼は一九三四年の党大会で宣言した。党の政治的メッセージは「大衆の心に浸透しなければならない。なぜなら、大衆こそがわれわれの信条の最上かつ最強の担い手だからだ」。その目的は何か。一九三〇年代に打ち出された巨大な再軍備計画が手がかりを与える。帝国の外に住む数百万のドイツ人に視線を注ぐ総統《フューラー》にとって、答えはひとつしかなかった。戦争によってのみ、ナチスのドイツ国民の人種的救済計画は実現できるのだった。▽(65)

▽（62）Müller, op. cit., p. 197; M. Broszat, 'The concentration camps, 1933–1945', in H. Krausnick and M. Broszat, *Anatomy of the SS State* (London, 1970)

▽（63）次を参照。Bullock, op. cit., ch. 10

▽（64）D. Bankier, *The Germans and the Final Solution: Public Opinion under Nazism* (Oxford, 1992), ch. 3

▽（65）G. L. Weinberg, 'Germany's war for world conquest and the extermination of the Jews', *Holocaust and Genocide Studies*, 10: 2 (fall 1996), pp. 119–33; M. Knox, 'Conquest, foreign and domestic, in Fascist Italy and Nazi Germany', *Journal of Modern History*, 56 (1984), pp. 1–57; Bankier, op. cit., p. 55

第2章　帝国、国民《ネイション》、▼(1)マイノリティ

国家《ステート》と国民《ネイション》を理論のうえで同一視することによって、国民《ナショナリティ》という考え方は、領域内の他のすべての国民集団を実際上の従属的な地位に陥れる。……そのため、その共同体においてすべての権利を主張する支配的な集団の人間性と文明の程度に応じて、劣等人種は、絶滅させられたり、隷属させられたり、法律の保護外におかれたり、従属状況におかれたりするのだ。

——アクトン卿、一八六二年▽(1)

第一次世界大戦と、ヨーロッパの古い大陸帝国の崩壊は、民主主義だけではなく、ナショナリズムの勝利の合図ともなり、後者の方がはるかに長続きする勝利となった。国民自決の原則を西欧から中・東欧へと拡大することで、パリ講和条約は、おおよそのところ現在まで続く境界と領域の原型を作った。けれどもナショナリズムの勝利は、それに続いて流血、戦争、内戦をひき起こした。エスニシティがパッチワークをつくる東欧に、国民国家が広がったことによって、現下の政治問題としてマイノリティ問題が浮上することになったからである〔巻末地図参照〕。国家の主権は「人民《ピープル》」に由来し、「人民」は特定の国民《ネイション》であると定義された場合、他のエスニック集団が国境内に存在することは、国民自決の原則を信じる人々にとっての、不面目、脅威、挑戦であると見なされざるをえなかった。

古い十九世紀の帝国は、まったく異なる方法で機能していた。帝国の正統性は、エスニシティではなく、王朝的忠

誠を基礎としていた。そのために、ドイツ系でもロシア皇帝の行政機構の高位に上ったり、国際会議でオスマン帝国を代表する外交官がギリシャ系ということがありえた。一九一四年から一八年の戦争は、このような世界を一掃してしまった。一九二〇年のナチ党綱領の第四項は「国民《ネイション》の一員のみが国家の市民たりうる」としていたが、少なくともこの点ではヨーロッパの大部分を代弁していた。トルコ語系やスラヴふうの地名をギリシャ語的なものに変えることに賛成する主張のなかで、ギリシャの学者カンブログルは第一次大戦後、「ギリシャの地には、ギリシャ的でないものはなにも残ってはならない」と書いた。▽(2)

しかし、純粋な国民《ネイション》は作り出されなければならなかった。国民はまだ夢であり、現実ではなかった。ギリシャもドイツも、他の中・東欧のいわゆる国民国家も、実際にはエスニックに同質ではなかった。ヴェルサイユは六千万人の人々に自分たちの国家を与えたが、二千五百万人をマイノリティにした。マイノリティには、ユダヤ人、ロマ、ウクライナ人、マケドニア人だけでなく、旧支配集団であるドイツ人、ハンガリー人、ムスリムも含まれていた。自由主義政治理論によれば、マイノリティは新しい国民文化に同化すべきであったが、特に後者の旧支配集団のマイノリティは、いまや彼らの上に君臨することになった成り上がりの農民たちより自分たちの方が文明的であると考えていたため、その考えを容易に受け入れなかった。実際、戦間期のヨーロッパでは少数派と多数派のどちらも同化を信用していなかった。新民主主義諸国はエスニックな関係に関して排他的、敵対的な傾向があった。

国民的純化の夢によって作り出された緊張は、戦間期ヨーロッパ政治の中心を占め続けた。トルコ人がアルメニア人に対して試みたようなマイノリティの根絶は、国際世論にとって一般的に受け入れられるものではなかった。マイ

▼（1）nationについては、国家と結びついている場合を「国民」、言語、歴史、宗教など、エスニックな特徴を重視してとらえる場合を「民族」と訳し分ける慣習となっているが、本書では、実際に国家と結びついているかどうかという外在的要件で区別せず、nationのもつ政治的共同体としての含意を表わしやすい「国民」という訳語を用いる。

▽（1）アクトンは次からの引用。C. A. Macartney, *National States and National Minorities* (New York, 1968), p. 17

▽（2）D. G. Kambouroglou, *Toponymika Paradoxa* (Athens, 1920), p. 5

ノリティの追放や、ギリシャとトルコが一九二二年から二三年に行なったような交換も、たいした改善とは思われなかった。ヴェルサイユの勝者は、違うアプローチを試みた。マイノリティを現居住地に留め、適切に扱われるよう国際法の保護を与え、次第に国民的帰属意識を得られるようにするというのである。しかしマイノリティの権利保護条約は、十分機能することはなく、悪意や差別を防ぐことはできなかった。

実際、国民自決の原則がこの種の問題を引き起こすことは明白であったため、一九一四年から一八年の戦争の間には、国民国家からなる世界が望ましい結果かどうか疑わしいと考える人も多かった。それにもかかわらず、これまでにない規模の世界帝国を擁するイギリスとフランスにとって、このような中・東欧の領土配置は帝国の利益にかなうものだった。ドイツとロシア双方への緩衝材としての役割を果たす一連の国家が作り出されたことで、英仏は遠方の植民地を支配するのと同時に、大陸でも覇権を振るうことができたのである。

他方、ドイツとロシアは、まさに新しい国民国家が作られた地域に帝国的野心を抱いてきた。一九一八年に両国が一時的に疲弊したために、イギリス、フランス、アメリカが新しい自由主義的秩序を課す余地が生まれたのである。しかし、力と野心を回復するにつれ、両国はこの地域にそれとは違った基盤を用いて接近してきた。例えばソ連邦は、大戦敗北後も残された旧帝国領土のエスニックな複雑さを、基本的に連邦という形で解決しようとした。共産党を通して中央集権化が行なわれる一方で、地元のウクライナ、ベラルーシのエリートに行政的、文化的な機会も認められた。

ロシア人はロシア・ポーランド戦争の敗北後、西に向けた膨張の夢を事実上あきらめたため、ソ連帝国はヴェルサイユ体制と共存することが可能であり、実際一九三四年には国際連盟に加入した。しかしイギリスとフランスによって組み立てられた国民国家とマイノリティの権利という自由主義的な秩序は、一九三〇年代、より決然とした挑戦を前に崩壊しはじめる。ナチス・ドイツの擡頭につれ、東欧に新しい人種的ナショナリズムが広がり、マイノリティは新たな攻撃にさらされ、その結果、難民が急増する危機が始まった。同時に、ファシスト諸国が既存の帝国列強に対抗して自国の権利を再び主張しはじめ、帝国建設は新たな段階を迎えた。ムッソリーニはエチオピア侵略によって道を示し、ヒトラーはヨーロッパ自体の内部で、帝国探求に着手した。

大帝国の解体

「お国はどちらですかと訊ねられれば」、『ウィーンの森の物語』の作者である、劇作家エーデン・フォン・ホルヴァートはこう書いている。「こんなふうに答えるだろう。フィウメで生まれ、ベオグラード、ブダペシュト、プレスブルク〔ブラチスラヴァのドイツ語名〕、ウィーン、ミュンヘンで育ち、ハンガリーのパスポートをもっている。しかし祖国はない。私は古きオーストリア・ハンガリーの典型的な混合物なのだ。同時にマジャール人、クロアチア人、ドイツ人、チェコ人であり、私の国はハンガリーで、母語はドイツ語なのだ。」

ホルヴァートは正しい。彼の背景にはどこにも珍しいところはない。世紀転換期には、ハプスブルクの町チェルノヴィッツ〔現ウクライナ領チェルニウツィ〕は、ハンガリー人、ウクライナ人、ルーマニア人、ポーランド人、ユダヤ人、ドイツ人の故郷だった。南に行けば、オスマンのセラーニク（サロニカ、テッサロニキ）の港湾労働者は六つ、七つの言葉を話したものだった。この町には、七万人のユダヤ人と、ギリシャ人、アルメニア人、トルコ人、アルバニア人、ブルガリア人がいた。このような多言語環境は東欧ではよく見られ、町や都市ではさまざまな宗教やエスニック集団が混ざりあっていた。ナショナリズムの原理が支持を強めるにつれ、このような場所が提起する問題が、政治家と政治理論家の間で議論を引き起こした。多くのエスニシティと宗教を抱える大帝国の憲法上・行政上の仕組みは、どうすれば、ヨーロッパを東へと進んでくる国民主義の感情の高まるうねりと両立させうるのだろうか。▽(3)

▽（3）ホルヴァートは次からの引用。J. Rupnik, *The Other Europe* (London, 1988), p. 41〔ジャック・ルプニク『「中央ヨーロッパ」を求めて――東欧革命の根源を探る』浦田誠親訳、時事通信社、一九九〇年〕

十九世紀の間に、ナショナリズムは、帝国の忠誠が依拠した古い王朝的、宗教的感情をすでに蝕み始めていた。オスマン・バルカンでの蜂起によって、ギリシャ、セルビア、ブルガリアが形成された。一八四八年革命は、中欧におけるドイツ、イタリア、ハンガリーのナショナリズムの力を示し、ポーランドの一八六三年の反乱は、ロシア支配に対する怨恨の深さを示した。一八五〇年代のハプスブルクの新絶対主義の失敗は、十八世紀に時計の針を戻すのは不可能だということを、強く印象づけた。

帝国の支配者にとって、ナショナリズムの前進に直面して採りうる戦略は二つあった。一つはオスマン帝国のトルコ化、皇帝《ツァーリ》の領土のロシア化、ハプスブルク二重君主国のハンガリー側半分のマジャール化など、新たな帝国ナショナリズムの創造である。このような政策は、近代的で、中央集権化された帝国の創造を目指していた。彼らは、ハンガリー人がそうしたように、支配的な国民集団に同化する機会を与えることで、支持を得ようと試みた。だが、伝統的社会に侵入し、言語の標準化と遅滞なき納税を無理強いすることによって、激しい反発を招き、対抗ナショナリズムを促進するという、目論見とは異なる結果となった。二十世紀最初の十年間、青年トルコ党は、アルバニア、マケドニアのナショナリスト運動の高まりに、結果的に火に油を注ぐことになった。ハンガリー人の強引さはルーマニア人やクロアチア人の抵抗を煽る結果となり、ロシア人はフィンランド、バルト諸国、ポーランドで反対派の増大に直面した。

ナショナリズムに対処するもう一つの方法は、分割して統治する政策である。オスマン当局はブルガリア正教会を分離させることによって、ギリシャ人とブルガリア人の相違を利用した。ハプスブルク家は、オーストリア人というものがいないため、独自の帝国ナショナリズムを創造できなかった。そこで、チェコ人にはドイツ・ナショナリストを対抗させて、漁夫の利を得ようとした。もちろんこの戦略は、ナショナリスト集団自体が譲歩を得る可能性を開くことになる。したがって、第一次世界大戦前の十年間、帝国支配者たちが、立憲改革、選挙権、言語や教育の権利の拡大の要求を突きつけられるようになったのは驚くべきことではない。このような要求の媒介手段は新しく生まれた大衆政党であった。しかし、これらの政党は決して完全な国民独立を構想してはいなかった。むしろ、民主化と自由の増大を既存の帝国の国家構造のなかで求め、ある程度成功を収めていたのである。

オーストリア社会民主党は、国民主義的な願望を受け入れるためにどのように帝国を改造するかという点に関して、最も興味深い議論を発展させた。憲法学者ヤーシ・オスカールが「歴史上の実験」とよんだ世紀転換期のオーストリア＝ハンガリーには、五千百万の住民、二つの国家、十の「歴史的国民」、そして二十を超えるその他のエスニック集団が存在していた。ハプスブルクの政治思想家にとって、二つのことが明白に思われた。第一にナショナリズムは無視できない政治的な力である。第二に、国民国家は現代社会においてアナクロニズムである。なぜなら、経済の進歩は国家がますます大きな単位に組織されるよう要求しているからである。したがって、現代の生活が要求しているものは、国民主義的な感情を否定しないが、完全に屈することもない政治構造である。イギリスの「コモンウェルス〔イギリスの旧植民地諸国からなる国家連合〕」思想の帝国主義理論家も、およそ同じ線に沿って考えていた。

第一次大戦前のハプスブルクの観点からは、国民集団に帝国内での文化的自治と参政権の拡大を与えることによって、この困難な課題を達成することは可能に見えた。この見方によると、多くの国民が一つの祖国にともに住むことは可能であった。イディッシュ作家のI・L・ペレツの一九〇八年の言葉によれば、「警備された国境よりも、文化の独自性こそが国民の独立した存在を保証する」のである。▽(4) ペレツのようなユダヤ人は、シオニズム（ヨーロッパを見捨てるナショナリズム）と完全な同化（ユダヤ・アイデンティティの否定を伴う）の間の第三の道を提示するものとして、このような見解を支持した。しかし、他の国民集団の指導者も同様な要求を述べた。チェコや南スラヴのナショナリストで、完全な独立を考えていたものは、ぎりぎりまでほとんどいなかった。一九一八年にすら、オーストリアの社会主義者カール・レンナーはハプスブルク帝国を「諸国民の国家」に変え、「人類の未来の国民秩序の模範

▽（4）次からの引用。R. R. Wisse, *I. L. Peretz and the Making of Modern Jewish Culture* (Seattle, 1991), p. 96

を示そう」と主張していた[5]。

このような人道的なアプローチが中・東欧で実現しなかったのは、ナショナリスト自身の圧力よりも、一九一四年から一八年の戦争のさいに、敵に対する政治的武器の一種としてナショナリズムを煽ったという帝国側の自殺行為が原因である。ジョン・バカンのベストセラー『緑のマント』は、トルコがインドのムスリムを反乱させるのではないかという、イギリスの恐れを反映している。しかし、中東でユダヤ人、アラブ人の分離主義者をたきつけてオスマン支配に対抗して立ち上がらせ、運命的な結果をもたらしたのはロンドンとパリであった。ロシア人とドイツ人も同じゲームを試み、ポーランド人勧誘のために入札のように競って対価を示し始めた。一九一四年八月、ロマノフのニコライ大公は、ロシア勝利の暁にポーランド人に自治を与える約束をした。二年後、中欧列強が彼を打ち破ったが、こちらもロシア皇帝軍からもぎとったポーランドの一部に独立を提案した。さらに二年後、協商諸国は中欧列強を出し抜くために、しぶしぶながら海への出口をもつ独立ポーランドというさらによい条件を約束した。ポーランドの自由の闘士たちは、入札価格がつり上がるのに応じて、次々と分別よくスポンサーを代えていった。

戦時中のベルリンでは、ドイツ人はウクライナ人やユダヤ人を同じ短期的目的のために援助した。ロシア被抑圧民族連盟の形成を支援することで、皇帝《ツァーリ》から支持を引き離し、マルチ・ナショナルな構成のロシア帝国軍を内側の士気から掘り崩そうとした。ベルリンは、フィンランド、ウクライナのナショナリスト・グループを援助し、ポーランドのユダヤ人の宗教自治を支援し、ポーランド王国での公式言語の一つとしてイディッシュ語を認めた。ドイツのシオニストはロシア・ユダヤ人解放委員会を形成し、ロシア帝国領内のマイノリティが最終的に連邦を作るよう提案した。ドイツが第一次大戦に勝利していたならば、ユダヤ人の運命は非常に違ったものになり、われわれは疑いなく、ドイツ人のではなく、ロシア人やポーランド人の反ユダヤ主義の残忍さに関するモノグラフを読むことになっただろう。

その間に、協商側はまったく同じゲームを中欧同盟諸国に向けて行なっていた。チェコ人、クロアチア人、スロヴェニア人、ポーランド人らは、ローマで反ハプスブルクの被抑圧諸国民会議を開いた。ロンドンでは雑誌『新ヨーロッパ』がハプスブルク領の「非抑圧諸国民」に関する独自のキャンペーンを熱心に展開した。しかし、イギリス、フランス政府の全員がこれを賢明な考えと思っているわけではなかった。例えばロバート・セシル卿は「宗教のように国民性を」信仰している人々を批判し、警告した。「私自身は、国民にのみ基礎をおきその他の規定をもたないようなヨーロッパの平和が、望ましいものになることも、いずれかの点において有益なものとなることもおそらくないであろうと信じている。」[6]

中欧同盟諸国も、国民自決を実際に信じていたわけではなかった。特にドイツ人は、東欧のエスニシティの混乱を解決するための、別の夢をもっていた。このうち最も――少なくともドイツで――人気があったのは、経済的に一体となった中欧《ミッテルオイローパ》という思想である。これはベートマン＝ホルヴェーグ首相の政策目標であり、戦時中のベストセラー、フリードリッヒ・ナウマンの『中欧《ミッテルオイローパ》』によって、一般に広められた。同書では、ドイツ人がヨーロッパの中心部を支配することの美点が描かれていた。しかし、ドイツ人以外は、啓蒙されたドイツ人支配の経済的・文化的利益という考えをそうやすやすと受け入れなかった。また、戦争中ドイツ人とぎこちない同盟関係にあったハプスブルク人も、二級ドイツ人のように感じさせられるのを好まなかった。

しかし、より急進的なドイツ・ナショナリストにとって、中欧《ミッテルオイローパ》の思想は、中東欧の他国民の感受性に配慮しすぎたものであった。ドイツ参謀本部の将校、ヒンデンブルクやルーデンドルフらは、東における軍事的政治的支配の維持を第一に考えていた。彼らの構想は、ドイツ帝国と同盟を結んでいるナショナリストらに自由の余地をほとんど残さない、本質的に権威主義的なものだった。

▽（5）境界地域については、次を参照。A. Applebaum, *Between East and West: Across the Borderlands of Europe* (London, 1995); O. Jaszi, *The Dissolution of the Habsburg Monarchy* (Chicago, 1929), p. 3; レンナーについては次を参照。T. Bottomore and P. Goode (eds.), *Austro-Marxism* (Oxford, 1978), p. 31（歴史の皮肉によって、この超国民主義の頑固な主唱者がオーストリア共和国の最初の宰相となった。）

▽（6）V. H. Rothwell, *British War Aims and Peace Diplomacy, 1914–1918* (Oxford, 1971), p. 159

戦争末期のわずかの間、その夢は実現した。一九一八年春、奇しくも一九四一年の出来事を予示するかのように、なんとしても講和を結ぶためにドイツ人の東方への要求のほとんどすべてを認める用意のあるボルシェヴィキの新政府と、ブレスト＝リトフスク条約を締結したのである。この講和条約はベルリンに、汎ドイツ連盟の最も野放図な夢をも超える領域への影響力を提供し、東欧の広大な地域の支配権を与えた。旧ロシア帝国領のポーランド、ウクライナ、バルトの保護諸国である。オーストリア＝ハンガリーは無視され、ウクライナからは、「パンの平和」と呼ばれた同条約によって、独立の条件として毎年百万トンの小麦が約束された。ドイツ軍はフィンランド、ウクライナに押し入り、さらにロストフとコーカサスまで南下した。トルコとの同盟は、旧ロシア領の分割によって強化された。ブレスト＝リトフスク条約は東欧にドイツの平和《パックス・ゲルマニカ》をもたらし、東での戦争は終わったかに見えた。今日、ブレスト＝リトフスク条約はほぼ完全に忘れられ、数ヶ月後のドイツの崩壊によって破裂する「たんなるシャボン玉」に見えるが、当時のイギリス外務省にはそのように見えなかった。彼らは、ドイツがいまや「世界と永遠に戦うことができ、制圧不可能である」と恐れた。ドイツとトルコの組合せはインドに脅威を与えることができ、ユーラシア大陸をいつまでも保持できる。そうなると戦争は何年も続きかねない。協商側が西で勝利を収めたことによって、ようやくこれらの懸念は思い出に変わったのである。(7)

戦後、ドイツ人の右翼はブレスト＝リトフスクの幕間劇を、逃してしまった大きな可能性、帝国が東のヨーロッパ帝国を築く偉大な第一歩となるはずだった投機として振り返った。自分たちの利益ばかりを粗暴なやりかたで追求し、他の国民的な欲求にはあまりに無関心だった、と考えたドイツ人はほとんどいなかった。急進的ナショナリスト、アルフレート・ローゼンベルクは、一九二一年に、ベルリンは実際のところ、ポーランド人や他の国民集団の権利を考慮しすぎだったと書いている。二十年後、新たな帝国膨張戦争の最中、彼はヒトラーの占領東方地域担当大臣として、前任者の過ちを避けるのに適した地位についたことになる。ドイツ・ナショナリズムの権威主義的な構成メンバーは、あくまでスラヴの「野蛮人たち」を直接軍事支配することに本能的にこだわり、より協力的なアプローチのもたらす利点を無視した。ロシア人たちの東欧の諸国民の問題への独自のアプローチは、はるかに洗練されたものであり、彼らはその利益を得ることになる。[8]

なぜハプスブルク帝国は息を引き取り、ロシア帝国はソ連としてよみがえったのか、疑問に思うに違いない。部分的には、明らかに両者の相違点に原因がある。ドイツ人とハンガリー人はハプスブルク帝国の人口の半分には一度も達しなかったのに対し、ロシア人だけでソ連人口の半分以下になったことはなく、ウクライナ人、ベラルーシ人を合わせれば約三分の二を占めることになる。二重君主国とは異なり、ソ連では帝国国民が優位を占めつづけ、皇帝《ツァーリ》たちによって発展し、スターリンによって結実した中央集権主義の伝統をさらに強化していった。[9]

しかし、これは答えの半分にすぎない。ロシアのマルクス主義者が、ハプスブルクの諸国民と帝国に関する議論から多くを学んだのもまた、真実である。ヒトラーの新秩序がハプスブルクの究極の拒絶であったのと同様に、ある意味でソ連はハプスブルク帝国の真の後継者であった。イディッシュ語を話すユダヤ人労働者の運動であるブントのおかげで、戦前のオーストリア・マルクス主義のナショナリズムに関する論争はロシアとボルシェヴィキにも届いていた。ブントのメンバーたちは、ロシア帝国を諸国民の連邦に変えたいと考えてきた。それは、オーストリア社民党のハプスブルク帝国のためのプログラムの線に沿って、領域からは独立した国民文化自治をともなった連邦であり、ロシア人の同化要求を「横領ナショナリズム」と非難した。ブントのある指導的メンバーがすでに一九〇二年にレーニンや他のロシアの社民党員を、ユダヤ人国民自治へ不寛容であるとして攻撃したのは先見の明があった。彼は、従属

▽（7）ibid., pp. 193f.; R. L. Koehl, 'A prelude to Hitler's Greater Germany', *American Historical Review*, 59: 1 (October 1953), pp. 43–65

▽（8）P. Stirk (ed.), *Mitteleuropa: History and Prospects* (Edinburgh, 1994), pp. 14–15; ローゼンベルクは次からの引用。G. Stoakes, *Hitler and the Quest for World Dominion: Nazi Ideology and Foreign Policy in the 1920s* (New York, 1986), p. 125

▽（9）この疑問はヘンリク・シュライファーが以下で示したものである。R. L. Rudolph and D. F. Good (eds.), *Nationalism and Empire: The Habsburg Empire and the Soviet Union* (New York, 1992), p. 152

的諸国民集団の権利を侮り、「全ロシア人」、「全ポーランド人」、「全ドイツ人」という大義で目をくらまされるならば、一見国際主義的な労働者運動は「ナショナリズム的」になると警告した[10]。

レーニンは、当初ブントの方向性に極端に敵対的だったが、十年後には、ナショナリズムを念じて追い払うことはできないと悟った。戦前には、ブントの連邦主義はロシアの労働者運動を弱めるとして反対した。また、ブントのナショナリズムに対しては、従来のマルクス主義の立場からも反対していた。すなわち、同化に反対するのは、「歴史の歯車を押し戻すこと」を意味する。なぜなら「資本主義による諸国民の同化過程は、……特に、ロシアのような後進国においては……、偉大な歴史の進歩を意味する」からである。しかし、戦争中、彼の見解は変化し始めた。同志たちが「ヨーロッパの国民国家の清算」を求めるのに反対し、レーニンは徐々に国民自決支持の方向へ動いていった。しかし、この支持には常にプロレタリアートの利益のためにという条件がついていた。レーニンには、革命のためにナショナリスト集団と一時的な同盟を結ぶ必要があった。しかし、どの時点でこの同盟は有意義ではなくなるのだろう。一九一七年から一九二〇年のボルシェヴィキの国民政策が不明確なのは、この問いに答えることの難しさを考慮すれば、ある程度説明できるであろう[11]。

一九一七年末までに、リチャード・パイプスの表現では、ロシアは「政治的概念としては存在しなくなった」。国民運動は、レーニンの言葉を信じて、というよりむしろ、モスクワの力不足とドイツの優勢をたんに反映して、バルト諸国とフィンランドで圧勝し、権力を握った。皇帝《ツァーリ》の支配地域の南と東の周辺部では、新しい共和国がいくつも生じた。国民自決の原理は、いまや革命をたんに危険にさらしているのではないだろうか。スターリンは、レーニンよりはるかに早く、すでに一九一七年十二月にこのような結論に達した。ウクライナの危機は、独立運動がたんに反革命を覆い隠しているにすぎないことを示していると、スターリンは主張した。内戦の勃発と、周辺部からの同盟諸国の介入とともに、このような分析がますます妥当と思われ始めた[12]。

こうして一九二〇年代のボルシェヴィキ・ロシアは、ハプスブルクが終末期になってようやく立ち向かった問題に、建国当初から直面することになった。つまり、「政治的に意識的で、野心的な諸国民集団をいかに扱うか」である。この問題に対して、ボルシェヴィキは巧妙で、先駆的で、驚くほど長続きする解決方法を見出した。彼らが作り出した連邦体制は、実際上オーストリア・マルクス主義ふうの国家と、中央集権的共産党の組合せであった。一九二〇年代に創設されたこの体制は、矛盾をはらんではいたものの、ハプスブルクやドイツ人が考案したいかなる体制よりも、ナショナリズムの政治を扱う能力において効果的であった。これがソヴィエト連邦と呼ばれた体制である。▽(13)

一方で、ボルシェヴィキは新しい非ロシア系の諸国民集団に、政府と行政に参加することによって真の政治権力を、社会革命の利益を享受することによって経済権力を与えた。この社会革命によって、都市ブルジョワジーや土地所有階級の支配的なエスニック集団は、財産を奪われ、農民が都市を支配するようになったのである。さらに、義務教育と大衆の識字率の向上をともなう新しい教育の権利を通じて、文化的権力も与えた。例えばウクライナでは、革命以前には夢にも思わないことであったが、一九二九年までにウクライナ人の子供の九七％は母語で授業を受けていた。同時期に、ポーランドはウクライナ語の学校閉鎖を着々と進め、戦間期にその数は三六六三から一四四まで減少したのである。▽(14)これらの権力の提供によって、ボルシェヴィキは非ロシア系諸国民を取り込んでいった。

抑圧的で苛酷とは決して見なしえないボルシェヴィキの国民政策が、戦間期の中・東欧のマイノリティにとって非

▽（10）E. Traverso, *The Marxists and the Jewish Question: The History of a Debate (1843–1943)* (New Jersey, 1994), chs. 4–5〔エンツォ・トラヴェルソ『マルクス主義者とユダヤ問題――ある論争の歴史（一八四八―一九四三年）』宇京頼三訳、人文書院、二〇〇〇年〕; J. Frankel, *Prophecy and Politics: Socialism, Nationalism and the Russian Jews, 1862–1917* (Cambridge, 1981), p. 235

▽（11）Traverso, op. cit., p. 132; J. Jacobs, *On Socialists and 'the Jewish Question' after Marx* (New York, 1992), ch. 5; H. Carrère d'Encausse, *The Great Challenge: Nationalities and the Bolshevik State, 1917–1930* (New York, 1992), ch. 4

▽（12）R. Pipes, *The Formation of the Soviet Union: Communism and Nationalism, 1917–1923* (Cambridge, Mass., rev. edn, 1964), pp. 43–50, 108

▽（13）A. J. Motyl, *Sovietology, Rationality, Nationality* (New York, 1990), p. 88

▽（14）ibid., p. 85; O. Subtelny, *Ukraine: A History* (Toronto, 1988), p. 389; A. J. Motyl, 'Ukrainian nationalist political violence in inter-war Poland, 1921–1939', *East European Quarterly*, 19: 1 (March 1985), pp. 45–56

常に魅力的だったのは、驚くべきことではない。一九二〇年代には、ヴェルサイユと国民国家の情事の主な犠牲者である、マケドニア人、ベラルーシ人、ユダヤ人などの間で共産党を支持する割合は高かった。ウクライナ人たちは、ポーランドで彼らの文化が受けている警察による暴力的な抑圧を、少なくとも一九三〇年代初頭、おそらくはもっとあとまで、ソヴィエト共和国での状況と対比してみることができた。一九三九年秋にポーランド共和国が倒れ、赤軍が西部ウクライナに進軍したとき、なぜあれほど多くのウクライナ人とユダヤ人がそれを歓迎したのかは、この対比を考慮して初めて理解できよう▽(15)。

他方で、一九二〇年代初頭に成立したソヴィエト社会主義共和国連邦の表面上の連邦構造は、中央集権化の現実がますます強まっていくのを隠していた。共和国の権限はいわゆる自治州よりも大きかったかもしれないが、なおモスクワに従属しており、連邦の平等主義的な性格を証明するものとして構想された憲法上の分離の権利は空文にすぎなかった。

実際、ボルシェヴィキ指導者が連邦構造を受け入れるのは、ある組織の手に実際の権力が握られている限りにおいてであった。一九二三年のソ連憲法には言及すらされていない組織、つまり共産党である。レーニンは一九二二年、スターリンを「大ロシア・ショーヴィニズム」と非難し、「わが国の抑圧されたマイノリティに対する帝国主義的な関係」を避ける必要性を強調した。しかし、新しい帝国を固める絆としての党の原則的な役割に関しては、両者の間に本質的な意見の相違はなかった。これが成功裡に実行され、ロシアはヨーロッパの最後の帝国主義勢力になった。共産主義は帝国主義の最後の、おそらく最高の発展段階となったのである▽(16)。

自由主義的ヴァリアント：マイノリティの権利を目指して

ボルシェヴィキ同様、ヴェルサイユの勝者たちもヨーロッパの地域的安定の必要性と、国民自決の約束の折り合いをつける政策への道を模索しなければならなかった。実際、一九一八年の最初の数ヶ月間はなお、ワシントンとロンドンの政策形成者の多くは、東欧にとって最良の解決策は国家連合《コンフェデレイション》だと信じていた。国民国家は、小さすぎて存続能力がなく、平和を維持するにも不安定すぎると考えたのである。アメリカ人はヨーロッパの未来を計画するにあたり、ポーランドに独立を勧めるか、新しいロシア民主連邦国家の枠組みに含めるか悩み、イギリス外務省は、ハプスブルク帝国を再形成する考えを不承不承あきらめた。[17]

しかし、旧帝国が急速に崩壊したことによってこのような考慮はもはや不要となり、マイノリティ問題は、まず第一にポーランドとの関係で、初めて公然のものとなった。ポーランドのナショナリスト、ロマン・ドモフスキが述べたように、「この戦争の目的はヨーロッパの勢力均衡が再び成立できる程度まで、ドイツの勢力を削減することである」のであるから、ポーランドはいかなる戦後の講和でも鍵となった。しかし、ポーランドとは何かを決めることは、領域からもエスニシティからも、簡単なことではなかった。この国は一世紀以上の期間も独立国家としては存在しておらず、その地は、ポーランド人同様、ドイツ人、リトアニア人、ベラルーシ人、ウクライナ人、ユダヤ人らの大規模な集団の故郷であったからである。ポーランドのナショナリスト自体、過去の栄光に関する二つの見方に引き裂かれていた。もっぱらポーランド人のみによるエスニック的に純粋な国民国家か、ポーランド人が指導的な役割を担う複数のエスニシティによるコモンウェルスか、という見方にである。[18]

ロマン・ドモフスキは、前者の立場に立っていた。彼の見解によれば、ポーランドがドイツに対する防壁の役割を果たすのであれば、「小さな弱い国家の余地はない」。他のエスニック集団は、堅固に中央集権化された国民国家のな

▽（15）J. A. Armstrong, *Ukrainian Nationalism* (New York, 1990 edn), pp. 10–12; J. T. Gross, *Revolution from Abroad: The Soviet Conquest of Poland's Western Ukraine and Western Belorussia* (Princeton, NJ, 1988), pp. 31–2. いうまでもなく、このような歓迎は長続きしなかった。
▽（16）R. Conquest, *Soviet Nationalities Policy in Practice* (London, 1967), pp. 26–9; R. Szporluk, *Communism and Nationalism: Karl Marx versus Friedrich List* (New York, 1985), p. 218
▽（17）L. E. Gelfand, *The Inquiry: American Preparations for Peace, 1917–1919* (New Haven, Conn., 1963), p. 148; Rothwell, op. cit., p. 221

かで同化させられるべきであり、連邦制は分裂を招くもとになる。「私は自由主義的人道主義的な思想の使者だったことはないし、人類に幸福をもたらすための国際的な組織に属したこともない」と彼はのちに書き、マイノリティ保護の思想全体を考慮外とした▽(19)。

しかし、ライヴァルのユゼフ・ピウスツキや、ロンドン、ワシントンにいるウクライナ人やユダヤ人のロビー集団は、これと反対の立場をとった。特にユダヤ人グループは、イギリスやアメリカの政策担当者に「少々気のふれたナショナリスト」が作る枠組について警告し、マイノリティの権利の原則が発展していく初期の段階で重要な役割を果たした。オスマン帝国のヨーロッパ部分がギリシャ、セルビア、ブルガリアに山分けされた、一九一二年から一三年のバルカン戦争で、マイノリティにとって国民国家がどのように危険かすでに明らかにされていた。いまや彼らは、ポーランド国家がどのような形になろうとも、マイノリティになんらかの形で自治が認められるよう、強く求めた。ポーランド軍による一九一八年冬のポグロム〔ユダヤ人虐殺〕はかえって彼らの訴えを助けることになった▽(20)。

パリ講和会議▼(2)では、独立ポーランド国家のさまざまな構想間の対立は、マイノリティの権利に関する新たな国際的な政策へと、最終的に融合させられていくこととなった。フランスは、親ポーランドで、激烈に反ドイツかつ反ボルシェヴィキであり、マイノリティの権利に最も堅固に反対していた。彼らの見解は、「講和会議の仕事はポーランドのために主権国家を作ることであり、ユダヤ人のためにではない」というものであった。しかし、イギリスはそれほど拒絶的ではなかった。バルフォア▼(3)は、独立ポーランドの存在は「ヨーロッパの平和を促進するどころか、ヨーロッパの争いの絶え間ない機会になる」と危惧した。ロイド・ジョージ▼(4)は「帝国主義的なポーランド」を憂慮した。ポーランドが東部ガリツィアや西ウクライナを占拠したことで、この懸念は深まった。一九一九年中頃には、ポーランドは、エスニックな観点からいえば三分の二しかポーランドではなく、住民には四百万のウクライナ人、三百万のユダヤ人、百万のドイツ人が含まれ、まさに、イギリスのジャーナリストH・N・ブレイルスフォードが予言した「反動的な帝国主義者的軍事国家」「ぐらぐらした倒れそうな帝国」のように見えた▽(21)。

パリの講和会議出席者にとって、マイノリティ問題を地図だけで解決できないことはすでに明らかだった。東欧のエスニシティの分布状況はあまりに複雑で、どんなに専門的に引かれていようと、国境線をうけつけるものではなかった。イギリス外務省ではＥ・Ｈ・カーが、自分の国民国家への移住をマイノリティに促すよう提案した。しかし、残りたいと考える人々をどうするのか。また、ユダヤ人やロマのように国民国家の故郷をもたないものはどうするのか。ポーランドにおけるマイノリティ問題の困難さはまさにこれであった。▽(22)

ウィルソン大統領の懸念に促され、新たに作られたパリの新国家委員会がこの問題と取り組んだ。委員会は、ポーランドのユダヤ系マイノリティの国民自治の要求を退けた。彼らの考えでは、国家内国家の危険を犯すこと、あるいは依然として長期的には望ましいと信じられていた同化の過程を妨げることは好ましくなかった。他方で委員会は、なんらかの形態のマイノリティの権利を考慮するよう主張していた。ポーランドが、ポーランド人自身の不寛容なナ

▽(18) ドモフスキは次からの引用。P. Latawski, 'Roman Dmowski, the Polish question and Western opinion, 1915–1918: the case of Britain', in P. Latawski (ed.), *The Reconstruction of Poland, 1914–1923* (London, 1992), p. 9; ポーランドに関する二つのヴィジョンについては次を参照。O. Halecki, *The Limits and Divisions of European History* (London, 1950), p. 136〔オスカー・ハレツキ『ヨーロッパ史の時間と空間』鶴島博和ほか訳、慶應義塾大学出版会、二〇〇二年〕

▽(19) P. Wandycz, 'Dmowski's policy at the Paris Peace Conference: success or failure?', in Latawski, op. cit., p. 120

▽(20) M. Levene, *Wars, Jews and the New Europe: The Diplomacy of Lucien Wolf, 1914–1919* (Oxford, 1992)

▼(2) 一九一九年に行なわれた第一次世界大戦の講和会議。勝利した協商国側が、同盟国との講和条件を協議し、講和条約として、ドイツとヴェルサイユ条約、ハンガリーとトリアノン条約等を結んだ。

▼(3) イギリスの保守党の政治家。一九〇二年から一九〇五年まで首相。第一次世界大戦中からパリ講和会議まで外相をつとめた。パレスチナにユダヤ人国家を建設する方針を示したバルフォア宣言でも知られる。

▼(4) イギリスの自由党の政治家。首相として第一次世界大戦中のイギリスを率い、パリ講和会議での戦後体制の構築にも参与した。

▽(21) ibid., p. 266; Wandycz in Latawski, op. cit.; 次も参照せよ。A. Polonsky and M. Riff, 'Poles, Czechs and the "Jewish Question", 1914–1921: A Comparative Study', in V. Berghahn and M. Kitchen (eds.), *Germany in the Age of Total War* (London, 1981), pp. 63–101; F. M. Leventhal, *The Last Dissenter: H. N. Brailsford and His World* (Oxford, 1985), p. 159

▽(22) Goldstein, op. cit., p. 139

ショナリズムで、エスニシティ間の内戦の条件を作り出し、結果として東欧全体が不安定化する事態に陥らないためである。▽[23]

その結果、ポーランド人の頑強な抵抗に抗して、ポーランド政府は承認をうける条件として、マイノリティに一定の権利を保障する条約に署名することになった。この権利には、市民権、法の下の平等、宗教的自由と同時に、マイノリティの保護に固有の権利、つまり学校教育など、一定の形態の集団的組織の権利も含まれていた。条約が国際連盟によって保障されたことは、（直接当事者のマイノリティによって、ではないが）訴えを連盟に持ち込めることを意味した。一定の状況の下で、連盟の理事会はポーランド政府に対して行動を起こすことができた。

十九世紀に列強は、しばしば宗教の自由と寛容を約束することと引き換えに、新国家を承認していた。一八三〇年のベルギー、一八七八年のルーマニアがその例である。しかしポーランドのマイノリティの権利条約は、国際法にとって海図のない海に乗り出すようなものであった。一九一九年の新しい点は、宗教的な権利のみではなく「国民」の権利に、個人の自由より集団の権利に関心が移ったことと、列強の秘密会議ではなく、超国家的機関による国際的協議によって規定されたことであった。

ポーランドは、パリ講和会議のメンバーが東欧のために作成した一連のマイノリティの権利条約のモデルとなった。他の新興諸国のみならず、ハンガリーのような旧交戦国にも、戦争の結果として領土を得たルーマニアやギリシャのような従来からある諸国にも、同様な義務が課せられた。このように国際連盟は、一方で国民国家を国際関係の規範として受け入れ、他方でそれによって作り出されたマイノリティ問題への取り組みに多大な努力を払う体制を支持することとなった。連盟は、マイノリティが集団的実体として存在することを認め、おそらくときにはそのことによって、マイノリティの集団的実体の創造を促進した。

しかし、この体制における連盟の役割自体は曖昧であった。連盟の関心を個別の案件にひきつけるのは困難であり、ジュネーヴの官僚機構を通し、理事会に取り上げさせるのはさらに困難だった。連盟はハーグの常設国際司法裁判所に申し立てを行なう権限をもっていたが、ほとんどそのような処置をとることはなかった。他方で、この権限をまもることには固執し、マイノリティが直接裁判所に訴えることを認めようという提案は妨げた。連盟の事務局は自らを「マイノリティの擁護者」とは見なさず、より謙虚に、各国政府が自分の義務を実行するのを助ける対話者と考えていた。また連盟は、著しい義務違反に対する制裁措置をほとんどもたなかった。そのため、マケドニアでのユーゴスラヴィア憲兵の悪名高い弾圧行動も、一九三〇年にポーランド政府がウクライナ人に対して行なった流血の「鎮定作戦」も抑えられることはなかった。

しかし、ポーランド人やセルビア人の不寛容は、フランス人にはさほど気にならなかった。マイノリティよりも、東欧の同盟諸国の安定に関心を向けていたからである。マイノリティ条約が同化過程を妨げている、と信じるイギリス人を悩ますことも、次第になくなっていった。「結局、不必要な介入はかえって害を与えることになる。多少地域的な被害の危険を犯したとしても、マイノリティを現在の支配者の下に落ち着かせたほうがよい」と、一九二二年に、ロンドンのある外務省の役人は書いている。「彼らは自分たちの苦情を国際連盟に持ち込みうると考える限り、落ち着くことを拒むだろうし、現在の興奮状態が無限に続くことになる。」[▽(24)]

連盟の主要な担い手のこのような無関心に直面し、マイノリティ集団やその保護者たちは、より積極的な立場を求めて努力した。グスタフ・シュトレーゼマン外交のもとで、ワイマール・ドイツは連盟に加入し、東欧に散らばった数百万のドイツ系住民を視野に入れつつ、「マイノリティの擁護者」の役割を引き受け始めた。ドイツ人とユダヤ人のグループは欧州マイノリティ会議[▼(5)]の目立った陳情運動の先頭に立ち、シュトレーゼマンは、常設のマイノリティ権

▽（23） J. Headlam-Morley, *A Memoir of the Paris Peace Conference, 1919* (London, 1972), pp. 112f.; Macartney, op. cit., p. 282

▽（24） 次からの引用。P. B. Finney, "An evil for all concerned": Great Britain and minority protection after 1919', *Journal of Contemporary History*, 30 (1995), pp. 536–7

▼（5） European Congress of Nationalities/Congress of European Minorities. ヨーロッパ各国のマイノリティによる国際組織。一九二五年に最初の大会が開かれた。欧州諸国のドイツ系マイノリティが主導権を握り、国際連盟にロビー活動を行なった。

利委員会を創設することによってジュネーヴの機構を改善するという目標に献身した。彼の努力は限定的な成果しかもたらさなかったが、それは、ヴェルサイユ講和の修正を求める、より一般的な努力の一部をなしているのではないかと疑われたのが一つの理由であった。本国のドイツ人ナショナリストは、連盟が本国外のドイツ系住民の権利を適切に擁護することは決してないと確信するようになった。オーストリアのドイツ人が一九一八年に合邦《アンシュルス》によって自決権を行使するのをヴェルサイユの戦勝国が妨げたように、一九二〇年代には他地域のドイツ人の苦難も見てみぬふりをしているようであった。実際、何万人もがドイツへ移住し、残った何百万人ものドイツ系住民は、二百万人のメンバーを抱える強力な在外ドイツ人協会などの組織や、ナチ党のような政治運動を通じて援助を受けていた。[25]

同時にマイノリティ条約は、条約を課された国から屈辱的であるとしてひどく嫌われていた。彼らを特に苛立たせたのは、マイノリティの権利を保障する普遍的な国際体制が存在しないという事実であった。ドイツにはそのような義務が課されておらず、ファシスト・イタリアは南チロルのドイツ語を話すマイノリティを咎められることなく迫害しているのに、なぜ自分たちだけが特別に義務を課せられたのかと疑問を感じていた。戦間期のヨーロッパに住む約三千五百万のマイノリティのうち、西欧に住むのは八百六十万人（西欧全人口の約二十分の一）にすぎず、二千五百万人（中・東欧全人口の四分の一）が中・東欧に住んでいるのは事実であった。したがって、マイノリティ問題は数の上からもはるかに東で重要だった。そうであったとしても、普遍的なレジームを欠いていることは、列強にとっても決まりの悪いことだった。[26]

実際、一九一九年のパリでも、そのような考えが考慮されたが、結局は却下された。イギリスの中心的政策担当者であるジェームズ・ヘッドラム＝モーリーが当時書き留めたように、そこには国家主権の根本的な問題点が関わっていた。

私の記憶では、当初、連盟の全加盟国のマイノリティを保護する権利を国際連盟に与える一般条項を挿入しようという提案があった。これには、私は常に最も強く反対した。……なぜなら、世界じゅうの国の国内政体に介入する権利が関わってくるからである。私が指摘したように、国際連盟は、アイルランド人などのより深刻な問題以外にも、リヴァプールの中国人、フランスのカトリック、カナダのフランス人を保護する権利を与えられることになる。私の考えでは、このような〔私の〕見方に真剣に反対するのは、国際連盟が世界じゅうで民主主義と自由を保障する全般的な権利を備えたある種の超国家であってほしいと願う非公式の組織以外には存在しないだろう。……私自身の見解では、国際連盟に与えられる権利は個別的で明確に特定されなくてはならず、限定的な例外事例ゆえに結ばれた特別の条約に基づかなくてはならない。また、そのような権利は東欧や西アジアの新興国や未熟な国家の場合にのみ認められるべきである。このような権利を他地域で認めないために不公正や抑圧を招いたとしても、世界じゅうの国の主権の否定を意味するようなことを認めるよりもましである。▽(27)

このように列強は連盟が「新興」諸国の内政に干渉する分には満足していたが、自国に関しては違った。彼らの考えでは、西欧の「文明化された」国々には、「未熟な国々」にはまだ存在しない、マイノリティの同化を促進する手続きが発展してきていた。この見解はある程度正しかった。ウェールズ人やカタルーニャ人の子供が専門職や公務員としてキャリア形成するのは、例えばつい最近まで互いに憎しみあっていたポーランドのウクライナ人やルーマニアのハンガリー人の場合よりも容易だった。ブルターニュの子供は学校では苦しんだかもしれないが、家や村を焼かれたりはしなかった。このようにマイノリティ条約は、文明化が足りない諸国民に国際的な態度というものを教育する

▽(25) C. Fink, "Defender of Minorities": Germany in the League of Nations, 1926–1933', *Central European History*, 5: 4 (1972), pp. 330–57; R. Brubaker, *Nationalism Reframed: Nationhood and the National Question in the New Europe* (Cambridge, 1996), ch. 5

▽(26) 数値は次からの引用。O. Junghann, *National Minorities in Europe* (New York, 1932), pp. 116, 119

▽(27) Headlam-Morley, op. cit., pp. 112–13

一つの方法だった。

しかし、この徹底的な自由主義の隠れた前提は、文明化された国民生活への同化は可能であり、望ましいということであった。ミルは数十年前に「相異なる複数の国民集団からなる国では、自由な制度はほとんど不可能である」と主張していた。つまり、民主主義は同化を必要とするとされたのである。ブラジルの代表は一九二五年にジュネーヴで、条約の目的は、社会のあるグループが自らを「常に他者」であると感じる状態を永続させることではなく、「完全な国民的一体性」のための条件を作り出すことであると述べた。この主張と、カール・シュミットの、現代大衆民主主義は「第一に同質性を、第二に、もし必要性が生じれば、多様性の排除ないし根絶を」前提とする、という主張とはそう遠くはない。彼は続けて、「民主主義は、自らの同質性を脅かす異質なものや標準的でないものを拒絶し寄せつけないことによって、その政治的な力を示すのである」と述べている。[28]

自由主義がこの欠点に関していかに偽善的であったかは明白である。説教と実際の行為の内容が食い違っているのである。結局、自由主義自体はどの程度普遍主義的で人種偏見から自由であったのだろうか。一九一九年に日本が国際連盟規約に人種の平等を確認する条項を挿入しようと提案したさい、それを拒絶したのは自由主義の諸列強であった。アメリカの自由主義は長年人種差別と共存してきた。イギリスやフランスも、ふさわしくない肌の色をもつ植民地の臣民が完全な市民権を得るのを非常に困難にしてきた。「イギリス帝国は住民全員に普通平等選挙権を与えているだろうか」とシュミットはこの点を鋭くついた。「このような原理を基礎とすれば、一週間と存続はできまい。恐ろしい数の多さで、有色人種が白人を支配するだろうからである。それにもかかわらず、イギリス帝国は民主政体なのである。」自由主義者のなかには、二重基準を問題視する者もいた。植民地問題の第一人者アルベール・サローは「フランスは二つの顔を実際に使い分けることはできない。中心部に向けた自由の顔と植民地に向けた専制の顔を」と述べたが、もちろんそれは可能であった。英仏の同化主義への信奉は、国民国家の枠内で見たときのみ、通用したのである。[29]

植民地では、自由主義は人種別の発展という新しい教え、人種の隔離、肌の色による障壁に道を譲っていた。完全な市民権は国家が与える特権であり、権利ではなかった。「フランス市民権は、決して原住民の権利ではなく、真に有益であることを示した者にのみ行政当局から与えられる恩恵と考えられるべきである。……原住民へのフランス市民権の付与や帰化がごく少数にとどまっていることに驚くことも許されるだろう」とフランス植民地法の専門家は書いている。かつて欧州各国は文明化の使命を担っているという自信をもっており、それは例えばポルトガルが植民地の住民を、同化不可能な土着民《インディジェナ》と、同化された文明化民《シビリサド》に分別したことにあらわれていたが、このような自信は弱まっていった。一九一九年にはフランスは何万人ものアルジェリア人労働者を、「同化不可能」として国外退去させた。北アフリカでは、同化政策の代わりに、イギリスの間接統治政策に似た連合主義政策を採用した。一方、一九二九年、ヒルトン・ヤング委員会▼(6)は、アフリカには代表制がはたして適当かどうか疑問の余地があると見なした。一九一九年にドイツの元植民地が国際連盟の委任統治に委ねられたさい、現地住民は民主的生活様式を学びうるし、そうすることになるとパリ講和会議では想定されたが、この想定はこれらすべての新たな動きによって損なわれていった。▽(30)

こうなると、ヨーロッパの国民国家がこれまでもたいして信じていたわけではない同化から手をひいていったのは、驚くべきことではない。戦間期には、マイノリティはしばしば、隣国の失地回復の野望やボルシェヴィズムの第五列とみられ、市民というよりむしろ安全保障上の危険要素と見なされた。マイノリティ条約の約束の大半は破られた。マイノリティ言語による学校は閉鎖され、東部ガリツィアやマケドニアのような微妙な国境地帯の人口バランスをマ

▽（28）ミルは次からの引用。A. Ryan, *J. S. Mill* (London, 1974), p. 207; S. Sierpowski, 'Minorities in the system of the League of Nations', in P. Smith (ed.), *Ethnic Groups in International Relations* (New York, 1991), p. 27; Schmitt, op. cit., pp. 9–10
▽（29）Schmitt, op. cit., pp. 9–10; A. Sarraut, *Grandeur et servitude coloniale* (Paris, 1931), p. 102.
▼（6）Hilton Young Commission. イギリスの植民地統治下にある東アフリカと中央アフリカの各地域における連邦制導入の是非や政治体制について検討するために任命されたエドワード・ヒルトン・ヤング卿を委員長とする委員会。
▽（30）H. Solus, *Traité de la condition des indigènes en droit privé* (Paris, 1927), pp. 117, 126; 追放されたアルジェリア人については次を参照。A. Bockel, *L'Immigration au pays des Droits de l'homme* (Paris, 1991), p. 27

イノリティに不利に変えるために、（通常失敗したが）野心的な再定住計画が試みられた。旧帝国のほうがマイノリティの扱いは寛大であった。一九一四年以前はウィーンにチェコ人の官吏が大勢いたが、一九一八年以降、明らかに中欧で最もリベラルな新しいチェコ国家は、ドイツ人が人口の五分の一を占めるにもかかわらず、ドイツ系エスニシティの官吏をほとんど認めなかった。

マイノリティの権利に対する差別待遇は、もっぱら反動主義者や保守主義者の仕業だったわけではない。反対に東欧では、とりわけ近代化を試みる自由主義者が、国家の行動によって国民共同体を作り上げようとし、そのような行動をとった。彼らにとって、国家は「何ぴとであっても何ものにも」まさる権力を誇示し、教会であれ、山賊であれ、共産主義者であれ、エスニック・マイノリティであろうが、あらゆる敵を凌駕しなくてはならなかった。ルーマニアの自由主義者である教育相、コンスタンティン・アンジェレスクが、中央集権化された教育システムを構築しようとするなかで、マイノリティのみならず教会や地方行政官をも批判したのは、まったく一貫したことであった。「国家の利益、ルーマニア民衆の利益は、個人の利益にも、共同体の利益にも優先する。……ルーマニア国家はわれわれのもの、われわれすべてのものであり、強化されなければならない。そして……国家はすべての市民の魂を国家が陶冶することによってのみ……強化できる。▽[31]」

民主主義は国民共同体の創造に関わるため、一般に反ユダヤ主義的であった。ユダヤ人に別個の分離選挙人団を形成させたり、大学や公務員のポストに割当制を導入したりする反ユダヤ主義政策を、少なくとも旧式の王朝主義者よりも容易に受け入れた。ハンガリーでは一九二〇年法がユダヤ人を「モーゼ信仰をもつハンガリー人」としてではなく、独立の人種として区分した。より民主的な体制をとっていたら、おそらくさらに反ユダヤ主義的になっていたであろう。「ポーランドのすべての市民は信仰、国民集団に関わらず、平等の権利を享受しなければならない」と、ポーランド農民党は一九三五年に発表したが、それには「しかしユダヤ人は、すでに明らかなように同化されえず、ポーランドのなかで意識的に異質性を保つ国民である」という補足条項がついていた。同じような見解はスロヴァキアやルーマニアでも明らかだった。そしてこれは東欧のみの問題ではなかった。このような感情は以前は非常に同化主義的だったフランスでも上昇傾向にあり、ついにはユダヤ人を「同化に抵抗し、別個の共同体として振る舞う人種」と記述する、ヴィシー憲法草案の悪名高い条項に行き着いた。▽(32)

ヒトラーが権力を掌握したのは、このような広く行き渡った自生的な反ユダヤ主義の伝統という文脈のもとでであった。それは中・東欧の大部分の地域において、権威主義国家でも、民主主義国家でも同様に、近代化と国家建設を担う国民エリートに共通していた。ナチス・ドイツは、「国民浄化」政策のような政策において、例外ではなく先駆者ですらなかった。これらをこれまでにない極端さにまで強め、（反対者が名づけたような）「同化理論」の終焉を告げる鐘を鳴らしたのは確かであるが。ワルシャワやブカレストで実践されていたようなエスニック・ナショナリズムでも同化の余地は限られていたが、一九三〇年代に中・東欧で広まったような人種ナショナリズムには、まったくその余地はなかった。ヒトラーのドイツで反ユダヤ主義の制度化が擡頭すると、国際連盟のマイノリティ問題へのアプローチの基盤全体が、そこなわれていった。「文明化された」と考えられていた〔ドイツのような〕国家が、可能な限り徹底的なかたちで同化思想を拒絶したからである。一九三三年十月に、ナチス・ドイツは連盟を離脱した。一年後、ポーランド首相のベック大佐は、「マイノリティ保護のための一般的、画一的システムを導入することを中断する」ことによって、ポーランドのマイノリティの権利に関する義務の破棄を通告し、連盟の棺桶にさらにくぎを打ちつけた。ジュネーヴに持ち込まれるマイノリティの嘆願件数は一九三〇年の二百四件から一九三六年の十五件へと急激に落ち込み、ヨーロッパのマイノリティが連盟の存在意義に対して感じている信頼が弱まったことを示した。▽(33)

▽（31） I. Livezeanu, *Cultural Politics in Greater Romania: Regionalism, Nation Building and Ethnic Struggle, 1918–1930* (Ithaca, NY, 1995), p. 47

▽（32） E. Mendelsohn, *The Jews of East Central Europe between the World Wars* (Bloomington, Ind., 1983), p. 105; R. Weisberg, *Vichy Law and the Holocaust in France* (New York, 1996), p. 13

▽（33） 次からの引用。I. Claude, *National Minorities: An International Problem* (Cambridge, Mass., 1955), p. 30; 請願件数については Macartney, op. cit., p. 504 及び J. Robinson *et al.*, *Were the Minorities Treaties a Failure?* (New York, 1943), p. 252 を参照。

しかし、連盟のマイノリティ保護システム全体が失敗に終わったと性急に考えるべきではない。第一に、連盟は数少ないが成功も収めた。これらは、将来への有益な経験を提供し、明敏で先見の明のある政府ならばどのようなことが可能かを示すことになった。今日それらが忘れられているとすれば、それは歴史の本に書くにはあまりにも平和裡に行なわれたからである。例えばスウェーデンとフィンランドの間のオーランド諸島紛争は、一九二一年に平穏に解決し、諸島はフィンランドに属することになったが、島のスウェーデン系住民には高度の行政的自治が認められた。この協定は、両国間の緊張の主要な源を取り除く解決の基礎を築いた。エストニア政府は自国の「ナショナル・マイノリティ」に対し文化的自治を認める、注目すべき方策をとった。ラトヴィア人は、ここまでの手法はとらなかったが、教育ではある程度譲歩した。

連盟のマイノリティ保護システムを批判するのであれば、他の選択肢についてよく考えてみてほしい。国民国家は現実であり、たんなる戦時の列強外交の産物ではなかった。例えばオスマン帝国がトルコ国民国家に変化したのを、国外の圧力に帰することはできない。ここでは、ロイド・ジョージではなく、ムスタファ・ケマル▼(7)が働いたのである。この例が示しているように、他にもいくつかマイノリティを扱う方法が存在した。

「まず、アルメニア人を、次にギリシャ人を、それからクルド人を殺す。」一九一五年七月、オスマン帝国のトルコ化が戦争によって加速するなかで、あるトルコ人憲兵はデンマークの赤十字看護婦に対し、このように述べた。アルメニア人殺害の試みは、いわゆる「特殊組織」によって主に実施されたが、イスタンブール政府のナショナリスト的プログラムの論理的延長線上にあった。好意的なドイツ人観察者すら、国境地帯の軍事的安全保障上の関係という口実の範囲を超えて、トルコ人たちは「アルメニア人の計画的絶滅」を狙っていると結論した。人数に関しては争いがあるが、八十万から百三十万人が、大虐殺と死の行進のなかで非業の死を遂げたと思われる。のちの時代であればこれは「集団殺害《ジェノサイド》」と名づけられ、さらにあとであれば「民族浄化《エスニック・クレンジング》」と呼ばれただろう。こうして大量殺害は、国民国家においてマイノリティ問題に取り組む一つの方法となったのである。西欧人の多くは恐怖に満たされたが、そもそも近東のマルチ・ナショナルな社会に西側の国民国家の概念を持ち込んだことが、大虐殺につながったと自覚したものはほとんどいなかった▽[34]。

そのわずか数年後、オスマン帝国の分裂はマイノリティ問題を扱う第二のモデルを提供した。住民交換である。ギリシャとトルコの十年間に及ぶ闘争ののち、ギリシャが小アジアで敗北した結果、両政府は、自発的な「本国帰還」というE・H・カーの考えの強制版に合意した。これは、一九一九年にギリシャとブルガリアの間で実際に小規模に試みられたものだった。しかし今回、巻き込まれた人数は膨大であった。百二十万人のギリシャ人と五十万人のトルコ人である。宗教が弁別の指標とされたために、トルコ語を話す何千人もの正教徒の村人たちが、ギリシャ語をまったく話せないのにもかかわらず、小アジアからギリシャへと追放され、家族の多くがイスラムに改宗しているギリシャ人ムスリムはトルコへと旅立った。これが、多宗教帝国の終焉を合理化しようとしたときの、ヨーロッパのナショナリズムの論理だったのである。国民は再定義され、国民集団は作り出された。犠牲は甚大だった。家や財産は放棄され、友人もあとに残された。ナショナリズムという遮眼帯で視野を狭めて見たときにのみ、これを故郷への帰還とみなしえた。

故郷への帰還でないとしても、それは少なくとも祖国の建設ではあった。残酷ではあるが、国民的同質性を目指す政府にとって住民「移送」は役に立ち、ギリシャとトルコの両当局もそのために歓迎したのである。例えばギリシャのマケドニア地方では難民の大群によって田舎もサロニカ（テッサロニキ）港もギリシャ化された。セファルディム▼[8]、アルバニア人、スラヴ系の言語を話すマケドニア人などその他のエスニック・グループは、突然数で劣ることになっ

▼（7）オスマン帝国の軍人で、第一次世界大戦の敗戦で崩壊したオスマン帝国のなかからトルコ共和国を建国し、初代大統領（一九二三―三八）となった。一九三四年からアタテュルク（トルコの父）を姓とする。

▽（34）M. J. Somakian, *Empires in Conflict: Armenia and the Great Powers, 1895–1920* (London, 1995), pp. 86, 137; A. J. Toynbee, *The Western Question in Greece and Turkey* (London, 1923, 2nd edn), pp. 16–17

▼（8）中世にイベリア半島に定住したユダヤ人。十五世紀末スペインを追われ、オスマン帝国領や英蘭に移住した。

てしまったのである。

いくつかのエスニック集団、とりわけドイツ人とハンガリー人が、イレデンティズム▼[9]をひきつける磁石の役割を果たす傾向が強まるにつれて、他の多くの国にとっても移送は魅力的な考えに見えただろう。それでもなお、ギリシャとトルコの間の住民交換に追従する動きが戦間期のヨーロッパであまり広まらなかったのには、いくつかの理由がある。一つは費用である。ギリシャの人口は四分の一増えた。香港の三百万の中国人の受け入れを最近イギリスが拒んだことを考慮してみよう、これほど多くの難民を再定住させることはその国に社会的経済的に膨大な重荷を担わせる。加えて、〔ギリシャとトルコの〕両政府は何年もの間、補償や財産評価をめぐって争った。交換によって両者の関係が改善したかどうかは疑わしい。第三に、このような処置は、マイノリティが行くべき「故郷」をもっているときにのみ実現可能性があるのは明白である。例えばユダヤ人、マケドニア人、あるいはウクライナ人にとってすら、とても適用できなかった。最後に、強制的に住民を住み慣れた土地から追い立てることは、もちろん個人の権利についての自由主義的思想に反していた。一九二三年の強制移送は、連盟が崩壊し、ナチスの新秩序が擡頭するまで、模倣者を見出さなかった▽[35]。

ギリシャ―トルコ間の住民交換は、部分的にすでに生じたことを後追いするものであった。外交官たちが交渉を始めるはるか前から、何十万ものギリシャ人がトルコの進軍から逃げるために小アジアをあとにしていたのである。彼らは実際、戦争によって生じた大量の難民の波の一部であり、そこには革命を逃れた百万のロシア人、ポーランド人、バルト人、東欧を追われたドイツ人、三十五万のアルメニア人、その他にも多くの難民がいた。一九一四年以前は大西洋のかなた〔アメリカ〕に避難所を見出すことができたかもしれないが、一九二一年以降は扉は閉ざされた。こうしてヨーロッパの伝統的な住民退去の方法、すなわち海外輸出は、もはや機能しなくなった。他方で、国民国家は何十万もの移入民を排除する国籍法を起草した。結果は「国家をもたない」人々の大規模な増加であり、彼らは故郷に帰れない、もしくは帰る意志をもたず、避難先では嫌われた。そして、戦前の自由主義の特徴として謳われていた庇護の伝統はすりきれ、弱まっていった。一九二四年のルーマニア国籍法は、国内の十万のユダヤ人を無国籍者とした。ユダヤ人はポーランドでも不確実な状態に留まった。ワイマール・ドイツや第三共和国のフランスでは何千人もが抑留所に収容された。自由主義者たちには衝撃であった。「二十世紀のヨーロッパで、八十万人もの人が、国際法によって承認されたいかなる法的機関によっても保護されていないとはありえないことだ」と赤十字国際委員会の総裁は書いた。国際的な行動の結果、いわゆる「ナンセン・パスポート」▼(10)が作り出され、国際法のなかに難民を位置づけ、保護を提供する努力がなされた。▽(36)

しかし問題は解決せず、実際、経済恐慌によって悪化した。ロシアの内戦から二十年経っても、ロシアの亡命者《エミグレ》の少なくとも半分はいまだ難民に数えられていた。スペイン内戦によって、四十万人の共和主義者が北のフランスへ向かったが、同時期にフランスは、主にアルジェリア人やポーランド人からなる何十万人もの外国人労働者を追放していた。ヒトラーの権力掌握後、何十万人ものユダヤ人が、ドイツ、オーストリア、チェコスロヴァキアを逃れ、他に避難所を求めた。特に難民のこの最後の波は、当時のマイノリティの権利保護体制の価値と限界の両方を示した。ヨーロッパが永続的な難民の危機を避けるためには、国民国家に対抗してマイノリティを国際的に保護する必要があることを最も強烈に痛感させた。その限りでは、一九一九年に導入されたマイノリティ保護システムは正しい方向に向けての勇気ある、構想力に富む一歩であった。しかし、この体制はドイツには適用されていなかった。しかももし適

▼(9) 失地回復主義。近代に成立した国民国家が、現行国境の外にあるものの、かつてその「国民」に属したとされる領域を、他国民の支配から「取り戻す」べきであるとする思想、運動。

▽(35) 強制移送という考えそのものを強力に批判したものとして、O. Janowsky, *Nationalities and National Minorities* (New York, 1945), pp. 136–45

▼(10) 無国籍難民のために国際連盟が発行した身分証明書。北欧探検で知られるノルウェーのフリチョフ・ナンセンが難民高等弁務官として発案し、ソ連の内戦や飢餓による難民を救済した。

▽(36) F. Carsten, *The First Austrian Republic, 1918–1938* (London, 1986), p. 30; C. Skran, *Refugees in Inter-War Europe: The Emergence of a Regime* (Oxford, 1995), p. 104

用されていても、ドイツが一九三三年に国際連盟を離脱し、その権威を認めることを拒否したために、動作不能だったであろう。マイノリティ条約は国際連盟のもとに構築された国際秩序の要であり、国際連盟の権威と運命をともにしたのである。

理想主義者と現実主義者

それでは国際連盟は何だったのだろう。同盟体制なのか、平和の保証人か、仲裁機関か、それとも連邦の原型なのか。一九一八年のスマッツ将軍にとって、解答は簡単かつ急進的なものであった。「ヨーロッパは溶解しつつあり、国際連盟が、この偉大な財産の相続人にならなければならないのだ。」この（領域配分に対するより古い態度を反映している）見解によれば、連盟は国際的な財産管理人と、ヨーロッパ内外の未熟な社会を独立の国家に育て上げる乳母との両方の役割を果たすことになる。文明的列強は指導を提供する義務があるという含意である。

自由主義的パターナリズムに基づくある意味で帝国主義的なこの見解は、政治的スペクトラムの一方の端では、一八一五年のウィーン会議からほぼ一世紀の間に平和をある程度維持した、列強の協調《コンサート》の更新版として連盟をみなそうとする英国政府官僚の密かな願望へと変化していった。もう一方の端では、強化された国際法の下での、諸国民（あるいはより正確に言えば諸国家）の平等に基づく新しい国際秩序というウィルソン主義的な夢に接近していった。この高邁な構想は、パリ講和会議で日本の代表団が、国際連盟規約に人種の平等の原則を正式に記載するように提案したとき、早くも試されることになった。これは、白人にとっては過度の提案だった。ウィルソンの助言者であるハウス大佐は憂慮しつつ「世界じゅうで人種問題を惹起することになるに違いない」と書き留め、提案は無遠慮に拒絶された。[37]

連盟の理想主義者が新しい法的秩序の機会を提供したとすれば、他方、頭の固いフランスにとって、連盟の主な価値は、新たな国際的道義の擁護にあるのではなく、はるかに具体的にヴェルサイユ体制を修正主義から守る能力にあった。フランスの利益を護るためには、牙をもつ連盟が必要だった。フランスは、連盟が利用できる超国家的な軍事力を創設しようと幾度か試みたが、イギリスを説得できなかった。ウィルソンがアメリカの連盟参加を議会に通すことに失敗したとき、連盟の抑止力としての価値の大半はすり抜け失われてしまった。

イギリスの研究者アルフレッド・ジマーンが、一九二〇年代の国際連盟を「協力の手段」とみなしたのは、おそらく正しいだろう。理想主義者と現実主義者の両方を失望させたとしても、決して重要でないとはいえない。国際的な議論の場を提供し、影響力の源であり、難民問題や、他の社会的、経済的、法的問題など、国際的に調整しながら応じるのが望ましい種類の問題に取り組むのを助けた。加盟諸国の内政問題に介入する力は非常に限られていたが、マイノリティ集団の虐待を公表し、その限りでは当該政府を世界の世論の圧力にさらすことができた。

とはいえ、連盟の影響力は、加盟国がどれだけ連盟を通して働く意志をもっているかにかかっていた。加盟国にその義務はなく、他のチャネルを通して外交を進めることができた。つまり、国際法の支配という連盟が体現する原理は、結局、加盟国の意志にかかっていたのである。ウッドロー・ウィルソンらは市民感情を強い連盟のための基礎と考えていたが、イギリスとフランスの平和主義の強さは、この市民感情を国際問題に対して非常に受動的にした。ヨーロッパの勢力バランスが動くにつれ、連盟はますます埒外に追いやられていき、外交は、ジュネーヴを通してではなく、その周りで動いていった。そして連盟に対抗する新しいヨーロッパ秩序の構想がベルリンに現われた。

一九一九年のヨーロッパの勢力均衡を特徴づけていたのは、ロシアとドイツが同時に疲弊していたことである。このことは当時の観察者にとってはまったく自明であったが、その事実からみなが同じ教訓を引き出したわけではなかった。イギリス人にとっては、講和全体を危険にさらしかねないベルリンとモスクワの間の政治的協調の阻止のみが

▽（37）次を参照。M. Matsushita, *Japan in the League of Nations* (New York, 1929)

目的であるとしても、ドイツが列強としての立場を回復すべきだということを認識することが重要だった。マイノリティ条約はドイツ国外に住むドイツ人マイノリティの公正な取扱いを保証すると同時に、新興諸国全般にたいして寛大な政府の模範を提供することによって、役に立つと思われた▽(38)。

一方、フランスの観点からは、ドイツは現状に留め続けられるべきであった。東・中欧の新興諸国は、ボルシェヴィキ革命への緩衝、ドイツへの牽制の双方の役割を果たすと考えられた。国民自決のスローガンはここでは目的のための手段であり、フランスの利益と衝突するときには無視されえた。フランスが、東欧の新たな同盟国を弱めるだけに見えたマイノリティ条約に熱意を欠き、一九一八年から一九年にかけて（そして暗に一九三一年にもう一度）、オーストリア住民の大部分の明白な要望に反して、オーストリアとドイツの統一を拒絶したのは、このことから説明できよう。

国際連盟の創設にもかかわらず、列強政治は一九一八年以後もヨーロッパではまったく終焉するどころではなかった。他の、より伝統的な外交の場が影響力をもちつづけた。例えば国際連盟ではなく、むしろ旧式の列強の集まりである大使会議が、一九二三年の二つの重大な危機の解決のために選ばれた。コルフ島をめぐるギリシャとムッソリーニのイタリアとの争いと、ポーランドとリトアニアの間のヴィリニュスをめぐる危機▼(11)のさいである。特にフランスは、ジュネーヴを通じた集団的安全保障の構想に信頼を失うにつれて、自国の利益を保障する、より伝統的な代替手段を追求するようになった。

一九二一年にはフランスの勧めに応じて、ポーランド、チェコスロヴァキア、ルーマニアが小協商を設立し、直接的にはハンガリーを、間接的にはドイツをも対象とするブロックを形成した。その後数年間でフランスはこれらの国、およびユーゴスラヴィアと条約を結んだ。フランスは、ラインラント占領でさらに具体的に、ドイツに対して威力を誇示した。一九二三年、フランスとベルギーの軍隊が賠償金の支払いを強制するためにルール地方に侵攻したとき、フランスの力をさらに見せつけているように見えた。しかし、それが失敗に終わったことと、そして結果として結ばれた賠償金の取り決めの内容は、パリにとって一時的な挫折以上のものだった。パリはロンドンの厚意を失い、ヨーロッパ人はアメリカの助けなしには自分たちの問題を解決できないことを証明したのである。▽(39)

一九二〇年代中頃にはフランスの政策が次第に懐柔的になるにつれ、ドイツは大国として再び姿をあらわした。一九二五年にはロカルノで、西ヨーロッパでの平和が再確認されたが、ドイツの東側国境問題はあからさまに未解決のまま残された。「ロカルノ精神」はジュネーヴよりも、列強外交の再生を示していた。一九二八年から三〇年は、フランスがジュネーヴを通じて安定を獲得しようと最後に試みた時期だった。まず、ブリアン▼(12)―ケロッグ協定として知られる「戦争の違法化」の無意味な宣言が行なわれた。これは、多くの国が署名したにも関わらず、実際にはフランスが望んでいた確固たるアメリカの支持にはまったく及ばないものだった。次にブリアンがヨーロッパ統合を提案したが、不運な結果に終わった。最後に一九三二年から軍縮会議が行なわれ、一九一九年以来最大の国際会議となったが、タイミングが悪かった。満州危機という最初の大規模な国際的挑戦のなかで、国際連盟は弱さをさらけ出し、フランスが独墺関税同盟の提案を拒否したために、仏独関係は悪化した。経済危機は、国際経済を恐慌に引きずり込んでいた。フランスは再び連盟軍の創設を提案したが、再び却下された。ヒトラーの首相就任が会議の失敗を決定づけた。ドイツ代表は会議の席を立ち、ドイツは一九三三年十月には連盟を脱退した。

▽(38) Headlam-Morley, op. cit., p. 132

▼(11) ポーランド・リトアニア大公国で栄えた都市であったヴィリニュス（ポーランド語ではヴィルノ）は、十八世紀末以降ロシア帝国の支配下にあったが、第一次世界大戦後、ソヴィエト・ロシア、ポーランドとリトアニアが領有を争った。一九二〇年、ソヴィエト・ロシアはリトアニアの領有を認めたが、ポーランドは同地域を軍事占領したうえで傀儡国家の中部リトアニア共和国を設立し、一九二三年に同共和国をポーランドに編入した。

▽(39) S. A. Schuker, *The End of French Predominance in Europe: The Financial Crisis of 1924 and the Adoption of the Dawes Plan* (Chapel Hill, NC, 1976)

▼(12) フランス急進党の政治家。一九二八年に外務大臣としてアメリカの元国務長官ケロッグとともに不戦条約（ブリアン―ケロッグ協定）の締結を推進した。首相としてロカルノ条約（一九二五年）の締結にも尽力した（第4章）。

一九三四年から三六年の間、ヨーロッパの力のバランスはパリとロンドンから容赦なく離れていった。フランスの同盟体制は、一九三四年一月にポーランドがドイツと不可侵協定を結んだことで、打撃を受けた。その結果、フランスはソ連との協力を模索するようになったが、西欧、東欧の反共産主義のために、フランスが以前ポーランドやチェコスロヴァキアに果たさせようとしていた役割を、モスクワが引き受けるのは困難だった。より決定的だったのは一九三五年から三六年のエチオピア危機であり、イタリアは連盟と対立するようになった。特にフランスは地中海の隣人と密接なつながりを維持したいと必死だったが、連盟が課した制裁はこの希望を打ち砕き、ムッソリーニをヒトラーの掌中に押しやることになった。一九三四年にムッソリーニはヒトラーに抗して、ナチスのオーストリアでの権力掌握を阻止していたが、四年後、ムッソリーニはなんら〔ヒトラーに〕反対も示さず、合邦《アンシュルス》が実現した。

イギリスは、これらの出来事を一定の距離を置いて眺めていた。フランスに懐疑を抱いており、また、極東で勢力を拡張しすぎていたために、ヨーロッパでこれ以上、陸海軍力を行使する余裕がなかった。政府の政策は、平和主義、民族分布に基づくドイツの中央ヨーロッパにおける主張に対する自由主義的な一定の共感、（再軍備に反対する）財政上の保守主義、そして地中海におけるイタリアの勢力を過大評価し、東欧の重要性を過小評価する貧しい戦略的感覚に、影響されていた。

フランスについては、彼らが基本的に防御的であるのは、マジノ線の構築に十分に表われていた。フランスの将軍たちは、ドイツが関わる地域に関しては攻撃計画をまったくもっていなかった。防衛費の水準は低く、国家は政治的に深く分断されていた。これらの要素が原因となって、一九三七年以降、ドイツと和解しようとする動きが大きくなっていった。フランス外交がどん底にあったミュンヘン会談[13]以後の一九三八年冬には、仏独友好宣言が出され、フランスの政治家たちは、フランスの東欧との関係が「根本的に変化」したと述べた。

これらの展開が国際連盟の運命を決めたのは、驚くべきことではない。軍縮会議が不面目な結末を迎え、マイノリティ保護体制も多かれ少なかれ崩壊寸前となった一九三六年までには、ヨーロッパの諸問題の解決をジュネーヴに求めるものはもはやほとんどいなかった。夏に内戦が始まると、スペインは満州、エチオピア、ラインラントに続き、連盟の失敗を数えたてる事例の列に加えられた。無力な国際不介入委員会▼[14]すら、ジュネーヴから組織されたものではなかった。スペインの外相が、一九三八年九月、「連盟が生き残る最良の方法は、平和と連盟規約の適用に関するすべての問題を活動範囲から取り除くことだという奇妙な理論」に従っているとして、連盟総会をひどく非難しなければならなかったのも、驚きではない。フランスの連盟支持者の一人、ガストン・リウは一九一八年から始まる歴史の一段階が一九三六年に終わったと見ていた。連盟はたんに敗北したのだ。「もしヨーロッパの民主主義が自分の生きている身体を、一九一九年講和の腐りゆく肉体に結びつけるのならば、それは、とりわけ不快な方法で自殺しているだけのことである」とE・H・カーは一九三六年十一月に警告している。▽[40]

普遍的な新しい国際秩序の核を具体化するかわりに、連盟は、国際関係のパターンの独占を求めたりしない、はるかに控えめな、同じような考えの諸国のたんなる連合に萎縮してしまった。一九三七年に、あるナチスの政治学者はある種の「ジュネーヴ体制による独占の主張」があるが、実際には、集団行動体制は一つだけではなく、実際上の、あるいは可能な体制がいくつかあると辛辣に指摘した。彼は正しかった。▽[41]

一九二〇年代には、連盟体制に代わる国際協力の構想を手探りする試みがあった。例えば、短い間ハンガリー人に

▼(13)一九三八年九月に行なわれた英仏伊独によるミュンヘンでの会談。チェコスロヴァキアのズデーテン地域のナチス・ドイツへの割譲を英仏が承認した。

▼(14)Non-Intervention Committee. スペイン内戦への不介入を約する一九三六年の国際協定の監視委員会。独伊の不介入を目的に、仏英が主導したが、独伊は協定に参加したものの介入を続けた。

▽(40)A. Ramm, *Europe in the Twentieth Century, 1905–1970* (London, 1984), p. 186; G. Riou, 'A French view of the League of Nations', *The League and the Future of the Collective System* (London, 1937), pp. 28–40; E. H. Carr, 'Public opinion as a safeguard of peace', *International Affairs* (November 1936), pp. 846–62

▽(41)F. Berber, 'The Third Reich and the future of the collective system', *The League and the Future of the Collective System* (London, 1937), pp. 64–83

支援された反共の白色インターナショナルや、クーデンホフ＝カレルギー伯爵の汎ヨーロッパ連盟構想である。これらのどれもたいしたものにはならなかった。しかし、ヒトラーの指導の下に第三帝国は、ジュネーヴで発展させられたものとは根本的に異なるヨーロッパ秩序の構想を発展させていった。イデオロギーが充満した戦間期ヨーロッパの風潮のなかで、勢力バランスの変化は連盟システムに対する深刻な政治的・道徳的挑戦を含んでいた。自由主義的普遍主義の考え全体が攻撃されるようになったのである。

自由主義の新秩序に抗して

ヒトラーはハプスブルク帝国末期の、悪意に満ちた反スラヴ、反ユダヤの汎ドイツ・ナショナリズムに深く染まりながら成長した。一九二三年のビアホール一揆のさいには、ヒトラーはミュンヘンの通りを有名なエーリッヒ・ルーデンドルフと並んで歩いていた。[15] ルーデンドルフはヒンデンブルクとともに、戦時中のドイツの東方での勝利の立役者である。そのためナチスの外交政策を、以前からのドイツ・ナショナリズムの伝統に沿って解釈したくなる。ヒトラー個人にも、彼の率いた運動にも影響があったのは疑いない。しかし、彼と先行者の重要な違いを無視するのは大きな間違いであろう。ヒトラーが、例えばビスマルクの足跡を踏襲しようとしていただけだと考えるなら、彼と彼の世界観をおおいに誤解することになる。ビスマルクは列強政治の観点から考えたが、ヒトラーにとっては人種の勝利が問題だった。

ヒトラーは、連盟がヴェルサイユ講和を擁護しているというだけで、国際連盟に反対したわけではなかった。そうであったなら、講和が見直されれば、ジュネーヴに参加する意志があるということになっただろう。もちろん多くのドイツ・ナショナリストはこの立場をとり、これはイギリスの宥和政策の基礎となる想定でもあった。しかし、『我が闘争』のなかでヒトラーは、一九一四年の国境を回復することは決して彼の目的ではないと明らかにした。彼が求めていたのは、ドイツ人のさらなる生存圏《レーベンスラウム》であった。この帝国主義的な計画は、政治を人種闘争とみる彼のより広い構想の自然な帰結であった。このような闘争は、ダーウィンの言葉でいえば生存競争であり、国際関係（あるいは人種間関係といったほうが適切かもしれない）の階統制《ヒエラルヒー》的な見方を含んでいた。[42]国際連盟は、結局、諸国家の機構である。しかし、国家とはなにか。ヒトラーの生物学的政治観によれば、国家とは「有機的生命体」と同様である。ドイツの地政学者の著作を反映しながら、国境は固定できないと彼は主張する。むしろ、「いかなる時代においてもその時どきの政治闘争のなかで一時的な国境ができる」が、それは、「絶え間ない成長の過程において、自然の偉大な力」のなすがままに、「明日にはより強い勢力によって変えられたり破壊されたりする」ものだった。[43]ヒトラー自身の世界政治観は、多くの地政学者のものとは異なり、人種に基づいていた。国家そのものは、人種的民族《フォルク》のたんなる表現にすぎない。「血はパスポートより強い」と一九三七年にある著名な汎ドイツ主義者は書いた。国外のドイツ人マイノリティは本国のドイツ人の「人種的同胞」であり、第三帝国はたまたま現在の国境内に住んでいる人々に対してのみではなく、ドイツ人全体への義務を負っている、というのである。[44]

　それゆえナチスの目においては、連盟に関する根本的な問題は、連盟がヴェルサイユを擁護しているということだけではなく、連盟が国際情勢に関してまったく間違った哲学をもっているということであった。「存在する価値のない」国家もあるため、国家間の平等はありえない。したがって普遍的な道徳や法は存在しえない。ジュネーヴが体現する高度に後見人的な自由主義さえも、ナチスにとっては人道主義的な弱さに満ちていた。強い人種が弱い人種を圧

▼(15)ドイツの軍人。一九一六年以降、参謀本部次長として第一次世界大戦を実質的に主導した。戦後はワイマール共和政に反対し、カップ一揆、ミュンヘン一揆に加わった。
▽(42)Stoakes, op. cit., p. 186; E. Jäckel, *Hitler's World View: A Blueprint for Power* (Cambridge, Mass., 1981)〔エバーハルト・イェッケル『ヒトラーの世界観――支配の構造』滝田毅訳、南窓社、一九九一年〕
▽(43)Stoakes, op. cit., p. 160
▽(44)次からの引用。US Department of State, *National Socialism: Basic Principles, Their Application by the Nazi Party's Foreign Organization, and the Use of Germans abroad for Nazi Aims* (Washington, DC, 1943), p. 70

倒し、敗者に対して自己の要求を強制する権利を勝ち取らなければならない。そうであれば法的な取り決めは、民族《フォルク》の利益が命ずるところに応じて、従われたり拒否されたりする、純粋に便宜的な問題にすぎない[45]。

一九三〇年代のドイツの政治理論家の間で、さまざまなかたちのヨーロッパ連邦やドイツが先頭にたつ経済圏への賛否、あるいはロシアとの協力か反ボルシェヴィキの十字軍かをめぐって、絶え間ない論争が繰り広げられていたのは事実である。それにもかかわらず、ヒトラーの人種的強迫観念の論理が議論の幅を限定し、世界におけるドイツの新しい立場を規定しようと試みるナチス国際法の原理を擡頭させていった。国際関係における平等は絶対的なものとはみなされず、「国家によって代表される人種の具体的な価値」、言い換えれば「持ち前の優劣」に応じた、相対的なものとされた。こうして他の人種に対するある人種の「支配権」が正当化された。ドイツの法理論家たちが、国際法は、国家間関係を規定するうえできわめて限定的な役割しか果たしていないと主張し、連盟が国際関係を「司法化」しようとしていると非難したのは、驚くべきことではない。この見解によれば、人権の自由主義哲学を装うものは、実際には「一九一九年のヴェルサイユ命令」を覆い隠していたにすぎず、民族《フォルク》の生命に反対し、国民的な特異性を嫌う「ユダヤ精神」の表われであった。「共通の法の支配」が存在しない以上、連盟や常設国際司法裁判所のような国際機関にはほとんど価値がなかった[46]。

ナチの連盟への挑戦がたんなる領土修正主義をはるかに超えるものであることは、当時も知りたいと思うものには十分明らかだった。例えばイギリスの優れた中欧専門家C・A・マッカートニーにとって、「ヒトラー主義は、連盟体制やその哲学とは決して両立できず」、一方が「他方に屈服する」しかなかった。一九三八年に書かれた憂鬱な、しかし魅力的な論文のなかで、ある亡命法律家は、普遍的な国際法への信頼の崩壊が、「ヨーロッパ文明の崩壊」を反映してはいないだろうかと問うている。古い意味での、結合力のある価値体系や国際社会はもはや存在しない。ヨーロッパの社会的政治的分断は、「すべてのルールの普遍的通用性」を語ることを「虚構」にした[47]。

ファシストの諸帝国

国際関係において生物学的な比喩が多用され、人口減少への恐れが広がり、国民自体が（ドイツとまったく同様に、フランス、ハンガリー、ギリシャでも）、国境内で「生命維持」が不可能であれば絶滅や窒息や衰弱にさらされる肉体と見なされた時代において、「生存圏《レーベンスラウム》」の要請は政治傾向の左右にかかわりなく、共通の関心事だった。例えば、一九二八年に「人のいない領域と領域のない人々」と題した植民地展覧会を催したのは、ヒトラーではなく、ケルン市長のコンラート・アデナウアーであった。不安に満ちた同時代人たちは、彼らの国には人口が少なすぎるということと、領土が足りないということを同時に主張することに、なんらの矛盾も感じなかったのである[48]。

　ナチス・ドイツとファシスト・イタリア両国にとって、列強となるため、そして活動的な国民として生き残ることそのもののために、帝国が決定的に重要だった。帝国は領土を意味し、領土は植民、食料、原料、健康的な入植者のための空間を意味した。領土を得ることのほうが、人々をそこに向かわせるよりやさしいということや、十九世紀にもヨーロッパ人の多くはアフリカよりもアメリカに移民することを選んでいた、という証拠はどうでもよかった。これらの教訓を、ファシスト政権はのちに苦労して学ぶことになる。ファシストの帝国創設は、一八七〇年代に始まっ

▽（45）P. Stirk, 'Authoritarian and national socialist conceptions of nation, state and Europe', in Stirk (ed.), *European Unity in Context: The Inter-War Period* (London, 1989), pp. 125–48

▽（46）J. Herz, 'The National Socialist doctrine of international law and the problems of international organization', *Political Science Quarterly*, 44: 4 (December 1939), pp. 536–54; また D. Diner, 'Rassistisches Völkerrecht. Elemente einer nationalsozialistischen Weltordnung' in his *Weltordnungen: Über Geschichte und Wirkung von Recht und Macht* (Frankfurt, 1993), pp. 77–124 を参照。

▽（47）Macartney, op. cit., foreword to 2nd (1934) edn; W. Friedmann, 'The disintegration of European civilisation and the future of international law', *Modern Law Review* (December 1938), pp. 194–214

▽（48）アデナウアーは次からの引用。H. Stoecker (ed.), *German Imperialism in Africa* (London, 1986), p. 323; D. Glass, *Population Policies and Movements* (London, 1940), p. 220

たヨーロッパの帝国拡大過程の頂点を示した。ムッソリーニとヒトラーは十九世紀帝国主義の基本的な地政学的信条を受け入れ、その自由主義は投げ捨てた。

ファシスト帝国は、一九三五年末のイタリアの侵攻後、最初にエチオピアに作られた。戦闘そのものが、なんとしても迅速に勝利を得ようとするイタリア人によって、前例のない野蛮さで行なわれた。ガス、化学兵器や集中爆撃によって、あるいは、遊牧民のサヌーシー教徒に対して侵攻数年前に行なわれた鎮定軍事行動[16]のさいにイタリア人が持ち込んだ捕虜抑留所、強制収容所によって、膨大な数の殺戮が行なわれた。イタリア人の死者が約三千人だったのに対し、数万、あるいは数十万のエチオピア人が死んだ。当時ものちにも、この種の流血はたいした非難を招かなかった。イタリア内部では、勝利はムッソリーニ支配の頂点、「ファシスト帝国」の「黄金時代」を画した。[49]

それに続く平和も同様に多くのことを明らかにする。残酷さで知られたグラツィアニ総督[17]の暗殺未遂事件後、ファシストの武装行動隊《スクアドラ》がアディス・アベバで荒れ狂い、冷酷に千人以上の人々を殺害した。他にも報復として大量の処刑が行なわれ、そのなかには数百人の僧侶も含まれていた。これらはみな、のちにヨーロッパが――そしてイタリアも――数年後にドイツの手によって経験することになるものの前触れとなっていた。一方でチアーノ[18]は連盟総会で演説し、イタリアが心に留めている「文明化の聖なる使命」について語り、彼の国は「エチオピアの文明化の仕事において成し遂げた進歩を連盟にお知らせできることを誇りに思う」と断言した。[50]

帝国建設は、人種的な法律や政令と密接に結びつけられたが、これはイタリア・ファシズムにとって新しい現象だった。人種的な「威信」を考慮して、当局は、イタリア人とエチオピア人との間の性的その他の接触を統制しようとしたが、これは、リビアやロードス島では顧慮されなかったことだった。ニュルンベルク法[19]のアパルトヘイトが、一九一四年以前のドイツの植民地政策に前もって表われていたように、イタリアのアフリカでの人種主義が、イタリア本国自体での一九三八年の人種法の地ならしをしたのである。悪名高い人種科学者たちのマニフェストや、それに伴った反ユダヤ法は、ナチズムのたんなる物まねではなく、ファシズムが帝国主義勢力としての自分自身にふさわしい

イメージを作り出そうとする試みの表われだったのである。▽(51)

国外のファシズム賞賛者たちも活気づけられた。六十四人のフランスの学者たちは、「優等者と劣等者、文明人と野蛮人を平等に扱う間違った司法上の普遍主義」を攻撃する声明を発表した。「なぜうそをつき続けるのか」と、あるフランスのジャーナリストは書いた。「人々にはレヴェルの違いが実在し、人間の階統制《ヒエラルヒー》があるのだ。それを否定するのはばかげており、無視することは恥ずべき混乱を招く。エチオピアのことは放っておこう。一つのエチオピアで足りなければ二つでも、三つでも……。時が来たとき、野蛮に対して自らを強要するのは、文明の完全な権利である。」わずか数年後、ペタン元帥はヴィシー・フランスを「人々の本来的平等性という誤った考えを否定する……社会的階統制《ヒエラルヒー》」と公けに説明することになる。▽(52)

イタリアの政策の多くは、もちろん、ナチスの人種観や帝国観を想起させるものだった。しかし、ヒトラーとムッソリーニの帝国計画には二つの鍵となる相違があった。一つは、ドイツ人は人種的排他主義を（そして実際のところ

▼(16) サヌーシー教徒はリビア東部のキレナイカ地方に勢力をもつイスラム神秘主義教団。オスマン帝国内で自治を行なっていたが、一九一一年の伊土戦争で同地域はイタリア領となった。しかし、教団はイタリアと第二次大戦まで対立、戦闘を続けた。

▽(49) G. Rochat, *Guerre italiane in Libia e in Ethiopia: Studi militari, 1921–1939* (Padua, 1991)

▼(17) イタリアの軍人。ファシスト党に入党し、北アフリカの植民地に派遣された。サヌーシー教徒との戦争を指導し、捕虜、政治犯を収容所で多数死亡させた。イタリアのエチオピア侵攻を指揮し、一九三六年にはイタリア領東アフリカ副王、シェヴァ／アディス・アベバ総督となった。一九三七年二月、彼に対する暗殺未遂事件に対し無差別報復を命じ、大量の犠牲者を出した。

▼(18) イタリアの外交官、一九三六年からは外務大臣。ムッソリーニの娘婿。

▽(50) G. W. Baer, *Test Case: Italy, Ethiopia and the League of Nations* (Stanford, Calif., 1967), pp. 296–7

▼(19) 一九三五年にナチス・ドイツで制定された「帝国市民法」と「ドイツ人の血と名誉を守るための法」を指す。国籍保持者を、ドイツ系の市民と、ユダヤ系ドイツ人などたんなる国籍保有者に分け、前者の政治的権利を剝奪し、両者間の婚姻を禁じた。

▽(51) G. Bernardini, 'The origins and development of racial anti-semitism in Fascist Italy', *Journal of Modern History*, 49 (September 1977), pp. 431–53

▽(52) Baer, op. cit., p. 56; J. Delarue, 'La guerra d'Abissinia vista dalla Francia: le sue ripercussioni nella politica interna', in A. del Boca (ed.), *Le guerre coloniali del fascismo* (Bari, 1991), pp. 317–39; E. Weber, 'France', in Rogger and Weber, op. cit., p. 97

法律というものを全般に）イタリア人よりも真剣に考えていた。そのため、ニュルンベルク法は一九三八年の〔イタリアの〕人種法よりもより効果的に機能した。第二に、ファシズムが、他の以前からの帝国主義と同様に、自らの文明化の任務は主にヨーロッパの外部にあると考えたのに対し、ナチズムはそうではなかった。疑いなくまさにこの点、ヨーロッパ人を野蛮人と奴隷に引き戻すという点が、ナチスがヨーロッパの感情をもっとも逆なでした点である。

一九三八年から四〇年の出来事は、ナチス・ドイツがヨーロッパにおいて求めたような指導権は、征服と「覇権」の結合によって獲得されうることを示した。軍事的な征服は、オーストリアの場合のような合邦《アンシュルス》にいたることも、占領に向かうこともあった。一九三九年春のボヘミア＝モラヴィア侵攻は、「国際社会における指導権という現象」の重要性を誇示するものと解釈された。▽[53] 一九四〇年夏の第二次ウィーン裁定では、ヒトラーが中央ヨーロッパの領土紛争解決のために仲介を行ない、覇権の可能性を例証した。ドイツはルーマニアの原油開発権を手に入れ、ハンガリー、スロヴァキア、ルーマニアの地域問題仲裁者として振る舞い、これらの国のドイツ系マイノリティの「管財権」を作り出した。

ドイツ人の評論家らは、この最後の行為に関し、以前の連盟のマイノリティ保護システムに比べて多大なる改善だと歓迎した。これらの「民族集団保護法」は「母国」にマイノリティと居住国の間の紛争に介入する権利を与え、また、「民族集団」全体に集団的な法人格を与えた。しかし、このような立法は一九四〇年夏にドイツの勢力が頂点にあったときにははるかによく見えたが、わずか四年後にはそれほどではなくなる。というのも、このような立法によって、ドイツ系住民の状況は、ヒトラーの戦争の帰趨しだいとなったからである。▽[54]

最近再び、「小英国主義」派の修正主義歴史家たちが、英国とドイツの戦争は避けられたと示唆した。のちに批判されたよりも宥和主義には理があり、おそらくチャーチルの対決へのこだわりはそれほど合理的ではなかったのではなかろうか。一九三九年にポーランドに対してイギリスの保証が与えられなかったらどうだっただろうか。あるいは、もし一九四〇年夏のヒトラーの講和打診が拒絶されなければ、英国政府はドイツと、ナチスの東ヨーロッパ支配とイギリス帝国の存続を相互に受け入れる取引をできなかったのか。数年後イギリスはスターリンと同様な取引をしなかっただろうか。

A・J・P・テイラー▼[20]の有名な解釈のように、もしヒトラーも一人の政治家にすぎないのであれば、これらの議論もある程度通るだろう。しかし、テイラーによる大戦の起源に関する分析の弱点は、イデオロギーの役割に対する無関心である。第二次世界大戦が始まった原因は、外交上の誤解や混乱でも、ヒトラーの欺瞞や二枚舌でもない。むしろ、「二つの世界の衝突」に直面していることをヒトラーの敵が遅ればせながら悟ったからである。ベルリンとロンドンは同じゲームをしていたわけではなかった。両者にそう願うものはいたのだが▽[55]。

イギリス帝国が、ヒトラーと戦うコストによって身を滅ぼしたのは確かである。しかし、ヒトラーの側に加わることによって生き延びられたかどうかは疑わしい。ドイツ自身の植民地獲得の意志も、イギリスにとっては悩みの種であった。イギリスは、ナチスのヨーロッパにおける領土要求を、アフリカの小さな領土の切れ端を渡すことで片づけることには気乗り薄だった。両大国のイデオロギー上の隔たりは、ここでも明白であり、ナチスの植民地計画者は、イギリスを、あまりに手ぬるい人種政策をとっているとして厳しく非難していた。ナチスと手を結ぶことは、イギリスがリベラルな帝国主義の信条（と非直接統治の信念）を放棄し、妥協なき人種主義に与することを含むものとなったであろう。実際にナチスの指導的イデオローグの一人であるアルフレート・ローゼンベルクは、このような同盟を描いてみせている。イギリスとドイツが、海と大陸でともに白色人種を防衛するのである。しかし、この構想にはイ

▽（53）次からの引用。R. Schlesinger, *Federalism in Central and Eastern Europe* (New York, 1945), pp. 457–8

▽（54）'Politics and right', tr. from *Europäische Revue*, January 1941, in US Department of State, *National Socialism*, op. cit., pp. 471–7

▼（20）ヨーロッパ近現代史について多数の論争的著書をもつイギリスの歴史家。『第二次世界大戦の起源』では、ヒトラーをドイツを大国にしようとした機会主義者とし、大戦はヒトラーの意図的な計画の結果ではなく、英仏の外交政策の失敗を含めた多くの失敗の偶然の産物と主張した。

▽（55）A. J. P. Taylor, *The Origins of the Second World War* (London, 1961), *passim*〔A・J・P・テイラー『第二次世界大戦の起源』吉田輝夫訳、講談社、二〇一一年〕

ギリスの価値感の転換が前提とされており、それは不可能であった。イギリスの価値感は権威主義的というより自由主義的であり、イギリスの人種主義——明らかに存在したが——は、生物学ではなく文化に根ざすものであった。▽[56]

イギリスとドイツの社会の間に存在するイギオロギー上の隔たりは、一九三八年十一月の水晶の夜《クリスタルナハト》のポグロムのニュースにイギリスが受けた衝撃によって明らかとなった。それまでのどんなことよりも、この出来事がイギリスの世論を宥和政策反対に転換させた。▽[57] ミュンヘン以降、思わしくない兆しはあったが、続く数ヶ月の間に、英仏政府は政策全体の見直しを迫られた。「ヒトラー氏の計画の最初の部分は完成した」と、フランスの新しい在ベルリン大使ロベール・クーロンドルは一九三八年十二月に書き、「いまや生存圏《レーベンスラウム》の時が来た」と続けた。▽[58]

宥和政策は、ナチス・ドイツが基本的には領土修正の課題を追求していることを前提としていた。一九三九年三月のボヘミア＝モラヴィア侵攻は、ヒトラーの目的が、エスニックな意味でのドイツ人の居住地域の合併を超えているという最初の兆しだった。国際的合意に対するヒトラーの軽蔑的な態度も示された。これに対して、英仏はポーランドとルーマニアに安全の保障を与えることによって、遅まきながらヴェルサイユで構築した東方の安全保障帯を復活させようとしたが、説得力のあるジェスチャーとはならなかった。

状況は一九一九年から大幅に変化していた。いまやナチスが旧チェコスロヴァキアを支配しており、東欧諸国の同盟は戦略的に無意味になり、他方でドイツはチェコ国家の軍備と金という重要な資源を手にいれた。ロンドンとパリを一方とし、ワルシャワとブカレストをもう一方とする両者の間には軍事計画の真剣な相互調整は存在しなかった。さらに悪いことに、ロシアが大国として復活したことで、ドイツとソ連による東欧分割の脅威が騒ぎ立てられ始めた。反共主義の目隠しゆえに、イギリスもフランスもスターリンと合意するための真剣な試みをしなかった。ハリファックス卿▼[21]は、この同じ反共主義ゆえに「ボルシェヴィズムに対する要塞」としてドイツを歓迎していた。この失敗が、東欧の新独立諸国の運命を蝕み、大陸全体をナチス（およびのちには共産主義者）による帝国建設の巨大な実験室に変えたのだった。ヨーロッパは、暴力がヨーロッパの名によって外部で行なわれているときには、いとも簡単にこれを無視していたが、それを自分たちのところで耐えることは難しかった。

▽（56）W. Schmokel, *Dreams of Empire: German Colonialism, 1919–1945* (New Haven, Conn., 1964); Stoecker, op. cit.; G. L. Weinberg, 'German colonial plans and policies, 1938–42', in his *World in the Balance* (London, 1981), pp. 96–136

▽（57）J. S. Huxley and A. C. Haddon, *We Europeans: A Survey of 'Racial' Problems* (London/New York, 1936), pp. 13, 132, 236〔J・ハックスリ、A・ハッドン『人種の問題』小泉丹訳、岩波書店、一九四〇年〕; より全般的なものとしては次を参照。E. Barkan, *The Retreat from Scientific Racism: Changing Concepts of Race in Britain and the United States between the World Wars* (Cambridge, 1992)

▽（58）次からの引用。P. Kluke, 'Nationalsozialistische Europaideologie', *Vierteljahreshefte für Zeitgeschichte*, 3: 3(1955), pp. 240–69

▼（21）イギリス保守党の政治家。一九三八年からチェンバレン内閣の外務大臣を務め、ドイツに対する宥和政策を支えた。

第3章　健康な身体、病んだ身体

伴侶を選ぶための十戒

1、ドイツ人であることを忘るるなかれ
2、健全な血統の者であれば、未婚に留まるなかれ
3、汝の身体を純潔に保て
4、精神と魂を純潔に保て
5、ドイツ人として、ドイツ人ないし北方血統の者を伴侶に選べ
6、伴侶を選ぶさい、家系を注視せよ
7、健康は、外見的美しさの前提条件である
8、愛によってのみ婚姻せよ
9、結婚には、友人ではなくパートナーを求めよ
10、可能な限り多くの子供を望め

——『ドイツ家族のためのハンドブック』より

（ベルリン、日付なし）

この家庭の調和のための助言は、ナチス当局がすべての若いカップルに対して日常的に発行していた『ドイツ家族のためのハンドブック』の冒頭あたりに書かれている。すばらしいレシピの数々のほかには、子供の世話、家事、食事に、人種的保健まで含まれている。ニュルンベルク法が要約され、家族の血統を明確化し、ユダヤ人との婚姻によ

って汚染された家系を調べるのに役立つ図が載せられた特別な節も設けられている。家庭の健康と幸福は、もはやたんに個人の選択と満足の問題ではないのだと、読者は気づかされる。ワイマールの自己中心的な自由主義は、国民社会主義の共同体全体への配慮に取って替わられた。レシピの前には、総統《フューラー》の有益な警句がおかれた。「自分自身の健康のために闘う強さをもたないものは、この闘争の世界に生きる権利を失う。」

このような本は、戦間期の国民的・家族的健康に関する価値感をわれわれに示してくれる。それはドイツ人の生活に浸透していただけでなく、より広くヨーロッパ人の言説の一部にもなっていた。第三帝国はこの言説を新たに極端な段階にまで押し進め、他ではみられないような方法で人種の役割を強調したかもしれない。しかし、家族の健康は社会にとって一般的に重要であり、国民は人種的に健全な子孫を必要とし、国家はそのために私的生活に介入し生活の仕方を示す必要があるという考えは、戦間期ヨーロッパにおいて、政治的な左右を問わず受け入れられていた。国民国家が相互に競合し合い、戦争で国民の多くが殺され、さらに次の戦争の可能性によって脅かされているという不確かな社会の緊張感とストレスが、このような考え方に反映していた。

国民の強さへの懸念は、第一次世界大戦前に始まった長期的な出生率の低下によって強まった。「ヨーロッパの多くの政府はここ数十年の白色人種の出生率の低下に注目している」と、あるイタリア人ジャーナリストが一九三七年に書いている。「生物学者、経済学者、政治家の多くは、数こそ国民の強さであるという見方を支持している。」一九一八年以降、国家は保健省を設け、家族の価値を推奨し、低下傾向を是正しようとしてきた。人々はもっと子供を産むよう奨励、勧告され、中絶や避妊は妨げられたり非合法化されたりした。生活や住居の条件も大衆向けの公営設備も改善された。延長された有給休暇において、新しい公営プールで泳いだり、郊外を散策したり、サイクリングしたりすることで、肉体的健康も促進された。

しかし、社会政策の発展は、陰鬱な側面も伴っていた。医師、科学者、政策策定者らが推奨するように、国民の人的資源の量とともに「質」を守ることは、公衆衛生に対する危険を削減することを含んでいた。危険とは、スラム、貧困、栄養失調だけでなく、身体的・精神的疾病者をも含み、これらの人々は、隔離され、断種され、極端な場合には社会全体のより大きな善のために殺害された。青年の非行や性的非行も、家族的安定や公共の秩序を危険にさらすものと見なされた。国民への脅威は、例えば戦間期のイギリスに存在したとされるいわゆる「社会的問題集団」のように、さらに広く階級全体として、あるいは人種として定義されることもあった。第三帝国は生物学的な反ユダヤ主義を、高度に効率的な国家機構と結びつけて、この種の人種的福祉国家の最新の形態をヨーロッパにつくり出した。

今日では、スウェーデン、スイス、その他いくつかの欧州諸国も、断種や他の強制的な手段を社会政策において比較的最近までとっていたことがわかっている。そのような実践からすれば、ヒトラーのドイツはそれほど例外的なわけではなく、以前考えられていたよりもヨーロッパ思想の主流に近いだろう。それにもかかわらず、類似性を強調しすぎるべきではない。ナチスの民族共同体《フォルクスゲマインシャフト》は、ある社会評論家の言葉を借りれば、「生命保障国家」によって推進された。しかし、この「生命保障国家」は、他者の生命を奪い、彼らの財産を収用し、国民の内側にいるものの利益のために再分配するのは当然の必要であると確信していた。ナチス国家の出現は（イタリアでみられたような）模倣者と、またイギリスで特にみられた批判者の双方を生み出した。批判者は、人種主義が科学的な基礎をもつという考え方、あるいはより一般的に社会政策が強制の基礎の下に行なわれるべきであるという考え方そのものを攻撃した。第二次世界大戦は共同体全体、個々の市民、社会政策の間の関係を規定する闘争となり、一九四五年以降に生まれたまったく違う形態の福祉国家への道を準備した。ファシスト福祉国家は、大衆政治の時代には、個人の自由を認めるだけでは民衆の忠誠確保には十分ではないという教訓を民主主義者に与えた。ヒトラーの敗北は、民主主義が、社会的連帯と国民的結合の新しい感覚を通して、ヨーロッパの生活にもう一度根づくことを可能にしたのである。

戦争と肉体破壊

八百万以上の人が第一次世界大戦で命を落とした。毎日の戦闘で六千人以上の死者である。ロシア革命、インフルエンザ、チフス、二〇年代初頭に続いたその他の衝突の犠牲者も加えれば、おそらく千三百万ものヨーロッパ人が死んだ。フランスは現役の男性人口の十分の一を失い、セルビアやルーマニアではその割合はもっと多かった。

死者の多くは青年で、彼らがいなくなったことは、戦後のヨーロッパにおいて、残された人々に深刻で破壊的な帰結をもたらした。マグヌス・ヒルシュフェルトは、人間のセクシュアリティに関する先駆的な研究者であるが、彼はこの戦争を「文明化された人々がこれまでこうむった最大の性的カタストロフィー」と表現した。戦時中から、女性や子供は夫や父親なしにやっていくことになり、すでに性別役割は劇的に変化した。一九一八年以降、伝統的家族はさらに大きな緊張にさらされることになる。その時点までにドイツだけでも五十万人の戦争未亡人が生まれ、その多くは再婚しなかった。▽(1)

それ以外の数百万の女性のもとへ、男性たちは戦争体験から肉体的・精神的な傷を抱えて帰還した。彼らは（当時の言い方で）「破壊された人」であり、「戦傷愛国者」であった。平時の生活に自らを再統合できず、戦時中の記憶に取り憑かれ、多数が自殺し（自殺率は戦争末期急上昇した）、忘れようとして酒におぼれ、妻や子を殴ることによって権威を回復しようとした。政府が戦死者を称えて立派な記念碑を建てる傍らで、手足を失った帰還兵は街角で物乞いをし、職を探し回った。このように総力戦がヨーロッパの伝統的な家長制家族に破壊の鉄槌を振るったことを考えれば、新たな「父性なき共同体」の「野放しの青年」について多くが語られるようになったのも驚きではない。一九一八年から一九年の、暴動、革命、反乱の危機的状況は、社会秩序が完全に崩壊したという感覚を増大させた。「革

▽（1）P. Corsi, *The Protection of Mothers and Children in Italy* (Rome, 1938), p. 3; M. Hirschfeld, *Sittengeschichte des Weltkrieges*, ii (Leipzig, 1930), p. 437〔M・ヒルシュフェルト『戦後の性生活』（戦争と性、第4巻）高山洋吉訳、同光社、一九五五年〕

命とその帰結は多くの人々、特に青年の精神にとって著しく害を及ぼした。基礎が打ち砕かれた。国家機関はほぼ完全に権威を失った。教会も同様である。両親の教育的影響力はしばしば無に近くなるまで減じてしまった」と、あるプロイセンの官吏は述べている。[2]

第二次大戦後にも再び同じ状況が生じるのだが、このような不安に刺激され、国家はますます強く親の代理や、道徳的権威の源として振る舞おうとした。離婚率が急激に上昇するにつれ、女性や子供にとってあるべき場所を示すために、国家は家族の結びつきの価値を再び強調した。なぜなら、ムッソリーニの言葉を借りれば、「道徳秩序」は「公共秩序」を作り出すからである。一九一九年、フランスの急進党の政治家エドゥワール・エリオは「国民とは、バラバラに存在する個人の集合体ではなく、組み合わさった家族からなる集団である」と主張した。「有機体の細胞となるのは個人ではなく、家族なのである。」言い換えれば、国民の福利のために、家族を再建すること――また必要があれば個人主義を抑制すること――の不可欠な重要性を感じていたのは、右翼だけではなかったのである。[3]

これらすべては、戦争中に思いがけず現われた恐ろしい亡霊を追い払うことを意味した。それは、労働者として独自の地位を占め、自分自身の収入がある、独立し、解放された若い女性である。例えば、アガサ・クリスティの一九二二年のスリラー『秘密機関』の主人公タペンス・ベレズフォードは、戦時看護婦であり、戦後の世界に、平等な仕事の機会、性的な独立、活動的な生活への新しい欲求をもって臨んだ。しかしながら、特に新たなサーヴィス産業分野における女性就労の増加という現実にもかかわらず、タペンスのような役割モデルは、男性の伝統的権威を脅かす「性的ボルシェヴィズム」の表われとして非難された。一九二〇年代のギャルソンヌ、ボブヘアと細いヒップの「輝ける若者たち」は、自己中心的な快楽主義者で、国民の未来を恐ろしいほどに顧みないと非難された。「煙草を吸い、短い髪をして、パジャマやスポーツウェアを着て……女性たちはますますいっしょにいる男性に似てきている」とあるフランス人は懸念をもって書いている。いったいこんな両性具有者が責任ある母親になることがありうるのか、と。[4]

このような疑いには、神経質たらざるをえない政治的な潜在要因が存在した。ボルシェヴィキが、両性間の関係について驚くべき展望を開いたのである。ロシア女性はすみやかに、ヨーロッパのどこにも並ぶものがないほどに解放された。教会の権力は制限され、伝統的な父権的特権は一掃され、女性は離婚訴訟を起こせるようになった。ソヴィエトの政策形成者のなかには、最終的にはまったく結婚を廃止し、女性と男性の自由な結びつきを推進しようと語るものまでいた。戦争で引き裂かれたロシアの家族が、他のブルジョワ生活の諸制度と同様に、「死滅」させられようとしていると、批判者たちが考えたのも驚くべきことではない。[5]

これらすべては——一九二〇年代の反ボルシェヴィキの雰囲気のなかでは——他のヨーロッパの国々での女性解放の助けになったとはとてもいえなかった。多くの新しい憲法のもとで女性たちが選挙権を手に入れたのは確かであるが、他の多くの国、例えばフランス、イタリア、ギリシャではいまだに選挙権がないままであり、一九三〇年まではイギリスでも非常に限定された条件のもとでしか認められていなかった。さらに女性運動内部の対立も生じた。古くからの婦人参政権運動家は、選挙の平等に焦点を絞っており、より実際上の関心をもった若い活動家にはますます不満なものになっていった。「働く女性にとって、選挙権は……解放を意味しない。なぜなら、その究極的な重要性において彼女の関心をなによりも引くのは社会問題全体だからである」とあるギリシャの共産主義者は主張した。[6]機会の均等を定めた憲法条項は、新たな家族熱や、相変わらず男性優位の家族法によって、実際上は中和された。

▽（2）A. Pfoser, 'Verstörte Männer und emanzipierte Frauen', in F. Kadrnoska (ed.), *Aufbruch und Untergang: Österreichische Kultur zwischen 1918 und 1938* (Vienna, 1981); R. J. Sieder, 'Behind the lines: working-class family life in wartime Vienna', in R. Wall and J. Winter (eds.), *The Upheaval of War: Family, Work and Welfare in Europe, 1914–1918* (Cambridge, 1988), pp. 109–38

▽（3）S. Pedersen, *Family, Dependence and the Origins of the Welfare State: Britain and France, 1914–1945* (Cambridge, 1993), p. 129

▽（4）M. L. Roberts, *Civilization without Sexes: Reconstructing Gender in Postwar France* (Chicago, 1994), pp. 70, 125

▽（5）W. Z. Goldman, *Women, the State and Revolution: Soviet Family Policy and Social Life, 1917–1936* (Cambridge, 1993), chs. 1, 3

▽（6）次からの引用。T. Verveniotis, 'I thesmothetisi tou dikaiomatos tis psifou ton gynaikon apo ton elliniko antistasiako kinima (1941–1944)', *Dini: Feministiko periodiko*, 6 (1993), pp. 180–95 (p. 181)

一九三七年のアイルランド憲法の四十一条は、「国家は、女性が、共通善の達成に不可欠な支えを家庭生活を通じて国家に提供するものであると認識している」と述べ、女性がどこで働くべきと見なされていたかを明白にしている。保守党、男性優位の労働組合、退役軍人組織は、女性の就労権の改善努力の多くを妨害し、戦争中の仕事を男性に明け渡すよう強いることにしばしば成功した。一方で専門的な職業についている女性も、例えばイギリスの官公庁でのように、結婚と同時に仕事を離れるよう義務づけられた。▽(7)

仕事をもつ独身女性の自己中心的快楽主義と対照的に、妻や母親（両者は一般的に同一視された）は、「日常生活の英雄的形態」のカプセルのなかに包み込まれた。言い換えれば、ファシストの宣伝者が述べたように、「母性は女性の愛国主義である」ということである。スターリンですら、ロシアで離婚、中絶率が飛躍的に高まり、農村の女性が都市に群がるようになったことに警戒感を深め、同様の見解にいたった。一九三〇年代中頃には、ボルシェヴィキによる初期のリバタリアン的法律は、伝統的家族へのソヴィエトの新しい支持へと取って替わられた。▽(8)

戦間期ヨーロッパのこの母性イデオロギーには深いルーツがある。国民出生率が長期的に低下し始めたのは十九世紀末、ちょうど帝国間、国民間の競争が苛烈化したときであった。徴兵軍の重要性が高まるにつれて、一国の人口の大きさと健康度が、軍事的・国民的安全保障の問題になった。ヨーロッパ諸国が支配権をめぐるダーウィン的闘争のなかにあると考えられたため、問題はなおさら大きくなった。フランスは、ドイツのほうが人口が早く増加することが、大国としてのフランスの消滅可能性を意味するのではないかと懸念した。ドイツ人はフランス人のことをそれほど気にはしていなかったが、東の「多産なスラヴ人の大群」に恐れをなしていた。ハンガリーのナショナリストは、スラヴ人、ドイツ人、ルーマニア人による「民族の死」に抗う戦いのなかで、「希望のない闘争」に直面していると信じていた。イギリス人は、ことにボーア戦争以後、「衰えゆく人種」がいかに巨大な帝国を統べられるのか悩んでいた。イタリアの指導的な優生学者、ジュゼッペ・セルジが、一九一六年にイタリア科学進化協会に報告したように、ヨーロッパは全体的に、依然として帝国主義思想の虜であり、「優越人種」が衰退しつつあるという恐怖にとらわれていた。[9]

当然、第一次大戦は全般的見通しをさらに悪化させ、国民指導者らは「妊娠は女性の戦地勤務である」という見解を広めるようになった。出産を奨励する努力として、フランス当局は休暇中の兵士に「人口増加のために働く」よう強く勧め、若い女性には「フランスのために働く」よう求める戦時ハガキを配布した。イギリスの出生率増加主義者は、『空のゆりかごの脅威』や、一九一六年の『ゆりかごか棺か、われわれ国民に最も必要なこと』のような本を出版し、同胞たちを待ち受ける恐ろしい将来を解説した。ドイツでは、帝国議会が避妊を非合法化し、中絶を制限する法律を通した。反中絶法の前文では「国家の全般的福祉は女性の感情に優先しなければならない」と強調された。[10]

人口減少の恐れは、戦争終結後も消え去りはしなかった。反対に、離婚率の増加や一連の悲観的な人口統計見通しによって、この問題はさらに大きく取り上げられるようになった。ある統計学者が、イングランドとウェールズの人口は一九七五年までには三千百万人に、世紀末には千七百七十万人にまで落ち込むと警告したあと、大衆紙『デイリー・メイル』は「イギリス人の新生児減少。突然の出生率の落ち込み。減少が続けばイギリスでは人口は停滞」と注意を促した。フランスの指導的な人口統計学者は、人口が一九八〇年までには二千九百万人にまで縮小するだろうと推計した。ワイマール・ドイツは一九二七年の『出生減少』という題名のパンフレットに立ちすくまされた（このパ

▽（7）アイルランドの憲法は次からの引用。D. Keogh and F. O'Driscoll, 'Ireland', in T. Buchanan and M. Conway (eds.), *Political Catholicism in Europe, 1918–1965* (Oxford, 1996), p. 292

▽（8）Hanna Hacker, 'Staatsbürgerinnen' in Kadrnoska, op. cit., pp. 225–66; V. de Grazia, *How Fascism Ruled women: Italy, 1922–1945* (Berkeley/Los Angeles, Calif., 1992), p. 25; Goldman, op. cit., chs. 5–6

▽（9）J. M. Winter, 'The fear of population decline in western Europe, 1870–1940', in R. W. Hiorns (ed.), *Demographic Patterns in Developed Societies* (London, 1980), pp. 178–81; P. Ogden and M.-M. Huss, 'Demography and pro-natalism in France in the nineteenth and twentieth centuries', *Journal of Historical Geography*, 8: 3 (1982), pp. 283–98; S. Weiss, 'Wilhelm Schallmeyer and the logic of German eugenics', *Isis*, 77 (March 1986), p. 45; C. Pagliano, 'Scienza e stirpe: eugenica in Italia (1912–1939)', *Passato e presente* (1984), pp. 61–97

▽（10）M.-M. Huss, 'Pronatalism and the popular ideology of the child in wartime France: the evidence of the picture postcard', in Wall and Winter, op. cit., pp. 329–69; C. Usborne, 'Pregnancy is the woman's active service', in ibid., pp. 389–416

ンフレットの著者リヒャルト・コーヘアは、のちの親衛隊（SS）統計局長官であり、第二次大戦中、ヒムラーに対してヨーロッパのユダヤ人死者数を推計する責任を負った）。『若者なき民族』は一九三二年に出版されるやいなや売り切れ、三版まで版を重ねた。さらに世界的な不安が国民的不安に重ねられた。あるイタリアの社会政策評論家は「今日のヨーロッパにおける出生率の落ち込みは、ヨーロッパ文明の名によって対応すべき害悪である。ヨーロッパ文明の至上性が、有色人種の溢れる大衆によって脅かされかねないのである」と、警告した。[11]

「故郷に帰り、女性たちに私が出産を必要としていると言いたまえ。多くの出産をと」、とムッソリーニはファシスト女性団体の指導者たちに指示した。しかし、統領《ドゥーチェ》やヒトラーのみがこの方向を目指したわけでも、彼らが最初に目指したわけでもなかった。彼らの宣伝思想の多くは、フランス人の努力をモデルとしていた。フランスは子だくさんの母親に「フランス家族」メダル――五人の子もちには銅メダル、十人の場合は金メダル――を授与していた。戦争による流血のあと、愛国的義務を果たしたというわけである。ベルギー大家族連盟のような圧力団体は税制優遇措置を求め、大勢のメンバーを誇った。雇用者は労働者がもっと子供をもてるように家族手当を推進した。これらの方策は、受給者を会社に忠実にさせ、ストをやりにくくする効果ももった。一九二〇年代には、花屋と文房具屋の発明品である母の日は、資本主義が母性への執着をどんなふうに利用できるかを示す、さらなる例となった。[12]

母性は、学校に入ったときから女性に教え込まれた。イギリスの学校では、「育児」や「家庭科」「家政科」の科目が「良い母親の技術、技能、専門知識」を教えるために設けられた。フランスの女生徒は、「小児養育」の訓練を受け、赤ん坊への授乳、沐浴、おむつの交換方法を習った。のちには、若い母親は国民赤ちゃん週間のような健康キャンペーンの宣伝にさらされた。その期間中、一九二三年にロンドンで開かれた乳幼児福祉会議では、健康意識の高い母親のための品々が展示された。フレデリック・トラビィー・キング卿の母親技術訓練センターが提供する専門知識からも、母親たちは影響を受けた。ドイツでそれに対応するものとしては、ワイマールの『ドイツの主婦』のような中間層主婦の大衆組織が発行していた雑誌がある。また、ドレスデン衛生博物館が「国民の健康と将来の世代の肉体的精神的健康」を確保するために組織した、多くの移動健康博覧会の一つを訪れることもできた。七百万人もが健康・社会福祉・運動（Ge-So-Lei: Gesundheit, sozial Fürsorge und Leibesübungen）博覧会を訪れ、子だくさん家族連盟は広く知られ、評判になった。このような女性たちにとって、ワイマールの崩壊は「リベラリズムから義務へ、職業をもった女性から主婦と母親へ」の動きが最高潮に達することを意味した。▽(13)

女性たちに赤ん坊の生産者になるよう要請するのと同時に、国家は女性たちが中絶を受けにくいようにしていった。「中絶は国家に多大な負担をかける。なぜなら、生産への女性の貢献を引き下げるからである」とあるソヴィエトの医師は書いている。一九三六年、ソ連では中絶が違法化され、他の多くのヨーロッパ諸国に続くかたちとなった。共産主義はスキャンダラスなまでにリバタリアンな思想を大陸に広げることに成功するどころか、今度は出生率増加主義に基づく伝統的な家族と性的役割の主張に屈服したのである。▽(14)

カトリック諸国は常に厳しく中絶に反対してきたが、婚姻の神聖さに関する一九三〇年の教皇ピウス十一世▼(1)の回勅ののち、ヴァチカンの介入によって、中絶に関する戦間期の政策はますます抑圧的になった。イタリアは非合法の中絶に重い刑を導入し、医師には患者を当局に届け出ることが義務づけられた。一時は、ファシスト政府はすべての妊

▽（11）D. Glass, *Population Policies and Movements in Europe* (Oxford, 1940), pp. 84, 152, 274; Corsi, op. cit., p. 4

▽（12）ムッソリーニは次からの引用。de Grazia, op. cit., p. 41; W. Schneider, *Quantity and Quality: The Quest for Biological Regeneration in 20th Century France* (Cambridge, 1990), p. 139; Pedersen, op. cit.

▽（13）R. Bridenthal, "'Professional housewives': stepsisters of the women's movement', in R. Bridenthal, A. Grossmann and M. Kaplan (eds.), *When Biology Became Destiny: Women in Weimar and Nazi Germany* (New York, 1984), pp. 153–74〔レナート・ブライデンソールほか編『生物学が運命を決めたとき――ワイマールとナチスドイツの女たち』近藤和子訳、社会評論社、一九九二年〕

▽（14）Goldman, op. cit., pp. 288–9

▼（1）戦間期のローマ教皇（在位一九二二―三九）。ムッソリーニとラテラノ条約を結びイタリア国家と和解し、ナチス・ドイツとの政教条約ではカトリック教徒の保護と引きかえに聖職者の政党への関与の禁止を約した。婚姻の他にも、教育、労働者の正当な処遇、私有財産など社会問題についての多くの回勅を出している。

娠を登録制にしようとすら考えた。公共安全法は「イタリア国民の多産性を妨げること」を国事犯とし、一九三〇年の刑法典は「人種の健全さと健康に対する犯罪」という章を含んでいた。フランスは「フランスが独立と名誉をもって生きる権利のために約百五十万人のフランス人が生命をささげた戦争のあと、他のフランス人が中絶を広めることで生計を立てる権利があると容認することはできない」と注釈をつけて、一九二〇年に中絶を非合法化した。しかし、この趨勢はカトリック世界を越えて広まった。イギリスの一九二九年幼児（生命保護）法は、中絶を無期懲役刑に処しうる制定法上の犯罪とした。▽(15)

しかし、ヨーロッパのどこでも、国家の要求と女性の要望はかけ離れたままだった。二十世紀の中絶法においても、ナポレオン期同様、実際の取り締まりが難しかった。起訴されるケースは少なく、あらゆる階層の女性に広まった中絶の実践に大きな影響を与えることはできなかった。専門家の推計によれば、一九三〇年代フランスでは一年間に五十万件、ベルギーでは十五万件の中絶が行なわれた。ワイマール・ドイツでは、第三帝国の初期の数年間よりも多く、反中絶法に基づく起訴がなされたが、それでも一年間に八十万件近い中絶が行なわれた。いいかえれば、中絶は産児制限の通常の手段だった。中絶を禁ずる法律は、出生率に目に見えるほどの影響を与えず、たんに中絶手術を何百万もの女性にとってより危険な、ヤミで行なわれるものにしただけであった。実際、国家が同時に他の避妊手段を攻撃したことで、ますます中絶に頼らざるをえなかった。フランスは避妊薬の広告販売を一九二〇年に禁止し、ベルギーが一九二三年に、イタリアが一九二六年に続いた。フランコ体制下のスペインでは産児制限は宗教上の理由にもとづき、医療専門家から拒否された。「生殖能力の制限はすべての女性の健康にとって危険である。女性たちの魂は、大罪の黒い覆いで汚される」と、一九四一年、あるスペインの医師は警告している。▽(16)

カトリック・ヨーロッパの外では、産児制限運動はより強力だった。一九二〇年代にはいくつかの圧力団体が、出生率増加主義者に対抗し、女性の権利として、あるいは国民の健康に役立つ優生学的な理由にもとづいて、避妊を主張し、かなりの成果をあげた。イギリスではマリー・ストープスが、産児制限は夫婦の調和の重要な要素であるというメッセージで世論をくぎづけにした。彼女の建設的産児制限・人種発展協会は、他の団体とともに、産児制限診療所を設置し、溢れるほどパンフレットを作り、産児制限伝道キャラバンを実施した。▽[17]

ドイツの産児制限運動はさらに強力で、政治化されていた。それはおそらく、はるかに深刻な国民的危機感の只中で、より大きな断固たる反対派に直面していたためだろう。ヘレーネ・シュテッカー〔ドイツのフェミニスト、平和主義者〕は左翼知識人の合理主義者で、母親保護連盟の指導者だが、彼女にとって避妊の非合法化は社会が自然のコントロールを放棄することを意味した。彼女の考えでは、産児制限は優生学的な目的をもっていた。なぜなら、「人類がほかのことすべてを合理的な洞察の対象とするように、人間の最重要事項の一つ、つまり新たな人間の創造を支配するようになるべきである。不治の病を防ぐ手段をみつけるか、さもなければ繁殖から撤退するか」だからである。このような発言が示すように、左翼も右翼も見かけほどかけ離れてはいなかった。両方とも優生学的なユートピアを夢見、そこにたどり着けると確信していた。第三帝国は、実際にワイマールの中絶に関する規定のいくつかをやはり優生学的理由で自由化したが、産児制限センターを閉鎖し避妊薬の広告を取り締まることも行なった。▽[18]

しかしヨーロッパの政府にとって、出生率を引き上げることや、女性を仕事から引き離し、母親に専念させることは容易ではなかった。全体として、ヨーロッパの労働力における女性数はほとんど減少せず、いくつかの国では実際には戦間期を通じて上昇していた。出生率の劇的な上昇傾向は見られず、戦間期の人口政策の指導的権威は、自分た

▽（15）de Grazia, op. cit., p. 55; Schneider, op. cit., p. 120; G. McCleary, 'Prewar European population policies', *The Millbank Memorial Fund Quarterly*, pp. 104–20; Glass, op. cit., pp. 282–4

▽（16）M. Nash, 'Pronatalism and motherhood in Franco's Spain', in G. Bock and P. Thane (eds.) *Maternity and Gender Policies: Women and the Rise of European Welfare States, 1880s-1950s* (London/New York, 1991), p. 169

▽（17）Glass, op. cit., pp. 45–50

▽（18）A. Hackett, 'Helene Stocker: leftwing intellectual and sex reformer', in Bridenthal, Grossmann and Kaplan op. cit., pp. 153–74

ちはおおよそ目的の達成に失敗したと結論した。ドイツの出生率は一九三〇年代に上昇したが、その理由はおそらくナチスの政策とは関係なかった。体制の人口統計学者は、ナチズムの「精神革命」がドイツ人にもっと子供をもつよう促したのだと主張した。しかし、イデオロギー的にも性的にも熱烈で指導的であるはずの親衛隊隊員が、他の国民に対して貧弱な模範しか示しえていないという事実をみると、この主張は弱いものでしかないとわかる。一九三九年には親衛隊隊員の六一％は独身であり、既婚隊員の家族あたりの子供の数の平均は一・一人であった。[19]

出生率増加主義が戦間期に失敗したのにはいくつもの理由がある。そのなかで最も重要なのは、政府の政策がしばしばあまりにも安上がりのものだったことだろう。家族手当、税金の還付、住宅補助金は家族にもっと子供をもたせるための手段だったが、多くの政府は、絶望的な財政状況のために、影響を与えるのに十分な水準の誘因を設定するのには躊躇した。創意に富んだファシストの方策である独身税[2]に頼ろうとする政府はほとんどなかった。多くは警察による取締りや多産の母親へのメダルのような、安上がりだが効果的ではない方策に頼ったのである。

当局のプロパガンダのくどいほどの家族称揚は、しばしば混乱させるようなシグナルとして受け止められた。母親たちは子供を産むことを特に愛国的な責任とは見なしたがらなかったし、息子たちが大砲の餌食になるとも考えたがらなかった。国家は「義務」や「責任」という主題を強調することによって、親になることを重荷に感じさせた。さらに悪いことに、金銭的な観点から言えば、親になることはますます実際の重荷となっていった。仕事の見通しははっきりせず、常に失業の心配があった。国家が子供を要求しているのに、いまやその国家によって、子供が自分の食い扶持を働いて稼ぐことが阻まれていた。子供たちは長い時間学校ですごすことを強制され、適切な食事や住まいを与えられなければならなかった。肉体労働に基づく経済は、識字能力をもつ熟練した労働力への新しい要求にますます取って替わられ、家族の経済は劇的に変化した。伝統的な農家や労働階級の世界では家族は本質的に生産単位であったが、いまや消費の単位へと変容したのである。

戦間期の国家が人口の全般的傾向にほとんど影響を与えることができず、普通の人々の子供をもつかどうかの決断をまったく制御できなかったということは、おそらく安心すべきことであろう。人々がどれだけ子供をもちたがるかどうかは大きな謎の一つに留まっている。ヨーロッパで長期的に出産率が低下している理由は今日もはっきりしていないし、一九五〇年代の予期せぬベビーブームの理由も同様によくわからない。おそらくそのために、人口トレンドはこのような終末論的な恐れを呼び起こすのだろう。人口過多の地球や、ヨーロッパ人自体は減少し高齢化し、急速に子孫を増やす第三世界からの移民にヨーロッパが圧倒されるといった、戦後にみられる悪夢のようなイメージは、戦間期のこのパニックに相当するものである。他方で、戦間期の国家が国民人口をより早く増加させるという望みを達成できなかったとしても、人々の個人生活の領域にますます介入していったのは確かである。奨励と強制を組み合わせた方法で、国家の生物学的な蓄えを改善しようとする欲求は、人口減少への強迫観念が消え去ったあとも長く続くことになる新たな家族政策の領域につながっていった。

家長としての国家

ファシストの牢獄につながれながら、イタリアの共産主義理論家のアントニオ・グラムシは「国家の教育的、形成的役割」についてこう記している。「国家の目的は常に新しい、高次の種類の文明をつくり出し、……肉体的にも新しいタイプの人類を進化させることである。」戦間期国家の社会的野心はこの発言を裏づけている。両親はもはや、子供を自分たちだけで育てるよう放っておかれはしなかった。国民的衰退の恐れから、たくさんの公的な福祉サーヴィスが従来からの私的な宗教的ないし慈善組織のほかに出現した。介入主義的な公的部門の出現とともに職業的なソ

▽（19）Glass, op. cit., conclusion; L. Thompson, '*Lebensborn* and the eugenics policy of the *Reichsfuhrer-SS*', *Central European History*, 4 (1971), pp. 54–77

▼（2）イタリアのファシスト政権が一九二七年に導入した。独身男性に通常より高い税率を課し、貧困母子家庭への福祉に充てた。

ーシャル・ワーカーや、住宅供給担当官、学校保健視察員、教育心理学者が擡頭してきた。国家は私的生活の最も個人的なことに干渉するようになった。そのさい、一連の新しい利益が提供されたのは本当だが、その代わりに性的行動の明白なモデルを忠実に守ることが要求された[20]。

戦争中や戦争直後、国家当局は性病と結核を担当する診療所を設置し、「人種の毒」であるアルコールの消費を可能な限り統制しようとした。イギリスは乳幼児と母親の死亡率を引き下げるための法律を成立させ、一九一九年に保健省を設置した。保健省は子供の養育に重点をおいていたので、王立物理学カレッジの学長であるロバート・ハッチンソンのような極端な優生学主義者は懸念を表明し、「今日のように乳幼児の生命を注意深く救うことは、生物学的にみて、前世紀の大量生産・大量浪費と同様に、健全なことといえるかどうか」、と疑問を呈した。しかし、これはまったく少数派の見解だった。出産過程は（必ずしも母親のためにではなく）、ますます医療化され、専門化され、病院での出産は、一九二七年の一五％から十年後には二五％へ、そして一九四六年には五四％へと増加した。イギリス以外では、国家の役割はより早く、決定的に拡大した。フランスでは、戦争中の軍衛生局が、一九二〇年には新たに保健省となった。イタリアの国民出産乳幼児局（一九二五年設立）は、乳幼児衛生の近代的方法を広め、依然として出産の九三％が自宅で行なわれていた国において出産の医療化を促し、明るい、新しい、モダニスト的な建物に母子センターを、働く女性のためには海辺にサナトリウムを、さらに夏のキャンプや医療センターを設けた。この組織が解散したのはようやく一九七五年になってからである[21]。

左翼は国家よりむしろ市町村レヴェルで活動していたが、ソ連のボルシェヴィキ思想の広がりに強く影響を受け、一九二〇年代で最も包括的な福祉計画をいくつか進めた。ドイツの社民党の「市の父［長期に政権を担当した市長］」たちは、資本主義による解体の圧力から「家族全体」を守り、掌握し、抱擁する目的で、「家族保護」局を設置した。一九一九年から一九三四年にかけてヨーロッパで最も野心的な社会主義市政に担われた「赤いウィーン」では、マルクス主義の市会議員たちが両親らに「社会契約」を提供し、例えば赤ん坊の服のような特別の援助を必要なカップルに与える代わりに、親としての責任を果たすことを約束させた。責任が果たされなかった場合、ソーシャル・ワーカーは市営の児童養護センターに子供を移すことができた。これらすべては、家族における「最適の養育条件」を保障するために考案された「結婚と人口政策」の一部をなしていた。左翼も、右翼と同様に――一九三七年のアイルランド憲法の文言の通り――「家族は自然で、第一次的で、本源的な社会の単位である」と信じていた。そして家族支援のために、旧式の保守主義者よりも公的権力を利用する傾向にあった。彼らの現代化のための積極主義や「新しい人類」をつくり出そうとする野心が、続く一九三〇年代に、ファシスト右翼の介入主義運動にモデルを提供したのである。

家族の健康は建築環境における生活条件と密接に結びついていた。家、建物、そして都市そのものが、改善された、より健康な生活様式の新しいデザインのための実験室となった。古い十九世紀のスラム住居は取り壊され、計画的な住宅団地の家族用アパートがその跡に建てられた。ソーシャル・ワーカーと公営住宅団地管理者が衛生基準や調理方法をチェックした。赤いウィーンには十五年間に六万世帯分のアパートが作られたが、この大きな新しい市営住宅団地には、共同洗濯室や共同浴室が設置された。「狭い中庭を囲んだ密集した住区画の代わりに、光と空気が流れ込める広い開放空間が内側にあるような建物だけが建てられた。各住居には控え室とその住居専用の内トイレ、ガス、電気照明が備えられた。……地下住居はもはや許可されなくなった。」戦間期のヨーロッパではどこでも、都市は徹底的な都市計画法の助けを借りて合理化され、公園が整備され、屋外水泳プールと運動場が日光浴や肉体的健康への新たなこだわりを存分に発揮させることになった。グスタフ・ベス市長は「新しい民衆の公園、競技場、運動場、野外

▽（20）A. Gramsci, *Selections from the Prison Notebooks* (London, 1971), p. 242〔「『集団的人間』あるいは『社会的順応』の問題」『グラムシ選集　第二』合同出版社、一九六一年、所収〕

▽（21）J. Lewis, *The Politics of Motherhood: Child and Maternal Welfare in England, 1900–1939* (London, 1980), pp. 30–33; de Grazia, op. cit., pp. 63–5

プール」を挙げ、一九二〇年代のベルリン市当局が達成したことを称えた。[22]

モダンな生活の計画化は、都市から家の内装へと広がり、公共の領域と同様に、私的領域でも動作の組織化が進んだ。国際様式の影響下に、左翼のデザイナーは機械化時代における家事を機能として、家族単位を一要素として扱うことによって、家庭生活を現代化した。チェコの建築家は、自分の新しい「生産ライン」キッチンについて、「レイアウトは台所での手順、動作、動きなどを研究したうえでデザインされている」と書いている。「設備の個々の部分は、使われる順番に沿って配置される。基本的なベルトコンベアは連続的な円であり、十字交差や往復動作は避ける。」作りつけの食器棚や長い作業台を備えたこの台所は、一九二〇年代の大部分の主婦にとって高度に未来的であったに違いない。料理や日常生活までもが、工業的な手法で計画化、組織化されるという世界像の表われであった。実際には家事の機械化は、安価な家庭労働力が消えるに伴い、ようやく一九六〇年代になってから定着した。戦間期にはヨーロッパの大部分の中間層の家庭には、「食器洗い」を住まわせる女中部屋があったのである。[23]

一九二〇年代の「すばらしき新世界」は、合理主義を道徳的高潔さと結びつけていた。スラム生活が道徳性や健康に突きつける危険を除去し、「社会的衛生」を守るために、法律で過密居住が制限された。女性住宅団地管理者協会のメンバーは、ロンドン首都住宅会社が所有する住居に住む家族を訪ね、「大部分の賃借人の清潔さの水準と全般的な社会的健康が着実に増加するという結果をもたらしている」と報告した。首都住宅会社は「模範住宅」を設置し、そこに住民を招き、「賃借人がそれを目指して努力するような理想」とした。公共住宅が家族の行動規範をつくっていく方法は、オランダでさらに明白であり、「非社会的家族」の分離のための特殊街区がつくられた。当局によると、

選択された家族がこの住居区画に一時的に住まわされる。彼らを効果的に更正し、清潔で信頼できる落ちついた家族にするためである。設備を適切に利用する用法を指導し、彼らの方法の間違っている点を教えることに最大の注意が払われる。……正常な家族になったことを示せたとき、正規の市営住宅団地に移住させられる。……最

終的に治療不可能な家族だと示された場合は、立ち退かされる。[24]

「治療不可能な」家族という表現に見られるように、ここでは、ナチス・ドイツから遠く離れた文脈においても、医学用語が社会的規範や道徳に適用されている。実際、第三帝国の強迫観念は、より広いヨーロッパの社会政策に関する議論とかみ合うものだった。戦間期の国家は私的生活への介入を、専門性や科学的専門知識、非政治的能力という概念に訴えることで正当化した。中間層の専門家、官僚、行政官は、社会的管理の現代的な手段であり、社会の身体を対象とし、その健康に関わる医師という自己規定をうちだした。

例えばアメリカの救援活動官は、一九一八年以後のヨーロッパで、ポーランドやウクライナの飢えた農民に救援食料を配り、ウィーンで小児診療所を設け、ミルクを配給し、ギリシャで何百万人もの難民の再定住化を監督するなどの活動を行なったが、自分たちは明らかに政治的な争いからは距離をおいていると考えていた。ロックフェラー基金は「広告の技術を科学的真実に適用すること」によって、結核根絶キャンペーンを後援した。しかし、ヨーロッパ人も、社会政策を、非政治的な「社会衛生」上の問題とみなすことを好んだ。例えばイギリスでは、英国社会衛生協議会のメンバーが、精神病患者の「施設収容」、学校での健康・性教育、住宅改善、衛生、児童栄養の改善を要求した。フランスでは、保健省が社会衛生高等協議会から助言を受けた。社会は社会工学の対象とみなされた。そこでは政治的情熱から合理的に距離をおいた精神に基づき、賢明で公平な政策が形成されるとされた。[25]

▽（22）J. Lewis, 'Red Vienna, socialism in one city, 1918–1927', *European Studies Review*, 13: 3 (July 1983), pp. 335–54; B. Schwan, *Städtebau und Wohnungswesen der Welt: Town Planning and Housing throughout the World* (Berlin, 1935), pp. 303–4; A. Lees, *Cities Perceived: Urban Society in European and American Thought, 1820–1940* (Manchester, 1985), p. 272

▽（23）F. Šmejkal *et al.*, *Devětsil: the Czech Avant-Garde of the 1920s and 1930s* (Oxford, 1990), p. 46

▽（24）Lees, op. cit., 272; Schwan, op. cit.

▽（25）G. Jones, *Social Hygiene in Twentieth Century Britain* (London/Sydney, 1986)

この種のアプローチの両義性が最も明白だったのは優生学者である。優生学者とは、ようするに左翼でも右翼でも、正しい社会政策によって「よりよい」人間をつくり出すことが本当に可能であると考える人々である。優生学運動は、第一次大戦前から社会科学者や行政官に広まっていたが、戦争の大量殺戮そのものによって後押しされた。一九二一年の第二回国際優生学会議における歓迎の挨拶で、アメリカ自然史博物館のヘンリー・フェアフィールド・オズボーンは、「人種の特質と改良に関する国際会議が今日ほど重要であったときが世界史上これまであったでしょうか。世界戦争の両陣営における愛国的自己犠牲によって、ヨーロッパは何世紀にも及ぶ文明の遺産の大部分を失いました。これは決して取り戻すことはできません。ヨーロッパのいくつかの地域では、社会の最悪の要素が優勢になり、最良の要素を破壊しようとしています」と述べた[26]。

このような危惧に促され、優生学、あるいはそのドイツの従兄弟である「人種主義衛生学」の促進に努める組織が、西ヨーロッパからスカンジナヴィア、スペイン、ソ連へと広がった。優生学者はハンガリーやチェコスロヴァキアで国民の健康促進をめざし、愛国的スポーツ団体と結びついた。一九二一年に創設されたロシア優生局は「さまざまな専門の科学者や社会事業従事者による優生学に関する比較研究」を呼びかけ、アメリカの優生学記録局、ドイツ人種・社会生物学協会、英国優生学教育協会ともつながりをもっていた。このように優生学運動は、現在思われているのとは異なり、たんなる不吉なナチスの前兆ではなかった。むしろ独自の科学的根拠に確信をもった幅の広いものだったと言えるだろう。信奉者には社会民主主義者もいれば、イギリスのケインズ、ベヴァリッジのようなリベラル改革派、さらには保守主義者や右翼権威主義者まで含んでいた。反ユダヤ主義者もいたが、ドイツの指導的「人種的衛生学者」のなかにはユダヤ人もいた。断種のような「ネガティヴ」な手法を強調する場合もあれば、健康、栄養、公衆衛生を促進する「ポジティヴ」な政策を主張し、新鮮な空気、習慣的運動、日光浴によって人種的衰退を防ごうとするものも含まれていた。共通しているのは、国家や政府機関には社会をよりよき方向へ形作る力があるという信念だった。

もちろん来たるべき「新しい人類」の性質やより広い社会のありかたについては、優生学者の政治的スペクトラムに沿って異なる定義がなされていた。社会民主主義者は都市労働者階級、より一般的には都市の状況に焦点を絞っていた。他方、多くの保守主義者にとって、人間が労働過程の機能的一要素に還元されてしまう機械化された工業世界という未来像は、近代社会の危機に対する解答ではなく、それこそが問題点であった。「三百万人の住む現代都市」（『輝く都市』一九三五年）というル・コルビュジエの夢は彼らには寒々しく響いた。保守派の考える社会的健康とは都市ではなく田園に、工業や機械ではなく土と肉体労働に結びつけられていた。優生学者にとって、都市は人類の出生能力に逆説的な影響を与えていた。つまり、中間層の出生率は低下し、同時に下層階級はすさまじい速さで子孫を増やすようになったのである。実際、優生学的な関心から見れば、都市化の社会的・生物学的結果に関わる根深い矛盾はヨーロッパじゅうに見られた。

一九一四年以前には、ヨーロッパの余剰人口は大西洋を越えて送り出されるか、遠く植民地に移住するかであった。しかし一九一八年以降、アメリカは門戸を閉ざし、大西洋を越える移民は過去のような規模では不可能になった。植民地をもつ諸列強は国民にタンガニーカやリビア、東インド諸島で農民になるよう促そうとした。だがこの考えを魅力的だと思うものは元来ほとんどいなかったし、一九二〇年代にはますます少なくなった。仕事を求める農民や迫害を受けた難民は都市に群がり、百万以上の人口をもつヨーロッパの大都市圏の数は戦間期に倍増した。このような都市への流入は、一九五〇年以降に生じたものと比べれば限定的な規模であったが、二〇年代、三〇年代の不況と不安の状況下では深刻な問題を引き起こした。

「大都市」の膨張に不安を覚えたドイツ住宅改善協会の事務局長は、「生物学的には出生率の大幅な下落によって、……政治的には健康な民主主義の基盤の欠如によって、……軍事的には大都市の明白かつきわめて大きな脆弱性によ

▽（26）*Eugenics, Genetics and the Family* (Scientific Papers of the Second International Congress of Eugenics) (Baltimore, Md, 1923), p. 1

って、そして道徳的にはわが国民に必要な道徳的再生にさいして今日の大都市のもたらす巨大な弊害によって、われわれの全存在の根本」が脅かされていると見ていた。イギリスの著名な人類学者で英国科学振興協会会長のアーサー・キース卿は、現代の都市生活者の生活を「部族社会に住んでいた先祖たち」の生活と比べ、「何世代も近代文明にさらされた場合の心身への影響」への不安を表明した。同様に生物学者のコンラート・ローレンツは、近代的生活による人間の「家畜化」は、人種的な堕落をもたらし、真の進化に反していると主張した。彼の一九三八年以降の著作はナチスへの共感を示している。古代の村落生活は共同体の感覚を養い、子供を育てるよう促したと思われるのに対して、近代都市は享楽と誘惑を提供し、家族の連帯を脅かし、個人の身勝手さと疎外を助長する。その苦い結果が青年の「社会不適合者」や「精神病質者」であり、行きずりの相手を見つけやすく、避妊も簡単なことからくる性的快楽主義である。戦後に出現した映画は、有害な影響をもたらすとみなされた。教会の指導者たちからは非難され、保守派の政治家たちも批判し、社会科学者の研究対象となった。▽(27)

家庭菜園や庭つきの公共住宅を供給したり、建築の重点を都市の中心部から郊外の家や新しい「村」に移すことが、一つの方法として試みられた。ポーランド、スカンジナヴィア、ドイツで、当局はあたかも都市の農民のためのような住居をつくった。英国では民間の住宅業者が、買い手の似たような要望に応えて、チューダー様式まがいやその他の「前近代」的なスタイルを提供した。▽(28) しかし、ヨーロッパの政治的な展望にかげりが深まるにつれて、理想化された田園との公けの情事はさらに強まった。大陸のどこでも、国際主義や機械化といった一九二〇年代のモダニズムの表現法は、より有機的で自然に近い生活へのナショナリスト的な関心に取って替わられた。合理主義は本能の強調に、個人主義は部族的・共同体的生活に、頭脳は身体に取って替わられた。ワイマールの新リアリズムのあとを継いだのはヒトラーの思い描いた畑と農民のアーリア的風景であり、同様にフランスでは、コスモポリタン的なパリの芸術シーンは、デュノワイエ・ド・スゴンザックとオザンファンのいかにもフランス的な田園風景画の挑戦を受けた。ファシスト・イタリアは、機械や未来主義、過去の破壊を賛美して始まったが、一九三〇年代には古典主義、歴史、国土を受け入れ、奉じるにいたった。

しかしここでも、実際には国家が自分の意志を反抗的な住民に押しつけることは困難だった。ムッソリーニは農村住民が仕事なしで町に移住するのを妨げようとし、新たに流入した失業者を農村地帯に追放したが、あまりうまく機能しなかった。農村生活をより魅力的にしようと、新規農民に資金を貸したり、農村に住宅を建設したりしたケースもある。アイルランドではゲール語を話す僻地の村落に補助金を出した。イギリスでは、都市化は他のどこよりも早く始まっていたが、都市住民も田園地帯へ容易に出かけられるようにされた。王室の侍医で、優生学協会会長のホルダー卿のような著名な優生学者が、精神的な健康と家族計画への関心を肉体的な健康、ボーイスカウト運動、国立公園運動と結びつけることになったのは当然であった。

しかし実際のところ、都市へ向かう移動を食い止めることができるものは何もなかった。都市は雇用と文化的自由をもつ磁石であり続けた。さらに国家そのものが、自らのレトリックを徹底するのに限定的な関心しかもたなかった。国力が工業の発展に左右される時代に、田園生活は都市に対する説得力のあるオルタナティヴを示しえなかった。「都市化と人の多い都市についての多くの伝説をただす必要がある」と、あるイタリアのジャーナリストが一九二五年に書いている。「田園的な農村地帯、生き生きと生命を生み出す子宮、長寿の温床、これらは詩人の産物だ。いずれにせよ工業の発展とは合致しえない。」国民国家が世界で地位を争っているとき、都市は国民の健康や力にとって危険に見えたとしても、不可欠のものだった▽[29]。

▽（27）D. Kirk, *Europe's Population in the Interwar Years* (Princeton, NJ, 1946), pp. 10–33; A. Keith, *An Autobiography* (London, 1950), pp. 552–3; T. Kalikow, 'Konrad Lorenz's ethological theory: explanation and ideology, 1938–1943', *Journal of the History of Biology*, 16 (1983), pp. 39–73; A. Funk, *Film und Jugend: Eine Untersuchung über die Psychischen Wirkungen des Films im Leben der Jugendlichen* (Munich, 1934)

▽（28）Lees, op. cit., p. 275

▽（29）D. Horn, *Social Bodies: Science, Reproduction and Italian Modernity* (Princeton, NJ, 1994), p. 103

量と質

戦間期には、前の世代であれば下着か裸に近いスキャンダラスなものと思うようなかたちで、身体が誇示された。サッカー選手のウェアは膝丈まで短くなり、ロシアのロトチェンコが写真に収めた人間ピラミッドのメンバーはベストも着ていなかった。野外公共スイミングプールがリクリエーションと歓楽のために利用されるようになり、スポーツや政治の大イベントのために新しいスタジアムが——ウェンブリー、ウィーン、ベルリンに——建てられた。隊列をなして集まることで、身体は集団的な一体性と政治的な力のイメージを伝えた。一九三一年には、十万人の社会民主党員がウィーンのリンク大通りを行進したあと、プラターの新しいスタジアムで四千人の役者が資本主義打倒を演じた劇を見物した。横断幕を掲げた行進、徒手体操、合唱、シュプレヒコール、誓いの儀式——これはまさに壮観であった。これは労働者運動の軍事的な力を意図的に伝えようとしたもので、多くの点で一九二〇年代初頭のボルシェヴィキのプロレトクリト[3]祭典から影響を受けていた。同様にナチ党のニュルンベルク党大会にも非常に類似しているように、われわれにはみえる。平穏なイギリスでも、一九二四年の帝国祭典や女性健康美容連盟によるアルバート・ホールの大イベントのような、大勢の人々を動員するページェントが——政治的な緊迫度ははるかに緩いにせよ——開かれた。大方の国において、健康であることは、一九五〇年以降のように消費者の選択の問題というより、国民的、あるいは階級的義務であった。「労働者の身体文化は、社会主義建設の中核である」とソヴィエトのポスターにはスローガンが掲げられていた。保守派のボーイスカウトからルーマニアの鉄衛団に集うファシストにいたる右翼運動も同じ見解をとっていた。政治が軍事衝突や国民の生き残りの観点から見られるようになるにつれて、集団の身体的健康はますます重要になった。

しかし国家は健康な身体を促進するだけではなかった。なんらかの方法で、不健康な身体に汚染されないよう守ろうともしていた。優生学的思想の言葉でいえば国民の人的資産の量と同様に質にも関心をもっていたのである。

社会的退化という考えに取りつかれたネガティヴな優生学は、特に精神病による脅威に心を奪われていた。ダーウィンの従兄弟、フランシス・ガルトンが「不適当者の出生率を抑制する」ために「厳格な強制」を提唱して以来、優生学者は人種的劣等者が子孫を残すことを止めさせるために国家が行動を起こすよう力説した。イギリスでは、一九一四年以前に、自由党政府が「精神薄弱者」問題を研究していた。これは聾唖者や「生活費を稼げない者」、「通常の思慮分別をもって自身や自分の事柄を管理できない者」を含む包括的カテゴリーであった。若きウィンストン・チャーチルはアスキス首相に対して私的に、「精神薄弱者」の出生率が高い一方で、「うまくやっている活気に満ちた優越した人材は限られた子孫しか残していない」ことを、「人種にとって非常に危険である」と述べた。一九一三年には「精神薄弱者」が子供をもうけないように特別の施設に拘留するよう規定する法律が制定された。▽(30)

なんらかの方法で一般的な社会規範を脅かす貧しい若い女性は――父親、夫、医師、雇用主の依頼で――まったく取るに足りない口実で捕らえられ、本当に精神的に問題を抱えた人々と何年もいっしょに拘禁される危険にさらされることになった。例えばブリストルの労働者階級の少年アーチ・リーチ――ケーリー・グラントとしての方がよく知られているだろう――は、父親が死んでからようやく、彼と彼の父親を捨てたと思っていた母親が実は施設で生きていて、彼の父親が愛人と暮らせるように母親をそこに入れたのだとわかった。

しかし、精神病院に収容するというイギリスの解決策は、子供をつくらせないためとしては高くつく方法だった。断種は安価な代替手段であるが、身体への物理的な暴力を含んでいた。これは、十九世紀末のドイツやスカンジナヴ

▼（3）Proletkul't. プロレタリア文化を意味するロシア語 proletarskaya kul'tura から作られた語で、一九一七年のロシア革命に際して設立されたソヴィエト・ロシアの実験的芸術組織・運動を指す。ブルジョワ文化に対抗し、労働者階級の美意識に基づく新しい革命的な文化を目指した。

▽（30）チャーチルは次からの引用。D. Kevles, *In the Name of Eugenics: Genetics and the Uses of Human Heredity* (New York, 1985), p. 99〔ダニエル・J・ケヴルズ『優生学の名のもとに――「人類改良」の悪夢の百年』西俣総平訳、朝日新聞社、一九九三年〕

ィアで広く議論され、いくつかのアメリカの州では実際に導入された。合衆国はそのころネガティヴな優生学の先進地域で、一九二一年までに、二二三三人が主にカリフォルニアで合法的に断種された。しかし、ワイマール・ドイツの医師のなかには、非合法の自発的断種手術を罰せられることなく行なったものもいた。▽(31)

断種は、優生学者たちが憂慮していた「優等」住民集団と「劣等」住民集団の出生率の違いという問題への的確な答えであった。劣等者をどのように定義するにせよ、断種は急速に増える劣等者を標的とし、それによって国家がより「価値のある」出生を促す、積極的な福祉政策を補足した。一九二九年の金融危機によって、断種が相対的に安価であることがさらに魅力的になり、自発的な断種を規定する法律が一九二八年から一九三六年まで、スイス、デンマーク、ドイツ、スウェーデン、ノルウェー、フィンランド、エストニアで制定された。リベラルなイギリスですら、一九二九年の精神薄弱者に関するウッド報告書によって議論が再開された。この報告書は、それまでの二十年間で警戒すべき精神薄弱者数の増加が見られたと指摘し、約四百万、つまり全人口の約一〇パーセントにあたるとみられる「社会的問題集団」が存在し、国民の健康に切迫した脅威をもたらしていると警告した。優生学協会の社会的問題集団調査委員会が貧しい生活条件は精神薄弱によって引き起こされていると結論づけると、優生学者たちは断種を解決策として提案した。貧困者は「社会的不能者」とラベル付けされ、われわれの時代と同様に、貧しさゆえに非難された。貧民街の住民は「スラムの主任建築士」だというのである。▽(32)

イギリス特有の階級への執着が壁となり、優生学者たちは反対に突き当たった。教会、医師や労働者の指導者たちは提案された断種法の立法を妨げ、法的にも紛糾した。大陸に比べるとイギリスでは国民的危機の感覚が切迫していなかったのである。しかし、優生学がイギリスでは足場を失っていったのに対し、どこよりも国民的再自己主張の欲求が強かったドイツでは、支持を拡大した。ナチスが権力を掌握すると、速やかに強制的断種法が制定され、最初は精神病者を、次に「危険な習慣的犯罪者」を、最後には青年犯罪者をも対象としていった。アメリカでは三千人をわずかに超える程度だったのに対し、ドイツでは一九三七年までに二十万人以上が断種され、そのなかにはロマ、いわゆるラインラント私生児（ドイツ人女性とフランスの黒人兵士との間に生まれた子供）、「道徳的精神薄弱者」、「無法な浮浪者」、「労働忌避者」、「反社会的分子」が含まれた▽[33]。

ここまでは、ヒトラーのドイツは、スウェーデンなど他国の政府がより限定的なかたちながら遂行していた強制的社会工学の政策を、大規模に実現してきたにすぎない。しかし、ナチスの野心はさらに先まで及んでいた。一九三九年、体制は断種から大量殺害へと動いたのである。教会指導者の公けの反対で安楽死計画が中止されるまでに、ヒトラーの特別な許可の下で七万から九万三千人の精神病保護施設や病院の収容者がガス室で殺害された。一九四一年以降、精神病患者の殺害が多くは注射によって小規模に続行される一方、安楽死の専門家はポーランドの殺人強制収容所や移動ガス室で新たに働き口を見つけた。

これらの手法は、「国民共同体」の健康を促進すると同時に内部の生物学的な敵を抑圧する、社会政策への新しいアプローチの一部を構成している。一方では、婚姻貸与金（もちろん女性が仕事を辞めることと、伴侶の双方が人種的に健全であることを条件に認められた）で新婚夫婦を助け、児童給付、有給休暇、デイケア設備が提供された。他方で、乞食は検挙され、労働キャンプや強制労働プログラムに入れられた。「精神病院の建設には六百万ライヒスマルクが必要である。その費用で一戸あたり一万五千ライヒスマルクの家がいくつ建てられただろう」というのが算数の教科書の例題となった。驚くべきは、たんに体制の哲学の極端さのみではなく、ヨーロッパで最も現代的な国家機構がそれを実現しようとしたさいの徹底ぶりである。

▽（31）H. Laughlin, 'The present status of eugenical sterilization in the United States', in *Eugenics in Race and State* (Baltimore, Md, 1923), p. 290; J. Noakes, 'Nazism and eugenics: the background to the Nazi sterilization law of 14 July 1933', in R. J. Bullen *et al.* (eds.), *Ideas into Politics: Aspects of European History, 1880–1950* (London, 1983), p. 80

▽（32）M. E. Kopp, 'Eugenic sterilization laws in Europe', *American Journal of Obstetrics and Gynaecology*, 34 (September 1937), pp. 499–504; Jones, op. cit., pp. 88–97; B. Mallet, 'The reduction of the fecundity of the socially inadequate', in *A Decade of Progress in Eugenics* (Baltimore, Md, 1934), pp. 364–8

▽（33）特に次を参照。Burleigh and Wippermann, op. cit.

一九三三年以前においても、ドイツ国家は抑圧的な社会政策を組織する能力においては並外れた効率性を示していた。ロマを対象とする特別な警察部隊が設けられ（ロマ、浮浪者、労働忌避者に対するバイエルンの一九二六年の法律による）、失業者は「反社会的労働忌避者」とされ、路上から締め出すために軍隊的な「同胞団」に強制的に入れられた。しかし一九三三年以降、このような行為は中央集権化されて強化された。それには、エルンスト・リューディン博士のような人種学者による発見が支えとなっていた。彼の「三十年間にわたる精神病の遺伝系統学研究」は新しい断種法を科学的に正当化する役割を果たしたのである。国家はドイツの主導的なヴィルヘルム皇帝記念人類学・遺伝・優生学研究所を財政的に支えていたが、ヨゼフ・メンゲレという名の若い戦時研究者が、アウシュヴィッツの自分の実験室から目や人間の内臓を送っていたのはそこであった。

人口学者や統計学者は犯罪歴、病歴の大規模な研究を組織するのを助け、医師、医学研究者、心理学者は断種に関する案件の審判を下す遺伝健康裁判所に参加した。犯罪生物学者は「犯罪タイプ」の調査を行ない、系図を辿って情報を集積した。このような研究は非科学的で野蛮だとみなされるどころか、非常に現代的だとして、他国の指導的な警察官や立法者の関心を集めた。イギリスのロンドン警視庁長官のノーマン・ケンドール卿が、ダッハウ強制収容所へのドイツの招待を受け入れ、最新の治安方法を学び、犯罪を統制する新技術に関するアルトゥール・ネーベ治安警察長官による講義を聞くのをあきらめることになったのは、一九三九年に戦争が始まったからであった。

ナチス福祉国家の人種的性格は、なによりもドイツのユダヤ人を標的にしていた。彼らは徐々に、だが計画的に「国民共同体」から排除された。最初は公務員から除かれ、次に経済的な不買運動の対象にされ、法の保護を奪われた。一九三五年にはニュルンベルク法が初めて体系的なユダヤ人の定義を提供し、ユダヤ人は市民ではなく臣民となった。人種間の性的関係は犯罪となり、すぐに混合婚が禁止となった。ユダヤ人資産の組織的なアーリア化——一九三八年の合邦《アンシュルス》以降のウィーンが有名だが——も、このような強制的で排他的な人種福祉プログラムの一部とみなすことができる。オーストリアの首都における三年間のナチスのアーリア化政策で収用されたアパートメントの数は、一九二〇年代に社会民主党によって建てられたアパートメントよりも多かった。

ユダヤ人の排除、迫害、最終的絶滅は、人種的に定義された国民の共同体である民族共同体《フォルクスゲマインシャフト》の保護を基礎とした社会哲学が極限に達したものであった。「(ワイマール政府は) 共同体の異端者に関しては失敗した」とミュンヘンの法律学教授は一九四四年に書いている。「彼らは優生学や犯罪生物学の知識を健全な福祉・犯罪政策の基礎としなかった。自由主義的思想は個人の『権利』にばかり着目し、共同体の福祉よりも、国家に対する権利の保護に関心を払っていた。ナチズムでは、社会が問題になっているときに、個人は考慮されない」▽(34)と。

ドイツの人種的福祉国家の出現は――これは多くの点でヨーロッパの社会思想において大きく広まった潮流を極限に推し進めたものであった――他の地域で激しい議論を巻き起こさずにはいなかった。「国民共同体」が享受している利益から集団全体を排除すること、人種的生物学の用語で共同体を定義すること、警察による抑圧や医学的暴力に頼ること、これらは、人種に関するヨーロッパ思想に存在している曖昧さを際立たせた。

帝国主義と社会ダーウィニズムの時代にあって、人種的階統制《ヒエラルヒー》の観念は遍在しており、なんらかの人種的優越性の考えを支持したり、植民地政策上の有効性を受け入れたりしないヨーロッパ人は左右を問わずほとんどいなかった。いわゆる「科学的人種主義」はまじめに受け取られ、人々の態度に影響を与えていた。例えばイギリスの植民地問題の専門家、ハリー・ジョンストン卿は新しい科学である人類学を世間に対して擁護したが、その理由は、帝国の支配者がどの人種を保存するか、異種交配を認めるか、死滅させるべきか決定するのに役立つというものだった。第二次世界大戦中に親衛隊の東欧での人種政策をつくっていたドイツの人類学者たちは、一九一四年以前の植民地アフリカやアジアにおける「人種混交」についての学問的論文でキャリアをスタートさせたが、その点ではイギリスやフラン

▽(34) 次からの引用。Burleigh and Wippermann, op. cit., p. 177

スの同業者と関心を共有していた。▽(35)

他方で、これらの考え方をヨーロッパ内で、しかもこのように極端なかたちで適用することはまったく別の問題だった。一般に人種概念は、きわめて曖昧で意味が定まらないものであり、国ごとに大きく異なっていた。また、この時期、遺伝学、血清学、精神病の原因に関する新たな発見がなされ、人種思想の科学的基礎についてのこれまでの想定に疑問を投げかけた。ヒトラーの政策によって、この曖昧さに立ち向かい、答えを出すことは避けられないものになった。

戦間期のドイツほど生物学的な人種主義が国民の定義の中核になった国はなかった。イタリアでの血統《ラ・スティールペ》への言及やイギリスでの「人種の健康」への言及は通常、歴史的共同体について語るための曖昧な方法であり、政策にはほとんど影響力をもたなかった。イタリアの優生学者は結局、人種の混交を支持しており、それが「雑種的活気」につながると考えていた。一方イギリス人は、階級間の出生率の違いのほうにより関心をもっていた。国民は、フランスでは主に言語と文化によって、バルカンでは言語と宗教によって定義された。人種的偏見と反ユダヤ主義は遍在していたが、必ずしも政策形成にとって決定的ではなかった。確かに、第三帝国は模倣者を生み、人種的強硬路線をとる運動がポーランドやハンガリーで栄えた。メタクサス将軍のギリシャでは、ユダヤ人は体制の青年運動への参加が認められなかった。ファシスト・イタリアでは、一九三八年の人種法によって、大学や公務から何百人もの追放者が出た。しかし、これらのどれも――イタリアのですら――ナチス・ドイツで生じたことの規模や強烈さに比肩することはできない。

フランスでは、他に例をみないほど激しく左右が分極化していたが、一九三〇年代には人種主義と反人種主義の両方が強まった。一九二〇年代には、ポーランド、アルジェリアなどからの多数の移民は出生率を押し上げる一つの方法として歓迎された。しかし、一九三〇年代には反移民感情が高まり、大群衆――そのなかには若きフランソワ・ミッテランもいた――が、新参者の国外退去をもとめた。以前のアメリカやイギリスのように、人種問題は「よそ者」

に対する移民規制の要請と密接に結びついていた。同時にルネ・マルシャル[4]による一九三四年の『フランス人種』のような作品には、『人種と人種主義』のような反人種主義の雑誌が対抗した。実際「人種主義」という概念そのものがこの頃にさかのぼる。ルドヴィク・ヒルシュフェルドは、第一次大戦後、妻のハンナと血液型の研究の開拓者となったが、「血液集団を人種の神秘に結びつける人々」とは一線を画したいと述べている。[36]

イギリスでは科学的人種主義への攻撃はさらに強力だったが、それは人々の科学問題への理解度が高いためか、戦間期に移民してくる人が少なかったためか、相対的にナショナリズムについて考える伝統が弱く漠然としていたためなのか、それともたんにナチス・ドイツの流行へのあからさまな反感が強かったからなのかは判然としない。しかし、精神病の原因についての主導的研究者たちによって、「社会的問題集団」という神話は突き崩され、それとともにイギリスにおける優生学強硬路線の要めも破壊された。同時に左翼の科学者と知識人の集団が、科学的人種主義に反対するキャンペーンを行なった。[37]

英語圏でこの精神に基づいて書かれた作品の典型は、ジャック・バルザンの『人種：近代の迷信の研究』とアシュレイ・モンタギューの『人類の最も危険な神話：人種という誤信』である。しかし最も鋭い攻撃は、一九三六年にベストセラーとなった『われわれヨーロッパ人：「人種」問題の概観』という本で行なわれた。生物学者のジュリアン・ハックスリーが年上の人類学者A・C・ハッドンとともに書いた『われわれヨーロッパ人』は、彼らが「似非《えせ》科学としての『人種生物学』」と評したものを猛烈に非難した。ハックスリー自身は優生学を確信的に信奉していて、

▽（35）Sir Harry Johnston, 'Empire and anthropology', *The Nineteenth Century and After* (August 1908); B. Müller-Hill, *Murderous Science: Elimination by Scientific Selection of Jews, Gypsies and Others: Germany, 1933–1945* (Oxford, 1988)〔ベンノ・ミュラー＝ヒル『ホロコーストの科学――ナチの精神科医たち』南光進一郎監訳、岩波書店、一九九三年〕

▼（4）フランスの医師。優生学的な人種主義の推奨者で、ヴィシー体制下では人種的選別の専門家として活動した。

▽（36）Schneider, op. cit., pp. 228, 242–54

▽（37）Barkan, op. cit.

ナチスの人種主義は運動に害を与えると感じていた。彼は人種という単語の曖昧さを強調し、「人種的な集団感情」（ナチスだけではなく、アーサー・キース卿などイギリスの人種主義人類学者にも愛用された概念）といったものの存在に疑問を投げかけた。ハックスリーは皮肉たっぷりに観察している。

われらがドイツの隣人は、自分たちは肌が白く、長頭、長身で、男性的なチュートン人タイプだとしている。この見解の最も有名な唱導者たちから典型的なチュートン人の合成画像をつくってみようではないか。ヒトラーのような金髪で、ローゼンベルクのように長頭で、ゲッベルスのように長身で、ゲーリングのように痩身で、シュトライヒャーのように雄々しい。これはどの程度ドイツ人の理想像に近いだろうか▽[38]。

当時のイギリスの他の研究者たちと同様に、ハックスリーとハッドンは、ヨーロッパには生物学的な意味で純粋な人種はいないと強調した。彼らは、共同体意識の形成には、遺伝よりも環境が重要であると主張し、「人種」という言葉は誤解を招くような生物学的な連想を伴うとして、そのような含みのない「エスニック・グループ」という言葉を使うよう推薦した。しかし、彼らの本は陰鬱な警告で終わっていた。

今日ヨーロッパに見られる暴力的な人種主義は、ヨーロッパの誇張されたナショナリズムの一つの徴候である。これはナショナリズムをナショナリズムではない基礎で正当化し、特殊な経済政治体制によって内部的に生み出された思想や政策に、客観的な科学における確固たる根拠を与えようとする試みである。その思想や政策はその体制の文脈においてしか実際に妥当性をもたないのである。現在ヨーロッパを襲っている人種神話とそれに伴う自己賛美と他者の迫害をただすには、ナショナリズム理念の方向性を見直し、実践としては、国民の絶対的主権という主張を放棄することが必要である。しかしそれまでの間においても、科学と科学的精神はエスニック状況の生物学的な実体を指摘し、科学の名によって行なわれるばかげた行為と恐怖への是認を拒むことによって、なにかすることはできるだろう。人種主義は神話、それも危険な神話なのである。▽[39]

ウィリアム・ベヴァリッジ卿▼[5]が、ナチスの「戦争（warfare）国家」と対照的なものとして彼の「福祉（welfare）国家」を提示したのは、第二次世界大戦中のことだった。しかし戦間期には、福祉と戦争は密接に結びついており、人口数や健康を改善する社会政策は、敵に満ちた世界のなかで自らを守り主張することに夢中だった国民国家の不安を映しだしていた。第二次世界大戦は反人種主義の国際的合意を育てた。これは遺伝学の新しい発見によって支えられ、ハックスリーのような明確な政治的意識をもった科学者によって先導され、ナチス政策が究極的にどこにたどり着いたかを知ることによって強化された。これらすべてが、戦間期にはあたりまえだった態度をもはや信用できないものとするのに役立った。ヨーロッパでは科学的人種主義への信仰は中央ヨーロッパの一部の人類学者や社会科学者の間でかろうじて生き残り、彼らは今日も周囲の「長頭」や「骨格のがっちりした」人種タイプを調べ続けている。しかし、彼らは比較的周辺的な集団で、社会政策にはほとんど影響力をもっていない。より個人主義的な世界に住むわれわれにとって、第一次大戦後数十年間の福祉政策の多くが、国民や人種の衰退、退化、再活性化についての、現在とはまったく異なる一連の関心から生まれ出てきたことの重大さを感じ取ることは、概して困難なのである。▽[40]

▽（38）J. S. Huxley and A. C. Haddon, op. cit., p. 13
▽（39）ibid., pp. 132, 136; 次も参照。G. M. Morant, *The Races of Central Europe* (London, 1939), pp. 9, 15
▼（5）イギリスの経済学者、社会改革者。一九四二年に保健省の求めに応じてまとめた報告書（ベヴァリッジ報告）は、完全雇用と包括的な児童手当、保健サービスを提唱し、戦後の社会保障制度の基礎となった。
▽（40）M. Kohn, *The Race Gallery: The Revival of Scientific Racism* (London, 1995)

第4章　資本主義の危機

以前は父はよく冗談を言ったものでした。しかし、二年ですっかり変わってしまいました。ある日父は意気消沈した様子で帰宅しました。母は父を見て何が起こったかわかりました。失業したのです。父はもう三年以上職がありません。以前は、父がまたいつかは就職できると思っていましたが、いまでは私たち子供もすっかりあきらめています。

――ハンナ・S（十四歳）、一九三二年十二月▽(1)

「本会はデトロイトよりモスクワに希望を見出すものである」
――ケインブリッジ大学弁論会で議論された動議、一九三二年

「まるで誰かが世界をひょいっと持ち上げてぐちゃぐちゃに振ったようだった。」小説家ショーレム・アッシュは書いている。「永続的な価値などない。何が紙か、ダイヤモンドか、金なのか、何が家で何が工場なのか。束の間の幻影、はかないきらめき、消えゆく幻想。▽(2)」第一次大戦後、ヨーロッパの経済は混沌状態にあった。ポーランドでは四種の貨幣が同時に使われ、「飢えるウィーン」は小人のような国の「巨大都市」となり、街には難民と飢えた元帝国の役人たちが溢れた。一九二二年には、オーストリアの通貨クローネの価値は、一ドルに対して八万三千六百クローネに下落した。どこでも価格は戦前の百倍、千倍になった。ギリシャ政府は課税の新方式を編み出した。全銀行紙幣

を集め、半分に切り、元の持ち主に半分しか返さなかったのだ。しかし事態は西ヨーロッパでもそれほど良かったわけではなかった。戦後景気は急速に消え失せ、イギリスだけでも二百万人以上の失業者が残された。一九二三年にはワイマール・ドイツはハイパー・インフレイションに揺り動かされ、同じ年にはヒトラーと共産主義者が実力で権力掌握を試みた。ヨーロッパの資本主義を再建する見通しは暗いように思われた。

四年間の総力戦によって、十九世紀ブルジョワジーの自信と経済的安定の伝統的な金融面での基盤は徹底的に破壊された。戦争のため各国は貨幣の兌換を中止し、ヴィクトリア朝的な資本主義の基本原則、つまり金本位制と自由貿易を放棄せざるをえなかった。各国政府は戦争を賄うために巨額の借金を積み上げ、ヨーロッパの諸列強の主な債権者自身、戦いの最後には合衆国に借金を負っていた。戦争は組織労働者の力を強め、賃金の引き下げを困難にした。大陸内部の古い通商ネットワークは破壊され、ヨーロッパ外に工業、農業の生産の中心がうまれることが助長されたため、戦争が終わってみると、ヨーロッパの生産者は世界規模での競争激化に直面することになった。

同時に、ボルシェヴィキ革命の成功とソヴィエト連邦の出現によって、ヨーロッパ資本主義に対して空前の挑戦が提示されることになった。「ロシアはアフリカやメキシコ、ジャワ島ではない。われわれと西ヨーロッパは同時代に生きており、もはや互いに離れてはいない」と一九二二年にあるロシアの芸術家は強調した。「世界社会主義革命」ののち、残りの世界に未来や「新しい出発」の可能性を教えるのはソ連であると、彼は続けた。ことに一九二〇年代初頭には、ヨーロッパの政治家たちはこのような見通しに戦慄し、大陸の経済再建の任務を真剣に引き受けざるをえなかった。

しかしこの任務にはパラドクスがあった。多くの人が望んでいるように、ヨーロッパを一九一四年以前の世界のよ

▽（1）次からの引用。D. Peukert, 'The lost generation: youth unemployment at the end of the Weimar Republic', in R. J. Evans and D. Geary (eds.), *The German Unemployed* (London, 1987), p. 180
▽（2）S. Asch, *The Calf of Paper* (London, 1936), p. 24

うに「正常」な状態に戻すことは、自由貿易や固定為替相場に戻り、国家の介入を最小限にすることを意味した。これは国家が経済問題から距離をおき、投資の決定は民間の企業家や多数の個人投資家に委ねられた世界である。世界戦争を戦うという課題のために、国家はもちろん、以前より経済問題に深く介入し、経済生活を「組織化」せざるをえなかった。しかし、ヨーロッパの経済再建をリードすることになるイギリスとフランスの二国で、戦時中の国家の積極介入主義が平時にまで継続することを望むものはほとんどいなかった。このように、大陸復興のために最初に立てられた計画に関わった政治家は、民間セクターの支援に過度に頼っており、不毛な結果が予期できた。

一九二〇年代初頭の英仏の首相であるロイド・ジョージとアリスティード・ブリアンは、ともに気質的に積極介入主義者で、ヨーロッパの問題は東西で共通であり、だからこそ総合的なアプローチが必要であると合意していた。準備の覚書には次のように書かれている。

> 中・東欧市場はヨーロッパの産業が順調であるために不可欠である。この市場が再建できなければ、東欧、東南欧からは何百万もの人口が失われ、再建はますます困難になるだろう。そして東において貧困と飢えをもたらす状態は、西側の工業人口をも長期にわたって雇用不足に悩ませることになる。その間、西欧諸国は、生産したい商品の一部しか吸収できない市場をめぐって相互に争うのである。このような状況下ではヨーロッパの経済的復興は不可能である。インフレは続き、生活費は上昇し、生活水準は押し下げられ、西欧でも東欧でも、飢えと栄養不足が賃金労働者、専門家階級の力を浪費していくのだ……▽(3)。

イギリス、フランスの提案は、国際投資借款団をつくり、中・東欧に民間資本を注入することであった。言うまでもなく、この（一九九〇年代に同様の任務を任された）ヨーロッパ復興開発銀行の先駆者は、大きな成功を収めたとはいえない。西側の銀行家たちは、東ヨーロッパにある程度の秩序ができるまで金を貸そうとはしなかった。銀行家らは安定のあとに続くだけで、安定をつくり出すのには頼りにできなかった。大陸の資本主義的均衡は崩壊したが、ヨーロッパの資本主義自身は及び腰の反応しかできなかった。

ロイド・ジョージ―ブリアン構想の失敗で、戦後の市場の力の弱さと躊躇ぶりが際立つことになり、資本主義再建を成功させるためにはなんらかの政府の行動が必要だということが明らかになった。このために、イギリスとフランスは政府間機関である国際連盟に頼ることになり、一九二〇年代中頃の再建努力において、連盟は重要な役割を果たした。国際連盟はたんなる外交的な会議の場ではなく、貧困化した政府と西側の債権所有者との間の金融取引を仲介する積極的な役割を果たした。オーストリア、エストニア、ハンガリー、ギリシャなどで、予算の均衡を条件に政府に資金を調達し、独立した中央銀行の設立も強く要求した。共産主義崩壊後に東欧になだれ込んだハーバードの経済学者たち▼(1)とちょうど同じように、七十年前にも〔原著は一九九八年刊〕西側の銀行家や金融専門家は、戦争によって荒廃し、貧困化した経済を、彼らが認める自由主義路線に基づいてデザインしなおすのを助けた。西側の専門家は中央銀行の監督官、税収の監査官として振る舞い、何百万もの難民を再定住化させる強力な委員会の議長にすらなった。

国際連盟の鍵となる金融委員会は多数の国から集められた人材から構成されていたが、イギリス代表の目立った役割が論評や疑念を呼んだ。ロンドンは伝統的に卓越した国際資本市場であるため、イングランド銀行が金融帝国主義を指弾され、「ヨーロッパじゅうの中央銀行に対する一種の独裁」をもたらそうとしていると非難されるのも、おそらく驚くべきことではなかった。オットー・ニーマイヤー卿は、イギリス代表団のなかで最も精力的なメンバーで、一九二二年から一九三七年にかけて金融委員会の委員を務めたが、たまたまイングランド銀行の理事でもあった。国際連盟を、身を守るすべのない大陸に対し、濡れ手で粟の大もうけに手を伸ばそうとするシティの富豪の手先と見な

▽（3）次からの引用。A. Orde, *British Policy and European Reconstruction after the First World War* (Cambridge, 1990), p. 178

▼（1）ポーランド、ロシアなど旧社会主義諸国の一九九〇年代の経済改革には、ハーバードのジェフリー・サックスらの経済学者が関与し、急速な価格の自由化、貿易の自由化、民営化などの「ショック療法」を推進した。

すのは容易であった▽(4)。

実際、イングランド銀行の風変わりな総裁モンダギュー・ノーマンは、ポンドと連動した諸中央銀行によってヨーロッパの自由貿易が行なわれるという曖昧な夢想を長らく抱いていた。ロンドンが国際金融活動の傑出した中心でありつづけるよう願い、そのために例えば「ドナウ沿岸または近辺の半ダースの国を含む経済連邦構想」などを考えた。しかし、これはリベラルすぎる夢であり、イギリス政府が経済問題に巻き込まれることを渋ったために傷つけられた。実際のところ長期的には、イギリス経済外交のレッセ・フェール〔自由放任経済〕の伝統がニーマイヤーとノーマンの計画を掘り崩し、イギリスは資本主義再建の中途半端な建築家になってしまった。ロンドンほど市場が神聖不可侵なところは、どこにもなかっただろう。ロイド・ジョージは例外だが、イギリス政府は中・東欧が本当に重要だとは考えていなかった。アメリカ、西欧、帝国領と比べ、イギリスの交易や投資における中・東欧地域の割合は小さかったからである。外務省は国際連盟に懐疑的であり、連盟の金融委員会の仕事をたいしたものだと思っていなかった。このようにイギリス政府がヨーロッパに新しい経済秩序を育てようとする意志には、明らかに限界があった▽(5)。

さらに資本主義の再建を弱めたのは、ドイツの復興支援が望ましいかどうかに関する協商列強の対立であった。この問題は、主に賠償金問題と関連して議論された。イギリスは、フランスの反ドイツ主義と多額の賠償金を負わせようとする努力には、ほとんど同情していなかった。一方フランス人は、ロンドンに期待を裏切られたと感じていた。一九二三年初頭のライン河を挟んだ格闘は、ドイツの不払いに対してフランスとベルギーの政府が軍隊を送りルール地方を占領▼(2)したことによって頂点に達した。実際のところ、ルール占領はフランスの力の限界を露わにしたにすぎない不面目な大失態であった。ドイツ自体でも、インフレが統御不能なまでに進み、十二月までに物価は戦前の百二十六兆倍に達した。フランスは、交渉によって打開するようイギリスとアメリカの双方から強い圧力をかけられ、国内でも予算、金融危機が発生してフランス自身の脆弱さを露呈した。これらの出来事が「ヨーロッパにおけるフランスの優位の終焉」とみなされた理由は、このようなフランスの状況から理解できよう。

ルール危機からの厳しい教訓は、ヴェルサイユの勝者は共同行動なしでは平和を勝ち取れないということだった。より重要なことには、ヨーロッパの資本主義再建がヨーロッパだけでは成し遂げられないことが示された。フランス、イギリス、ドイツという主要経済大国間の敵意が、ただあまりにも強すぎたのである。大戦によって世界一の債権国となったアメリカを巻き込む必要があった。実際、アメリカの民間貸付資本は戦争末期から西ヨーロッパに流入し、アメリカの救済機構がウクライナの飢餓やバルカンの難民再定住化に関わっていた。孤立主義から抜け出すよう説得する必要があったのは、アメリカの政府だった。ルール危機とそれによる外交的袋小路は、アメリカを引き戻す触媒を提供した。五年という短い間ではあれ、アメリカが仲介者となった交渉が賠償問題に和解をもたらし、アメリカの資本がヨーロッパの復興を支えた。

しかし、アメリカがヨーロッパ問題に再び関わるようになったことで、大西洋を越えて支配されるのではないかという古くからの大陸の恐れが強まった。これは、戦争がもたらしたヨーロッパ的価値の衰退についての心配や恐れをすべて映しだしていた。アメリカの経済的優位が、初めてヨーロッパの経済的文化的強さに挑戦したのである。J・B・プリーストリー[▼(3)]は一九三四年の『イングランド紀行』のなかで警告した。イギリスの道はいまや「アメリカの数千もの同じような道と比べ、いくつかのとるに足らない細部でしか違わない。同じ歯磨き粉、石鹸、レコードが売られ、まったく同じ映画がかけられている」。アンドレ・シーグフリード[▼(4)]のベストセラー『アメリカ成年期に達す』（一九二七年）のような本は来たるべき挑戦に警告を発した。[▽(6)]

▽（4）ibid., p. 310

▽（5）ibid., p. 143

▼（2）一九二三年にフランスとベルギーが行なったドイツ・ルール地方の軍事的占領。石炭や材木による第一次大戦の現物賠償の不履行を契機に、炭鉱地域である同地域を占領し、現物押収とドイツ政府への圧力行使を図った。

▼（3）イギリスの作家、劇作家、評論家。戦時中はＢＢＣの司会者としても人気があった。言及されている著書には次の邦訳がある。プリーストリー『イングランド紀行〈上・下〉』（橋本槇矩訳）岩波書店、二〇〇七年。

実際、アメリカの国境を越えた国外への拡大は、一九二四年から一九二九年の間に、一九四五年以降のどの時期よりも速く進んだ。政治的傾向を問わずどの政治家も、労働組合も経営者も、ヨーロッパがアメリカと太刀打ちできないことを憂慮し、いまや聞き慣れた教訓を引き出した。イギリス労働党の指導者ラムゼイ・マクドナルドが警告したようにである。「合衆国はすでに超大国に発展した。ヨーロッパが同じことをできなければヨーロッパの経済的自負の破滅は確かである。この事実を認めるときが大陸に近づいてきている……。目的地はまだかなり遠い……。しかし、それを目指す運動はすでに始まっている徴候が見える。これが二十世紀の決定的な問題となるだろう。[7]」

一九二〇年代中頃の好景気にも促進され、フランス人の主導により汎ヨーロッパ経済協力の主唱者たちが活気づいた。仏独協力の新時代の到来を告げる一九二五年のロカルノ条約[5]に調印すると、アリスティード・ブリアンは、それが「国際連盟の圏内でのヨーロッパ家族の憲法草案……ヨーロッパの刷新という壮大な仕事の始まり」であると熱烈に歓迎した。一九二七年にフランスの発案で招集されたジュネーヴ国際経済会議は、議長によれば「長期的な目標を……ヨーロッパ合衆国の創設におく経済国際連盟」への第一歩であった。彼はこれを「アメリカ合衆国に対して効果的に戦える唯一の経済的手段」と考えていた。主なイギリスの産業家たちも「組織化されたヨーロッパ・ブロック」の出現は不可避だとの確信を共有していた。しかし、その後の経過が示すように、そのような冒険を実現するためには、フランス人には力が、イギリス人には意志が欠けていた。イギリス政府はヨーロッパと帝国領土との間で引き裂かれ、次第に帝国のほうに肩入れしていった。ヨーロッパ統合運動の第一ラウンドは死産に終わった。欧州統合を動かすにはアメリカが強く関与し、ドイツが西側指向となること、そして冷戦が必要だったのである。[8]

見方によっては、一九二〇年代中頃は繁栄と安定と成功の時代だったといえる。次々と通貨は平常の状態をとりもどした。イギリス、イタリア、ドイツ、フランスのすべてが通貨を金本位制にした。為替相場の激しい変動やハイパーインフレーションにかわり、経営を刺激し経済成長を支える緩やかなインフレの時期が続いた。新しい中央銀行が動き始め、投機は抑制され、投資家の信頼が回復し、主要な金融市場はヨーロッパじゅうに大規模に貸し付けをはじめた。ユーゴスラヴィアが一九三一年六月になって金本位制に復帰したのは、この資本主義再生には魅力があり、仲間入りによって見返りが得られるように見えたことの表われだった。

しかし景気回復の動きはもろいものだった。一九二九年末のウォール街での株暴落以前にも来たるべき事態を警告する徴候が見られた。ドイツとイギリスの貿易指数は一九一三年の数値を下回ったままだった。一九二〇年代中頃の相対的な繁栄期をとらえて関税を引き下げる国はほとんどなく、むしろ世界市場の圧力から自国の生産者を保護することに懸命だった。世界市場ではすでに二〇年代中頃から基本的な日用品の価格が下がり始めていたのである。「今日では、多かれ少なかれどこにでも——極東、インド、南米、南アフリカにも——工業地帯がすでにあるか、作られようとしている。これらの工業地帯は低賃金の強みをもち、われわれは命取りとなりかねない競争に直面させられている。白色人種の確固たる優位は投げ捨てられ、浪費され、裏切られた……。搾取された世界が主人に復讐し始めたのだ」とオズヴァルド・シュペングラーは警告した。▽(9)

苛酷なデフレ効果を伴ったこの世界規模の新たな競争に加え、ヨーロッパの一九二〇年代の景気回復は当時の経済

▼（4）フランスの社会学者、歴史家、評論家。選挙社会学の先駆者。言及されている著書には次の二つの邦訳がある。アンドレ・シーグフリード『アメリカ成年期に達す』（神近市子訳）那珂書店、一九四一年（英語からの翻訳）。『現代のアメリカ』（木下半治訳）青木書店、一九四一年（フランス語からの翻訳）。

▽（6）プリーストリーは次からの引用。C. Waters, 'J. B. Priestley' in Mandler and Pedersen (eds.), op. cit., p. 211

▽（7）次からの引用。R. Boyce, *British Capitalism at the Crossroads, 1919–1932: A Study in Politics, Economics and International Relations* (Cambridge, 1987), pp. 115–16

▼（5）一九二五年にヨーロッパ諸国の間で結ばれた国際条約。ドイツ西側国境の現状維持の確認、ラインラントの非武装化、国際紛争の仲裁裁判所による解決などを約し、相対的安定期をもたらした。

▽（8）次からの引用。Orde, op. cit., p. 317; Boyce, op. cit., p. 108; 次も参照。Boyce, 'British capitalism and the idea of European unity between the wars', in Stirk, *European Unity in Context...*, op. cit., pp. 65–84

▽（9）O. Spengler, *Man and Technics* (New York, 1932), pp. 101–2〔オスヴァルト・シュペングラー『人間と技術——生の哲学のために』駒井義昭、尾崎恭一訳、富士書店、一九八六年〕

政策や理論自体によっても制約された。当時のゲームのルールが、第一義的には生産を高め、職を増やすために設計されているわけではないというのは、純然たる事実だった。金本位制への回帰の優先順位が圧倒的に高く、そのためには賃金や物価水準を引き下げる一定程度のデフレや厳しい福祉の切り下げが必要だった。その政治的帰結は、この政策が特に熱心に追求されたイギリスにありありとみることができる。蔵相ウィンストン・チャーチルが推進した一九二五年のポンドの金本位制回帰こそが、翌年のゼネストの直接的な原因である。また、一九二九年から三一年の危機がイギリスではドイツほど衝撃的ではなかったのは、イギリスの失業数は一九二〇年代を通じてずっと高いままであったからにすぎない。

ヨーロッパじゅうで基本的な問題となったのは、戦争によって、ブルジョワジーが戦前の安定に戻りたいという要求を抱く一方で、同時に政府は労働者階級や農民の新兵たちに、新たな高い生活水準を約束することになった点にある。「英雄にふさわしい家」は金本位制への回帰とは容易に一致せず、その結果、民主主義が傷つくことになった。労働者と資本家の対立は――戦争中は一時的にゆるやかに取り繕われていたが――新たに緊張を増し、一九三二年以降レッセ・フェール政策が放棄されるまで緩むことはなかった。一部の工業家と労働組合は、アメリカをモデルにした高賃金、大量生産、高い生産性に基づく、まったく違う産業政策を要求した。しかし、インフレへの恐れからこれは考慮からはずされ、一九五〇年代以降の西ヨーロッパのアメリカ化まで試みられることはなかった。

一九二〇年代のもろい景気回復にとって最も致命的だったのは、本質的に不安定な国際的な資本循環に依存していた点である。一九一四年以前はイギリスが世界の銀行だったが、もはや以前のようには貸し付けができなかった。連合諸国へのドイツの賠償金、アメリカへの連合国の戦債返還はすべて、アメリカがヨーロッパに貸し付けを行なう意志があるかどうかにかかっていた。一九二四年以降のドイツへの貸し付けの半分近くは短期であったため、国際金融の安定性は何千人もの小投資家の決定に依存していたのである。アメリカ人はこの教訓から、第二次世界大戦後は政府貸し付けでヨーロッパ再建を援助することになる。だがこれは、国際金融における国家の役割に関して一九二〇年代に支配的だった考えにあわなかった。国家は資金を直接提供するより、保証人として拘束されない立場で振る舞うべきだと考えられていたのである。一九二八年には、そのとき盛んだった株式市場ブームに乗ろうと投資家は大西洋の向こう側から資金を引き上げ、翌年にはヨーロッパにある残りの財産を逆の理由で一掃した。結果は空前の国際的金融破綻だった。

一九二九年のウォール街株価大暴落は銀行閉鎖、通貨価値の下落、金融の混乱を招いた。さらに金融危機は倒産、生産削減、労働時間の短縮を引き起こし、失業手当受給者の長い列ができた。国際貿易は破綻し、大規模な農業危機を引き起こした。農業価格は急激に下落し、農民は借金を背負い込み、引き取り手のない生産物が山積みとなった。工業製品への国内需要は減少し、職のない働き手の農村から都市への脱出に拍車をかけた。貯蔵された食料が無駄に傷んでいき、わざわざ破棄される一方で、飢えと貧困は増し、市場による資本主義を合理的だと考えることは日増しに困難になった。

当時の政府がとった対応策は現在でも論争の種となっている。多くの場合、政府は手綱を引き締め、公共支出を減らし、投資家の信頼が回復するという慣習的な知恵に従った。失業に取り組む直接的な政策はとられなかった。なぜなら、政府の支出を増す——つまり国債を増やす——ことは、不況時には国家の経済運営への信頼をますます損なうことになるだけだと危惧されていたからである。ある高級官僚はラムゼイ・マクドナルド首相[▼(6)]に次のように助言した。イギリス政府の立場は「引き潮のときに浅瀬に乗り上げ座礁してしまった大きな船の船長や航海士たち」のようなもので、「自然の成り行きで潮が満ちてくるまで、人間の努力で船を再び浮かせることはできません」と。[▽(10)]

▼(6) イギリスの労働党出身の首相。世界恐慌時の首相として、金本位制維持のために公共支出削減を支持し、労働党が分裂すると、保守党と組んで一九三五年まで挙国一致内閣の首相を務めた。労働党は除名。英連邦を発足させ、ポンドによるスターリングブロックを構築した。

▽(10) 次からの引用。R. Skidelsky, *Politicians and the Slump: The Labour Government of 1929–31* (London, 1967), p. 244

その一方で、金本位制は神聖なものであり続けた。ある新聞はこれを「工業は金本位制の十字架に磔になるのか」と批判した。イングランド銀行が一九二九年二月に金利引上げを発表すると、新聞各紙は「デフレと高金利、ポンドの名目価格の高騰という福音を、イギリス工業の実際上の必要に優先させるという、最終的かつ完全な有罪判決」と書きたてた。しかし政策担当者の間では、イギリスで「大蔵省の見解」として知られるものが支配的であった。すなわち、賃金は引き下げられ、失業手当は切り下げられなければならないというものである。[11]

同様な公式の宿命論はドイツでもはっきりと確認できる。ブリューニング政府が一九三〇年から一九三二年にかけてリフレ政策[7]をとったならば、ヒトラーの権力掌握を避け、ワイマール共和国を維持できたであろうか。ケインズ主義経済史学者のなかには、このように主張するものもいる。しかし、そのようなブリューニングへの批判者は当時の知的傾向に留意していないとも指摘されている。介入主義者の数は少なく、彼らの構想のコストに対する批判を前に守勢に立たされていた。ドイツでは、ポーランド、オーストリアなどと同じように、数年前のハイパーインフレーションの記憶が鮮明であり、政府は通貨の安定を損ないかねない政策には何事につけ非常に慎重だった。そうであったとしても、多くの政府が一九二九年から一九三一年の間に行なったデフレ政策がほぼ確実に恐慌を悪化させたことは、今日では明らかとなっている。諸政府がそれとは異なる選択肢にめぐりあったとしても、それは意図したものではなく偶然であった。経済危機それ自体によって、金本位制の放棄を余儀なくされたためである。

重層的な性格をもっていたため、危機自体がいつから始まったのか厳密にいうことはできない。世界の商品価格は一九二六年前後から下落しはじめ、一年ほど遅れて輸出量も減少しはじめたが、通常一九二九年が始まりとされている。そのときに何ヶ国かが金本位制を放棄し、一九三〇年にはもっと多くの国が続いた。一九三二年の夏までには、為替相場を切り下げたり、外国為替取引を制限しなかった国はわずかしか残っていなかった。そのなかには、金を多量に保有し、他の大部分の国が景気回復に向かった一九三四年まで不況の深刻な影響をこうむらなかったフランスが含まれる。旧秩序にしがみつく死に物狂いの努力のために、フランスが第三帝国の擡頭に抵抗する力が弱められてしまった。

危機の徴候も国ごとに異なった。固定為替相場制の放棄は多かれ少なかれ一般的だった。為替相場を切り下げる国もあれば、通貨を変動相場制へ移行させる国もあった。貿易量の急減も全般に見られ、関税の引き上げその他の保護主義によって強まった。ドイツは最もひどく影響を受けた国の一つで、恐慌によって、工業生産は四六%減少し、失業者数は六百万人にのぼった。二〇年代を通じて失業率が高かったイギリスでは、一九二九年以降の失業者数増大はそれほど注目されなかった。しかし工業生産は一九二九年から一九三二年にかけて、フランスで二八%、イタリアで三三%、チェコスロヴァキアで三六%下落した。農業により重点のある中・東欧の経済では、危機は農場の負債の急上昇と、工業労働者の失業に比べて目に見えにくい農民の失業の増大というかたちをとった。フランスは外国人労働者を追放し、都市労働者を自分の畑や農村に送り返すことで衝撃を和らげた。

もちろん肉体的、精神的に健康を蝕むという、隠れたコストがいたるところに存在した。「戦間期の失業は、周辺化されるかもしれないという恐怖を貧しい人々に植えつけた」と一九三〇年代にアテネの難民街で育ったディミトリ・カザミアスは回想している。「『のらくら者』は自分が価値を失いつつあることを、『スト破り』は法や正義を信じられなくなりつつあることを恐れているのがわかるだろう。」不況は社会生活、家族生活のリズムそのものを変えた。仕事にあぶれた男たちは、なお家の仕事をしなくてはならない女たちよりもゆっくり歩き、所在なげにぼんやり立っていた。「もはやなにも急ぐことなどない。彼らは急ぐ方法を忘れている」と、あるドイツの町で失業者を観察した者は書き留めている。「彼らにとって、日々を時間に割ることが意味を失って久しい。百人中八十八人は腕時計を身に付けておらず、家に時計があるのは三十一人だけである。起きて、昼食を食べ、寝ることだけが残された基準

▽(11) 次からの引用。Boyce, *British Capitalism...*, op. cit., pp. 172–3

▼(7) 通貨の流通量を増加させる金融政策と、一時的な赤字財政を容認する公共支出の拡大によって、物価、賃金水準の上昇、生産と消費の拡大を促す政策。

点である。その合間は誰も実際何が起きているか知らずに時間が経過する。[12]」

「母子のこの飢えを止めよ！」が、イギリスの国民失業労働者運動[8]（NUWM：National Unemployed Workers' Movement）が用いたスローガンだった。これは失業家庭における実際の飢餓状態をそれほど誇張したものではなかっただろう。イギリスの検閲官は、ニュース映画からNUWMの行進シーンをカットし、『失業手当の愛』のような労働者の苦境についての映画の上映を妨げたが、大量失業の衝撃は容易に隠しおおせるものではなかった。騎兵で失業者を労働部隊や強制勤労福祉機構に追い立てても、路上からはさして減ったようには見えなかった。『パリ・ロンドン放浪記』や『ウィガン波止場への道』のなかでジョージ・オーウェル[9]は、貧困者給食施設や宿泊所、資本主義の失敗が作り出した本当の意味での絶望を描いている。[13]

　しかし、政府は緩慢で支離滅裂の対応しかとらず、過去のものとなった市場の英知を放棄しようとはしなかった。一九三二年のストレーザ会議[10]も、翌年ロンドンで行なわれたはるかに野心的な世界通貨経済会議も、足並みをそろえた行動には結びつかなかった。むしろ、参加国の混乱ぶりやナショナリズムの強まりがより鮮明に示されただけであった。国際協調の崩壊に伴い金本位制（いまや大量の金保有量をもつフランスと、ベルギー、オランダ、スイス、チェコスロヴァキア、ポーランドに限られていた）は終焉し、ロンドン、ニューヨークからの融資も停止した。その結果、金融市場は枯渇し、リベラル資本主義による十年に及ぶヨーロッパ経済再建の努力が終わったことを意味した。フランスは金本位制を維持したが、イギリスは自分の帝国領との通商に注意を向けた。両国とも、アフリカやアジアの帝国領土の植民地的発展と経済的搾取を真剣に考え始めた。ヨーロッパの残りの国々は自分でなんとかするしかなかった。

　こうして一九三〇年代には、金融上の避けがたい現実から、ヨーロッパ諸国は新しい経済ナショナリズムに向かわざるをえなくなった。これはイギリスやフランスが進めていた自由貿易や国際資本移動の自由主義モデルとは明らかに両立しがたかった。しかしこれはソ連型の共産主義や、まずイタリアで、続いてドイツで展開されたようなナショナリズム資本主義とは相容れないものではなかった。左翼も右翼もともに英米の「金権支配」の束縛から逃れる手段を提示した。財政上の正しい判断よりも経済成長を、世界経済よりも国民を、価格の安定や金利生活者の利益よりも生産を優先するのである。なによりも、左右ともに仕事を提供し、大量失業を根絶しようとした。こうして、資本主義の大きな危機は次のような強い政治的含意を伴うことになった。一九三〇年代の経済的挑戦に立ち向かいうる、ファシズムや共産主義に代わる民主的な選択肢はありうるのだろうか、という問いである。

共産主義の成果

ロンドンの東北方面の郊外からロンドン地下鉄のガンツヒル駅を利用する通勤客は、アーチ型の屋根と明るい黄色の縞模様の巨大で荘厳な地下コンコースに強い印象を受けるだろう。一九三七年に建てられたこの駅は、ちょうどその前年に開通したモスクワの地下鉄へイギリスから捧げられている。今日、一九八九年の共産主義の敗北後、戦間期の「ソ連の神秘性」はこれまで以上に理解しがたいものとなっている。しかし、その痕跡はヨーロッパじゅうに広く

▽（12）D. Kazamias, *Sta ftocha chronia tis dekaetias tou '30* (Athens, 1997), p. 71; M. Jahoda, P. Lazarsfeld and H. Zeisel, *Marienthal: The Sociography of an Unemployed Community* は次からの引用。R. Overy, *The Interwar Crisis, 1919–1939* (London, 1994), p. 113

▼（8）イギリスの失業者の窮状に注意を喚起する共産党系の運動。一九二一年から三九年まで活動した。失業者の飢えをアピールする「飢餓行進」を組織した。

▼（9）イギリスの作家、批評家、ジャーナリスト。社会的不正を描くとともに、現実の社会主義体制を含む全体主義体制も批判し、『動物農場』や『一九八四年』を書いた。言及されている著書には次の邦訳がある。ジョージ・オーウェル『パリ・ロンドン放浪記』（小野寺健訳）岩波書店、一九八九年。『ウィガン波止場への道：イギリスの労働者階級と社会主義運動』（高木郁朗、土屋宏之訳）ありえす書房、一九七八年。『ウィガン波止場への道』（土屋宏之、上野勇訳）筑摩書房、一九九六年。

▽（13）C. Webster, 'Hungry or Healthy Thirties?', *History Workshop Journal*, 13 (spring 1982), pp. 110–29; M. Mitchell, 'The effects of unemployment on the social condition of women and children in the 1930s', *History Workshop Journal*, 19 (spring 1985), pp. 105–23

▼（10）一九三二年、イタリアのストレーザで開かれた国際会議で、中・東欧諸国の領土問題、経済金融再建が話し合われた。

みられる。一九三〇年代には、共産主義の成功は資本主義の崩壊と対照的であり、現代社会が経済的困難と取り組む方法の模範だった。共産主義は、戦争で荒廃したロシア帝国を数年で工業大国へと変えたのである。これは実際に機能するシステムだった。

戦後の経済再建の任務がロシアほど大きいところはなかった。ヨーロッパのどこよりも戦時中の破壊が大規模で長期にわたったからである。戦闘自体は、第一次大戦よりも多い犠牲者を出して、一九二一年にようやく終わった。一九一四年から一九二六年の間に千四百万人の一般市民が横死したと推計したが、そのなかには内戦末期に一九二一年から二二年にかけて南ロシアを襲った飢餓による五百万の犠牲者が含まれていた。これほどの規模の飢餓となると――イギリスの救助隊のメンバーが述べたように――「すべての欠乏」であり、人々は、馬、馬具、挽いた骨、どんぐり、おがくず、そしておそらく死者さえも食べざるをえなかった。他の大帝国――オスマンやハプスブルクの王朝――の崩壊によって生み出された苦しみでさえ、矮小なものに見えるほどの空前の規模の人間の受難であり、西欧の戦後問題の大きさを相対化するものである。[14]

何百万人もの難民が移動していた。一九二一年までに一日あたり二万人の難民が、オムスク市を通って東に向けて流れて、約七百万人もの幼い孤児が国じゅうを浮浪していた。盗賊やその他の武装集団が村や鉄道を襲い、農民は、赤軍、白軍、緑軍いずれからでも徴兵、徴用され、収穫は戦前レヴェルから急激に落ち込んだ。ソヴィエト指導部はこの混乱のなかで社会主義に向けた舵を切ろうとしていた。中央ヨーロッパで革命を先導しようとする努力が失敗し、彼らは旧皇帝《ツァーリ》の帝国領土に集中せざるをえなかった。共産主義は国際的資本主義に対する急進的でナショナルな選択肢として現われ始めたのである。

ボルシェヴィキは社会主義建設と真に統一された国民経済の創設の両方を同時に行なわなければならなかった。雪解けになると道が通れなくなり、商業列車の平均速度は一九二三年には時速十マイル以下であり、鉄道旅客数は一九一三年の半分に落ち込んでいた。除雪車がないために冬には郵便局が閉まり、農村地帯の電信線はしばしば切断された。輸送通信手段の貧しさと同様に、教育の後進性も国の足を引っ張っていた。文盲がはびこっていたのである。新聞を定期的に読んでいる二十七歳の元赤軍兵士の党幹部でさえも、「階級の敵」という言葉や「USSR」〔ソヴィエト連邦の略称〕という文字を理解していなかった。▽(15)

体制は、外の世界に向けてはレーニンに特徴的な教条主義的な全知の調子で語っていたが、実際には、途方もない新しい冒険のなにもかもが、指導者たちの頭のなかですら、まだ明確にはなっていなかった。当初から、資本主義と私有財産制をどの程度早く、どの範囲で廃絶すべきなのか明らかでなかった。最初、ボルシェヴィキは急進的手法を採用し、生産手段を大規模に国有化し、中央集権的計画を試行した。これによって内戦に勝利することはできたが、生産と分配が干上がり、農村の反乱が増大することで、平時の敗北を招きかねなかった。一九二一年に激しい党内の反対を押し切って、レーニンはプラグマティズムを選んだ。中央統制を緩めた新経済政策（ネップ）▼(11)は、戦時共産主義の強硬路線から退き、荒廃した経済に弾みをつけようとするものであった。農民層の信頼を回復し、ここ十年間の困難を承けた政治的再編を図り、国際貿易、ビジネス、技術から利益を得ようとする体制の努力をあらわしていた。数年間、民間経営が小規模ながら容認された。ソヴィエト経済の要めである農業も復興し始めた。指導部は政治的に足場を固め、連邦制を作り上げる息継ぎの余地を得た。

しかしネップはアンビヴァレントな短期的な政策だった。民間セクターは理論的には容認されたものの、実際にはしばしば迫害された。多くの共産党幹部は、彼らの戦いの目的であった社会主義への道をネップには見出せず、むし

▽(14) もっとも信頼できる数字は、次からのものである。S. G. Wheatcroft and R. W. Davies, 'Population', in R. W. Davies, M. Harrison and S. G. Wheatcroft (eds.), *The Economic Transformation of the Soviet Union, 1913–1945* (Cambridge, 1994), pp. 57–80; 次も参照。F. M. Wilson, *In the Margins of Chaos: Recollections of Relief Work in and between Three Wars* (London, 1944), p. 145

▽(15) 次からの引用。R. Pethybridge, *One Step Backwards, Two Steps Forwards: Soviet Society and Politics in the New Economic Policy* (Oxford, 1990), p. 143

▼(11) 一九二一年から一九二七年の間、ソヴィエトで採用された経済政策。食糧の強制徴発を伴う戦時共産主義を中止し、現物の食糧税一〇%を納めたあとの残余の農作物の自由販売を農民に容認した。小規模な私営商工業も認められた。

ろ戦前の技術、行政、知識人エリートの権力と影響力への回帰とみなした。ネップを、共産主義プロジェクトのなかに組み込まれた「新世界の建設」のユートピア的情熱と両立させることは困難だった。市場を利用する手段をもつ人々が富を得るにつれ、ネップは集団間の経済的不平等を広げていった。富農、行商人、貧しい不穏な都市労働者の間で、階級格差、地域格差は増大した。それは、常にもろさを抱えた、経済全体の結合力を脅かした。実際ネップによって、ソヴィエトの成長率は、党や国家ではなく、労働者や農民の市場行動に依存するようになった。おそらくモスクワのエリートにとってなにより問題だったのは、地方を統制することがますます困難になったことだった。[16]

レーニンの死後、経済政策の速度と方向性に関して党内で激しい論争がたたかわされた。スターリンは当初、緩和を継続するよう求めるグループに属し、トロツキー周辺の、工業への集中的な投資と農民層への厳しい措置を要求する左翼反対派と対立していた。しかし、左翼反対派が政治的に出し抜かれ、トロツキーが周辺的な存在にすぎなくなると、スターリンは彼らの見解に接近した。のちにスターリン主義として知られる政策へ踏み込む、決定的なきっかけとなったのは一九二七年から二九年の穀物危機だった。まさにここでこの国家の弱さが明らかになったのである。信頼できる経済情報がわずかしかなかったため意外なことではないが、スターリンはいわゆる「農民ストライキ」に、まったくの不意打ちを食わされるかたちとなった。穀物の貯蔵は少なく、都市では配給が必要となり、食料品価格は高騰したので、体制は戦時共産主義[12]の方法に戻り、強制的に穀物を集める緊急処置をとった。

スターリンは一九二九年までに、左右両方の批判者に勝利した。共産主義は農村にも強制され、農業は集団化、機械化されることになった。その年の終わりに、スターリンは豊かな農民たち、いわゆる「クラーク」を標的にし、自ら「階級としてのクラーク絶滅」支持を宣言した。モスクワからの指示で、クラークは三つのグループに区分された。最も危険な「積極的に反革命行動をおこなうクラーク」はOGPU《オゲペウー》（統合国家政治局〔秘密警察組織〕）に引き渡され、第二グループはソ連の「辺境」地域に追放され、第三グループはいままで住んでいた地方の別の場所に移住させられた。これにまきこまれた家族は全体で約百万世帯、五百万から七百万人と考えられていたが、実際には一千万人以上が追

放され、少なくとも三万人が即座に銃殺された。[▽(17)]

「真にボルシェヴィキ的な穀物のための闘争」の実行は、労働者、党幹部、秘密警察による急襲部隊を送り、たるんだ地方役人を罰し、「投機家」、要するに穀物を自家用にとっておこうとした農民を処罰することを含み、ほとんど内戦同様だった。「攻撃のときには慈悲の余地はない。クラークの飢えた子供のことを考えるな。階級闘争においては博愛主義は悪である」とある党活動家は述べた。供出目標は、生産者の供出能力とはほとんど関係なく定められたが、国家機構の地方官僚は「どんな犠牲を払っても」目標を達成するように圧力をかけられており、失敗すれば「くさった自由主義」として処罰されかねなかった。

もちろん、農民のうちなんらかの意味で豊かといえるのはわずかな部分のみであり、賃金労働者を雇っているのは一握りの農場だけだった。「なんだってあんたはいつもクラーク、クラークとわめいているんだい。ここにはクラークなんていないよ」と党活動家はある村で尋ねられた。体制が豊かな村民に立ち向かわせようとした貧農のなかには、何が起こるかわかってるものもいた。「やつらはいまはクラークからパンを没収している。明日は中農や貧農のところにやってくるだろう。」一九三〇年春、農民たちは最後の牛を供出するより殺すほうを選んだ。十一年後のドイツ人でさえも、ソ連の家畜数にこれほどの被害を与えることはなかった。[▽(18)]

▽（16）ibid., op. cit., p. 415

▼（12）一九一八年から一九二一年まで、ソヴィエトで採られた経済の共産主義化政策。内戦下に、企業の国有化、穀物割当徴発、食糧・日用品の配給制度などが実施された結果、食糧生産の減退、闇経済化、大規模な食糧不足による餓死が生じた。

▽（17）次を参照。M. Lewin, 'The immediate background of Soviet collectivisation' in his *The Making of the Soviet System* (London, 1985), pp. 91–121; 銃殺された人数については次を参照。R. W. Davies, 'Forced labour under Stalin: the archive revelations', *New Left Review*, 214 (November/December 1995), pp. 62–80; 全般については次を参照。R. Conquest, *Harvest of Sorrow: Soviet Collectivization and the Terror-Famine* (New York, 1986), esp. pp. 120–28〔ロバート・コンクエスト『悲しみの収穫――ウクライナ大飢饉：スターリンの農業集団化と飢饉テロ』白石治朗訳、恵雅堂出版、二〇〇七年〕

▽（18）次からの引用。M. Fainsod, *Smolensk under Soviet Rule* (London, 1989 edn), p. 240

ソヴィエト自身の数値によれば、農村の集団化と強制徴発の悲惨な影響を明らかに反映して、一九三〇年代、穀物の収穫は落ち込んだ。他方で、国家の穀物調達量は一九二八年の一〇七〇万トンから一九三七年の三一〇〇万トンへ、全収穫量の一四・七%から三六・七%へと着実に上昇した。数字は信頼できないとしても、全体像は十分明確である。必要な穀物は手に入ったが、ソヴィエト農業に長期的な損害を与えるという代償を伴い、その結果は最終的にはソ連自体にとって致命傷となったのである。[19]

数百万の犠牲者を出した一九三二年から三三年の飢饉はこの政策の直接的な結果だったが、この間、警察は外国人を飢饉の影響を受けた地域から遠ざけ、レーニンが廃止した帝国下のシステムのような国内パスポート体制を再導入することで犠牲者を中に閉じ込めた。しかしもちろん多くの人は何が起こっているか知っていた。「ドゥニエプロペトロフスクは飢えた農民で溢れ返っていた。多くはあまりに弱っているため物乞いをすることもできず、力なく駅周辺に横たわっていた。子供たちは腹を膨脹させた骸骨同然だった」とある党の職員は回想した。彼はこの事態に愕然としたが、彼の上司は別の見方をしていた。「情け容赦のない闘争が農民層とわれわれの体制の間で続けられている……。死にいたる闘争である。今年はわれわれの強さと彼らがどこまで耐えられるかを試すときである。彼らに誰がここでは支配者なのか教えるには、飢饉が必要だった。数百万の生命がかかったが、集団農業体制がここに定着した。われわれは戦争に勝ったのだ。[20]」

最初、党の内外を問わず、多くの人々が混乱の大きさに当惑した。追放へ抗議するものや、表立って「クラーク」に同情を表明するものもいた。労働者ですら「否定的態度」を示した。「レーニンが生きていたら」と彼の肖像画を見ながらある労働者は言った。「自由貿易を許可してわれわれを救ってくれただろう。そのあとで、集団化への移行を進めただろう、力によってではなく、合意と説得によって。」しかし、こうした憤激は極度のパニックと受動性の増大によって覆われていった。「以前は逮捕者は二人の民兵で連行された。いまは一人の民兵が集団を連行するが、集団は静かに歩き誰も逃げない」[21]との報告がその様子を物語っている。

一九三〇年代初頭の穀物調達攻勢は、新世代の党員の訓練の場になった。彼らがなじんだ暴力と抑圧は、数年後、残りのソヴィエト社会全体に広がった。反革命闘争に従事する「破壊工作員」、「白系ロシア人」、テロリスト、妨害活動家の陰謀に満ちた世界とみる傾向は、一九二七年の戦争の虚報にもすでに見られたが、これが強められた。彼らの暴力的手法は、結局、このような恐れを現実のものにする可能性のあるあらゆる反対派を葬り去ることになった。その一方で公式の政策が、その真の作者に罪を負わせることなしに苦難と荒廃の問題を作り出していたのである。何百万もの農民の追放で強制労働入植地が急速に作り出され、住民統制手段も完成された。スターリンは一九三〇年代、四〇年代に他の階級やエスニック・マイノリティ――ポーランド人、チェチェン人、ドイツ人など――にもそれを適用した。そして、集団化は最初の五カ年計画の向こう見ずな工業化への道を切り開くことになる。

強制的工業化はスターリンの政策だった。彼は農業集団化をめぐる論争に勝ち、今度はロシアを機械化時代に押し入れる急速な工業成長への要求に力を入れた。ボルシェヴィキは近代社会創設という誇りを工業化に賭けていた。すでに生まれたばかりの革命の命を早くも奪おうとした敵対的な世界のなかで、ソ連は社会主義を自衛するために急速な工業化を必要とした。一九三一年二月、スターリンは注目すべき予言を行なった。「あなた方はわれわれの社会主義の祖国が打ち破られ独立を失うのを望むのか」と尋ね、「もし望まないのなら、できる限り短期間で後進性に終止符を打ち、社会主義経済の建設を真にボルシェヴィキ的な速度で展開しなければならない……。われわれは先進国に

▽（19）次からの引用。M. Lewin, "'Taking grain": Soviet policies of agricultural procurements before the war', in his *Making of the Soviet System*, op. cit., p. 166

▽（20）ibid., pp. 142–77; V. Kravchenko, *I Chose Freedom: The Personal and Political Life of a Soviet Official* (London, 1947), pp. 111, 130〔V・クラフチェンコ『私は自由を選んだ』（上・下）井村亮之介訳、ダヴィッド社、一九四九年〕

▽（21）Fainsod, op. cit., p. 248

五十年か百年遅れている。われわれはこの差を十年間で追いつかなくてはならない。それをやり遂げるか、破滅するかだ」。バルバロッサ作戦[13]が始まるのはちょうど十年後であった。[22]

スターリンの戦略は国内食料供給の情け容赦のない統制のみならず、重工業への大量の投資を必要とし、その結果都市の生活水準を抑圧した。理論上は、五カ年計画がその手段となるはずだった。実際には五カ年計画は、主に、資源とはほぼ無関係に刺激や目標を与える不安定な源泉としてのみ機能していた。これにしばしば「ショック作戦」や「目標早期達成」の大宣伝が加わった。国家の計画機構が深刻なパージによって混乱し、地方の党幹部たちは投資基金をめぐって猛然と競争していたにもかかわらず、工業化がめちゃくちゃな速度で進んだのは、これによって説明できる。

驚くべきなのは、狂乱した支離滅裂なプロセスが全体として成し遂げたことである。実際の成果は五カ年計画（いずれにせよ一年早く終わりになっていた）が設定したばかばかしい目標にはしばしば及ばなかったが、現実の生産力の増強幅に較べればたいしたことではなかった。まったく新しい町が――例えば世界最大の鉄鋼プラントのマグニトゴルスク――まるごと、無から建設され、既存の冶金プラントは限界まで稼動させられた。トラクター工場や工作機械産業は輸入需要を減らすために急速に発展した。投資が重工業に集中したために燃料や輸送が追いつかず、しばしば中断や損耗が生じたのにも関わらずである。

雇用の創出という観点からは、体制の政策は並ぶもののない並外れた成功を収めた。都市労働者は一九二七・二八年から一九三二年の間に千百三十万人から二千二百八十万人に増加し、一九三九年までには三千九百万人に達した。資本主義ヨーロッパが不況のどん底にあるときに、失業は消え、大勢の女性が働き、ソ連はまさに労働力不足に悩まされていた。スターリンは一九三四年に、「マルクス主義が勝利した国だけがいま世界で恐慌や失業を免れているのは、偶然とは考えられない。ファシズム諸国を含めて他の国ではもう四年間にわたって恐慌と失業が支配しているのだ」と誇らしげに述べた。[23]

スターリンの政策は、新しい労働者階級を作り出した。彼らは、主としてこの数年間に都市に群がった何百万人もの農民からなっており、そのなかには新しい集団農場から逃れてきたものもしばしばみられた。一九二九年から一九三三年の間に工業の職工長数は一万八千七百人から八万三千八百人に急増したが、大部分は無教育な労働者から選び出された。管理職、技術職の数は八万二千七百人から三十一万二千百人へと急増した。ここには本当に「新文明」が誕生したのである。シドニーとベアトリスのウェッブ夫妻が考えたのとはおそらく違った意味でだが。農村社会は、近代化志向の体制によって電化、機械化され、征服された。しかし、農村社会の側も体制を我が物にしていった。農民が労働者、管理者、党幹部になったのである。一九三〇年代末までには国家や党、経済を動かすのは、この社会革命によって利益を得た人々となっていた。▽(24)

もちろん革命の英雄であるはずの人々は、全能の国家と党機構のなかでは、他の人々同様に自由とはいかないことに気がついた。大方は文盲で非熟練の労働者たちが職場を移ろうとすれば、「プチブル的自発性」として非難されかねなかった。労働規律を課すことが、体制の主要な関心事となった。食糧や消費財がますます足りなくなり、配給が拡大する事態に直面し、「のらくら」や「欠勤サボタージュ」と闘うなかで、労働組合は労働者を守る立場から労働規律を押しつける立場へと替わった。旧指導部は「右翼的偏向」として放逐され、組合は「生産に顔を向けよ」と命じられた。これは原始的で危険な労働条件を無視することを意味していた。

社会主義建設は、観察にきた西側の知識人たちには刺激的に響いたが、実際には苛酷で人に危害を与えるものだっ

▼(13) 第二次大戦中、一九四一年六月に開始されたナチス・ドイツによるソ連への奇襲攻撃作戦。ドイツは自ら独ソ不可侵条約を破り、東側にも戦線を拡大することとなった。
▽(22) 次からの引用。G. Hosking, *A History of the Soviet Union* (London, 1985), p. 150
▽(23) 次からの引用。Bullock, op. cit., p. 311
▽(24) L. Siegelbaum, 'Masters of the shop floor: foremen and Soviet industrialisation', N. Lampert and G. T. Rittersporn (eds.), *Stalinism: Its Nature and Aftermath* (London, 1992), pp. 127–56

た。機械信仰にもかかわらずソ連の工業化は非常に労働集約的であり、技術的専門性が低いために、多くの機械が放置される傍らで人の手によって仕事が行なわれた。特に最初の数年間は、トラックやトラクターは馬や一輪車よりも役に立たなかった。しかし労働集約的というのは抽象的な言葉である。マグニトゴルスクの建設に送られた「クラーク」の強制労働者の一〇パーセントは、最初の苛烈な冬にそこで死んだ。ドネプロストロイで巨大な水力発電所を建設した労働者も、たいしてましな暮らしをしていたわけではない。「バラックに住むものは、雪が部屋のなかに吹き込んでいるとこぼした。テント住まいのものは冬には零下十三度を下回る気温に耐え、一九二九年の夏には竜巻のような風がテントに打ちつけるのに耐えた。」「特別作業隊」や嫌われた「スタハーノフ労働者」が先鋒を務めた「社会主義的競争」の導入によって、この惨事はますますひどくなるばかりであった[25]。

これらすべての試みは、国債の販売による個人の貯蓄への圧力や、消費の抑制を必要としていた。個人の欲求は集団の必要に従属させられ、この傾向は不平と無私の献身の両方を顕在化させた。パンの配給が一九二九年に強要され、肉や乳製品の消費は落ち込んだ。多少とも改善したのはようやく一九三五年になってからだった。都市は絶えず膨張を続け、一九二六年から一九三九年の間に都市人口は二倍になり、長年の住宅不足はさらに悪化した。モスクワの一人あたりの平均生活スペースは、一九二九年から一九三一年の間に三分の二に減少した。党員自体が一九三〇年代中頃に情け容赦なくパージされるまでは、より良い住居に住みたいという切望は人々が入党する理由の一つになった。

しかし、スターリン主義的工業化の圧力は生活の場を締め上げただけではなかった。五カ年計画中には、収容所システムが爆発的に発展した。歴史的に、強制労働は南北アメリカ大陸の大部分の地域やロシア帝国の経済成長において決定的に重要な役割を果たしてきた。スターリンはこの過程をこれまで以上に推し進めた。一九二九年にOGPUの強制収容所は「労働収容所」と名称を変更され、明確に経済的機能を与えられた。集団化のさいの大量逮捕にはじまり、一九三〇年代を通じて激しさには変動があったものの、保安機構は監獄、「集団労働収容所」、労働入植地、特別居留区からなるネットワーク全体で何百万人もの囚人をコントロールしていた。最近では囚人の全体数は、一九三

三年の二百五十万人から一九四一年のドイツ侵攻直前には三百三十万人まで増加したと考えられている。▽[26]

強制労働は工業化の進展全体のなかで重要な役割を果たした。第二次世界大戦直前、連邦内務人民委員部（ＮＫＶＤ、ＯＧＰＵの後継機関）は、建設事業全体の約二五％を担当し、ウラル、シベリア、極東での建設事業を支配していた。秘密警察のある幹部はこの機構の収容所を「遠い僻地の文化的発展の先駆者」として公けに称えた。これらの地方の特産物――金、その他の金属、木材、のちには軍需品――は、奴隷労働に依存していた。白海―バルト海運河は、体制のプロパガンダが一九三〇年代初頭、誇らしげに述べたてた成果だが、その建設にも強制労働が寄与していた。特別入植者はマグニトゴルスクのような新工業地域に配置された。一九三九年にはＮＫＶＤの収容所と入植地だけで十万七千人の監視兵がいた。▽[27]

本質的には調和的で温和な世界観をもつ資本主義とは異なり、共産主義は、自分は四面楚歌で包囲されていると見なしていた。外敵は生まれたばかりの革命を葬り去ろうとし、内部の敵は党派主義や「偏向」で党を惑わそうとした。抑圧の頂点やテロルの始まりと同時進行したために、ソ連の工業化は、「破壊活動家」や「反革命の策謀」からなる陰謀の世界で生じた。一九二八年の外国の技術者の裁判以来、技術専門家や管理者、党幹部らは、恣意的な処罰の脅威の下で働いた。失敗、個人的なライヴァル関係、指導部の突然の方針転換ですら、彼らが突然地位を失うには十分だった。教育を受けた専門家が何万人も収容所に送られた。新世代の管理者の養成は体制にとっても急務であったが、若い世代にとっても社会的上昇の機会だった。スターリン主義はこのようにテロルと抑圧を意味したが、同時に、階層の上方移動や刺激に満ちた新しい生活のチャンスでもあり、帝国時代の比較的静態的で、階統制《ヒエラルヒー》的な社会構造とは驚くほど対照的だった。例えば一九二八年から一九三三年の間に約七十七万人の党員が労働者階級からホワイトカラ

▽（25）L. R. Graham, *The Ghost of the Executed Engineer: Technology and the Fall of the Soviet Union* (Cambridge, Mass., 1993), pp. 54–8
▽（26）Davies, op. cit., p. 67
▽（27）ibid.; J.-P. Depretto, 'Construction workers in the 1930s', in Lampert and Rittersporn, op. cit., p. 197

ーの仕事や行政職に上昇したことになる。▽[28]

今日では、スターリン主義の汚らわしい暴力的な側面を軽視し、ソヴィエトのプロパガンダと現実を混同したことで、Ｈ・Ｇ・ウェルズ、バーナード・ショー、ウェッブ夫妻らを厳しく非難するのはあたりまえになっている。しかし、資本主義が自殺を図っているように見えた当時、スターリンのロシアは西側とは目覚ましい対照を成し、エネルギー、参加、集団の成果、モダニティの象徴であり、実態が知られていなければいないほど魅惑的に見えた。クロアチアの元共産主義者アンテ・シリガ——彼の本『巨大な嘘の国にて』は一九三八年に発表されている——のように、実態をよく知って率直に批判した者もあったが、彼らの暴露は大方無視された。▽[29]

このような信じやすさは、部分的には、ある歴史家の表現を用いれば「ユートピアを信じようとする驚くべき意思」が戦間期ヨーロッパに広範にひろがったことの反映であった。しかし、これは西側がソヴィエト生活の現実から徐々に離れていったことも反映していた。一九二〇年代には、ソヴィエトとヨーロッパの他地域は金融、通商面はともかく、技術、科学、文化の面ではかなりの接触をもっていた。アメリカ、ドイツ、イギリスの技術者チームが技術的な助言を行ない、ル・コルビュジエやエルンスト・マイらヨーロッパのもっとも卓越した建築家や都市計画者が、モスクワや他の都市の計画で競った。しかし、一九三〇年代の見せしめ裁判で西側の技術者や事業家も被告となると、これらの接触は次第に減少し、ソ連を出入りする旅行は困難になっていった。ソヴィエトの「経済の奇跡」が推し進められるなか、ソヴィエトの現実はヨーロッパの視界から消え去り、ソ連は自分のなかに閉じこもった。

ロシアを客観的に評価するのを困難にしたのは、なによりもヒトラーの擡頭だった。ナチス・ドイツがヨーロッパの民主主義の主要な敵として立ち現われると、西ヨーロッパの中道と左翼の多くは概して親ソヴィエト、反ファシズムで結びついた。「現在の岐路において、ソ連の支持は（戦争回避の一つの希望として）圧倒的に重大であるから、相手方から引用されかねないことは、なにも言ってはならない」と一九三七年、イギリスの出版者ヴィクター・ゴランツは著作家のＨ・Ｎ・ブレイルスフォードに警告した。多くのヨーロッパ知識人にとってソ連は、ナチズムによって行なわれようとしていることに対する彼ら自身の強迫観念、希望、恐れを映し出す鏡となった。[30]

経済ナショナリズムによる景気回復

経済恐慌で荒廃した中・東欧ほど、ソ連が達成したまばゆいばかりの成果を注視しているところはなかった。「ベルリンの経営者仲間でも銀行家仲間でも、一番の話題はソ連が五カ年計画を実行して成し遂げた進歩が示す脅威であり、ヨーロッパ諸国はソ連の経済圧力が強くなりすぎる前に、自分の家を整えておくよう真剣な努力をしなければならないということである」と一九三一年初頭、イギリス大使は報告した。[31]

イギリスは必要な指導力を示すことができなかった。自由主義資本家の語り口は、前世紀にでも生きているかのようであり、イギリスの呪文である自由貿易は説得力のない、時代遅れの対応だった。ジュネーヴで輸入障壁を撤去し、カナダやアルゼンチンの安価な穀物の流入を認めるよう求められて、ユーゴスラヴィア外相は苦々しく「人口の五分の四を犠牲にするのなら」可能であると答え、さらに、イギリスの提案する自由貿易政策とスターリンの五カ年計画の唯一の相違点は「あなた方は住民を銃殺するのではなく餓死させる」点であると続けた。[32]

しかし、自由貿易の崩壊によって、資本主義諸国が不況を脱出するための予期せぬ道が思いがけず現われた。一九

▽（28）H.-H. Schröder, 'Upward social mobility and mass repression: the Communist Party and Soviet society in the Thirties', in Lampert and Rittersporn, op. cit., pp. 157–84
▽（29）F. Furet, *Le Passé d'une illusion* (Paris, 1995), p. 474〔フランソワ・フュレ『幻想の過去――二〇世紀の全体主義』楠瀬正浩訳、バジリコ、二〇〇七年〕
▽（30）次を参照。T. von Laue, *Why Lenin? Why Stalin?* (New York, 1971), p. 181〔T・H・フォン・ラウエ『ロシア革命論』倉持俊一訳、紀伊國屋書店、一九六九年〕; Leventhal, op. cit., p. 248
▽（31）次からの引用。Boyce, *British Capitalism*, op. cit., p. 314
▽（32）ibid., p. 307

三〇年代の経済ナショナリズムは歴史家が認めてきたよりもかなり成功を収め、多くの国は、一九二〇年代のように国際競争に対処し金本位制に戻ろうするよりも、自分たちのために生産することでうまくいっていた。自給自足にはもちろん代価が伴った。消費者は高価な国産の商品という重荷を負わせられたが、そのおかげで生産者を振興することになった。債務返済の据え置きも借金漬けの農業者や工業家を解放し、国内需要を促進した。これらの相対的に肯定的な進展の代償として生産者が支払わねばならなかったのは、国家統制の増大であった。レッセ・フェール政策を放棄し、政府は為替相場をどうしたいか決めなければならないことに突然気づかされた。政府は通商政策や輸入外貨資金割当に引き込まれ、国内では生産計画を立てたり生産者カルテルを助成し、新事業の発展や立地に介入し始めた。このようにイデオロギーとはまったく独立に、自給自足は国家と民間イニシャチヴの関係を変えた。資本主義諸国は計画と国家統制のアイディアをボルシェヴィキから借用し、手加減して用いた。恐慌は国家主導の一国資本主義の登場を促したのである。

短期間には国内の景気回復と工業発展はめざましかった。高関税と不換通貨に守られ、物価下落は止まり、雇用が回復した。繊維、科学、発電など国内市場を対象とする工業は軒並み急成長し、農業も収穫物を保証価格で買い上げる国営の販売機関の援助で回復した。一九三二年から一九三七年の間に工業生産はスウェーデンで六七％、イギリスで四八％も急上昇したが、金本位制に拘泥するポーランド、フランス、ベルギーでは景気は停滞した。ナチス・ドイツでは強制労働奉仕、賃金の厳格な統制、雇用創出プログラム、女性就業反対運動に助けられ、失業者は五年間で五百六十万から九十万人に減少し、一九三九年には完全雇用が実現した。

新たに国内の資金源が登場し、西側の資本市場に取って替わった。外国債務の不履行――または債務繰り延べ――の額は、例えば一九三一年から一九三五年には、ギリシャ、ルーマニア、ブルガリアの歳出の一〇％以上に達し、中・東欧の債務諸国におおいに役立った。一九二〇年代にたっぷり借りて、一九三〇年代には債務の支払いを拒むほど、合理的なことはあろうか。イギリスとアメリカの債権保有者は憤慨したが、どうしようもなかった[33]。

国内では、ことに独立の労組が押しつぶされてしまった警察国家では、消費者の支出も賃金も締め付けられかねなかった。インフレ、高率課税、賃金の厳しい統制、その他の強制的「自発的」貯蓄で、実質賃金は低く抑えられ、財源を国庫に集中させた。ナチス体制は高速道路、公共の建物、イギリス型の公営住宅を建設した。ほぼすべての国が農民に補助金を出し、遅かれ早かれ再軍備に投資した。このように経済発展戦略の第三の形態が、一方で海外からの借款、他方でソヴィエト型の強制的工業化の中間に、出現した。ソ連よりも経済成長の速度は緩慢だったが、生命の犠牲は少なく、政治的階級も安定した。

しかし全体として、アウタルキー〔自給自足経済〕はヨーロッパの資本主義にとって短期的な選択肢に留まった。工業の景気回復を促進したのは確かだが、これは保護された競争のない環境に限っての回復だった。既存企業は国家が後ろ盾となったカルテル機構によって、国外の競争相手からも、国内の新興企業からすら守られた。運のいい経営者は大きな利益をあげたが、工場や設備に再投資するインセンティヴはなく、特に設備等を輸入する必要のあるときはなおさらだった。主な例外は、第三帝国でのように、ナショナリスト国家が保護の結果を期待していることが明らかな場合だった。フォルクスワーゲンのようなナチスの公益企業やダイムラー・ベンツのような私企業は一九三〇年代(と、一九四〇年代初頭)に工場、設備、利益を蓄え、それが戦後の発展の基礎となった。しかし、これらは例外であり、多くの国は(イギリスのように)ナショナリズムが不十分であったり、(フランスやイタリアのように)あまりに組織的でなかったために、アウタルキーでよい成果をあげることができなかった。「効率」や「協調」が盛んに語られたのにもかかわらず、一九二〇年代の「合理化」推進に較べて全般に技術面での前進はなく、場合によっては事実上の後退すらあった。一九五〇年代まで、ヨーロッパの工業は真に現代化することはなかった。皮肉なことだが、戦後のソ連は、一国があまりにも長くアウタルキーに留まったときどうなるのか、のケース・スタディーとなった。[34]

▽(33) M. Mazower, *Greece and the Inter-War Economic Crisis* (Oxford, 1991), p. 315

同じように農業でも良い話ばかりではなく、ことに後進的な東欧ではそうだった。農業の近代化――よい品種の種子、集約的な肥料利用、綿花やその他の輸入代替品の栽培の拡大――は見られたが、過剰な「穀物競争」のために、農村は生き残りはしたが繁栄することはなかった。農民は市場から撤退し、自給自足経済に戻った。長期的には、アウタルキーはヨーロッパの人口過剰な農村に対する解決策を提供できなかった。この問題も、一九五〇年代に共産主義と国際資本主義がともに農民を都市に駆り立て、工業での新しい仕事を作り出すのを待たねばならなかった。

一九三〇年代のナショナリズムに基づく資本主義は、他にもたくさんの欠点をもっていた。労働者階級の雇用は増えたが、特に権威主義体制では、賃金は低水準に据え置かれた。ナチスの労働戦線は行楽旅行を主催したり、工場長らに労働条件を改善するよう圧力をかけ、これらは労働者の不満を発散させるのに役立ったものの、賃金を実質的に上げる効果はなかった。このように、イギリスで一九三〇年代に生じた、軽工業での雇用の伸びに支えられた消費者主導の景気回復は、ナチス・ドイツやファシスト・イタリアが追求したような回復とは本質的に相容れないものだった。さらに、独伊で景気回復を促進しているのは消費者ではなく軍事国家であった。エチオピア戦争はイタリアを景気後退から救うのにきわめて重要だった。一九三九年までにドイツの再軍備支出はGNP比でイギリスの二倍、アメリカの十倍であった。もちろんヒトラーにとって、景気回復は再軍備の理由ではなかった。再軍備はまったく単純に、ソヴィエトのボルシェヴィズムとの不可避の「新しい衝突」に対して準備するために必要だった。それにもかかわらず、結果としては途方もない成長への刺激となり、一九三〇年代末までには、労働力不足やインフレ圧力が深刻になった。

国際貿易は、一九三二年以降も完全に停止することはなかったが、規模が縮小したため、一九五〇年以降のように経済成長を刺激することはできなかった。世界貿易の水準は一九二九年以降、急激に落ち込み、決して回復することはなかった。一九三七年になって世界の生産量が増加しても、世界貿易高は一九二九年の数字を下回ったままであった。ヨーロッパは通商圏ごとに分裂し、イギリスは帝国特恵圏をヨーロッパ大陸の外に作り、フランスは既存の小さな金本位制圏（オランダ、ベルギー、スイス、ポーランド、チェコスロヴァキア）を維持しようとしたが、うまくいかなかった。アウタルキーと両立しうる新しい通商体制を作り出そうとする最も決然とした努力は、ドイツによって一九三四年以降目指された「新計画」▼[14]であり、東欧、東南欧諸国と双務交換勘定のネットワークを作るものだった。ナチスの地政学者たちには「新秩序」の始まりとして歓迎され、ナチスの反対者たちにはファシズムの搾取システムと攻撃されたが、「新計画」の影響力は実際にはもっと控えめなものだった。比較的貧しく後進的な東欧経済は、ドイツの以前の輸出市場の代替にはとてもならなかった。ナチス体制は実際には東欧諸国に顧客を求めたのではなく、品物を求めていたのであり、貧しい隣国との貿易を赤字にしてそれを成し遂げた。ブルガリア、ユーゴスラヴィア、ギリシャはこうしてドイツの景気回復を助けた。しかし、いずれにせよドイツ以外に東南欧諸国の輸出品を買う国はないため、政府はドイツと調子を合わせつづけた。自国の農民を幸せにしておくことが重要だったからである。ギリシャ政府が、見返りがあまりないため第三帝国に対するタバコの販売を止めると言って脅したとき、政府を考え直させたのは、自国のタバコ栽培農民たちの反対だった。

　このようにドイツは東南欧の貿易を支配するようになったが、バルカン諸国は第三帝国にとって二流の交易相手以上のものには決してならなかった。これらの諸国の価値は主に、ユーゴスラヴィアのボーキサイト、ギリシャの煙草、ルーマニアの石油のように、軍需景気に沸くドイツにとって不可欠な特産物にあった。これはおそらく搾取的ではあったが、ドイツのような国に短期的な利益以外はなにももたらさないたぐいのものだった。一九三八年以降はバーター貿易より、もっと直接的な形態の経済的搾取が重要になっていった。オーストリアとの合邦《アンシュルス》によって貴重な鉱物

▽(34)しかし［ファシズム下の合理化を強調するものとして］、次を参照。S. Reich, *The Fruits of Fascism: Postwar Prosperity in Historical Perspective* (Ithaca, NY, 1990)

▼(14)一九三四年にナチス・ドイツでライヒスバンク総裁、経済相のヒャルマル・シャハトが策定した貿易管理指令。輸入数量を制限し、双務貿易・支払い協定を結んだ国家との交易を国際貿易の基礎とした。

や外貨準備や鋼鉄を、翌年のチェコスロヴァキア占領ではさらに、金や中欧で最も重要な軍需品生産工場のシュコダ工場を手に入れた。ナチス経済政策の第一の目標である外国征服が始まった。[35]

ファシスト資本主義

「われわれは現在、経済自由主義を葬っている」とムッソリーニは一九三三年に宣言した。その頃までに、レッセ・フェールの終焉は大方の人々に受け入れられていた。積極的に介入する国家が自由市場に取って替わり、統制された集団が自由主義的で自己中心的な個人のあとを継いだ。このような傾向のために、ファシズムが未来の資本主義経済のように見えたのは理解しやすい。しかし、ファシズム経済は固有なものとしてはっきりと存在したのだろうか。自由主義が死んだとしても、そのことはファシズムこそが答えであることを意味するのだろうか。[36]

確かにファシズムは経済管理に独特の――行動主義的で、英雄的、軍事的な――スタイルを持ち込んだ。ムッソリーニの「小麦闘争」[15]には「リラ闘争」[16]「国産品作戦」[17]が、のちにはヒトラーの「雇用闘争」[18]が続いた。また、ファシストは「経済問題」を「意志の問題」にすり替える傾向があったが、それはおうおうにして指導者層が次にどうすべきかわからないということを別の言い方であらわしていた。実際、ファシズムのイデオロギーは経済問題に関してほとんど意図的に曖昧であった。それは部分的には指導者たちが運動の左右両翼を満足させておく必要があったためだが、経済を目的への手段と考え、それほど関心がなかったためでもあった。ヒトラーは「国家の統制の下で民間企業の生産技術を公益の観念と合致するように」用いるよう要求したが、このような定式は建前上は誰をも満足させるが、現実には誰も満足させないものだった。ファシズムは激しい反共産主義の立場をとったが、同時に反金権主義でもあった。国産金融資本に敵対し、しばしばそれを「寄生的」で「コスモポリタン的」であると非難したが、国民主義的な「生産」は支持した。これで社会主義者ということになるのだろうか。もしかすると特殊な、軽率に非階級的な意味ではそうかもしれない。「われわれの社会主義は、英雄の、雄々しい社会主義である」と党の左翼出身のゲッベルスは宣言している[37]。「英雄の社会主義」とは、労働者への際限ない賛美を含意していた。ヨーロッパの独裁者たちはみな、彼の国の第一農民、第一労働者であるかのような姿勢をどこかの段階ではとっていた。しかしファシズムは、ソ連や合衆国のように機械や技術を強調するのではなく、肉体労働に重点をおいた。ファシストの男は大鎌を振るうが、トラクターに乗ることはなかった。「私は社会主義者だ」とヒトラーは言った。「なぜなら、機械を注意深く扱い、操縦する一方で、もっとも高貴な労働の代表者である人々を堕落していくままにしていくのは、私には理解できないからである。」ポスターは職人や職工を描いた。このような懐旧的視座をとることで、労働から強い階級的意味合いを取り除くことに役立ったのだろう。高速道路を建設する労働者すら、ナチスの広報パンフレットには「われわれは永遠の地球を耕す」というキャプションつきで描かれていた[38]。

しかし、実際にはファシズムはまったく労働者の友ではなかった。元社会主義者のムッソリーニも、ヒトラーも、

▽（35）W. Murray, *The Change in the European Balance of Power, 1938–39* (Princeton, NJ, 1984)
▽（36）次からの引用。Steiner, op. cit., p. 91
▼（15）一九二五年に開始されたムッソリーニの農業保護、増産政策。農地拡大と生産力向上により、自給自足体制の確立をめざした。
▼（16）一九二六年にイタリアで実施された通貨安定のためのリラの切り上げ。
▼（17）イタリア・ファシズム期の国内工業生産増大、強化、外国勢力排除の政策。
▼（18）ナチス・ドイツによる失業対策。アウトバーン、公共住宅建設など公共事業による雇用創出や、労働奉仕事業による青年層の吸収、結婚奨励などによる女子労働力の削減を図った。
▽（37）M. Kele, *Nazis and Workers: National Socialist Appeals to German Labor, 1919–1933* (Chapel Hill, NC, 1972), p. 178; D. Schoenbaum, *Hitler's Social Revolution: Class and Status in Nazi Germany, 1933–1939* (New York, 1966), p. 53〔D・シェーンボウム『ヒットラーの社会革命――一九三三〜三九年のナチ・ドイツにおける階級とステイタス』大島通義、大島かおり訳、而立書房、一九七八年〕
▽（38）Kele, op. cit., p. 205; B. F. Reilly, 'Emblems of production: workers in German, Italian and American art during the 1930s', in W. Kaplan (ed.), *Designing Modernity: The Arts of Reform and Persuasion, 1885–1945* (London, 1995), pp. 287–315

労働者への発言が権力掌握前とあとではまったく違っていた。イタリアの左翼ファシストは、まさにこれを恐れ、雇用者に屈服しないようムッソリーニに強く要請した。若い時期のゲッベルスのような反資本主義の「赤いナチス」もまさに同じことを心配していた。「ファシズムがより堅固で、実際的で、人間的な基盤をもたなければ、議会主義が引き起こした嫌悪感や、社会主義と民主主義への正当な批判はみな、苦い失望といつ果てるとも知れないおしゃべりと、さらにひどい場合には致命的な反動的幻想に終わります。……新秩序が最低限の経済的福祉を保障できないとわかれば、共産主義ユートピアはいまなお有害な影響力を回復するでしょう」と、ある主要な親労働者のファシストは統領《ドゥーチェ》に警告した。しかし、労働者を裏切らないようにとのこのような警告は無視された。ファシストやナチスの左派はおとなしく屈服し、私的所有財産の原則は決して真剣な挑戦を受けることはなかった。ナチスの左派は資本主義に対する「第二革命」を夢見ていたが、この見込みはドイツでは一九三四年の「長いナイフの夜」とグレゴール・シュトラッサー▼[19]の殺害で終わった。イタリアではその何年も前に消えていた▽[39]。労使関係においては、ファシズム体制は明らかに雇い主の方に肩入れした。独立労働組合はイタリアでもドイツでもつぶされたが、雇用者の組織は存続を許され、完全雇用が回復したあとに労働市場の力を通して抑える以外は、雇用者の力への抑制はなかった。ファシズムは低賃金経済でありつづけ、一九四五年以降の西ヨーロッパの経済とは本質的に異なっていた。

何世代もの左派歴史家が探しつづけたような労働者階級の抗議が現実のものとならなかったのは、体制のドイツ労働戦線（DAF）▼[20]とその支部が、福祉の組織的実施や工場での労働条件の改善で成功したことが一因だろう。なんといっても、ナチ党本体の三倍の収入と何倍ものメンバー数をもつDAFがまったく影響力をもたないはずはなかった。イタリアではドーポラヴォーロ組織▼[21]がやはり、体制が労働者のレジャーや福祉に関心をもっていることをあらわしていた。同時に、職場関係に持ち込まれた新しい階統秩序は、集団行動を実施しにくくした。

しかし、おそらくより致命的だったのは失業の記憶であろう。あるドイツの観察者は一九三八年に次のように書いている。「[労働者たちは] 労働力不足だと知っていても、みな、職を失うことを恐れている。失業の年月は忘れられていない。」しかしナチスが達成したことを、より肯定的に表現することもできよう。一九三八年にはイギリスの一三%、ベルギーの一四%、オランダの二五%に対し、ドイツの失業率はたった三%であった。イタリアの失業率がはるかに高かったことは、イタリアの労働者たちがドイツに比べ体制と距離をおいたままであったように見えることの説明になるだろう。「労働の尊厳」と「ドイツ人労働者の名誉」についてのナチスのスローガンは、実際、琴線に触れたと思われる。「緊急労働」収容所の脅威と、組織的に行なわれたコンサート、映画、スポーツや旅行との間に挟まれ、平均的な労働者は政治的闘争を忘れたことにしたのである。▽(40)

結局イタリアでもドイツでも、私有財産はもはや至高の存在として君臨しているわけではなかった。ヒトラーが言ったように、強い国家があれば収用は必要とされないのである。いまやより高い価値が存在した。イタリアの「国民」やドイツの「民族《フォルク》」である。その名のもとに経済が管理されるようになったのである。「将来、個人個人の利益はこの問題に関してなんらの役割も果たすことはできないのである。いまや一つの利益、国民の利益しか存在しな

▼(19) ナチ党の幹部。政権掌握前のナチ党組織の成長に貢献し、宣伝全国指導者や組織全国指導者を務めたが、ヒトラーと対立して失脚した。社会主義的革命を目指すナチス左派の中心人物であり、長いナイフの夜事件のさい、粛清された。

▽(39) A. Lyttelton, *The Seizure of Power: Fascism in Italy, 1919–1929* (Princeton, NJ, 1987), pp. 348–9

▼(20) Deutsche Arbeitsfront (DAF). 一九三三年、ナチス政権による労働組合解散後、設立された労働者組織。世界観教育、技能教育、老齢年金、「歓喜力行団」と名づけられたリクリエーション組織などの活動を行なった。

▼(21) 全国余暇事業団。イタリア・ファシズムの余暇組織。一九二五年に設立され、社会主義者が所有していた既存設備を含め、多数の親睦施設やリクリエーション施設を組織運営した。コンサート、観劇、映画界、海辺や田園地帯への遠足、子供向けの夏休みの企画などが組織された。

▽(40) 次からの引用。J. Noakes and G. Pridham (eds.), *Nazism, 1919–1945*, vol. 2: *State, Economy and Society, 1933–1939* (Exeter, 1988 edn), pp. 373–4; また以下も参照。A. Lüdtke, 'The "Honor of Labor": industrial workers and the power of symbols under National Socialism', in D. Crew (ed.), *Nazism and German Society* (London, 1994), pp. 67–110; F. L. Carsten, *The German Workers and the Nazis* (Aldershot, 1995); イタリアの労働者については以下を参照。T. Abse, 'Italian workers and Italian Fascism', in R. Bessel (ed.), *Fascist Italy and Nazi Germany: Comparisons and Contrasts* (Cambridge, 1996), pp. 40–61; 失業者数の比較データは次を参照。B. Eichengreen and T. J. Hatton (eds.), *Unemployment in International Perspective* (Dordrecht, 1988), p. 7

で、「いい」と、ヒトラーは一九三六年に再軍備開始の命令を出すとともに述べた。ドイツの上級官僚は実に的確な言い方で、

「根本的には、われわれは経済を物質的にではなく、精神的に国有化することを目指している」と経営者たちに助言した。これは民間企業への免責声明であると同時に警告でもあった。同様にイタリアの銀行家は「銀行はもはや国民経済の支配者ではなく、特定の形態の信用を実行する道具にすぎない」と釘を刺され、企業は「国民がイタリア人民の生産活動に自由に使えるように投入した信用の資源をすべて使えるという権利と義務」をもつことになった。▽(41)

しかし、「効率」と「協調」が際限なく呼びかけられたにもかかわらず、国家に対するファシストの特有のアプローチを識別することは難しい。現代化推進者としての国家か。そうは言いがたい。イタリアでは衰える工業コンツェルンを救う必要から、巨大な公営の持株会社が形成された。紙の上では、国家の経済統制はおおいに拡大した。しかし実際には、工業経営者たちはこれまで以上に力を振るい続けた。一九三六年の四カ年計画がゲーリングの指導の下に再軍備の先頭に立つまでに、第三帝国は一連の国家統制を発展させた。一九三〇年代末には、彼の省はドイツの全工業投資の約五〇%を決定した。部分的にはソヴィエトの事例から影響を受けて、ドイツ国家は大規模な資本投資計画に着手し、ヨーロッパ最強の軍産複合体を建設した。しかし、ブラウンシュヴァイク冶金工場や、世界一のアルミニウム工業や、高機能の兵器類などの巨大な成果は、官僚の内紛や、中央の計画やたんなる調整すら欠如していることに苦しめられていたという、混乱した現実を覆い隠している。職人の技能水準は高かったが、そのことが実際に必要とされている効率的な大量生産から目をそらさせる原因となった。ナチス体制が惜しみなく労力を注いだにもかかわらず、ドイツの戦時経済が試練にさらされたとき、資本主義の競争相手にも、共産主義のライヴァルにも太刀打ちできなかったのである。▽(42)

民主的資本主義の改革

「アメリカ合衆国、ソヴィエト・ロシア、イタリア、ドイツといった相異なる国々のことを考えれば、国民計画経済に向かうこの流れの抵抗しがたい力を理解するに十分であろう」と、ベルギーの社会主義者ヘンドリク・デ・マンは一九三三年十月に述べている。一九三〇年代の西ヨーロッパにとっての問題は、経済生活におけるこの驚くべき新しい傾向から民主主義は学ぶことができるかということであった。[43]

ファシストと共産主義者の意志と行動の強調は、月並みさと宿命主義にますますとり囲まれていくと感じていたヨーロッパ知識人に強い印象を与えた。一九三三年以降、ドイツ社民党があっという間に壊滅させられてしまったことにショックを受けて、とりわけ若い社会主義者たちが、指導者たちの注意深さに我慢しきれなくなった。フランス社会党指導部の一九三三年党大会での雰囲気をあざけって、ある批判者は、代議員たちは次のように言われたのだと皮肉たっぷりに書いている。「慎重でなくてはならない。辛抱強くなくてはならない。敵対者の力を正確に測らなくてはならない。われわれは権力に向かって進むべきではない。危険すぎるからである。われわれは資本主義そのものの抵抗によって押しつぶされるだろう。われわれは革命に向かって進むべきではない。準備ができておらず、時が熟していないからである。……われわれはどこへも進むべきでない！」[44]

同じような思いからイギリスでは、労働党議員のオズワルド・モズレーがファシズムに惹かれていった。労働党指

▽（41）P. Hayes, *Industry and Ideology: IG Farben in the Nazi Era* (Cambridge, 1987), p. 172; G. Toniolo, *L'economia dell'Italia fascista* (Rome, 1980), 266〔G・トニオロ『イタリア・ファシズム経済』浅井良夫、C・モルテーニ訳、名古屋大学出版会、一九九三年〕; Bullock, op. cit., pp. 181–2

▽（42）R. Overy, *Why the Allies Won* (London, 1995), ch. 6

▽（43）D. S. White, *Lost Comrades: Socialists of the Front Generation, 1918–1945* (Cambridge, Mass., 1992), p. 81

▽（44）ibid., p. 128

導部のある同僚議員の表現で言うところの「決定を回避する情熱」に憤慨していたのは彼一人ではなかった。モズレーは一九三〇年の労働党大会に経済復興のための急進的な計画を提案したが、党指導部は費用がかかりすぎるとしてそれを拒否した。そのためモズレーは党を離れ、右に向けて動きはじめた。それはのちにイギリス・ファシスト同盟で頂点を迎える[45]。

第一次世界大戦に従軍したモズレーのような青年と、年上の社会主義指導者たちの考え方や気質は、世代の溝で隔てられていた。後者は自分たちが資本主義のルールのなかでプレイできることを選挙民たちに示すことに熱中していた。それに対し「前線世代」は、ルールそのものが不合理で、指導部は受動的で敗北主義者で旧式の年寄りだと考えていた。「この時代は動態的であり、戦前の時代は静態的である」とモズレーは主張した。「戦前世代の人々はわれわれよりもはるかに『感じのいい』人々であろう。彼らの時代のほうが今日よりはるかに快適な時代であったのと同じである。実際上問題なのは、今日の問題に対する彼らの解決案が、この時代が生んだ人々の考えよりすぐれているかどうかということである。」多くの「前線世代」の人々にとって、ファシズムと共産主義は、自由主義や改革派社会主義よりも「モダン」で、よりダイナミックな経済の組織化の形態を示すものだった[46]。

彼らの苛立ちは理解できる。社会主義政党が失業や不況に照らして理論や実践を再考してみようとすることすら、めったになかった。最良の事例はスウェーデンであり、早めに平価切下げを行ない急速に景気回復した。一九三二年に成立した社会民主党政権のリフレ政策のおかげである。ここには、経済上昇を設計、誘導するために財政政策を利用する意欲も準備もある行政当局が存在したのである。「国家の政策による支援なしには、自然に景気が回復することなどありえない」とスウェーデンの蔵相は一九三三年に断言した。政府は大規模に投資の後押しを行ない、一九三七―三八年までには失業は急速に縮小し（一九三三年の十三万九千人から一万人以下へ）、製造業景気が到来した。当局の政策は前もって練り上げられ、周到に計画されていた。スウェーデンには、国際的不況の最悪の部分から守られているという経済上の強みがあったことは確かである。それでもなお、反循環的財政政策と、労使関係の調整に寄与する労働組合と雇用者の協定において、西ヨーロッパの他の国がようやく一九四五年以降採用した管理資本主義をスウェーデンは先取りしていたのである。[47]

工業国ベルギーは、金本位制にしがみつき、恐慌の泥沼にはまっていたが、スウェーデンとは別の注目すべき対応策を提示した。資本主義的経済計画である。ヘンドリク・デ・マンは、一九三三年、ドイツからベルギーに帰国し、自身の「労働プラン」実現に取り組んだ。この考えの新しさは、資本主義の、しかもナショナリスト的な資本主義の枠組みのなかでも社会主義的な計画の試みがありうるとした点にある。そのことは、彼の属する労働党の内部からさえデ・マンに対する反対があったことにあらわれている。

私が十月に労働党執行部に初めて「プラン」を披露したさい、思っていた以上の反対を受けた。「君は社会化概念を指令経済概念に置き換えており、まったく穏健すぎる。それに階級闘争への忠誠の代わりに中間層と農民との同盟を模索している」と言う人もいれば、「君がわれわれに提示したものは見え透いた偽装をこらしたファシズムだ。君は国家を全能にしようとしているし、君のプログラムを実現するには独裁しかない。そしてなにより、君はすべてを国民に期待し、インターナショナルにはなにも期待していない」とも言われた。[48]

このような反対に対して、デ・マンは、ワイマールがたどった運命は、社会民主主義者が中間層との協力を拒めば何

▽（45）ibid., p. 109
▽（46）N. Mosley, *Rules of the Game* (London, 1982.), p. 150
▽（47）H. W. Arndt, *The Economic Lessons of the 1930s* (London, 1963 edn), p. 210〔H・W・アーント『世界大不況の教訓』小沢健二ほか訳、東洋経済新報社、一九七八年〕
▽（48）E. Hansen, 'Hendrik de Man and the theoretical foundations of economic planning: the Belgian experience, 1933–1940', *European Studies Review*, 8 (1978), pp. 235–57

が起きうるかを明らかにしたと答えた。政治的に中間層に受け入れがたい雇用促進構想を提案したり、党にそのための意志や強さが欠けているのに資本主義廃絶を語ってもなんの役にも立たないと。モズレーと同様、デ・マンは危機によって作り出された新しい状況についての適切な洞察を示していた。つまり、社会主義者は、ナショナリズムを受け入れ、均衡財政主義に挑戦し、市場に変わる決定的な代替案を提示する必要がある。しかし、実際には彼の試みもたいしてうまくいったわけではなかった。デ・マンは一九三五年にベルギーの国民再生政府の公共事業相になり、かなりの程度失業を減らした。しかしこれはデ・マンの「プラン」の成果というよりも、大部分はそれと同時に政府がようやく実施した平価切下げの結果であった。彼の実績は確かに事実であったが、目標の「プラニスム」の勝利にはほど遠かった。幻滅したデ・マンはゆっくりと右へと移って行き、一九四〇年にはナチズムを「社会主義のドイツ的形態」であるとして、占領ドイツ軍に協力した。しかし彼の思想は戦後、実を結ぶ。著名な「プラン」はさまざまな意味で一九四五年以降の西ヨーロッパの多くの国における国家計画のモデルとなった。

フランスでもデ・マンの「プラン」は広く論議されたが、同種の計画は一九三六年の人民戦線の綱領から完全に排除された。さらに悪いことに、ブルム政府は強いフランを維持しながら労働者の要求を満たそうとした。ブルムはルーズヴェルトのプラグマティズムを称賛するようになり、フランス資本主義の「忠実な支配人」をもって任じた。その結果は左右のどちらも満足させない経済的失敗であり、人民戦線に対して多くの人々がもっていた大きな希望を打ち砕き、ヨーロッパの非共産主義左翼の信望と自信をさらに貶めることになった。誇示された人民戦線政府の成果――有給休暇、週四十時間労働、労使紛争の調停――も他の多くの国ではすでに勝ち取られていたものだった。

デ・マンやモズレーらは民主主義を放棄し、失業にたちむかう統制のとれた行動は、権威主義国家によってのみ可能であると信じるようになったが、一九三〇年代とその民主主義に対する教訓は、違ったかたちでも解釈しうる。自由主義者のなかには、国家介入主義と経済ナショナリズムが問題の根源だとして、計画自体を本来的に権威主義的だとして徹底的に拒絶するものもいた。全体主義国家に対する自由市場主義的批判者である。この考えはイギリスとイタリアの両方で支持されたが、もっとも強くこれを信奉したのはオーストリアの亡命経済学者であるハイエク[▼22]とフォン・ミーゼス[▼23]だった。しかし一九三〇年代は、彼らのメッセージが人々の心に響くのに適した時代ではなかった。彼らが評価されるには四十年間待たねばならなかった。

短期的には、自由主義への民主主義的批判者の方がはるかに成功した。一九三〇年代の分析者であるH・W・アルントは一九四四年に、「ナチスは、多くの経済テクニック――政府財政の領域、計画的国家投資、外国為替統制、外国貿易の操作――を発展させたが、これらは必要な変更を加えればより価値のある目的にも適用可能である」[▽49]と書き、多くの人がこの見解に賛同した。例えばジョン・メイナード・ケインズ[▼24]は経済ナショナリズムの長所、特に統合された国際経済が破綻した結果、個々の国家が政策上の自律性を得たことを認めていた。「思想、知識、科学、歓待や旅行、これらはその性質上、国際的でなければならない。しかし、無理がなく便利でやりやすいのであれば、物質は国産に任せるのがよいし、特に金融政策は国ごとに定めるのがよい」と一九三三年に彼は書いている[▽50]。

ケインズと同時代のポーランド人ミハウ・カレツキ[▼25]も同じような教訓を引き出している。ブルムの実験に関する論文で、カレツキは、政府が労使関係のバランスを労働者に有利に変えたいと考えるならば、外国為替の統制が必要で

▼(22) オーストリア出身の自由主義経済学者、哲学者。人間の理性による「社会の設計」の限界を指摘し、市場のような「自生的秩序」を支持した。

▼(23) オーストリア出身の経済学者で古典的経済自由主義を擁護した。ハイエクの師。

▽(49) Arndt, op. cit. (London, 1944 edn), p. 152.

▼(24) イギリスの経済学者。古典派の経済学では、不況期には物価の下落によって、需要が創出され需給バランスが回復するメカニズムに期待するほかないとされていたのに対し、ケインズは、公共投資や減税など国家の政策で有効需要を創出し、国民経済を制御することが可能であるとした。またそのために、資本移動の規制が必要であるとした。

▽(50) 次からの引用。C. Kindleberger, *The World in Depression, 1929–1939* (London, 1973), p. 261〔C・P・キンドルバーガー『大不況下の世界――一九二九―一九三九』石崎昭彦、木村一朗訳、東京大学出版会、一九八二年〕

▼(25) ポーランドの経済学者。一九三三年という早い時期に、ケインズとは独立に有効需要理論を発表した。ケインズと異なり、公共投資や消費補助が資本家に好まれず、政治的に完全雇用が実現できない可能性を指摘した。

あると主張した。さもなければ資本家たちは常に資本逃避のおどしをかけて体制の信用を傷つけるからである。カレツキは、完全雇用になるように国家が「経済にねじを巻く」必要があると主張する経済学派に属したが、その学説は一九三六年のポーランドの四カ年投資計画を支えた。それは、ソ連以外の国で行なわれた集権的計画の最も重要な試みの一つだった。ケインズには西ヨーロッパの戦後の政策に指針を与えた資本主義再検討の発端を、カレツキには東の国家社会主義に貢献した学説を見ることができよう。東と西の両方で、一九三〇年代の古典的自由主義の失敗の記憶は、現代経済における公的権力と私的権力のバランスを見直させ、第二次大戦後の大好況への道を固めた。それゆえ、国家の国民経済生活への介入の必要性は、ロシア人やアメリカのニュー・ディーラーからヨーロッパ人が教えられなければならないことではなかった。彼ら自身の戦間期の経験が同じ結論を指し示したのである。▽(51)

▽（51）カレツキは次からの引用。J. Jackson, *The Popular Front in France: Defending Democracy, 1934–38* (Cambridge, 1990), p. 174〔ジュリアン・ジャクスン『フランス人民戦線史——民主主義の擁護、一九三四—三八年』向井喜典ほか訳、昭和堂、一九九二年〕; 次も参照。G. Ranki and J. Tomaszewski, 'The role of the state in industry, banking and trade', in M. C. Kaser and E. A. Radice (eds.), *The Economic History of Eastern Europe, 1919–1975*, vol. 2: *Interwar Policy, the War and Reconstruction* (Oxford, 1986), pp. 44–6

第5章　ヒトラーの新秩序、一九三八―四五年

私は、ドイツが永続的なヨーロッパ新秩序を目指した……なんらかの計画をもっているという印象を抱いている。……それはドイツには経験済みの計画経済の方針に沿ったものであり、これまで支配的であり、自由主義の利己主義の一部である計画の欠如と較べると、確かに重要な長所を含んでいる。われわれは冷静かつ意欲的に、私がいまここで示唆したような順応に協力したほうがよいだろう。

――デンマーク首相　トルヴァルト・スタウニング、

一九四一年三月八日▽(1)

この夏、われわれにとってますます明白になったのは、ここ東では精神的に架橋しがたい概念が互いに争っていることである。ドイツ的な意味での名誉や人種、何世紀もの戦士の伝統が、少数の主としてユダヤ系の知識人に煽り立てられたアジア的な考え方や原始的な本能と敵対しているのだ。……われわれはこれまで以上に時代の転換ということを考えている。ドイツ民族は人種的優越性と実績の力でヨーロッパの指導権を委ねられようとしている。われわれは、迫り来るアジア的野蛮からヨーロッパ文明を守るという自分たちの使命を明瞭に理解している。激しい頑強な敵と戦わねばならないこと

▽（1）次からの引用。G. Therborn, 'The autobiography of the twentieth century', *New Left Review*, 214 (November/December 1995), p. 87

もいまやわかっている。この戦いは二者のうちどちらかが崩壊することによってのみ終わりにできる。妥協はありえない。
——ヘルマン・ホート大将、第十七軍団、
一九四一年十一月二十五日▽(2)

一九四二年の春、ルチオッリという名の若いイタリアの外交官が一年半ベルリン大使館に勤務したあと、故国に戻った。ローマでの最初の仕事は、イタリアの同盟国が戦争から生じる主要な諸問題にどのように取り組んでいるかについて彼の考えを書き留めることであった。その結果はヨーロッパにおけるナチスの新秩序構築に対する鋭敏な批判であった。この報告がムッソリーニの目にとまると、統領《ドゥーチェ》は「長い間これほど重要で射程の長いものは読んだことがない」と述べた。ルチオッリの覚書は以下のとおりである。

これまで征服した広大な領土を死守し、搾取すること、耐久力を増し、攻撃能力を高めるためにヨーロッパの経済、政治生活を組織化すること、これらはみな、支持者や合意を集めうる明快で的確な目標、プログラムをなすことができるように思える。しかし、まさにこのような政治的使命こそ、ドイツにはまったく救いがたいほど向いていないのだが。

ドイツがヨーロッパを階統制《ヒエラルヒー》的に組織し、ドイツを頂点としたピラミッドのようにしようと固く決断していることはよく知られている。しかし、これだけではドイツの現体制のヨーロッパ再編問題への態度を捉えるには不十分である。どの国でも、つい昨日までむしろ明らかに反ドイツの態度を取っていた国でさえも、フランス革命から生じヴェルサイユ条約で頂点を迎えた国際秩序が決定的に終焉を迎え、国民国家はより大きな政治体に道を譲らなければならないとすすんで認めようとする政治家や潮流が存在しないところはない。……このように、ヨーロッパの階統的組織化というコンセプトそのものは受け入れ不可能ではないのである。しかしドイツ人と接触をもった者がみな驚くのは、彼らの純粋に機械的で物質的なヨーロッパ秩序概念である。彼らにとってヨーロッパの組織化とは、どこそこの鉱物をどれぐらい生産し、何人の労働者を使用するかを決定することを意味する。だが、政治的秩序に基づかない経済秩序による統治は不可能である。ベルギーやボヘミアの労働者を働かせるには一定の賃金を約束するだけでは十分ではない。自分が密接な一部であり、親近感を覚え、そこに所属していると認識する共同体に対し、自分が貢献しているという感覚を与える必要がある。そのことが、彼らにはわからないのだ[▽(3)]。

ルチオッリが観察したように、一九三〇年代の終わりには多くのヨーロッパ人が、一九一八年以降にイギリス、フランス、アメリカによって作り出された、自由主義的で民主的な秩序を離れ、より権威主義的な未来へと向かう用意ができていた。彼らが予期していなかったのは、ナチス帝国主義の野蛮な現実であり、ヨーロッパへの奴隷制の再導入や、ドイツを除いてすべての国民主義的な願望が否定されるということであった。

ナチス統治は戦時中、これまで以上に混乱した。ヒトラーの総督たちは彼の注目を引こうと争い、同盟国の統治者や対独協力者《コラボ》たちは互いに陰謀をめぐらした。しかし、これらの混乱、不確実性、ナチスのシンクタンクから発せられた数え切れないほどの未来の青写真を通して、一九三八年から一九四五年の間に実現した新秩序の大まかな概観をなぞることができるだろう。ヨーロッパの二十世紀の発展にとってこれほど決定的であった経験はない。ヒトラーも

▽（2）次からの引用。O. Bartov, *Hitler's Army: Soldiers, Nazis and War in the Third Reich* (Oxford, 1992), pp. 130–31

▽（3）Ministero degli Affari Esteri, *I documenti diplomatici italiani*, 9th series (1939–43), vol. 8 (Rome, 1986), p. 410: Luciolli to D'Ajeta, 14 March 1942; ムッソリーニの反応は次に記載。M. Muggeridge (ed.), *Ciano's Diary: 1939–1943* (London, 1947), pp. 448–9

スターリンも気がついていたように、第二次世界大戦は、一連の軍隊間の交戦や外交交渉よりもはるかに奥深いものを含んでいた。それはヨーロッパ大陸の社会的政治的未来そのものをめぐる闘争だった。前例のない絶え間のない暴力の体制に服従することの衝撃があまりにも大きかったので、八年の間にヨーロッパの政治的社会的態度は著しい変貌を遂げ、民主主義の長所を再発見した。

ヨーロッパ人の心や頭を連合国が勝ち取ったというよりも、ヒトラーがそれを失ったのである。ルチオッリのドイツの失敗に対する評価は、他の多くの観察者によっても繰り返された。ルーマニアからの報告のなかで、ある鋭いアメリカのジャーナリストは次のように記している。一九四〇年の夏、彼女がルーマニアについたときには、「ヒトラーは戦争に勝つだけではなく、平和を勝ち取りヨーロッパを組織できるかもしれない」と感じた。しかし、「一九四一年一月のある凍てつく朝、そこを離れるときには、ヒトラーが平和を勝ち取り、ヨーロッパを組織することは決してできないと確信していた」。それではまず総統《フューラー》の逃した機会とでもよびうる論点から、われわれの新秩序分析を始めよう。[4]

ヒトラーが逃した機会

一九三〇年代末のヨーロッパでは、ドイツの指導の下に大陸を権威主義的に再編するという考えに対し、決して否定的な見解がもたれていたわけではなかった。ヴェルサイユ条約を受け継ぐことを拒否し新秩序を支持する層は、親ナチスやファシスト極右をこえて潜在的にはかなり広範に広がっていた。ドイツの力に対する不信感は、経済回復への賞賛とないまぜになっていた。イギリスでは、イギリス的自由概念への愛着がある一方、ロンドンのシティの「金権主義者」への疑念も深刻であった。金権主義者たちが金本位制とレッセ・フェールを擁護したために、大陸の大半が不況に陥り、脱出口も見出せないのである。「ヨーロッパの民衆自身が民主主義に対して無関心になってきている。

民主主義は知識人の言葉では思想の自由や表現の自由として喧伝されているが、民衆の日常経験ではそれは主に飢える自由を意味している」とヴァルデック伯爵夫人は述べた。「ヨーロッパ大陸の民衆で、個人の自由に関心をもったり、強く関心を寄せ、それを守るために闘おうとしたりするのはせいぜい一〇％ぐらいだろう。」▽(5)

ベルギー世論は、一九四〇年の夏、ドイツ勝利▼(1)の知らせを「明白な安堵」をもって歓迎し、しばらくの間ブリュッセルは真の「反議会の熱狂」に包まれた。ベルギー人はドイツ人に対して好感をもっており、戦争がついに終わったことを喜び、統一された大陸で、国内政治体制がこれまでのような分裂ではないかたちに改革され、彼らの国が再び繁栄を取り戻すことを期待していた。ベルギー労働者党の党首であり、レオポルド国王に近い助言者でもあったヘンドリク・デ・マンは六月二十八日の有名なマニフェストのなかで、民主主義の時代は終わったと宣言した。彼の言葉によれば「この古くくたびれ果てた世界の崩壊は災厄どころか救済である」。国王による権威主義的政府という彼の構想は、一九四〇年夏の短い間、民主主義の考えうるいかなるかたちの再生よりも「現実的な」戦争の帰結に思えた。リアリズムを盲目的に崇拝する政治家や外交官にとって、一九四〇年の夏は警告として有効であろう。

オランダでも政党政治への激しい嫌悪感が、ヘンドリック・コレインによる「民主主義の諸悪」への攻撃の背後にあった。前首相で保守的な反革命党党首だったコレインは、デ・マンと同じように、王家に忠実でドイツ人と協働する意思のある権威主義体制を構想していた。デンマーク社会民主党のトルヴァルト・スタウニングは一九二四年以降首相を務めていたが、ヨーロッパの将来の経済的繁栄の利益になるようにドイツとの協力を推奨し、コペンハーゲンの国民連合政府はベルリンと円滑に協力した。▽(6)

▽（4）R. G. Waldeck, *Athene Palace* (New York, 1942), p. 13
▽（5）ibid., p. 14
▼（1）ナチス・ドイツは一九四〇年五月十日にオランダ、ベルギー、フランスに侵攻した。オランダ、ベルギーの降伏に次いで、一九四〇年六月二十二日にはフランスのペタン政権とナチス・ドイツの間に休戦協定が結ばれ、北西部フランスのドイツによる占領、フランス軍の動員解除と武器の引き渡しが約された。

『奇妙な敗北』のなかで歴史家マルク・ブロックはフランスの屈辱の原因を、軍隊の最高司令部の失敗以上に議会主義体制の弱さに求めている。それは、年寄りに支配され、シニカルな官僚によって蝕まれ、究極的には一九三六年の人民戦線期以降の分極化によって破壊されたのである。戦争の初期には、彼にならって、「ブルジョワの絶望」から脱け出して「新しい時代の要請にわれわれが適合するために」新しく生まれ変わったかたちの民主主義を求めていくことができるものは、ほとんどいなかった。多くのものにとってフランスの「頽廃」への解決策は、ナチス・ドイツとの和解にあった。不可避なものを受け入れることは賢明であるとアンドレ・ジイドは書いている。テイヤール・ド・シャルダンは「われわれは世界の死だけではなく誕生を見ているのである」と考えて自らを慰めた。パリのベルリッツのドイツ語クラスへの登録者数は一九三九年の九三九名から二年後には七九二〇名へ急増し、英語の受講者数は激減した[7]。

フランス降伏の知らせはヨーロッパ大陸じゅうに波紋を呼んだ。「今日の午後、もっと悪い知らせ」と一九四〇年六月十四日、あるポーランドの医者は書いた。「パリがドイツの手に落ちた。」二日後、彼は次のように書いている。「フランスからの知らせはひどい。人々は精神的にくじけてしまった。すべての希望を失ってしまった人もいる。これから何が起こるのだろう。」ブカレストでは、ヴァルデックは慎重ではあるがより肯定的な反応を示している。「フランス降伏は、失業、インフレ、デフレ、労働不安、政党の利己主義、その他さまざまをなんとかできるという約束を民主主義が二十年間実現できないできたことの頂点だった。ヨーロッパは自分自身にうんざりし、自らが掲げてきた原則を疑い、すべてが片づいてほとんど安堵さえした。……ヒトラーは切れ者だ、とヨーロッパは感じた。不愉快な男だけど切れ者だ。彼の国を強くすることに成功した。彼の方法で試してみたらどうだろう。一九四〇年の夏、ヨーロッパ人たちが感じたのはこんな調子だった[8]。」

ドイツ人に対して比較的好意的なこのような態度は速やかに消え去った。例えば、フランスでもベルギーでも雰囲気は二、三ヶ月の間に完全に変わり、対独協力者《コラボ》たちはますます孤立化した。オランダ同盟は一九四一年にドイツ人によって「信頼できない」と宣言され、解散させられた。この転換は、ドイツ兵や占領軍の行動への憤りの結果でもあったが、国際状況の変化から生じたものであった。バトル・オブ・ブリテンで、戦争は人々が思っていたよりも長引きそうなことがわかった。また、ヨーロッパじゅうの国境線の変更や合併がありうるという疑念も、ヒトラーの新秩序に対する信頼を傷つけたのだった。

歴史に残る時代に生きる

ドイツ人自身にとっても、ユーフォリア的な雰囲気が漂っていた。新秩序が「死にゆく時代の擁護者たち」に打ち勝ったのである。これまで以上に自分たちは「歴史に残る」時代に生きていると感じていた。プラハ侵攻のあと、ヒトラーは「〔ドイツ〕帝国千年の歴史がすでに証明している……。中央ヨーロッパに秩序を再建するという課題を解決する使命が与えられているのは帝国のみである」と宣言した。西部方面作戦前夜、彼は「いまから始まる闘争は、ドイツ国民の今後千年にわたる運命を決する」と告げた。ゲッベルスは総統《フューラー》の歴史的天才が「新しいヨーロッパ」を築くのを助ける「前例のない時代」を称賛した。国防軍がモスクワに向け東へと攻め進むにつれ、総統《フューラー》は壮大な夢をみた。「クリミア半島の美しさ、そこにわれわれドイツ人はアウトバーンでいけるようになるのだ。われらがリヴ

▽（6）P. Struye, *L'Évolution du sentiment public en Belgique sous l'occupation allemande* (Brussels, 1945), pp. 20, 30; M. Conway, *Collaboration in Belgium: Léon Degrelle and the Rexist Movement, 1940–1944* (New Haven, Conn./London, 1993), p. 30; W. Warmbrunn, *The Dutch under German Occupation, 1940–1945* (Stanford, Calif., 1963), pp. 130–35

▽（7）M. Bloch, *Strange Defeat* (New York, 1968), pp. 149, 156–68〔マルク・ブロック『奇妙な敗北――一九四〇年の証言』平野千果子訳、岩波書店、二〇〇七年〕; F. Bédarida, 'Vichy et la crise de la conscience française', in J.-P. Azéma and F. Bédarida, *Le régime Vichy et les Français* (Paris, 1992.), pp. 77–96; ド・シャルダンは次からの引用。J. Lukacs, *The Last European War* (New York, 1976), p. 515; ベルリッツの登録者数は次を参照。R. Cobb, *French and Germans, Germans and French* (Hanover/London, 1983), p. 125

▽（8）Z. Klukowski, *Diary from the Years of Occupation, 1939–1944* (Urbana, Ill./Chicago, 1993), p. 90; Waldeck, op. cit., p. 124

ィエラである。クレタ島は焼けつくように暑く乾いているだろう。キプロスは美しいだろう。しかしクリミア半島までは陸路でいけるのだ。その途中にはキエフがある。それからクロアチアもわれわれのための旅行者の天国だ。戦争が終わったら、行楽が大いに盛りあがるだろう。……新しいヨーロッパに向けてのなんたる進歩！▽(9)」

チアーノ〔イタリアの外相〕とのおしゃべりのなかで、ドイツ外相のリッベントロップは一九四一年十月――おそらく最も興奮していたころだろう――、ヒトラーのヨーロッパ新秩序は「千年にわたり平和を保障するだろう」と予言した。皮肉なイタリア人〔チアーノ〕は言わせたままにはさせなかった。彼は次のように日記に書きとめている。「私は、千年とはずいぶん長い期間だといった。たとえその人が天才であろうとも、一人の人間の功績に基づいて数世代ももっていくのは簡単ではないと。リッベントロップは譲歩して、『一世紀ということにしよう』といって話を終わりにした。▽(10)」元シャンパン・セールスマン〔リッベントロップ〕が安売りのチャンスに抵抗できなかったとしても、総統《フューラー》自身にはそのような迷いはなかった。「ナチズムが十分長いあいだ統治したならば、われわれとは異なる生活のありかたをもはや想像することはできまい」とある夜、食事のあとで彼は宣言した。▽(11)

第三帝国の前に歴史的なチャンスが示されていることを当時のベルリンで疑うものはいなかった。しかし、問題はそれをどうすれば最大限に利用できるかだった。兵士たちが勝ち取ったものを、いまや政治家たちが統治しなければならなかった。しかし一九四一年末までにドイツ人が支配下においた土地は途方もなく広く、北極海からサハラ砂漠の縁まで、大西洋とピレネー山脈からウクライナまで及んでいた。電撃戦攻撃をすばやく繰り返すことによって、ヒトラーは膨大な、その多くは征服を計画していなかった帝国を突然手に入れたのである。

『我が闘争』以来、未来の大ドイツ帝国として提案されていた版図は明瞭だった。東は一九一八年のブレスト＝リトフスク条約▼(2)後にドイツが短期間占領していた領域をほぼ覆っていた。「われわれはヨーロッパの南や西へのドイツ人の絶えざる進行に終止符をうとうとしている。そして東方の土地にまなざしを向けるのだ」とヒトラーは『我が闘争』のなかで書いた。ウクライナはドイツの植民地化によって、「世界で最も美しい庭」になる。ナチス親衛隊のパンフレットによれば、「十分開拓されてこなかった黒土の豊かな土壌は天国に、ヨーロッパのカルフォルニアになりうる」のであった。▽[12]

ポーランドは東方への連結環の役割を果たし、ヒトラーが侵攻直後に「支配民族に奉仕する労働の国」といったように、労働力の源泉になると思われた。▽[13] 一九三九年九月以降の国土の分割や住民の野蛮な取り扱いは、この目的のためにどのような手法が使われるかを明らかにした。しかし、スカンジナヴィア、低地諸国、バルカン諸国、さらにはフランスはどうなのか。これらの地域はヒトラーの考えのなかでは明快に位置づけられていなかった。一九三九年末、彼がさらに軍事行動を続けることに躊躇したことをあらゆる徴候が示している。脅して同盟国にし、おとなしく付き従わせることができる国をなぜわざわざ侵略しなくてはならないのか。外交的な圧力でドイツはルーマニア、ハンガリー、スウェーデンで必要不可欠な資源の支配権の確保に成功した。一九四〇年代初頭にはヒトラーはノルウェー侵攻という構想にできうる限り抵抗し、イギリスの計画がスカンジナヴィアの鉱石のドイツへの海上輸送に脅威を与えると確信して初めて受け入れた。▽[14] フランスはもちろんたたきのめされるべきだったが、新秩序におけるフランスの役

▽（9）R. E. Herzstein, *When Nazi Dreams Come True* (London, 1982), p. 38; C. Moret, *L'Allemagne et la réorganisation de l'Europe (1940–1943)* (Neuchâtel, 1944), p. 43; H. Trevor-Roper (ed.), *Hitler's Table Talk: 1941–1944* (London, 1973), pp. 4–5〔アドルフ・ヒトラー『ヒトラーのテーブル・トーク、一九四一—一九四四』（上・下）ヒュー・トレヴァー＝ローパー解説、吉田八岑監訳、三交社、一九九四年〕

▽（10）R. G. Reuth, *Goebbels* (New York, 1993), pp. 268–70

▽（11）Muggeridge, op. cit., p. 390; Trevor-Roper, op. cit., p. 6 (entry for 11–12 July 1941)

▼（2）一九一八年三月、ソヴィエト政権とドイツ、オーストリア＝ハンガリー等同盟国の間に結ばれた第一次世界大戦の講和条約。エストニアからウクライナにかけての広範な領土がドイツに割譲された。一九一八年十一月の同盟国の敗北で、ソヴィエトが条約を破棄したため失効し、ドイツもヴェルサイユ条約で失効を受け入れた。

▽（12）Noakes and Pridham, op. cit. (New York, 1990 edn), p. 615; N. Rich, *Hitler's War Aims*, vol. 2: *The Establishment of the New Order* (New York, 1974), p. 330; I. Kamenetsky, *Secret Nazi Plans for Eastern Europe* (New Haven, Conn., 1961), p. 38

▽（13）E. L. Homze, *Foreign Labor in Nazi Germany* (Princeton, NJ, 1967), pp. 26–30

▽（14）N. Rich, *Hitler's War Aims*, vol. 1: *Ideology, the Nazi State and the Course of Expansion* (New York, 1973), pp. 134–42.; K. Hildebrand, *The Foreign Policy of the Third Reich* (London, 1973), p. 114

割は不明瞭のままだった。もしイタリアの無様な侵攻がイギリスを引きずり込み、ドイツも対抗する必要に迫られなければ、ギリシャはおそらく中立のままでいられたであろう。ユーゴスラヴィア侵略の計画は、親枢軸政府が軍事クーデターで倒されたとのベオグラードからの知らせを受け、大急ぎで作られねばならなかった。

多くの敗戦国に対するドイツの政策は、当初は意図的に暫定的なものとされていた。諸国の運命の決定は戦争が終わるまで持ち越されたのである。ゲッベルスは一九四〇年五月フランス攻撃前夜に、戦争目的に関しては決してメディアで論じるべきではないと主張している。戦争中、戦争目的は「公正で持続的な平和とドイツ人民のための生存《レーベン》圏《スラウム》」と簡潔に定式化された。このような政策はナチス指導部の願いを反映していた。ヒトラーは戦争目的の宣言は的外れであると主張していた。「われわれの力が及ぶ限り、われわれの望むことは何でも可能である。われわれの力の及ばない範囲に関してはどちらにせよ何もできないのだ▽[15]。」

一九四〇年夏、第三帝国と講和条約を結びたいとのフランス側の希望に国防軍と外務省はともに好意的だったが、ヒトラーが同意しないのが障害となった。オランダ駐留のドイツの将軍たちは、敗戦国は当然独立国として存続するものと考えており、ドイツによる文民支配下におくとのヒトラーの決定に面食らった。しかし、党や親衛隊はオランダ人の人種的親近性に惹かれ、神聖ローマ帝国を再建するために合併するという夢に心を揺り動かされ、ヒトラーもこのような考えを間違いなく拒みはしなかった▽[16]。

西ヨーロッパの政治家たちは、ドイツによってポーランドやチェコスロヴァキアの国土が引き裂かれ、合併されたことに恐怖を覚え、彼らの国家の一体性が尊重され、主権が回復されるという保証を模索した。当然ながら彼らは、ベルリンとの確固たる講和条約なしには、ドイツがいくら宣言しても信頼しなかった。欺かれたベルギーのレオポルド国王はヒトラーと会見を行なったが、失望におわった。ヴィドクン・クヴィスリング▼[3]はこの問題を少なくとも三度は持ち出したがなんの成果も得られず、実際、最後のときにはヒトラーにこの問題をこれ以上話し合うことを望んでいないといわれた。ドイツ外務省や国防軍の官僚は、例えばフランスに対して、また一九四一年以降にはエストニアに対して自治を付与するようにと主張したが、成功しなかった[17]。

講和問題はいつになるかわからない未来へと遠ざけられ、第三帝国は新しいヨーロッパを、程度の差はあれ暫定的な占領体制のパッチワークで覆った。一方の極には、分割され、国民的アイデンティティが完全に抑圧された国々があった。ポーランド、ユーゴスラヴィア、チェコスロヴァキアにはこのアプローチが適用された。名前そのものが地図から消されたのである。ゲッベルスは一九四〇年の夏に次のように述べた。「われわれは将来はもう『占領ポーランド領総督府領』とは言わず、たんに『総督府領』とわざわざこれに注意を引くことなしに言うだろう。このように、いまやたんに保護領《プロテクトラート》と呼ばれている（ボヘミア＝モラヴィア）保護領《プロテクトラート》で徐々に生じたように、状況は自動的に明白になるだろう。その地域の住民はたんにわれわれの職務を楽にするという役割を担うだけである。」ルクセンブルクは第三帝国に併合されたも同然であり、「大公国」やルクセンブルク「国」への言及はすべて禁止された。これらの国の法的ステータスは不明確なままであったが、究極的に将来どのような運命をこうむるかは明白だった[18]。

ドイツの通例の手続きでは、まず軍事ないし文民の司令官が任命され、彼が現地の既存の官僚機関を通して支配した。第三帝国の官僚機構の混乱は戦争のなかの戦争としかいいようがなかった。これらの領域は多くの縄張りにわかれ、各省庁の要求が競合し、統治の成功の度合いはまったくさまざまだった。デンマーク政府はもっとも成功裡に公共の秩序を維持できたが、それはおそらく占領による妨害が最も少なかったからであろう。国王と議会は機能しつづけることを許され、初期には、少なくとも理論上はかなりの主権を享受していた。その結果、百人以下のドイツ人ス

▽（15）C. Child, 'The concept of the New Order', in A. and V. Toynbee (eds.), *Survey of International Affairs, 1939–1946: Hitler's Europe* (London, 1954), p. 61
▽（16）W. A. Boelcke (ed.) *The Secret Conferences of Dr. Goebbels* (New York, 1970), pp. 38, 65; Warmbrunn, op. cit., pp. 24–7; Child, op. cit., p. 57
▼（3）ノルウェーの軍人、政治家。ファシズム政党の国民連合を創設し、一九四〇年にドイツのノルウェー侵攻中に、ドイツのバックアップを受けてクーデターを起こした。一九四二年には対独協力の傀儡政権の首相となった。
▽（17）P. M. Hayes, *The Career and Political Ideas of Vidkun Quisling, 1887–1945* (Bloomington, Ind./London, 1972.), pp. 247, 283–6
▽（18）Boelcke, op. cit., p. 66; Toynbee and Toynbee, op. cit., p. 511

タッフで国全体のコントロールを維持できた。フランス、ギリシャ、ボヘミア＝モラヴィア保護領《プロテクトラート》、セルビア、ノルウェーでは、うわべだけの体面として、征服者と行政機構の間に傀儡政府が置かれた。オランダでは文民の帝国民政長官が官僚機構の事務総長を通して統治したが、ベルギーでは事務総長は軍当局に従属した。クロアチアやスロヴァキアの名目的には独立した政府は、実際には明らかにドイツの要求に服従していた。フィンランド、ルーマニア、ブルガリア、ハンガリーの枢軸諸国にはわずかながらもう少し策をめぐらせる余地があった。

ヒトラーの興味はインドにおけるイギリスの例に惹きつけられていた。自己流に解釈したイギリスの帝国支配モデルをすばらしいものだと考えていたのである。ソ連侵攻後、彼は何度も、イギリスが亜大陸を一握りの人間でいかに支配しているのかという問題に立ち戻って考えをめぐらした。彼にとってウクライナは「新しいインド帝国」であった。東部戦線はドイツにとっての北西フロンティア〔イギリス領インド帝国のアフガニスタンとの境界地域〕となり、そこで何世代もの士官たちが最初の偉功を立て、一人前となり、アーリア人種の武勇の伝統を維持するのである。しかし総統《フューラー》はイギリスの帝国統治術をほとんど理解していなかった。例えば彼は、イギリスの人種問題に関する手ぬるい態度や、現地の政治的自治を一定程度認めることに積極的であることに対し、批判的であった[19]。

インドとの対比は、ナチスの戦争目的が珍しく率直に公けにされたある機会に突然登場した。著名なラジオ解説者のハンス・フリッチェが、ロシアの敗北が確実になったと思われた一九四一年十月にスピーチのなかで述べたもので、ヒトラーの命令によるのは確実だと思われる。フリッチェは外国人記者に対し、戦争は決着がつきつつあると述べ、続けてドイツの政治的計画を開陳した。ヨーロッパはドイツの指導の下で経済的に自給自足になる。ドイツ人自身は「帝国的ヨーロッパ理念」の訓練を積み、東部での小規模な軍事行動に備えなくてはならないが、これはイギリスがインドで直面している諸問題と類似している。さらに彼は「われわれによって支配されている諸国民に関しては、われわれの彼らに対する言葉はまったく制約を受けず、さらに非常に冷徹なものになるだろう。もちろん下等な小国が固有の要求や要請によってヨーロッパの平和を阻害するのはもってのほかである。そのような場合にはヨーロッパに

おける任務を思い知らされることになろう」と述べた。▽[20]

このような冷酷な展望は、当時ナチスが自由主義的国際法を批判していたことの反映であった。例えばカール・シュミットは、征服地はいまやドイツ自体の広域圏を構成していると主張した。モンロー主義▼[4]が他の大国の西半球への不干渉を正当化するとみなされたのと同様に、ドイツはヨーロッパを支配する権利を手に入れたのである。さらに、それは新しいルールで支配する権利であった。普遍主義を自任し、主権国家間関係に基礎をおく古い国際法システムは、真にナチス的な「民族法」の法体系に取って替わられねばならなかった。シュミットによれば、すべての人民が平等に現代立憲国家の重みを支えられるわけではない。すべての国家は主権をもち法的に平等であるという、国際連盟によって神聖化された自由主義的な概念から明白に離れて、シュミットは「高度の組織化」と「自発的規律」が現代世界には必要だと断言した。オランダやポーランド総督府のナチス支配者はともに「完全な独立」の時代が終わったことを公けに示していた。▽[21]

ある批評家の次の発言が示しているように、中立もまた、もはや受け入れられなかった。

> 大国に対して中立を保てるほど十分独立した小国があろうか。中立の危機はわれわれの大陸の構造の危機であり、旧秩序と旧帝国の崩壊、新たな王朝の出現の危機である。小国は歴史の容赦のない道筋の犠牲となる。問題は絶

▽（19）Trevor-Roper, op. cit., pp. 92, 621
▽（20）Boelcke, op. cit., pp. 185–6
▼（４）アメリカ合衆国大統領モンローが一八二三年に表明した、南北アメリカ大陸とヨーロッパ間の非干渉を原則とする外交方針。ヨーロッパ諸国によるアメリカ大陸の植民地化や政治干渉に反対するとともに、ヨーロッパ諸国の政治にアメリカは介入しないとした。
▽（21）シュミットの次の著作を参照。*Völkerrechtliche Großraumordnung mit Interventionsverbot für raumfremde Mächte: Ein Beitrag zum Reichsbegriff im Völkerrecht* (Berlin, 1939), and 'Reich und Raum: Elemente eines neuen Völkerrechts', *Zeitschrift der Akademie für Deutsches Recht*, 7: 13 (1 July 1940), これらは次からの引用。Bendersky, op. cit., pp. 253–5; アルトゥル・ザイス＝インクヴァルト〔オランダ総督〕とハンス・フランク〔ポーランド総督〕は次からの引用。Moret, op. cit., pp. 55–7

望して屈服するか、それとも希望をもって屈服するかだけである▽(22)。

この体制の政治についての基本的な考え方を階統制《ヒエラルヒー》であるとした点で、ルチオッリはまさしく正しかったといえよう。ヨーロッパは世界を支配するよう運命づけられていたが、それはヨーロッパ自身が第三帝国によって支配されるという条件下に限られていた。ヒトラーにとって、劣等人種《ウンターメンシェン》に対する権限委譲は決して受け入れられなかった。それは強さではなく弱さの表われでしかなかった。ドイツの優位性はあらゆる分野で用心深く守られねばならず、ときには滑稽な結果を招いた。アイスホッケーのチェコのナショナル・チームがプラハでドイツを五対一で破ったとき、ゲッベルスは「われわれが劣っている分野で植民地の人々と試合をしたのは過ちであった。グッテラー氏はこのような事故が繰り返されることがないよう……手をうつべきである」と述べた。新秩序形成のドイツのパートナーであるはずのイタリア人でさえも同じような扱いを受け、外国人労働者の取り扱いに関する政令で、「イタリア人との関係は歓迎されない」とされたのである▽(23)。

このような態度が繰り返されたことは、政治的レヴェルで、ドイツへの対敵協力《コラボ》の可能性を損なうことになった。ルチオッリが指摘しているように、一九三九年ごろのヨーロッパではヴェルサイユ秩序に対する嫌気が蔓延していたことを考えれば、対独協力《コラボ》が政治的なプロジェクトとして成功しないと決めつける理由はまったくなかった。いまとなっては、対独協力《コラボ》の概念そのものが、フランスでその概念を作り出した人々にとってポジティヴな響きをもっていたことを思い出すのは難しい。ラヴァルとペタンは対独協力《コラボ》を二つの帝国主義勢力のパートナーシップであり、フランスの主権を守る一つの方策であるとみなしていた。ヒトラーはそのような考えの前に立ちはだかったのである。

彼は特に、自称ナチスの面々に用心を怠らなかった。不人気であれば効果的な行政官になれず、人気があれば脅威だったからである。クヴィスリングはドイツのノルウェー侵攻の最中に急いで権力の座についたが、一週間後には追い出された。ベルギーのドゥグレル▼(5)やオランダのミュッセルト▼(6)は冷遇された。東部戦線で戦わせるために騙されやすいか命知らずの若者を集めることは許されたが、権力は専門の文民官僚らの手に握られた。失望した若いフランスの対独協力《コラボ》者のロベール・ブラジヤックは、一九四三年八月に意気消沈した様子で「ファシスト・ヨーロッパはもはやない」と結論づけた。▽(24)

ドゥグレルやミュッセルトがパートナーとしてふさわしくなかったのは、もちろんまさに彼らのナショナリズムのためだった。「ノルウェーがドイツびいきになるためには、ナショナリストにならねばならない」とクヴィスリングは宣言した。ミュッセルトは、ヒトラーがトップになるゲルマン諸民族連盟の構想を描いた。ドイツ、スカンディナヴィア諸国、大オランダからなるメンバー諸国は、それぞれ独立のナチス政権と軍事力を備えるというものである。これ以上ヒトラーの気を惹かなそうなものも想像しがたい。一九四一年六月三十日、ウクライナの青年ナショナリストらはリヴィウで「ウクライナ国家宣言」を出してベルリンの先手を打ったが、二週間後には彼らのほとんどは逮捕され運動は壊滅させられた。このようにヒトラーの帝国主義は、ヴィルヘルムII世のものとは種類がかなり異なっていた。ヴィルヘルムII世はドイツが一九一八年にウクライナを占領している間、パウロ・スコロパードシクィイ▼(7)の政権を支援した。両者とも権威主義体制を好んだが、ヴィルヘルムは自分の名の下に地元の代理人が統治するのを受け入れる用意があった。ヒトラーはそれすらも拒み、「将来独立……自治国家をもたらすような目標は決して設定でき

▽(22) 次からの引用。Child, op. cit., p. 53
▽(23) Boelcke, op. cit., pp. 17–18; Homze, op. cit., p. 62; ヒトラーは、イタリア人を「われわれが真剣に向き合える地上唯一の国民である」と述べている。Rich, *Hitler's War Aims*, vol. 2, p. 317; 次とも比較参照。F. Taylor (ed.), *The Goebbels Diaries: 1939–1941* (London, 1982), p. 328
▼(5) ベルギーのファシズム運動・政党であるレクシズムの指導者。第二次大戦中はナチス・ドイツへの協力者となった。
▼(6) オランダ国民社会主義運動の指導者。ナチス・ドイツによるオランダ占領後は、対独協力を行なった。
▽(24) W. Tucker, *The Fascist Ego: A Political Biography of Robert Brasillach* (Berkeley/Los Angeles, Calif., 1975), p. 253
▼(7) ウクライナ出身のロシア帝国の軍人。ロシア革命時、ウクライナで成立した中央評議会政府を赤軍から守ったが、次第に対立し、ドイツの後ろ盾でウクライナ国を設立し、そのヘーチマン（君主）となった。

ない」と拘りを示した。[25]

「ヨーロッパ新秩序」の本質は、それがドイツの秩序であるということにあった。ナチスの夢想家の多くがヨーロッパ主義のイデオロギーをもてあそんだが、ヒトラー自身にとってはドイツ、より厳密にはドイツ性だけが問題だった。ソ連侵攻のあと、ベルリンのプロパガンダは、これは「ヨーロッパのための十字軍」であるという考えを広めた。「ヨーロッパのための歌」が放送され、「反ボルシェヴィズム・ヨーロッパ統一戦線」と印刷された切手が発行され、しまいには新聞が「無秩序、闘争、悲嘆のなかから、ついにヨーロッパ合衆国が現実のものとして生まれ出る」と一九四一年十一月末に書くほどだった。しかしながらこのようなスローガンは、一般の人々が体験した占領支配の現実と一致しなかったし、ドイツ以外でヨーロッパ主義が総統《フューラー》よりも真剣に受けとられている気配もなかった。[26] スターリングラード以降、ドイツが友好国、同盟国をより真剣に求め始めたときにはすでに遅かった。「反帝国主義」宣言へとつらなるナチス法体系の方向転換を信じるものはなかった。政策への目に見える効果がなければなおさらであった。東ヨーロッパでは赤軍の進軍のために、反共産主義が潜在的には効果的な政治的武器となりえたが、ナチスの人種主義のためにゲッベルスの影響力が住民に届かなかった。西ではどう考えてもソ連の勢力圏の外にあるため、反共産主義はほとんど効果がなかった。反共産主義が国内状況を内戦にまで追い詰めたのは、ギリシャと、より小規模にセルビアや北イタリアでのみだった。ドイツ軍が撤退したあとには、苦い流血の内紛が残された。一九四四年には、冷戦がすでにヨーロッパに影を落としつつあったが、ヒトラーの帝国を救うには十分ではなかった。

ヨーロッパの組織化

ナチスのヨーロッパ観というものがあるとすれば、それは政治というより経済の分野においてであった。ドイツ版モンロー主義と結びついているのは、広域経済圏という概念であり、ドイツを中心とする地域経済のことである。いくつかの点でこれは、戦後の共同市場とも偶然とばかりはいえない類似点をもっている。帝国経済省の若いテクノクラートらに愛された「新秩序」は、西ヨーロッパの経済的統合と非関税圏の創設を含んでいた。ヴァルター・フンク大臣は一九四〇年初夏にそのような構想を提示するにいたった。ナチスの主流にははるかに強い影響力をもっていたゲーリングも、ドイツを頂点にしたヨーロッパにおける国家横断的投資の必要性を議論していた。一九三〇年代にドイツの経済的浸透が強まったバルカン諸国に注目するものもいた。一九三九年にはルーマニアと、一九四〇年にハンガリーとの間で貿易協定の交渉が行なわれ、必要不可欠な原材料を第三帝国の支配下に置くことになった。

一九四〇年末にはのちにヒトラーのバルカン最高司令官となるヘルマン・ノイバッハーがアメリカのジャーナリストに対して、戦後ヨーロッパに待ち受けている明るい未来をうちあけた。「ドイツによるバルカンの経済的組織化は、ヨーロッパ大陸全体を一つの広域経済圏にする計画の第一歩である。それが個々の国に代わり未来の経済単位を構成する。共通計画がヨーロッパ大経済圏全体の生産を統御することになる。[27]」この大陸ブロックから、合衆国とイギリスはともに排除され、ヨーロッパは自給自足になる。ヴェルサイユ体制の金本位制とレッセ・フェールは、一九三〇年代のドイツの貿易政策の延長線上に、大陸規模でのバーター貿易と計画生産に取って替わられる見込みであった。

ヨーロッパを大陸大の経済に「組織化」するという考えは、一九三九年の開戦の前後にかかわらず、大陸の政治的将来に比べればはるかにおおっぴらに議論された。それにもかかわらず、特に戦争の最初の三年間、このような大規模な構想が政策に実際的な影響を与えることはほとんどなかった。電撃戦による戦争の遂行のためには、それとは異なるやりかたで占領諸地域の経済的資源を搾取する必要があった。「総力戦」に転換して初めて、ある種の経済的統

▽（25）Y. Durand, *Le Nouvel Ordre européen nazi* (Paris, 1990), p. 34; J. A. Armstrong, *Ukrainian Nationalism* (New York/London, 1963), p. 79; A. Dallin, *German Rule in Russia, 1941–1945: A Study of Occupation Policies* (Boulder, Colo., 1981, 2nd edn), p. 164

▽（26）Child, op. cit., pp. 50–51

▽（27）A. S. Milward, *War, Economy and Society, 1939–1945* (London, 1977), pp. 162–3; Waldeck, op. cit., pp. 65–72

合が戦争遂行努力の文脈の下で魅力的になったのである。

しかし、ナチスの国際経済思想は、市場によってもたらされる相互利益という自由主義の教義とは似ても似つかなかった。体制はときに、ドイツのパートナーはドイツとの連携によって利益を受けると主張した。一九三〇年代にはこれが一定程度当てはまり、一九二〇年代の国際資本主義の危機のあとにはまったく信じがたいともいえなかった。しかしながら、ヨーロッパの第一の経済的機能はドイツを支えることであるということが、ますます明らかになってきた。ヨーロッパ大陸の他の地域の経済的繁栄を守ることでこの機能がもっともよく果たされる限りでのみ、経済的利益は広範囲に分かち合われるようであった。ギリシャやルーマニアのような国はまもなく、ロンドンのシティの専制をベルリンの束縛と交換したのではないかと考えるようになった。

このようなヨーロッパ経済に関する狭い視野は、戦争自体のなかで特に明白に表われた。ヒトラーが帝国内部の生活水準の低下を著しく嫌ったことは、軍需品の増産の責任を負っていたゲーリングやのちにシュペーアを絶望させた。ヒトラーは、一九一八年の〔ドイツ軍の〕大瓦解は国内の戦線の崩壊が軍事的敗北を招いたものだと考えており、どんなコストを払ってもその繰り返しを避けるよう強く望んでいた。体制はできる限り食糧消費を戦前レヴェルに保つようにし、女性に工場で働くよう促そうとはしなかった。ヒトラーは拡大した衝突に大衆がほとんど熱意をもっていないと知っており、党による不満の報告に敏感で、消費財生産を急激に切り詰めることで自分の人気を試すことには消極的だった。ヨーロッパの経済資源のおかげで、これを避けることができたのである。[28]

国防軍が次々と諸国に侵攻するとともに、あらゆる種類の経済専門家、民間のビジネスマン、特殊な政府の職員らがやってきて現地の企業を接収し、ユダヤ人の所有する企業を収用し、現地の主要な企業家との結びつきを作り上げた。国防軍や他の当局は「占領費用」を取り立て、ジュートから自転車にいたる戦略的物品の在庫を徴用した。これらの大部分は軍の部隊によって消費されるか兵隊の小包にはいって帝国に送られた。第一次世界大戦ではバルカンのドイツ軍は自国から食糧を受け取っていたが、今度は食糧を送っていたのである。

この政策の総合的影響は、地域ごとにかなり劇的に異なっていた。保護領《プロテクトラート》と北西ヨーロッパの工業経済では、短期間の物理的な接収ののち、既存の設備で生産を続行することが認められ、完成品を接収するかたちとなった。特にチェコやオーストリアではユダヤ系企業のアーリア化は直接支配への道を開いた。しかし、ユダヤ系でない企業や国営企業もドイツの支配下に置かれるようになった。このように中央ヨーロッパの主要重工業や鉱物生産業の多くは、「合法的窃盗」と呼ばれた手続きを経て株式会社ヘルマン・ゲーリング帝国工業所と統合されていった。フランスの鉄鉱石生産の四分の三はドイツへと送られ、ベルギーの生産量の半分はドイツのためのものだった。チェコの軍需生産は戦争準備のために不可欠だった。これらの国から、ドイツは明らかに経済的な純利益を得たのだ。[29]

ナチスの思想のなかで東部の諸地域の経済的重要性が大きな位置を占めていたにもかかわらず、ナチスの経済政策が北西ヨーロッパではるかにうまく機能していたのは皮肉である。一九四二年まで帝国の経済を牛耳ったゲーリングは、西ヨーロッパの資源を現地で利用する必要性を認めたが、東部においてはあからさまな「略奪」を強く要求し、その結果に向き合わなくてはならないポーランドやウクライナの現地の党や軍事指導者たちの抵抗にあうまで止めようとしなかった。[30]

ロシアやバルカンの基本的に農業中心の経済では、ドイツの搾取政策はすぐに悲惨な事態を招いた。農民たちは市場向けの生産を止めることで応じ、余剰農作物は消え、この地域の都市生活者たちは飢餓に直面した。一九四一年四月にドイツ軍がギリシャを侵攻したのちたった一ヶ月で、当地の観察者らは飢餓を予測するようになった。彼らは正しかった。約十万のギリシャ人がこの最初の冬に餓死した。東部ではナチス体制はさらに悪い状況に備えていた。

▽（28）League of Nations, *Food Rationing and Supply 1943/44* (Geneva, 1944), pp. 34–5; ヒトラーの電撃作戦についての議論とその経済的影響については次を参照。R. J. Overy, *Goering: the 'Iron Man'* (London, 1984), ch. 4

▽（29）Milward, op. cit., pp. 132–69; Overy, *Goering: the 'Iron Man'*, op. cit., p. 136

▽（30）Overy, ibid., pp. 120–21

「何千万もの人々がこの地域では余剰となり、死ぬかシベリアに移住しなくてはならなくなるだろう」と、ある報告書は侵攻の一ヶ月前に結論づけている。「黒土地帯から余剰農作物を引き出し、当地の住民を救う試みは、ヨーロッパへの食料供給を犠牲にすることによってのみ可能である。」ドイツの支配に対するゲリラ抵抗運動が勃発し、それにドイツ側が情け容赦なく応えたことによって、農村地域の生活は危険で不安定となり、ウクライナの「黒土地帯」を効率的に搾取する可能性は戦争の期間を通じて消え去ったのである。▽[31]

ゲーリングとナチ党が現地住民の直接的な搾取を好んだのに対して、名目上東部政策を担当していたアルフレート・ローゼンベルク▼[8]は親ドイツ、反ロシアのナショナリスト・グループの助成に力を入れた。これは政治的な戦争として機能したかもしれないが、ローゼンベルク自身の副官たちが反対した。総督のクーベはベラルーシ人に「議会主義のナンセンスや民主主義の偽善」を約束しようとしなかった。ウクライナにはヒトラーの献身的追従者のエーリッヒ・コッホがいた。「私はこの国からどれもこれもみな吸い上げる。……私は幸福を広めるためにではなく総統《フューラー》を助けるためにここにやってきたのだ」とコッホは述べた。ウクライナ人は「ニガー」で、彼らが政治的な主張をしようとしてもコッホの軽蔑を招くだけだった。

結果については彼の配下の多くが明白に理解していた。「われわれがユダヤ人を撃ち、戦争捕虜を粛清し、住民のかなり多くを飢えさせ、また飢餓で農民の一部を失ったなら、……一体全体、ここで誰が経済的な生産にたずさわれるというのだろう」と、ある行政官は抗議した。占領が始まったときには、ウクライナの農民たちはドイツ人を解放者として歓呼して迎えた。ヒトラーが、ローゼンベルクやかれの補佐役たちが主張したように、集団農場を民営化することに同意したなら、農業生産は下降する代わりに上昇したであろう。しかしヒトラーはそれを拒み、ヨーロッパの穀倉地帯は決して約束を果たすことがなかった。一九四一年の冬、飢えがウクライナと東部ガリツィアじゅうに広がった。ゲーリングの心変わりによって東部での工業活動が再開されたが、いまや完全に幻滅した住民の共感を勝ち取るには遅すぎた。一九四三年には「悪い母親のほうが、たくさんの約束をする継母よりましだ」として、多くの農民が再びモスクワ寄りの考えをするようになっていた。ローゼンベルクは、彼の部下のコッホが「大きな政治的可能性」を台無しにしたと信じていた。国防軍がコーカサス地方で山間部のムスリムに対して試みた、より穏健な政策だけが、戦時の失われた大きな可能性を示している。▽(32)

総力戦

「電撃戦はおわった。経済については、長期戦に備えてしっかりと再建することが第一の優先課題である」と、ある軍事経済専門家は一九四二年一月に書いている。一九四一年の冬、ドイツの指導者たちは経済を総力戦編成に移行せざるをえなくなった。これは、ミルウォードが述べたように、新ヨーロッパ創設という当初の構想が、軍需生産を四カ年計画を通じて調整しようとしたゲーリングの試みとともに失敗したことを意味した。ナチス革命を救うためには、経済関係の根本的な転換と一九三六年以来続いていた巨額を投じた浪費的な再軍備を合理化する必要があった。▽(33)
いまや衛星諸国をさらに激しく搾取しなければならなかった。総統《フューラー》のお気に入りだった若いテクノクラート、アルベルト・シュペーアが軍需生産の調整を始めた。党幹部のフリッツ・ザウケルはさらに何百万もの外国人労働者を徴用し、帝国のために働かせるよう命じられた。その冬、三百万人近いロシア人戦争捕虜を皆殺しにしたあと、体制はようやく労働力が絶対的に不足していることに気がついた。一九四二年二月にある士官が書き留めている。「労働

▽（31）次からの引用。C. Browning, 'The decision concerning the Final Solution', in his *Fateful Months: Essays on the Emergence of the Final Solution* (New York/London, 1985), p. 28; Homze, op. cit., p. 71
▼（8）ナチスのイデオローグの一人。東部占領地域担当大臣を務めた。エストニア出身のバルト・ドイツ人で、東方におけるドイツ人の生存圏の必要性を主張した。反ユダヤ、反ロシア、反共産主義だが、それ以外の東方の諸国民との協力を唱えた。
▽（32）ibid., p. 376; Rich, op. cit., vol. 2, p. 381; Dallin, op. cit., pp. 159, 204, 244
▽（33）A. S. Milward, *The New Order and the French Economy* (Oxford, 1970), p. 110; 次も参照。Overy, *Goering: the 'Iron Man'*, op. cit., chs. 6, 8, and Overy, *Why the Allies Won*, op. cit., pp. 198–205

力配置の現在の困難は、適切なときにロシア人戦争捕虜を大規模に配置しておけば生じなかっただろう。三百九十万人ものロシア人が利用できたのに現在では百十万人しか残っていない。▽[34]」

帝国はすでに外国人労働者に依存していた。一九四〇年の夏に雇われていたポーランド人は七十万人ほどだった。一年後には二百十万人の民間労働者、百二十万の戦争捕虜がいた。しかし、いまやさらにはるかに多くの労働力が必要だった。一九四二年からザウケルは大陸じゅうで労働力を駆り立て、何百万人もの労働者を強制的に徴用した。彼の部下による暴力的な手法は大きな抗議を招き、ドイツ支配に対する抵抗の成長に拍車をかけた。一九四二年十一月のある報告は、実際どのように労働者が徴用されたかを目に見えるように描いている。

> 男も女も、十五歳以上のティーンエイジャーを含めて、路上や青空市場や村の祝い事の場で捕らえられ、急いで連れ去られた。だから住民はおびえ、家にこもり、出歩くのを避けるようになった。……懲罰としての鞭打ちの採用に加え、十月の初めから現地の町当局が人員を提供する命令に服しなかった報復として、農場や村全体の焼き討ちが始められた。▽[35]

一九四三年四月にはザウケル配下のワルシャワ支局長が自分の執務室で射殺された。翌月には抗議が広まったため、西ヨーロッパでの強制徴用はペースダウンせざるをえなかった。

しかしそれでも外国人労働者はドイツの戦争準備にとって必要不可欠であった。早くも一九四二年には、ゲーリングの巨大な帝国工業所の六十万人の労働者のうち、八〇から九〇%は外国人労働者と戦争捕虜であった。他の経済組織もそれに追従した。一九四四年には八百万人が、大部分は民間労働者として帝国内で働いており、さらに二百万人が第三国で直接ドイツ指令部の下で働いていた。これらの労働者は農場で耕作をし、家庭内のメイドの安価な供給源にもなった。一九四四年十一月には外国人が軍需産業の労働力の三分の一を占め、機械製造業や化学工業では労働力の四分の一以上にのぼった。彼らの存在はドイツ人にとって緩衝材となり、体制側は包括的な国内労働政策、特にドイツ人の主婦を賃労働に駆り立てる労働政策を作り上げることから免れた。あるナチスの労働学者は次のように書いている。「一定の職業に外国人要素が一時的に増加する方が、女性の労働現場への配置を増やすことによってドイツ人民の民族的生物的強さを危険にさらすことに比べれば、はるかに許容可能である。」▽(36)

ザウケルの大陸じゅうでの人狩りはドイツの戦争準備を助けたかもしれないが、他の分野で途方もない妨害を引き起こした。駆り集められて帝国に送られるという予期しえない脅威に直面し、ヨーロッパの占領地域では男性労働者はしばしば職を捨てて隠れた。現地の行政官は自分たちの労働力を国外輸送から守ろうとし、警察は目をつぶった。フランスでの抵抗運動地下組織《マキ》やギリシャでのレジスタンスの増加は、ザウケルの労働者狩りの強化と直接結びついている。政治家や官僚たちはドイツ人たちに彼らの政策を変えさせようと説得を試みた。彼らの最大の味方は、軍需生産相であるアルベルト・シュペーアだった。

シュペーアはザウケルと異なり、フランス、ベルギー、オランダといった工業経済との経済的協力は、帝国の戦争準備に不可欠であると考えていた。強制的に労働者をドイツに連れてくるのは、そのことによって外国の政府や経営者との関係を悪化させ、生産を阻害し、ドイツ支配への抵抗を増加させるのであれば、理にかなわない。フランスでは、ザウケルの政策がラヴァルを絶望のふちにまで押しやった。フランス首相〔ラヴァル〕は「もはや対独協力《コラボ》政策ではない。フランス側にとっては犠牲政策であり、ドイツ側にとっては強制政策である」と訴えた。シュペーアが提案

▽(34) 次の文献のオットー・ブロイティガム（東方省総合政治局長）の覚書（一九四一年十月二十五日）を参照。J. Noakes and G. Pridham (eds.), *Documents on Nazism: 1919–1945* (London, 1974), pp. 626–30; 次を参照。Overy, *Goering: the 'Iron Man'*, op. cit., ch. 8; U. Herbert, *A History of Foreign Labor in Germany, 1880–1980* (Ann Arbor, 1990), p. 145

▽(35) 次からの引用。Herbert, op. cit., p. 149

▽(36) Overy, *Goering: the 'Iron Man'*, op. cit., p. 128; E. M. Kulischer, *Europe on the Move: War and Population Changes, 1917–1947* (New York, 1948), pp. 263–4; Herbert, op. cit., p. 133

したものは要するに、対独協力《コラボ》政策を、政治的プライドではなく経済的合理性の問題として復活させることだった▽(37)。シュペーアは北西ヨーロッパ全体を一つの経済単位として扱う、生産の合理化を構想していた。それまでのドイツの経済政策に特徴的であったのが、ザウケルのヨーロッパ労働者の搾取で頂点まで行き着いた収奪政策であったのとは、非常に異なっていた。シュペーアは冷静で、ナショナリスト的色彩も薄く、略奪よりも計画、ナチス・イデオロギーよりもビジネスの世界を好んだ。シュペーアにとって、ヨーロッパ大の軍需工業の構築は、ドイツが戦争に勝利する機会をもつためには必須であり、そのためには帝国外の工業経済、ひいては適切な技量を備え、動機づけのある労働力を保護することが必要だった。

シュペーアはポーランドやウクライナで軍需産業を構築しようとしたが、以前の政策によって生じていた経済的大混乱と衝突した。しかしフランスでは、イデオロギー上の制約も少なく、シュペーアの戦略は影響力をもった。彼はザウケルの労働力狩りをなんとか止めさせ、現地のテクノクラート（例えばヴィシーの工業生産相であるジャン・ビシュロン）と了解に達し、工業生産をたんに搾取の対象とするのではなく、委員会によって計画化することを可能にした。「フランスで百万人を徴集するのはばかげている」とシュペーアはザウケルを批判して主張した。「私はあそこでは二百万少なくすませ、ドイツで五万から十万人多く徴集する。」軍需生産物だけではなく、消費財も帝国に送られた。一九四三年の秋には、フランスの工業生産の四〇から五〇％はドイツのために使われた。この時点でシュペーアは、関税なしのヨーロッパ圏で計画することのできる、石炭、自動車、アルミニウムその他の物品の巨大工業カルテルを作ることを考えていた▽(38)。

このような構想から考えるとシュペーアは、ヨーロッパ石炭鉄鋼共同体からついには共同市場へと連なる工業編成の先駆者のように見える。この見解には若干の真実がある。少なくとも、これらの戦後の諸組織を反ナチス抵抗運動の連邦主義にまでさかのぼるのと同じ程度には、妥当であろう。しかし、新秩序は共同市場の前身以上のものでもあったし、それ以下のものでもあるという事実は残る。一面ではシュペーアはリアリストであり、ヒトラーの原始的な征服経済では現代の高度に工業化した戦争を勝つことはできないと認識していた。しかし他方で彼は勘違いもしていた。ヒトラーの政治なしには第三帝国は存在しないからである。シュペーアの構想は、言葉を換えていえば、ビジネスが政治的対立に優越する世界であり、最終的に一九四五年以降に出現した世界に驚くほど類似していたが、これはヒトラーのヨーロッパでは実現不可能だった。ヒトラー自身、シュペーアの計画を制限し、ザウケルへの支持を決して完全には引っ込めようとはしなかった。合理性のイデオロギーに対する勝利は、一時的なものでしかなかったのである。

ヨーロッパを「組織化」することができなかったとすれば、その咎は主に「組織者」と「組織化」構想にある。言語学者ヴィクトル・クレンペラー▼(9)は、背後に潜んだ人種主義から生じる、ナチスの押しつけられた規律、階統制《ヒエラルヒー》、秩序が内包する意味をいつもの明晰さで冷静に指摘している。それを反映しているのが、強制収容所で最底辺の人々によって行なわれた「組織化」（すなわち窃盗、横領、略奪）である。ナチス・スタイルの組織化は、価値にとらわれず、管理の効率を目指す原理というよりも、ヨーロッパの劣等人種《ウンターメンシェン》が北方ゲルマン民族に経済的に従属することを意味した。このように経済はイデオロギーから分離できなかった。最終的に人種が大陸の真の「組織化」原理だったのである。▽(39)

▽（37）次からの引用。Milward, *The New Order and the French Economy*, op. cit., p. 119

▽（38）ibid., pp. 142–51, 165

▼（9）ドイツのフランス文学・言語研究者。改宗ユダヤ人で、ナチス期は市民としての権利を奪われ、強制収容所への移送の可能性におびえつつドイツ国内で過ごした。一九四七年に出版された著作（ヴィクトール・クレムペラー『第三帝国の言語〈ＬＴＩ〉：ある言語学者のノート』（羽田洋、藤平浩之訳）法政大学出版局、一九七四年）では体制を言語学的視点から分析した。十六歳の帝政期から東ドイツでなくなるまで書き続けた日記が死後出版され、ナチス期を克明に記録した部分がことに注目された（『私は証言する：ナチ時代の日記（１９３３―１９４５年）』（小川‐フンケ里美、宮崎登訳）大月書店、一九九九年）。

▽（39）V. Klemperer, *'LTI': Die unbewältigte Sprache* (Munich, 1969), pp. 105–6〔前掲『第三帝国の言語〈ＬＴＩ〉』〕

人種的存在としてのヨーロッパ

「ヨーロッパは地理的な存在ではない。人種的存在なのである」とヒトラーは一九四一年八月に述べた。国際連盟はマイノリティを居住地に留め、国際法によって安定を確保しようとした。ヒトラーは対照的に、法律にはなんの信頼もおかず、人々を根こそぎ追い立てることによって安定を確保しようとした。人種的目標を達成するため諸国民は再編成され、何百人もの人々が強制的に故郷を追われ、何百マイルも離れた見知らぬ土地に再定住させられたり、見捨てられたり、強制収容所に送られたり、故意に死にいたらしめられたりした。なによりもこの点で第二次世界大戦はこれまでの衝突とは異なっている。皇帝ヴィルヘルムII世が一九一八年に文化的ゲルマン化による同化という旧式のプログラムで示した帝国主義的な野心と、一九三九年の生物学的人種主義の間には深い隔たりが横たわってい[40]る。

国家が後援するこの新しい大量殺人と文化的絶滅は、ジェノサイドという新しい言葉を生み出した。この言葉は一九四四年に、ラファエル・レムキンというポーランドのユダヤ系法律家による『占領ヨーロッパにおける枢軸の支配』という研究のなかで初めて使われた。戦後、ニュルンベルク裁判、ジェノサイド条約、アイヒマン裁判、ホロコーストとして知られることになったものに対するメディアの関心をつうじて、人々は第二次世界大戦はある程度人種戦争であったという考え方になじむようになった。しかしもちろん、これはある有名な研究の題名を引用するならば「ユダヤ人に対する戦争」という意味でのみである。実際にはユダヤ人問題の最終的解決は、ナチス体制が戦争を通じて「解決」しようとしたより広範な人種問題の絡み合いのなかから生じた。

ナチスがヨーロッパを征服した結果の一つは、ナチスの人種的福祉国家の弁証法が大陸全体に広がったことだった。すなわち「人種的に望ましくない人々」を警察の力で抑圧することが、民族共同体《フォルクスゲマインシャフト》の活力を守る政策の裏返しであるような国家である。ヨーロッパの新秩序は、ユダヤ人、ロマ、ポーランド人、ウクライナ人その他の劣等人種《ウンターメンシェン》が帝国に与える「脅威」を抑制する手段を含む一方で、「ドイツ的存在」のための大構想でもあった。これは特に一千万人のいわゆる民族的ドイツ人《フォルクスドイッチュ》、つまり帝国国境の外側に住むドイツ語を話す人々の福祉と再植民を意味した。追放と植民、絶滅と社会的給付政策は同じ帝国主義ナチスのコインの両面であった。

しかし戦争は、ナチス人種政策が及ぶ範囲を地理的に拡大したばかりではなく、急進化させ、複雑化した。戦争は大きな触媒の役割を果たした。一九三〇年代後半のヒトラーにとって、南チロルからドイツ人を再植民させたのは最初は外交的必要からだった。一九三九年十月以降、ヒムラーの手によって、それは東ヨーロッパのエスニシティの全面的な配置替えを含むはるかに野心的な構想の前奏曲になった。再植民の目標はドイツの領土が拡大し、展望も変わるにつれて何度も変化した。同様にナチスの「人種的に望ましくない人々」への政策も変わった。政策は戦争が進むにつれて、海図に載っていない水域へと動いていった。「ユダヤ人問題」に関して言えば、まずポーランドそして西ヨーロッパ、最後にソ連領土の大きな部分がナチスの勢力下に入ったことによって新たな展望と新たな困難が生じた。「アウシュヴィッツへいたるねじれた道」沿いには、一九四〇年のマダガスカル計画（ヨーロッパのユダヤ系住民をマダガスカル島へ送るという計画〔本章訳注（11）参照〕）のような選ばれなかった曲がり角もあり、セルビア、ウクライナ、ヘウムノで使われたガス・トラックのような間に合わせの急場しのぎ的な殺人手法もあった。その後でナチスの指導者たちは、死の収容所での工業化された大量殺人という考えに辿りついたのである。

人種問題の拡大と急進化は親衛隊の急成長をもたらした。ハイドリッヒ▼(10)の下で国家保安本部（ＲＳＨＡ）に保安活動をまとめたことで、ヒムラーは大部分の占領地域での警察、諜報活動に甚大な影響力をもった。一九三四年に創設さ

▽（40）Trevor-Roper, op. cit., p. 24
▼（10）ヒムラーの片腕で、親衛隊の国家保安本部（政治警察）の指導者。ユダヤ人絶滅作戦の責任者。ボヘミア＝モラヴィア保護領の副総督として、抵抗運動を苛烈な手段で押さえこんだが、イギリスとチェコスロヴァキア亡命政府に派遣された亡命チェコ軍人によって暗殺された。

れた強制収容所帝国は、（絶滅収容所を除いて）一九三九年の二万五千人から一九四五年には七十一万四千人と規模を拡大し、戦時に創設された親衛隊経済行政本部（ＷＶＨＡ）によって統治された。絶滅収容所自体は一九三九年には存在しなかったが、一九四二年には百万人以上を殺害していた。貧しい「民族ドイツ人《フォルクスドイッチュ》」からドイツ人植民者の新しい階級を作り上げるのは、一九三九年十月に創設されたドイツ民族性強化国家委員本部（ＲＫＦＤＶ、後段を参照）の任務となった。ＲＫＦＤＶは百万人以上のドイツ人を故郷から引き剝がし、何百もの再植民収容所を管理し、少なくとも四十万人を東ヨーロッパじゅうに植民させた。親衛隊が何百もの人々の生命と運命をコントロールし、ソ連の国家機構の権力にも匹敵するようになったのは、まさに戦争のためであった。[41]

人種的思考が中心である点は、大量殺人の工業化という考えと並んで、ヒトラーの帝国がスターリンの帝国と最も異なるところである。大陸全体の人的構成を再構築できる権力をもちながら、ヒムラーと親衛隊は生物学的人種主義を前提とした帝国政策の曖昧さ、ディレンマ、限界に直面していた。そもそもドイツ人自身の役割とは何なのか。ドイツ人は、一九四一年まで支配的だった見解のように、帝国に集中しているべきなのか、それとも中世の祖先がしたように東方への進軍を受け持つフロンティアの階級を作るべきなのか。支配人種としてスラヴの奴隷に君臨し、何千人もの農奴を抱える所領を有するべきなのか、それとも血と土をアーリア人種の生命力の究極的な担保者とみなすナチスの見解に従って自ら大地を耕すべきなのか。またエスニシティ上のドイツ人とはどのように見分けるべきだろうか、言語、外見、それとも血統だろうか。戦争の間じゅうナチス官僚の間でこれらの問題をめぐって激しい教養論争が繰り広げられた。劣等人種《ウンターメンシェン》に関しても、かれらは必要な労働力なのか、それとも絶滅すべき生物学的な脅威なのか。これらが、ヒトラーの新秩序において大規模かつ残忍に実施されたアパルトヘイトのディレンマだった。

人種戦争（一）：ポーランド、一九三九年から四一年

ミュンヘン会談でリッベントロップ・ドイツ外相が、南チロルのエスニシティ上のドイツ系マイノリティを帝国に移民させることをイタリアに内密に約束したとき、東ヨーロッパのマイノリティ問題に対するヴェルサイユ条約の取り組みは息絶えた。ズデーテン地方の併合とともに、この約束をきっかけに、マイノリティ条約の時代は終焉し、ヨーロッパのエスニック問題をめぐる緊張関係にはもっと野蛮なアプローチが取られ始めた。法的保障に対して、十五年前のギリシャ―トルコ間の住民交換の路線に沿った強制的な住民移送が取って替わった。

最初、これはエスニック上のドイツ人が帝国へ大規模に流入することを意味した。ヒトラーは、一九三八年にはイタリアの支持を必要としたために、それまでの政策を覆して八万人のドイツ人を南チロルから移民させることを是認し、同様に一九三九年から四〇年にかけては、ロシアの支持を得るためにバルトとベッサラビアのドイツ人コミュニティを犠牲にした。一九三九年十月、親衛隊は約七万五千人のドイツ人をラトヴィアとエストニアから本国へ送還する任務を与えられた。翌月のドイツ―ソ連協定は、ソ連占領下のポーランドからの十二万八千人の「民族ドイツ人《フォルクスドイッチュ》」移送を対象に含んでいた。数週間でこれらの人々は帝国や占領ポーランドに到着し始め、彼らをどこにどのように再定住させるのかという問題に直面しなければならなかった。

ヒトラーは当初、再植民をナチ党の管轄事項にしようと意図していたが、ヒムラーはすばやくヒトラーを説得してそれを親衛隊に任させた。一九四〇年初頭、ヒムラーはＲＫＦＤＶを創設し、立ち退き、難民の人種的選別、受け入れ収容所を運営させた。ＲＫＦＤＶはバルト・ドイツ人たちが残した財産の管財人であったが、同時に再定住のための新しい所有地を見つける責任を負っていた。この任務は、征服領域の土地から現地のポーランド系、ユダヤ系住民

▽（41）J. Billig, *Les Camps de concentration dans l'économie du Reich hitlérien* (Paris, 1973), p. 72; R. Koehl, *RKFDV: German Resettlement and Population Policy, 1939–1945* (Cambridge, Mass., 1957), pp. 210–11

の追放を実施することを含んでいた。

一九三九年から一九四一年の間、ＲＫＦＤＶの活動の焦点はポーランドだった。ポーランドは帝国に合併された西側のヴァルテ管区、ダンツィヒと、ハンス・フランクによって植民地として統治される残りの総督府領に分かれていた。ヒムラーは、ドイツ人と「人種的に劣った」住民との間に明確な境界線を設けようと考えていた。エスニシティ上のドイツ人は西側の合併された領土に連れて来られ、そこに住んでいたポーランド人やユダヤ人は彼が「劣等《ウンター》人種《メンシェン》」の保留地と考えていた東の総督府領へと追放された。

しかし、このような構想は他のナチス官僚を当惑させるものだった。まず、これはその地の経済生活にひどい混乱を招いた。合併された地域では、ポーランド人農民やユダヤ人手工業者の追放は経済の崩壊につながりかねなかった。一方、総督府の行政担当者らは、故郷を追われ困窮した大勢のポーランド人やユダヤ人を受け入れなければならないことに、明らかに不満であった。これでは、総督府領を重要な経済活動の中心地にしようという、彼ら自身の野心を実現できなくなってしまうからである。人種的な教条主義と経済利益の間の対立から、ヒムラー、親衛隊およびナチ党のイデオローグは、総督府領の支配者ハンス・フランクや帝国の経済利益の中心的代弁者であるゲーリングと対立していった。

さらなる独ソの合意によって、リトアニアから五万人、ベッサラビアとブコヴィナから十三万人のドイツ人が「祖国に召還」されることになったときにも、この対立は解決されていなかった。ソ連への侵攻直前の一九四一年の夏までに、ＲＫＦＤＶは二十万人の「民族ドイツ人《フォルクスドイッチュ》」を西部ポーランドの、おもに収用された農場に定住させた。さらに二十七万五千人の移住者が、数百の再植民センターで選別と新生活への移送を待っていた。百万あまりのポーランド人とユダヤ人は迅速に総督府領に追いやられた。営利組織全体の五〇％が帝国から来たドイツ人管財人の手に渡った。ユダヤ系住民は百六十五万人に膨れ上がり、新しく来た人々はほとんどが、疫病が蔓延するゲットーや労働収容所に詰め込まれた。フランクは六十万人から七十万人のポーランド人労働者を帝国のための労働力として徴用した。

流入してくるエスニック・ドイツ人に対するRKFDV、ナチ党、その他の部局による対応は、帝国規模の福祉プログラムであり、驚くほど包括的で、まさに歓迎といえるものだった。帰還したベッサラビアのドイツ人のために設立された、ルーマニアのガラーッ収容所を旅したあるアメリカのジャーナリストは次のように描写している。

　老人たちはのどかにひだまりのベンチに座っている。……この地域のドイツ人特有のスカーフをかぶった女性たちは、納屋のまわりの桶で洗濯をしながら噂話に興じている。緑で覆われたポーチがあって、そこでは他の女たちがアイロンがけをしたり洗濯をしている。若者たちは親衛隊員や「民族ドイツ人《フォルクスドイッチェ》」の監督の下、行進し、歌をうたい、敬礼をする。……フランス語圏カナダよりも赤ん坊や小さい子供が多く、幼稚園の先生に世話されながら遊んでいる。この先生たちはルーマニアやユーゴスラヴィアのドイツ系の少女で、労働奉仕をしているのだ。ときおり若い親衛隊員は子供たちを抱き上げ肩車したりひざに乗せたりしている。……

　この難民たちの話を聞くと驚く。概してみな父祖の地を離れさせられたこの大きなカタストロフに苦しんでいた。どこにいつ新しい故郷を見つけられるかまだわからない。最終的な目的地が定まらないので、いまのところの見通しは他の収容所に移ることしかない。けれども老いも若きも、豊かなものも貧しいものもほとんど落胆の色を見せず、総統《フューラー》のドイツへの限りない信頼を示していた。シラーの時代のヴュルテンベルクの古風なドイツ語を話す、この多産な植民者の多産な子孫は、約束の地へと向かうようにヒトラーのドイツへと帰っていく。……彼らにこのような熱情的な確信をもたせたのは、ヒトラーにとって大きな勝利だと認めざるをえまい。この勝利に印象づけられないではいられないだろう。ここでは保護国家は壮大なやりかたで本当に保護的である。▽(42)

▽（42）Waldeck, op. cit., pp. 306–8

この難民たちに対して、少なくともヒトラーと同じくらい、スターリンが重要な影響を与えたことは付け加えておかねばなるまいが（ソ連圏外の「民族ドイツ人《フォルクスドイッチェ》」は「故郷帰還」にこれほど情熱的ではなかった）、第三帝国が人種に基づく福祉に対して真剣であり続け、理想主義と努力と資金を故郷帰還事業に費やしたのは確かに真実である。

移民のすべてが故郷を奪われるのを歓迎したわけではなかった。かなりの人数があとに残り、故郷に帰りたいと不平を言うものも大勢いた。不運なロレーヌ人は、ヒムラーの人種的実験を満足させるためにガリツィアに植民させられたいとは決して望まなかった。ラトヴィアのドイツ人は、バルト諸国が国防軍によって占領されると帰郷を求めた。しかし、アテネ郊外の「民族ドイツ人《フォルクスドイッチェ》」の村民は、祖先が一世紀前にオットー王とともにバイエルンから移住してきたのだが、いまやパッサウの収容所で「ドイツにはいたくない。ギリシャに帰りたい」とつぶやいているのだった。しかし、多くの人々はドイツ少女連盟（BDM）の意気軒昂な少女たちによって気持ちを和らげられた。彼らは新しい集団を歓迎し、彼らの到着のために収用した農場を整え、子供の世話を手伝うために帝国からやってきたのだった。ヒトラー・ユーゲントの何千人ものティーンエイジャーは「東方の神秘」にひきつけられ、祖国奉仕学年を移住者の入植を手伝うために使ったのだった[43]。

しかし、いうまでもないことだが、ポーランド人やユダヤ人に対するドイツ人の扱いはかなり違っていた。不幸な「劣等人種《ウンターメンシェン》」は事前の警告もほとんどなしに親衛隊によって西側の領土から移送された。少量の手荷物のみ運ぶことを許され、貴重品やわずかな額以上の金銭をもつことは禁じられ、近くの駅まで送られたり、たんに野外に放置されたりした。彼らの将来の福祉の備えはまったくなされなかった。ポーランド人の抵抗を弱め、取り除くための計画的な行動の一環として、国民の指導的要素である知識人などの人物は、親衛隊の部隊の標的となり、大量に殺害された。ヒトラーはこれを「政治的大掃除」と呼んだ。クラクフ大学の教員は一九三九年十一月にまとめてザクセンハウゼンの強制収容所に送られ、ほとんどはそこで死んだ。一九四〇年には、ドイツ人要員襲撃への報復の一環として、村は焼き払われ、何百人もの民間人が殺害された。これが残忍な体制の模倣例となって、すぐに東ヨーロッパ全体に広がった。その夏の「AB計画」ではさらに三千人の名望家が逮捕、処刑された。これを担当したドイツ人士官は訴追から免責されることを保障されていた。七月十二日、ポーランドの医者ジグムント・クルコフスキは日記に次のように書きとめている。「ルブリンで四十人以上が処刑されたというひどい知らせ。……これが本当だと信じるのは困難だった。」二日後、ドイツ人の森林管理官がポーランド人の少年を撃ちながら、免責されたとき、彼は悲しげに「ドイツ人にとってポーランド人やユダヤ人を撃つのは合法なのだ」と書いている。[44]

ポーランド人の窮状を特に恐ろしいものにしたのは、赤軍占領下の東部ポーランドで一九三九年から一九四一年の間、ソヴィエト軍もさらに容赦なく振る舞ったことである。そこでも強制移住はフル回転していたが、ソヴィエトの手で殺されたものは何十万人にものぼった。この数字はこの時点でのナチスの殺人累計数をはるかに上回っていた。しかしドイツ人は人種征服としての戦争の過程で、すぐに共産主義者を凌駕し、全面的な「絶滅戦争」へと乗り出していく。親衛隊の兵舎に場所を空けるために、すでに精神病院の患者が集められ自動小銃で殺されていた。このように、ドイツの安楽死プログラムは占領地域に達していた。ポーランドのユダヤ人の取扱いも、同様に異様なものだった。西側地域からの移送計画は一般的にポーランド人とユダヤ人を区別しなかった。両方ともドイツ人入植者のために居住地を追われたのである。しかし、親衛隊は、特別な髑髏連隊と治安警察、保安隊の行動部隊を通じて、高齢のユダヤ人を即決処刑し、シナゴーグを焼き払い、ユダヤ人財産を略奪した。ルブリンは西側ポーランドから追放された何十万人ものユダヤ人の行き先となった。

十九世紀のポーランドにおけるドイツ化は漸進的なプロセスであり、文化や言語がドイツの価値観を徐々に現地の

▽(43) T-81/307/2435373, 'Abschlußbericht über die Durchschleusung von 95 Griechenlanddeutschen in Passau/Gau Bayr. Ostmark durch die Einwanderzentralstelle des Chefs der Sicherheitspolizei und des SD' (Washington DC, US National Archives)

▽(44)「政治的な粛清」については次を参照。R. Breitman, *The Architect of Genocide: Himmler and the Final Solution* (London, 1991), pp. 70–71; Klukowski, op. cit., pp. 100–101; T. Cyprian and J. Sawicki, *Nazi Rule in Poland, 1939–1945* (Warsaw, 1961), pp. 116–24

人々に広く（しばしばユダヤ人を介して）伝達していく役割を果たした。まったく対照的に、追放、分割、絶滅がナチス政策の指導的原則だった。占領地域は強制的にできるだけ速やかにドイツ化されなければならなかった。ヒトラーは管区指導者らに、十年以内にそれぞれの地域のドイツ化を完成させるよう命じた。ドイツ人が公共生活においてポーランド人に代わり、特に都市ではすぐに交代が行なわれた。ウッジはリッツマンシュタット、ポズナンはポーゼンへと名前を変えた。ポーランド中部と南部の総督府領でも、同様のプロセスが動いていた。クルコフスキは「ビウゴライではさらにもっとゲルマン化が進んでいる。いたるところに新しいドイツ語の標識がある」と書いている。[45]

ゲルマン化は徹底的な文化否定政策を含んでいた。ポーランドの大学は（一年前のチェコの大学と同様に）閉鎖され、「精神的断種」政策の一環として、限定的な初等教育と職業教育だけが許可された。ナチスの教育政策を説明して一九四〇年五月にヒムラーは次のように書いている。「この学校の唯一の目的は、単純な五百までの算数、自分の名前を書くこと、ドイツ人に服従し、正直、勤勉、善良であることが神の法であるという教訓を学ぶことである。読めるようになる必要はないだろう。このような学校を除いて東部には学校は不要である。[46]」

ドイツ文化とポーランド文化をはっきりと峻別する一方で、親衛隊は熱心に住民のうち「無価値な」要素から人種的に「価値ある」要素を選別することに尽力していた。しかし、エスニシティ的に交じり合った東欧の社会のスラヴ人住民のなかから潜在的なドイツ人をみつけるには、生物学的人種主義の擬似科学は不完全な指針しか示せなかった。選別手順は厳格であると同様に恣意的でもあった。あるナチス士官は身をもってその過程を味わった。手違いで数百人のチェコ人のスクリーニングに加えられ、自分の身分を証明できるまで人種的に無価値であると宣言されたのである。しかしこの屈辱の瞬間などたいしたことではなかった。人種的に価値のある血統の蓄えを維持するために、何千もの家族が引き裂かれ、何千人もの女性がゲルマン化可能であるとして、帝国に送られてドイツ人家庭でドイツ的な家事を学ばされた。ますます枯渇しつつある「ドイツ性」の血統の蓄えを金髪碧眼の奴隷労働者で補うために、最終的にはスクリーニングは強制収容所まで及んだ。[47]

ユダヤ系住民にはこのような安全弁は提供されなかった。ユダヤ文化自体が「歴史的な死」を迎え、記憶のなかにのみ存在するべきものだった。アルフレート・ローゼンベルクは体制のイデオロギーの責任者であったが、兵士、生物学者、美術史家からなる部隊を派遣し、ヨーロッパじゅうのユダヤ共同体の文化資産を差し押さえさせた。これらは、ヒトラーがローゼンベルクに命じてナチスのイデオロギー研究所を作らせたフランクフルトに送られた。一九四三年に、ある行政官は、「新秩序のヨーロッパにおいて、ヨーロッパのみならず世界随一のユダヤ人問題の図書館が、フランクフルト・アム・マインに設立されるであろう」と誇った▽[48]。

人種戦争（二）：絶滅戦争、一九四一年から四五年

ユダヤ人に対するナチス政策において、殺戮の側面が、東部ヨーロッパの全体的な人種的再構成のなかから現われるには時間がかかった。旧ポーランドにアパルトヘイト国家を作ろうとするヒムラーの構想は他のナチス官僚の反対にあい、総督府領をユダヤ人の「保護区」として使う目的は放棄しなくてはならなかった。ヒトラー自身が一九四〇年三月には、何百万人ものユダヤ人をルブリン地域に集めるという考えには実現可能性がないことに気がついた。この政策の空白のなかで、フランス侵攻がヒムラーに新しい突破口を与えた。一九四〇年五月、彼はヒトラーにドイツの人種問題のディレンマに対して包括的な新しいアプローチを描いてみせた。『東部の異民族住民の取扱いに関する考察』のなかで、ヒムラーは旧ポーランドの住民全体を人種的にスクリーニン

▽（45）Gross, op. cit., pp. 226–30; Klukowski, op. cit., pp. 117, 124–5
▽（46）I. Kamenetsky, *Secret Nazi Plans for Eastern Europe* (New Haven, Conn., 1961), p. 106
▽（47）ibid., pp. 93f.
▽（48）American Jewish Conference, *Nazi Germany's War against the Jews* (New York, 1947), I-24–5

グするよう提言した。つまり「人種的に価値があるもの」は帝国に送られ、残りは総督府領に集め、帝国のための安価な労働力の貯蔵として用いるのである。ヒムラーはユダヤ人問題に簡単に触れて、「アフリカかどこかの植民地へ大移民させる可能性を通して、ユダヤ人という概念を完全に抹消するよう希望している」と書いている。覚書は全体としてジェノサイドの可能性を挙げてはいるが、すぐさま却下している。「集団移住の個々のケースは残酷で悲劇的であるかもしれない。しかし人々の肉体的な絶滅というボルシェヴィキの手法はドイツ的ではなく不可能である、と内面の確信から否定するのであれば、それが一番穏当でよい方法なのである。▽(49)」

フランスに対する勝利によって出現したアフリカの植民地とはマダガスカルであり、何ヶ月かの間「マダガスカル計画▼(11)」は非常に真剣に考慮された。しかしこれは、フランスのみならずイギリスをも打ち負かした場合に限り可能であり、バトル・オブ・ブリテンが失敗に終わったことが明らかになるにつれ、マダガスカルはナチスの念頭から消えた。ヒトラーの短期的な対応は、ユダヤ人をさらに総督府領に受け入れることへのハンス・フランクの抗議を押し切るというものだった。しかし、クリストファー・ブラウニングが書いているように、最終的解決の目標はこの時点では、「ユダヤ人をドイツの影響圏からなるべく遠いかなたへ追放すること」に留まっていた。ナチスのユダヤ人に対する政策を転換させたのは、ソ連への侵攻であり、結果として生じた戦争の急進化であった。一九四〇年には、ドイツ人はおそらく十万人のユダヤ人を殺害した。翌年は百万人以上だった。バルバロッサ計画によって戦争は「ユダヤ―ボルシェヴィキ」の敵に対する「絶滅戦争」へと変化し、空前の規模の大量殺人を含む計画と軍事指令が立案されたのである。▽(50)

バルバロッサ計画の最初の段階でのドイツ国防軍と親衛隊の行動は、絶滅戦争の身の毛もよだつような性格を明らかにした。新たな命令の下、前線部隊は捕虜にしたソ連の人民委員を国際法を無視して射殺した。国防軍上層部はほとんど抗議しなかった。ソ連軍の戦争捕虜が大量にドイツ軍の手に落ちると、彼らは前年までのフランス人やベルギー人の戦争捕虜とはまったく違った扱いを受けた。彼らは餓死させられたり、「人間というより動物の骸骨のよう」になるまで行軍させられた。六ヶ月の間に、ドイツ軍にとらわれた二百万人のソ連の戦争捕虜が餓死した。▽(51)

前線が東に進むにつれて、数百万の民間人が暴力による死を遂げた。ハイドリッヒの行動部隊（治安警察と保安隊を自動車部隊としたもの）が前線部隊に続き、ユダヤ人、パルチザン、共産主義者を捜索した。彼らの主な犠牲者はあらゆる年齢層のソ連のユダヤ人だった。ユダヤ人は二百七十万人以上が旧ユダヤ人居住区に住み、五百万人以上がソ連の一九四一年時点での国境内に住んでいた。一九四二年の四月中頃に、四つの行動部隊は五一八、三八八人の犠牲者を報告したが、そのうち大多数はユダヤ人であった。次の殺戮戦は翌年行なわれ百五十万人が殺された。戦争終結まではソ連のユダヤ人のうち二百三十万人ほどしか生き残らなかった。▽(52)

この恐るべき規模の大量殺人が最終的解決へのドイツの新しいアプローチを特徴づけるものであり、最終的解決がもはや移住と再定住としては考えられていないことを示した。しかし、女性や子供を含む大勢の民間人を処刑することは、処刑者自身にもダメージを与えた。一九四一年八月に特殊部隊4aはウクライナの町ビーラ・ツェールクヴァに住む数百人のユダヤ人成人を殺害したが、約九十人の子供は保護下に置いた。この地区の国防軍士官は次のように報告している。「この街のユダヤ人全員の処刑に続き、ユダヤ人の子供、特に幼児を殺すことが必要になった。」これ

▽(49) C. Browning, 'Nazi resettlement policy and the search for a solution to the Jewish Question, 1939–1941', in his *The Path to Genocide: Essays on Launching the Final Solution* (Cambridge, 1992), pp. 16–17

▼(11) ナチス・ドイツによる、ヨーロッパのユダヤ人をマダガスカルに移住させる計画。一九三九年から四〇年にかけて検討された。マダガスカルは対独協力的なフランス・ヴィシー政権の勢力下におかれたものの、イギリスとの戦闘が続き、ユダヤ人の輸送が不可能であったため、実現できなかった。一九四二年にはマダガスカルは英軍と自由フランス軍に占領され、計画は放棄された。

▽(50) ibid., p. 24; M. Marrus, *The Holocaust in History* (London, 1988), p. 55〔マイケル・R・マラス『ホロコースト——歴史的考察』長田浩彰訳、時事通信社、一九九六年〕

▽(51) Klukowski, op. cit., p. 173

▽(52) G. Robel, 'Sowjetunion', in W. Benz (ed.), *Dimension des Völkermords: Die Zahl der jüdischen Opfer des Nationalsozialismus* (Munich, 1991), pp. 499–560; 次も参照。H. Krausnick, *Hitlers Einsatzgruppen: Die Truppen des Weltanschauungskrieges, 1938–1942* (Frankfurt am Main, 1985)

は実際に実行された。だがその後、この報告をした士官は、直截に次のように述べ、強硬派のライヘナウ陸軍元帥の憤激を招いた。「女性や子供に対してもこのような処置を取るのでは、敵によって行なわれた暴虐行為となんら違いがない。」何人かの実行者がこのような疑念を抱いても、大量殺人を阻むことはできなかったが、実施は面倒になり、複雑となった。[53]

特別に設計された死の収容所で毒ガスを用いるという手法が開発されたのは、部分的にはこのような困惑を回避するためであり、同時に殺害プロセスを効率化するためであった。この政策が動き出したのは、一九四一年の夏の終わりごろか秋ではないかと思われる。行動部隊8がミンスクで大量射殺を実行するのを、ヒムラー自身が視察した頃である。親衛隊はすでに東部プロイセンと総督府領で、一九三九年から一九四〇年にかけてガス・トラックを試していた。そしてちょうどヒムラーが射殺に替わる方法を求めていたとき、世論の激しい反対から、帝国内での安楽死作戦は緩和する必要に迫られた。ヒトラーの総統府はT－4計画を自らのコントロール下に置き、ガスを扱う技術に習熟した人員をいつでも東に送れるよう準備した。

一九四一年九月、いくつかの安楽死センターが強制収容所のユダヤ人を受け入れ始め、施設の機能がユダヤ人の大量殺害に移りつつあることを示した。ほぼ同時期に、ウッジのそばのヘウムノ城が初期段階の死の収容所に転用された。ここでは一九四一年十二月から、それまで安楽死計画に携わっていた専門家が操作する据え付け型のガス・トラックが、ヴァルテ管区の残りのユダヤ人住民を殺害するのに利用された。行動部隊は東部全体で移動ガス・トラックを利用し始めた。親衛隊の技術者は二十五人から三十人用の小型の「ディアモント」と、五十人から六十人用の大型の「ザウラー」の二つのタイプを作り出し、順調に機能するかどうか、特に悪天候のときには、注意深く監視した。ある報告書には「一九四一年十二月から、三台のガス・トラックを用いて九万七千人が処理されたが、機械にはいかなる欠陥も見出されなかった」と書かれている。[54]

しかし最終的解決の鍵は、総督府領に特別な絶滅センターを建設することにあった。親衛隊は当初、ルブリン周辺に目をつけた。ここはこれまでの再移住計画で、西部ポーランドのユダヤ人を集積する場所とされていた。安楽死の専門家だったクリスティアン・ヴィルトが、最初の死の収容所ベウジェッツの責任者となり、そこでは一酸化炭素によるガス殺が一九四二年三月から始まった。疲弊しきったソ連の戦争捕虜を使ってマイダネク収容所が一九四一年末に建設され、十二月には第一陣のユダヤ人がルブリンから送り込まれた。ここでも一九四二年九月にはガス室が動き始めた。他の安楽死専門家たちもトレブリンカやソビボルの死の収容所に配置された。ガス室は他の収容所にも建設され、収容力が問題になれば拡大された▽[55]。

アウシュヴィッツは最初、ポーランド人政治犯の収容所として利用された。親衛隊の都市計画専門家は、ポーランドのオシフィエンチムをドイツ人植民の中核都市であるアウシュヴィッツに変えることを夢見て、秩序だった街路やモダンな映画館を計画し、町の周りの沼地を豊かな畑にしようとした。収容所には収容施設の他に、巨大な合成ゴム工場の複合施設が置かれた。I・G・ファルベン▼[12]の経営者たちは、連合軍の爆撃が届かない場所に工場を建設することを望んだのである。近くのビルケナウの巨大な収容所には、ソ連の戦争捕虜がまさにぞっとするような状態で押し込められていた。I・G・ファルベンの子会社が特許をもつチクロンBという殺虫剤が一九四一年九月三日に最初にテストされたのは彼らに対してであった。それから少しのち、大量絶滅のための新しいガス室が建設された。一九四二年から一九四三年の間に、ビルケナウはヨーロッパのユダヤ人の中心的な死の収容所となった▽[56]。

一九四二年までに、工業化された大量殺人のための技術的条件は整った。死の収容所が建築されつつあり、安価な

▽(53) 次からの引用。E. Klee, W. Dressen and V. Riess (eds.), 'The Good Old Days': *The Holocaust as seen by its Perpetrators and Bystanders* (tr. D. Burnstone) (London, 1991), pp. 138–53

▽(54) E. Kogon, H. Langbein and A. Rückerl (eds.), *Nazi Mass Murder: A Documentary History of the Use of Poison Gas* (New Haven, Conn., 1993), ch. 4

▽(55) Y. Arad, *Belzec, Sobibor, Treblinka: The Operation Reinhard Death Camps* (Bloomington, Ind., 1987)

▼(12) 一九二五年に設立されたドイツの化学関連複合企業体。ナチスの経済計画と結びついて拡大した。

▽(56) R. van der Pelt and D. Dwork, *Auschwitz: 1270 to the Present* (New Haven, Conn., 1996)

毒ガスがテストされ、使用可能となった。親衛隊が先頭に立ち、ヒトラーが後押しして、複雑な外交的、法的な準備や、後方支援の計画がヨーロッパの占領地域の全ユダヤ系住民を絶滅するために着々と進められた。この問題は一九四一年の十月から十一月にかけて、ナチスの指導部で集中的に議論された。行政的な側面は、十二月に予定され、一九四二年一月に延期されたヴァンゼー会議[13]のテーマであった。ヒムラーの副官であるハイドリッヒが一九四二年五月に暗殺されるころまでには、ポーランドのユダヤ人は「ラインハルト作戦[14]」によって殺害され始め、スロヴァキアのユダヤ人を乗せた最初の貨車がアウシュヴィッツに到着していた。[57]

一九四三年初頭、親衛隊の主任統計官のリヒャルト・コーヘアはヒムラーに対して、最終的解決の進捗状況に関する報告書を起草し、そのなかで、すでにポーランドに住むユダヤ人一、四四九、六九二名が「特別処置」を受けたと書いた。ヒムラーは婉曲表現としてその語を用いたことで彼を叱責し、「東方地域からロシア東部へのユダヤ人の移送（一、四四九、六九二名）」と書き直した。しかし、数字は自ら語る。死の収容所が閉鎖される一九四三年末までに、クルムホフ／ヘウムノでは十五万人、ソビボルで二十万人、ベウジェッツで五十五万、トレブリンカで七十五万人のユダヤ人が殺害された。アウシュヴィッツ―ビルケナウは労働収容所と絶滅センターの複合施設であり、翌年まで操業を続けた。一九四二年三月から一九四四年十一月までの間に、百万人を優に超える数の人々がここで殺された。多くは、ポーランドの他、ギリシャ、ハンガリー、フランス、オランダ、イタリアから輸送されたユダヤ人であった。[58]

最終的解決の全般的な影響は、コーヘアが一九四三年四月にヒトラーに対して準備した暫定報告書に要約されている。「ヨーロッパのユダヤ人は、一九三三年以降、つまり国民社会主義が権力の座についてから最初の十年で、全体で二分の一に減少した。またその半分、つまり一九三七年のユダヤ人人口の四分の一は、他の大陸に逃亡した。」実際には、終戦までユダヤ人の殺害が収容所の内外で続いたので、最終的な死亡者数はそれよりかなり大きい。[59]

終戦までに、五百万から六百万人のヨーロッパ・ユダヤ人が殺害された。ヴァンゼー会議で記録された千百万のユダヤ人のおよそ半分である。ポーランドやギリシャなどいくつかの国では、ユダヤ人コミュニティのほぼ全体が殺害された。他のエスニック集団も大量に殺された。よく知られているのはロマの二十万から五十万人（大部分はベルゼツとビルケナウで殺害された）、セルビア人、ポーランド人、ウクライナ人、ロシア人である。しかし最終的解決はそのシステマティックな性格ゆえに、独特のケースとなっている。クロアチアのウスタシャ▼[15]は、クロアチアとボスニアのセルビア人を少なくとも三十三万四千人殺し、ルーマニア人も沿ドニエストルで血なまぐさいポグロムを行なったが、これら他のジェノサイド実行者の用いた原始的な技術に比べて、最終的解決は、工業的設備を備えた現代的な官僚制によって実施される大量殺戮が効率性の点で優越していることを示した▽[60]。

すべてのドイツ人が共犯だったと決めてかからずとも、この犯罪への責任や知識が親衛隊の隊員のみにとどまらずはるかに広範に広がっていたことを認めることはできよう。プロパガンダ相のゲッベルスは、一九四二年三月二十七日の日記の始めにポーランドのユダヤ人の「一掃」について触れている。五月には帝国鉄道省上層部が、ユダヤ人の「完全な絶滅」の輸送面について親衛隊と協議している。陸軍、海軍、外務省もみなそれぞれの役割を果たした。例えばテッサロニキでは、地元の軍事機構の積極的な支持なしには親衛隊の少数の「専門家」が、町の住民の五分の一、

▼(13) 一九四二年、ベルリン郊外ヴァンゼーにナチス高官が集まり、ユダヤ人の移送と強制収容、強制労働、殺害の実行方法を話し合った。ラインハルト・ハイドリッヒが議長。

▼(14) 東ヨーロッパのゲットーに収容したユダヤ人を三つの絶滅収容所に移送して殺害する作戦。一九四二年から四三年にかけて実施された。一九四二年六月に暗殺されたラインハルト・ハイドリッヒを偲んで命名された。

▽(57) Browning, 'The decision concerning the Final Solution', in *Fateful Months: Essays on the Emergence of the Final Solution*, op. cit., p. 33

▽(58) van der Pelt and Dwork, op. cit., pp. 326, 336, 343

▽(59) ibid., p. 327

▼(15) 一九二九年にユーゴスラヴィアで結成された、クロアチアの独立を目指すファシズム政党。ナチスのユーゴスラヴィア侵攻時にクロアチア独立国を設立し、一党独裁制をしいた。国内のセルビア人、ユダヤ人、ロマを強制収容所に入れたり、虐殺したりした。

▽(60) S. Della Pergola, 'Between science and fiction: notes on the demography of the Holocaust', *Holocaust and Genocide Studies*, 10: 1 (spring 1996), pp. 34–51; ウスタシャのジェノサイドについては、次を参照。A. Djilas, *The Contested Country: Yugoslav Unity and Communist Revolution, 1919–1953* (Cambridge, Mass., 1991), pp. 125–7

約五万人を移送することなどできなかっただろう。科学者や医者、学者に関して言えば、彼らの助言や熱心な参加は最初からナチスの人種計画の一部をなしていた。▽[61]

外国政府が支持を求められたときの反応は、ドイツの勝利の見込み、現地のユダヤ人への態度の性格、抵抗の機会費用によって決まった。彼らは、ユダヤ人の難民や無国籍者を引き渡す場合には特に協力的な傾向があったが、同郷の市民が移送されるのを認めるのには通常は躊躇した。政府によっては、反ユダヤ主義ではドイツ人に劣らず熱心で、自国のユダヤ系住民を「東へ」送り出す機会を歓迎するところもあった。特にフランス、スロヴァキア、クロアチアである。ルーマニアや、のちにはハンガリーのように、極端な反ユダヤ主義運動が短期間権力を握ったところでは、血なまぐさい結末はドイツ人自身をも驚愕させた。現地の人々が難色を示し時間稼ぎをはかったギリシャやオランダでも、ドイツ当局間の協力で当地のユダヤ系住民は高い比率で移送された。大方のユダヤ人を逃がしたデンマークを見習ったものはほとんど皆無であったが、イタリア人は、独自の理由から、自らの統制下にある地域においては最終的解決を妨害するためにあらゆることをした。中立のスウェーデンとスイスに関しては、ナチスの人種政策を逆用しようとしたことが最近明らかにされている。▼[16]

イギリス、アメリカ政府の側は、情報不足にさいなまれていた。チャーチルは行動部隊の東部からの報告書を暗号解析した「ウルトラ」情報を受け取っており、そこには殺害の総数が概略されていた。ポーランド抵抗運動の連絡将校で驚くほど勇敢なヤン・カルスキを含む何人かが、占領下のヨーロッパからロンドンやワシントンに、ゲットーや死の収容所の目撃情報をもたらした。しかし、ドイツに対する曖昧な公けの警告以外は何もなされず、収容所を爆撃する機会も見送られた。なぜなにも行動を起こさなかったのか、反ユダヤ主義のためか、何が起きているのか想像できなかったためか、それともたんに最終的解決は連合国の戦争遂行能力の中心的関心ではなかったためか、これは議論の余地のあるところである。▽[62]

占領下のヨーロッパ内部の世論を正確に読み取ることも難しい。反ユダヤ主義はもちろん大陸じゅうに見られる現象で、長い歴史がある。いくつかの地域でみられた、ユダヤ人の苦境への無関心やそれを熱狂的に支持するような態度は、そのためであろう。また、ジェノサイドは常に、豊かになるための華々しいチャンスを提供したという要因も忘れてはなるまい。見捨てられた工場、商店、不動産、家具や衣類、これらによって占領権力は民衆の満足をあがなうことができただろう。一九四〇年以降、アイヒマンはユダヤ人資産の「アーリア化」の「ウィーン・モデル」をアムステルダム、パリ、テッサロニキ、その他のヨーロッパの主要都市に拡大した。また、ローゼンベルク特捜隊だけで貨車六七四台分にも相当する家財道具を西ヨーロッパで略奪した。アウシュヴィッツの犠牲者の歯からとられた貨車七二台分の金はベルリンに送られた。これらの多くはドイツ人の家々やスイスの銀行の金庫に送られたにしても、恥知らずな対独協力者《コラボ》、情報提供者、あらゆる国籍の仲介者が私腹を肥やしたであろう。それでもなお、最終的解決を受け入れることが一般的な現象だったわけではないことは言っておかなくてはならないだろう。占領の脅威におびえ、多くの人々はナチ支配の下で私的な世界に閉じこもり、自分に直接関係のないことはみな無視しようとしていた。伝統的な道徳規範が明らかにかなぐり捨てられた。ドイツ人のユダヤ人に対する異常な残酷さは、非ユダヤ人全般に対しても警告になっていたのだ。

注目せざるをえないのはドイツ人の反応、もしくは反応の欠如である。帝国内では、安楽死作戦に対する激しい抵

▽（61）ゲッベルスとコールのユダヤ人鉄道移送の協議については、次からの引用。Kogon, Langbein and Rückerl, op. cit., pp. 10–11

▼（16）スウェーデンは、一九四二年にノルウェーのユダヤ人の受け入れを始めるまで、ユダヤ人難民の受け入れを厳しく制限しており、他の難民から差別していた。一九四二年以降は、デンマーク全土のユダヤ人の受け入れ、ハンガリーのユダヤ人のスウェーデン・パスポート支給による救出など、ユダヤ人救出のための積極的な役割を果たした。

スイスは、ナチス・ドイツと協力してユダヤ人のパスポートにJの文字を刻印させ、ユダヤ人難民をドイツに強制送還する措置をとった。国際的非難のため国境を開放したあとは、ユダヤ人難民を収容所に入れ、強制労働に従事させた。スイスの銀行は、ナチスの高官がユダヤ人から奪った資産の預け先にもなっていただけでなく、強制収容所で殺害されたユダヤ人口座の預金の返却に応じないことで批判されている。

▽（62）W. Laqueur, *The Terrible Secret: An Investigation into the Suppression of Information about Hitler's Final Solution* (London, 1980); T. Kushner, *The Holocaust and the Liberal Imagination* (Oxford, 1994)

抗に匹敵するような公けの抗議はなかった。大多数のドイツ人は、ユダヤ人がもはや自分たちの共同体の一部ではないことを受け入れているようだった。普通の中年の警察官が大量処刑に参加し、大学教授、弁護士、医師が行動部隊を指揮した。彼らは恐れからそうしたわけではなかった。無実の市民の射殺を拒否して死刑に処された事例の記録はないのである。むしろ、強制収容所の看守や、死の部隊の処刑人の手紙は、二十世紀中葉にヨーロッパに住んでいた普通の人々が殺人的イデオロギーの影響下にどのようなことをなしうるのかを明らかにしている。殺戮の最中にあっても、彼らは女友達、妻、子供などへの私的な心配や気遣いを抱いているのである。

親衛隊の下級突撃指揮官マックス・トイプナーが、一九四三年五月にウクライナでユダヤ人を権限なく射殺したことで親衛隊・警察最高裁判所によって裁判にかけられたさい、裁判所は第三帝国の道徳的価値の内奥をうかがわせる見解を示した。判決は、ユダヤ人の殺害それ自体は犯罪ではないということを強調していた。「ユダヤ人は絶滅されるべきであり、ユダヤ人の殺害は大きな損失ではない。」裁判所から見て、トイプナーの罪は彼らを残虐に殺害し、「彼の部下たちが凶暴な暴虐性をもって行動することを許したため、彼の指揮下において部下たちは野蛮人の群れのように行動した」ことにある。彼が「サディズム」ではなく、「ユダヤ人への真の憎悪」からこのような行動をとったとしても、「劣った」性格と「高度な精神的暴虐性」を露わにしている。判決は、「被告人の行為は礼節を知る誇りあるドイツ人にふさわしくないものである」と結論づけた。▽(63)

人種的に動機づけられた殺害をこのように容認する態度は、帝国内では明白に見られた。強制労働者や戦時捕虜労働者の隔離はゲシュタポによって強制されて始まり、次第にあたりまえのこととして受け入れられた。外国人労働者の糾弾は日常茶飯事だった。ドイツ市民と性的関係を結んだ労働者の公開絞首刑や鞭打ちはほとんど抗議を引きおこさず、警察によって彼らの移動や行動に制限が強制されても同様だった。例えばポーランドの労働者は自転車に乗ることや教会に行くことを禁じられた。ナチスの「東方労働者」の劣等性についての見解は、広く一般に受け入れられていたようである。マウトハウゼンの住民は収容所の収容者が街路を脚を引きずりながら歩いたり、親衛隊の看守のいつもの残忍さを見るのになれていった。一九四五年二月二日、数百人のロシアの戦争捕虜が収容所からなんとか逃れるのに成功したとき、隠れ場所や避難所を提供したのは二家族だけだったと記録されている。ほとんどの逃亡者は、恐ろしい流血騒ぎに参加したいと意気込む地元の農民や、興奮したヒトラー・ユーゲントのティーンエイジャーや町の人々に一網打尽に捕えられたり、「うさぎ」のように撃たれたりしたのである。[64]

死の収容所は、さらに大きな「強制収容所世界」の一部を構成していた。そこではヨーロッパじゅうに広がる収容所の広範なネットワークのなかで、数十万の収容者を親衛隊が支配していた。この「世界」の境界線は北はノルウェー、南はクレタ島にまで伸びていた。戦争終結時までに約百六十万人の人々が監禁され、（意図的に絶滅の対象となった人々に加え）百万人が死亡した。ヨーロッパ全体では一万以上の収容所があり、八つの絶滅収容所と、千二百の支部をもつ二十二の主要強制収容所に加え、四百以上のゲットー収容所、二十九の精神病患者収容所、両親が殺された子供の三十の収容所、大量殺害が制度化された占領東部地区の二十六の収容所、さらに、戦争捕虜、民間労働者、若年者、「ゲルマン化可能な」東欧人のための多数の施設があった。[65] ダッハウの収容者のなかには三十三の民族が、ラーフェンスブリュックには十四以上の民族が含まれていた。労働条件は非常に抑圧的であり、いわゆる労働収容所も収容者たちには絶滅センターと見なされていた。ブレスラウに近いグロース・ローゼンの花崗岩砕石所を描写して、アウシュヴィッツからここに到着したフランス人医師は次のように書いている。「人の殺害がグロース・ローゼンほど巧みに行なわれている場所は見たことがない。カポ〔囚人のなかから選ばれた監視員〕、収容所警察、親衛隊とその犬によ

▽（63）Klee, Dressen and Riess, op. cit., pp. 196–207
▽（64）G. J. Horwitz, *In the Shadow of Death: Living outside the Gates of Mauthausen* (New York, 1990), ch. 6〔ゴードン・J・ホロビッツ『オーストリア夜と霧――ナチスのユダヤ人大量虐殺』駐文館編集部訳、駐文館、一九九三年〕
▽（65）G. Schwarz, *Die nationalsozialistischen Lager* (Frankfurt, 1990), pp. 221–2

って、殺人は後ろめたさなく行なわれている。完成された技術でもって、彼らは二、三回殴るだけで人を殺すことができる。[66]」

これらの収容所の収容者たちは、親衛隊の主要な経済活動の基盤を提供していた。経済活動は、一九四四年までには鉱山から重工業へ、開墾から科学「研究」にまで拡大していた。一九四四年末には六十万人の収容者のうち四十八万人が労働可能とされていた。任務には、死んだ囚人の持ち物を武装親衛隊やその他の部門に配布するために分類する仕事や、採石、採鉱、ブナ工場や他の工業施設での労働が含まれていた。一九三〇年代のソ連と同様に、戦時の帝国は奴隷労働経済と化していた。

一九四四年二月、軍需部門の皇帝ともいうべきシュペーアはヒムラーに「収容所の囚人を私が特に緊急だと考える任務に配置する」ための支援を求めた。この要請によって、軍需工業、航空機組み立て、特に「ドラ」〔V2ミサイル工場〕やペーネミュンデでの地下ミサイル工場の建設における奴隷労働が迅速に拡大した。ここでの死亡率はすさまじい。「ドラ」プロジェクトでは数ヶ月の間に一万七千人のうち二、八八二人が死亡した。シュペーアはそのプロジェクトを「衝撃的な成功」と見なしていた。全体で、約十四万の囚人がシュペーアによって利用され、二十三万人が民間で工場の奴隷労働力として利用された。この時点では軍備危機があまりに高まっていたので、始めて反ユダヤ・イデオロギーが克服され、ハンガリーのユダヤ人がアウシュヴィッツから追加労働者として送られた。[67]

バルバロッサ作戦もまた、親衛隊の権限を他の方向に拡大した。東部では恐怖が法の支配に取って替わり、ヒムラーは、裁判所をさしはさむことなしに直接民間人を処刑できる権利を与えられた。武装親衛隊はヒムラーの軍隊となり、一九三九—四〇年には約五千人だったのが、一九四四年末には五十万人近くにまで拡大した。これは国防軍にとって脅威でもあり、パートナーでもあったため、ヒトラーが軍隊を徐々にナチ化するうえで鍵となった。親衛隊は東部占領地域の警察権限を委ねられており、親衛隊の部隊長バッハ＝ゼレヴスキは反パルチザン作戦の調整を任ぜられた。

いうまでもなくこのような作戦は多大な破壊と生命の損失を引き起こした。基本的な戦略は「テロにはテロで応える」ことだった。ドイツ人の生命や財産への攻撃に対する報復の比率が決められた。結果として何千もの村が焼き討ちされ、何十万人もの民間人が「掃討作戦」の最中で殺害された。パルチザン行為への影響としては、おそらく確実に逆効果であったろう。その結果、若者が地下活動へと追いやられたからである。反政府行動にたいしてもっと洗練された対応戦略が試みられるようになるまで、数十年待たねばならなかった。一九四五年以降、ヨーロッパの植民地列強やアメリカはナチスの報復的な対ゲリラ政策の失敗を研究し、多くを学んだのである。

パルチザンはドイツの支配に対して深刻な軍事的な脅威となることは決してなかったが、ドイツ化のプロセスを妨害することはできた。ここでもバルバロッサ作戦はナチスの考えをさらに極端かつ野心的にしていた。ウクライナとベラルーシの征服後、親衛隊の都市計画者はすぐさま、ウクライナじゅうに小さな新しいドイツ人の町を点在させる計画を打ち出した。「東部総合計画」はリトアニアからクリミアに広がる二十五年にわたる壮大な定住プログラムを構想するものだった。アウシュヴィッツでは、ナチスの植民者が東に向かう前に訓練を受けられるように、囚人たちが魚の池を掘り、モデル農場の納屋を建設した。

しかし現実世界では、ドイツ化構想全体に関わるいくつかの困難が明らかになりつつあった。一つは腐敗である。旧帝国出身のドイツ人には高い割合で「金鉱掘り」（あるいは「キンケイ」と呼ばれた）や渡り者が含まれており、彼らは一攫千金や略奪の見込みに惹かれてやってきていた。対照的に、移住を望む農民はほとんどいなかった。農村地域への定住者たちは、危険にさらされていると感じていた。恨みを抱く地元住民によって財産や生命が脅かされていると感じたのである。

▽（66）J. Billig, op. cit., pp. 57, 99, 241
▽（67）Herbert, op. cit., p. 174; ウクライナにおける十五万から二十万のユダヤ人の殺害が引き起こした経済的な損害に関する早期の批判については、次に引用されている 3257-PS を参照。American Jewish Conference, *Nazi Germany's War against the Jews*, op. cit., I-50–51

「生存圏《レーベンスラウム》」という体制の強迫観念を考えるとまったく皮肉なことだが、ヒムラーが植民を夢見た広大な領域に足りるほどの移住者はいないようであった。当時のナチスの新聞によれば、地元の農民指導者が「同志諸君、調子はどうだね」と尋ねると、「土地が多すぎる」というのが農民の不本意そうな答えであり、「絶望した眼差しで遠くを見つめていた」という。「土地と人々の割合が逆転してしまった」と一九四二年に別の批評者も書いている。「大勢を狭い土地でいかに食べさせるかという問題が、調達できる限られた人数で、征服した土地をいかに有効に利用するかという問題に替わった▽(68)。」

体制は志願者を捜し求めていたが、植民希望者のスクリーニングは、人種理論家にとって複雑な問題を投げかけるものとなった。党の強硬派は、ドイツとの結びつきが希薄でも見かけが適当な候補者を選ぼうとしたが、言語や文化の知識のほうが肉体的な特質よりも重要であると主張するものもいた。親衛隊が人種的にすぐれた見本をロシアからあまり大勢つれてきすぎると、帝国の住民は劣等感をいだき、人種戦争がはじまるのではないかとの憶測すらあった。他方で、無理やりドイツにつれてこられたスロヴェニア人三万五千人のうち、最終的にゲルマン化に適していると承認されたのはたった約一万六千人にすぎなかった。多くはスロヴェニアのパルチザンの親族だったので、数字がこれほど高いのは驚くべきことである。残りは、ルクセンブルクやアルザスから連れてこられた人々といっしょに、戦争が終わるまで収容所に留め置かれた。

ヒムラーの人口工学に対して戦時の現実が課した限界は、ザモシチの事例ではっきりと露わになった。ザモシチはルブリンの南にある町で、「民族ドイツ人《フォルクスドイッチェ》」の計画的入植地を作るために特別の試みが行なわれていた。これは親衛隊が植民構想をなんとか完成近くまでもっていけた唯一のケースで、一万人以上のポーランド人が、ドイツ人入植者に明け渡すために自分の家から追い出された。ポーランド人の半数は森に逃げ込み、地下活動に参加し、農場や村を襲撃した。残りは人種的純粋性のスクリーニングにかけられ、移送された。まだ二万六千人のウクライナ人と十七万人のポーランド人が住むこの地域に、二万五千人のドイツ人が移住させられた。プロパガンダは、彼らは「現代の東方植民の最初のドイツ人集団であり、脈打つドイツ人の植民地生活が再び目覚めさせられる」と豪語した。しかし、すでに一九四四年初頭には地元の当局は入植地をあきらめ、入植者を西に撤退させるようヒムラーを説得しようとしていた。農場への襲撃が日常化し、男たちはレジスタンスに殺されないよう、畑で眠っていたのである。[69]

しかし、ヒムラーとヒトラーは東方におけるドイツ帝国という構想に固執し、我慢強い入植者の撤退を可能な限り遅くしようとした。撤退計画に統一性が欠けていたことは、彼らの計画の根本的な非現実性の一つの側面にすぎない。人種的植民主義は失敗を宿命づけられていた。これはハプスブルクの軍事境界地域政策を、ハプスブルクの政治的柔軟さなしに模倣したものだった。現地の住民にあまりに大きな憎しみを掻き立てたために、広大な旧ソ連領を強力な警察組織なしで維持するのに必要な植民者の数は、ベルリンのコントロールの範囲を越えていた。ヒトラーの長期政策では、「一億のドイツ人がこの領域に入植する」ことになっていたが、それほどの人数はまずそもそも存在しなかった。ナチスはドイツ人を農民にしようとしたが、大方のドイツ人は拒否した。ヒムラーは、戦争の英雄が前線から帰ったときに、ポーランドやウクライナの農場を報酬として歓迎すると信じたが、それは疑問であった。[70]

赤軍が進軍するにつれて、入植地は自然に崩壊していった。一九四三年八月から一九四四年七月の間に三十五万人のクリミア・ドイツ人が西部ポーランドに避難し、ウクライナ、ベラルーシからもそれに続いた。ドイツの焦土作戦によって、大方の入植者にとって残留は、望んだとしても不可能になった。一九四五年初頭には何十万人ものドイツ人難民が西へ、帝国へと移動し、膨大な自発的な脱出となった。

同時に、さらに憂鬱な強制的行進が、人種の夢の暗部を明らかにした。最終的解決の最終段階のなかで、絶滅収容

▽（68）Kamenetsky, op. cit., p. 74; Kulischer, op. cit., p. 261
▽（69）次を参照。SS/Police chief O. Globocnik in the *Krakauer Zeitung*, 15 June 1941, tr. in US Department of State, *National Socialism*: op. cit., pp. 485–6
▽（70）統治方法に問題があったために、「警察権力を強大化」しなくてはならなくなったとの報告については、次を参照。Dallin, op. cit., p. 219; Trevor-Roper, op. cit., pp. 468–76

所や強制収容所は閉鎖、場合によっては破壊され、生き延びた収容者たちは雪のなかを追い立てられ帝国の方角に向かって延々と行軍させられた。一九四五年一月に収容所にいた七一四、二一一人中約二十五万人がこの死の行軍の最中に死亡した。

この行進の背景にはさまざまな動機があった。親衛隊が囚人たちを連合軍の手に渡すまいとし、あるいは奴隷労働者として搾取しようとしたのもそこに含まれよう。しかし、徒歩や列車での行程には目的がないものもあり、たんに「強制収容所での大量殺人を別の方法で継続」する意図に思えるものもあった。行進する囚人らは飢え、打たれ、あまりに疲労困憊し、集団についていけなくなると射殺された。看守たちの残酷さに加え、犠牲者たちはしばしば通り道のドイツ民間人の攻撃的な敵意にも耐えなくてはならなかった。救助の例も記録されている。「クリスチャンシュタットでドイツ人の女性たちがわれわれにパンを与えようとしたが、女看守が許さなかった」と、ある元囚人は書き残している。「ある人間の心をもったドイツ人女性が叫んだ。『あなた方、なんと哀れで、なんと不幸に。』すると残忍な女看守が怒鳴った。『ユダヤ人を哀れむなんて、なんてことをするんだ。』」行列を見て、同情を示したことを親衛隊看守に聞かれて命を落としたドイツ人の例が知られていないことは指摘するに値しよう。それでも非難と無関心が哀れみを上回った。一九四五年初頭には終末が見えてきており、ドイツ人民間人の多くは自分たちこそが戦争の第一の犠牲者だと考え、彼らの只中を通っていく行軍者たちの不幸には盲目だった。▽[71]

ヒトラー帝国のこの最後の段階において、民族共同体《フォルクスゲマインシャフト》の秩序ある世界と、収容所の下層世界の間に存在していた障壁が崩れた。収容者たちは「火星人のように」外の世界に現われた。彼らの看守はもはや秘密を誓った親衛隊員に限らず、退却してきた兵隊、民間人、党の役員やヒトラー・ユーゲントが含まれていた。見境ない射殺や殺戮はもはや収容所の境界内部でのみ行なわれるのではなく、ドイツやオーストリアの道端、森、町や村の郊外で行なわれた。▽[72]

この規模で行なわれた大量殺害から生じた究極の技術的な問題は、死体をどう処理するかであった。絶滅収容所では、死体は大量の薪の上か炉のなかで焼かれた。最後の数ヶ月にいたるところで手当たり次第に行なわれた殺害は、そう簡単に後片づけすることはできなかった。ドイツ人がルブリン地域から撤退するさい、彼らは大急ぎでジェノサイドの痕跡を隠そうとしたが、うまくはいかなかった。クルコフスキは大きな墓が掘られた「ユダヤ人墓地の腐敗した死体のにおい」について恐怖をこめて書いている。ドイツの収容所を解放した連合軍は衝撃を受け、ノルトハウゼン、グーゼン、ヴェベリンなどの地元市民に、死体の山を調査するだけでなく、埋葬するように、ときには彼らの古いエレガントな街の中央広場や公園に埋めるように強制した。[73]

吐き気に襲われながら解放後数日後のマウトハウゼンに入ったオーストリアの神父は、次のように書いている。「何度か私は戻しかけた。人間は文明化したのだと思っていた。しかし、この収容所の中はどうだ。……われわれの傲岸な世紀のなんと悲しい成果、この残酷さ、比類なき文化の欠如——それもすべてヨーロッパの中心で。」しかし、死体は収容所のなかにのみ横たわっていたわけではなかった。戦後数年間は、中央ヨーロッパの路傍には墓が点々と続いていた。のちに地元当局が代わりに集団記念碑を建設し、遺体を移し、風景の汚点を消し去った。新たに清められた農村風景が、旅行者や地元民のために作り出されたのだった。[74]

一九四二年にはアウシュヴィッツの収容者たちの服や個人的な持ち物が、ウクライナの民族《フォルクス》ドイツ人《ドイッチェ》入植者にクリスマス・プレゼントとして配布されることが決定された。のちにこの計画は拡張されて、貨車何台分もの品物がドイツ人入植者に送られた。ジェノサイドは植民と分かちがたく結びついていた。なぜならヒトラーの戦争目的はヨーロッパを完全に人種的に再構成することだったからである。[75]

▽（71）Y. Bauer, 'The death-marches, January–May, 1945', *Modern Judaism*, 3 (1983), pp. 1–21, esp. 11
▽（72）次を参照。Horwitz, op. cit., chs. 7–8
▽（73）Klukowski, op. cit., p. 345; 次も参照。R. H. Abzug, *Inside the Vicious Heart: Americans and the Liberation of Nazi Concentration Camps* (New York/Oxford, 1985)
▽（74）Horwitz, op. cit., p. 165

このようなプロジェクトには、歴史上比肩すべきものがない。ヨーロッパでは、ナポレオンやハプスブルクもこのような排他的な支配は目指さなかった。ヒトラーがウィーンに批判的なドイツ・ナショナリストとして成長したことで、二重君主国の統治方法との対比が説明できよう。その暴力性や人種主義に関しては、ナチスの帝国主義はアジア、アフリカ、特にアメリカでヨーロッパが行なった先例から多くを引き出している。戦時中のある晩、ヒトラーは、「われわれがカナダ産の小麦を食べるとき、略奪されたインディアンのことを考えたりはしない」といっている。別の折りには、ウクライナを「新しいインド帝国」とも述べている。しかしヨーロッパ人は、もしイギリスがインドを治めるように支配されたならば憤るかもしれないが、アメリカ原住民に負わせたような経験を蒙っては、ただショックをうけるだけだった。▽[76]

ナチズムはヨーロッパの新秩序を構築すると主張して始まったが、人種イデオロギーが経済的合理主義を凌駕するにつれて、このプロジェクトに潜む極端な暴力性が明らかになっていった。ゲッベルスは自分たちの政策を「アメと鞭」だといったが、アメは不十分で、鞭が多すぎた。「諸民族からなるヨーロッパ家族の大生存圏《グロスレーベンスラウム》」は、ドイツ人には生活を、多くのヨーロッパ人には不確定で不安定な生存を、ユダヤ人には絶滅を約した。「ヨーロッパがわれわれなしに存在できないとすれば、われわれもヨーロッパなしには生き残れない」とゲッベルスは親ヨーロッパ的な時期に書いている。これは正しかった。ドイツ人は一九四〇年以降、大陸を支配する機会を棒に振り、敗北は自身の破滅を導いた。こうしてヒムラーの最初の構想が実現する。ドイツ人はそれ以降、ドイツ内部に集住することになったのである。このような結果にいたった道のりを彼が勝利と見なすかどうかはわからないが。▽[77]

▽(75) V. Lumans, *Himmler's Auxiliaries: The Volksdeutsche Mittelstelle and the German National Minorities of Europe, 1933–1945* (Chapel Hill, NC, 1993), p. 203
▽(76) Trevor-Roper, op. cit., pp. 33, 69, 92, 316, 354–5
▽(77) C. Child, 'Administration', in Toynbee and Toynbee, op. cit., p. 125; E. K. Bramsted, *Goebbels and National Socialist Propaganda, 1925–1945* (Ann Arbor, Mich., 1965), p. 303

第６章　黄金時代への青写真

二十世紀の民主主義の礎石はまだ据えられていない。

――Ｅ・Ｈ・カー『平和の条件』

ほんのわずかの間、われわれは時代を築く機会を手にした――すべての人類にとっての黄金時代を開く機会を。

――Ｃ・ストライト『いま、連合を』

諸価値の再検討と英雄的な努力が適切なタイミングで試みられていたならば、民主主義諸国は戦争から救われたかもしれなかった。しかしいま、廃墟の只中で、それが始まり、実現しようとしている。

――ジャック・マリタン『キリスト教と民主主義』

第二次世界大戦とヨーロッパにおけるナチスの新秩序という現実に触発され、大陸の内外で、民主的な国民国家を現代世界のなかに新たに位置づけ直す試みが始まった。この章では、戦時に行なわれた議論がどのような軸をめぐって展開したかを描いてみたい。その議論の中心は、ベルリンによって創り出された権威主義の怪物に対抗できるような、もう一つの「新しいヨーロッパ」を構想し直すことだった。ただし、いうまでもなく、ナチスの「新秩序」は、これに代わる体制をなんとか考え出そうとさせる役割を果たしたばかりではない。いくつかの領域では、戦後の現実がまさにそこから生まれ育つ苗床であった。例えば、経済、特に工業における仏独協力には、ヒトラーのヨーロッパから〔ロベール・〕シューマンのヨーロッパへの連続性が見て取れる。また、国家行政機構の官僚にも明らかな人的連続性がある。しかし、政治的な価値や理念の領域においては、このような連続面の重要性ははるかに小さい。

けれども、第二次世界大戦は、少なくともロンドンとパリに関しては、新しい秩序のための戦争として始まったわけではなかった。ナチスの夢が力強かったのと対照的に、イギリスは当初からイデオロギー的に臆病だった。年老いたH・G・ウェルズは次のように口をきわめて批判している。「彼らは、信じがたい失策を繰り返し、ほころび始めた帝国を『ヒトラーを終わらせる』ための大戦争に巻き込んでしまった。しかも、敵に対しても世界に対しても、ヒトラーのあとに何が来るべきかをまったく示さなかった。彼らが望むのは、どのようにかははっきりさせていないが、とにかくドイツを麻痺させ、あとはゴルフコースや釣り糸を垂れる小川に戻り、夕食後は暖炉の前でまどろむことなのは明らかだ[1]。」

チャーチルが登場してもこのような批判は静まらず、むしろダンケルクでの敗北以後、激しくなった。情報省のハロルド・ニコルソンは、ドイツが遂行している「革命戦争」はイギリスの「保守的な」戦争努力と対照的だとし、政府に対し、「新しい秩序」のために戦うよう人々に呼びかけることが必要だと訴えた。労働党のアトリーが、「否定的な目的」のための「保守的戦争」を戦う必要はないと強調するなかで、保守党の改革派もニコルソンに同感した。チャーチル自身は、戦争目的や戦後秩序について、どのようなかたちであれ語ろうとはしなかったが、アディソンの言葉を借りれば、彼のまわりにはその議論が「渦巻いていた」。一九四〇年夏に、ナチスの「新秩序」がヨーロッパの話題をさらうと、その圧力で、イギリスの政策策定者も自らの新秩序を描かざるをえなくなった。こうしてイギリス内外で巻き起こされた議論が、戦後世界の基礎をかたちづくる理念や価値の多くに刺激を与えたのである[2]。

デモクラシーの復活

一九四一年三月までには、著名なイギリスの政治家が、「『誰でも』が新しい秩序、新しい社会、新しい生活様式、新しい人間の概念について語っている」と記すほどになっていた。歴史家Ｅ・Ｈ・カーによれば、「問題となったのは、新しい秩序が必要かではなく、それが構築される方法であった」。彼の考えでは、ヒトラーは戦争に勝てないが、「おそらく、古い秩序の残滓を拭い去るという欠くことのできない機能」を果たし、この闘争は「社会、政治秩序の革命の一つのエピソード」になるのである。▽(3)

この革命のまさに中心となるのが、ヨーロッパにおいて民主的な価値を保持し、もう一度擁護することであった。「デモクラシー！　かつてこの言葉ほど貶められ、あざけられた言葉はないだろう。」一九四四年三月、フランスのレジスタンスの機関紙『狙撃兵《フラン・ティルール》』はこう書いた。「それが委員会での長たらしい発言や議会の無能を表わす言葉だったのはつい昨日のことである。」フランスにおける第三共和制への深い不満を意識して、ド・ゴール将軍は自由フランス▼(1)の初期の放送において、この話題を持ち出すことを明白に避けていた。一九四一年七月には「現在のところ、フランス人民の多くは民主主義という言葉を、戦前にフランスで作動していた議会体制と混同している。……その体制は、さまざまな出来事によって貶められ、世論によって糾弾されたのだ」と書いている。イギリス駐在アメリカ大使

▽（1）H. G. Wells, *The New World Order* (New York, 1940), p. 45〔Ｈ・Ｇ・ウエルズ『世界新秩序建設』前田河廣一郎訳、非凡閣、一九四〇年〕

▽（2）I. McLaine, *Ministry of Morale: Home Front Morale and the Ministry of Information in World War II* (London, 1979), pp. 30–31, 101; P. Addison, *The Road to 1945: British Politics and the War* (London, 1975), p. 121

▽（3）R. Acland, *The Forward March* (London, 1941), p. 9; E. H. Carr, *Conditions of Peace* (New York, 1942), p. 9〔エドワード・ハレット・カ『平和の條件——安全保障問題の理論と実際』高橋甫訳、建民社、一九五四年〕

▼（1）フランスの将軍ド・ゴールがパリ陥落後ロンドンに亡命し、自らを代表として形成したフランスの亡命政権。亡命者や在外フランス人の自由フランス軍による軍事活動、フランス国内でのレジスタンス活動、連合国のメンバーとしての外交活動を実施した。

ジョー・ケネディのように、フランス陥落後、「イギリスでもデモクラシーは終わるだろう」と予言するものがいたのは、戦間期ヨーロッパにおけるデモクラシーへのこのような全般的幻滅があったからである。ベストセラー『平和の目的と新秩序』の著者であるマッケイも、「民主主義の理念を再定義する必要性こそが、いま、われわれ全員にとってもっとも根源的な問題である」と述べている。[4]

ヒトラーに対抗する主張をチェンバレン〔一九三七―四〇年イギリス首相〕が不確かなかたちでしか提示できなかったことは、多くの批判者にとって、西ヨーロッパで支配的な「ブルジョワ的」民主主義の伝統が自己満足的で、受動的で、時代遅れであることを典型的に表わすものだった。デモクラシーがヨーロッパで生き残るには、デモクラシーとはなにかを解釈し直す必要があるという信念が、のちに戦時コンセンサスとなる考え方の根底に存在する。古いリベラルなデモクラシーのように、政治的権利と自由の価値に焦点を合わせたのでは、大衆の忠誠を得るには不十分であった。アメリカに移住したある中央ヨーロッパ人はこう書いている。「デモクラシーは……新しい理念に対して自らの価値を対置してみせなければならない。デモクラシーの心理と手法が新しい時代に適応できることを示さねばならない。」このような視点からみると、一九四一年八月の大西洋憲章[2]は、情けないほど慎重で、その約束は保守的ですらあった。「われわれが、すべての時代を通じてもっとも革命的な戦争のただなかにあるということを示すものは、その文章には一つもない。……［その］欠点は、全体主義諸国がなにか新しく創造的なものを作り出そうと努力しているのに、民主主義諸国は過去のやりかたを保持したがっているように見えることである。」イギリス政府のプロパガンダを辛辣に批判する次のような意見によれば、イギリスでは大西洋憲章それ自体が軽視されていた。「情報省のスポークスマンは、イギリス帝国、アメリカ、フランス、戦時の料理法、ナチ支配の恐怖とヒトラーの新秩序については説いてまわる。しかし、われわれの新しい秩序については何も語らない。実際、われわれが、理念の戦いや社会革命のただなかに生きているという認識が欠けているのである。[5]」「社会革命」という言葉は、今日の修正主義者たちには言い過ぎのように思えるかもしれない。しかし、イギリスやナチスに占領されたヨーロッパで戦争によって引き起こされた劇的な変化を記述する言葉としては、強すぎるものではない。戦時の移動と混乱は、戦前の確固とした階級制度の基礎であった社会的な距離を崩壊させた。イギリスだけでも、戦争中に登録された住所変更は六千万件にも及ぶ。爆撃の衝撃、組織的な疎開、数百万人規模の大衆的パニックや逃走のなかで、それまでお互いを無視していた階級やコミュニティが一つになった。一九四〇年夏には、ベルギーとフランスだけでも、数百マイルにわたる地域の八百万から千二百万の人々が、ドイツ軍から逃れ南仏を目指す大逃走に加わったのだった。配給制は、政府の計画を平等のために用いることもできるということを示し、その結果驚くほど支持された。このように、戦争それ自体が、経済と社会を運営するという政府の新しい役割とともに、改革者たちの議論の正しさを示したのだった。すなわち、民主主義は実際に介入主義的な国家と両立しえるのである。一九四四年、イギリスの『世論調査』は以下のように分析している。「一般民衆は、統制を民主的だと感じている。それは、実際には国民の限られた部分にしか適用されないさまざまな自由に比べれば、統制のほうが民主的である、という信念に基づいている。▽(6)」

「新しいヨーロッパ」と題した『タイムズ』紙の一九四〇年七月の論説のなかで、E・H・カーは、「われわれがいう民主主義とは、投票する権利は守るが、働き、生きる権利については忘れてしまうような民主主義のことではない」と断言した。これはヨーロッパじゅうの社会主義者たちが何年ものあいだ繰り返してきた言葉だが、戦争のなか

▽（4）W. Lipgens (ed.), *Documents on the History of European Integration*, vol. 1: *Continental Plans for European Union, 1939–1945* (Berlin/New York, 1985), p. 39; Kennedy in *The Times*, 18 November 1940; ド・ゴールについては次を参照。A. Shennan, *Rethinking France: Plans for Renewal, 1940–1946* (Oxford, 1989), pp. 53–6; R. W. G. MacKay, *Peace Aims and the New Order* (London, 1941 edn), p. 7

▼（2）一九四一年八月、アメリカのルーズヴェルト大統領とイギリスのチャーチル首相の間で調印された戦後構想で、他の連合国もこの原則を受け入れた。領土拡大の否定、領土変更における住民意思の尊重、国民自決、貿易制限の縮減、恐怖と欠乏からの自由、侵略国家の武装解除などを約し、戦後の国際連合、ＧＡＴＴへとつながった。

▽（5）E. Ranshofen-Wertheimer, *Victory is not Enough: The Strategy for a Lasting Peace* (New York, 1942), pp. 122–3; ‘Metropoliticus’, ‘The Ministry of Information’, *Political Quarterly*, 13 (1942), p. 300

で、新たな重要性をもつ説得的なメッセージとなった。ヴィシー政権により投獄されたフランス元首相レオン・ブルムはこう書いている。「弱い、邪道なブルジョワ民主主義は崩壊した。それは真のデモクラシーによって置き換えられなければならない。活力をもち能力のある、資本家のものではなく人民の、脆弱ではなく強固なデモクラシーに。……このような人民のデモクラシーは、実際、社会民主主義でしかありえないだろう。[7]」

しかし、戦時中、改革が必要だと合意していたのは、社会主義者だけではなかった。進歩的自由主義者、テクノクラート的な計画支持者、それに新たに主張を強めた穏健保守主義者も、現代国家の社会・経済的責任を拡大することに熱心であった。例えば、経済の金融に対する優位を主張し、自由放任の破産を断言する機会を得て、満足していたのはまさにケインズだった。彼も、戦後の目標に対するイギリス政府の態度が当初退行的であったことにいらだっていた。一九四〇年夏、ケインズは、ナチ新秩序を経済的側面について論駁する放送をするようにという誘いを断っている。むしろ尊敬すべき部分を多く見出せるから、というのが理由であった。彼はダフ・クーパーに次のように書いている。

> あなたの手紙は、われわれが戦前の経済状況維持の主唱者としてふるまい、古き良き一九二〇年から二一年、または一九三〇年から三三年時の制度、つまり金本位制または国際為替の自由放任を提案することで、フンク〔ドイツ経済相〕の上をいくべきであると示唆しているように読める。……しかしこれがなにか特に魅力的な、あるいはよいプロパガンダといえるだろうか？　……はっきりしているのは、私は、戦前の金本位制の美点や利点を唱導したりはしないということだ。
>
> 私の考えでは、ドイツのラジオの文言の四分の三は、もしドイツや枢軸の代わりにイギリス帝国の名が入りさえすれば、きわめて優れたものである。……フンクの計画は、額面どおりに受け取るならば、すばらしいものであり、まさにわれわれ自身が実行を考えなければならないようなものだ。もし批判するとすれば、その善意に疑

念を示す、というやりかたになるだろう▽(8)。

一九四一年初めになってケインズは、戦争目的の宣言の草案を執筆することに同意し、そのなかで、戦後、社会保障を確保し失業と戦う必要を強調した。公表はされなかったものの、この覚書は、イギリス政府が完全雇用政策を実施する責務を負うようになる第一歩だった。同様に重要なのは、彼が二人の助手とともに実行した、初めての公式の国民所得統計の構築という先駆的な仕事であった。ここで得られた手段によって、財政運営における戦後のケインズ主義革命が可能となったのである▽(9)。

戦時中のイギリスの社会政策の変化は、広範囲に及ぶものであった。経済政策におけるケインズの仕事の他にも、教育、健康、都市計画の分野において先駆的な改革が行なわれた。戦争によって、無料の学校給食が導入された。完全雇用や国民保険制度（NHS：National Health Service）に関する一九四四年の政府白書も戦争によるものである。そしてなによりも、ウィリアム・ベヴァリッジの登場である。彼の一九四二年の報告『社会保険と関連サービス』は戦後福祉国家の礎石となった。彼自身、戦争をきっかけに福祉資本主義の批判者から根本的な社会変革のための計画の信奉者へと転向し、一九四〇年初めにはベアトリス・ウェッブに「民主的条件の下で共産主義が試みられるのを見てみた

▽（6）次を参照。R. M. Titmuss, 'War and social policy', in his *Essays on the 'Welfare' State* (Boston, Mass., 1969), esp. pp. 84–6〔R・M・ティトマス『福祉国家の理想と現実』谷昌恒訳、社会保障研究所、一九六七年〕; また次のコメントも参照。J. Harris, 'Some aspects of social policy in Britain during the Second World War', in W. J. Mommsen (ed.), *The Emergence of the Welfare State in Britain and Germany, 1850–1950* (London, 1981), pp. 247–63; *The Journey Home* (a report prepared by Mass Observation for the Advertising Service Guild) (London, 1944), p. 104; 大逃走については、J. Vidalenc, *L'Exode de Mai–Juin 1940* (Paris, 1957) 及び N. Ollier, *L'Exode: sur les routes de l'an 40* (Paris, 1970) を参照。

▽（7）次からの引用。Addison, op. cit., p. 118; ブルムは次からの引用。Lipgens, op. cit., pp. 278–9

▽（8）次からの引用。McLaine, op. cit., p. 149

▽（9）Addison, op. cit., pp. 170–71

い」というほどになっていた。[10]

政府は当時、社会保険改革をむしろ技術的な問題だと考えており、戦時連合政権が彼を調査に任命したのも不承不承のことだった。しかしベヴァリッジは、断固としてこの業務を「戦後の新しくよりよい世界への貢献」として位置づけようとし、成功した。彼の調査によって、英政府は戦後の完全雇用への道を、当初意図していたよりもはるか先まで歩を進めざるをえなくなった。ベヴァリッジ報告と政府自身の白書に共通するのは、社会的な善のために国家の計画が必要であるという主張であり、戦前の自由放任のもたらした不公正への非難であった。ベヴァリッジは一九四二年の報告を以下のように締めくくっている。「今日、民主主義諸国が、団結して力と勇気と想像力を示すことができるならば、たとえ総力戦を戦いながらであっても、同時に二つの勝利を手にすることができるだろう。両者は本当のところ不可分なのである。[11]」

ベヴァリッジ報告が歓迎されたのは、彼の自己演出の才能にばかりよるものではない。戦後復興に対して、世論は本物の関心を寄せていたのである。ベヴァリッジ自身と同様、イギリス世論は戦争中に左へシフトした。それは、『ピクチャーポスト』誌の一九四一年一月の特別号「戦争が終わったときにわれわれはどのような英国を築きたいと望むか」への関心や、ベストセラーとなったカンタベリー大司教[3]の一九四二年のペンギン叢書『キリスト教と社会秩序』の売上げ、リチャード・エイクランドの共有財産（Common Wealth）党の旗揚げなどからもわかる。ベヴァリッジの提案は、BBCや地下出版を通じて国際的にも流通することとなり、ドイツ「第三帝国」においても彼の計画は「国民社会主義の理念をわれわれの敵が受け入れたことの特に明白な証」であるとみなされた。[12]

この言い方はもちろん公平ではない。ナチズムの挑戦によって、民主主義者も社会的・国民的連帯という問題に再び着目せざるをえなくなった、というべきだろう。この過程はすでに一九三〇年代に始まっている。よく知られている例としては、スウェーデンで、社会民主党が権威主義的な強制的人口政策に対して代替案を先駆的に示したことがあげられよう。一九三〇年代後半に現われたスウェーデンの福祉国家では、プログラムの民主性が強く意識された。

人々により多く子供をもつように促す出生増進主義的な措置は、子供をもつかどうかの決断は個人的なものであり、それを国家は尊重すべきであるという考えを承認することと結びつけられていたのである。スウェーデンは確かに精神障害者の不妊化措置を維持したが、しかし他方で出産調整のためのクリニックを支援し、学校で性教育を行ない、堕胎法を緩和し、働く母親の権利を保護した。同時に、家族手当の導入や、万人に対する無料の医療や歯科治療、学校給食も実施されたのである。

これらの政策の立案者の一人、アルヴァ・ミュルダールにとって、スウェーデン・モデルは、国家と個人の関係についてのナチスの捉え方とは対照的なものであった。彼女は、『国民と家族』のなかで、スウェーデン・モデルは、現代民主主義の射程の必然的な拡大の結果であると論じている。この本を一九四〇年八月に書き終えたミュルダールは、「現在の惨禍」が終わり「ヨーロッパで再び自由と進歩がその機会を得る」ときを慎重に待ち望んでいた。しかし彼女は、急速に耳慣れた言い回しとなりつつある言い方で、以下のようにも警告していた。

この戦争が終われば、民主主義は再び確固とした足場を得るだろうが、前の戦後以上に、社会的義務を果たすという挑戦に直面するだろう。政治的な自由と形式的な平等だけでは十分ではない。真の民主主義、社会的・経

▽（10）J. Harris, *William Beveridge: A Biography* (Oxford, 1977), p. 366〔J・ハリス『ウィリアム・ベヴァリッジ――その生涯』（上・中・下）柏野健三訳、西日本法規出版、一九九五年〕

▽（11）Harris, op. cit., p. 387; W. Beveridge, *Social Insurances and Allied Services* (London, 1942), p. 172〔ウィリアム・ベヴァリッジ『ベヴァリッジ報告――社会保険および関連サービス』森田慎二郎ほか訳、法律文化社、二〇一四年〕

▼（3）当時のカンタベリー大司教、ウィリアム・テンプルは、さまざまな社会改革に力を尽くした。反ユダヤ主義と不寛容に立ち向かう組織「キリスト教徒とユダヤ教徒の会議」の設立や、言及されている著書で知られる。同書は、教会が経済問題について介入することの正当性を論じており、次の邦訳がある。ウイリアム・テンプル『基督教と社會秩序』後藤眞訳、新教出版社、一九五一年。

▽（12）Harris, op. cit., p. 420; ナチスの労働組織についての類似の考えについては、次を参照。R. Smelser, 'Die Sozialplanung der deutschen Arbeitsfront', in M. Prinz and R. Zitelmann (eds.), *Nationalsozialismus und Modernisierung* (Darmstadt, 1991), pp. 71–92

済的な民主主義が必要とされている。……

ヨーロッパは貧しくなるだろう。交戦国も非交戦国も、伝統的な支払い能力の基準に照らせば、財政構造は破産も同然である。富める者は税で財産を奪われ、大衆は飢えるであろう。戦時経済の構造が崩壊し、物資の交換や通商を平時に戻すにしても、混乱して適合は困難であろう。復員した数百万の人々は雇用と安全を切望する。秩序ある自由を保ち社会のカオスを避けるためには、勇気と賢慮が必要とされるであろう。しかしながら、このような状況は、社会改革の取り組みを妨げるものではない。逆に、このような状況こそが、望むと望まざるとに関わらず、改革を余儀なくさせるのである。▽(13)

これらは、戦争によって引き起こされた、社会正義と民主主義についての包括的な議論の一部でしかない。ナチスは平等な新秩序でヨーロッパを資本主義の金権支配から守ると主張してきたが、このナチスのヴィジョンは、一九四二年にはかつての魅力を完全に失った。いまやより公正な未来のために闘うのは、ナチスの敵対者の側となった。例えばフランスでは、レオン・ブルムはリオムにおける一九四二年の自分の裁判で、人民戦線を熱烈に擁護し、多くの賞賛を集めた。同年十一月にド・ゴールが、ペタンの反動的体制に対抗する「新しい民主主義」の樹立を呼びかけたことも、ヴィシー政権への不満を示した。一九四三年四月には、ド・ゴールは経済問題と社会保障についての国家統制の導入の必要を説くようになっていた。▽(14)

ナチス支配の下で生きる普通の人々がヨーロッパじゅうで過激化したことを示す証拠には事欠かない。「われわれは、経済的カオス、社会的不公正、精神的放縦、階級的偏見に満ちた一九三九年の社会的状況に回帰することは決して望まない」と、オランダのある若い弁護士は一九四二年に地下出版のニュースレターに記している。ギリシャでは、インフレと食料の不足が、「紛れもない社会革命」と「戦争前にはもっとも保守的だった人々のなかでの左翼への方向転換」をもたらした。▽(15)

抵抗運動や地下活動は、もちろん人々の心情の左へのシフトに呼応した。それらの運動の指導的な幹部の多くは左翼の出身であり、抵抗運動それ自身が共同体的な連帯の実践だったからである。連帯という価値は、平等主義的で道徳的に優れた戦後社会というヴィジョンに適合的だった。スターリングラード陥落〔一九四三年一月〕以降、人心はよりいっそう未来へと向かった。「白熱する戦いのなかで、ゲシュタポとヴィシーのテロルのただなかで、論文、政治的なテーゼ、憲法草案、綱領がいたるところから湧き出で、流布し、読まれ、議論されている」と、一九四三年末の『自由評論』には誇らしげに書かれている。まったく縁遠そうな集団さえ「イデオロギー」を開陳しようとしていた。▽(16)

ただし、ヨーロッパ大陸各地の抵抗運動のイデオロギーの類似性を強調しすぎることは誤りであろう。結局のところ抵抗運動集団は、断片化された、地域的に限定されたものであり、お互いの存在について乏しい情報しかもたなかった。また、政治的・社会的背景もじつに多様だった。なによりも、抵抗運動は戦争の作り出した流動性や不確実性、イデオロギーの混乱にともなう、戦時の現象であった。イタリアでは二十年間のファシスト統治によって、社会経済問題への国家の介入が、イギリスやフランスと比べ新規なものではなくなっていたため、反ファシズム側は正義と自由を計画よりも強調した。フランスでは、ディリジスム▼(4)への信頼が、おそらくポーランド以外は比肩しえないほどの熱狂的な愛国主義と結合していた。しかしながらこのような強調点の違いは、抵抗運動の目標における目立った収斂を覆い隠すものではない。主要産業や銀行の国有化であれ、価格と生産の統制による国家の計画であれ、あるいは曖昧で特定されない「社会正義」への要求であれ、解釈は異なっても、より公正で「社会化」された経済を目標とする

▽（13）A. Myrdal, *Nation and Family: The Swedish Experiment in Democratic Family and Population Policy* (London, 1940), p. vi
▽（14）M. Sadoun, *Les Socialistes sous l'occupation: résistance et collaboration* (Paris, 1982.), p. 136; C. Andrieu, *Le Program commun de la Résistance: des idées dans la guerre* (Paris, 1984), pp. 114f.
▽（15）Lipgens, op. cit., p. 569; M. Mazower, *Inside Hitler's Greece: The Experience of Occupation, 1941–1944* (New Haven, Conn., 1993), p. 267
▽（16）Shennan, op. cit., p. 36
▼（4）資本主義経済の下で、国家が国営企業や経済計画を通じて、経済の方向性に強い指令的影響を与える経済システム。

ことは、抵抗運動参加者の圧倒的多数に共有されていた。「金融は経済に奉仕すべきものである」と宣言したのは、エミール・ラフォンが抵抗運動全国評議会（ＣＮＲ）▼(5)に対し一九四三年に提示した計画である。これは、ケインズをはじめ、均衡財政という神の祭壇に供えるために経済復興の見通しが犠牲にされたのを、一九三〇年代に目の当たりにした人々すべての夢であった。▽(17)

亡命諸政府は、現場から遠ざかっていたためにこのような新しい空気への反応は緩慢であったが、それでも、新しい国内秩序への希望を考慮にいれて戦後の目標をかたちづくろうとした。ノルウェーの外相トリグヴ・リーは、戦争によって「国家の指導の下での全国的な計画経済がどの国においても必要となった」と述べている。オランダ政府は積極的には考えようとはしなかったが、逆にベルギー政府は、「全国的計画」の広範な利用に積極的に取り組む「戦後問題検討委員会」を速やかに設立した。「組織された国民経済」によって国家は大量の失業を解消することができると見込まれたのである。ベネシュ政権が、戦前のチェコスロヴァキアの先進的社会政策を誇るのは正当なことだったが、それでもさらに銀行・保険会社・重工業の国有化と「計画経済」の導入を構想していた。根本的な社会経済工学が広く受け入れられていたことをもっともよく表わすのは、ポーランドのシコルスキー将軍、ド・ゴール、ギリシャの自由主義的な首相ツォウデロスといった、保守もしくは伝統的傾向の政治家たちも、きわめて類似した宣言を行なったことである。彼らも、戦後の抜本的な改革を約束していた。ベネシュやスパークのような社会民主主義者にとっては、計画経済や社会への介入の主張は決して新しいものではなかった。しかし、ヨーロッパの保守層がそのような考え方の側に引き入れられたことで、結果として左翼と右翼の収斂が起き、戦後の政治的安定の前提条件となったのである。▽(18)

個人対国家

戦時の思想は一方で、戦前の経済個人主義と自由放任の害悪を強調し、社会の調和のために国家がより多く介入するよう求める傾向があったが、もう一方で、ヒトラーとの闘いが人権と市民権の重要性をあきらかにしたとも主張していた。つまり、法と政治の領域においては、国家に対する個人の優位を再確認する傾向にあったのである。戦時中の民主主義の復権と再定義は、この二つの極の間を揺れ動いた▽[19]。

占領は、個人の選択という問題をもっとも直接に、そして不可避のかたちで提示した。ポーランドにおけるナチス統治の恐怖を経験したことで、ＳＦ作家スタニスワフ・レムは、個人の自律性と力が意味をもたなくなる「偶然」という考え方にたどり着いた。思い切って食糧を求めに出かけることで、早すぎる死にいたるか、第三帝国での強制労働が待つか、それとも一斤のパンにありつくかは、たんなる偶然の問題にすぎないというのである。ユーゴスラヴィアでは、外交官から小説家に転じたイヴォ・アンドリッチが、内戦の開始を、歴史の力と集団的伝統が個人を圧倒していくという視点から見つめていた。ノーベル文学賞を獲得した予言的な作品『ドリーナの橋』▼[6]では、五百年にわたるボスニアの歴史の前に人間の主人公たちは矮小な存在にされてしまう。

しかし、まったく異なる結論に到達する場合もあった。協力か抵抗かという選択を前にしたとき、運命ではなく純然たる個人の決断へとすべては集約されるのである。イタリアの小説家エリオ・ヴィットリーニは『人間と人間にあらざるものと』において、抵抗運動もナチスの蛮行も、いずれも人間の選択の結果であると主張した。「倒れたもの

▼（5）一九四三年五月に組織されたフランスのレジスタンス諸組織の統合組織。
▽（17）Andrieu, op. cit., p. 38
▽（18）L. W. Lorwin, *Postwar Plans of the United Nations* (New York, 1943), pp. 128, 135–40, 144–5
▽（19）例えば次を参照。Wells, *New World Order*, op. cit., p. 58
▼（6）イボ・アンドリッチ『ドリーナの橋』田中一生訳註、大学書林、一九八五年。

は再び立ち上がる。辱められ、抑圧されても、人は自らの足を縛るその鎖を武器とすることができる。なぜならば、彼は復讐ではなく、自由を求めているからである。これが人間である。ゲシュタポもそうだろうか？　もちろん！……今日われわれにはヒトラーがいる。彼は何だろうか。人間ではないというのだろうか？」▽[20]

サルトルは『存在と無』▼[7]において、「この世界において自分が受動的になっても、それ自体が、それでもなお自らのありかたを選んでいるということである」と書いた。占領体験は実存主義の思想の展開に大きな影響を与えた。サルトルは、ドリュ、ブラジヤック、さらにはエマニュエル・ムーニエのような知識人仲間の宿命論を批判した。彼らは、歴史と運命がヒトラーのドイツを未来への道として選んだと論じて、協力することを選んだのである。アルベール・カミュも『ドイツ人への手紙』▼[8]のうち一九四四年七月に書かれたもののなかで、サルトルと同じように論じている。「君はこの世界に意味があることを信じず、そこから、すべてのものは等価であり、善と悪は各人の望み通りに定義されうる、という結論を導き出した。……私も、この世界には究極の意味などないといまでも信じている。しかし、その世界にも意味をもつものがあることを私は知っている。それが人間なのだ。」▽[21]

抵抗運動に参加することは、しばしばきわめて個人的な行為であった。アルバン・ヴィステルが抵抗運動の「精神的遺産」と呼ぶものは、ナチスの奉ずる諸価値は「個人の名誉の感覚」を辱めるものであるという感覚からきている。多くの抵抗運動参加者にとって、この「遺産」は情熱的な愛国主義や自由への希求と密接に結びついており、個人の自由を強調することへと自然につながるものであった。フランスの人民共和運動の創始者の一人は、「われわれを動かしている理念は、解放の理念である」と宣言した。このように、抵抗運動は、個人の自由の擁護に集団的行動が役立つことを示したのである。▽[22]

ヒトラーのドイツでも、より小規模で限定的かつ私的にではあるが、ナチ支配の経験が個人の役割の再評価を促した。ユダヤ系ドイツ人の文献学者ヴィクトル・クレンペラーは戦後、廃墟のドレスデンで、戦時のヒロイズムは第三帝国によって体制の宣伝機構に組み込まれて価値を失った、ということを学生たちに説明しようとした。真の英雄は、孤独な個人であり、孤立し、国家の追従からは離れた存在である。ナチスの神殿に祭られた英雄たちは、まがいものの公的歓呼の波によって持ち上げられたものである。反ナチス抵抗運動の活動家も同志からの支援を得ていた。これに対しクレンペラーにとっての真の英雄のモデルは、第三帝国を通じて、勇気をもって彼とともにありつづけた非ユダヤ系の彼の妻であった。彼女は、そのことで貧窮に見舞われ、誰の助けを得ることもできず、その勇気を認められることもなかった。

宗教思想家にとっては、おそらく個人の良心の再確認が、戦争がもたらしたもっとも顕著な知的展開だっただろう。イギリス国教会であれ、カトリックであれ、正教会であれ、教会は社会的使命を再発見した。そして同時に、国家に対する全面的な忠誠という全体主義的な要求に対し、人間の精神が優位すべきであると改めて主張した。「ブルジョワ的人間とブルジョワ的教会」の克服という欲求に動かされ、エマニュエル・ムーニエはヴィシーと関係をもったが、それによって彼自身のみならず他の宗教的な改革派も精神的な袋小路に陥った。脱出口を示したのは、カトリック知識人の仲間であるジャック・マリタンであった。ムーニエと同様、マリタンも社会改革が緊急に必要であると信じていた。しかし、ムーニエとは異なり、マリタンはそれが民主主義のなかで可能であると論じたのである。『キリスト教と民主主義』（一九四三）においてマリタンは、戦間期の民主主義からの撤退は誤りであったとし、「問題は民主主義に新しい名前を見つけてやることではない。その真髄を発見しそれを実現することである。……むしろ、ブルジョワ

▽（20）E. Vittorini, *Men and not Men* (tr. Sarah Henry) (Marlboro, Vt, 1985), p. 157〔エリオ・ヴィットリーニ『人間と人間にあらざるものと』脇功監訳、武谷なおみほか訳、松籟社、一九八一年〕
▼（7）ジャン＝ポール・サルトル『存在と無：現象学的存在論の試み』（サルトル全集、第十八巻—第二十巻）松浪信三郎訳、人文書院、一九五六—六〇年。
▼（8）アルベール・カミュ『不条理と反抗：形而上的反抗・ドイツ人への手紙』佐藤朔、白井浩司訳、人文書院、一九六一年。
▽（21）J. D. Wilkinson, *The Intellectual Resistance in Europe* (Cambridge, Mass., 1981), p. 47; カミュは次からの引用。G. Brée and G. Bernauer (eds.), *Defeat and Beyond: An Anthology of French Wartime Writing (1940–1945)* (New York, 1970), pp. 347–9
▽（22）A. Vistel, *Héritage spirituel de la Résistance*, in Lipgens, op. cit., p. 268; Shennan, op. cit., p. 82

民主主義から……完全に人間的な民主主義へ、挫折した民主主義から現実の民主主義へ移行することが問題なのである」と述べた。[23]

ここには、戦後のキリスト教民主主義が、理想化されたかたちではあるが、初期的な姿を見せている。マリタンは『人権と自然法』（一九四二）のなかで、個人の十全な精神的発展には社会との接触が必要であるという考えを展開した。すなわち、人間は、開かれた全的統一体として存在しており、その自己実現を、孤立してではなく、共同体のなかで見出すのである。「私が強調しているのは、市民的人間の権利、つまり市民としての個人の権利である」と彼は記している。社会的責任が個人の義務であり、それにしたがってふるまうことが政治的自由の条件である、という構想は他の宗教集団にもみられる。ギリシャ正教の大司教ダマスキノスは、ギリシャの飢餓を前に、利己心を抑制し連帯の精神を広げるよう求めた。カンタベリー大司教のウィリアム・テンプルは、マリタンを肯定的に引用し、利己的な「個人の民主主義」に対置される、より寛大な「人間の民主主義」の呼びかけに同調した。[24]

このように個人の価値を強調する主張は、道徳哲学や宗教の領域を超えて法の領域にも広がった。一九三九年九月三日、チャーチルは、「個人の権利を堅固な岩の上に構築する」ために戦争を遂行すると大胆に宣言し、連合国は権利の神聖さを強調する宣伝を展開した。高名な国際法学者ハーシュ・ラウターパクトも次のように書いている。「第二次世界大戦を通じて、『人間の権利を玉座につけること』が戦争の主要な目的の一つである、と繰り返し宣言された。文明の精神的遺産が瀕死の危機に直面する戦いなのである。この戦いを世界に押しつけた国家は、まさに全能の国家に対抗する人間の権利の否定を本質としている。[25]」

しかし、権利を擁護するための聖戦を自称することは大変結構としても、どの権利が重要で、誰のための権利なのだろうか。クインシー・ライトはアメリカの自由主義思想を再検討し、市民的自由、法の下の平等、交易の自由に焦点を絞った権利の概念を試みた。しかし、このような定義には、戦争によって作り出された新しい社会的な要求を無視しているという反論の声があがる。ポーランドのルドヴィク・ライクマンによれば、ナチの占領は「すべての住民を平準化する過程であった。それにより、政府や将来政府を担う勢力が徹底的な改革を受け入れざるをえなくなる心理的な雰囲気が生まれた。」数億もの人々が「今日、人権の将来の行使について考えており、そこには最低水準の社会保障は含まれざるをえない」のである。このように、当初から、人権の広い定義と狭い定義の間には対抗関係があったことがわかる。戦時中に始まった、人権を広く定義する考え方は、冷戦中、そして冷戦後さらに強く主張されるようになり、ソ連ブロックと第三世界の諸国が、最小限の定義の立場をとる西洋諸国を攻撃した。▽[26] 権利についての新たな見方を支持することは、人種と帝国というややこしい問題を引き起こすことになる。一九三〇年代末には、ナチス法学が、人種と国家の利益の名の下で、個人の自律という自由主義的な見解を意識的に攻撃した。法学者たちは、ドイツの反ユダヤ主義が人種主義的な野心に道を拓き、ナチスのヨーロッパ征服と数百万のユダヤ人の殺害をもたらしたと論じた。一九四三年までにはマリタンらが公けに、かつ詳細にこのように論じていた。しかし、政府や世論はもちろん、西欧知識人も、自らの社会でもなお広く流布している人種的優越性の考えをナチスの行為と結びつけるのをためらった。▽[27]

スウェーデンの社会民主主義者のグンナー・ミュルダールはこの戦争が「デモクラシーを守るためのイデオロギーの戦争」であるとし、「この戦争のなかで、民主主義の原則を明示的に人種に関しても適用しなければならない。

▽（23）J. Hellman, *Emmanuel Mounier and the New Catholic Left, 1930–1950* (Toronto, 1981), p. 180; J. Maritain, *Christianity and Democracy* (San Francisco, Calif., 1986), p. 22

▽（24）J. Maritain, *The Rights of Man and Natural Law* (San Francisco, Calif., 1986), pp. 91, 165〔ジャック・マリタン『人権と自然法』大塚市助訳、エンデルレ書店、一九四八年〕; W. Temple, *Christianity and Social Order* (Harmondsworth, Middx, 1942), p. 80〔前掲ウイリアム・テンプル『基督教と社會秩序』〕

▽（25）L. Holborn (ed.), *War and Peace Aims of the United Nations* (Boston, Mass., 1943), p. 158; H. Lauterpacht, *An International Bill of the Rights of Man* (New York, 1945), pp. v–vi; E. Hamburger *et al.*, *Le Droit raciste à l'assaut de la civilisation* (New York, 1943)

▽（26）*The World's Destiny and the United States* (A Conference of Experts in International Relations) (Chicago, 1943), pp. 101–37

▽（27）J. Maritain, 'Le droit raciste et la vraie signification du racisme', in Hamburger, op. cit., pp. 97–137

……ファシズムおよびナチズムと戦ううえで、アメリカは人種的寛容と協力、平等の側に立つことを、全世界を前に明らかにしなければならない」と述べていた。アメリカの白人のなかには、人種が分離された軍隊でヒトラーと戦うという偽善に居心地の悪さを感じるものもいた。アメリカの黒人は、「自由な人間の統治という理念を掲げる一方で、奴隷制度という社会的な遺物に執着する、戦時アメリカの奇妙なありさま」を批判した。アフリカ系アメリカ人の支配的な見解を要約しているのは、ラルフ・バンチの以下のような見解であろう。「現在の戦いは、民主主義を護るためではない。存在していないのだから護ることなどできない。しかしなお、この戦いが、民主主義の理念を実現するために努力しつづけることを可能とする条件を維持するためなのは確かだ。世界的な反民主主義革命とヒトラーの新世界秩序構想がこの状況を強いたのであって、われわれの国の立場からは、いかんともしがたい論理的帰結である。[28]」

イギリスの態度も似たような偽善によって特徴づけられる。ジャマイカ出身のイギリス空軍志願兵、ダッドレー・トンプソンは「君は純血のヨーロッパ人かね」と尋ねられている。ヒトラーの人種政策を批判したかどで一九三三年にナチスによって投獄された著名なジャーナリスト、ジョージ・パドモアはパン・アフリカ運動の先頭に立ち、民主主義のための聖戦をイギリス帝国にも拡大するよう政府に求めた。典型的なロマン主義的帝国主義者であるチャーチル政権の下では、とうてい無理な話である。いまでは信じられないが、イギリス政府は、一九四〇年末に帝国十字軍を立ち上げ、戦争への支持を集めようとした。政府は、「奴隷帝国」を作ろうとするナチスの試みと、イギリス帝国を対比させ、民衆に帝国への「力強い信頼」をなんとか広めようとした。「イギリス帝国はまったく逆のものである。かつて存在したことのない、共同体《コモンウェルス》であり、自由な諸国民からなる家族であって、一人の国王への忠誠によって結ばれたものである。進歩のための存在であり、未来への希望である。[29]」

帝国十字軍が完全な失敗に終わったことからも、ヨーロッパ人の帝国に対する態度についてある程度のことがわかる。オランダでは違ったかもしれないが、少なくともイギリス、フランスでは、戦争中はおおむね〔帝国のことについては〕無関心であった。これらの国では、国内のことが帝国統治の問題よりも切実に関心をひいていた。帝国維持の主張は、イギリス人の心に強く響くものではなかったのである。しかし、反帝国の主張も同様であり、ほとんどのヨーロッパ人は、国内で人間の自由を擁護しながら海外での帝国統治を黙認することの矛盾をさして感じてはいなかった。抵抗運動の史料のなかに、植民地の人々の境遇への関心を示すものを捜そうとしても無駄であろう。例えばイタリアでは、植民地保持は自尊心に関わる問題であった。フランスでは、帝国の再編については多くの議論があったが、それを廃棄するという議論はほぼ皆無であった。左翼は事実上その問題を無視していた。帝国改革をめぐる一九四四年初頭のブラザビル会議での左翼の沈黙は、きわめて特徴的である。オランダのウィルヘルミナ女王は、帝国を共同体《コモンウェルス》に変えて、「人種や国籍による差別の余地をなくす」ことを提案したのみだった。イギリス政府は、インド国民会議派の撤退要求に対し、ガンディーを逮捕し、自治領の地位を提案することで応じていた。▽(30)

連合国の戦争のための行動を鋭い目で敏感に観察するものにとって、人種に関するヨーロッパ人の曖昧さはもっとも目立つ特徴の一つとなっていた。アメリカの人類学者ロバート・レッドフィールドは、ナチスの人種理論を前に、民主主義諸国が自ら唱えてきたことと実践してきたことの間にある矛盾を「自己テスト」せざるをえなくなった様子を以下のように記している。「自由な世界という理念はいまや全世界に向けたプログラムとして主張された。しかし、このプログラムを唱える指導者たちは、人種の不平等が最も厳しく適用されている国の市民である。」彼は、将来、「ゆるやかな反動が生じて〔人種間の〕不寛容の思想が有利となり、この矛盾の解決は先送りされることになるだろう」と予言していた。これはあながち的外れとはいえない。戦争によって、人種間の平等や人権が改めて強調されるよう

▽(28) G. Myrdal, *An American Dilemma: The Negro Problem and Modern Democracy*, vol. 2 (New York, 1944), pp. 1004, 1007–9

▽(29) D. Thompson, *From Kingston to Kenya: The Making of a Pan-Africanist Lawyer* (Dover, Mass., 1993), pp. 23–33, 45–7（この素晴らしい本に注意を促してくれたルパート・ルイスに感謝する); McLaine, op. cit., pp. 223–4

▽(30) C. Pavone, *Una guerra civile: saggio storico sulla moralità nella Resistenza* (Turin, 1991), pp. 202–3; Shennan, op. cit., pp. 142–3; E. Rice-Maximin, *Accommodation and Resistance: The French Left, Indochina and the Cold War, 1944–1954* (New York, 1986), pp. 14–15; Holborn, op. cit., pp. 522–3

になり、ヨーロッパ帝国主義の終焉に最終的には貢献することになったが、それは自動的に実現したわけではなかった。ヨーロッパ人、そしてアメリカの白人は、自らの人種問題というドラマには概して無関心であった。植民地の臣民が自分たちのために戦ってくれる限り、権力の構造を根本的に変更する誘因はほとんどなかったのである。しかしここでも、イギリス人、フランス人、ベルギー人、そしてオランダ人の眼にはあまり映らないかたちではあったが、戦争それ自体が変化の触媒となっていた。ホー・チ・ミン〔ヴェトナムの革命家〕は、日本に対して開始した闘争を、フランスに対しても継続した。ケニヤッタ〔ケニアの独立運動指導者〕やンクルマ〔ガーナの指導者〕など、アジア、アフリカ、カリブ出身の軍人も、ヒトラーに対して開始された闘争を継続する意志をもって、ヨーロッパでの戦闘から帰国していた。[31]

国民国家と国際秩序

一九四四年に、国際法学者ラファエル・レムキンは、連合国に対して、勝利によってドイツに、支配者民族の理論を捨てさせ、卓越した道徳、国際法と真の平和の理論を受け入れさせるよう訴えた。国際法の復興が、いかなるかたちであれ、将来の世界平和と道徳的秩序にとって本質的なものであると考えていたのは彼だけではない。一九三〇年代末以降、人種理論に基礎をおいたナチス法学の擡頭と、国際法の定着した原則をドイツが放棄したことが、ヨーロッパにおける秩序の崩壊の主な原因の一部であるとみなされてきた。ナチスの侵略はまさに「国際共同体」の存立基盤を掘り崩した。同時に、ナチスのユダヤ人への処遇が知られたことで、個人を国家から擁護するためには、内政における国家の主権という伝統的な国際法の原則を再考しなければならないとの考えが広まった。こうして、世界の平和と人権の擁護という自由主義的関心から、国際法の再生と再活性化が自然と目指されるようになった。[32]

「基本的人権が国民国家による侵害から護られなければ、実効的な国際機関は不可能である」と一九四三年に書いたのはクインシー・ライトである。彼によれば、ポーランドやチェコスロヴァキアと異なり、ドイツは国際連盟との間に少数民族保護条約を結ぶ義務を課されず、その結果「ドイツで迫害がはじまったとき、国際連盟は抗議を行なうなんらの法的な基盤もなかった。国家は、自らの領土においては自らの国民を適宜自由に迫害できるというのが、一般原則だったからである▽(33)」。

しかし、人権の保護のためには、個人が訴え出ることのできる、国家に優位した上位の機関が必要である。オーストリアの法学者ハンス・ケルゼンは以下のように主張している。「権利というものは、裁判に訴える法的な可能性のなかにのみ存在する。……［国際法は］国際法廷に個人が直接出訴できるという条件の下でのみ、個人に権利を賦与できる。」これに対し同僚のラウターパクトは、人権の国際保護は、「その国家と個人との関係に深いところで触れるがゆえに、戦争放棄以上に、国家主権に対する劇的な介入を意味する」と警告していた。しかし、『法を通じた平和』という適切なタイトルを付された著書においてケルゼンは、「国家という神学」を信じる者のみが、すべての国家が国際法によって拘束される必要性を認めようとしないのだと論じ、主権とは中身のない目くらましにすぎないとして以下のように続けた。「われわれが主権という概念から導き出すことができるのは、われわれが意図的にその定義のなかに組み込んだものにすぎない。▽(34)」

したがって、主権の限界とは、法的なもしくは哲学的考察からではなく政治的考慮を反映したものとなる。しかし、

▽（31）R. Redfield, 'The ethnological problem', in G. de Huszar (ed.), *New Perspectives on Peace* (Chicago, 1944), pp. 80–82

▽（32）R. Lemkin, *Axis Rule in Occupied Europe* (Washington, DC, 1944), p. xiv; W. Friedman, 'The disintegration of European civilisation and the future of international law', *Modern Law Review* (December 1938), pp. 194–214; J. Herz, 'The National Socialist doctrine of international law', *Political Science Quarterly* (December 1939), pp. 536–54

▽（33）*The World's Destiny and the United States*, op. cit., pp. 102–5

▽（34）ibid., p. 113; Lauterpacht, op. cit., p. vi; H. Kelsen, *Peace through Law* (Chapel Hill, NC, 1944), esp. pp. 41–2〔ハンス・ケルゼン「法による平和」（その一―四）広井大三訳、『大東法学』第一二巻第二号、第一三巻第一号、第一三巻第二号、第一四巻第一号、二〇〇三―〇四年〕

誰が国家に国際法の優位を認めさせることができるだろうか。戦間期の自由主義思想は人権を擁護する世界的な公論の圧力を信頼していたが、戦後にはより実効的に法を執行する手段が必要であることは明らかだった。問題をより複雑にしたのは、大西洋憲章に記されているように、連合国が伝統的な国家主権理念の尊重にコミットしていたことである。換言すれば、戦後の国家は自らを弱体化させる措置に従うことを求められたのである。経験豊かな法律家であるケルゼンやラウターパクトは、国際的な義務を国内法の一部とするように個別の国家を説得する以外の現実的な選択肢はないと見ていた。代替策はなんらかの世界国家の構築を推進することだが、彼らはそれは絵空事にすぎないと考えていた。

同様に深刻な論点となったのは、戦後秩序に記されるべき人権とは個人のものか集団のものかという点である。国際連盟は、東欧におけるエスニックなマイノリティの保護の仕組みにおいて後者を採用していた。それに対し、マイノリティ保護の重要性は確かに明らかだったにもかかわらず、集団の権利というアプローチを改良するのではなく、撤廃しようと強く主張されるようになってきた。ベネシュ大統領とチェコ亡命政権は、自らの経験から、現実には彼らの国民的安全を危うくしたとして、連盟の仕組みを非難した。「保護されたマイノリティはどれも、いつかは自分たちのヘンライン[9]を見つけるだろう」という警告もなされた。さらに、東欧諸国は、彼らのみが国内のマイノリティに対する特別の義務を負い、イタリアやドイツなど大国は、そのような冷遇を受けなかったことに憤っていた。

ベネシュは一九四二年に、「しまいには、ドイツ、ハンガリー、イタリアの全体主義国家や独裁国家が自らの領土内ではマイノリティを迫害する一方で、真の民主国家におけるマイノリティの保護者としてもふるまうという異常な事態に陥ってしまった」と書いている。彼によれば、戦後のマイノリティ問題へのアプローチは、連盟体制を再構築するのではなく、「国民的権利ではない、人間の民主的な権利の擁護」に基礎をおくようにすべきであった。

東欧諸国の反対に加え、主要な連合国であるイギリス、フランス、アメリカもこの仕組みの再建には熱心ではなかった。ヨーロッパにおける最も深刻な緊張の源を国際化する一方、その解決のための適切な方法を見出すことができなかったからである。ヨーロッパの戦後体制が示すように、大国の主要な関心は小国に対する義務を限定することにあった。つまり彼らも、集団的権利という連盟のアプローチを喜んで葬り去ったのだった。その結果、国際連合は個人の人権の擁護を宣言したが、それは連合国の決意の表明であると同時に受動性の表われでもあった。これは問題を回避するための手段であって、解決するためのものではなかったのである。この事実からも、国際法の再活性化という戦時の希望がほとんど実現しなかった理由が理解できるだろう。

戦中には、国家が自らの権力の一部をより高次の権威に引き渡すことで国家主権を限定するという希望が抱かれたが、それは法律に関わる事柄に限ったことではなかった。これが最もはっきりと現われたのは、連邦主義の流行であり、一九四〇年ごろには熱狂的な調子すら帯びていた。国家間の敵対が癌のように広がり、その結果、戦争にいたったと考えるものは多く、連邦を通じて国際的な調和を構築しようという理念はますます魅力的なものとなっていった。オランダのある抵抗運動指導者は「この戦争は『国家の主権』の大きな危機である」とみていた。あるイギリス人法律家によれば「各世代に一回の戦争か、それとも連邦か、どちらかを選ばねばならない」のであった▽[35]。

イギリスでもフランスでも、このような考えはすでに一九三〇年代末には広く流通していた。連邦的連合運動は一九三八年にロンドンで設立されるやいなや、きわめて人気のある運動となった。民主主義国の連合という要求は、「主権国家間の協力に基礎をおくいかなる国際秩序も、実効的で永続性のあるものとはならないであろう。なぜならば、すべての主権国家は結局のところ自らの国家的自己利益を追求するからである」という見解に基づいていた。

▼（9）戦間期チェコスロヴァキアのドイツ人指導者でドイツとの統一を主張した。

▽（35）W. Lipgens, 'European federation in the political thought of resistance movements', *Central European History*, 1 (1968), p. 10; W. I. Jennings, *A Federation for Western Europe* (New York/Cambridge, 1940), p. 10〔ジェンニングス『西ヨーロッパ聯邦論』市村今朝蔵訳、大東書館、一九四二年〕

R・W・G・マッケイは『ヨーロッパ連邦』という著書で、「新しいヨーロッパ秩序の統治のシステム」を描写し、「それが樹立されたならば、ヨーロッパの人々は、戦争、困窮、不安から解放され、平和のうちに働き生きることのできる将来を、もう少し自信をもって期待できるようになるだろう」とした。〔フランス軍が降伏した〕一九四〇年六月の最も暗い日々における、イギリスとフランスの「永続的な連合」の華々しい宣言は、この種の思想の頂点であった。[36]

連合は決して実現することはなかったが、連邦主義の構想はその魅力をなかなか失わず、ヨーロッパの将来に関する公式・非公式の計画におけるめだった特徴でありつづけた。ヨーロッパ大陸の切り分け方に思いをめぐらせ、その地図を想像する者はきわめて多く、空想の内容こそ異なれ、連邦主義的な原則はほとんどすべてに共通してみられるものだった。たとえば、一九四二年の『コリアー』に寄稿された「新しい世界の地図」と題する論文のなかで、あるアメリカの地理学者は、「イギリス・オランダ共和国」「フェノスカンディア合衆国」「チェコポルスカ」、ドイツ・ハンガリー国家、「バルカン連合」にヨーロッパを分割していた。その地図は「これが恒久平和のために設計しなおされたすばらしき新世界である。この新しい政治地理の科学によって、戦争を引き起こす摩擦はなくなり、すべての国の民が、安定し恐怖のない生活をおくることができる」という自薦の文句で飾られていた。バーナード・ニューマンの『新しいヨーロッパ』（一九四三）の口絵は、もっと踏み込んだ、しかしやや精密さを欠いた分割方法を示していた〔巻末地図参照〕。その地図では、ヨーロッパは、西欧、スカンディナヴィア、バルト、ドイツ、中欧、バルカン、イベリアの各連邦に分割され、手を触れられずに残っているのはイタリアのみであった。[37]

第一次大戦の際もそうであったが、戦後計画に携わったアメリカやイギリスの官僚たちも、ヨーロッパの国境問題を解決するための魅力的な手段として連邦を考えていた。例えば、イギリス外務省の事務官にとって、オーストリアの処遇はかつてのハプスブルク帝国に劣らぬ難題であった。オーストリアが独立国家として生存能力をもつと考えるものは英国政府のなかにほとんどいなかったが、ドイツとの合邦《アンシュルス》の継続に満足するものはなお少なかった。そこで出された答えが、ドナウ「統合」というかたちをとった、かつてのハプスブルク帝国の代用物だった。戦間期のバル

カン連合を再生させ、ブルガリアにも参加を強いる、というのも類似の夢想だった。▽(38)

チャーチルは、全大陸規模でイギリスがリーダーシップが発揮しうるような枠組みを期待し、ヨーロッパ合衆国の構想に惹かれていった。一九四〇年五月以降、アメリカの戦後計画においても、地域的もしくは大陸規模の連合と新たな国際組織は決して両立しないものではなく、むしろ前者がまず作り出されることで、後者はより堅固なものになると考えられるようになっていった。実際、ニューマンの一九四三年の地図は、アメリカ国務省が一九四〇年に構想したものときわめて類似したものだった。▽(39)

しかし同時に、これらの計画を大局的にみる必要もあろう。戦争が進むにつれ、政府の内外で連邦制の人気は低落していった。理由の一つは、東欧における反ソ・ブロックの建設を意図するように見える構想にはソ連が強い敵意を示したからである。もう一つは、戦時のチェコ・ポーランド同盟やギリシャ・ユーゴスラヴィア同盟の事例はあるものの、いままで以上に大国の支配するようなヨーロッパのなかへ吸収され消滅することに、小国の多くは反対していたからである。

大陸の抵抗運動のなかでも、ヨーロッパの理念は倫理的な伝統を表わすものであって、特定の政治的・経済的配置を指すものではなかった。ヨーロッパには共通の価値観があると主張することは、ヒトラーの新秩序の存続を否定する手段だったのである。イタリアの行動党は自らの「民主主義革命」のための闘いを、ヨーロッパの内戦の一部とし

▽(36) 'Statement of Aims' は次からの引用。W. Lipgens, *A History of European Integration*, vol. 1: *1945–1947* (Oxford, 1982), p. 143; MacKay, op. cit., p. 23; 次の特集号を参照。'Anglo-French Union?' in *The New Commonwealth Quarterly*, v: 4 (April 1940)

▽(37) G. T. Renner, 'Maps for a new world', *Collier's* (6 June 1942), pp. 14–15; B. Newman, *The New Europe* (New York, 1943), frontispiece; 連邦主義に向かう初期の動きについての重要な研究としては, R. Schlesinger, *Federalism in Central and Eastern Europe* (New York, 1945) を参照。

▽(38) 当時の代表的な議論として次を参照。A. Kolnai, 'Danubia: a survey of plans of solution', *Journal of Central European Affairs* (January 1944), pp. 441–62

▽(39) H. Notter, *Postwar Foreign Policy Preparation, 1939–1945* (Westport, Conn., 1975), pp. 458–60

て語ることで、大陸規模の枠組みのなかにしっかりと位置づけた。一九四三年、パリの高校生はナチスの秩序に代わる「新しいヨーロッパ秩序」を要求した。彼らが構想したのは、いずれかの支配的な国家により支配されたヨーロッパでも、汎アメリカ連合のような経済・金融ネットワークでもない、「文化的・道徳的共同体であり、その共同体はこの戦争によって政治的・社会的共同体へと変容させられなければならな」かった。『狙撃兵』紙は、「ある体制が崩壊しようとするこのとき、もう一つの体制が生まれようとしている。それは、解放のための戦いの炎と牢獄の氷のような寒さのなかから、フランスの抵抗運動地下組織《マキ》からポーランド平原まで、ミラノの工場からドイツの強制収容所まで、ノルウェーの大学からボスニアの山々にまで広がる大衆的な抵抗とともに、立ち現われてくる」と宣言した▽(40)。

他にも連邦構想に対するさまざまな支持があったが、その強さは、おおむねその集団の大きさに反比例した。例えば、反ファシズムの「ヴェントテーネ宣言」▼(10)（一九四一年八月）は、イギリスの連邦主義者の構想を反映していたが、戦争中には限られた範囲でのみ流通していたにすぎなかった。連邦への支持が抵抗運動のプログラムの筆頭に挙げられることも稀であった。それゆえ、共通市場の起源を戦時の抵抗運動の宣言にまでさかのぼらせようとする歴史家の試みは、結局のところ疑問の余地がある。そう主張するとすれば、統合の起源はナチスにあるということも、より公平な見方とはいわないまでも、同じように可能になってしまう。一九四三年には、枢軸国側支持者の多くは、反枢軸派よりもむしろ熱心な「ヨーロッパ派」であったからである。ほとんどのヨーロッパ人と同様に、抵抗運動の参加者も、概して国内の社会・経済政策についての考慮と愛国心に突き動かされていたのであり、彼らの視野は、国民国家の檻に縛られていたのである。

それは、戦争が、連邦主義に刺激を与えると同時に、現実にはナショナリズム感情を昂揚させたからであった。結局、愛国心の方が「ヨーロッパ主義」よりも抵抗運動の動機としては重要である。一九四一年末のオランダからの諜報報告は「住民は……熱烈にナショナリスティックである。オランダ・ナショナリズムの激化を恐れる理由すらあるほどである。流血の事態すら迫っている」と、伝えていた。イギリスで連邦的連合への支持が戦争終結とともに消え去ったのは、第三帝国に勝ったという国家のプライドで説明できるかもしれない。フランスでは国民「理念」の再興が見られた。ポーランドの抵抗運動グループが、「ポーランド共和国は自由なヨーロッパ諸国の連邦の一員となるであろう」と合意したのも、連邦主義の信念の表われというより、戦後の独立ポーランドの安全を確保しようとする欲求からのものであった。ギリシャのように、伝統的にナショナリスティックな国では、国際主義的な感情が広まることはなく、ポーランド、アルバニア、ユーゴスラヴィアと同様、抵抗運動内で事実上の内戦が生じ、左翼・右翼の双方が、自分たちの方が真のナショナリストだと主張することになった。ドイツへの抵抗集団では、保守派もしくは右翼の方が社会主義者やキリスト教民主主義者よりも自国の主権を譲り渡すことに敵対的であった。しかし、後者ですら、自国内の改革目標の方に重点をおいていた。ようするに、連邦主義は戦時コンセンサスのなかで相対的には弱い要素にとどまったのである。▽(41)

新たなコンセンサス：その限界と矛盾

一九四四年、亡命オーストリア人経済学者フリードリヒ・フォン・ハイエクは『隷従への道』と題された小著を刊行した。「物事のなりゆきに影響を与えうる人々は、民主主義諸国においてはいまやみな社会主義者である。われわれが社会主義に向かって進む必要があるかどうか疑うものはほとんどいない」と彼は嘆いた。彼にとってこのような展望は警戒すべきものだった。ハイエクは、西側が、自国で自由を粉砕してしまうのなら、いったいなぜナチスとの

▽(40) Pavone, op. cit., pp. 305–6; Lipgens, *Documents*, op. ct., pp. 319, 339
▼(10) 当時レジスタンスの政治犯が収容されていたイタリアのヴェントテーネ島で、アルティエロ・スピネッリ、エルネスト・ロッシらによって起草された政治声明。ファシズムに対する勝利のために、民主的諸国家によるヨーロッパ連邦の設立の必要性を主張した。ヨーロッパ連邦構想の出発点とみなされている。
▽(41) ibid., p. 563; Lipgens, 'European federation ...', op. cit., p. 12

戦争に向かったのかと問いかける。『隷従への道』は、自由と、ハイエクのいう「集産主義」は両立不可能であると、痛烈に論じている。ハイエクによれば、「民主的社会主義」という考えは用語の混乱としかいいようがない。そのような統合を達成しようとする試みは、いかなるものであれ、社会を全体主義へと不可避的に傾けるからである。H・G・ウェルズのように、経済計画と人権の擁護が共存しうると論じるものは、勘違いをしている。計画は独裁者を必要とし、議会を無力に追いやるものだ。「われわれのなかにある全体主義」を非難することで、「大いなる楽園」の蜃気楼に背を向けて、経済自由主義という「うち捨てられた道」に戻るよう、ハイエクは呼びかけたのである。[▽42]

四十年もあとになると、ハイエクの激しい批難は影響力をもつ人々に受け入れられ、サッチャー流の自由放任復興主義者が戦後社会秩序を攻撃するさいの聖書となっていく。だが、一九四四年の時点ではハイエクの主張は荒野の叫びであった。西側の計画もソ連の集産主義と同じであるという彼の主張に耳を傾けるものはなかった。民主的社会主義という見解への攻撃も同様である。このオーストリアの新自由主義の伝統はアメリカで受け入れられることになる。

当時のヨーロッパ世論にハイエクよりも合致していたのは、亡命ユダヤ系ハンガリー人の社会学者、カール・マンハイム[▼11]である。彼は『変革期における人間と社会』(一九四〇)において、ハイエクとは正反対の見解を述べた。マンハイムにとって、自由放任の時代は終わっていたのである。彼は、現代の産業化社会において「計画か自由放任かを選ぶ余地はない。選択すべきは良い計画か悪い計画か、である」と述べていた。アイザイア・バーリンの「二つの自由概念」を予示するかのような議論のなかでマンハイムは、自由の概念には異なる種類のものがあると述べ、絶対的自由主義者《リバタリアン》は「外的支配からの自由」を主張することで、一定の種類の計画が作り出す「機会としての自由」という別の形態の自由を無視している、と主張した。マンハイムは、もし民主主義が生き延びうるとすれば、計画と折り合いをつける必要があると考えていた。「計画化社会を民主的に構築するうえでの問題は、主として官僚の絶対主義を回避することにある」と述べているように、用心すべきは計画者ではなくむしろ官僚であった。[▽43]

現在から振り返ると印象的なのは、この争点についてヨーロッパの大部分で論争が起きなかったことである。一九四五年以降、経済自由主義が最も目立ったのは、西ドイツとイタリアであった。これらの国では、国家の計画が全体主義と結びついているという考えは、苦い経験に裏打ちされ、説得力をもっていたからである。しかしそこですら、ハイエクのいう「打ち捨てられた道」への回帰はなされなかった。他の国では、西欧のように混合経済のためであれ、東欧のように計画統制経済のためであれ、国家による介入という原則は驚くべきことにほとんど抵抗なく受け入れられた。このような展開の背後にあったのは、戦間期の資本主義の危機の記憶や、ナチズムに対する戦争のなかでソ連のシステムが勝ち取った威信、そして国家介入は社会的な公正を増すという、戦時の国家統制と配給が作り出した感覚であった。

経済計画と新しい国際主義との両立も問題だった。国内での自由放任の廃棄と、より大きな力をもった新しい国際制度の創出の双方に好意的だったのは、なんといっても左翼と社会改革派だった。例えばE・H・カーはヨーロッパ計画庁の設立を提唱し、「その任務は、『ヨーロッパ』全体としての経済活動の再編成に他ならない」とした。現実主義と理想主義の入り混じった彼独特の立場から、カーは、ヒトラーが構築した「集権的なヨーロッパ機関」を利用しつつ、そのよって立つナショナリスト的前提は廃棄するという構想にも臆するところがなかった。▽(44)

しかし、カーも唱えていた一国レヴェルの計画と、ここでいう大陸レヴェルの計画はどのようにして共存するとい

▽（42）F. A. von Hayek, *The Road to Serfdom* (Chicago, 1944), pp. 4, 67, 84〔F・A・ハイエク『隷属への道』西山千明訳、春秋社、一九九二年〕

▼（11）ハンガリー出身の社会学者。戦間期にはドイツで活動したが、ユダヤ人であるためロンドンに亡命した。イデオロギー、認識の歴史的、社会的拘束性を指摘すると同時に、その拘束から脱却した視座の獲得を知識人に期待した。言及されている著書には次の邦訳がある。カール・マンハイム『変革期における人間と社会：現代社会構造の研究』福武直訳、みすず書房、一九六二年。

▽（43）K. Mannheim, *Man and Society in an Age of Reconstruction* (London, 1950 edn), pp. 6, 380〔前掲カール・マンハイム『変革期における人間と社会：現代社会構造の研究』〕

▽（44）Carr, *Conditions of Peace*, op. cit., pp. 256–61

うのだろうか。一国の経済利益がヨーロッパ全体のそれとかみ合わなかったとしたらどうするのか。一般的に言えば、左翼の側ではそのような潜在的紛争はあまり意識されていなかった。しかしこの点を、経済自由主義者たちの批判は鋭く貫いている。ハイエクは、国際的な計画などナンセンスだと主張した。

> 西欧のような地域においてさえも経済計画が引き起こすであろう問題を思い浮かべれば、そのような企てに道義的基盤が欠けているのは明らかである。ポルトガルの漁民仲間を助けるために、ノルウェーの漁民たちが経済状況の改善の見通しをあきらめる、あるいはコヴェントリーの機械工を助けるために、オランダの労働者がより高い金額を自転車に支払う、もしくはイタリアの工業化を支援するためにフランスの農民がより多くの税金を払う、というように、これが正しい分配だという共通の理想がありうるなど、想定できようか▽(45)。

ハイエクは、そのような計画は民主主義の範疇に収まらず、ナチスの広域経済圏のように、「剝き出しの力による支配」によらざるをえないのだとして、カーは誤っているとした。C・A・マニングもカーの著書を書評し、「もし、小国に対するナチスのようなやりかたが共通の形態となるならば、いったいこの戦争は何のためだったのだろうか」と疑問をなげかけた。ハイエクは、ヨーロッパ規模の計画という考えは、「小国の個性や視点を完全に無視すること」を意味する、と論じた▽(46)。

国際的な連邦が原理的には望ましいという点に関しては、ハイエクも他の自由主義者も一致していた。しかし彼らは、超国家的計画という考えを回避し、自由貿易圏を作り出してそこに基礎をおくことによってのみ、民主的な国際連邦が可能だと考えていた。ハイエクと同じオーストリア出身の新自由主義者フォン・ミーゼスも「自由貿易市場の下でのみ連邦政府は機能する」と述べ、西洋の民主主義諸国は、実現は困難にせよ、貿易の障壁を取り除き、国内の国家主導経済《エタティズム》を捨てることを目指すべきであるとした。彼の考えでは、「世界規模の計画」というユートピア的で実現できない構想よりも、国際的な経済協定やルールの策定というよりつつましい目標に向かって、政治家は働くべきであった。著名なイタリア人経済学者ルイジ・エイナウディの構想も、同じような線に沿っていた。一九四三年九月に発行された『ヨーロッパ経済連邦のために』において、のちにイタリア大統領になる彼は、ヨーロッパに調和をもたらす現実的な手段として自由貿易と経済連邦を唱えていた。彼の主張は、国家は政治的な独立を一挙になんらかの国際的連邦に譲り渡すことはしないであろうが、安全を増すために経済権力の一部を放棄する用意はあるかもしれない、というものだった。▽(47)

この論争においては、国内改革に関わる事項とは異なり、自由主義者のほうが最終的に成功した。それは彼らの議論は筋が通っており、この問題に関していえば彼らのほうが政治的リアリズムの立場にたっていたからでもある。しかし同時に、彼らの主張には強力な支援者がいたことも寄与していた。アメリカ国務長官コーデル・ハルは自由貿易の理念を支持しており、彼の指導のもと、国務省の戦後計画官たちは、関税を削減し、通貨の兌換性を導入することで、ヨーロッパの経済ナショナリズムを打破することを重視した。もちろん、アメリカにとってもそのような政策は有利であった。経済計画派が、一国レヴェルで力を振るうことを優先したことも、国際レヴェルで自由主義者の議論が勝った理由の一つである。この結果、戦後の経済の「奇跡」は、国内の国家主義と貿易自由化のデリケートな調合に基礎をおくものとなっていた。

▽（45） Hayek, op. cit., p. 203
▽（46） ibid., p. 231; 次も参照。F. A. von Hayek, 'Economic conditions of interstate federalism', *The New Commonwealth Quarterly*, v: 2 (September 1939), pp. 131–50〔「国家間連邦主義の経済的諸条件」、『個人主義と経済秩序』（ハイエク全集、第1期第三巻）、嘉治元郎、嘉治佐代訳、春秋社、二〇〇八年〕
▽（47） L. von Mises, *Omnipotent Government: The Rise of the Total State and Total War* (New Haven, Conn., 1944), p. 286

ユートピアと現実：何が実現されたのか

戦時下においても、慎重な論者はユートピア的な期待に警鐘を鳴らしていた。歴史家カール・ベッカーは「より良い世界というのはいったいどれだけ新しければよいのだろうか」と問い、「新しくより良い世界を作るためになさねばならないのは、『ナショナリズムを弱め、主権国家を抑制し、権力政治を放棄し、帝国主義を終わらせる』ことだという人は多い。そうかもしれない。しかしそうならば、それはわれわれの手に余る仕事だと思われる。新しい、より良い世界をつくることは困難な事業であり、ゆっくりとしたものとなるだろう」▽[48]。

イギリスでは、『世論調査』が戦後の広範な改革についての悲観的な見通しが広がっていると伝えていた。ベヴァリッジ報告をうけて、人々は全面的な改革を希望していたが、それが実現するとは信じていなかったのである。戦後の失業は回避可能であるかもしれないが、それでもやはり起きるであろうと考えられていた。ある老人は「この間の戦争のあとのようになるだろう、ひどい失業だ」と答えている。シニシズムと不安は増大し、亡命や自給自足生活が夢見られるようになった。兵士やその家族の間では、平時の市民生活への回帰が居心地の悪さと不安感を生んだ▽[49]。

ナチス占領下のヨーロッパにおける抵抗運動参加者は、よりよい将来を期待していたが、それは同時に不安によって抑えられていた。彼らの活動や価値感は戦争のなかで生まれたものであるから、戦争が終わってしまえばすぐに消え去ってしまうのではないか、という不安である。イタリアでは行動党のメンバーが、ファシズムの消滅に続いて、反ファシズムも終焉するのではないかと懸念したが、それはこのような不安の表われであった。あるメンバーは『反ファシスト』はいつの日か『ファシスト』という言葉と同じくらい、無益でしゃくに障る言葉になるかもしれない」と述べている。ならば、抵抗運動の理想と希望はどうなってしまうのだろうか。世界は、権力政治と従来どおりのやりかたに戻ってしまうのだろうか▽[50]。

抵抗運動にとって、自分たちの手から政治権力が滑り落ちていくことが明らかとなるにつれ、このような懸念がより強いものとなった。戦争が終結に近づくにつれ、抵抗運動のかつての指導者たちはヨーロッパじゅうで周辺に追いやられていった。イタリアでは、一九四五年十二月にフェルッチオ・パッリがアルチデ・デ・ガスペリ[12]に道〔首相〕を譲った[13]。ポーランドでは、モスクワから送り込まれたルブリン委員会〔ポーランド国民解放委員会〕を赤軍が支援した。フランスでは、ド・ゴールが抵抗運動地下組織《マキ》の解散を命じた。ヨーロッパのいたるところで亡命者や避難していた人々が帰還して権力を掌握し、政策は上から押しつけられることになった。なかでも最も衝撃的なのはギリシャの事例である。ここでは、イギリスに支援された王党派政府が、戦時の抵抗運動の中心であったＥＡＭ（民族解放戦線）及び〔その軍事組織である〕ＥＬＡＳ（ギリシャ人民解放軍）との間で、一九四四年十二月、アテネで実際に戦闘を行ない、これを粉砕した。

国家官僚機構にも社会のなかにも存在していたナチス支持者や対独協力者《コラボ》が、戦後になってどの程度追放されたか、ということは次の章で検討されることになる。しかし大まかに言って、これらの追放措置は、地方の役人、警察、企業家組織、報道機関といった、ナチスがヨーロッパを支配するさいにまさに利用した諸機構の権力構造に手をつけるものではなかった。確かにこれには十分な理由があるかもしれない。しかし、かつてのパルチザンや抵抗運動のメンバーたちの多くには、自分たちと自分たちの理念が裏切られたという感情が残された。

のちの歴史家たちは、彼らの不満に理解を示してきた。戦時下の女性の経験に関する近年のある論文集は、この時期に起きたことを、戦争のなかで獲得された成果が、平時となって後退していくさまとして描いている。しかしこのような批判は、戦争を社会変化の促成栽培用温室とみる、まったく異なった学派と比べ合わせて考える必要がある。

▽（48）C. Becker, *How New Will the Better World be?* (New York, 1944), pp. v, 243
▽（49）*The Journey Home*, op. cit., pp. 43–52
▽（50）Pavone, op. cit., p. 570
▼（12）イタリアのパルチザン運動家、行動党、共和党の政治家。一九四五年六月から十二月まで首相を務めた。
▼（13）イタリアの政党「キリスト教民主主義（Democrazia Cristiana）」の政治家。一九四五年から一九五三年まで首相を務めた。

表面的にはこの二つは両立しないように見える。だが本当にそうだろうか。▽(51)

戦後世界のヴィジョンがドイツとの戦いのなかで生まれてきた過程を振り返って、最も強い印象を与えるのは、政治的・経済的・社会的な国内改革に関してはかなりの程度、真のコンセンサスが生まれ、それが戦後にまで継続したことにある。言い換えれば、このコンセンサスは、最近幾人かの研究者が主張するような、戦時宣伝の作り出した神話ではなく、現実だったのである。労働党政権による国民保健サービス制度の創出は、教育改革、国有化、完全雇用へのコミットメントとともに、戦中の調査研究の上に成立したものであり、一九五一年の政権交代を経ても生き残った。他の西欧諸国においても、自由主義者が公的支出の拡大を抑えようとしたり、ディリジスムの潮流に束の間抵抗しようとするときには多少ギクシャクするものの、混合経済と福祉国家は標準的規範となった。ここにはある程度「模倣効果」もあった。イギリスとベルギーに倣ってフランスが社会保障制度を改革したのはその例である。ソ連の支配下で、東欧は経済の計画と社会保障制度の発展に向かった。しかしそういった措置は戦争中に亡命政府によって受け入れられていたのだから、ソ連の圧力がなかったとしても事態は大きくは変わらなかっただろう。言い換えれば、ヨーロッパ全土で自由放任の否定が完遂されたのである。結果、民主主義という構想は蘇生した。東欧では一時的なものであり失敗に終わったが、西欧では大きな成功を収めた。

しかし、他の分野では、改革の進展はそれほど長続きするものではなかった。抵抗運動は戦争中に女性の権利を促進した。ドイツに対してだけではなく、国内で社会改革に反対する「反動」に対しても向けられた「二重の解放戦争」として理解されていたものの一環としてである。加えて戦争それ自体も、家族の絆を絶ち、家の中だけではなく外において新たな課題と挑戦を女性に対して用意することで、伝統的なジェンダー別の役割を転換させた。解放は、実際にいくつかの永続的な変化をもたらした。フランス、ユーゴスラヴィア、ギリシャなどそれまで女性が排除されていた国における選挙権拡大がその一例である。しかし、一九一八年以後と同じように、戦争の終結によって伝統的な両性の関係は再生した。政府は、帰還軍人に優先的に職を与えるとともに、出産を促進するために、女性を職場から家庭に戻らせようと試みた。ギリシャやイタリアのような国では、左翼がこの傾向を資本主義の責任であると非難したが、チトーのユーゴスラヴィアのような資本主義的ではない環境のもとでも生じた出来事であり、「家父長制の再興」には他の説明を捜さねばならない。

その答えの一部は、戦後新たに起こった出生増進主義にある。これは出生率と人口の減少に対しての古くからの懸念に基礎をおくものだが、ヨーロッパ史上最大の流血のあとであるから自然なことでもあろう。だが、普通の人々の戦争に対する対応にも答えを見出すことができる。何年もの戦闘によるまったくの疲弊感と、イデオロギー抗争の世界から退却したいという願いは、家庭生活の理想化の一因となった。この種の家庭への郷愁とともに、多くの男女は、身を落ち着けて子供をもうけることを待ち望んでいた。「戦争が終わったら、結婚していつまでも家にいたい」と昼のシフトで働く二十一歳の女性は言い、結婚しているもう一人の女性は「戦争が終わったらじきにここをやめる。すぐにね。ここでは十五年も働いたし、六年前に結婚もした。夫が身を落ち着けるまではもう少しつづけると思うけど、そしたら家に戻って人口を増やすの」と語っていた。「良かれ悪しかれ、多くの意志の強い女性たちは、戦争が終わったならば家庭生活に戻るか、それを新たに始めることを望んでいる」と『世論調査』は結んでいる。[52]

人種問題に関する態度という点では、戦時のラディカリズムから後退したということはできない。ヨーロッパにおける人種への態度は、どのみち戦前からゆっくりと変わっていたのであり、戦争がそれ自体としてその変化を加速したわけではない。また、一九四五年以降のヨーロッパでも反ユダヤ主義は消滅しなかった。逆に、終戦直後は大陸のどこでもむしろ激しさを増しさえしていた。生き残ったユダヤ人が家に戻ると、彼らの所有する家には他人が住んでおり、彼らの財産は略奪されていた。

▽（51）M. Higonnet (ed.), *Behind the Lines: Gender and the Two World Wars* (New Haven, Conn., 1987)

▽（52）次を参照。B. Jancar-Webster, *Women and Revolution in Yugoslavia, 1941–1945* (Denver, Colo., 1990), p. 163; *The Journey Home*, op. cit., pp. 55–6

植民地に関しても、一九四五年にはヨーロッパ諸列強は植民地に固執しようとしているとしか見えなかった。ナチスの暴力に従属したことで、帝国に対する自らの暴力は弱められるよりむしろ強化された。フランス軍は一九四五年五月のセティフ蜂起[13]のあと、四万人に及ぶアルジェリア人を殺戮し、一九四七年のマダガスカルでは十万人もの死者をだした。一九四五年のマンチェスターでのパン・アフリカ会議[14]の努力にもかかわらず、脱植民地化はヨーロッパの政治的な議題には上らなかった。ようやく上ったのは、ナショナリストによって植民地にすがりつくコストが引き上げられてからである。ヨーロッパの帝国諸列強は戦争によって面目を失い、戦後は反帝国主義の超大国〔アメリカとソ連〕の影に隠れてしまった。その分、海外植民地における力を強く行使したいと感じたともいえよう。戦争に「勝った」ということができる唯一の帝国であるイギリスが、脱植民地化の必然を最初に受け入れたのは偶然ではない。

国民国家が再び自己主張を強め急迫した冷戦に適応していくと、統一されたヨーロッパというヴィジョンは点いたり消えたりしながら揺らめいた。統合をスピードアップしようという戦後初期の努力は、ヨーロッパ評議会のように官僚的で役に立たないものに終わってしまい、一九四三年の理想主義的なヴィジョンからはほど遠いものとなった。一九五〇年代初めにはヨーロッパ防衛共同体（EDC）の挫折により、連邦主義という三十年にわたった夢の終焉が画された。純粋なヨーロッパの機関ではなく北大西洋条約機構（NATO）が、新たに主権を獲得したドイツ連邦共和国〔西ドイツ〕のお目付け役となった。その後、ヨーロッパ主義者は控えめな、しかし現実的な集団となり、エイナウディの助言に従って漸進的なプログラムを採用した。そのプログラムが、一九五一年のヨーロッパ石炭鉄鋼共同体（ECSC）に始まり、続いて共通市場とヨーロッパ連合（EU）につながっていく。

国際法の再生についても、戦時の夢の実現は断片的で不十分だった。国際連合の人権へのコミットメントは、権力政治のなかでのその全体的な地位と同様に弱かった。法原理の観点からは、国連憲章において社会的・経済的権利よりも人権が優先されていた。しかし、マイノリティの保護については、国連憲章は国際連盟より後退していた。一九四八年の世界人権宣言は国際法のなかで個人が新たに獲得した地位と、国家こそが至高であるというナチスの原理に

対する不信が続いていることを象徴していたが、強制履行のための条項は含まれておらず、高潔な希望にすぎなかった。▽(53)

同年のジェノサイド条約にはより広い含意が含まれている。この条約は、ニュルンベルク国際軍事裁判がナチスの一九三九年以前の行為を裁くことを拒否したことに失望したラファエル・レムキンによる、十字軍的な驚くべき個人活動の結果、成立したものである。レムキンらは、戦犯裁判が、個人に対しても国家に対しても、国際法の下での訴追を行なう力を増大させ、世界の平和を確保する機会である、と捉えていた。ジェノサイド条約は、それまで認定されていた国際法の下での犯罪に新たに重要な罪を加えるものであり、批准国に対してはその罪の遂行を予防するか罰することが義務づけられた。しかしこの条約の潜在力を、国際社会は無視しつづけた。「世界じゅうのすべての場所で国民的、人種的、宗教的、エスニックな集団を擁護することによって、われわれは自らを護ることになる」という国連の自信にあふれた主張はほとんど裏づけられていないのである。四十年もの間、ヨーロッパ以外では一連のジェノサイドは罰せられぬままだった。一九九二年にはこの無関心がヨーロッパ自身にも及ぶことになる。▽(54)

▼(13)一九四五年五月八日、アルジェリア北東部の都市セティフで、フランス警察が戦勝を祝うアルジェリア人のパレード行進と衝突し、アルジェリアのムスリムが撃たれ、その後、周辺の村を含めフランス人入植者が殺害された。それに対し、フランスは軍と自警団により多数のムスリム・アルジェリア人を殺害した。フランスのアルジェリア支配の転換点となった。

▼(14)一九四五年の第五回パン・アフリカ会議は、植民地支配の終了、アフリカ諸国間の協力、経済的統合、アフリカの富のアフリカの人々の啓蒙への利用を主張した。ケニヤッタやンクルマも参加し、アフリカの植民地独立の出発点となった。

▽(53) I. Szabo, 'Historical foundations of human rights and subsequent developments', in K. Vasak (ed.) *The International Dimensions of Human Rights*, i (Paris, 1982), pp. 11–42〔カーレル・バサック編『人権と国際社会——ユネスコ版』（上・下）世界宗教者平和会議日本委員会、一九八四年〕; H. Lauterpacht, *International Law and Human Rights* (New York, 1950), p. 353; H. Lauterpacht, *Report: Human Rights, the Charter of the United Nations and the International Bill of the Rights of Man* (Brussels, 1948), p. 22

▽(54) N. Robinson, *The Genocide Convention: A Commentary* (New York, 1960), p. 52; 以下も参照のこと。H. Kelsen, 'Collective and individual responsibility in international law with particular regard to the punishment of war criminals', *California Law Review*, XXXI (December 1943), pp. 530–71; H. Lauterpacht, 'The subjects of the Law of Nations', *Law Quarterly Review*, LXIII (October 1947), pp. 438–60; LXIV (January 1948), pp. 97–116

第7章　残忍な平和、一九四三―四九年

いまや連合軍がナチスの手からヨーロッパを再び征服したのだから、植民地政策の「民主的」段階が実行に移されるだろう。……（ヨーロッパ人たちが）軽蔑とともに「対原住民政策」と呼んだものがいまや彼ら自身に適用され始めている。

――ドワイト・マクドナルド「対原住民政策」、一九四四年▽(1)

第二次世界大戦は、ヨーロッパ大陸の内外において、一世紀に亘って諸列強の間に強まっていた暴力の行き着いたところであったが、実際にはいくつかの戦争が一体となったものであった。まずなによりも、ヒトラーの帝国への野心によって引き起こされた、軍隊によって戦われる軍事紛争であった。だが同時に、人種、宗教、エスニック集団の間の戦争でもあり、ヴェルサイユ体制を力によって変革しようとする極端なナショナリストが、血なまぐさい再決算を迫るものだった。第三に、大戦は、ヨーロッパの東西を問わず多くの地において、北イタリアの土地をもたない日雇い《ブラッチャンティ》農業労働者とファシズム支持の地主との間であれ、丘の貧しい農民と都市の住民の間であれ、最も広い意味での階級間戦争であった。最後に、抵抗運動が一九四三年から四四年にかけて急速に成長し、対独協力者《コラボ》の民兵による厳しい報復を誘発したことで、この戦争は、ドイツの武器・資金で煽られた非常に残忍な内戦となった。この内戦の根源は一九一九年にあり、フランスでは一七八九年〔フランス革命〕にまでさかのぼった。このような分極化した空気は、東から赤軍が、西から西側連合軍が近づいてきたことで激化した。▽(2)

約四千万という死者は、普仏戦争やボーア戦争、あるいはバルカン戦争の数千人を容易に上回るのはもちろん、第一次大戦やロシア内戦での数百万という規模をも超すものだった。市民の死亡者の割合もほぼ半分程度であり、これまでの戦争よりもはるかに高かった。五百―六百万のユダヤ人のほかにも、ポーランド人、ドイツ人、ロシア人、ウクライナ人が数百万単位で死亡した。東部戦線における殲滅戦は大量殺戮の舞台となった。それは西欧の経験とは異なる規模の破壊であり、異なるルールにのっとって遂行されていた。例えば、イギリスやフランスの死亡者は莫大なドイツの人的損害の十分の一に満たない。しかしそのドイツの数ですら、ソ連の数字の前では矮小に見える。ソ連は、一千万をゆうに超える市民に加えて、三百万の捕虜を飢餓のために、さらに六百五十万人を東部戦線で失った[3]。

六年にわたって大きな被害と破壊がヨーロッパ市民を襲い、ヨーロッパ社会は根本的に変容した。ナチスの絶滅政策は、一つのエスニック集団もしくは国民集団全体を危機にさらした。ポーランドの軍事的・知的エリートの多くは、ドイツ人もしくはロシア人の手にかかって死んだ。しかし、この戦争は市民と戦前社会の構造そのものを標的としており、ジェノサイド政策は、それが最も極端なかたちをとったものにすぎないのだった。そのため、一九四五年以降の再建は、一九二〇年代とはまったく異なるものとなった。以前の状態に戻るなどという考えはもはやありえなかったのである。戦時の損失によって、従来の構造は社会的にも物理的にも引き裂かれ、大きな穴が開いた。それは苦い思い出と怒りの感情を引き起こすものであったが、新たな挑戦とチャンスの源でもあった[4]。

いったいどのようにして、そのような激しい紛争を一九四五年に急に停止させることができたのだろうか。ドイツ

▽（1）D. MacDonald, *Memoirs of a Revolutionist: Essays in Political Criticism* (New York, 1957), p. 119
▽（2）内戦としての第二次大戦については、Pavone, op. cit. 及び A. J. Mayer, *Why Did the Heavens Not Darken?* (London, 1990) を参照。
▽（3）Kulischer, op. cit., pp. 274–81; P. R. Magosci, *Historical Atlas of East Central Europe* (Seattle, 1993), p. 164; R. Overy (ed.), *The Times Atlas of the Twentieth Century* (London, 1996)
▽（4）J. T. Gross, 'Social consequences of war: preliminaries to the study of imposition of communist regimes in east central Europe', *East European Politics and Society*, 3: 2 (spring 1989), pp. 198–214 を参照。

の降伏は歴史家にとって便利な目印であるが、それ以上のものではない。むしろ、ドイツ降伏で一つの時代が終わり、次の時代が始まったと区切るのは、明らかに誤解を生じさせることになる。現実には、「零年」のようなものはなく、熱戦と冷戦をはっきり分けるものもない。さらに、冷戦のなかで生まれた戦後体制の起源は、戦中の社会経験にあるのである。戦後への移行は、一九四三年に始まったということもできるだろう。この年に西側連合軍がイタリアを攻略し占領と再建の問題が始まった。六年後にはヨーロッパの分断はほぼ完遂され、オーストリアとスカンディナヴィアがなおその波に逆らっていた。冷戦の圧力の下で、戦時の敵対関係は変化してしまっていた。

ナチスによる占領が、東ではソ連に、西ではアメリカに対してのより永続的な従属に代わったことで、戦後ヨーロッパのデモクラシーの再生も、ファシズムの脅威への対抗によって定義されるプロジェクトではなくなっていき、冷戦の競争が行なわれる場となっていった。一九五〇年までに勝者ははっきりした。西では、反共の社会民主主義とキリスト教民主主義の勢力であり、東では共産主義の人民民主主義である。それぞれは相手をヒトラーの後継者であるとし、自らこそがヒトラーへの真の対抗者であるとした。結局、スターリンが戦争が終わるころに述べた次の言葉が正しかったのである。「この戦争は過去のものとは異なる。ある土地を占領したものはそこに自らの社会システムを押し付けるのだ。軍隊が到達しうる限り、誰もが自分のシステムを押しつけている。それ以外にはない。▽(5)」

住民移動と社会の危機：一九四四―四八年

戦争は常に住民の移動を伴なう。しかし、今回の戦争では新秩序を実現するために、特に絶滅、収容、強制移送、移動が遂行された。ヒトラーはヨーロッパの民族誌地図を書き換えようとし、他方でスターリンも、ポーランド人、ウクライナ人、リトアニア人、チェチェン人など、数十万の階級的なもしくはエスニックな「敵」を強制移住させた。ドイツの敗北によってドイツ軍捕虜が投獄される一方、強制収容所の収監者、強制労働者、外国人労働者など数百万の人々が解放された。戦時中から難民の取り扱いに関してある程度は計画が作られていたが、人道的問題の規模のあまりの大きさには西側連合国は不意討ちをくらった。逃亡、疎開、再定住、強制労働などにより住み慣れた土地から追われたものは、一九三九年から四八年の東・中欧だけでも四千六百万人を数える。これに比べれば第一次大戦後の難民の移動などは小さいものである。住民移動には一時的で、自発的なものもあったが、多くはそうではなかった。あとから振り返れば、こうなった主要な理由は十分に明らかである。戦間期の新興国民国家におけるマイノリティについての不満足な経験から、政治的境界を固定化するために人々が移動させられたのである。▽(6)

解放によって明らかになったのは、第一次大戦後の十倍にあたる千百万人を超える流民がいるということであった。歯止めなく略奪し市民を脅迫することで、ドイツ人に対する復讐を加えるものもあった。例えば一九四五年五月四日に、エレーナ・スクリャービナは、彼女が住んでいるドイツ人の家を同胞のロシア人が略奪するのを目撃した。彼らは家に押し入ると家主を拳銃で脅し、ナチだ、「ヒトラー支持者」だと非難した。「彼らは家中に散らばると、ドイツ人の資産は当然に自分たちのものになるべきだ、と私たちに言いました。……三十分もすると、元の様子がわからないほどのありさまでした。トランクやスーツケースはすべて壊され、クローゼットは開け放たれました。そして私の同胞たちは背中に大きな袋を背負って消えていったのです。」流民たちは、この種の行動を、ナチの言い回しを借りて「組織化」と呼んでいた。▽(7)

▽（５）M. Djilas, *Conversations with Stalin* (New York, 1962), p. 114〔ミロバン・ジラス『スターリンとの対話』新庄哲夫訳、雪華社、一九六八年〕;「赤いファシズム」については次を参照。L. Adler and T. Paterson, 'Red Fascism: the merger of Nazi Germany and Soviet Russia in the American image of totalitarianism, 1930s to 1950s,' *American Historical Review*, 75 (1970), pp. 1046–64

▽（６）Magosci, op. cit.、次も参照。J. Vernant, *The Refugee in the Post-War World* (London, 1953), p. 30; M. J. Proudfoot, *European Refugees, 1939–1952: A Study in Forced Population Movement* (London, 1957), p. 34

▽（７）ドイツの戦争捕虜については次を参照。G. Bischof and S. E. Ambrose (eds.), *Eisenhower and the German POWs: Facts against Falsehood* (Baton Rouge, La/London, 1992); E. Skrjabina, *The Allies on the Rhine, 1945–1950* (Carbondale, Ill., 1980), p. 29

ドイツによって強制的に故郷から連れてこられ、搾取されて屈辱を受けた彼ら東方労働者は財産や人格をあまり尊重しようとはしなかった。彼らは占領軍当局にとってかなりの頭痛の種となっていった。しかし、復讐は驚くほどに少なかった。多数の流民にとっては速やかに故郷へ、家族の元へ帰ることの方がはるかに優先事項であったからである。一九四五年夏のヨーロッパの道は、ドイツから四方八方へ散らばっていく市民の長い列で埋まっていた。秋までにはほとんどのものがドイツを離れた。連合国救済復興機関（ＵＮＲＲＡ）だけでも六百万人を支援したという。だが、なお百五十万人は流民収容所に残っており、一九四七年六月になっても、さまざまな理由から故郷への帰還を望まない五十万の人々が住んでいた。

しかし、故郷への帰還には決して自発的とはいえないものもあった。ヤルタ協定における取り決めで、西側連合国はすべてのソ連市民をスターリンの手に委ねることを義務づけられていた。赤軍の前進によってソ連軍の手に落ちた自国の戦争捕虜の安全を確保するためには他に選択の余地はなかった、とされたが議論の余地はあろう。ロシア内務人民委員部（ＮＫＶＤ）の人員がソ連への帰還者を調べる審問所を設立することが許されたのも、まさにこの理由からである。戦後の共産主義化への恐怖が広まるにつれ、西側連合国占領下のドイツからの帰還に抵抗する東欧出身者の数は増えていった。ドイツ降伏の一年後の段階で、三十八万のポーランド人、十二万五千五百人のユーゴ人、十八万七千人のバルト諸国民が拒んでおり、そこには対独協力者《コラボ》や、武装親衛隊などのドイツ部隊の一員だったものが含まれていた。最終的には、一九四〇年代末の反共ムードのおかげで、彼らは特別なプログラムの下、イギリス本国、英連邦諸国、アメリカへの亡命が許されることになった▽(8)。

生き残ったユダヤ人についても、彼らは概して帰還を望まず、望んだとしても帰還することが不可能な状況にあった。彼らの戦前の家は通常他人に占拠されており、財産はなくなっていたからである。それどころか、東欧から二十二万人が西へと移動したため、ユダヤ人難民の数は戦後になってさらに増加した。多くの死者を出した、ポーランドにおける一九四六年の反ユダヤ・ポグロムがこれを加速し、シオニスト組織も西欧への移動を支援した。西欧においても反ユダヤ主義のため、バルトや東欧出身者には開かれていた門戸が、ユダヤ系難民には閉ざされていた。そのため、大陸におけるユダヤ人難民の数は増えつづけた。一九四八年にイスラエルが建国され、アメリカが難民救済法を制定し、彼らのほとんどがヨーロッパを離れることが可能となるまで、この状況は続いた。数が減ってもヨーロッパはユダヤ人を受け入れようとはしなかった。そのために対価を払わされたのは、一九四八年の第一次中東戦争で難民となった五十万のパレスチナ・アラブ人であった。ユダヤ人の生活にとってヨーロッパは中心的な場所ではなくなった。反ユダヤ主義が一九四五年以降に驚くほど激化したことから、ジェノサイドを実施したのはドイツ人であったにしても、その社会経済的、文化的な影響はヨーロッパじゅうで広範に利用されたということがわかる。▽(9)

戦争が終わったとき、ドイツ人に対する深く苦々しい怒りと「病的な嫌悪」が広がっていたのは驚くに当たらないだろう。オランダへの旅行者が見たところによると、一九四八年になっても、「ドイツ人が戦争中に彼らをさんざん悩ませたため、オランダ人は『ドイツ』という言葉すら聞きたがらなかった」。東欧では、〔戦間期の〕新興国民国家にとって、多数のドイツ系マイノリティの存在は脅威だったが、その恐れがまさに大規模に現実となり、復讐感情が広がった。戦間期ヨーロッパにおける二大マイノリティはドイツ人とユダヤ人であったが、両者の運命はさまざまなかたちで絡み合っていた。かつてユダヤ人はドイツ文化を東欧へ伝える重要な役割を果たしていた。彼らが大量虐殺されたことは、ドイツの外でのドイツ人の生活が破壊される前奏曲となった。この戦争はユダヤ人問題の「最終的解決」につながっただけではなく、それとは異なるかたちでヨーロッパのドイツ問題の終焉、または少なくともその変容をもたらしたからである。

▽(8) Vernant, op. cit.

▽(9) ibid., op. cit., pp. 60–63; Proudfoot, op. cit., p. 361; A. Königseder and J. Wetzel, *Lebensmut im Wartesaal: Die jüdischen DPs im Nachkriegsdeutschland* (Frankfurt am Main, 1994)

これもまたヒトラーの遺産であった。「ドイツ的存在」を堅固なものとするという彼の夢は悪夢のようなかたちで実現された。そしてそれは、〔各国の〕エスニックな同質性を高め、ヨーロッパの将来の安定に資するので、西側同盟国にも容認されたのである。第二次大戦の引き金となった問題は、残酷なかたちではあったが、ヨーロッパ史上最大規模の難民移動によって最終的に解決された〔巻末地図参照〕。赤軍を前にして、一九四四―四五年の間に五百万人のドイツ人が帝国の東部から逃げ去った。一九四五年から四八年には、チェコスロヴァキア、ポーランド、ルーマニア、ユーゴスラヴィア、ハンガリーにおける解放後の体制が、さらに七百万人のドイツ人マイノリティを追放した。この暴力的な変動の記憶は、東欧だけではなく西欧においても、ごく最近になるまでほぼ完全に抑圧されていたとすらいえる。しかしこれがヨーロッパにおけるドイツの地位に与えた影響は、少なくともドイツ分断と同様に深いものがあり、もしかすると長期的にはより重要ですらあるといえる。▽[10]

一九四四年秋からポツダム会議の行なわれた一九四五年七月の時期には、赤軍の接近を前にパニックと逃亡の第一波が起こり、数十万のドイツ人が東プロイセンから陸路や海路で逃れてきた。その後に、シレジア（シュレージエン）とポメラニア（ポンメルン）からの避難民が続く。赤軍による大規模なレイプや虐殺により、恐怖が広まった。「ロシア人は、防空壕、半地下倉庫、地下室をくまなく回り、威嚇しながら時計や指輪やその他の貴重品を要求し、奪っていった。ほぼすべての女性はレイプされ、被害者には六十歳や七十五歳の老人もあれば、十五歳の少女、さらには十二歳の少女すら含まれていた。数十回にわたりレイプされたものも多かった」と一九四五年初めのグダンスク（ダンツィヒ）からの報告は伝えている。逃亡しなかったものは強制労働収容所もしくは抑留所に送られ、財産を奪われた。多くは目印となるマークを着用させられた。最初は鍵十字が衣類に大きく描かれ、のちにはバッジが与えられた。このようにして、ナチスの政策がかつて下等人種に与えた人種的な侮辱の代価を、ドイツ人住民は集団で払わなければならなかったのである。▽[11]

チェコスロヴァキアでは解放ののち、ドイツ人への憎悪が広がった。悔い改める様子もなく、「不満をもち危険な」

者が多いように思われたからである。ベネシュ大統領は、彼らのうち「忠誠心を欠く」者を追放することについて、すでに西側連合国の支持を取りつけていた。しかしその後に起きたことは、正義というよりもご都合主義が動機となっていた。例えばブルノでは、一九四五年五月三十日に、国民防衛団の青年たちが二万五千人ものドイツ系住民すべてを追放し、オーストリア国境まで追いやった。残った者には、公共交通の利用が禁止されたり、「敗北バッジ」を着用させられるなどの差別的措置が課され、圧力がかけられた。一九四五年七月までには数百万のドイツ系住民が、故郷から逃亡したり、追放され収容所に収監されたり、国境まで追い立てられたりした。これは部分的には、東欧の人々が過去六年間にうけた苦しみに対する復讐であった。しかし、大衆的な怒りと並行して、その地域の新しい政府による慎重に考え抜かれた公式の施策があったことを、見逃すべきではない。「われわれはドイツ人を全員追放しなければならない。なぜならば、国家は一つの国民の上に築かれなければならないからである。複数の国民の上にではない」とポーランド共産党のゴムウカ[▼1]は強調した。[▽12]

ポツダム会談でこの政策の本質が明らかとなった。西側連合国は、数百万に及ぶドイツ人の大量追放の原則を承認した。そこには、非ドイツ国籍ドイツ系住民だけではなく、戦前のドイツ市民であって現在はロシアまたはポーランドの占領行政の下にある者も含まれていた。西側連合国の主な関心は、難民の流入をドイツ本国が上手く受け入れら

▽（10）Skrjabina, op. cit., p. 109; W. Benz (ed.), *Die Vertriebung der Deutschen aus dem Osten* (Frankfurt am Main, 1995)

▽（11）ダンツィヒ報告は、次からの引用。C. Tighe, *Gdansk: National Identity in the Polish – German Borderlands* (London, 1990), p. 197; T. Schieder (ed.), *The Expulsion of the German Population from the Territories East of the Oder-Neisse Line* (Bonn, n. d.), p. 269

▼（1）ポーランドの共産主義政治家。第二次大戦中は対独レジスダンスに従事し、戦後の臨時政府の副首相を務めたが、ナショナリストとして一時失脚した。一九五六年のポズナン暴動で復権し、ポーランド労働者党の第一書記として国家を指導した（一九五六―七〇）。

▽（12）A. M. de Zayas, *Nemesis at Potsdam: The Expulsion of the Germans from the East* (Lincoln, Nebr./London, 1988 edn), pp. 104–6; J. B. Schechtman, *Postwar Population Transfers in Europe, 1945–1955* (Philadelphia, Pa, 1962), pp. 56–67; ゴムウカは次からの引用。N. Naimark, *The Russians in Germany: A History of the Soviet Zone of Occupation, 1945–1949* (Cambridge, Mass., 1995), p. 147

れる程度にコントロールすることであった。そのために住民移送の一時停止が合意された。しかし実際には、特にポーランド統治の下に入った旧ドイツ領から、追放は継続した。一九四五年から四六年の冬の間のみ、「秩序だった移送」が手配された。しかしそれまでに気温は下がり、難民を西へ運ぶ家畜用貨車の中で死ぬものも多かった。全体では千二百―千三百万のドイツ系住民が「移送」された。これはこの種の人口移動のなかでは、ヨーロッパ史においても群を抜いて多い。その途中で死亡したものは少なくとも数十万人におよび、最終的な数字を二百万人と見積もるものもある。

東欧のドイツ人とユダヤ人が追放や殺害によって消滅したのは、戦争の結果として生じた人口分布の混乱と不安定化という、より大きな過程の一部である。他のエスニック集団からは、主にポーランド人、チェコ人、スロヴァキア人、ウクライナ人、バルト人の七百万以上の難民が故郷から追い立てられ、再定住した。その結果、東欧におけるマイノリティの多くが事実上除去された。ポーランドではその比率は三二%から三%に下がり、チェコスロヴァキアでは三三%から一五%に、ルーマニアでは二八%から一二%となった〔巻末表1参照〕。ドイツ「民族」の分布はいまや（分断）ドイツ国家の国境にしっかりと沿うようになった。ウクライナ人についても同様である。戦争、暴力、大規模な社会的混乱によって、ヴェルサイユの夢であった国民的同質性が現実のものとなったのである。▽(13)

ヨーロッパでは、一九三九年から一九四八年の間に、合計すると九千万近い人々が、殺害されるか、強制追放の対象となった。軍人と市民の死傷者、戦争捕虜、戦中もしくは戦後に故郷からの移動を恒久的であれ一時的であれ余儀なくされた市民を足し合わせると、これらの人々の総人口に対する比率は、ドイツやポーランドのような極端な場合でほぼ半分、相対的にはこの問題にあまり悩まされなかったフランスでも五分の一に達する。〔ドイツから獲得した〕ポーランドの西部領土では、一九五〇年の住民のうち半分を優に超える部分は他の地域から近年になって移住してきた人々であった。戦後、ポーランドの社会学者が「社会主義的変革の試練のなかで形成された、統合された国民共同体という新しい現実」と分析した社会はここに萌芽をもつ。▽(14)

これ以降のヨーロッパ史の推移を理解しようとするならば、この巨大な激変に注意を向け、その社会的・政治的帰結を見通さなければならない。ナチスによる占領とそれに続く戦争直後の時期の混乱は人間同士のつながりを切り裂き、家庭や共同体を破壊し、多くの場合には社会の基礎そのものを根絶やしにした。この時期があとに残したもので最も目につくのは、多数の倒壊した建物、掘り崩された道、荒廃した経済であるが、このような物理的破壊と並んで、再建が終わったあとにもなお続いた無形の傷があった。道徳的・精神的な志向性の変化は個人の行動を変え、社会と政治を変えていった。

最も明らかな価値観の変化は、所有権を尊重する感覚が薄れたことである。簡単に言えば、中・東欧の多くの場所で、多くの人々が他人の家に住み他人のものを使って生きることになったのである。ドイツ人の財産の多くは、その前にドイツ人によって迫害された人々の資産と同様に、突然に別の所有者の手に渡ることになった。追放はそれを見ているものに「略奪欲」を引き起こした。これも、ユダヤ人の強制移送の場合と似ていないわけではない。「ドイツ人農民が自らの農場と家を離れ、警察によって駅に連行されていくやいなや、強奪、略奪が最高潮に達した」とハンガリー出身のドイツ系住民は回想している。「かつてのもたざるものは昼も夜も盗みを働き、群集はトラックで町からやって来ては、目に入るもの、手に触れるものすべてを略奪した。警察のなかにもそういった無法者がいた。」もちろんこれもまた、数年前には、ドイツの警察部隊や東欧に駐留する武装親衛隊の部隊のなかに、無法者がいたのと

▽（13） Schechtman, op. cit., p. 363

▽（14） 民間人と軍人の犠牲者については、Kirk, op. cit., p. 69, n. 24; 戦時中の民間人の強制移動については、Proudfoot, op. cit., p. 34. 全体数については次から推計。B. R. Mitchell, *European Historical Statistics, 1750–1975* (New York, 1980 edn)〔B・R・ミッチェル編『マクミラン世界歴史統計 一 ヨーロッパ篇 一七五〇―一九七五』中村宏監訳、原書房、一九八三年〕; 西部ポーランドについては、J. Ziolkowski, 'The sociological aspects of demographic changes in Polish Western Territories', *Polish Western Affairs*, 3: 1 (1962), pp. 3–37; 引用は J. Wiatr, 'Polish society' からであり、次からの引用。C. M. Hann, *A Village without Solidarity: Polish Peasants in Years of Crisis* (New Haven, Conn./London, 1985), p. 157

同じである。▽(15)

町や村など場所のアイデンティティや構成も変わった。町の名前は、ドイツ語名から、ポーランド語、チェコ語、ハンガリー語の名に戻された。東欧じゅうで、シナゴーグ、モスク、ルター派教会、東方典礼カトリック教会が跡形もなくなってしまったり、納屋、厩舎、倉庫、そしてのちには映画館など、世俗的利用へと変更されたりした。安全に明け渡されなかった家屋は、略奪の対象となり、新しい所有者が入居するまで空っぽのままだった。住人のいない建物が略奪されたために、長い間遺棄されたままとなった居住区も多かった。例えば、グロガウは、他のシレジアの都市と同様の運命をこうむることになった。戦前の人口が三万三千五百人だったものが、一九六〇年代初めには五千人ほどに減少したのである。「どの点からみても、グロガウはもはや存在しない」とある来訪者は一九六〇年に記している。「ここにグロテスクな廃墟があるかと思えば、あちらには深い穴があり、そしてまばらな芝に覆われた小山があるという具合である。」一九六六年にもなお、ヴロツワフの人口は四十七万七千人にすぎなかった。これはかつて一九三九年にブレスラウという姿だったときの四分の三にすぎない。▽(16)

ポーランドでは、追放されたドイツ人や〔ウクライナ人に多い〕東方典礼カトリック教会の信徒の代わりになる定住者が少なすぎたため、自治体政府は新規居住者向けの宣伝を行なっていた。例えば、早い時期に移住した人々が聞いた説明は、一九五三年の「新しい農場への移住」と題された小冊子にみることができる。「サノク州のジェゾフ郡では、土地は豊富にあり、家も納屋もあります。もし上手すぎる話で信じられないと思うならば、誰でも自分の目で確かめることができます。鉄道料金は無料です」という具合である。サノクはかつての東方典礼カトリック地域にあり、一九四五年の住民移送と一九四七年の反パルチザン掃討作戦によって人口が減っていた。▽(17)

このように暴力的な財産の交換が官吏の手で行なわれたことが、人々の政府に対する態度に痕を残した。すでにナチスの支配を通して、人々は力のみが重要であるという感覚をもつようになっていた。さらに、彼らは力による追放や、同じ村民・市民だった者からの略奪が、新しい政治権力の前で公然と行なわれるのを見、参加しさえした。パルチザン、警官、法廷、すべてがこの機会にともに参加した。この経験は、拡大しつつあった政治へのシニシズムを確かなものとした。このシニシズムがアパシーと順応主義の養分となり、権力を保持する者に挑戦しようとする努力を掘り崩すことになった。

新しい政府とそれを支持するソ連が追放を実施したのは、かなりの程度、政治的な人気を買い取るためであり、直接的には政治的従属の度合いを高めるためであった。ユダヤ人の財産を非ユダヤ人に分配することで、ナチスは共犯者の網の目を作り出し、それが抵抗を弱めた。一九四五年以降、ドイツ人の追放で、共産主義体制の役人は同じ戦略をとることができたのである。社会的正義や国家の安全保障への配慮は、しばしばより実際的な関心を覆い隠していた。新たな定住者は、新しい生活拠点について体制に恩義をうけていた。自分たちの新しい家への法的権利主張の有効性に不安を抱き、財産を取り戻そうとする家族に対抗して保護を求めようとする点で、彼らははじめから〔体制に〕従属した階級であった。▽(18)

家族と道徳

ベルゲン・ベルゼン収容所に到達した最初のイギリス軍兵士の一人、デリック・シントンは次のように書いている。「一九四五年夏、飢餓とガス室の恐怖から解放されると、考えたり希望をもったりできるような健康状態の数千の生存者は、数ヶ月、場合によっては数年も前に彼らから奪われた、妻やガールフレンド、親や子供を探し始めた。」生

▽(15) T. Schieder (ed.), *Documents on the Expulsion of the Germans from Eastern-Central Europe* (Bonn, 1961), pp. 146–7, 152
▽(16) A. Scholz, *Silesia: Yesterday and Today* (The Hague, 1964), p. 69
▽(17) Hann, op. cit., p. 179; Scholz, op. cit., p. 50
▽(18) 次を参照。Gross, 'Social consequences of war', op cit., passim

存者たちは手紙を書き、親戚たちがあらわれた。イギリス軍は当初、尋ね人のリストを読み上げるためのスピーカーを乗せた車を一台用意し収容所中を走らせたが、のちには登録所で一括管理することとなった。[19]

戦中戦後の居住地からの追放により、大陸のいたるところで数え切れないほどの家族の崩壊が生じた。一九四七年には、チェコスロヴァキアで五万人もの孤児がいた。ユーゴスラヴィアでは、その推計値は二十八万人に上り、少なくとも一万人もの子供たちが、森に隠れて完全な窮乏の下で戦争を生き延びた。オランダでは、投獄された対独協力《コラ》者《ボ》の子供を含め、支援を必要とする子供の数は六万人に上った。ブカレストには三万人のホームレスがいた。UNRRAはドイツだけでも五万人の孤児の面倒を見ていた。多くは、自分たちが誰なのか、どこから来たのかも忘れてしまっていた。[20]

赤十字、各国政府、UNRRAは消息追跡調査部門をすぐに設置した。中央消息追跡局は二十ヶ国で面談・調査担当者を雇い、アメリカの中央所在検索簿には最終的に百万人以上が登録された。戦後何年もの間、全国ラジオや新聞には行方不明者の長いリストが載せられていた。しかし、親族と再会できた者よりも、いまだに消息の知れない者の数の方がいつまでも大きかった。例えばUNRRAが初年度に解決できたのは、わずか六分の一の事例のみであった。一九四八年七月になっても、流民として国連が面倒を見ている子供たちのうち、四千人以上の身元が明らかになっていなかった。[21]

戦争孤児の調査から、多くの孤児が経験からくるさまざまなトラウマに悩まされていることがわかった。陰鬱であり、年齢に不釣り合いに真面目で、きわめて神経質であった。シニカルで、元気がなく、権威を信じていなかった。多くの人々は、戦争は反理想主義の世代を作り出したと感じていた。ある若いチェコ女性はイギリスの友人にこう書いている。「占領は英雄ばかりでなく臆病者を作り出した、ということを理解しなければなりません。若者が育っていく何年もの間、道徳は逆転していたのです。悪の方が善よりもしばしば得になり、嘘の方が真実よりも割に合いました。ささやくことに慣れてしまった若者は、いまになって自然に話すことなどできません。叫ぶことかささやくことしかできないのです。……大陸の人々の心から恐怖を追い出すことは簡単ではないでしょう。[22]」

孤児たちは好意を示されても懐疑的であり、暴力に訴えがちで、危険でもあった。彼らの「道徳律の支配から解放」された態度は、犯罪や、突然のコントロールできない怒りや、年下の弱い子供への暴力にあらわれていたが、暴力に対する無頓着な態度は遊びにもあらわれていた。イギリスの看護婦たちは、収容所から生還したユダヤ人の子供集団に見られる奇妙な行動に驚かされた。外部をすべて遮断した自足的な世界に生きていた彼らは、大人からの助けや支援をまったく期待していないようだった。その集団から子供が誰か一人いなくなっても、他の子供はまったく事務的に「ああ、彼なら死んだよ」と言うのであった。[23]

そのような行動パターンは、継続的に関心を寄せられ愛されることで最終的には乗り超えられた。子供であれ大人であれ、戦時中の経験の結果、精神病者となったものは、相対的には少なかった。多くのパルチザンは、戦時中禁欲を強いられた結果として性行為に支障をきたすことになったが、その問題のように多くは時間の経過とともに消え去るものだった。長期的に見るならば、戦時の被害が生存者に与えた精神的インパクトは、その被害に対してどのような解釈が与えられたか、ということと強く関係していた。自らの経験を英雄視することが困難であるホロコーストの生存者と、それが容易な政治的収監者では異なった状況にあったのである。短期的にはそのような違いは見えにくく、戦時の生存者に見られる感情面での姿勢は、国民一般に広く見られる社会的政治的反応の一部とみられ、底に沈んだように目立たなかった。[24]

▽（19）D. Sington, *Belsen Uncovered* (London, 1946), p. 187
▽（20）D. Macardle, *Children of Europe* (Boston, Mass., 1951), pp. 58, 107, 154, 200, 231
▽（21）ibid., pp. 231–5, 294–6
▽（22）ibid., p. 64
▽（23）ibid., p. 242
▽（24）A. Mando Dalianis-Karambatzakis, *Children in Turmoil during the Greek Civil War 1946–49: Today's Adults* (Stockholm, 1994); 次と比較せよ。A. Karpf, *The War After* (London, 1996), and A. Hass, *Aftermath: Living with the Holocaust* (New York, 1995)

権威に対するシニシズムと、それに伴なって、なんとかうまく切り抜けたいという姿勢は、当然ながら荒廃した東欧の地で特に顕著であった。あるポーランドの著述家は次のように当時の雰囲気をまとめている。「国にはボルシェヴィキがやってきた。共産主義者が権力を握り、ワルシャワは焦土となった。正統なロンドン〔亡命〕政府は見捨てられた。これよりひどいことがあるものだろうか。われわれは戦争に敗れ、自らのことは自分で面倒を見なくてはならなかった。」一九七二年に、別のポーランド観察者は「第二次世界大戦における残忍な占領の開始が残したモラルの低下」に言及し、それがもたらした結果の一つとして「今日のシニシズム」と「理念的な価値よりも、物質的な品物や器具への欲望が高まったこと」を指摘している。[25]

ポーランドほどは荒廃しなかった国でも、終戦は、政治的闘争によって引き裂かれた世界の狂気から離れる機会として、多くの人々に歓迎された。フランツ・ノイマンは、ドイツの民衆の当時の気風を「政治と政党を意図的に拒否し、ナチズム、非ナチ化、民主主義、反ファシズムといったものには皮肉で風刺的な姿勢をとり、可能な限り早く教育を終え、地位とお金と消費財を手に入れることに集中する」と要約している。熱烈な支持者は幻滅した皮肉屋に変わったのである。ルーマニア出身のエミール・シオランは一九四九年に亡命先フランスで、悲観的無関心のマニフェスト『崩壊概論』[2]を著わし、そのなかで「過度に神を愛する者は、他人にも神を愛するよう強制し、それが拒絶されたならばその者らを皆殺しにしようとする」と書いているが、そのシオランは一九三〇年代には、「非合理的なものの崇拝」のゆえにヒトラーとコドレアーヌを救世主のように熱烈に崇拝していたのである。[26]

このように、一九四五年以降、政治は我慢の対象へと変わり、親密な関係や家庭生活がこれまで以上に人々の生活を安定したものとするための重要な要因となった。戦後イタリアの再建を描いた、一九四九年のエリオ・ヴィットリーニの古典的小説『メッシーナの女たち』は、イデオロギーが魔術的な説得力を失い、私的なものの追求が到来した世界を描いている。娘を探して国じゅうを列車に乗って旅し続けるアグリッパおじさんも、狂信的なファシストのイデオローグの過去をもち、いまは土地と恋人に根を下ろし過去を寄せつけないアンチ・ヒーローのヴェントゥーラも、人の暖かさを求めているのである。

何にもまして家庭が、戦時の、そして戦後の不安からの避難場所となった。人類学者ヴェラ・エーリッヒは「実験と同じように、ドイツの収容所の生存者には、家庭生活を護ろうという明白な傾向があった」とし、行きずりの情事ではなく結婚を急いで捜し求める様子を記している。「結婚によって、彼らは完全に変わった。そうすることで初めて、彼らは人生に回帰し始めたのである」と彼女が記すように、囚われの身から帰還したあとも、自らそう表現したように「幽霊」のようだった彼らが再び生を取り戻すには、このように愛情と親密性が本質的に重要だったのである。エーリッヒはさらに「子供がうまれることで、彼らの多くはなにがしかの精神的な均衡を見出すことができた。結婚生活に対する情熱的な欲望も、子供をもちたいという願いと同様、自発的に生まれ出たものだった。赤ん坊に対して、彼らは極端に優しく接し、子供たちをわがままにしたり、甘やかしすぎたりする傾向すらあった」と述べている。収容所生存者とその子供たちのこのような関係が生んだ、より厄介な心理的結果は多くの場合十―二十年後になってようやくあらわれることになる▽(27)。

家族に対するこのような新しい愛着は、収容所の生存者のみに見られたわけではない。それはきわめて広範なものであり、著しい、そしてほとんど予期されていなかった戦後期のベビーブームにかなり貢献した。人口の増加は、多

▽（25） Z. Zaluski, *Final 1945* (Warsaw, 1968), p. 17, P. Wandycz, *The Price of Freedom: A History of East Central Europe from the Middle Ages to the Present* (London, 1992), p. 240 による；J. R. Fiszman, *Revolution and Tradition in People's Poland: Education and Socialization* (Princeton, NJ, 1972), p. 25

▼（2） エミール・シオラン『崩壊概論』有田忠郎訳、国文社、一九八四年。

▽（26） F. Neumann, 'Re-educating the Germans: the dilemma of reconstruction', *Commentary* (June 1947), pp. 517–25; 戦後のシオランについては、S. Guilbaut, 'Postwar painting games: the rough and the slick', in Guilbaut (ed.), *Reconstructing Modernism: Art in New York, Paris and Montreal, 1945–1964* (Cambridge, Mass., 1990), p. 53 による；戦前のシオランについては、L. Volovici, *Nationalist Ideology and Anti-semitism: The Case of Romanian Intellectuals in the 1930s* (Oxford, 1991), pp. 78–9 による。

▽（27） V. St Erlich, *Family in Transition: A Study of 300 Yugoslav Villages* (Princeton, NJ, 1966), pp. 452–3; D. Pines, 'Working with women survivors of the Holocaust', *Journal of Psychoanalysis* (1986), pp. 67, 295–307

くの国ですでに戦時中に始まっていたが、一九三九年以前の西洋における決まり文句であり、一九五〇年代にもなお見ることのあった、人口減少という陰鬱な予言の根拠を奪うことになった。

このように、戦中戦後の激動と混乱のもたらした帰結は逆説的であった。一方で、多くの国の新しい政府当局は、自らの社会像を刻印することのできる白紙状態を前にしていた。この目的には、戦中に左へと移動し、改革と再建を要求する急進化した国民の支持を期待することができたのである。他方で、圧倒的大部分の感情が疲弊であったことにもほとんど疑いがない。ある著名なギリシャ人小説家は「われわれは歴史に疲れ果てた、疲れて不安なのだ」と書いていた。一九四六年のサラエヴォで、作家イヴォ・アンドリッチは、年のわりに早く老け込んでしまった通行人の疲弊した顔と白い髪を観ていた。争いに疲れ、イデオロギーと政治に疑念をもったがため、人々は安定した家庭とまあまあの生活水準という安全な私的世界を再建し、ときにはそこに逃げ込もうとしたのである。[28]

結果として生じたのは、急進的であり同時に保守的であるという人々の気分であった。人々は新しい世界の構築を望んでいたが、その過程が破壊的であることは望まなかったのである。こうして、解放直後の怒りと興奮が次第に消え去ると、その底にあった社会的平穏を選ぶ傾向が現われることになる。それゆえに、東欧における一九三九年から四八年までの並外れた混乱は、押しつけられた共産党支配への人々の適応を理解するうえでの重要な要因である。しかし西欧でも、戦争の時期の社会的・心理的帰結が、福祉へのコミットメント、大衆消費、家族の復旧に基づく社会的コンセンサスの基礎をなしていたのを見ることができる。

占領の政治、一九四三―四五年

一九四三年五月、アンソニー・イーデン[3]はイギリス戦時内閣に対し、終戦時にロシアによって東欧が完全に支配されることへの唯一の代替策は、「連合国休戦委員会」を作り議長国を輪番制にすることであると進言した。この機関を通じて、三大国が彼らのコントロールのもとにある領土に対する政策を共同で決定しようというのである。ロシア人はイーデンの構想を歓迎していた。そのため、イタリア降伏についての連合国側の交渉から排除されていると数ヶ月後に知ると激しく抗議し、スターリンは次のように述べた。

> いままでのところ、アメリカとイギリスは両者の間で合意に達し、ソ連は受動的に観察する第三者として、この合意を知らされるだけである。このような状況はもはや看過できない▽(29)。

しかしチャーチルは、この抗議に応えず、イタリア休戦の条件を承認した。西側連合国の行動は、言葉よりも雄弁に語っていた。赤軍がドイツ国防軍をヨーロッパ地域まで押し戻した一九四三年秋には、三大国による協力に限界のあることが明らかになったのである。イタリアは戦争から脱落した最初の交戦国であり、ここに前例が作られることになった▽(30)。

西側連合国は、このイタリア休戦がロシアとの協力に対してもつ意味について、どの程度意識していたのだろうか。アメリカは、戦後ヨーロッパについて考慮するさい、権力政治色のあるものをすべて退け、戦後新たに作ろうとしていた国際連合を通じて、ヨーロッパの問題を平和的に解決する構想を好んで描いていた。一方で、アメリカは戦争が終わったならば速やかに動員解除することを予定しており、その見通しが彼らの議論の説得性を阻害するのは当然だった。

▽（28）G. Theotokas, *Tetradia imerologiou* (Athens, n. d.), p. 486
▼（3）イギリス保守党の政治家。チャーチル内閣の外相を務め、一九五五―五七は首相。
▽（29）G. Warner, 'Italy and the Powers, 1943–49' in S. J. Woolf (ed.), *The Rebirth of Italy, 1943–50* (New York, 1972), p. 30
▽（30）D. Ellwood, *Italy, 1943–1945* (New York, 1985), pp. 22–30

イギリス政府の考えは、アメリカの支持なしに一人残される可能性に集中していた。理想論は、拡張しすぎたイギリスにとって、購うことのできないぜいたく品であった。ド・ゴールは戦後ヨーロッパにおけるイギリスの潜在的な支持者であった。しかしたとえ英仏協調が実現したとしても、圧倒的なロシアの力という事実は依然残されていた。そのため、イギリス外務省は、ロシアの望んでいるものを確かめることを重視し、必要ならば東欧のソ連支配を黙認する用意があった。「ロシアの東欧支配の方が、ドイツの西欧支配よりましである」というのが、ウィリアム・ストラング卿〔イギリスの外務官僚〕の一九四三年五月のすばらしく冷酷な計算であった。[31]

冷戦の闘士たちはソ連がヨーロッパをすぐさま手に入れようと計画していると危惧したが、ソ連の側にはそのようなことはまったくなかった。むしろソ連の戦後計画では、数十年の「息をつく余裕」の確保が構想された。その間に、一九四一年の国境が承認され、戦時の荒廃から回復し、ドイツは脅威としては意味をもたなくなり、ソ連が「真に民主的なすべての中小国、特にヨーロッパの国々にとって、吸引力の中心」となることが想定されていた。ヨーロッパの安定を確保するためには、戦時の大連合を継続することが望ましいとされており、それがかなわないにしても、少なくともアメリカとイギリスの間に生じるであろう競合を利用することが考えられていた。[32]

このように、三大国には多くの見解の一致があったのであり、戦争が継続している間は、相互理解は無傷のままであった。スターリンがポーランド亡命政府との関係を断ち切ったさいも、西側連合国の反応が弱かったために、むしろ、西側も戦後ポーランドでの親ソ連体制の確保を支持しているというスターリンの考えを、強化することになった。そのとき、最高指導者のレヴェルでは、ポーランドとイタリアについての暗黙の交換がなかったといえるだろうか？一九四三年末のテヘラン会談では、西側連合国はポーランドの国境を西へ移動させることに同意した。これは、鋭敏な観察者が見れば、不可避的にポーランドをソ連の従属国にしてしまう行動であった。それはドイツから領土を奪うことを意味するからである。一九四四年の段階では、少なくとも対ポーランドに関する限り、ストラングの計算が西側の政策の基礎となっていたように思われる。

　アメリカとイギリスが、地中海からバルカンへと侵攻しないことをいったん決定した以上、赤軍の東欧への進軍を止めるものは何もないことは明らかだった。イギリスとアメリカの駐モスクワ大使は、一九四四年九月のルーマニア休戦交渉において、モロトフ〔ソ連外相〕がルーマニア代表団と、占領国における包括的な政治権力をソ連の最高司令部に与えるような休戦条件で合意するのを、黙って見守っていた。翌月モスクワで開かれた英ソ会談で、チャーチルとスターリンは勢力圏についてより忌憚なく議論する機会を得た。この二人のいわゆるパーセンテージ協定と、それにつづくイーデンとモロトフの現実離れした交渉で、この地域の勢力バランスがはっきりとした。ルーマニアでフリーハンドを得たいというスターリンの要求には、戦後ギリシャをイギリスがコントロールすることでバランスをとることになった。ハンガリーとブルガリアでもソ連の優位が認められた。▽(33)

　しかし、大国がすでにこの段階で包括的にヨーロッパを分割するつもりだった、と考える過ちを犯してはならない。一九四四年末の段階で、ポーランド、ルーマニア、ブルガリアに関するソ連の意図についてはほとんど疑問の余地がなく、イタリアを西側連合国に譲り、チャーチルにギリシャでのフリーハンドを与えたことについても同様である。しかしハンガリーでは、ソ連の政策はまったく異なっており、ポーランドに対する政策とは対照的なものであるという安心感を与える意図があった。フランスでもイタリアでも、抵抗運動のなかでの指導的役割によって大きな軍事的力を蓄えた共産党は、合法路線をとるよう厳しく命じられていた。その結果イタリアでは、大部分信用を失った王制を他の政党に先駆けて共産党が支持することになった。十二月には、共産党書記長のトリアッティは二人の副首相の一人として政府に参画していたが、ギリシャにおいて左翼とイギリスの間に亀裂が入ったのを目にして、これまで以

▽(31) L. Kettenacker, 'The Anglo-Soviet alliance and the problem of Germany, 1941–1945', *Journal of Contemporary History*, 17 (1982), pp. 435–58（引用は p. 449）

▽(32) V. Zubok and C. Pleshakov, *Inside the Kremlin's Cold War: From Stalin to Khrushchev* (Cambridge, Mass., 1996), pp. 28–30

▽(33) 次の秀逸な議論を参照せよ。C. Gati, *Hungary and the Soviet Bloc* (Durham, NC, 1986), pp. 28–33; ルーマニアについては、G. Ionescu, *Communism in Rumania, 1944–1962* (London, 1964), p. 90 による。

上に革命の誘惑から身を遠ざけるよう主張した。

解放後のヨーロッパに関するヤルタ宣言は、自由と民主主義の時代の夜明けというその約束とあわせ、このように生まれつつあった三大国間の協調という観点から評価されなければならない。ヤルタ会談の直前にルーズヴェルトは「ロシアは東欧で権力を手にしており、彼らと断絶することは明らかに不可能であるのだから、実行可能な方針は、われわれのもつ限りの影響力を状況の改善のために行使することである」と述べていた。▽(34) ヨーロッパ全土での自由選挙というヤルタでの高尚な公約は、チャーチルとスターリンが秘密裡に東欧を互いの勢力圏に分割した、三ヶ月前のパーセンテージ協定とは相容れないものだった。ポーランド、ルーマニア、ブルガリアといった、スターリンがソ連の安全保障の鍵とみなしていた国々に対し支配を強めるソ連の姿勢を、ヤルタ協定が大きく抑制しうるとは、三大国のいずれも考えていなかった。目を引くのは、ポーランドの共産主義者もこれに反対する側も双方が、ヤルタをスターリンの勝利と解していたことである。一九四五年春には赤軍が、数千の義勇軍ゲリラをいっせいに駆り集め、移送した。残った者は森へ入り武器を取ることを余儀なくされた。同時に、ポーランド労働党は巨大な規模で、かつきわめて成功裡に、大衆基盤を構築するための入党キャンペーンを展開した。このようにしてポーランドでは、ルーマニアやブルガリアと同様、反対勢力の大規模な抑圧と当地の共産党への入党キャンペーンの組合せという、ソ連支配の一対の基盤が、ドイツ軍の降伏よりも前にすでにはっきりと目に映るようになっていた。

しかし一九四五年の段階では、その三年後に見られるような分極化には、なおいたっていない。ポーランド自体についても、共産主義者の戦術は西側世論を驚愕させ、概して有効ではなかったとはいえ、チャーチルとルーズヴェルトからの激しい抗議を招いた。さらに、ヤルタで暗黙のうちに承認された勢力圏協定では、ヨーロッパの多くの部分が手つかずで残っていた。オーストリア、フィンランド、チェコスロヴァキア、ハンガリー、ユーゴスラヴィア、アルバニア、東部ドイツは、ゲイル・ルンデスタットが、モスクワの「中間領域」と呼ぶ地域をなしていた。この領域では、スターリンは西側の寛容を当てにすることはできず、実際、彼自身もユーゴスラヴィアやハンガリーのような国で革命が可能であると確信してはいなかった。自らの勢力圏の外にある領域では、ロシア人は議会政治のゲームにルールどおりに参加することに一生懸命だったのであり、オーストリア、フィンランドという少なくとも二つの事例においては、共産党は選挙に参加したものの勢力を伸ばすことはできず、実際上、政治の周辺的地位に追いやられていった。

鍵となる問題として残っていたのが、ドイツの将来である。すでに一九四五年の時点で分割という結果が避けられなくなっていたと考えるのは、まったく正確ではない。逆に、三大国はいずれも統一を維持することに全力を傾けていた。このように、戦争が最終的に終焉し、ヨーロッパ人が社会的・政治的再建に取り組み始めたとき、緊張が高まりつつあったとはいえ、大国間関係が完全に行き詰まっていたわけではなかった。また一九四五年には、国内においても分極化があたりまえではなかった。ヨーロッパ全域で連合政権こそが通例であり、議会制民主主義の革新のために必要な、包括的な社会経済改革の実行に乗り出すことを誓っていた。のちの世代にとっては、一九四五年から四六年は、鉄のカーテンが下ろされる前の、わずかの「約束の時」を象徴することになる。

新しい出発か？

一九四四年九月十八日、ローマの高等裁判所で行なわれていた最初の対独協力者《コラボ》裁判は中断されることになった。鍵となる証人であり、ローマの主要な監獄の所長であったドナート・カレッタが法廷で襲われたのである。数ヶ月前に息子をドイツ人によって殺された婦人に率いられ、傍聴人はカレッタを取り押さえると、「パリだ！　パリに倣おう」という叫びのなかで建物の外に引きずり出し、ついには殺害した。痛めつけられた彼の体は、かつて所長を務め

▽（34）K. Kersten, *The Establishment of Communist Rule in Poland, 1943–1948* (Berkeley/Los Angeles, Calif., 1991), p. 122

ていた監獄の外で逆さ吊りにされた。[35]

ドイツ軍が撤退すると、ヨーロッパ全土で、対独協力《コラボ》や裏切りという非難にさらされる多くの人々が残された。彼らの存在は、ナチス新秩序を想起させる恥ずべきものであり、彼らを公的生活から抹消し、ときには生存それ自体を消し去ることが、過去と断絶するために決定的に重要と思われた。ナチスによる占領は、不安をもたらすほどに深い断層をヨーロッパ人の一体性に刻み込んだ。真のデモクラシーが、その敵を罰することなしに再び花開くとは思えず、外国の権力を前にして裏切ったものを浄化することなしに、独立した国民国家の再生は困難であった。しかし、解放直後の日々を特徴づける法的無秩序と権力の分散のなかでは、きわめて多様な懲罰の考えが現われることになった。

第一のものは、カレッタの死にはっきりとみられるような、自発的な民衆の復讐要求であり、それは即決の処刑やリンチ、公開の場での辱めとして顕在化した。一九四三年から四四年にかけての殺戮戦から生じた復讐のムードは、イタリア、フランス、ベルギーといった、ドイツ支配の下で対独協力《コラボ》者の部隊による抑圧が厳しかったところで、最も露わになった。とりわけイタリアでは、解放によって、二十年にわたるファシズムの支配に逆ねじをくらわせる機会が訪れた。あるパルチザンは以下のようなエピソードを回想している。「ある男がいて、以前にファシストにひまし油をのまされたんだが、そいつはファシストを捕まえると『さあ、家へ帰れ、そして村には一週間現われるな』といったんだ。実際にその男はそうしたさ。ファシストが二十年間にしたことを、ファシストにやり返したんだ。」しかし多くの場合、雰囲気はより暴力的であり、対独協力《コラボ》者への攻撃がほどなく広範な殺戮の波へと転換することもあった。ボローニャでは、「人々は〔ファシスト〕狩りのために街路を歩き回っていた。パルチザンと揉めごとを起こしたものには、思いのままに誰にでも裁きが与えられていた。……個人的な敵対関係や女性をめぐる口論のために罰金を支払ったものもあった」。[36]

長期的には、こうした殺戮が手当たり次第で残虐だったことにより、対独協力《コラボ》者を罰するという考えそのものの評判が悪くなった。しかし、短期的には、これは全面的な内戦の恐怖を呼び起こすことになり、抵抗運動の介入を促し、懲罰は彼らの統制下におかれるようになった。

第二は、組織的な抵抗運動の反応であり、平メンバーの熱情と指導部の抑制的合法主義の間で、困難な道のりをたどることになった。戦争中、抵抗運動は対独協力者《コラボ》を選り抜いて「清算」の対象としていたし、裏切り者は戦後処罰されるという意思表明をすることは、敵対者の士気を失わせるための抵抗運動の主要な武器の一つであった。例えばフランスでは、抵抗運動全国評議会が地方組織指導者に対し、「反逆者を追放し無力化するための即刻の処置」を準備するよう指令していた。もちろん、ヴィシー政権への加担を反逆と位置づけることは、連合国に対しド・ゴール政権の正統性を主張することにも寄与していた。しかし、抵抗運動は「人々の復讐欲」を抑制する必要も十分意識していた。パルチザンは戦争中にヨーロッパじゅうで臨時野戦軍法会議を利用していたが、これは解放後の最初の数週間もつづけられた。加えて、嫌疑のかけられた対独協力者《コラボ》の身柄を確保するとともに群集裁判から守るため、予備的な強制収容所も設置された。抵抗運動のなかでも、どのような裁きが与えられるべきかということについては、深刻な争いがあった。例えば、北イタリアでの様子は次のように描写されている。「パルチザンのなかには、囚人たちを入れた部屋に手榴弾を放り込んで、その場で殺してしまえばよいというものもあったが、司令官はじめ他のものは囚人たちをロヴィーゴの監獄に送り、通常の取り調べにかけることを決定した。[37]」

この時期については、終戦後十年もたたないうちに反共的な叙述があらわれ、「レジスタンス主義」の行き過ぎと「階級裁判」の恐怖を暗黒のものとして描くことになる。しかしこれはまったくの誇張である。戦時フランスで第五列訓練を行なったイギリス軍特殊任務部隊（ＳＯＥ）に属したフランシス・カマーツは、「解放が実際あのように起き

▽（35）R. Palmer Domenico, *Italian Fascists on Trial, 1943–1948* (Chapel Hill, NC, 1991), pp. 92–4
▽（36）次からの引用。M. Dondi, ‘Azioni di guerra e potere partigiano nel dopoliberazione’, *Italia contemporanea*, 188 (September 1992), pp. 457–77（引用は pp. 465–6）
▽（37）ibid., p. 467

たことは驚き」だったことを教えてくれる。「解放について耳にすることといえば、女性の髪の毛をそったとか、個人的な復讐といったことばかりだろう。しかし、ある中尉は私に近づいてきて、『ここには三百人のドイツ人捕虜がいます。国際法によると、彼らに毎日どれだけの食物と運動の機会が与えられるべきでしょうか』といった。しかも彼らは、抵抗者やその家族を絞首刑にしたドイツ人だというのに。解放にはなにかきわめて文明的なものがあった。」しかし、抵抗運動はほとんどの場合忘れようとしているが、この問題全体に恥ずべき何かがあるのも事実である。また当初の粛清の波での死者も、つづいて行なわれた公式の裁判がよりゆっくりと行なわれたのに比べれば、確かに多かったといえる。イタリアでは、一九四三年から四六年の間に一万から一万五千人、フランスでは九千から一万人がその数であり、フランスではさらに四万人程度が拘禁された[38]。ド・ゴールいうところのこれらの「即興の権力」に対して最終的には優位にたつこととなる第三の権力源は、亡命から帰還し、外国によるなんらかの承認に後押しされた新しい政府であった。新政府では、復讐への欲求は強くはなく、公共の秩序の維持と適正な法手続きにより大きな関心が払われた。多くの国では、公式の裁判のゆっくりとした速度と人々の期待の間に、すぐに緊張が生じることになる。その傾向は、特に戦争が継続している間、西側連合国に支持されたイタリア政府や自由フランスにみられた。イタリア政府のファシズムとの関係は曖昧なままであったし、自由フランスも一九四三年末のアルジェリアのヴィシー政府官吏への控え目な訴追で、フランス国内で厳しい批判を受けることになった[39]。

しかし、一九四五年から四六年にかけて、このパターンは変化し始めていた。各国の連合政権は新しい出発の要求の声に対し、対独協《コ》力《ラ》者《ボ》の広範な司法的調査に乗り出し、それとともに大物政治家、作家、女優の見せ物裁判を行なうことで応えた。ただし実業家たちは通常軽い処分ですんでいた。多審制の裁判システムが作られ、必要な場合には新しい犯罪が定義された。しかし、厳罰で終わった裁判はほとんどなく、一九四六年までには社会の一部に対独協《コ》力《ラ》者《ボ》を裁く過程全体に対する幻滅が広がりつつあった。そして最初の赦免法が成立すると、次々に同種の法律が作られていった。一九五〇年代初頭には、ほとんどの司法調査は縮小された。

例えばノルウェーでは、親ナチスの国民結集運動のメンバー五万五千人全員が裁判にかけられた。しかし、五年以上の懲役刑に処された者はほとんどいなかった。死刑に処された者は二十五人にすぎず、一九五七年には最後の終身刑服役囚が解放された。オランダでは、二十万以上の事件が調査されたが、実際に死刑に処されたのは四十人程度だった。ここでも、一九五〇年代初めまでにはほとんどの服役囚が解放された。フランスでも、裁判所は三十万以上の申し立てを扱い、六千七百人以上に死刑を宣告したが、実際に処刑された者もしくは収監された者は相対的には少なかった。一連の赦免措置によって、服役囚の数は、一九四六年の二万六千から一九五四年には千人未満に減少していた。むしろ、フランスでも他の国でもより重要だったのは、市民権の一部剝奪措置である。象徴的に戦後体制が対独協力《コラボ》の記憶から距離をおき、国民の民主的精神を再確立するためには、「国民地位剝奪」や「非愛国的行為」の宣告が重要だったのである。

さらにあいまいであったのは、国家行政機構、警察、軍隊からの追放であった。新しい政治エリートは、一方ではポスト・ファシズムの原則にのっとって統治することを望んでいたが、他方で、新体制の当初、ナチスによって残された莫大な社会経済問題に取り組むために、可能な限り速やかに実効的で秩序ある統治を確立することが必要であった。イタリアやオーストリアでは、対独協力《コラボ》者の一掃が実現不可能であることは明白であった。オーストリアのフィグル首相は、一九四六年七月には連合軍に対して、オーストリアの国家行政にはもはや「ナチスの精神は存在しない」と伝えていた。二十九万九千人の公務員のうち七〇、八一八人が免職されていたが、これは反ナチス勢力には不十分であり、住民の大多数にとっては多すぎる数であった▽(40)。イタリアでは当初の暴力的な「山猫パージ」のため、さらに早く反動が訪れ、早くも一九四五年秋には公務員のパージは縮小された。フランスでは、八十五万の公務員のう

▽（38）H. R. Kedward, *In Search of the Maquis: Rural Resistance in Southern France, 1942–1944* (Oxford, 1993), p. 279

▽（39）H. Lottman, *The People's Anger: Justice and Revenge in Post-Liberation France* (London, 1986), pp. 50–56

ち免職されたのは六千五百人にすぎなかった。多くは内務省であったが、警察と軍を除いてはほとんどなにもなされず、ド・ゴールは「国家の奉仕者の大多数を一掃してしまう」ことなど問題外だと主張していた。オランダでは、解放それ自体にさいしての暴力が少なかったためか、パージはより広範なものとなり、一万七千五百人の公務員が免職され、六千人が処罰された[41]。

全体としてみるならば、西欧の諸政府は訴追よりも継続性を選択したのである。処罰された公務員もあったが、国家権力の拠点、特に警察はほとんど調査から免れていた。ド・ゴールが新たな警察組織として共和国保安機動隊（ＣＲＳ）を設立したのは珍しいことである。西欧で典型的だったのは、イタリアの軍警察《カラビニエリ》やギリシャの国民衛兵の例であり、一九四三年から四六年の間に同じ人員がたんに制服のみかえたのだった。司法、教育、実業といったその他の社会の重要部門も、おざなりの調査のみで追放措置から逃れていた。国民は生まれ変わらなければならなかったが、国家機構はおおむねもとのままに保たれたのである。

戦後の連合政権のなかでは、キリスト教民主主義と保守の勢力が赦免と寛容のメリットを主張していた。「われわれには忘れる強さがある。できるだけ早く忘れよう」、と一九四五年四月に〔カトリック系の〕『人民』紙は要求していた。ギリシャの内戦によって「ジャコバンの即席裁判」に対する恐怖が高まり、選挙のための計算とともにこのような立場が強くなっていった。大規模なパージの構想に対する頑な抵抗が見られたことは、保守派の反共主義によって部分的に説明できる。しかしそれだけではなく、一九四五年から四六年にかけての民衆は、政府が政治的情熱を掻き立てるのではなく鎮静化させ、経済の再建と生活水準の向上に力を注ぐことをより根本的には望んでおり、そのことも一因である[42]。

抵抗運動の側では、このような姿勢はとうてい理解しがたいものに思えた。一九四三年に抵抗運動参加者を迫害したその警察官が、五年後にもなお何をすべきか命令するなどということがしばしばあったのである。一九四四年末にアテネやベルギーで戦闘が起きたのは、まもなく帰還する亡命政府の下で実質的な人員の交替が行なわれないことを抵抗運動側が警戒したためでもあった。他国でも、パルチザン勢力の武装解除はきわめて困難であり、真の改革を誓約することによってのみ可能であった。しかしいまや、抵抗運動が裏切りを懸念していたのはまったく正しかったことが明らかになった。彼らは出し抜かれ、「国家の継続性」の前には無力だったのである。その怒りはきわめて危険であり、ときには暴力行為へと及んでいった。ギリシャはその極端な例であり、一九四五年の一時的休戦からその後三年間の内戦に及んだ。しかしイタリアでもその危険は水面下で常に存在しており、一九四八年七月に共産党指導者パルミロ・トリアッティが撃たれると、恐るべき暴動として表面化した。しかし、それまでに冷戦によって人々の認識は変化していた。戦時の過激化は消滅し、それとともに革命のための暴力への支持も失われていた。

東欧においても、戦後、大規模な追放が行なわれた。しかし、それは西欧とまったく異なる目的のために行なわれ、異なる推移をたどった。パージは個人の犯罪に対する司法的な調査に基づくのではなく、集団的罪を社会的地位やエスニックな属性から導き出し、広範に責任を問うことで行なわれたのである。これは、西欧と東欧という二つの社会プロジェクトの、鍵となる相違を反映していた。西欧のパージの根底にある哲学は、罪ある個人を罰することと社会経済改革の問題を分離し、後者は民主的な議論によって行なわれるものとみなしていた。これに対し東欧では、「ファシスト」「戦争犯罪者」のパージは、ソ連モデルに近い社会を建設するうえでの中心的部分を占めていた。「反ファシスト」キャンペーンは一定の社会カテゴリー全体を、解雇、強制移送、〔土地などの〕収用あるいはさらに厳しい措置の対象とした。例えばハンガリーでは、一九四四年十二月の暫定政府の樹立に先立つ交渉のなかで、「ファ

▽（40）K.-D. Henke and H. Woller (eds.), *Politische Säuberung in Europa: Die Abrechnung mit Faschismus und Kollaboration nach dem Zweiten Weltkrieg* (Munich, 1991), pp. 184, 215–39, 272, 292–9

▽（41）ibid., p. 128; J.-P. Rioux, *The Fourth Republic, 1944–1958* (Cambridge, 1987) p. 36

▽（42）Domenico, op. cit., p. 157; Rioux, op. cit., p. 40

シズム的要素」をパージする必要があるとソ連が主張していた。これが、十月に権力を握った親独極右の矢十字党だけを含むのではなく、「封建的構造の完全な解体」と、国家と社会における「反動」に対する措置をも指すことはまもなく明らかになった。[43]一九四五年のうちに、対独協力《コラボ》の嫌疑をかけられたものを収監し裁くための地方委員会が三千以上も設立された。労働者や農業労働者からなる特別警察部隊も組織された。同時に、注目度の高い政治的裁判を行なうために「人民法廷」が設置され、戦争犯罪人の公開処刑が多くの群集を集めた。当初これらの裁判の対象は矢十字党に絞られていたが、次第に「人民の敵」の定義は拡大されていった。一九四五年四月に、共産党系の新聞は裁判所の穏健さを批判し、「ファシストの野獣どもに対して民主主義は人道的に振る舞いすぎる」と断じていた。興味深いことに、ハンガリーでも裁判は西欧と同様の困難に突きあたっており、有罪判決が下される率も同様に低かったことを示唆する証拠もある。[44]

ユーゴスラヴィアでは、一九四五年四月から五月にかけてイギリス軍から引き渡された、数千のセルビア人、クロアチア人、スロヴェニア人の対独協力《コラボ》部隊に対し、チトーが大量虐殺を指示した。ジラス〔ユーゴスラヴィア共産党の政治家・理論家〕によれば、チトーは、裁判所はこれほど多くの個人的調査を行なええないと懸念し、これを「プラグマティックな解決策」であるとみなしていた。戦後のユーゴスラヴィアで殺害された売国者や対独協力《コラボ》者の数の全体的な推計については、きわめて議論の多いところだが、六万人もの命が失われている。ギリシャでは、一九四四年十二月の戦闘のなかで、共産党が、しばしば「ブルジョワ」という地位にのみ基づいて同定された「人民の敵」の大量射殺を実行した。一方、ギリシャ右翼の側では、ナショナリスト・ゲリラが数百人のケム（アルバニア語を話すムスリム）を殺害し、残る一万五千人のアルバニア系住民を枢軸側を支援した嫌疑で追放した。[45]

ソ連に支援された東欧の体制はこの種の民族浄化をより体系的に展開した。新しい体制にとって悩みの種であった、反共地下軍事組織や後方支援組織、サボタージュ部隊は多くの場合、一九四四年から四五年にかけてドイツによって武装されており、これに対し新体制は弾圧と押収で応じることになった。例えばルーマニアでは、武装親衛隊が一九四四年末に準軍事集団をトランシルヴァニアに落下傘降下させたが、これに対してソ連当局は、どんな潜在的抵抗も根絶やしにしようと迅速かつ厳しく行動し、一九四五年一月七日に十万近くのドイツ系住民が強制労働のためにソ連へ移送されていった。一九四五年三月の改革令は、戦争の敵、階級敵、民族の敵を同じくびきにつなぐものであり、対独協力者《コラボ》、戦争犯罪者、そして十ヘクタール以上の土地をもち自ら耕作していない者すべてから、農場を収用するものだった。[46]

ハンガリーでは、同じ三月の土地改革令において、「ハンガリー人民の敵」が選びだされた。そこでも、階級敵である大土地所有者と、民族の敵であるドイツ人マイノリティが標的となった。共産党の農業相の下でとられたこの措置は、農民の間で大きな人気を得た。公平な情報筋によれば、「それは至高の重要性をもつ社会革命の措置であり、強力な大土地所有者を破滅させるとともに、それまで封じ込められていたエネルギーを解放して、農村をその後しばらくのあいだ活性化するものだった」。[47]

チェコスロヴァキアとポーランドでは、ドイツ系住民の資産の収用がより大規模に行なわれた。大きな地所と数千の都市の家屋が遺棄され、再居住が可能となっていた。これが当時の政府にとって、経済的利益とともにナショナリズムの感情に訴えることで民衆の支持を獲得する手段となった。ドイツ系住民の追放が、国内からマイノリティを根絶するための計画的な行動の一部をなしている場合もあった。戦間期およびドイツ占領下での厳しい内紛をうけて、ポーランドは大きなウクライナ系マイノリティ集団にも復讐を行ない、四十八万人をソ連領へと退去させた。一九四

▽（43）M. Szöllösi-Janze, "'Pfeilkreuzler, Landesverräter und andere Volksfeinde": Generalabrechnung in Ungarn', in Henke, op. cit., pp. 317–18
▽（44）P. Zinner, *Revolution in Hungary* (New York/London, 1962), p. 25
▽（45）E. Völkl, 'Abrechnungsfuror in Kroatien', Henke and Woller, op. cit., pp. 366–74 による。
▽（46）戦線の背後におけるソ連のドイツ対策については次の文献を参照。P. Biddiscombe, 'Prodding the Russian Bear: pro-German resistance in Romania, 1944–5', *European History Quarterly*, 23 (April 1993), pp. 193–232; J. Schechtman, 'Elimination of German minorities in southeastern Europe', *Journal of Central European Affairs* (July 1946), pp. 151–66; Ionescu, pp. 110–11
▽（47）Hungary, in Henke, op. cit.; Zinner, op. cit., pp. 51–2

七年にはそれまでの移送措置を免れた十五万人ほどが、国土の西部へ強制的に移住させられた。[48]

これらの事例は、西欧と東欧におけるパージの対照的な性格を示している。西欧においては、パージの範囲は限られ、速やかに法廷のコントロールの下におかれ、冷戦の展開によって急速にその規模が縮小していった。東欧では、司法的活動は「戦犯」「人民の敵」に対するさまざまな措置の一部にすぎない。パージは戦後の体制が民衆の真の支持を動員するための手段であり（東欧の多くの国で一九一八年以後のブルジョワ諸政権が土地改革を利用したのとまったく同様に）、左翼政治家が国民のリーダーを名乗ることを可能にした。かつてソ連でそうであったように、いまや東欧でも社会革命はナショナリズムの主張と手に手を携えて進んだのである。

ドイツの分割

「ドイツの真ん中に国境線を引くことが、ヨーロッパを分断することにもなるのは、すでに明らかである」とバジル・デヴィッドソンは一九五〇年に記している。振り返るならば、敗北してもなおドイツがヨーロッパの運命の鍵を握っており、大陸を最終的に分断したのがドイツの分割であったことにはまず疑いはない。しかし、自明とはいいがたいのは、どの時点で分割が不可避となり、それは誰の行動の結果だったのか、ということである。考えてみれば、米英ソ三大国は一九四五年にドイツを一体のままに保つ必要があることで一致していたのである。それならば、どのようにして分割は生じたのであろうか。ソ連の非妥協的な態度の結果だろうか。それともむしろ、デヴィッドソンの論ずるように、西側の政策の結果だろうか。もしくは、占領国のイデオロギーが根本的に両立しないことに起因するのだろうか。〔ドイツ敗戦の〕一九四五年五月前から、西側連合国軍および赤軍がそれぞれ攻略した地域に樹立した軍政府の第一歩にも、イデオロギーが両立しえないことは明らかだったというものもいる。[49]

「無条件降伏」を求めるという連合国の政策は、一九四三年にはじめて宣言され、最終的に実施されることになった。ヒトラーの後継者であるデーニッツ提督は一九四五年五月七日に降伏文書への調印を裁可し、彼を含むドイツ最高司令部が二週間後に逮捕されるまでの間、ますます議論の的となっていく政府をつかのま率いることになった。デーニッツは、再生した第三帝国がヨーロッパのボルシェヴィキ化に対抗するという構想に連合軍の支持を取りつけようと遅まきながら試みたが拒否され、ドイツの政治的なコントロールの中枢は征服者の手に移った。▽(50)

当初、勝者は多くの基本的な目標を共有していた。ヨーロッパの安全保障のためにナチズムを根絶することでは一致があった。ドイツの戦犯を罰することも、すべての国が誓っていた。ヤルタ宣言はドイツの「分割」の可能性を示唆していたが、ドイツの中央制度にも言及していた。ヒトラーの政権掌握を助けたと考えられていた諸利益集団の力を削ぐために、非カルテル化と土地改革を通じて広範な経済改革を行なうことが望ましいという点も、ソ連とアメリカはともに受け入れていた。最後に、ドイツを「民主化」する必要があることには、すべての国が合意していた。このような目標は社会的・政治的な革命に行きつくほかない。

このような共通の基盤が、一九四五年七月のポツダム会談による宣言の基礎をなしていた。宣言は、国民社会主義《ナチズム》とドイツ民衆を区別し、ドイツ民衆が「来たるべき生活を民主主義と平和の基礎の上に再建する」ための準備をさせることを謳っていた。同時にポツダム宣言は、次第に広がる三大国の不一致の上をきわどく渡るものでもあった。だが一九四五年夏の時点では、これらはいずれも差し迫って意味をもつものとはいえず、会議にはまったく招かれなか

▽（48）Kersten, op. cit., pp. 390–92; Hann, op. cit., pp. 33–5 も参照。
▽（49）B. Davidson, *Germany: What Now? Potsdam-Partition, 1945–1949* (London, 1950), p. 2; L. Krieger, 'The inter-regnum in Germany: March August 1945', *Political Science Quarterly*, 64: 4 (December 1949), pp. 507–32
▽（50）D. Botting, *From the Ruins of the Reich: Germany 1945–49* (New York, 1985), pp. 109–11; A. Grosser, *Germany in Our Time: A Political History of the Postwar Years* (New York, 1971), pp. 26–7〔アルフレート・グロセール『ドイツ総決算――一九四五年以降のドイツ現代史』山本尤ほか訳、社会思想社、一九八一年〕

ったが固有の占領地区を与えられたフランスの立場の方が重要であった。ド・ゴールは統一ドイツに反対する勢力の筆頭だった。管理委員会の統制下に業務を行なうドイツ中央行政の建設という考えに彼は執拗に反対し、ドイツ領の一部を併合して、旧来の中央国家を解体することを望んでいた。結局は、フランスの領土的野心は失敗に終わる。しかし、フランスの拒否権行使は統一ドイツの可能性を妨げ、その間に各占領地区で取られた政策が社会・政治体制の分岐を次第に大きくしていった。

ナチ体制との絶縁は、少しずつだがまったく無意味とはいえないやりかたで、全国で同じように進んだ。通りの名称は（再び）変更され、ナチス文学は公共図書館から一掃され、旧体制の目に見える印は全面的に消去された。しかし、こういった措置を超えた部分では、アプローチの違いは明白であった。ソ連占領地区では、非ナチ化が反動勢力の経済的・社会的基盤を破壊する手段とみなされていた。元ナチスや戦犯は体系的に捜索されることもなく、西側占領地区よりも容易に暮らすことができた。当局は、ナチスを他の「民主主義の敵」と一まとめにする、急速かつ大規模な行政機関のパージに焦点を絞っており、それは司法部や教育機関にも及んだ。そして新たな幹部を養成するための短期訓練コースが設置された[51]。東欧と同様に、反ナチスのスローガンが広範な経済改革を正当化した。大土地所有の地所は一九四五年に収用され、新たな体制と結びついた小農という新しい階級が産み出された。銀行と重工業も収用された。莫大な損耗と数千人の失業者を生むにもかかわらず、工場設備の解体とソ連への移送は急速に進められた。

ソ連の政策は、鍵となる二つの動機を反映したものだった。一つは、ナチズム自体についての共産主義の一般的な分析である。一九四五年にヴァルター・ウルブリヒト[4]は、「ヒトラー・ファシズム」はドイツ資本主義の反動的な本質から生まれたものであり、ドイツの権威主義が根絶されねばならないとすれば、資本主義を破壊し、経済を社会化しなければならないと論じている。しかしより重視されたのは、ソ連の疲弊した経済を再建し、連合国間で合意した賠償規定を十分に利用するために、ドイツの資源を徹底的に利用しつくすという、ソ連の何にも勝る関心事であった。長期的に見れば、親ソ的なドイツの建設と高度の賠償取立てという二つの目標は両立しないが、それは一九四五年の

段階ではなお明らかではなかった。▽[52]

西側地区における非ナチ化は、個別案件ごとの司法的審査というかたちをとった。これは、西側連合国の公正の観念を満たすものだったが、次第にその実行不可能性が明らかとなっていった。とりわけ、一九四五年のうちにいくつもの非ナチ化の失敗が明るみに出たのち、追放の範囲が拡大してからはなおさらであった。悪名高い「質問表」▼[5]は、審査の基礎となるものだったが、その数はアメリカ地区だけで一九四六年六月までに百六十万を超えるという膨大な数へと積み上がり、結果として非ナチ化の過程全体が、悪夢のような官僚制的煩雑さへとかわってしまった。一九四六年末の段階で、なお二百万以上の案件が処理されずに残っていたため、次第に非ナチ化は縮小されはじめていた。アメリカ占領下にあったマールブルクの事例研究は、非ナチ化は失敗であったとはっきりと結論づけている。かつてのナチ党員を公職から追放することも、より民主的な生活を促進することもできなかったというのである。イギリス、フランスはより実際的であり、同様の結論に早くから到達していた。数百万のドイツ人が追放されたが、ドイツ世論は、占領軍は小魚を標的にする一方で、大物は自由に泳がせていると信じていた。要するに、西側連合国の処置は、東側と比べて明白に優れているというわけではなかったのである。▽[53]

ソ連と同様、西側地区の非ナチ化の実践にも、第三帝国の本質についての一般的な理論が反映されていた。西側連

▽（51）J. P. Nettl, *The Eastern Zone and Soviet Policy in Germany, 1945–1950* (London, 1951), ch. 3
▼（4）ドイツの共産主義政治家。東ドイツの政治指導者。
▽（52）W. Ulbricht, *Der faschistische deutsche Imperialismus (1933–1945)* (Berlin, 1945)
▼（5）ナチ党員を、公務員のみならず企業の指導的な地位からも排除する旨のアメリカ軍政府の指令を実現するために、各州政府によって「解放令」が定められた。これに基づき、十八歳以上の成人に質問票が送られ、一三〇の質問への回答によって、重罪者、活動的分子、軽罪者、同調者、無罪者が分けられた。ナチス政権下の実態を明らかにするものではないとして批判された。
▽（53）H. Zink, *American Military Government in Germany* (New York, 1947), p. 143; J. Gimbel, *A German Community under American Occupation: Marburg, 1945–1952* (Stanford, Calif., 1961), pp. 109, 140–42, 163; A. J. Merritt and R. L. Merritt (eds.), *Public Opinion in Occupied Germany: The OMGUS Surveys, 1945–1949* (Urbana, Ill., 1970), pp. 79–80, 304–5

合国は、ナチズムを、（その根絶に経済への思い切った介入を必要とするような）社会・経済的現象とみるというより、むしろ上から押しつけられた独裁体制とみる傾向があった。そのため、かつてのナチ党員を念入りに除去することで、ドイツの民衆の民主政に向かう力が解放されるだろうと考えられた。それゆえ、司法的な外科治療と比べ、社会改革は重視されなかったのである。

不幸にして、敗戦に対するドイツ人の反応はこの楽観的な見解を支持するものではなかった。世論の動向を監視する連合国は、その結果に次第に懸念を強めるようになった。一方で、懸念されていた占領への抵抗は実体化しなかった。「狼男」▼(6)作戦は牙を失っており、「アルプス要塞」▼(7)は幻想であった。戦争の最後の終末的な数ヶ月における保安隊の暴力とそれに続く全面敗北が、ナチズムの信用を失わせたように思われた。〔「背後の一突き」伝説の生まれた〕一九一八年とは異なり、破局の規模の大きさを疑うものはいなかった。しかし、西側連合国が望んでいたのは、これ以上のもの、すなわち過去六年の事象に対する後悔の念の表われと、民主政の回帰へのなにかしらの希求であった。

ドイツから得られる当初の報告は、落胆をもたらすものだった。人々は、第三帝国の完全なそして突然の崩壊に呆然としているようであった。彼らは、無感情で、個人主義的で、民主政よりも食料に関心をもっていた。「私は勘弁してくれ」というのが、草の根の政治的行動に対するありふれた反応だった。西側連合国は、以前には階級革命の可能性を恐れていたのだが、いまや政治的な受動性の方をむしろ懸念するようになっていた。彼らが強制収容所についての映画を上映しても、それを見たほとんどのドイツ人は政治宣伝とみなしていたという。▽(54)

ナチス的な思考様式は体制の崩壊を超えて生き延びており、しばしばまったくちぐはぐなかたちで顕在化した。ドイツにおける人心を評価する任にあたったアメリカ軍情報将校の最初の一人であるソール・パドヴァーは、ある社民党員との会見の様子を伝えている。その社民党員は、ナチスに対する断固たる措置を主張して、「ナチスの血にはどこか穢れたところがあり、生物学的に不健康であり治癒不能である。……ナチの血をもったものを救い出すことは不可能である。彼らは永久に生殖不能としなければならない」と述べたという。また、ハンボルンのある区長は、パドヴァーを本能的にヒトラー式敬礼で迎えてしまい、「これは古い習慣でして。やめなければいけないとは思うのですが」と口ごもったという。また、「非ナチ化」という醜い語が、それ自体ナチス独特の用語法の複製であることに気づいていた連合国将校はほとんどいなかった。▽(55)

非ナチ化だけではメンタリティを変えるのに不十分であるということに遅まきながらも気づき、西側連合国は、ドイツ公衆を対象とする心理戦争を平時に拡張する野心的試みに乗り出した。社会全体を民主化する宣伝キャンペーンである「再教育」は、二十世紀におけるその種の試みのうちでもっとも大規模なものである。教科書は書き直され、学校や大学も再編されたうえで新しい理論と解釈にさらされることになった。そして非ナチ化が過去を向いているがゆえに痛みを伴うものであったのに対し、「再教育」はより明るい未来を約束するものであった。

イギリスは、再教育が成功する可能性について、もっとも楽観していなかった。一九五二年になってなお、ある高級官僚は悲観的に「近い将来に、ドイツに民主政が発展することなどありそうにない」と述べている。これとは逆に、フランスは再教育をより重視し、ドイツの若者に焦点を絞ることで一定の成功を見た。というのも、フランス人にとって、非ナチ化は実際には問題ではなかったからである。彼らにとってはナチスではなくドイツ人が問題なのであり、ドイツの文化を変えることが平和への鍵となると考えられていた。「フランスの若者からのメッセージ」という巡回展には、十二万のドイツ人観客が訪れ、教員養成制度の改革や交換訪問プログラムはおおいに成功を見た。アメリカの試みはイギリスのそれよりは熱心であり、一九四六年にドイツの大学における追放処置として結実した。しかしイ

▼（6）ドイツを占領する連合軍に対してゲリラ攻撃を加えるために、親衛隊とヒトラー・ユーゲントから選ばれて構成された部隊。実際には戦争最末期には多くが解散させられていた。
▼（7）最終抵抗のためにアルプス山岳地帯に準備したとナチス・ドイツが喧伝した要塞。実体はなかったが、軍事作戦に影響を与えた。
▽（54）D. Culbert, 'American film policy in the re-education of Germany after 1945', in N. Pronay and K. Wilson (eds.) *The Political Re-Education of Germany and Her Allies after World War Two* (Totowa, NJ, 1985), p. 179; 次も参照。B. S. Chamberlain, 'Todesmühlen: ein früher Versuch zur Massen-"Umerziehung" im besetzten Deutschland 1945–1946', *Vierteljahreshefte für Zeitgeschichte*, 29 (July 1981), pp. 420–36
▽（55）S. Padover, *Experiment in Germany: The Story of an American Intelligence Officer* (New York, 1946), pp. 135, 339

ギリスと同様に、学校制度改革の試みはドイツ側の強硬な反対に突き当たった。より長い時間がかかったものの、アメリカもまた退却を余儀なくされた[56]。

このように、非ナチ化においても再教育においても、莫大な出費に比して西側連合国が得た配当は乏しかった。これとは対照的に、ソ連地区では、総合学校制度の樹立をはじめとする、かなりの教育制度改革が実施された。西側地区では改革への反対派が重要な問題であったのだが、〔ソ連地区では〕その源が沈黙させられていたからである。ここには、占領体制の基本的な相違が反映している。西側では、非ナチ化は根本的な社会改革なしに行なわれたのに対し、東側では、非ナチ化を機会として社会改革が行なわれたのである。以前の政策的約束から後退することになるにもかかわらず、西側連合国は包括的な社会・経済の変革を支持することには消極的であった。例えば西側連合国は、農地改革に拒否権を発動し、一九四四年に計画されていた厳しい非カルテル化からルール地方の産業家たちが逃れることを可能にした。この一九四五年から四六年にかけての社会的な保守主義の主な理由は、反共主義というより、西側連合国が各地区で既存の利益集団に依存しており、当時の全国的な主要な政治的関心事であった食料の不足と経済の難局に拍車をかけることを恐れていたからである。

これは、ポツダムで合意された通りにドイツ工業設備を撤去・移送すべきだというソ連の主張に、西側諸国が次第に敵対的になった理由でもあった。ソ連の撤去・移送行為がほとんどの場合、無駄に終わったことには疑いがない。(そのよい例は、マイセン磁器工場の撤去である。作業台や窯は叩き壊され、鉄でできた部分だけレニングラード近郊のソ連の磁器工場に運ばれ、そこで何年ものあいだ錆びるがままにされた。)ソ連地区のみに限られないが、ドイツ資源の略奪は、官僚制内部の競争により増幅されて、巨大な混乱と失業を生み出した。しかし驚くべきことに、経済計画の迅速な実施により、東側地区の一九四五年の経済状況は西側地区のそれに決して劣るものではなく、むしろ優っていた可能性もある。大量の財が賠償として持ち出されたのにもかかわらず、工業の成長は比較的早くから始まっていた。おそらく農地改革が功を奏し、少なくとも一九四七年までは、東側地区の住民は相対的には十分に食料を

与えられていた。▽(57)

しかし、賠償は四ヶ国共同統治の崩壊に最も直接的につながる争点となった。ポツダム協定は、西側地区の使用可能な資本装備の一五%を、「ドイツの平時経済には不要なものとして」ソ連が受け取ることを規定していた。だが、一九四五年から四六年の冬に、食糧不足のため配給が危険なまでに低下し、大規模な飢饉の可能性が迫ってきた。貧民救済問題は、数百万の難民が東側から西側地区へ流入したことにより悪化した。西側軍政府は、この多岐にわたる社会的危機に取り組むにつれて、ドイツ再建のための新しいアプローチの必要を主張し始めた。一九四六年五月二十七日に、ソ連に向けたアメリカ地区からの賠償品輸送は、ドイツ経済全体に関する全般的合意が成立するまで停止するものとされた。ソ連当局は賠償要求の減額を拒否したため、地区の境界を越えた経済的交流は急速に衰えた。まさに〔第一次大戦後の〕一九一八年と同じように、賠償はドイツの征服者の間の協調を引き裂こうとしていたのである。

賠償をめぐる争いは、一義的には、戦争直後のすさまじい食料の不足と経済の荒廃が引き起こしたものである。しかし、アメリカとソ連の不和の背後には、戦時の経験に関する大きな溝が横たわっていた。ソ連はドイツの戦争行動の鋒先に立ち、莫大な損害を被っていた。一九四五年までに、二千万以上の国民が死に、領土の多くの部分が荒廃した。ソ連の政策が、何にもまして、ドイツの経済資源を自らの利益になるよう利用したいという願いによって支配されていたのは当然であった。対照的に、合衆国は戦争の結果、好景気になっていた。ドイツによる人的損害の数はあまり多くなかった。また、ドイツとの関係においても、ナチスが東方での殲滅戦に注いでいたような人種的反目とは無縁であった。ワシントンにおいて、対独政策は、懲罰によって平和を実現しようと主張するものと、一九一八年は

▽(56) K. Jürgensen, 'The concept and practice of "re-education" in Germany, 1945–50', in Pronay and Wilson, op. cit., p. 93; F. Roy Willis, *The French in Germany, 1945–1949* (Stanford, Calif., 1962), pp. 163–77; J. F. Tent, *Mission on the Rhine: Re-education and De-Nazification in American-Occupied Germany* (Chicago/London, 1982), pp. 313–14

▽(57) V. Rudolph, 'The execution of policy, 1945–47', in R. Slusser (ed.), *Soviet Economic Policy in Postwar Germany* (New York, 1953), p. 40; Nettl, op. cit., pp. 167–81

過ちであったと考え、同じ過ちを避けてドイツを支援する穏健なアプローチをとろうとするものに分裂していた。ポツダム会談までは、第一のグループが優位にあった。しかし、経済危機の大きさがより広く知られるようになり、一九四五年末には、彼らは地歩を失いつつあった。

賠償をめぐる争いは、ドイツの政治情勢の展開の文脈のなかで解する必要もある。ソ連軍政府の樹立のわずか二週間後には、東側地区において共産党が公式に承認された。その後まもなく、ソ連当局は他のいくつかの政党を許可した。西側当局は、はるかに慎重であり、かなり遅い時期まで、政党には地域単位の活動のみを認めていた。そのさい、既存の構造の改革に協力しようとする最も熱心な集団の多くが拒絶され、より保守的で外見的には非政治的な行政官を頼る方が好まれた。とりわけ共産党の活動が厳しく統制されていたのは、選挙民が何に対して忠誠となるのかについて疑念がもたれていたからであった。[58]

ドイツに対するソ連の政治的戦略は、早くも一九四五年七月十五日に、反ファシズム四党ブロックが形成されたことで明らかになった。ソ連は、ポツダム会談において政党活動に対する連合国共通のアプローチの必要を訴えることによって、とりわけフランスをはじめとする他の国には抵抗されたものの、より大きな政治的責任がドイツ人に認められるべきであるとするドイツ内の勢力に対して、庇護者としての役回りを演じることができた。共産党は、「反ファシズム民主勢力ブロック」を通じて議会制民主主義をドイツで実現することに熱心に取り組んでいることを強調した。敗戦直後の時期において、ナショナリズムと議会制民主主義の組合せは説得力のあるものであった。この時点では、西側連合国と同様に、ソ連もそれを与えてくれると多くのドイツ人の目には映っていたに違いない。[59]

一九四五年の夏から秋にかけて、西側地区で社民党が活動を始めるとともに、ソ連の政策は複数の別個の政党の建設を促すことから、社民党と共産党の合同の要求へと切り替えられていった。オーストリアとハンガリーの選挙で共産党の成績が振るわなかったことも、この転換を促した可能性がある。まぎれもなく、社民党指導部の路線はますます独自のものとなり、自己主張を強めていた。一九四六年二月末、両政党の合同が発表された。ベルリンの社民党員はこれに抵抗し、新たな社会主義統一党が四月に東側地区で最初の集会を開いたさいにも、社民党全体を参加させることはできなかった。その結果として、西側地区における社民党と共産党の関係は冷却し、西側連合国はソ連の戦術を次第に疑いの目で見るようになった。

続く十八ヶ月の間に、ソ連と西側連合国の関係はさらに悪化した。モロトフと、アメリカ側のカウンターパートであるバーンズ〔アメリカの国務長官〕が、ポーランド・ドイツ国境をめぐり公然と対立したのに続き、一九四六年十月に東側地区およびベルリンで行なわれた選挙において、社民党員に社会主義統一党への加入を拒む感情の強いことが明らかになったからである。そのわずか一ヶ月ほどあとには、アメリカ地区とイギリス地区の合併が決定され、フランスにも合同に参加するよう圧力が加えられた。四ヶ国管理委員会は機能をほぼ停止し、プロイセンの解体以上のことを決定することはできなかった。このような背景の前では、一九四七年三月から四月にかけてのモスクワ外相会談▼[8]が、ドイツとの平和条約の基礎を築くことに失敗したのは、驚くにあたらない。この会談の失敗と時を同じくして、トルーマン・ドクトリン▼[9]が宣言され、アメリカ政府のヨーロッパに対する、より決然とした公然の反共政策が始まった。それは冷戦の開始を画するものでもあった▽[60]。

驚くべき速さで、ドイツに対する疑念は、戦後国際政治を規定する要因ではなくなっていった。フランス、イギリスが調印した一九四七年の〔英仏相互防衛を目的とする〕ダンケルク条約は、なおヨーロッパにおける平和に対する主要な脅威とみなされていたドイツに対抗するためのものだった。しかし、翌年調印された〔英仏にベネルクス三国を加えた〕ブリュッセル条約は、潜在的な侵略者をそれほど特定するものではなかった。東西関係は、猜疑の弁証法をたどった。

▽(58) Zink, op. cit., pp. 180–83
▽(59) H. Krisch, *German Politics under Soviet Occupation* (New York/London, 1974), p. 40
▼(8) 米、英、仏、ソの外相が、ドイツ、オーストリアとの講和について協議した。ドイツの政治体制、賠償、経済復興が焦点。
▼(9) 一九四七年三月にトルーマン米大統領によって表明された共産主義封じ込めの外交方針。
▽(60) Grosser, op. cit., p. 66

ソ連は、マーシャル・プラン[10]を、東欧における自らの支配を転覆する試みとみなし、イギリスとアメリカは、一九四七年九月のコミンフォルム[11]結成に警戒感を抱いた。しかし、西側の眼に、ヨーロッパの安全保障への主たる脅威としてソ連が映るようになった鍵となる事件は、おそらく、プラハでの一九四八年二月の共産党クーデター[12]だろう。

プラハでの事件はフランスとアメリカに共同歩調をとらせることになった。アメリカが軍事的・経済的支援を誓うのと引き換えに、フランスはラインラントの一部を獲得するという夢を放棄した。フランス地区は英米合同地区に吸収され、西側連合国は通貨改革と、ヨーロッパ復興計画の枠内での経済復興の計画を始めた。ソ連は、管理委員会から退場し、その後、管理委員会は開かれることがなかった。ソ連はベルリンの西側地区を封鎖し、ベルリン危機のただなかでソ連地区のみの別個の自治体を建設した。ベルリンの分割は、国の分割を予示するものだった。一九四九年五月二十三日、ボンで西ドイツ憲法が署名された。一週間後、これに対抗する憲法が、ベルリンの人民議会で採択された。ドイツ民主共和国〔東ドイツ〕の建国は正式には十月に宣言された。

ヨーロッパにおける冷戦

冷戦は疲弊したヨーロッパ大陸に残忍な安定をもたらし、国際的なパワーバランスが許す範囲で、政治生活の再開が保障された。ナチスの予想とは異なり、第二次大戦後、戦時大連合の諸国間で戦争が起きることはなかった。もし、スターリンが西側連合国を大陸から排除したいと思っていたのならば、第二戦線を形成してヨーロッパに攻め込むことを〔米英に〕要請したりはしなかっただろう。歴史上最も大規模な被害を被ったソ連の損失と、アメリカの核独占の両方が理由となって、スターリンは交戦を回避した。イギリスとアメリカの側も、渋々と、そして非公式にではあるが、ソ連とのパートナーシップという現実を受け入れた。東欧ではソ連が軍事的に優越していること、実際、東欧にはソ連の安全保障上の真の利害があることを認めざるをえなかったのである。一九四三年にコミンテルンが解散したのは、世界革命を放棄したことのスターリン流のシグナルだった。後継組織であるコミンフォルムが一九四七年に設立されたことは、西側連合国とモスクワの関係の終戦以後の悪化を示すものではある。〔しかし〕同様に重要なのは、当時はほとんど気づかれていなかったものの、これがソ連による鉄のカーテンの向こう側での保守的な安定化政策の採用を示していたということである。アメリカにとっても、封じ込め政策は本質的に防衛的な戦略であった。ダレス〔アメリカの国務長官〕が一九五〇年代に共産主義を「巻き返す」と発言していたのも、言葉通りの意味ではない。一九五三年の東ドイツ、一九五六年のハンガリーでの住民蜂起[▼13]に対する反応は、現状のパワーバランスに挑戦する試みに対し、いかに西側が無関心であったかを示している。敵対が現実のものとなるという恐怖は、根拠のないものであった。とりわけ一九四八年にそうであったような東西関係の緊張にもかかわらず、相手方の勢力圏に軍事力を行使して介入することはどちらも真剣に考慮してはいなかった。最も危険な発火点は、鉄のカーテンがほつれている箇所、例えば一九四五年のトリエステ（これはおおむねチトーが交戦を覚悟していたことによる）、ハンガリー、ギリシャである。

大陸のこのような分割がもたらした帰結の一つとして、それぞれの大国の勢力圏の内部では、残存する国境紛争やマイノリティ問題は、世紀前半とは異なって、もはや国際的な安定を脅威にさらす問題ではなくなった。西側では、ヴァッレ・ダオスタ地方と西部ドイツへのフランスの領土要求をアメリカが解決した。大戦後の講和会議では、例えばチェコスロヴァキアとハンガリーの紛争は、関係する両国の解決に委ねられた。国際化することでマイノリティ問題を解決しようとする国際連盟の試みも、繰り返されてはならないものだった。敗北した枢軸国との平和条約や国際

▼(10) 欧州復興計画の通称。一九四七年六月に発表され、アメリカ合衆国からヨーロッパ諸国に対し、戦後復興のための援助を行なった。
▼(11) ヨーロッパ各国の共産党の情報交換、活動調整機構。各国共産党をソ連共産党の統制下に置く組織として機能した。
▼(12) チェコスロヴァキア共産党が、非マルクス主義政党を政権連合から排除し、一党支配体制を構築するきっかけとなった事件。
▼(13) 当時の共産党指導部の経済政策への不満を背景に、一九五三年のスターリンの死去、一九五六年のスターリン批判をきっかけに生じたデモや運動。ソ連軍の介入によって、多数の犠牲を伴って鎮圧された。

連合においても、マイノリティの権利にはほとんど関心が払われなかった。そのような問題は、分割されたヨーロッパにおいて、二次的な重要性しかもたないように映った。超大国〔アメリカとソ連〕への従属によって、ヨーロッパ大陸はこれまで悩まされてきた国境紛争から安全になったのである。

もちろん、このような安定は高い代価を伴っていた。これ以後、超大国間の争いは、戦場ではなく、核時代のもたらす圧倒的な危険と両立するかたちで戦われるようになった。対ヒトラー闘争において双方が展開してきた、秘密の、心理的な地下戦争が、いまやお互いに向けられた。スパイこそが、冷戦に特徴的な戦士である。課報活動はもはや軍事作戦の付属物ではなくなり、固有の官僚化した利益を生み出すようになった。西欧では、アメリカに倣って審査手続きが導入され、熟練した課報員の活動が不可欠となった。一九四〇年末にアメリカ課報部によって設立された「潜入者」ネットワークは、ソ連の不意打ちで侵攻されないよう、敵意に満ちた反共主義の核を各政体のなかに築くものだった。彼らの活動の規模は、一九八〇年代にイタリアでグラディオ・ネットワーク▼(14)が明るみに出て初めて認識されるようになった。

冷戦の下での反共主義の優越は、増大していく人々の政治的幻滅の表われとあいまって、西欧の民主化に保守的な色彩を帯びさせた。このことは、一九四〇年代末において自由主義者や左翼の悩みの種だった。「ヨーロッパにおける民主主義の将来を案じるものにとって、焦眉の問題は、中産階級の民主主義への忠誠がどの程度つづくか、ということである」と一九四八年に書いたのは歴史家カール・ショースキーである。彼は、イタリアでも、フランスでも、西部ドイツでも戦争以来右への力が働いているとし、冷戦の圧力の下で「反民主的な権威主義への回帰の兆候がある」としている。一年後、別の人物はドイツについて、「約束されたはずの民主化がいまだもたらされていない」と同様に悲観的な見解を示していた。▽(61)

西欧における反共主義は、市民的自由を深く侵害しかねない脅威となり、多くの人々が望んでいた社会改革を妨げるものだった。一九四六年から四七年にかけて、共産党は〔各国で〕政権から排除されていった。一九四八年から四九年には、国家は準軍事組織を使って左翼の抵抗を鎮圧しようとした。いまや、民主主義のための闘いは、冷戦という条件のなかにおかれていた。かくして左翼が、保守的な政府は反ファシズムに疑いをかけ、ファシストを救おうとしていると非難すれば、キリスト教民主主義者は、民主主義の真の敵は共産主義者の自由に対する攻撃から生じている、と応じた。一九五一年に国連教育科学文化機関（ユネスコ）は戦後世界における民主主義の意味についての調査を行なった。それにより、だれもが民主主義を望んでいると主張するが、民主主義をどう理解するかについては、二つのヨーロッパの間で大きな溝があることが明らかになった。

一九四九年までに、「自由世界」の勢力が西側では勝利した。戦後体制に対する暴力的な抵抗が最も長く続いたイタリアとギリシャでは、対独協力者《コラボ》が解放されていくなかで、嫌疑をもたれた左翼が収監されていった。イタリアの一九四八年選挙におけるキリスト教民主党の決定的に重要な勝利をうけて、マリオ・セルバの準軍事攻撃部隊は手榴弾発射機と火炎放射器に身を固め、数百人のパルチザンや労働者を刑務所に送った。スペイン内戦後十年経っても、フランコの警察はなお、丘陵地帯の左翼抵抗運動の掃討を行なっていた。ギリシャでは、アメリカで訓練を受けた王党派の軍事組織が、ナパーム弾に援護されて、共産党系の民主軍を打倒し、共産党シンパの疑いがあるものを数千人規模で臨時収容所に収監した。

もちろん東欧では、冷戦秩序に対する抵抗はより厳しい抑圧を被った。ユーゴスラヴィアでは、ミハイロヴィッチ▼[15]

▼(14) 冷戦下に、ワルシャワ条約機構軍の侵攻に際してレジスタンスを組織するために準備された、NATOの秘密部隊の国際ネットワーク。CIAなど情報機構との関係、ファシスト・メンバーからのリクルート、国内共産党を標的とした作戦などの一端が一九八〇年代に暴露され、冷戦後イタリア首相のアンドレオッティも存在を認めた。

▽(61) C. Schorske, 'The dilemma in Germany', *Virginia Quarterly Review*, 24: 1 (winter 1948), pp. 29–42; Krieger, op. cit., pp. 507–32

▼(15) ユーゴスラヴィア王国の軍人、チェトニクの指導者。ナチス・ドイツのユーゴスラヴィア侵攻に際し、セルビアのナショナリストを中心に武装組織チェトニクを結成し、枢軸国軍と戦うとともに、クロアチアのウスタシャ、共産党のパルチザンと激しい内戦を繰り広げ、クロアチア人、ボスニャック人の虐殺も実施した。

が拘束された一九四六年初めまでには、チェトニクが片づけられていた。しかしポーランドやウクライナの森林地帯では、親共産主義軍とソ連内務人民委員部が残忍な反パルチザン掃討作戦を一九四〇年代末まで展開していた。おそらく最も強靭な抵抗闘争が展開されたのはバルト諸国である。そこでは、ソ連の強制移送政策と集団化のため、一九四五年初めから多くの人々が森林地帯に逃げ込むことを余儀なくされた。「森の兄弟」として知られる彼らは、ソ連軍を攻撃し、選挙を中断させ対独協力《コラボ》者を殺戮した。彼らは、ほどなく西側とソ連の戦争が始まるという信念によっても支えられていた。ラトヴィアとエストニアでは、その数は一九四六年末までに衰えていたが、リトアニアの運動はより組織化が進んでいた。一九四八年に当局は、七万人の軍隊と、特殊暗殺部隊、潜入部隊、さらには赤軍の正規師団を必要としたほどである。

数十年にわたって戦後の権力構造を否定し続けた個人の、驚くべき事例はいくつもある。タデウシュ・コンヴィツキがポーランドの一九六〇年代を悪夢のような小説として描いた『現在の夢占い』は、いかなる戦争の亡霊がなお森に潜んでいるかを描いたものである。エストニアのゲリラ団「森の兄弟」に属していたアウクスト・サッベはようやく一九七八年になってソ連国家保安委員会（KGB）に発見され、投降を拒み入水自殺した。同様に、ギリシャでは一九七四年に軍事政権が倒れたあと、一人のパルチザンが日常生活への復帰を望まず、クレタ島のレフカ・オリ（白山）に潜んでいるところを発見されたと報じられた。一九八三年にオーヴェルニュの町で、あるフランス人女性が隠遁生活を送っていることが発見された。解放にさいし彼女は対独協力《コラボ》で告発され、髪を剃られたのだが、その後三十年間消息不明であり、発狂していた▽(62)。

〔しかし〕戦後社会に再び戻ることを拒んだこのような人々は例外に属する。ヨーロッパの人々のほとんどは、大陸の分断と戦後のパワーバランスを受け入れていた。それゆえ、鉄のカーテンのおのおのの側で展開していく社会プロジェクトに参加したのだった。戦時大連合はその基本的了解事項を維持したのであり、冷戦による残忍な平和によってヨーロッパ大陸はなによりも貴重なもの、つまり「時間」を手に入れることができた。時間こそが、経済生活の並外れた、ほとんど予想外の再生と、政治的習慣の広範な変容を可能にしたのである。

▽（62）Lottman, op. cit., p. 68

第8章　人民民主主義の建設

われわれは、人民民主主義の道と呼ぶ、ポーランド独自の発展の道を自ら選んだのだ。現在の条件の下では労働者階級の独裁も、ましてや一党独裁も不必要であり、考えられてはいない。われわれは、相互に協力するすべての民主的政党によって政府を担いうると信じている。

——ヴワディスワフ・ゴムウカ、一九四七年▽(1)

歴史過程における社会秩序の変化はすべて、困難、解決されない問題、欠点、そして避けられないことに過ちを伴う。

——ドゥプチェク期チェコスロヴァキア共産党の政治裁判調査委員会報告より、一九六八年▽(2)

東部ヨーロッパは、二十世紀の三つのイデオロギー的試みの不幸な実験室だった。最初は一九一八年の自由民主主義勝者たちの実験で、十年そこそこしか続かなかった。ヒトラーの新秩序はそれより半分ほど長く続いただけである。ナチスの敗北はスターリンが第三の試みをする道を開き、彼の創造物である人民民主主義は、先行体制のどれよりも長続きすることになった。

一九五〇年代初頭、スターリンのテロルは異様で恐ろしい見せ物裁判でその頂点に達した。西側の政治学者は全体主義理論を発展させ、共産主義とファシズムの類似性を強調した。両者とも政治権力は本質的に抑圧に依拠しているというのである。強制労働収容所が何十万人もの囚人で溢れ、秘密警察が隆盛を極めていた時期には、このような見方はおおいに妥当性があると思われた。しかし今日では全体主義理論の限界はより明白になっている。東ヨーロッパにおけるロシアの支配が、ドイツの支配よりはるかに長く継続したことを説明するには、ナチズムと共産主義の類似性と同様に相違点にも注目することが重要である。両者はともに、基本的には敵対的な住民を服従させるために軍隊と警察に頼ったが、その程度はさまざまで、時期も異なっていた。さらに重要なことには、ロシア人とドイツ人は最終的な目標と政治戦略の点ではっきりと異なっていた。▽(3)

ナチスにとって、占領の目的は完全にドイツの利益のために設定されていた。それゆえ、ナチスの新秩序は、戦前の自由主義的な（あるいは「ブルジョワ的な」）民主主義に不満をもっていた多くのヨーロッパ人をも満足させられなかったのである。ベルリンが非ドイツ人政治集団に権力を与えようとしなかったこと、基本的に東部ヨーロッパをスラヴ人農奴が優越人種のために働く、土地と食糧の供給源と見なしていたこと、そしてスラヴ人に対するドイツ人の政治的闘争が惨めに失敗したことも、ここから説明できよう。

ソヴィエト・ロシアはドイツ同様、帝国の安全保障を東部ヨーロッパの支配によって求めようとしていた。ナチス・ドイツと同様に、ヴェルサイユによって設置された独立国家の体制は自らの利益に反していると見なしていたからである。しかし、ソヴィエト・ロシアの政策は人種的ナショナリズムによってではなく、共産主義として知られる社会経済転換の哲学によってかたちづくられていた。このイデオロギーは排他的というより包括的であり、そのため

▽（1）次からの引用。F. J. Kase, *People's Democracy: A Contribution to the Study of the Communist Theory of State and Revolution* (Leyden, 1968), p. 21

▽（2）J. Pelikán (ed.), *The Czechoslovak Political Trials, 1950–1954: The Suppressed Report of the Dubček Government's Commission of Inquiry, 1968* (London, 1971), p. 38

▽（3）次を参照。A. Gleason, *Totalitarianism: The Inner History of the Cold War* (Oxford, 1995)

にさらに強力だった。ロシア人の帝国は、ナチスとは異なり現地のエリートに依拠し、困難も伴ったが東欧のナショナリズムと順応した。このためにソ連支配は限界ももったが、持続力も得たのである。ヒトラーの封建的で、エスニック的に純粋な農業地帯の構想のあとに続いたのは、都市化された工業ユートピアのヴィジョンだった。ヒトラーと異なり、スターリンや彼の後継者たちはこの地域の全面的な近代化を目指したのである。これは独自の方法で実現した。一九四五年以降の急速な都市と工業の発展と比べると、その前の変化は矮小に見える。共産主義はこの驚くべき発展から利益を得たが、のちにはこれが共産主義体制終焉の原因となった。工業化は党が予期しなかったようなかたちで社会を変化させた。党が停滞する一方で、社会はすさまじい勢いで前に進んだのである。▽(4)

政治的支配の確立

ソヴィエトの乗っ取りか、それとも社会革命か。今日では戦後の東欧における共産主義の登場を描写するのに、ほとんどの人がためらいなく前者の表現を支持するだろう。しかし一九四〇年代には、情報を十分にもつ党派的でない観察者たちは異なる見方をしていた。彼らは失敗した民主主義、経済恐慌、民族紛争という戦間期の遺産を覚えていた。これは東欧の内側でも外側でも共産主義に対する反対を弱める厳然たる記憶だった。イギリスの学者、ヒュー・シートン゠ワトソンは苛酷で、国粋主義で、腐敗した前体制の支配を強調し、「激しい変化への要望と、支配階級のいうことすべてへの不信」を語っている。ロンドン大学にあるマサリク記念中欧史講座の教授であるR・R・ベッツは生じつつある「中央、東部ヨーロッパにおける革命」に言及し、「〔よかれ悪しかれ生じたことの〕多くは内発的なものであり、人民と彼らのリーダーの努力によるものである」と強調した。さらに続けて次のように述べている。「ソヴィエト連邦がこれほど近く、強力でなかったとしても、あの一九四五年に終わった戦争のように壊滅的で破滅的な戦争の終結時には、革命的な変化が生じたであろう。」

これらの論者はのちには、当時の考えは希望的観測に影響されていたと感じたようだ。シートン＝ワトソンは一九六一年になって、「一九四五年以後の数年間にもたらされたのは自由と社会的公正のニュー・ディールではなく、全体主義的な専制とソヴィエト帝国への植民地的従属だった」と認めた。しかし、彼があとから厳しく非難した幻想、信頼、希望は、武力そのものに劣らず重要な帝国主義的支配の手段となった。社会革命についていえば、それは現実であった[5]。

ソヴィエトの威信はドイツを破ったという軍事的成果によって高まった。しかし、戦時の赤軍はおそらくドイツ自体の占領を除いて、恒常的な占領勢力として構想されていたわけではなかった。動員解除によって、ソ連の軍事力は一九四五年の千二百万人から三年後には三百万人にまで縮小した。ドイツでは、ソ連軍の兵力は終戦時の百五十万人から一九四七年七月の三十五万人まで引き下げられた。これは驚くほど急速なアメリカの動員解除よりは遅いが、それでもめざましいものである。実際、部隊の兵力はすべての国で急速に低下し、赤軍は国際協定に従ってチェコスロヴァキアからは撤退した。スターリンはハンガリーの共産主義者たちに注意した。「ソ連の力が諸君になにもかもやってやることはできない。諸君が戦わなくてはならない、諸君が仕事をしなくてはならない。」クレムリンにとって、もはや決してドイツがソ連の脅威となってはならないこと、東ヨーロッパがソ連の影響圏に入ることは自明であったが、どちらの目標も、軍事的というよりまず政治的に捉えられていた[6]。戦争の最終段階には、ドイツとの交戦に加え、バルト諸国やポーランド、カルパチアの森林や、アルバニアとユー

▽（4）次を参照。D. J. Dallin, *The New Soviet Empire* (London, 1951)〔ダーリン『新ソヴェト帝国』小川彰夫訳、読売新聞社、一九五三年〕

▽（5）H. Seton-Watson, *Eastern Europe between the Wars, 1918–1941* (1962 edn, first pub. 1945), pp. 262–3; R. R. Betts (ed.), *Central and South East Europe, 1945–1948* (London, 1949), p. 212

▽（6）ソ連の軍事力については、次からの引用。W. Park, *Defending the West: A History of NATO* (Brighton, 1986), pp. 23–5; Naimark, op. cit., p. 17; 次も参照。M. Evangelista, 'Stalin's postwar army reappraised', *International Security*, 7: 3 (winter 1982–3), pp. 110–38; Gati, op. cit., p. 37; Myant, *Socialism and Democracy in Czechoslovakia, 1945–1948* (Cambridge, 1981), p. 58

ゴスラヴィアの国境地帯で生まれた、共産主義支配に対する抵抗運動に対処するためにも、信頼できる地元の武装勢力を作り出す必要があった。新体制に忠実な再建された軍隊は、戦前の士官、レジスタンス隊員、ソ連捕虜時に「再教育」された戦時捕虜らを核としてかき集められた。一九四五年にすでに戦前のキャリア士官をパージした軍隊もあった。それは前年にロシアと戦ったルーマニア軍のようなところでは必須だった。だが、他の軍隊は戦前の性格を残していた。ポーランドの軍隊は特殊なケースで、何千人もの戦前の士官が戦争開始時にロシア人に捕らえられ、カチンの森▼(1)などで大量射殺された。新しい主人にとってもっと信頼できる機構は、さまざまな治安組織、警察や準軍事組織で、ソ連の指導下に迅速に組織され、選挙を監視したり、新しい秩序への反対者を標的にするのに重要な役割を果たした。彼らは信頼できる党員から選ばれたわけではなかった。党員は少数しかいなかったからである。これらの組織は元パルチザン、対独協力者《コラボ》、犯罪者などの奇妙な混合からなっていた。例えばルーマニアでは党の直接指揮下におかれた準軍事組織の愛国戦闘部隊が一九四五年三月には六万人にまで拡大した。ロシアによる「解放」から一年で、全体で何十万人もの東欧人がソ連の支配下にある軍事、警察、準軍事組織に従事していた。▽(7)

国内には軍事的なレジスタンス組織はほとんどなかった。反ソ軍事部隊やレジスタンス部隊は一九四〇年代末まで絶望的な闘争を続けたが、射殺、強制収容所（マイダネクのようにしばしばドイツ人から接収したもの）への収容、移送など、組織的に抑圧され、共産主義者の計画を深刻に脅かすことはなかった。一九四四年から一九四七年の間にポーランドで戦った十万とみられる反共産主義パルチザンのうち、大部分は二回の政府の恩赦時に投降した。セルビアのチェトニク指導者ミハイロヴィッチは一九四六年に逮捕された。バルト諸国を除き、反対勢力は散り散りになり、効果もむなしいものだった。▽(8)

ソ連の優位に対する本当に深刻な挑戦は、軍事的なものではなく、占領後に再生したさまざまな政党から突きつけられた。戦後、東ヨーロッパで権力闘争が起こった主要な舞台が政治的なものであるとすれば、共産党活動家の中心課題は、国内における〔自らの〕弱い立場から、いかに優勢を確保するかであった。多くの国では解放の時点での党員はわずかであった。国家の抑圧と、社会の無関心から、戦間期の共産党運動は小さく、スターリンの三〇年代の粛清でさらに小さくなった。いまや生き残った党員がスポットライトのなかに押し出された。彼らはどう行動すればよいのだろうか。

自明の革命的選択肢はできるだけ早く権力を掌握することであった。逆説的なことに、これは赤軍が支配権を握っていないところでのみ生じた。ユーゴスラヴィアで、チトーが[2]パルチザンの支持を受けて解放から一年以内に一党制の国家を打ち立てたのである。彼の衛星国家アルバニアでもそうであった。この考えはユーゴスラヴィア以外の多くの共産主義者を魅了したが、チトーはスターリンの願望を無視する立場にいた共産主義指導者であった。スターリンは明白に他の戦術を考えており、それは戦時の連合諸国との関係をまずくすまいという彼の明白な願望と両立可能なものであった。モロトフがのちに回想しているように、「アメリカとの同盟関係を維持することはわれわれの利益」であったからだ[9]。

戦争中、ソ連共産党中央委員会の国際情報局は今後進むべき方向として、共産主義革命ではなく、他の民主主義勢力との協力を掲げた。東ヨーロッパは社会主義の準備ができていないと断じたのである。まず、封建制の残滓を払拭

▼（1）一九三九年にポーランドがナチス・ドイツとソ連の侵攻を受けたさい、ソ連軍の捕虜となったポーランド軍将校が、一九四〇年に大量に殺害され、埋められたソ連のスモレンスク近郊の森。ドイツ軍が遺体を発見し、ソ連軍の行為として国際的に喧伝したが、ソ連はドイツの仕業との主張を一九九〇年まで続けた。

▽（7）次を参照。J. Adelman, *Communist Armies in Politics* (Boulder, Colo., 1982); D. Deletant, *Ceaușescu and the Securitate: Coercion and Dissent in Romania, 1965–1989* (London, 1995)

▽（8）A. Korbonski, ‘The Polish Army’, in Adelman, op. cit., p. 111

▼（2）ユーゴスラヴィアの共産主義政治家、共産党書記長（一九三九—八〇）、首相（一九四四—六三）、大統領（一九五三—八〇）。クロアチア出身で第二次大戦中はパルチザンとして闘い、戦後、ユーゴスラヴィア共産党同盟の指導者として、ユーゴスラヴィアの指導者となった。ソ連と距離を置き、独自の自主管理社会主義を目指した。また国内各国民の「兄弟関係と一致」を強調し、ナショナリズムを抑圧した。

▽（9）Zubok and Pleshakov, op. cit., p. 32

し、頓挫した一八四八年のブルジョワ革命を完遂しなければならない。労働者と農民が新たに発言権を得る選挙をしなくてはならない。チトー以外にも多くの共産党幹部がこのようなアドヴァイスを真剣に受け止めるのは難しいと考えたのも、驚くべきことではない。▽(10)

したがって敗北したドイツでも、スターリンと彼の子分らは、赤旗を掲げ、徴用した車にハンマーと鎌〔ソ連の国旗のシンボル〕を描いて「ハイル・モスクワ！」と叫んで行進して回る、古いセクト的な共産党活動家には腹を立てていた。革命が差し迫っていると血に飢えた調子で宣言し、プロレタリアート独裁を説き、ルターの像を倒してレーニンの記念像を建てる、といった行動は、モスクワの視点からみれば状況を完全に読み間違ったものだった。これは戦前の共産主義者が何も学ばず、国家の行政を妨害するだけであることを示していた。六月十日にはすでに、当惑するほどの速さで、ソ連の軍事政府は他の政党と労働組合の創設を許可する政令を発した。ドイツ共産党自身のマニフェストは「ソ連システムをドイツに押しつける」という考えを明確に排し、議会制民主主義の創設を呼びかけた。▽(11)

これらの点から、スターリンが一九四五年時点では、他の政党も容認し、議会選挙を行なうことを展望していたことがわかる。東ヨーロッパにとってのモデルは、一九三〇年代中頃の人民戦線であって、一九一七年のレーニン主義的革命エリートではなかった。モスクワの理論家によれば、戦間期におけるファシストの勝利が示しているのは、進歩的勢力を広範な反ファシスト連合の旗の下に統一し、(集団化ではなく)漸進主義的な土地改革のプログラム、エリートからの収用、国家主導の経済統制によって、大衆の支持を勝ち取ることであった。しかし理論そのものは、のちになってほどは重要ではなかった。実際、状況は高度に流動的だった。当時の東欧の政治は行き当たりばったりの即興的な性格をもち、ソ連の態度もプラグマティックであった。一九四七年初頭までマルクス主義理論において、人民民主主義の意味についての公式の解釈が表われず、ようやく一九四八年十二月になって、プロレタリアート独裁と明白に同一視されるようになったという特筆すべき事実は、このことを反映している。この時点までソ連の政策は友好的なドイツの創設という問題に焦点を絞っており、東欧に対する全般的な戦略はもっていなかったのである。▽(12)

一方で、党を作り上げるには時間が必要だった。共産主義は三十年の間にこの地域のほとんどで事実上壊滅させられていたため、実質的には新政党の建設だったからである。以前ロシアでそうだったように、いまや東欧でも、反体制勢力として闘争する小さな陰謀組織から権力を掌握できる政党へと転換しなくてはならなかった。チェコスロヴァキアにおいてのみ、共産党は合法で人気を保ちつづけていた。ポーランド共産党は口当たりのよいようにポーランド労働者党と名を変えたが、党員数は一九四四年七月の二万人から一年足らずで三十万人に増えた。ハンガリーでは一九四四年末の二千人から一九四七年末の八十六万四千人に増え、ルーマニアの党も同様に成長した。戦後すぐの時期における党員数の急増を検討するさい、入党者の多くを機会主義者、日和見主義者であるとして退けるのはやさしい。新しい現実を見定めるのは難しいことではなく、多くの「現実主義者」が期待を調整し、涙をのんで新しい主人とソ連の後ろ盾に妥協した。しかし、一九四五年以降の党の成長の背後には、真の情熱も存在したのである。

部分的にはこれはソ連への熱狂であり、その成し遂げたことへの敬意であった。第三帝国を打ち破ったことによって赤軍が得た非常に大きな信望は、赤軍兵士の統制の取れていない行動によって即座にかき消されるものではなかった。さらに、第三帝国の敗北は、伝統的なドイツの力への恐れを弱めるものではなかった。逆に半世紀の、特にこの六年間の経験から、将来のドイツの拡大に対する保険としてロシアの保護が以前にもまして不可欠だと、多くの人々が確信したのである。

国内では戦争の記憶から対独協力者《コラボ》への疑いが広範に広まり、多くの戦前政党の曖昧な立場や疑わしい行動に注目が集まった。例えばズデニェク・ムリナーシ▼(3)はのちにチェコのプラハの春で指導的役割を果たすことになるが、ティ

▽（10）次を参照。N. Naimark, ‘Nationalism and the East European Revolution, 1944–1947’, paper prepared for Conference on ‘Remembering, Adapting, Overcoming: The Legacy of World War Two in Europe’ (New York University, 24–27 April 1997)

▽（11）Naimark, *Russians in Germany*, op. cit., pp. 260–75; G. Sandford, *From Hitler to Ulbricht: The Communist Reconstruction of East Germany, 1945–1946* (Princeton, NJ, 1983), pp. 49–51

▽（12）E. J. Kase, op. cit., p. 103; Zubok and Pleshakov, op. cit., p. 106

ーンエイジャーとして、一九四六年に入党したときの熱情を思い出している。彼は、敵との協力を許した「両親の世代の臆病な思慮分別」を批判していた。戦争とともに成長することによって若者は「二元論的な世界観」と「原始的な急進主義」を身につけた。「われわれは戦争の子であり、実際にはまだ誰とも戦ったことがないまま戦時中のメンタリティを戦後の世界に持ち込み、そこでようやく何かと戦う機会が提示されたのだった。」[13]

しかしこの闘争は、ムリナーシの言葉でいうたんなる「異教徒に対する聖なる闘争」ではなかった。過去を払拭することは、よりよい将来を作るために必要だった。占領はヨーロッパじゅうで全般的な急進化を引き起こし、解放後はそれが社会経済的変化への要望の広範な広がりとして現われた。ハンガリーの一九四五年選挙は、同国の歴史上初めての普通選挙だったが、この欲求が共産党支持者をはるかに越えて広がっていることを示した。多くの人々が東にインスピレーションを求めた。「一九四五年には、ソ連やスターリンの神格化は、自由と公正を新国家の礎石とする見通しに関わる……全般的な興奮を、必ずしも妨げるものではなかった。逆に、それはこの興奮の一部分だった。……ソ連はその意味で、戦後、過去とのラディカルな断絶を望むもの、そしてもちろんソ連の実際の状況について何も知らないものにとって、希望の土地だった」[14]とムリナーシは書いている。

共産主義者ではなく、ましてやスターリンを偶像視する傾向はまるでない人々にとってさえ、解放後二、三年間の共産党の政策は比較的柔軟で漸進的だったので、期待を抱かせた。ヤチェク・クルチェフスキはポーランドの場合について、「国民はスターリンによって強制された異質な統治システムを受け入れたがらないが、一九四五年以後の内戦は、民衆のための家を再建し、すべての人の家としての国家を再建したいと望む大多数の人々によって、拒絶された」と論じている。中・東欧では、共産主義者の再建のための行動力と献身があれば、人々の支持を勝ち取りえた。驚くべきことに、反共産主義のハンガリーの亡命者も、再建の原動力は共産主義者にあるとし、彼らは「経済再建を情熱的に、天才的にすら思える様子で、進めている」と認めている。運輸相としてドナウ川の橋を迅速に再建した党幹部は、「橋作りのジェロ」と呼ばれ、喝采を浴びた。[15]

社会的公正と経済効率が、政党民主主義や「ブルジョワ」民主主義への復帰ないしその構築よりも、多くの人にとって高い優先順位だったということが基本的なポイントである。共産主義は、封建主義の残滓を一掃し、戦間期の資本主義的な停滞に対してソ連型の工業化を約束しながら、特に口ざわりのよい人民民主主義の妥協を通じて、前進すべき道を示した。チェコの大統領ベネシュほどの人物が、公けに「自由主義的な意味での純政治的な民主主義構想」を否定し、「社会的にも経済的にも」民主的な体制を支持したのであれば、彼ほど洗練されていない思想家たちが、必然的に代議制の政府よりも効率的な政府を支持したのも驚くべきことではない。これは戦間期の自由民主主義の危機の遺産であった▽(16)。

しかし、人民民主主義のもとでの連合とブロック形成を通じての権力分有が、ソ連の安全保障上の関心とどの程度両立するかは国によって異なっていた。ルーマニアとポーランドでは、共産主義もロシアもともに歴史的に人気がなく、その反ロシア主義はモスクワ側からの深い敵意で報いられていた。この両国では、ひずみが早くから表面化していた。ソ連外相ヴィシンスキーは一九四五年二月に、ロシア人が望む人物を首相に任命するようルーマニア国王ミハイに命令しに来なくてはならなかった。モスクワの選んだペトル・グローザは共産主義者ではなかったが、彼の官房長官であるエミル・ボドナラシュはたんに共産主義者であるというだけではなく、内務人民委員部（NKVD）の士官であった。国王が助けを求めたのに対して、西側からなんの応答もなかった点は重要である。これはおそらく、チャーチルが同時期のギリシャにおいてソ連と大して違いのない行動をとっていたためであろう。ミハイがグローザに辞

▼（3）チェコスロヴァキア共産党の政治家。「プラハの春」では共産党中央委員会書記として改革の試みに深くかかわり、ソ連介入後失脚した。言及されている著書には次の邦訳がある。ズデネク・ムリナーシ『夜寒――プラハの春の悲劇』三浦健次訳、新地書房、一九八〇年。

▽（13）Z. Mlynář, *Night Frost in Prague: The End of Humane Socialism* (London, 1980), pp. 1–2〔前掲『夜寒――プラハの春の悲劇』〕

▽（14）ibid., p. 2

▽（15）J. Kurczewski, *The Resurrection of Rights in Poland* (Oxford, 1993), p. 10; Zinner, op. cit., pp. 52, 62

▽（16）Gati, op. cit., p. 89

任を求めたさい、首相はたんに彼を無視し、モスクワへスターリンに会いに行った。「われわれは小さい生徒が年長の教師に向かって話すように話した」とグローザは回顧している。

ポーランド人はロシア人に対して誰よりも頑強に抵抗した。彼らにとって不幸だったのは、特にドイツの運命が決定されていない間、ロシア人にとってポーランドは、東欧のなかで最も重要な国だったことである。ポーランドの世論はモスクワにとってほとんど重要でなかった。西側もこれを認めたため、スターリンはポーランドでは他より大規模に力を使うことができた。しかしここですら共産党支配の初期段階の政治は、支持を獲得することを目指していた。親ソ連的「臨時政府」は社会主義者を首相とする連合で、西側は真に独立的な政治家たちにロシア人と協力するよう圧力をかけた。一九四五年夏に行なわれた反ソ的な著名人に対する見せ物裁判が、さらに圧力を増した。

ルーマニア同様、ポーランドでも、ソ連は講和の席で国境線を変更できる立場にあることで、国内政治家を動かす大きな梃子をもつことになった。トランシルヴァニアをハンガリーから取り戻すことがルーマニア人へのニンジンとなり、オーデル・ナイセ線に沿って旧ドイツ領の広大で豊かな「新領土」を手に入れることがポーランド人を動機づけた。その結果どちらの場合でも、ナショナリストにはモスクワを懐柔して新領土の保証人にする十分な動機ができたのである。

東欧各地でリズムは異なっていたが、あとからみればこのあとのパターンは同じように見える。共産党が影響力をもち指導的な立場にある連合政府から始まり、次に連合外に留まる政党や分派の存在意義をなくし、完全に抑圧する。最後に選挙で、ポーランドでは政府の戦線が八九%、ルーマニアでは一九四六年の九一%からさらに上がって一九四八年には九八%、ブルガリアでは七九%を獲得した。一九四七年から一九四八年には、民主的条件下では共産党のヘゲモニーに対する最深刻な脅威となる農業党や社会主義政党の破壊が続いた。指導者の一部は処刑されたり亡命を余儀なくされ、残りの分派は政府に組み込まれた。

これは前もって慎重に計画されたマキャヴェリ的な戦術だったのであろうか。疑いなくそうだと考えたものも同時代の観察者にはいた。ヒュー・シートン゠ワトソンは真の連合、偽の連合、「一枚岩の体制」という三段階パターンを指摘した。しかし妙なことに、この段階論は、この地域が段階を踏んで共産主義に向かっているというソ連の見解をそのままなぞっている。両者ともに、出来事にロジックや整然とした順番を求めようとしているが、実際にはそのようなものは存在していなかったのである。現実の経緯が示しているのは、少なくとも一九四七年までは、シートン゠ワトソンが考えているよりもはるかに優柔不断で不安定なソ連の姿である。例えばハンガリーの一九四五年選挙は共産党の不面目な敗北であり、小農業者党が五七％の大勝利を収めた。ポーランド、一九四五年初頭のユーゴスラヴィアなどの連合は最初から共産党支配を偽装する陳列品であり、ハンガリーやチェコスロヴァキアでは数年間は真の連合だった。ルーマニアやブルガリアの事例は両者の中間にあたるだろう。この文脈ではフィンランドの重要な事例も忘れてはならない。フィンランド──ソ連外交はソ連の利害を満足させる一方で、フィンランドの行動の自律性を保持する合意に達したのである。▽(17)

戦前の政党政治に対する苛立ちと、戦争直後の課題を挙国一致の精神で解決したいという希望から、連合政権はヨーロッパ大陸じゅうで人気があったということを思い出すのも重要である。この二回目の試みでなんとか民主主義を機能させねばならず、もしそのために必要なら党派の違い、特に左翼の党派の違いは不問にしてもよいと、広く考えられていた。この精神が冷戦の圧力のもとで磨り減っていくにつれて、西でも東でも連合は崩壊した。このように連合政権の発生と消滅はたんに東欧だけで生じたことではなく、ソ連の陰謀のみで説明はできない。▽(18)

共産主義者はまたソ連の後ろ盾に加え、いくつかの要素から利益を得ていた。一つはライヴァル政党が弱体で凝集性に欠けていたことである。警察力を用いたテロルによってしか破壊できないものもあったが、ハンガリーの小農業者党のようなものはもろく、特に西側の支援がない場合は簡単にばらばらになった。マルクス主義の社会民主党はソ

▽（17）Zubok and Pleshakov, op. cit., pp. 116–19
▽（18）Gati, op. cit., pp. 86–8

連モデルにひきつけられることもあれば、忌避する場合もあった。いずれにせよ、チェコスロヴァキアと東ドイツ以外では、社会民主主義はこの地域では根づいていなかった。一九二〇年代に左派が分裂したことが致命的であったという歴史的記憶が、共産党の統一要求に重みを与えた。

さらに根本的な問題は、共産党のライヴァル政党がいくら民主主義的原則へのコミットを主張しても、これらの政党の戦前の政治的伝統や実践がその民主主義だったのかと問われざるをえなかったことにある。多くの人々は、成功した議会主義の遺産がなかったこと、戦間期のハンガリー、ルーマニアのように権威主義的な大統治連合が常態化していたことを思い起こした。チェコスロヴァキア以外では、戦間期の議院内閣制とは、両義的な連想を引きおこすものでしかなかった。戦前の「ブルジョワ民主主義」の支持者はもはやほとんどいなかった。社会学的にもイデオロギー的にも、旧体制の支持者は国外に逃亡したり殺されたりして縮小した。ポーランドでは、ドイツ人とロシア人双方によって、リベラルなインテリゲンツィアは多かれ少なかれ戦争で一掃され、ルーマニアでは大多数が対独協力《コラボ》によって汚点をつけられていた。

自由主義、カトリック、農民の政治家は、全面的な反対派に回るべきか、新秩序と一種の妥協をするべきかまよっていた。妥協すべきでないという立場をとる者は、第三次世界大戦の勃発に希望をつないでいた。その結果、多くの場合、漠然と西からの救済を待つことになった。バルカン諸国については、エリザベス・バーカーが次のように書きとめている。「反体制派の多くは、農民や建設的プログラムにはほとんど関心がない。彼らの心を占めていたのは、『いつロシアに対する戦争がはじまるのか』という問いであり、しばしば外国人に対してのみ口に出された。……戦争への期待が思考の大前提となっていたため、絶望と希望を奇妙にないまぜにした面持ちで、たんに受動的に戦争の勃発を待つ傾向にあった。」彼らが東西両陣営の好戦的な冷戦のレトリックに惑わされたのは理解できる。トルーマン・ドクトリンの時期、リトアニアのパルチザンの通信誌は「戦争準備の最終段階が進行中である」と主張した。朝鮮戦争は生き残りの信奉者をさらに励ました。一九五六年のハンガリーにたいして西側が受動的だったことが、ようやく彼らの夢を永遠に消し去ったのである▽[19]。

同時に、ナショナリズムに対する共産主義者の政策の曖昧さもさらに事をややこしくさせ、敵対者をまごつかせた。エスニック集団を国の別の場所に強制的に移住させることによって——ウクライナ人を西部ポーランドに、バナトセルビア人やマケドニア人を東部ルーマニアに、ボスニアの農民をユーゴスラヴィアのヴォイヴォディナに——、共産主義体制は、ポーランドのような国をついに国民国家にしたと主張した。体制は古い地域的な紐帯を弱め、中央集権国家の権威を強化した。主要国民自体が国外追放されたバルト諸国でのソ連の政策とは驚くほど対照的である。しかしその後、バルト諸国は他の東欧諸国よりはるかに悪い運命に直面することになった。ソ連そのものに吸収され、意図的なロシア化政策にさらされることになったのである。

行政をコントロールするのは、支配政党を作り上げるのとは別の問題であり、国家機構を服従させる必要がある。西ヨーロッパでは、旧敵国であるイタリアやドイツでも、旧同盟国であるベルギーやギリシャでも、英米の政策担当者が占領によって内政問題に大きな影響を与えた。ソ連の助言者も、それ以上ではないまでも同じように介入し、東欧諸国の官僚機構に対する影響を固めようと手段を講じた。西でも東でも大方の官僚は償うべき戦時中の過去があり、喜んで新しい主人の望みに従った。多くの場合、官僚に対する政治的支配はまったく新しいものではなく、共産主義者はたんに戦時中や戦前の支配の道具を継承しただけであった。

司法の独立は、権威主義体制と戦時中の占領の歳月のあとにもまだそれが残っていたところでは、裁判官を司法省に従属させる政令によってほぼ即座に掘り崩された。このような措置のあとでは、戦前に任命された裁判官を強制的に辞任させる必要もなかった。例えばポーランドでは、一九五〇年になっても裁判官の六〇％はすでに戦前に裁判官

▽（19）Barker, *Truce in the Balkans*, p. 148; T. Remeikis, *Opposition to Soviet Rule in Lithuania, 1945–1980* (Chicago, 1980), pp. 210–11

としてのキャリアをはじめた人々であった。軍隊でも同様で、戦前の将軍たちが親ソ路線を明確にした新しい上級政治機構から任命されていた[20]。

文化、教育、メディアは、以前は国内の右翼体制やドイツ人によって検閲されていたが、今度はモスクワの影響下におかれることになった。保守的新聞は「ファシスト」に仕えたという理由で廃刊となり、それ以外の新聞は免許制や、紙、新聞用紙の配給を通して統制を受けた。検閲は徐々に「反ソヴィエト」的な題材から、国家にとって有害なものという、より大雑把な定義へと拡大した。一九四九年のルーマニアでは約八千の既刊本が発禁となり、同じようなリストは徐々に他国でも拡大した。遅くとも一九四九年には公式の検閲システムが確立され、すべての書物、新聞雑誌を効果的に党の統制下においた。大学を影響下に組み入れるには時間がかかり、速さや成功の程度は大きく異なっていた。東ドイツでは旧秩序がほとんど即座に一掃されたのに対し、ポーランドでは党の腹が据わらず、ある程度自由な活動が何年ものあいだ容認されたままだった[21]。

最も重要なのは治安部隊だった。軍隊の情報機関は、ソ連軍の情報部である参謀本部特別総局（ＧＲＵ）に従属した。解放のほぼその瞬間からソ連国家保安委員会（ＫＧＢ）は国内の保安統制を最優先した。ロシアの保安局に促され、党の官僚《アパラチキ》は正規の警察機構に浸透すると同時に、党の統制下にある（ブルガリア人民民兵のような）特殊保安部隊を作り、正規の警察を包囲した。最後に共産党の支配下に落ちたチェコスロヴァキアでは、警察の再編こそが決定的な政治問題であり、共産党配下の内務省と非共産党系の司法省の争いの種になった。

官僚一般にもいえることだが、警察は共産主義者の圧力に抗するには弱い立場であった。彼らの多くは戦時中、ドイツのために働いており、パージされる可能性があり、解放軍のバックアップを受けた政治家たちに対抗するのは難しかった。また政治的に党に忠実な若者が大量に徴集されるなかで、自分の仕事を守る必要もあった。のちにブダペシュトの警察署長になるサーンドル・コパーチは次のように回想している。「モカン・グループ［戦時中の左翼パルチザン部隊］の地下戦闘員はみな再び兵器を渡され、生まれたばかりの新ハンガリー共和国の法執行機構の一部となった。こうして私は警官になったのだ。」しかし、このような経験の浅い新米に最初から頼るわけにはいかなかった。警察では、他国と同様に、高い割合で前体制の警官が残り、新しい現実に従った。職業上の専門知識を提供する代わりに職の保障を得たのである。▽(22)

スターリン主義に向けて

マストニーが「ソ連の平和」と呼んだ時期の転換点は、一九四七年にきた。西側の反共産主義が決定的になるのに直面し、その年の九月にコミンフォルムを設立したことは、ソ連がこれまでの漸進主義をやめ、敵に包囲されたと考えて闘争的になったことを示している。国ごとの社会主義にいたる道の多様性を受け入れる姿勢は失われ、ブロックの画一性が追求された。スターリンはユーゴスラヴィア人を利用して、他国の共産党が「連合を崇拝している」ことを攻撃させた。ちょうど前の月に国政選挙で屈辱を味わったハンガリーの党幹部は、「人民民主主義とブルジョワ民主主義の要素の混合」からなる政府を容認しているとして批判された。一年前、ポーランドのゴムウカとチェコスロヴァキアのゴットワルドは社会主義への独自の道を各国が見つけることの必要性を強調していた。これ以降この路線は放棄され、経済計画、政治、建築——全般にわたりモスクワへの従属が増大した。

一九四八年にはユーゴスラヴィアが鞭打たれる番になった。チトーとスターリンの決裂は、チトーが予期も望みも

▽(20) 裁判官については次を参照。Kurczewski, op. cit., p. 70
▽(21) J. Connelly, 'Foundations for reconstructing elites: Communist higher educational policies in the Czech lands, East Germany and Poland, 1945–48', *East European Politics and Societies*, 10: 3 (fall 1996), pp. 367–92
▽(22) S. Kopácsi, *In the Name of Working Class* (London, 1989), p. 42〔シャーンドル・コパチ『ブダペストの夜——ハンガリー動乱の悲劇』小山房二訳、日本工業新聞社、一九八一年〕; Myant, op. cit., p. 59 は、チェコ警察のパージのあと、一万二千人の新しい職員に対し、なお二万五千人の古い職員が残っていたと述べている。

しなかったものであったが、この地域でお決まりになりつつある内政問題に関するソ連の優位をユーゴスラヴィア人が受け入れようとしなかったためであった。ルーマニアでソ連の士官に出会ったミロヴァン・ジラスは「この『優越人種』のような態度と大国の驕り」にショックを受けた。ジラスや同僚は、戦時中の実績に誇りをもっており、要求に応じてソ連の型通りの政策を行なわなくてはならないことや、自国の経済発展をソ連の必要に従属させなくてはならないことに憤った。外交政策ではチトーはギリシャ内戦に介入し、バルカンでの明白な野心を示したため、スターリンを怒らせた。二年前にユーゴスラヴィアがトリエステを取ろうと試みたのも同じだった。亀裂は急速に拡大し、スターリンが自らの権威をブロックの他の諸国にさらに強力に押しつける手段となった。その後五年間、彼が死ぬまで、東欧では一連の見せ物裁判、警察による粛清、強制的な工業化、つまり、スターリン主義を経験することになった。▽[23]

チトーはスターリンに対し、「われわれはソ連の制度を学び、模範としている」と述べたが、同時に「しかし、われわれはわが国で若干違った形態の社会主義を発展させている」と強調した。ユーゴスラヴィアがコミンフォルムから追放されたあと、他国の党幹部は「国民共産主義」との非難から自らを切り離すよう急いだ。ソ連ブロックに口をあけた亀裂は、「見下げはてた裏切り者と帝国主義の雇われ人」、「プロレタリアのインターナショナリズムに対する裏切り者」、「スパイ、工作員、殺人者」、「アメリカの引き綱に結ばれ、帝国主義者の骨を噛み、アメリカ資本のために吠える犬」のせいにされた。ソ連の権威の無謬性を確かなものにするためには、党や国家機構に深く切り込んだパージや大量追放のみならず、特にハンガリーやチェコスロヴァキアでは、一連の見せ物裁判が必要だった。▽[24]「敵の手先」を暴くことでモスクワへの忠誠を示そうとする努力は、テロルをウイルスのように党中枢部にまで広げた。一九四八年八月、ルーマニアの閣僚ルクレツィウ・パトラシュカヌが逮捕された。翌月、もう一人の「ナショナリスト的偏向者」であるヴワディスワフ・ゴムウカがポーランドの書記長の座から逐われた。アルバニア、ブルガリア指導部の上層部も逮捕され、裁判にかけられた。ハンガリー内相のライク・ラースローは一九四八年八月、外相ポストに移され、翌年の五月に逮捕された。

スターリン末期数年のクレムリンの偏執症的な雰囲気を反映し、東欧におけるソ連支配の堅固さへの危惧も相まって、見せ物裁判は党の忠誠を目に見えるかたちで誇示するためのものとなった。犠牲者自身すらそれに加わったのである。ハンガリーの最初の裁判で中心的な被告であったライクと内相カーダールの私的会話の盗聴テープによると、カーダールはライクに対し、「君が有罪ではないことはわかっている。この犠牲でますます君を尊敬するようになるだろう。命まで犠牲にするのではない、殺しはしないよ。道徳的な犠牲だけだ。それから君をどこかにこっそり隠すよ」と述べている。ライクは最初はこのやりかたを拒んだが、裁判で疲れはてて従い、結局は処刑された[25]。

ハンガリー人はライク裁判を始めたとき、チェコ人の名前もでてくるだろうとチェコ人に警告していた。なぜチェコ人たちはまだ裏切り者を逮捕していないのか。「チトー主義」との非難は、チェコでの捜査を加速させた。モスクワはプラハへ保安アドヴァイザーを送り、「チェコスロヴァキアのライク」とその西側帝国主義との結びつきを暴こうとした。自分自身の忠誠を証明しようと急ぎ、元書記長のルドルフ・スランスキーはこう警告した。「われわれの党も敵の手先の潜入や党員からのスパイのリクルートを免れてはいないだろう。……われわれ自身のなかにいる敵を見つけ出すよう、絶えず警戒を怠らないようにしなくてはならない。彼らが最も危険な敵なのだ。」一九五〇年、「トロツキスト―シオニスト―チトー主義者―ブルジョワ・ナショナリストの裏切り者、スパイ、破壊工作員、チェコ国民とその人民民主主義的秩序及び社会主義の敵」の理由で逮捕された党幹部のなかには、スランスキー自身が含まれていた。

▽(23) 次の優れた分析を参照。Gati, op. cit.; A. Mastny, 'Pax Sovietica', in R. Ahmann, A. M. Birke and M. Howard (eds.), *The Quest for Stability: Problems of West European Security, 1918–1957* (Oxford, 1993), pp. 379–89; Djilas, op. cit., p. 140

▽(24) 次からの引用。B. Jelavich, *History of the Balkans*, vol. 2: *Twentieth Century* (Cambridge, 1983), pp. 326–7

▽(25) 次を参照。B. Szasz, *Volunteers for the Gallows: Anatomy of a Show-Trial* (London, 1971), pp. 146–7

冷戦のスパイ熱は西にもまして東をひどく悩ませた伝染病だった。チェコスロヴァキアだけでも、旧社会党員、カトリック政党員、社会民主党員ら「テロリスト謀議の指導者」の常軌を逸した裁判や、一九五〇年初頭に行なわれた悪名高い「ヴァチカンのスパイ裁判」[4]があった。犠牲者のなかには戦時中の党の敵対者や、兵士や、知識人、宗教指導者などが含まれていた。しかし、なかには、「スペイン人」（スペイン内戦で戦った活動家で、自立的で危険だと考えられていた）のような疑わしい党員、労働収容所に送られたエスニック・マイノリティ、そしてもちろん「階級の敵」が含まれていた。

この数年間で犠牲となった人の数は、数十万まではいかなくとも、数万を数えた。ハンガリーでは二〇年代にホルティが殺した以上の数の共産主義者が、パージの結果、殺された。秘密警察が（彼らの支援者がソ連でベリヤの指導下に行なったように）権力を握ったが、彼ら自身も、疑いや情報提供者や反目で分裂していた。それでも彼らの指導で、方々に広がる労働収容所のネットワークが入念に作り上げられた。ブルガリアでは少なくとも七十個所で、おそらく十万人が（ほとんどは悪名高い「小シベリア」に）収容されていた。逮捕者はハンガリーでは二十万、チェコスロヴァキアでは十三万六千、ルーマニアでは十八万、そしてアルバニアでは信じがたいことに八万を数えた。ようやく内戦を終えようとしていたポーランドだけはこの規模での抑圧を免れることができた。[26]

スターリンのテロルの最終的な意味を考えるには、党の存在を究極的に正当化する要因、つまり、社会の変容に果たした役割と合わせて考えざるをえない。大勢が殺されたが、逮捕者の大多数は労働収容所に送られた。ソ連で以前からそうだったように、労働は懲罰であると同時に贖いの手段であり、権利でもあり義務でもあった。「労働者階級」の敵は、労働によって、社会主義建設の偉大な任務の最中にある社会に復帰することができたのである。つまり、一九四八年から五三年のスターリンのテロルは、党内の異端や自立的要素を踏み潰そうとするソ連の努力のみならず、国家主導の工業化の大プロジェクトとも結びついていた。テロルは党の近代化に向けての進軍と足並みをそろえて進んだのである。[27]

東欧の発展にとってのモデルは、一九三〇年代にソ連で五カ年計画によって進められた強制的工業化であった。この地域は当時のソ連よりも経済的に進んでいたにもかかわらず、近代的な工業セクターを創設しようとする努力は大規模な社会的大変動を前提としていた。共産党は社会を産業革命によって完全に転換させることを目指していた。求められる規模の成長の資金を国内で賄う唯一の方法は、農業部門と消費を締めつけることだったが、これは国家の強制力なしには不可能であった。ある亡命者は「東欧諸国の状況の核心は、共産党の警察国家と産業革命である」と述べている。

東欧の基本的な経済問題は一世紀以上にわたって明らかであった。西ヨーロッパが工業化するにつれ、この地域はますます遅れていった。一九一八年以降に設立された新興独立国にとって、これにどう対処するかが難問だった。農民政党は伝統的に、答えは西側の模倣ではなく、小農業者と農業の発展を支援することだと主張した。このメッセージは深く感情に訴えたが、頭を冷やしてみると、人口過剰と低い農業生産性に対してなんら永続的な解決を示していないことがわかった。

戦間期に出された主要なオルタナティヴは東欧の都市エリートによって力説されたもので、西側からの資本流入による漸進的工業化であった。約十年間この政策が実際に試みられ、急速な、しかし、まだらでむらのある工業成長を生んだ。問題は、投資の決定権や主要産業の最終的所有権を外国資本家に渡してしまい、農村の不完全雇用問題を解決するのに十分な高い成長が保障されないことであった。経済ナショナリストはこの結果を好まず、世界恐慌でこの

▼（4）ハンガリー、チェコスロヴァキア、ポーランドなどで、カトリック教会から権威を奪うことを目的に、ヴァチカンのスパイ活動のかどで共産党政権がカトリック聖職者を裁いた見せ物裁判。

▽（26）次から推測。Dallin, op. cit., p. 157; Zinner, op. cit., p. 115; F. Fejtö, *A History of the People's Democracies* (Harmondsworth, Middx, 1974 edn), p. 18〔F・フェイト『スターリン以後の東欧』熊田亨訳、岩波書店、一九七八年〕; Ionescu, op. cit., pp. 131, 199; *News from Behind the Iron Curtain*, 1: 5 (May 1952)

▽（27）次を参照。S. Kotkin, *Magnetic Mountain: Stalinism as a Civilisation* (Berkeley/Los Angeles, Calif., 1995), pp. 198–203

実験が終焉を迎えたとき、自分たちが正しかったと考えた。戦間期の自由主義や農民運動が失敗したあと、国家によって組織され、国内の貯蓄によって賄われる強制的工業化という社会主義者の戦略は、ますます魅力的に見えた。

一九三〇年代の世界恐慌によってすでに、国家主導の工業発展という考えが広まっていた。市場資本主義の破滅的な失敗を受けて、国家主導経済《エタティズム》が流行となった。東欧ではテクノクラートの計画立案者や（ポーランドやブルガリアでは）軍士官が、国家は労働関係や社会サーヴィスのみならず、計画や投資の指揮にまで拡大しなくてはならないと合意したのである。一九二九年から三二年の危機で、銀行は新たに公共部門の統制下におかれ、金融政策や工業投資に対する国家の支配力は高まっていた。国家の経済的な介入は、一九三九年以降、ドイツ人が主要企業を収用し、生産と価格に戦時統制を導入するとさらに拡大した。経済でも政治でもしばしばそうであるように、ドイツ人に代わった者は新しい支配の道具立てをたんに引き継いだのである。

解放後、大陸じゅうに計画が流行し、自由主義は拒絶された。福祉国家の拡大、経済介入の拡充、重工業と銀行の統制はすべて、当時正しい見識として受け入れられていたのである。一九四四年から四七年の重要な課題は、計画すべきかしないべきかではなく、計画化を社会民主主義モデルで実施するか、それとも共産主義的なモデルに従うかであった。

ポーランドとチェコスロヴァキアでは、強力な戦前の国家計画の伝統があり、一九四五年から四六年には、社会主義の計画主義者が混合経済、私的な商品取引と農業の非集団化を主張して、国内の共産主義者たちの支持を集めたかにみえた。しかしコミンフォルムが形成され、スターリンが東欧諸国のマーシャル・プランへの参加を拒んだことで、スターリン主義的な正統主義が優越した。共産党は「いわゆる消費の優位」を批判した。ポーランドの中央計画委員会は、強制貯蓄の「英雄的な道」と、消費者としての欲求を即座に満たしたいという「中間層」の要求との中間の道を主張していたが、解散させられてしまった。一九四九年初頭には、代わりに党統制下の経済計画国家委員会が作られた。この委員会にとって「計画経済のための闘争は政治的、経済的、イデオロギーの戦線上で遂行される階級闘争」であった。[28]

一九四八年から一九五一年にかけて、鉄のカーテンの向こうのすべての国々は五カ年、ないし六カ年計画を導入した。これらは解放直後に導入された、より短期の再建計画とは非常に異なっていた。この時点までには大方の国では戦前の生産レヴェルに回復し、国有化によって産業は国家の手に渡っていた。新計画は、重工業と発電に非常に野心的な目標を設定した。消費財にはほとんど注意が払われず、党の専門家は社会の疲労のサインを無視し、この「英雄的な」発展段階においては、資源は再投資に回されるため生活水準は押しつぶされたままであると通告した。チェコのザーポトツキー首相は「生活水準の上昇を必然的結果と見なしたり、さらには計画の完成に先行すべきだと考えるような虫のいい幻想」を攻撃し、「まったく逆が正しい。われわれの物質的文化的レヴェルを引き上げることを可能にするために、まず最初に計画を履行しなくてはならない。……そのあと、われわれはよりよく、満足して、楽しく暮らすことができるのだ！」と述べた。東欧は「西ヨーロッパで真剣に試みられたいずれの産業革命よりもはるかに急進的な産業革命」を目指している、と国連は観察している。[29]

精力的なプロパガンダを通じて結果が誇示された。東独のJ・W・スターリン製鋼所、オストラバのクレメント・ゴットワルド製鋼所、ブルガリアのV・I・レーニン製鉄製鋼所は新時代の大聖堂だった。記念碑のような入口も製品そのものも、自然を征服した人間と科学の力の証だった。ペトル・ドゥミトリウは「ルーマニアの山々に灯るレーニンの光」の絵を書き、ビカズの水力発電所の建設を祝った。「アルバニアの大地を照らすスターリンの光」はホジャの一九五二年のスローガンだった。

しかし、これらは確かにプロパガンダとばかりはいえない。いくつかの部門では、低い段階からスタートしたにもかかわらず、目を見張るような成長を示した。一九五〇年代から六〇年代初めにかけて、工業生産と雇用はともに、

▽（28） T. P. Alton, *Polish Postwar Economy* (New York, 1955), pp. 108–14
▽（29） UN Economic Commission for Europe, *Economic Survey of Europe since the War* (Geneva, 1953), pp. 21, 31 n. 1

西欧と比べて少なくとも同様に、おそらくそれよりも早く成長した。しかも、東欧にはマーシャル・プランがなく、実際、ソ連はこの地域に資源を投入するのではなく、ここから引き出していたにも関わらずである。「産業構造の革命的な転換が行なわれた。東欧諸国の政府は総じて成功裡に計画した」と、ジュネーヴの国際連合欧州経済委員会は書き留めている。西欧の二倍にもなる高い投資比率が、鉱山、製鉄、製鋼など優先された部門での迅速な成長をもたらした。▽(30)

しかし、このような成長形態は、将来に数多くの問題を山積みにした。労働集約的なソ連モデルの採用は、資本がわずかで労働力が比較的豊富な地域では不合理ではなかった。しかし、このために東欧諸国は時代遅れの技術に依存した産業を優先することになった。一九五〇年代、世界経済では鉱山・炭鉱労働者の数が減少したのに対し、例えばハンガリーではその数が倍になった。多数の労働者が問題ある産業領域に集中したため、この地域が将来、国際競争にさらされたとき、経済的、政治的混乱を助長することになった。

おそらく、政治的に最も深刻だったのは農業問題であった。約二十年間、農民が都市住民に対して優位を享受したあと、一九四〇年代末には都市が復讐する時期の到来が告げられた。バルト諸国では集団化が他の東欧諸国よりも数年間早く導入され、一九三〇年代のウクライナと同様に、何十万もの「クラーク〔富農〕」が追放された。一九四九年三月のたった十日間で、驚くべきことに全人口の三パーセントが移送された。共産主義は農民の間ではほとんど支持を受けていなかったので、他の国では、共産党は集団化への関心を当初は否定し、土地改革によって支持を得ようとした。いまやこの政策は東欧全域で逆転された。スターリン主義は集団化の導入、税の引き上げ、農民への貸付や信用の削減によって、成長の負荷を農業部門に担わせた。一種の国内植民地のように、農村地帯は成長する都市に食糧と労働力を供給した。しかし、その前からソ連でそうだったように、国家の土地統制は破滅的結果をもたらした。工業生産が急上昇したのに対し、農業生産はなんとか戦前の水準にかろうじて達する程度だった。実際、一九六〇年代初頭になっても人口あたりの生産量は低いままで、「肉なし日」は家畜が減少してしまったことの証拠だった。▽(31)

当局は力づくで収穫を確保しようとしたが、農民は放火、いたんだ穀物の納入、機械類の破壊など、あらゆる手段で抵抗した。ルーマニアのトランシルヴァニアでは、農民は新しい協同組合農場を焼き討ちした。一九四九年七月の事件では、保安部隊はその場で十二人の農民を射殺し、大勢を逮捕することでしか秩序を回復できなかった。党は農民を威嚇して従わせようとしたため、動揺が広がり、「富農」の「サボタージュ」の告発が不可避となった。「新秩序の苦々しい敵」は「社会主義建設を破壊するためにどのような犯罪でも」犯しうる。典型的な「クラーク」は「自分の生産割当てを納入せず、農業生産を妨害し、殺人にまで訴える」。実際、抵抗は大規模に行なわれ、ときには党機関紙も間接的に認めるほどだった。ポーランド統一農民党の機関誌『緑の旗』は、一九五一年十一月にこう書いている。「チュウフフのモシナ出身のミクラのような党員のイデオロギー上適切な態度について、どう考えたらよいだろうか。彼は穀物やジャガイモを国家に売ろうとせず、余剰作物が強制的に奪われるのなら首をつって西側のラジオにそれを知らせると言った。▽[32]」

農民反乱は東欧の政治風土の伝統的な一部であり、新しい国家当局は前任者同様、警察と軍隊で鎮圧した。ルーマニアだけで少なくとも八万人の農民が追放されたり裁判にかけられ、三万人が公開の見せ物裁判で辱めを受けた。それ以外の人々も警察によって家じゅうを捜索されて農作物と家畜を接収され、家族は叩きのめされ、脅された。ハンガリーでは何千人もの農民が収容所で苦しい生活を強いられ、農村経済はさらに混乱した。▽[33]

これらの反乱は、トランシルヴァニアのように山岳地帯の反共産主義パルチザンに支援を得た場合でも、党の権力

▽（30）ibid., pp. 33, 35; G. Ambrosius and W. Hubbard, *A Social and Ecnomic History of 20th Century Europe* (London, 1989), p. 200〔アムブロジウス、ハバード『二〇世紀ヨーロッパ社会経済史』肥前栄一、金子邦子、馬場哲訳、名古屋大学出版会、一九九一年〕

▽（31）バルト諸国については次を参照。R. Misiunas and R. Taagepera, *The Baltic States: Years of Dependence, 1940–1990* (Berkeley, Calif., 1993), pp. 94–107; 農村地帯を「国内植民地」と名づけたのは共産主義理論家のエフゲニー・プレオブラジェンスキーである。

▽（32）Deletant, op. cit., p. 26; *News from Behind the Iron Curtain* 1: 1 (January 1952), p. 10; ibid., 1: 9 (September 1952)

▽（33）Ionescu, op. cit., p. 200; Kopacsi, op. cit., pp. 58–9

掌握を直接脅かすことはなかったが、農民がどれだけ不満に思っているかを白日のもとに晒した。さらに、食糧不足の一因となることで、農民は共産党権力に間接的な脅威となった。強硬派は食糧不足を私営の小農が残っているせいだとしたが、党内の批判派は、次第に集団化は工業化の努力全体を脅かす愚行だと気がついた。ルーマニアでは、早くも一九五一年には、強制や強迫の要素を少なくするよう政策変更がなされた。新たな理論的説明では「理想的な集団農場は、現在の条件下ではあまりにも遠い社会主義的な形態」であり、「現在の中間段階においては、低次の形態が用いられねばならない」とされた。これでは農民の不安を沈静化するメッセージとはいえまい。[34]

他の「階級の敵」も工業化の推進によって作り出された。何百万もの若い農民が都市に集まり、重くのしかかる住居不足問題に対し、体制は「ブルジョワ」的な不動産所有者を一掃することで解決しようとした。これらの「非生産的な人々」が、住宅建築が緩慢にしかすすまないことの代償を支払うことになったのである。例えば東ドイツの住宅建築は西ドイツの四分の一のスピードでしかなかった。チェコの諸都市で一九五〇年代初頭に行なわれた「B作戦」は、「階級の敵」を大量に立ち退かせた。一九五二年の報告によると、「昨年の十一月からすでに、ルーマニアでは『不要な都市住民』の大量追放が近々予定されているといううわさが広まっていた」。何千もの住民がブカレスト、ブダペシュトその他から移送された。ブルガリア警察は、一九四八年の「社会的に危険な人物に対する処置」を利用した。人口の増え続ける「労働者の」都市に住むには公けの許可が必要となった。[35]

犠牲者は奴隷労働者の一群に加わった。彼らは、四万人の囚人を動員したドナウ―黒海運河のような、重要な建設プロジェクトで使役された。鉄条網の向こう側で、彼らは葦ぶき屋根の小屋を立てるまで戸外で生活し、水を求めて井戸を掘った。この強制労働は、ルーマニア労働予備機構やブルガリアの労働軍のように組織化されている場合もあり、計画によって設定された途方もない目標を官僚組織が目指すさいに重要な役割を果たした。ブルガリアでは、三十六万一千人の工業労働者に対して、十万人の奴隷労働者が存在した。

通常の労働者は、新秩序では優遇されるはずだが、予期せぬ制約や圧力に急かされ、包囲されたように感じていた。

ルーマニアの党が明言したように「情け容赦なく労働者の敵と戦うこと」は、労働者自身を攻撃することを意味していた。当局はストライキや作業停止を禁止したばかりか、労働者の移動を制限し、「欠勤サボタージュ」を取り締まろうとした。ブルガリアでは「勝手に仕事をやめること」は「矯正労働」によって罰せられることがあった。労働者は身分証明書と労働カードを手に入れるために地元の警察に登録しなくてはならず、「労働規律違反」で訴追されることもあった。賃上げも、説得力ある労働の動機づけもなく、生活水準は低く、食糧も消費財も不足する一方で、労働規律や「破壊工作員」「スパイ」の暴露ばかりが強化され、次第に労働者は離反していった。しかし、労働組合は国家の一部であり、あからさまな抵抗は難しく、労働者たちは自分たちを取り締まるよう奨励された。ハンガリーの新聞は、「労働規律の強化は、［のらくら者や怠け者を］生産会議でつるし上げ、彼らの不埒な行動を報告することによって達成しなくてはならない。……彼らの家を訪問し、それでもうまくいかなかったら彼らを正直な労働者の列から放り出さなくてはならない」と書いている。▽(36)

この異常な混乱の最中に、スターリンが七十歳の誕生日を迎えた。一九四九年末には、道、記念碑、建物、町そのものなどがソ連の指導者にささげられた。東ドイツのスターリンシュタットやハンガリーのスターリンヴァロシュのように新しい都市がうまれ、「共産主義の偉大な建築プロジェクト」のシンボルとなった。プラハでは、スターリン将軍七十歳誕生日祝賀調整国家委員会が、十三メートルの記念碑を街を見下ろす高台に作らせた。これらの大建造物は「自然と、足枷となっていた社会的な強制力とに対し、人間が勝利をおさめたこと」の印を意図して作られた。実際には、これらはほどなくスターリン体制自体のもろさを明らかにすることになる。

▽(34) *News from Behind the Iron Curtain*, 1: 1, p. 16
▽(35) Mlynář, op. cit., p. 37; Zinner, op. cit.; *News from Behind the Iron Curtain*, 1: 4 (April 1952), p. 13; 住宅建設については、A. Aman, *Architecture and Ideology in Eastern Europe during the Stalin Era* (New York, 1922), p. 82
▽(36) *News from Behind the Iron Curtain*, 1: 4 p. 18

一九四九年十二月、ベルリンのソ連地区のフランクフルト通りは「スターリン通り」に名前を変えられた。「ドイツにおける最初の社会主義通り」と称賛されたこの通りには、野心的な建築プロジェクトが立ち並ぶことになっていた。通りが共産党体制の成果を象徴するとされたのと同様に、それを建設する労働者もそれを可能にした「新しい人間」の象徴だった。オットー・ナーゲルの「スターリン通りの若いレンガ職人」の絵は、足場や旗の背景のなかにこれらの英雄の一人を描いていた。しかし、この絵が完成してまもなく、まさにこの建築労働者たちがストにはいり、共産党支配に対する国内における最初の深刻な挑戦となったのである。

一九五三年春の東ベルリンの労働者蜂起はスターリンの死後すぐに生じ、ソ連ブロック全体における最初の工業化攻勢の終焉を画した。同じような不満がチェコスロヴァキアやその他でも現われ、すぐに反ロシア的性格を帯びた。労働ノルマの引き上げという装いをとった賃金カットに憤った「社会主義建設の英雄たち」は、現実には彼らを称賛した体制から疎外されていたのである。結局、通りのポスターはそっと撤去され、通りの一部は元の名前になり、残りは「カール・マルクス通り」となった。

共産主義の改革か？

スターリンの後継者たちは、一九五〇年代中ごろ、ためらいがちに「新路線」を歩み始めた。それは工業化のペースを落とすことでこの〔スターリン主義化への〕不満を鎮めようとするものであった。集団化は攻撃され、ポーランドやユーゴスラヴィアのように集団化が取りやめられた国では、「社会主義セクター」は並外れたスピードで縮小した。税金も、当局によって要求される強制穀物納入も引き下げられた。同時に、消費財をもっと入手できるようにし、住宅不足の問題に取り組むと発表された。スターリン主義の「英雄」段階の厳しい労働規律は、より懐柔的なアプローチに代わった。

政治的にも路線の変化があった。スターリンの死によってモスクワで「集団指導体制」が強調されたように、東欧でも「小スターリン」が挑戦を受けた。東ドイツでは一九四五年以降、約百万の主に若い人々が逃亡していたが、ウルブリヒト〔社会主義統一党第一書記〕が非難の的となり、同志W・ウルブリヒトの六十歳の誕生日を準備する委員会を設立するというような擬似スターリン主義的な愚行によって諍いがおこった。一人、また一人と「小スターリン」は倒され、誰かが同じような試みをするとは思えなかった。

さらに決定的だったのは、スターリン主義指導部との決別が、ソ連と同様に、彼らの権力の中心手段である秘密警察の影響力喪失を伴ったことだった。保安当局は党より上位にいたこともあったが、いまや方向性を見失い、不安になっていた。「情けないやつら」は、守勢に回り、その後二度と自信をもつことも、信頼できる抑圧の手段になることもなかった。ある犠牲者が「党のなかの党の独裁」と呼んだものが終わった。一九五六年六月に、ハンガリーの党書記ラーコシ・マーチャーシュ▼(5)が秘密警察の警官らの集会で挨拶しようとしたとき、彼は勢いよくやじられた。▽(37) パージの犠牲者が名誉を回復し、今度は執行者がパージされた。党はスターリン主義の行きすぎへの非難を、党の統制を離れた部局のせいにした。ライク、ゴムウカ、パウカーらの旧党指導者の名誉を回復することは、逆説的に共産党の国家への統制を再確立することになった。

このように、脱スターリン化によって、当局の締めつけはこれ以降困難となり、新しい開放性や議論が促進された。警察権力は新しい法（ないし、元からある法をより進んで守ること）によって制限され、党は「社会主義的合法性への回帰」の必要性を強調した。労働収容所は閉鎖され、何万もの収容者が帰郷した。例えばポーランドでは三万人の四人が一九五六年四月の恩赦を被り、同時に国家保安機関の上層部がパージされた。▽(38)

▼(5)ハンガリーの共産主義政治家。ハンガリー共産党・社会主義労働者党書記長（一九四五―五六）、首相（一九五二―五三）。スターリン主義者で、四〇年代末から五〇年代の粛清を指導した。

▽(37) Szasz, op. cit., p. 231; P. Kecskemeti, *The Unexpected Revolution: Social Forces in the Hungarian Uprising* (Stanford, Calif., 1961), p. 71

しかし、共産党体制の枠内での自由化とは何を意味するのだろうか。ある人々にとってはそれはモスクワからの独立を意味した。しかし、ルーマニアの例（ないし、程度は少ないがユーゴスラヴィアの例）が示すように、「国民共産主義」は最も厳格な個人独裁とも両立可能であった。ショックを受け、罪の意識を感じた党幹部を含む他の人々にとっては、それは運動の「本来の純粋性」を取り戻すことを意味した。したがって、「人民民主主義」が戦争直後の「英雄」時代から現われたように、確信を欠く党幹部たちは、党自体がいかに脱スターリン化に対処するかという問題に立ち向かわなくてはならなかった。論戦はスターリン主義者と自由化論者の間で展開した。東ドイツ（一九五三年）、ポーランド（一九五六年）、ハンガリー（一九五六年）の民衆抗議の爆発は議論を中断することもあったが、これらの事件が論戦の背景となる雰囲気を作り出しもした。このような出来事は路線変更の必要性を示していると自由化論者は主張し、スターリン主義者は、このような騒乱はスターリンの死後の党幹部のパニックや分裂の兆しに刺激された期待の高まりによって誘発されたものだと反駁した。しかし、自由化論者の背後には強力な勢力があった。モスクワのフルシチョフが、一九五五年に公けに「社会主義にいたる道の複数性」を承認し、チトーとの関係を修復しようとしていたのである。一九五六年や一九六八年など、ときに強硬路線に戻ることはあったが、スターリン主義的な妄想症的行きすぎに接近することは二度となかった。バルカンのジフコフ〔ブルガリア首相〕、ホジャ〔アルバニア首相〕、チャウシェスク〔ルーマニア大統領〕王朝はおそらく例外だが。

非スターリン化は特に、共産主義のもとでの法の支配と、法と（その番犬である党によって解釈された意味での）イデオロギーの関係という問題を引き起こした。一方でほかならぬスターリン自身が法の重要性を重ねて主張していた。他方、彼の最も重要な理論家であるアンドレイ・ヴィシンスキーは「法が生活から大きく遅れをとったなら、変えなくてはならない」と主張していた。一九五〇年のポーランドの裁判法（スターリン時代の典型的な産物）によると、裁判官は「社会主義社会の革命的な建設者」として行動するよう指導されていた。実際、帝国のどこでも、戦後の憲法はヴィシンスキーにならい、「ブルジョワ的な権力分立の原則」を明確に拒否していた。その代わりに、党がとりたてて言及されていない場合でも、すべての権威は党の手に集中していた[39]。

それはつまり、党が法に優越していたということだろうか。そうだとすると、例えば「社会主義において既得権について語ることは、反革命支持と同じである」と党の理論家が主張する、ブルガリアのような場合には、どのようにして警察国家の再登場を防ぐことができるのだろうか。見せ物裁判のあと、党のボスたちは不可能なことをしようとした。幾重にも悲劇的な皮肉だが、ライク・ラースローの墓の前に集まった群集に向かって、党指導部の一人は次のように述べていた。「このような非合法、法への攻撃が将来二度と起こらないようにするには何が保障になるのかと、多くの人々が自問自答しているだろう。これはもっともな疑問だ。われわれが答えなくてはならない問いである。保障は党である。われわれ共産党が保障なのである。」なんと不安定な保障だろう。過去と距離をとろうとして、カーダール・ヤーノシュ[6]は「国民全体を疑うことはできない」と主張した。あるいは、スターリン主義からの転換を簡潔に示すもう一つの言として、「われわれに敵対しないものはわれわれの味方である」とも述べた。しかし、カーダールの下でさえも、司法の独立に向かう実質的な動きはなかった。党は保安機構を支配下においていた。党が穏健になったというだけのことだった[40]。

これらの議論の中心には、党自身の性格をめぐる問題があった。論議を呼んだ『道徳の解剖』のなかで、チトーの激しやすい同僚ミロヴァン・ジラスは、革命のイデオロギー的な純粋主義者は、自己を美化する日和見主義者の「新階級」に取って替わられてしまったと非難した。パルチザン戦争の「英雄」は強欲な妻と結婚した「実際的な男」に

▽（38）Kecskemeti, op. cit., p. 31; Fejtö, op. cit., p. 81

▽（39）次を参照。Kurczewski, op. cit., chs. 2–3

▼（6）ハンガリーの共産主義政治家。社会主義労働者党の書記長（一九五六―八八）、ハンガリーの首相（一九五六―五八、一九六一―六五）。一九五六年のハンガリー事件がソ連の軍事介入で抑圧されたのち、書記長、首相として社会主義労働者党の一党支配体制の再確立に従事したが、政治犯の釈放や経済改革の実施など、社会との融和を図った。

▽（40）Szasz, op. cit., p. 237

落ちぶれてしまった。しかし、もしこれが本当で、チトーの腹に贅肉がついたのもジラスの非難を裏づけているのだとしたら、何をなすべきだろうか。ジラス自身は、真の多党制民主主義を作り上げ、党の権力独占をなくそうとした。失敗に終わったが、のちにチェコの改革者たちは党と国家の分離を主張した。

このように「純粋なブルジョワ民主主義」の前提がよみがえってきたことは、多くの幹部たちによって忌み嫌われた。何か別の道があるかもしれない。チトーのお気に入りの理論家、エドヴァルド・カルデリは、「古典的なブルジョワ民主主義」とソ連の「党機構社会主義」の間に、労働者の自治による「直接民主主義」と、マルクスの夢である「国家の死滅」の実現がある、と主張した。労働者自主管理は、理論上はすばらしく感じられ、好奇心の強い外国の経済学者の関心をひきつけた。彼らは、資本主義の西側で移民として働く方がよいと考える何百万人ものユーゴスラヴィア人労働者には、それほど関心を示さなかったのだが。外国向けのプロパガンダとしてはすばらしかったが、現実によって修正されたカルデリの理論は、改革要求にたいする非常に実践的な応答と大差ないことがわかったのである。チトーは結局、党機構の解体を自らの手で行なうことはなんとしてもできなかった。まさにその党機構を権力につけるべく彼は戦ったのだから。またもちろんソ連も、一般的に党の地位低下を黙認しなかっただろう。自由化はソ連の注視の下で行なわれなくてはならなかった。

党のイデオロギー的な影響力の低下の背景には、ジラスの非難のようには簡単にはぐらかしえない圧力が存在した。新しいテクノクラート知識人が戦前の「英雄」を押しのけ、党機構を支配しようとしていたのである。これらの党幹部は経済実務家であり、イデオローグではなかった。彼らは、改革なしには党が最終的に破滅するが、改革の先頭に立つ科学者、マネージャー、専門家が必要だと考えていた。彼らのイデオロギーは、五〇年代末から六〇年代にかけてどこにでも見られたテクノクラートのイデオロギーだった。科学、技術革新、専門家によって動かされた国家が、現代生活の問題を解決するという確信である。経済の現代化によって、イデオローグではなく行政官が必要とされているという理由で、体制の脱政治化が目指されたのである。

このような議論に説得力を与えたのは、一九五〇年代にソ連が、資本主義と共産主義は物質的ユートピアを目指して競う競争相手であると主張したことだ。特にフルシチョフは、共産主義は消費財の生産で追い抜くことで、西に対する優位を見せつけるだろうと、次のように豪語した。「およそ一九六五年から五年間で、アメリカの一人あたり生産量に肩を並べ、追い越さなくてはならない。その頃までに、場合によってはそれ以前までに、ソ連は生産総量でも、一人あたり生産量でも世界で第一位をしめるようになり、世界でもっとも高い生活水準が保障されるだろう。」主人の代弁者ウルブリヒトは西ドイツに「追いつき追い越す」と口にした。このような吹聴は今日では奇妙で信じがたく聞こえるが、西側もそれを退けはしなかった。なんといってもスプートニク〔ソ連が一九五七年に打ち上げた世界初の人工衛星〕の時代だったのである。「モスクワは工業でわれわれに追いつけるか」と一九五五年、あるアメリカの著名な評論家は問うた。彼の結論は、その可能性は排除できない、というものだった。▽(41)

新しい社会

このような大言壮語が真剣に受け取られたのは、共産主義が東欧にもたらした劇的な社会変化に強い印象を受けたからである。二十年足らずで東欧は広く都市化された社会になった。二千万人以上が、戦争で破壊された街、うち捨てられた住居に移り住んだ。新しい都市が生まれ、古い都市は高層アパートメント街に囲まれた。村にも工場労働者が住んだ。一九四〇年代末、この地域の都市人口は三千七百五十万で、全労働人口の三六％であり、この数字は十年間変化していなかった。二十年後、都市人口は五千八百万人で、労働人口の約半分が都市に居住することになった。

▽(41) Z. Brzezinski, *The Grand Failure: The Birth and Death of Communism in the 20th Century* (London, 1990), p. 53〔ズビグネフ・ブレジンスキー『大いなる失敗――二〇世紀における共産主義の誕生と終焉』伊藤憲一訳、飛鳥新社、一九八九年〕; P. Mosely, 'Can Moscow match us industrially?' reprinted in his *The Kremlin and World Politics: Studies in Soviet Policy and Action* (New York, 1960)

不況の一九八〇年代、ホイヤースヴェルダ、ノヴァ・フタ、ディミトロフグラードのような街は、みすぼらしく衰退する、共産党の失敗を思い出させる場所になったが、一九五〇年代には、栄光の将来を表現していたのである。[42]

もちろん一九五〇年代でも、注意深く観察すれば、東欧を苦しめるイデオロギー的象皮病のなかに、新秩序の優先順位を認識できたであろう。ソ連に「寄贈」されたスターリン主義的な摩天楼である文化宮殿のために、ワルシャワの中心部はちっぽけに見えた。ある批評家は、これをを「建築物の三段ロケット」と呼んだ。ソフィアの中心部は新ビザンチン様式の重工業省に支配されていた。ブカレストの巨大な科学宮殿には印刷出版の複合機構がおかれ、そこで新聞、教科書、パンフレットが印刷された。この建物は「人間が、自然や足枷となっていた社会的な強制力に対して勝利をおさめたこと」を象徴していた。これらの「共産主義の偉大な建築プロジェクト」が、個人の住宅建築に優先していた。「新路線」後、住宅建築に力を入れるようになっても、住空間の不足は深刻なままだった。[43]

住居は不足していても、他の社会設備に関しては劇的な改善が見られた。例えば、国有化された医療機構では治療の大規模な改善が見られた。ブルガリアでは一九五一年に政府が「無料普通医療」法を可決させ、千人あたりのベッド数はすぐに戦前の倍になった。チェコスロヴァキアでは、医療部門全体が国有化され、子供の死亡率は、戦前の千人あたり五十人から、一九六〇年代には十五人にまで下がった。平均寿命も、同じように急速に西欧の水準に収斂した。

家族手当（しばしば収入に累進的に結びつけられていた）、保育サービスの提供、中絶の自由化はみな「女性の解放の一部」とされたが、女性労働力なしには立ちゆかない経済とも無関係ではなかった。大勢の既婚、未婚女性が労働者となったが、男性よりも報酬が少なかったことも記憶する必要があろう。また、それができたのは、公的な保育施設のためだけではなく、小さなアパートに孫といっしょに住むことになった祖母たちが数多くいたおかげでもある。[44]

この事例は、東欧福祉国家の特徴的な性格を示している。単純化するなら、ナチスの福祉国家が人種の必要性にあわせられていたとすれば、戦後の西欧モデルは個々の市民の権利に、共産党モデルはなによりも経済生産の必要性に答えるようデザインされていた。それゆえ女性労働への動機づけが行なわれる一方、年配者や農村住民に対する配慮は都市住民と比べて欠けていた。レーニンは「働かざるもの食うべからず」と警告したが、この教えにならい、社会保障は武器として使われた。（ブルガリアのように）「ファシスト活動に従事したもの」のみならず、農民その他の社会主義部門の外にいる人々はしばしば社会保障の十分な適用から排除された。

しかし、共産主義の「啓蒙専制」のもとで、いくつか真に劇的な変化も起こった。教育は戦前よりはるかに広範な社会集団にも開かれるようになった。ユーゴスラヴィアの小学校数は約二倍になった。大学も同様で、学生数は戦前の一万七千人から九万七千人に膨れ上がった。学校教育は新秩序の幹部を作り出すのにきわめて重要な役割を果たした。ポーランドでは戦前の五万人に対し二十五万人が、ハンガリーでは戦前の一万一千人に対し、一九六〇年代初頭には六万七千人が高等教育を受けていた。技術系の学科への入学が特に急増したが、それは職業上の将来性が特に高いためであるとともに、イデオロギー色の濃い人文学よりも好まれたためである[45]。

これらすべての変化は過去の伝統的な社会階層を打ち壊そうとする社会哲学の一部となっていた。共産主義は自分自身の統治階級を作っていたが、これまでの東欧の支配体制に比べればまったくエリート主義的ではないことは疑いなかった。純粋に経済的にいえば、全般に驚くべき収入の平準化が見られた。伝統的な「ズボンをはいた人」への尊敬は残ったものの、ブルーカラーとホワイトカラーの差異は大幅に削減された。労働者階級から新しい行政エリートへの階層上方移動は、職や大学入学許可に割当制を設けることによって意図的に促進された。ムリナーシは、「社会現象としての貧困は消滅した。ぼろを着て通りで物乞いをする人々や、都市周辺部のスラムは……永遠に消え去り、

▽（42）Ambrosius and Hubbard, op. cit., p. 40; J. Kosinski, 'Urbanization in East-Central Europe after World War 2', *East European Quarterly*, 8: 2 (June 1974), p. 135

▽（43）次を参照。Aman, op. cit., p. 141

▽（44）L. A. Dellin (ed.), *Bulgaria* (New York, 1957), p. 253; V. Srb, 'Population development and population policy in Czechoslovakia', *Population Studies*, 16 (November 1962), pp. 147–60; M. Fulbrook, 'On Germany's double transformation', *European History Quarterly*, 20: 3 (1990), pp. 402–15; B. Helwig, *Frau und Familie: Bundesrepublik Deutschland-DDR* (Cologne, 1987)

▽（45）G. W. Hoffman and F. W. Neal, *Yugoslavia and the New Communism* (New York, 1962), p. 373; Fejtö, op. cit., pp. 424–5

若い世代はそういうものを映画でしか知らない」と書いている。一九六〇年代のチェコスロヴァキアは、所得分配の点ではヨーロッパで最も平等主義的な国であり、ポーランド、東ドイツがそのあとに続いていた▽[46]。

全体としてみれば、これは社会革命だった。生活水準は徐々に上昇した。ユーゴスラヴィアからは「自転車、オートバイに乗る人がますます増加した。いつか自動車だってもとうと期待し始めた人も多い」と報告された。ラジオ、テレビ、電話の所有は急速に広がり、村の拡声器が個人のラジオに変わるにつれて、党の統制に対し新しい挑戦を突きつけた。家族も縮小した。「赤ちゃんか車か」で悩み、多くのカップルが車のほう、ないし少なくとも車を手に入れたいという希望のほうを支持するようになったからである▽[47]。

日常生活のパターンの変化は教科書にも反映されている。一九六〇年代の教科書は、わずか十年前には考えられなかった消費やレジャーへの関心を示している。少年が祖父母に（おそらく両親は仕事に出かけている）読み聞かせをしている様子を描いたイラストは、生活の変化を表わしている。一九五二年のセルビアの初等読本では、少年や祖父母はあまり家具のない質素な家でみな低い腰掛けにすわっていた。一九六三年版では、洗練されたモダンなキャビネットに本棚、床にはカーペットのしかれた部屋で、心地よさそうな椅子に座っている▽[48]。

しかし、これらの成果にもかかわらず、社会には真の不満が存在した。特に消費財が常に不足、品薄だったために、党がいくら誇らしげに成果を訴えても台無しだった。ある面、不足は党支配の脅威ではなく、実際には権力の基盤となっていた。党員になったり、党に協力する主な理由の一つは、不足している資源に優先的にアクセスできることだった。物資が突然潤沢になったとしたら、党は支持の主要な源泉を失ったであろう。しかし別の面からみれば、消費財の不足は、フルシチョフ期の党が自らの指導を正当化した中心的な理由、つまり、物質的な意味で西側を追い越せるという能力を、疑わせ、傷つけることになった。

不足のために、民衆の不満は党幹部らの腐敗やえこひいき、あるいはソ連の経済的利益への自国の従属に対して焦点を合わせることになった。西欧諸国が自陣営の超大国〔アメリカ〕から資本を受け取っていたのに対して、東欧からは、徴発や不正に操作されたバーター取引、ソ連支配下の合弁会社を通じて資金や品物が〔ソ連へ〕流れ出ていた。スターリンの死までに東欧からざっと百四十億ドルが失われたという推計があるが、これは、アメリカがマーシャル・プランを通じて西欧に投資した金額に等しい。マーシャル・プランのライバルとしてコメコンが結成されても、共産主義的な新しい国際分業のなかで農業生産国の役割を果たすよう定められたルーマニアやブルガリアのような国の不満は収まらなかった▽[49]。

一九六〇年代に東と西のギャップは拡大していった。チェコとオーストリアの自家用車保有率は戦前はほぼ同じだったが、一九六〇年には一人あたりでオーストリアが三倍になった。他の東欧諸国ではチェコの一九六〇年の水準にようやく一九七〇年代になってから追いついた。現代的な消費主義の象徴である交通渋滞がこの地方の大都市で見られるようになったのは、かなりのちになってからのことだった。日本で経済の「奇跡」が起こると、モスクワが提示するものはみな見劣りするようになった。世界の国民総生産に占めるソ連の割合が落ちる分だけ、日本のそれが上昇した。改革にもかかわらず一九六〇年代の東欧の経済成長率は落ち込んだ。西欧と異なり、農業生産は戦前水準をかろうじて超える程度だった。長期的にさらに懸念すべき要素は、戦後の経済成長は、資本主義世界のように生産性の改善に基づいているのではなく、労働力を大量に投入することによってもたらされたということだった。労働力が枯渇した場合どうなるのであろうか。東欧の共産党幹部は、ライヴァルに追いつこうと莫大な努力をしたのに、ライヴァルが地平線のかなたに消えていくのを見ることになったランナーのようなものだった▽[50]。

▽（46）Mlynář, op. cit., p. 49; Ambrosius and Hubbard, op. cit., p. 70
▽（47）Hoffman and Neal, op. cit., p. 361
▽（48）W. Vucinich (ed.), *Contemporary Yugoslavia: Twenty Years of Socialist Experiment* (Berkeley/Los Angeles, Calif., 1969), p. 341
▽（49）Jelavich, op. cit., pp. ii, 344
▽（50）A. S. Deaton, 'The structure of demand, 1920–1970', in C. Cipolla (ed.), *The Fontana Economic History of Europe*, vol. 5: *The Twentieth Century*: 1 (London, 1982), pp. 124–5

将来を考えると、この社会革命の申し子たちに特に不平不満が目立つことに、当局は警戒を抱かないわけにはいかなかった。彼らは、ハンガリーの亡命者パウル・ノイブルクの言葉をかりれば「英雄の子供たち」だが、共産党による最初の十年間の劇的な変化から多くの点で利益を得ながら、感謝しているようではなかった。共産主義教育によって洗脳されるどころか、彼らはイデオロギーに深い不信感をもち、彼らを「赤ん坊のように」扱って情報を奪う政治体制に批判的になった。年長者たちとは異なり、彼らは自分たちの生活を戦前や戦時中と比較するのではなく、同時代の西側の生活と比較した。[51]

彼らが作り出したライフスタイルは、親の世代や党を不安にさせた。彼らの生活は、トランジスター・ラジオやカセットのプライヴェートな世界と、西側の豊かさと自律の夢の周りにつくられていた。若い理想主義者のなかには、ニュー・レフトの改革共産主義に惹かれたり、身の回りの擦り切れた党幹部を毛沢東主義で批判しようとするものもいたが、それよりはるかに多かったのは「物質主義を徹底的に受け入れる」青年たちだった。彼らはナショナリスト（言い換えれば反ロシア）であり、かつ「コスモポリタン」である傾向があった。「資本主義諸国の文化的科学的成果の奴隷」であるとして青年層を批判したのは、ルーマニアの政治局だけではなかった。東欧のどこでも、党は社会学者のチームに次々と「青年問題」を研究させた。[52]

しかし、社会科学も共産主義者を真実から救うことはできなかった。物質主義、都市化にこだわり、西側を若者にもたらしたのは党自身だった。一九六〇年代に東欧に群がった旅行者の影響はさらに直接的で、具体的だった。年配の世代が西側文化を体験するには自分が西に行かなくてはならなかったが、いまや西側が彼らのところにやってきたのである。一九六三年には、ユーゴスラヴィアの海岸に百七十万の旅行者がやってきた。一九二六年にはたった十五万であった。二年後には二百六十万、一九七三年には信じられないことに六百二十万人もがやってきて、ユーゴスラヴィア経済の中心的な柱となった。他の共産主義諸国もすばやくこの分野に参入した。同時に中欧の人々も西に旅行しやすくなった。「わが国を外国旅行熱が夏の嵐のように席巻した」とチェコのあるジャーナリストは述べている。[53]

青年層は、共産党のイデオロギーには飽き飽きしていたかもしれないが、モダニティや物質的進歩への崇拝ぶり（といっても言いすぎではないだろう）は、彼らが党の子供であることを示していた。共産主義以前の前の世代の心をとらえて離さなかった農民生活のイメージが、完全に歴史のゴミ箱に追いやられてしまったのは、驚くべきことである。そのときには都市は農民とその子供の故郷となっていた。彼らは戦争で破壊された都市ブルジョワ階級のように農村生活をロマンティックなものとは考えなかった。

これが党にとってのパラドックスだった。党の成し遂げた偉大な業績が、まさにいまや党の存在そのものに疑問を投げかけたのである。「歴史の究極的英雄、理性の化身、進歩の唯一のチャンピオンと自ら名乗ることによって、党は現在の罠にはまった状況を作り出した」とノイブルクは書いている。党が引退する潮時だったのだろう。しかしもちろんそれはできなかった。党は以前は劇的にうまく機能したが、いまや失敗に向かっている東の中央集権主義に荷担していたのである。▽(54)

帝国の終焉？

「ブルガリアはソ連の共和国になる気はない。人民の共和国になるのである」とゲオルギ・ディミトロフ▼(7)は一九四七年十二月に主張した。しかし、ディミトロフはこの宣言をモスクワの許可なしには行なえなかった。バルト諸国を例外として、スターリンは東欧をソ連に編入せず、各国民の共産党エリートを通じて間接的に支配することを選んだ。

▽（51）M. Pundeff, 'Education for communism', in S. Fischer-Galati (ed.), *Eastern Europe in the Sixties* (New York, 1963)
▽（52）Ionescu, op. cit., p. 267; P. Neuburg, *The Hero's Children: The Postwar Generation in Eastern Europe* (London, 1972), p. 273
▽（53）Fejtö, op. cit., p. 306
▽（54）Neuburg, op. cit., p. 265
▼（7）ブルガリアの共産主義者。コミンテルン書記長（一九三五—四三）、ブルガリア首相（一九四六—四九）。

対外的にも国内的にも人民民主主義は常に見直される実験だった。このような形態の帝国主義から生まれる緊張は、戦後を通じてモスクワにとっての挑戦でありつづけた。しかし、ソ連のヘゲモニーが実際に危機にさらされたことがあったのだろうか。▽(55)

一九四五年から一九五三年にかけては、ソ連のヨーロッパ帝国への支配が強化された段階だったが、一九五三年以降の数十年間は徐々に脱中央集権化が進んだ。しかし、その速度や程度は手探りの繰り返しだった。一九五五年に赤軍は、オーストリアの中立の保証と引き換えにソ連占領地区から実際に撤退した。西側は驚き、ドイツ問題も同じ方法で解決したいという願望を抱いた。

東欧全体に存在した反ソ連感情が公けに示されることはまれにしかなかった。例えば毎年T・G・マサリク▼(8)の墓に捧げられる花は、その一例であった。その結果、墓は一九五三年には百人以上の警察官で警備されるようになった。しかし、党幹部は常にその存在を意識していた。もちろんモスクワもである。モスクワは権力維持の対価として、「国民共産主義」に向かう傾向を許容し、実際ある程度促進すらした。フルシチョフの路線はこれであり、モロトフの強硬派路線を制して、一九五六年のコミンフォルムの解散に直接繋がった。

民衆の反ソ連感情はときおり街に溢れ出した。それは一九五六年のハンガリーのように、緊張緩和の時期に多く、労働者や学生によるものだった。彼らは共産主義の中心的な犠牲者であるどころか、（理論上は少なくとも）選民の一種だった。ブタペシュトの蜂起では「ロシア語の必修はたくさんだ」というスローガンが叫ばれた。「ロシア人はロシアに帰れ」というのもあった。労働者の蜂起は学生のものより当局を警戒させたが、どちらの集団も武装勢力を差し向けられると長くもちこたえられなかった。さらに、政治エリートは抜け目なく柔軟な対応で、一九五六年のポーランド▼(9)や一九七一年から七二年のユーゴスラヴィア▼(10)のように、不穏な動きを再び地下活動に押し戻した。モスクワは直接介入を嫌ったが、必要と感じればそうする準備はできていた。

ジラスは、党とその他の民衆の間に存在した一種の事実上の内戦状態について語っている。しかしジラスは彼が権力にいたとき同様、反体制側でも誇張する傾向があった。民衆の「民主的社会主義」への嫌悪、あるいは軽蔑とすら言えるかもしれない感情は常に恐怖とない交ぜになっていた。共産主義は抵抗の中心となりうるようなものを破壊するのにうまく成功していた。秘密警察は何十万人もの情報提供者のネットワークの助けを借りて、職場や家庭に浸透した。コンヴィツキが『ポーランド・コンプレックス』[11]のなかで書いたように、行列が共産党支配下の社会関係のシンボルとなったのは、行列は不足、うわさ、個人の欲求の充足の原理に沿って形成されていたからである。少数の例外を除き、むっつりと従い、政治から距離をおく人が増え、目立つようになった。実際、不機嫌に黙り込んだ民衆は、共産主義をまじめに考える民衆より好ましかった。後者は社会主義の現実を批判する理想主義者を生むばかりだからである。言い換えれば、民衆の不満はソ連支配にとって最も深刻な脅威ではなかった。

モスクワにとってより深刻だったのは、共産党幹部自身による脅威である。ソ連支配の鍵は「属領総督」の服従だった。スターリンの死後、これはもはや決して確実なものではなかった。例えば一九五六年にソ連は街頭の群集を蹴散らしてハンガリーを席巻したが、ポーランドの党が反抗的な態度でゴムウカを権力の座に戻すことに固執したのに対しては無力だった。モスクワ自身の内部での強硬派と改革派の闘争も東欧の指導者たちを困惑させた。彼らは次第に、多弁だが行動の予想のつかないフルシチョフからも、無駄口を利かず用心深いブレジネフからも距離をおくようになっていった。モスクワはワルシャワ条約機構を通じてもう一度規律を取り戻そうとした。NATOの計画者にとっては悪夢であったが（仕事を増やすことにもなった）、ワルシャワ条約機構は基本的には、一九五五年に調印され

▽（55）G. Ionescu, *The Break-Up of the Soviet Empire in Eastern Europe* (Harmondsworth, Middx, 1965), p. 26
▼（8）チェコの社会学者、政治家。チェコスロヴァキア共和国の初代大統領（一九一八―三五）。第一次大戦中に国外でチェコスロヴァキアの独立運動を指導し、初代大統領となった。共産党支配体制の下では、ブルジョワ政治家とされ、その功績に触れることはタブー視された。
▼（9）ポズナン事件。ポズナンの労働者が経済的要求を掲げたデモが暴動化し、軍隊が投入され、多数の被害者が出た。
▼（10）「クロアチアの春」とも。クロアチア人によるユーゴスラヴィア主義に対するナショナリズム的抗議行動。
▼（11）タデウシュ・コンヴィツキ『ポーランド・コンプレックス』工藤幸雄、長與容訳、中央公論社、一九八五年。

たオーストリア講和条約▼[12]以後、ハンガリーとルーマニアにソ連軍が合法的に留まる手段にすぎなかった。条約機構もコメコンも一九四〇年代末のような規律を取り戻すことはできなかった。

中ソ対立はモスクワの威信をさらに害することになった。ソ連の政策担当者を心配させる前線がもう一つ開かれただけでなく、東欧の強硬派に対する中国の影響は、アルバニアの例にみられるように一九五〇年代末から脅威になり、不服従な衛星国が北京とモスクワを天秤にかける可能性が開かれた。一九六〇年代初頭からは「実現された社会主義の母」は、東欧で後衛戦を戦うことになったのである。プラハの春がある意味で一九五六年のハンガリーよりモスクワにとってはるかに脅威だったのは、今度は反抗の機動力が党自身の内側からきていた点にある。もちろん、チャウシェスクのような新スターリン主義のナショナリストは、ドゥプチェク▼[13]のような理想主義の改革者と同じくらいブレジネフの頭痛の種だった。ハンガリーのカーダール・ヤーノシュのような手練手管の長期プレーヤーはおそらくもっと悩ませただろう。

しかし振り返ってみると、このモスクワの後衛戦は、全体として驚くほど成功していたといわなくてはなるまい。観察者たちが東欧におけるソ連帝国の崩壊を予言しつづけながら、結局何十年もたってしまったのだから。イオネスクは一九六五年に「スターリン死後のソ連ブロック内の歴史は、徐々に解体が進み、そこでのロシアの権威の失墜が阻止できなくなる過程である」と書いていた。ピエール・アスネールによれば「共産主義のバルカン化が、バルカンの共産化に打ち勝った▽[56]」。

しかし、より炯眼な観察者は慎重だった。ソ連の支配機構は耐久性を示していた。党指導部の老齢化は進み、イデオロギーの魅力も失われたが、政治的な挑戦が生じる兆しはほとんど見られなかった。ジョルジは一九五六年の反抗の失敗から、「将来、下からの革命が成功するとの吉兆を見出すことはできない」と主張した。ポール・ケスケメティはハンガリー蜂起のすばらしい分析の結論として、東欧はソ連ブロックの政治的騒乱の中心になる可能性は少なく、不安定化は衛星諸国ではなく、ソ連自体で、帝国の心臓部で起こるのではないだろうか、と予告した。最もめざましいのは、フランソワ・フェイトがプラハの春をソ連の反啓蒙主義の再来とのみ見るのではなく、同時に、共産主義が改革の種を自らの内部に秘めていることを明らかにする事件とみたことだった。先見性のあることに、彼は一九六九年に次のように書いている。「次のドゥプチェクはシステムの神経中枢に現われるだろう。つまり、モスクワに。」▽(57)

▼(12) 米英仏ソの四ヶ国による占領を終わらせ、独立回復を定めた。同時に永世中立が宣言された。

▼(13) チェコスロヴァキア共産党の政治家。党内改革派の一人で、一九六八年には党第一書記として社会主義改革を試みた（プラハの春）。

▽(56) ibid., p. 41; Fejtö, op. cit., p. 158

▽(57) A. Gyorgy, 'The internal political order', in Fischer-Galati, op. cit., p. 190; Fejtö, op. cit., p. 463

第9章　民主主義の変容：西欧、一九五〇―七五年

ヨーロッパ諸国における共産党への投票者の数は、住民千人当たりの住宅戸数に反比例する。

――エーベルハルト・ヴィルダームート（西ドイツ住宅相）▽(1)

高い雇用、急速な経済成長、安定はいまや西洋の資本主義において当たり前のことだと思われている。

――マイケル・キドロン▽(2)

人々の欲望の巨大さが人々を麻痺させた。

――ジョルジュ・ペレック▽(3)

民主主義の再生

一九四五年以後、西欧は民主主義を再発見した。フランコのスペインやサラザールのポルトガルのような戦間期の権威主義右翼の残存物は、歓迎されざる過去の遺物として遠ざけられ、少なくとも冷戦がそれらを再び「自由世界」の両義的な同盟者に変えるまでは、新しい国際組織から――国連、ヨーロッパ経済共同体（EEC）、さらにはマーシャル・プランからさえも――排除されていた。イギリス、アイルランド、スウェーデン、スイスにおいては、戦時の諸制限が撤廃され、議会が再び正常に機能し始めた。ナチス新秩序という反民主主義の牙城であった、フランス、ド

イツ、イタリアでは、過去のものは済んだこととして押しのけられ、新しい国制のシステムが構築された。ギリシャでは一九三〇年代の権威主義の遺産は廃棄され、内戦にもかかわらず議会による統治が不安定ながらも再建された。

しかし、民主主義のこの再生は単純な一九一九年〔第一次大戦後の民主化〕への回帰ではなかった。その逆に、戦争と戦前の民主主義の危機との双方についてヨーロッパがもつ記憶の帰結として、一九四五年以降に生じたものは、戦前のものとは根本的に異なっていた。議会の役割、政党の性質、そして政治それ自体の性質のすべてが、ファシズムとの闘争によって変容したかたちで出現した。かつて女性が排除されていた国でも選挙権が与えられ、参政権はより完全になり（ただし社会的に遅れたスイスとリヒテンシュタインを除く）、実体的な社会的・経済的権利に対するコミットメントは、左右の政治潮流の相違を超えて拡大した。民主政はこの二つの要素を包含するものとなったのである。▽[4]

第一次大戦後と同様に、考え方の変化は憲法改正に刻印されている。憲法改正には、戦時の苦い経験に起因する人権への関心と、個人を国家権力に対して擁護する必要性への意識が表わされている。一九四八年イタリア憲法第二条は「共和国は人間の不可侵の権利を承認し保障する」と述べる。また、「ドイツ国民は……不可侵かつ不可譲の人権がすべての人間共同体の基礎であると認める」とするのは新たなドイツ〔連邦共和国〕基本法である。この基本法は、ワイマール憲法に比し、国家権力、とりわけ警察力の恣意的な行使に対するより厳しい防衛手段を定めていた。▽[5]

論争に明け暮れる強力な議会が戦間期の民主政を掘り崩したという印象が強くもたれていたことを考えれば、多く

▽（１）次からの引用。J. Diefendorf, *In the Wake of War: The Reconstruction of German Cities after World War II* (Oxford, 1993), p. 132

▽（２）M. Kidron, *Western Capitalism since the War* (London, 1968), p. ix〔マイケル・キドロン『現代の欧米資本主義』藤田至孝、丸尾直美訳、経済往来社、一九六八年〕

▽（３）G. Perec (tr. D. Bellos), *Things: A Story of the Sixties* (London, 1991), p. 31〔ジョルジュ・ペレック『物の時代、小さなバイク』弓削三男訳、白水社、一九七八年〕

▽（４）W. F. Murphy, 'Constitutions, constitutionalism and democracy', in D. Greenberg (ed.), *Constitutionalism and Democracy* (New York, 1993), pp. 3–25

▽（５）次の議論を参照。J. F. Golay, *The Founding of the Federal Republic of Germany* (Chicago, 1958), pp. 175–81

の人々が執行府の強化を望んだのは驚くにあたらない。西ドイツは、「宰相民主政」とも、または――より辛辣に――「デモクラトゥール」（民主主義と独裁の結合）と呼ばれるものを作り上げた。しかし、議員たちに自発的な権力の剝奪を要請することの難しさを示したのがフランスである。第四共和制は、この点においては、第三共和制とほとんど変わらなかった。もし何か変化があったとすれば、議会の手により多くの権力を委ねたことである。一九五八年になって初めて、〔議会主義者から〕嫌悪されていたド・ゴールが、激昂する国民の支持を受けて、より大統領制的な体制をなんとか作り出した。イタリアでも、一九四六年の国民投票によって王制が廃棄されたものの、そのほかの点ではファシズム期以前の議会手続きにほとんど変更は加えられなかった。

穏健さが新たな美徳となった。西側連合国が戦後右翼の深刻な反対を予想したイタリアとドイツでは明示的に、その他では暗黙のうちに、政府は反民主主義的政治運動の抑圧に力を注いだ。例えば、西ドイツの基本法は、政党の役割、その民主的構造、憲法に服従する必要性を定めた規定をもっている。この条項から、連邦憲法裁判所によるネオナチ政党の禁止が導かれた事案もある。しかし、戦後の選挙において極右政党が相対的に乏しい成果しか挙げられなかったのは、これが主要因ではないだろう。民衆が実際に極右イデオロギーに背を向けたという要素を別にすれば、右翼の主流派がこれまでの極右の支持者層を自らの隊列に転じさせたことが大きい。〔右翼主流派の〕アデナウアー▼(1)やイタリアのキリスト教民主党が示した寛大さは、極右政党を追い詰めることになった。

現在からみればこうした戦術は嫌悪感を伴うが、長期的に見た場合、右翼を完全に周辺化しておけば、きわめて脆弱な新しい民主政が長期的に見てさらに安全となったといえるかどうか、明らかではない。一九三〇年代のヨーロッパにおいて、民主政に反対する右翼がいかに優位にあったか、ということを思い出すべきである。終戦直後の時点では、彼らの人気が再興する可能性は現実的だった。西側連合国の世論調査によれば、ドイツ国民のなかにおける民主主義へのコミットメントはそれほど大きくなかった。東プロイセン、シレジア、そしてとりわけズデーテンラントからの、ナショナリスティックな傾向のある〔ドイツ人〕難民は、彼らの故郷《ハイマート》という夢をなかなか捨てようとはしなかった。『タイムズ』紙は一九五〇年十二月に「デマゴーグにとっての難民とは、鮫にとっての水中の血と同じであり、難民問題の大きさは、革命状況を作り出すのに十分である」と過去との関連で警告していた。アデナウアーは、確かに言語道断なほど多くの旧ナチ党員に職と保護を与えていたかもしれない。一九五二年の外務省官僚の三四％ほどが、旧党員であったという。しかし、潜在的な起爆力をもつ難民票を、一九五〇年代から一九六〇年代初期にかけてばらばらにした彼の手腕は見事であった。彼がナショナリスティックな難民党を分裂させ、その一部をキリスト教民主同盟内にとりこんでしまうことで、難民党の衰退をもたらさなかったならば、東欧からの数百万のドイツ人は、新しい連邦共和国の基礎そのものを危機にさらしていたかもしれない。[6]

もちろん、極左との間では、それほどの妥協はなされなかった。冷戦の最初の十年に在職していた保守的傾向をもつ政府にとって、左翼を排除することは、右翼の排除に比べれば、まったく苦もないことだった。西ドイツとギリシャでは共産党が非合法化された。他の国では許容されたものの、攻撃が加えられた。西ヨーロッパの全域で、各国の反共主義の守護者、特に警察や治安部隊はアメリカの冷戦の戦士と協力していた。その中心であるアメリカ中央情報局（CIA）の政策調整部の予算は、一九四九年初めの四七〇万ドルから一九五三年には二億ドルへと急速に拡大した。反共主義は、成長産業だったのである。[7]

ヨーロッパの諸政府は、初期のCIAが、広告、文化的出版物、巡回展示、映画などを通じて共産主義を攻撃する

▼（1）ドイツのカトリック政治家、首相（一九四九―六三）。ワイマール期にはケルン市長となったが（一九一七―三三）、ヒトラーに追われた。戦後はキリスト教系の政党を糾合するキリスト教民主同盟の党首となり、八十七歳まで連邦首相を務め、西側統合路線をけん引した。

▽（6）E. Wiskemann, *Germany's Eastern Neighbours* (Oxford, 1956), p. 191; I. D. Connor, 'The Bavarian government and the refugee problem, 1945–1950', *European History Quarterly*, 16: 2. (1986), pp. 131–53; D. Childs, 'The far Right in Germany since 1945', in L. Cheles *et al.* (eds.), *Neo-Fascism in Europe* (London, 1991), p. 70

▽（7）T. Barnes, 'The secret cold war: the CIA and American foreign policy in Europe, 1946–1956', *Historical Journal*, 24: 2 (1981), pp. 399–415, and 25: 3 (1982), pp. 649–70

など、最新の理論に基づいた左翼に対する心理戦を試みるのを手助けした。労働組合の主導権をめぐる共産主義者との闘いにおいては、社会主義・労働者政党も支援を受けた。冷戦が最も激しかった時期には、アメリカはソ連による西欧侵攻の可能性を見越して、信頼できる少数の反共主義者に対して、ナチによる占領期と同じような武装抵抗運動を組織するための武器を供与していた。この奇妙な細胞については、イタリアやベルギーでの諜報部との関連や、右翼テロへの関与とともに、ようやく一九八〇年代末から一九九〇年代初めになって、広く知られるようになった。[8]

このような偏執的な恐怖は朝鮮戦争の終結とともに消えたが、新しい「国民的安全保障」国家の諸制度の多くは恒久的なものとなった。西欧のスパイ組織は膨大に膨れ上がり、公的セクターの職に就くさい、身元調査を行なうのは一般的な慣行となった。例えばイギリスのアトリー政権は、ある保守党議員から提案された非ブリテン的活動に関する議会委員会の設置を拒否したものの、転覆活動に関する秘密の閣内委員会を設置し、公務員の定期的な「消極的審査〔陳述の正確さと犯罪記録を調べる審査〕」を開始した。応募者の見解や過去の活動についてより深く踏み入る「積極的審査」は、一九五〇年にアメリカの要請で開始された。当初千程度のポストに適用されると予想されていたこの手続きは、一九八二年には六万八千もの職に適用された。[9]

結果として生じる市民的自由の侵害に対し、世論はきわめて限定的な関心しか示さなかった。この原因の一部は、ソ連の西ヨーロッパに対する意図について全般的な疑念が存在したことにある。しかし、より根本的には、「すべての『主義』は時代遅れである」という感覚が広まっていたためである。戦争が、イデオロギー政治に対する深い嫌悪を残していた。そしてこのことは、主流に属する諸政党が、過去の分極化から妥協へと姿勢を変化させたことにも反映されている。左翼と右翼はともに議会制民主主義と和解し、かつての議会制民主主義に対する留保を取り下げた。[10]

左翼の側では、もともと戦争の終結は、レオン・ブルムの言葉を借りれば「社会主義の勝利の時代」をもたらすものとみられていた。「ヒトラー亡きあとに来たるべきはわれわれだ」、と宣言したのはドイツの社会民主主義者ルドルフ・ブライトシャイトである。しかしそれは、かなわぬことだった。新しい社会再建の時代は、ブルムが考えていたような、社会主義の原理に基づくものではなかった。ファシズムは確かに打倒されたかもしれないが、続いて共産主義の脅威が社会主義者に深刻な問題を提示することになった。イギリス以外では、マルクス主義が両者を一つに結ぶへその緒であり、次第に一般的になりつつあった類型である反共的社会主義者にとってすら、それを絶つことは困難であった。さらに、西欧において、資本主義と保守主義はいずれも、ナチス占領の暗い日々に考えられていたよりも強靭であり、しかも人々の支持を受けていた。社会主義者はこの現実と折り合いをつけることを余儀なくされた。このように、左翼が当初抱いた幸福感に代わり、社会主義、資本主義、階級の関係についての長い再考の時期が続くことになった。▽(11)

マルクス主義からの撤退が、戦争直後から開始された国もある。例えばオランダでは、アピールの対象を拡大し、階級的性格を低下させる試みのなかで、社会民主労働者党が労働党へと名称を変更した。西ドイツ、スウェーデン、オーストリアでは、社会民主主義者がこの過程をたどるには、一九五〇年代末まで、ときには一九六〇年代までの時間を要した。この改革への反対がより長く続いたのは、マルクス主義の強い伝統をもつフランスとイタリア、加えてどこよりも、非マルクス主義の拠点であったイギリス労働党である。しかしこれらの国においても社会主義者たちは、選挙と経済に関する真実をなんらかのかたちで認めないわけにはいかなかった。徐々に消滅していくことを回避するための唯一の方法は、階級政治のゲットーから逃れ、より広範な基礎をもつ政党への変容を耐え忍ぶことであった。

▽（8）P. Coleman, *The Liberal Conspiracy: The Congress for Cultural Freedom and the Struggle for the Mind of Postwar Europe* (New York, 1989); I. Wall, *The United States and the Making of Postwar France, 1945–1954* (Cambridge, 1991), pp. 213–16

▽（9）P. Hennessy and G. Brownfield, 'Britain's cold war security purge: the origins of positive vetting', *Historical Journal*, 25: 4 (1982), pp. 965–73

▽（10）C. Friedrich, 'The political theory of the new constitutions', in A. Zurcher (ed.), *Constitutions and Constitutional Trends since World War II* (New York, 1955)〔カール・J・フリードリッヒ『ヨーロッパの戦後の諸憲法を中心に』（第二次大戦後における憲法の傾向、第五巻）小林昭三訳、自主憲法期成同盟、発行年不明〕

▽（11）S. Padgett and W. Paterson, *A History of Social Democracy in Postwar Europe* (London, 1991), pp. 13, 110

例えばゲイツケル▼[2]は、もしイギリス労働党が「労働の性格の変化、完全雇用、新たな住宅、テレビに基づいた新しい生活、冷蔵庫、自動車、大衆雑誌」といったことを考慮しないならば、敗北は決定づけられている、と警告した。彼に反対して、リチャード・クロスマン▼[3]は、管理された資本主義はソ連型の計画経済が東欧で達成したものに対抗できないだろう、と論駁を試みた。しかし、実際のところ、イギリス労働党であれ他の主要な社会主義運動であれ、戦後の資本主義の長所に対し、根本的な攻撃を試みるものはなかった▽[12]。

右翼は冷戦をより効果的に利用した。プラグマティックな右翼政治家たちは、左翼のように理論や教義に妨げられることなく、反共主義を容易に採用し、一九五〇年代に広まった政治的平穏、家庭の安定や家族愛への要求にうまく適応した。そしてかつての権威主義の衝動を改め、民主政にコミットし、左翼の社会的関心の多くを共有する、新しく強力な運動を構築したのである。イギリス保守党のように戦間期には財政慎重派の砦だった党も、国民統合《ワン・ネーション》トーリー主義に屈した。例えば一九五〇年代の保守党政権は、労働党政権と同様に住宅政策に力を注ぐようになったのである。西ドイツやイタリアのように経済自由主義が生き残ったところでも、経済自由主義は、カトリック的温情主義、社会的配慮、反物質主義といったまったく異なる伝統と、競合しつつ妥協した。ここで鍵となったのはカトリック民主主義政党の興隆である。例えばドイツのキリスト教民主同盟は、自由放任と国家による計画の間の第三の道として「社会的にコミットした市場経済」を提示した▽[13]。

このようにして、左翼と右翼の間でのかつての分極化と階級間対立は、新たなコンセンサスの強調へとゆっくりと道を譲っていった。オーストリアのような極端な事例においては、その結果は左翼と右翼の大連合（一九四五―六六年）であった。この連合の耐久力は、一九三〇年代の内戦を経て、両連合パートナーがイデオロギー的紛争を断固として回避したことを反映している。実際のところ、ウィーンの二党制国家は、かつての一党制国家に比べ、はるかに堅固なものだった。西欧の議会において連合政権は常態となった。これはフランスでは不安定の源だったものの、デンマークやイタリアのように政府の頻繁な交代の陰で少なくとも一つの主要政党が継続的に権力を握っているところでは、そうならなかった。平均するならば、西欧の政府は戦後ほとんどの時期において格別に長く続いたわけではないが、このことが民主政治への不満を引き起こすことはなく、市民の抗議行動や公けの場での暴力行使は相対的に少なかった。戦間期の非協力的な姿勢とは著しく対照的な、このような市民の寛容的態度の主な理由は、もちろん民主政の再生が歴史上最も著しい継続的経済成長と同時に起きたことにある。人々の生活がより快適で豊かになるにつれて、政治システムがその利益を獲得したのである。▽[14]

成長の奇跡

当初、経済の発展が長期にわたり、それが一九五〇年以降の二十年間に西欧を変容させるということを予見するのは、容易なことではなかった。第一次大戦直後の数年の経験を記憶していたため、ほとんどの専門家は戦後景気のあとに不況が来るだろうと考えていた。西欧の工業生産の増加が、一九四七—八年に年率一二%だったものが一九四九—五〇年には五%に減速したことは、この警告を確認するもののように思われた。『エコノミスト』誌は一九五一年に、以下のように悲観的に書いている。「三年目に入ったマーシャル・プランは期待以上の成果を収めており、繁栄

▼（2）イギリス労働党の政治家、党首（一九五五—六三）。国民保健サービス、国有化、核保有政策をめぐり、左派のベヴァン派と対立した。
▼（3）イギリス労働党の政治家、ジャーナリスト。キープ・レフト派、ベヴァン派に属する左派で、ウイルソン内閣で入閣。左派の雑誌、*New Statesman* 紙の編集長。
▽（12）ゲイツケルは次からの引用。B. Moore-Gilbert and J. Seed (eds.), *Cultural Revolution? The Challenge of the Arts in the 1960s* (London, 1992), p. 22; クロスマンは、次からの引用。M. Pinto-Duschinsky, 'Bread and circuses? The Conservatives in office, 1951–1964', in V. Bogdanor and R. Skidelsky (eds.), *The Age of Affluence, 1951–1964* (London, 1970), p. 93
▽（13）A. J. Nicholls, *Freedom with Responsibility: The Social Market Economy in Germany, 1918–1963* (Oxford, 1994), p. 11; M. Mitchell, 'Materialism and secularism: CDU politicians and National Socialism, 1945–1949', *Journal of Modern History*, 67 (June 1995), pp. 278–308
▽（14）Lane and Ersson, *Politics and Society in Western Europe*, pp. 304–6

と生活水準の回復という条件の下にある、要するに良い年であるにもかかわらず、フランスとイタリアの有権者の四分の一が共産党に投票している。……ロシア人やアメリカ人がもつ進歩の可能性への明白な確信はどこにもない。」

長期的な見通しに暗い影が落ちていることは明らかだった。オランダ政府は内発的な成長では失業問題を解決できそうにないとして、海外移住を奨励した。十年もしないうちに、同国は労働力の純輸入国になるのだが。西ドイツでは、農業地域であった東プロイセンとシレジアの喪失によって恒常的な食料不足が生じ、失業者が戦前のように就労意思を示すプラカードや印をさげて街を歩き回るだろうと予測していた。フランスの農民リュシアン・ブルダンは、あるアメリカの学者に対して、「アプリコットを植える果樹園を作れって、ロシア人とアメリカ人が戦場に使えるようにするためか？　そいつはありがとう。だがそんなに間抜けじゃないさ」と警戒の念を述べていた。ここに表われているように、冷戦には事業の先行きへの信頼感を抑えるという影響があった。[15]

一九五三年になっても、国連ヨーロッパ経済委員会は「西欧経済の全般的な進展は、まったく有望というわけではない」と、まったく気乗りしない判断を示していた。国際収支の圧力が経済拡大のブレーキとなっていた。ヨーロッパ経済委員会は、彼らのいわゆる「私企業経済」において、インフレーションを制御しながら雇用を拡大する可能性について悲観的だった。これまでの成長にはムラがあり、国内要因に基づいたものであって、国際的協調の兆候はほとんど現われていない。そのため委員会は「アウタルキーに向かう歴史的趨勢が、はっきりと方向転換したとはいえない」と結論づけていた。[16]

西欧のいくつかの国における経験は、ちょうどそのような悲観的予測を支持するものとなっていた。「アウタルキー」はまさに、イベリア半島における化石のような権威主義体制やアイルランドのカトリック保守政権の経済戦略であった。結果はいずれの場合も、見まごうかたなき失敗であった。成長は停滞し、失業者が多いか不完全就業であるかだった。一九五〇年代が進み他の西欧諸国が繁栄するにつれ、これはますます見栄えのしないものとなる。これら三ヶ国すべてが好況を利用するために毎年数万人規模の労働者を送り出すこととなったのは、実際には敗北を認めることに等しかった。一九五〇年代末に、アイルランドとスペインは路線を転換し、近代化を奉じることになった。ポルトガルは、ケインズ主義以前の経済学者であるサラザールのもと、一人孤立したままだった。▽(17)

他の西欧各地域における経済発展がまったく例外的な性格をもつことは、この時点までには明らかとなっていた。かつてないほど成長は速く、円滑であった。一九一三年から一九五〇年の間の経済成長率は、平均年一%だったが、一九五〇年から一九七〇年の間には信じられないことに四%にまで上昇した。一九三九年以前には景気循環のスイングが企業家の活動を妨げてきたが、多くの場合、より穏やかな揺れに代わった。戦前のような大量失業も長らく消失してしまった。西欧の失業率は、一九三〇年代の平均七・五%から、一九五〇年代には三%をわずかに下回る程度に、さらに次の十年には一・五%にまで低下した。「今日では、失業者が百万を超えるとすれば、悲惨な見込みとみなされる。われわれはそれを国レヴェルの失敗の決定的な証であるとして受け止めるだろう」とあるイギリスのコメンテイターは一九六七年に書いている。完全雇用は不安定でなかなか手に入れにくい達成物ではなく、科学的に管理された近代的資本主義経済の当然の一部分であるとする見方が、驚くべき速さで広がっていった。▽(18)

各国の間には経済実績にかなりの差があった。オーストリア、西ドイツ、フランス、イタリア、オランダは相対的に速い成長率を記録していた。イギリスとベルギーの成長は幾分緩慢だった。一九五〇年代の方が一九六〇年代よりも成長していた国もあれば、逆の国もあった。しかし最も重要なのは、すべての場合において、成長がかつてのいか

▽（15）P. Armstrong, A. Glyn and J. Harrison, *Capitalism since World War II: The Making and Breakup of the Great Boom* (London, 1984), pp. 156, 161–2; オランダの移民政策については次を参照。L. Kosinski, *The Population of Europe* (London, 1970), p. 71; L. Wylie, *Village in the Vaucluse* (Cambridge, Mass., 1974 edn), p. 33
▽（16）UN, *Economic Survey of Europe since the War: A Reappraisal of Problems and Prospects* (Geneva, 1953), pp. 81–3, 234
▽（17）R. Carr, *Modern Spain, 1875–1980* (Oxford, 1980), pp. 156–8; Gallagher, op. cit., p. 138; A. Cochrane and J. Clarke (eds.), *Comparing Welfare States: Britain in International Context* (London, 1993), pp. 211–14
▽（18）数値は次からの引用。A. Maddison, 'Economic policy and performance in Europe, 1913–1970', in Cipolla, op. cit., vol. 5: *The Twentieth Century*: 2 (London, 1981), pp. 442–509; J. Holloway, 'The Dickensian environment', *The Listener*, 12 January 1967

なる記録をも優に超えていたという点にある。経済実績の不振に国内の分析者たちが警鐘を発していた停滞するイギリスにおいてさえ、年率三％という一九五〇年以後の成長率は、一九一三年から一九五〇年の平均一・三％を上回るばかりか、一八七〇年から一九一三年の一・九％をも上回っていた[19]。

「経済の奇跡」といわれるこの前例のない成功の原因は、いまだ激しい論争の対象となっている。難民や不完全就業の農民というかたちであらわれていた豊富な労働力が賃金を低く抑え、投資を促進したことが原因かもしれない。しかし、イベリア半島でも労働力は豊富であったが、それ自体では成長につながってはいない。一九三〇年代と同様である。基本的に、豊富な労働力は、他の状況も好都合であったさいに成長に寄与するような消極的要因である。

ほぼ同じことが資本にも当てはまる。戦争中の工業設備の破壊は、当初考えられていたよりは少なかった。実際のところ、戦争中に生産能力がはなはだしく拡張されたことを前提とすれば、一九四五年以後の西欧の資本装備が一九三九年のそれを上回っており、かつその後も急速に拡大したことにほとんど疑問の余地はない。信用供与と投資に対する政府の厳しい統制や、配給制などの形態をとる強制貯蓄によって、消費水準は低く保たれ、投資率は高かった。一九二八―三八年にGNP比で九・六％だったものが、一九五〇―七〇年には一六・八％となっている。しかしこのようなパターンは、資本の調達可能性のみを反映しているわけではない。資本の利用法を方向づけようとする当局の意思や、より良い未来のために現在の消費を控えようとする人々の意思も、そこには反映されているのである[20]。

　同時代の神話として、ヨーロッパの復興はしばしばマーシャル・プランに起因するものとされてきた。これは一九四七年夏の国務長官ジョージ・マーシャルのイニシアティヴをうけて、合衆国が西欧への大量の資金供与を約したものである。一九四五年以降に合衆国が西欧に対して堅固な経済的・政治的・軍事的コミットメントを行なったことが、第二次世界大戦からの復興が第一次大戦後に比して成功したのに貢献したのは確かである。ただし、純粋に計量的観点から言えば、ギリシャとおそらくイタリアを除いて、その伝道者または反対者が主張するほどには、マーシャル・プランは重要ではなかったということが、今日では明らかになっている。ヨーロッパにおける投資のほとんどは国内で創出されたものであった。また、東欧はマーシャル・プランの恩恵にも与れず、超大国の支援を受ける代わりに逆に資金を提供していたが、それと比べても、西欧の成長率は決して高いものではなかった。マーシャル・プラン資金の功績は、希少なドルを供与することで外国為替のボトルネックを緩和し、成長の継続を可能にしたところにある。[21]

アメリカは、労使関係を変容させ、科学的管理の福音を説き、作業慣行や設備を近代化するといった、自国で戦前から始まっていたような資本主義の変革をヨーロッパでも支援した。年平均四％にも及ぶ生産性の向上は、疑いなく好況を下支えしていた。マーシャル・プランの企画者やその他の「アメリカ的手法」の伝道者たちは、生産性協議会、労組指導者や経営者の交換プログラムを立ち上げ、出版や展示会を数々企画した。労働争議多発の時代であった一九四〇年代末に、階級間戦争に対するイデオロギー上の代替選択肢として、賃金と会社の利潤の双方を向上させる手段として、「生産性」は賛美された。[22]

マーシャル・プランをめぐる論争は、アメリカの経済的影響に関する他の諸側面にも光を当てることになった。生

▽（19）J. Tomlinson, *Public Policy and the Economy since 1900* (Oxford, 1990), p. 238

▽（20）A. Boltho (ed.) *The European Economy: Growth and Crisis* (Oxford, 1982), pp. 11–16; E. Denison, *Why Growth Rates Differ* (Washington DC, 1967)

▽（21）議論は主にA. Milward, *The Reconstruction of Western Europe, 1945–1951* (London, 1984) とM. Hogan, *The Marshall Plan: America, Britain and the Reconstruction of Western Europe, 1947–1952* (Cambridge, 1987) の間で交わされた。合衆国の援助については、M. Postan, *An Economic History of Western Europe, 1945–1964* (London, 1967), p. 106〔M・M・ポスタン『戦後ヨーロッパ経済史』宮下武平、中村隆英監訳、筑摩書房、一九六九年〕

▽（22）A. Maddison, *Phases of Capitalist Development* (Oxford, 1982), pp. 96–9〔アンガス・マディソン『経済発展の新しい見方――主要先進国の軌跡』関西大学西洋経済史研究会訳、嵯峨野書院、一九八八年〕; C. Maier, 'Politics of productivity', in P. J. Katzenstein (ed.), *Between Power and Plenty: Foreign Economic Policies of Advanced Industrial States* (Madison, Wis., 1978); 生産性についての増大する研究のなかから以下を参照。D. W. Ellwood, *Rebuilding Europe: Western Europe, America and Postwar Reconstruction* (London, 1992); R. Kuisel, *Seducing the French: The Dilemma of Americanization* (Berkeley, Calif., 1993); 労働組合に対する疑念については次を参照。A. Carew, 'The Anglo-American Council on Productivity (1948–1952): the ideological roots of the post-war debate on productivity in Britain', *Journal of Contemporary History*, 26 (1991), pp. 49–69

産性という新しい福音だけではなく、財政政策、投資戦略、階級間調和に対する姿勢などである。マーシャル・プランの企画者たちは、ヨーロッパの政策作成者に、ある種のヨーロッパ版ニューディールによって、社会的不満や共産主義のウイルスが蔓延しないように、消費者支出を向上させ、硬直的な過去の社会的階統制《ヒエラルヒー》から離脱するよう促した。

長期的に最も重要だったのは、西欧におけるアメリカの存在がもたらした政治的なインパクトであろう。一九五〇年代初期の最も厳しい時期、冷戦は恐怖と警戒の源になっただけではなく、西欧の国民国家間にかつてなかったような高度の協力関係をもたらした。調整されたヨーロッパ大の計画というワシントンの野心的な構想は、奸智にたけたベヴィン▼(4)やシューマン▼(5)のようなヨーロッパ人によってすぐに阻まれた。しかし、アメリカの資金と安全保障を得るには付帯条件なしとはいかなかった。受取り諸国をなんらかのかたちでの国家間対話に縛りつけるという条件が、西欧の国際経済環境を変化させたのである。特に、貿易が驚くほど再生したのは、マーシャル・プランを基礎としていた。この貿易が一九五〇年代半ばの好況の核となった。フランスと、特にイギリスは、不経済な帝国の維持に絡めとられており、ベネルクス諸国、西ドイツ、イタリアほどはこの好機を利用しようとしなかった。それでもヨーロッパ内貿易は急発展を遂げた。アメリカの政策形成者によって支援されたヨーロッパ決済連合（EPU）、のちにはヨーロッパ経済共同体（EEC）が貿易拡大の推進力となった。エリザベス・ウィスケマンは、ドイツ人が土地とアウタルキーに対する戦間期の強迫観念を速やかに捨て去ったことに注目し、一九五六年に次のように評している。「ヨーロッパは貿易の急激な縮小とその帰結を防止するための計画をもち、平和的統合を目指して努力している。相互のコミュニケーションによって距離を縮めたヨーロッパでは、自給自足という目標は意味をもたなくなった。▽(23)」

だが、ヨーロッパの諸政府は、アメリカの寛大さをたんに受動的に受け取っていたわけではない。共産主義の脅威という恐怖の物語によってワシントンをヨーロッパに引きずり込み、アメリカが孤立主義に回帰するのを効果的に阻んだのである。ルンデスタットの言葉を借りれば、アメリカが帝国主義的であるとしても、彼らは「招かれて」そこに来たのである。ヨーロッパ人の側にも、自らの優先順位と戦略があり、戦後の好況は彼らの国内における政治的選択に照らして評価される必要がある。確かに、インフレーション（特に朝鮮戦争の時期に顕著だった）、国際収支、均衡財政といったことへの古くからの懸念は消え去らなかった。とりわけイタリアやドイツのように、きわめて近い過去の出来事のために国家主導経済《エタティズム》への深い不信をもっている国では、顕著に生き残っている。しかし一九六〇年代には、ヨーロッパの政府はどこでも、需要管理、完全雇用の追求、経済成長を物価安定よりも優先していた。言い換えれば、繁栄と引き換えに、彼らは一定のインフレーションならば、かつてないほどすすんで受け入れるようになっていたのである。ポスタンは「経済成長は普遍的信条となり、政府が従うことが期待される共通の見込みとなった。この限りでは、経済成長は、経済成長主義の産物なのである」と書いている。▽(24)

この新たな信条の展開は、きわめて精密に描き出すことが可能である。一九五〇年代初めに、新たに設立されたヨーロッパ経済協力機構（ＯＥＥＣ）の年次報告が、成長の鍵としての生産性向上の必要性にスポットライトを当てた。一九五六年に、ＯＥＥＣ年次報告は初めて「経済成長」の語を用いた。一九六〇年にＯＥＥＣが経済協力開発機構（ＯＥＣＤ）として改組されたさいの設立条約の第一条は、ＯＥＣＤが「加盟国におけるできる限り高度の経済成長と雇用、生活水準の向上を達成する」ことを目的とする、と定めていた。ウォルト・ロストウの『経済発展の諸段階』は副題に「非共産主義者宣言」とうたい、繁栄への「離陸」を普遍的な歴史的過程として説明した。ここに、成長の

▼（４）イギリス労働党の政治家。ブリストルの大型トラックの運転手として運送業労働組合の設立に参加し、その書記長に選ばれた。労働党からチャーチル挙国一致内閣の労働相となり、戦後はアトリー政権の外相（一九四五―五一）として戦後国際秩序の構築、植民地からの撤退を指揮した。

▼（５）フランスの人民共和運動の政治家。ルクセンブルク出身で、父親がドイツ領期のロートリンゲン（ロレーヌ）の出身のためドイツ国籍をもち、ドイツで教育をうけた。第一次大戦後ロレーヌがフランス領となったため、一九一九年フランス国籍を取得。フランスの地方議会で政治家としてのキャリアを始め、戦時中のレジスタンス活動を経て、戦後はカトリック民主派の政党、人民共和運動ＭＲＰから蔵相、外相、首相を務めた。ヨーロッパ統合の主導者の一人。

▽（23）Wiskemann, op. cit., p. 176

▽（24）G. Lundestad, *The American 'Empire' and Other Studies of US Foreign Policy in a Comparative Perspective* (Oslo, 1990); Postan, op. cit., p. 25

信条はその福音書を手にすることになる。▽[25]

「経済成長主義」は、政府関係者にだけに見出されるわけではない。私的セクターにおいても、一九五〇年代初頭の不安から脱して自信が生まれ、公共投資と並んで私的投資も急増した。実際のところ、戦後好況のめだった特徴は、公的セクターと私的セクターが、相互に許容可能で有益な共生関係を達成したかのように映ることにある。解放期の平等主義的な雰囲気は衰え、社会主義者による資本主義の攻撃は現実のものとはならなかった。計画は国有化に道を譲り、さらに「指導」「誘導」へと代わっていった。ドイツでは、キリスト教民主同盟も計画経済を一九四七年初頭には公約していたが、〔同党の〕ルートヴィヒ・エアハルト▼[6]の「社会的市場経済」の勝利を前に、徐々に消え失せてしまった。イギリスでは当初、労働党政権が私的セクターにきわめて敵対的であるかに見えたが、使用者たちは敬意をもって扱われた。これには、より指令的な、例えばオランダの当局者も驚いたであろう。フランスにおいてさえ、「計画化」は概して不干渉主義におわり、それにもかかわらずそのゆえに成功を収めた。新しいヨーロッパ経済に対し、おそらく最も明敏な分析を行なったアンドリュー・ショーンフィールド▼[7]は、「一九三〇年代に劇的な失敗のなかにあるように見えた資本主義を、戦後世界の繁栄の原動力に変貌させたものは何なのだろうか」と問うた。彼の答えは、「公的な権力と私的な権力のバランスの変化」であった。▽[26]

国連ヨーロッパ経済委員会の一九五三年の懸念に反し、私企業経済は、東欧経済に匹敵する高率の投資と成長を達成した。企業家は政府の総需要管理と完全雇用政策を利用し、戦間期の経済活動を苦しめた貿易変動が国家の反循環的経済運営によってやわらげられることを予期して、より自信をもって投資を行なうことができた。この経済運営は科学的基礎の上に立っていると広く信じられていたので、ショーンフィールドが確信に満ちて「過去のパターンが……将来に再びあらわれると考える理由はどこにもない」と述べたのも驚くにはあたるまい。賢明な政策、社会的連帯、そして適応力のある制度化された協調が、西欧に、その歴史上最も注目すべき成功を保障したのである。▽[27]

福祉国家

この「予想外に見事な」資本主義の復活が起きたのは、もちろん、国家権力の拡張が経済の領域それ自体のみならず、社会福祉の領域においても認められるという世界においてであった。当時の論評者の多くは、経済の好況と福祉国家の拡張の二つは緊密に結びついたものであると見ていた。「福祉国家政策による下支えがなかったならば、自由市場経済システムは崩壊していたかもしれない。……福祉国家とダイナミックな市場経済は相互に不可欠な存在である」としたのは、ドイツ社会民主党の改革派カール・シラーである。▽(28)

もちろん、サッチャーの時代にこの考えは攻撃を受けることになる。福祉国家への支出は、現実には経済成長を妨げたのであり、前進を助けてはいない、と論じられたのである。これは一九五〇年代の経済というよりも、一九八〇年代の政治に関する議論である。歴史的記録は、このような批判的評価を支持するものではない。イギリスでは、現実には対GNP比での福祉支出が、例えば西ドイツよりも低かった。西欧全体を見ても、社会サーヴィスへの支出の低さは低成長を伴っている。▽(29)

▽(25) Ellwood, op. cit., pp. 218–19

▼(6) ドイツの政治家、首相（一九六三—六六）。占領下の通貨改革を主導し、アデナウアー政権では一貫して経済相を務めて経済の奇跡と呼ばれる経済成長の象徴となった。

▼(7) イギリスの経済学者。戦後ヨーロッパにおける計画の興隆を指摘した著書（『現代資本主義』海老沢道進ほか訳、オックスフォード大学出版局、一九六八年）で知られる。混合経済の提唱者であり、労働党に近く、ジャーナリストとしても活躍した。

▽(26) A. Shonfield, *Modern Capitalism: The Changing Balance of Public and Private Power* (Oxford, 1965), p. 3〔前掲『現代資本主義』〕

▽(27) ibid., p. 62; N. F. R. Crafts, 'The golden age of economic growth in Western Europe, 1950–1973', *Economic History Review*, 48: 3 (1995), pp. 429–47

▽(28) Nicholls, op. cit., p. 321

▽(29) イギリスについての議論は C. Barnett, *The Audit of War* (London, 1986) によるが、これに対する反論として次がある。J. Harris, 'Enterprise and welfare states: a comparative perspective', *Transactions of the Royal Historical Society* (1990), pp. 175–95

　国家が戦後に社会福祉にかかわるようになった時期が、ヨーロッパ民主主義の安定化期と重なっているため、福祉国家は本質的に民主政下の現象であると論ずるものもある。そもそも「福祉国家」という語は、ヒトラーへの対抗のなかで生み出されたものである。一九五〇年にアトリー英首相は、自らの政権が「福祉国家の礎を築いた」と語り、数年のうちにこの語は一般的に用いられるようになった。これは、国家と個人の関係における一つの分水嶺を画するものである。またおそらくは、社会学者T・H・マーシャルが論ずるように、政治的権利に経済的・社会的権利が加わるという、民主政における市民権の新しい理解の幕開けでもあった▽[30]。

　しかしマーシャルが民主政と福祉を結びつけたのは、イギリスおよびスウェーデンの特殊な経験を反映したものにすぎない。他の国では、戦後における福祉制度は戦前の保守的またはファシズム体制との強い連続性を映し出している。さらに東欧では、福祉制度は共産主義の下で〔初めて〕あらわれたものだった。〔連続性の例としてたとえば、〕西ドイツの社会政策をめぐる議論において、「生存配慮国家」という語がある。この語を導入したのは公法学者エルンスト・フォルストホフだが▼[8]、この語を彼が最初に用いたのは、一九三八年に第三帝国の文脈のなかで、しかも肯定的にであった。戦後イタリアの社会サーヴィスも、基本的には、ムッソリーニの下で設置された半自律的行政機構のネットワークを通じて作動するものだった▽[31]。

　しかし、伝統が連続しているにもかかわらず、第二次世界大戦は、二つのまったく異なる政策環境を分かつものとなった。戦後福祉国家の世界は、完全雇用や急速な人口増加、ヨーロッパ内では国内でも対外関係においても相対的な平和が維持されたことによって特徴づけられる世界である。これとは対照的に、戦間期の社会政策は、大量の失業、人口減少への懸念、革命、政治的過激主義そして戦争を背景に策定されたものである。どちらの時代においても、国家が主導的だったのは確かだが、一九四〇年以前には、家族そしてなによりも国民という集団の健全さを保障することが目指されていたのに対し、戦後においては、各市民の機会と選択肢を拡大することが主要な目的だった。それぞれの時代は、前の時代への反発であった。一九一八年以後の時代は、十九世紀中葉の自由主義〔が奉ずる〕個人主義に、一九四五年以後の時代は戦間期の集団主義に。この限りにおいては、マーシャルが市民権を強調したのは正鵠を射たものといえよう。

戦後の福祉国家は、西ヨーロッパ内の哲学や制度の実質的な相違を反映している。例えば西ドイツはイギリスと同様に、大がかりな住宅政策を実行し、毎年数十万の公営住宅を建設していた。これに対し、戦後の「ローマ略奪▼(9)」やアテネの周囲に広がったコンクリート・ジャングルは、こと住宅に関する限り南欧の国家が無関心であったことを示すものである。またイギリスの福祉システムは、すべての市民に基本的な最低限度のサーヴィスを供与することを目的とし、国税によって財源を確保しサーヴィス供与の現場では料金を徴収しないものである。これに対しフランス、ベルギー、ドイツは、任意保険制度を支持し、収入と拠出額がリンクすることになった。このような制度は、就業時の収入や地位の相違を恒久化するものであり、社会的なインパクトという点では保守的である。これに対しスウェーデンでは、国家はもう一方の極にあり、収入の不平等是正のために積極的介入した。このように、ある研究者によれば、西欧の福祉資本主義には少なくとも「三つの世界」またはモデルが存在していた。保守的なカトリック型、自由主義型、社会民主主義型である。

しかしどこでも、社会サーヴィスへの国家の支出は増大した。イギリスの社会サーヴィス支出は、一九三八年に対

▽（30）アトリーは次からの引用。R. Lowe, *The Welfare State in Britain since 1945* (London, 1993), p. 10; T. H. Marshall, *Class, Citizenship and Social Development* (New York, 1965)

▼（8）ドイツの行政法学者。ワイマール期から戦後にいたるまで大きな影響力をもった。現代国家の機能変容を重視し、給付主体としての行政という観点からナチ行政も擁護した。

▽（31）G. Esping-Andersen, *The Three Worlds of Welfare Capitalism* (Cambridge, 1990)〔G・エスピン＝アンデルセン『福祉資本主義の三つの世界――比較福祉国家の理論と動態』岡沢憲芙、宮本太郎監訳、ミネルヴァ書房、二〇〇一年〕; ティトマスは次からの引用。Lowe, op. cit., p. 12

▼（9）元の意は、一五二七年の皇帝カール五世軍のローマで行なった略奪のこと。戦後ローマの無秩序な開発や投機をさす。

GNP比で一一・三％であったものが、一九五五年に一六・三％、一九七〇年に二三・二％に達した。同時期に、政府支出の総額はGNP比三〇・〇％から一九七〇年には四七・一％に増大しており、社会サーヴィスはこの時点の政府支出の総額のほぼ半分を占めることになった。戦後、西欧のほとんどの国において、政府支出はほぼ国民所得に比例するかたちで増大した。同時に支出の構成は、防衛費の割合が減り福祉支出分が増加するというかたちで変化した。好況によって国民所得が急速に上昇したため、結果として国家による一人当たりの福祉支出はどこでも劇的に増加した。これは一九七〇年代初めに再び鈍化するのを前に、一九六〇年代にさらに加速することになる。さらに、二十年間の好況を通じて、各国の相違はそれほど目立たないものとなっていった。例えば一九五〇年の段階で、労働人口の七〇％以上が労災・健康・老齢・失業保険にカヴァーされていたのはデンマーク、イギリス、ノルウェー、スウェーデンのみであったが、一九七〇年には、ギリシャ、ポルトガル、スペインという南の周縁諸国を除き、この数値にはすべての国が達していた。▽(32)

一般的にいえば、戦争が社会的連帯への要求を作り出し、または強化したと思われる。その一方で、経済の発展がこの変化に必要な資源を作り出した。もちろん、政府の収入に対する姿勢が、支出に対するそれと同様に変化したことも忘れるべきではない。言い換えれば、完全雇用という安全を享受して、人々は十年または二十年前ならば考えられないような税率を受け入れたのである。税の歴史は特に魅力的な主題というわけではないため、なぜそうだったのかは、歴史家がまったく無視している問題である。しかし、これは西欧社会の戦後の変化において根本的な意味をもつ特徴であり、西欧の資本主義の経験を合衆国やアジアのそれから区別する点である。▽(33)

奇妙なことかもしれないが、一九五〇年代から六〇年代にかけて国家の責任領域が拡大するとともに、幻滅感が広がった。「作りなおし、建てなおし、計画しなおそうという一九四〇年代の衝動や理想は、いまではすべて崩壊してしまった」と嘆いたのは、イギリスの社会理論家リチャード・ティトマスであった。確かに、期待の高まりが望みや要求の水準を引き上げ、貧困線を上昇させた、という側面はあるかもしれない。しかし、一九六〇年代初めの「貧困の再発見」や、福祉の供給についてのより一般的な懸念の原因を、完全に期待の上昇だけに帰着させることはできない。新しい福祉デモクラシーの限界が明らかになりつつあったのである。▽(34)

一九四〇年代の平等主義的な希望が失われるとともに、福祉国家の到来は富の不平等に影響を及ぼすものではないということを、人々は次第に理解するようになった。税制や福祉給付を広範な再分配のために用いようとはされなかったため、スカンディナヴィア以外では、所得分配が意味のある規模で変更されることはなかったのである。では、誰のために福祉国家は生まれたのだろうか？　貧困者のためではなく、より暮らし向きの良い人々、すなわち中間層や完全雇用の果実を共有する一部の労働者階級のためである、という答えがしだいに有力となっていった。福祉国家の起源に関する新しい見解もこれを裏打ちしているようである。現在の見解では、福祉国家は、労働者階級の英雄的な圧力の結果というよりも、中間層の利益集団、温情主義的な知識人の善意、そしてすべての社会層のリスク回避の結果なのである。▽(35)

これは驚くべきことだろうか。中間層が急進的な課題を自らの目的へと変えてしまうことによって、戦後の西欧民主政を安定させたというもう一つの事例にすぎない。マーシャルもこう書いている。「一見すると、労働者に渡るべきものを、いつものようにブルジョワジーがくすねてしまったように見えるかもしれない。しかし現状では、自由な民主政においてこういったことは起こるべくして起こったのであり、これから福祉国家においても、そうなり続けるのである。福祉国家はプロレタリアート独裁ではないのであり、ブルジョワジーを一掃することなど誓ってはいない

▽(32) 次からの引用。K. D. Bracher, *The Age of Ideologies: A History of Political Thought in the 20th Century* (London, 1985), p. 200
▽(33) Cochrane and Clarke, op. cit., p. 32
▽(34) T. H. Marshall, 'The welfare state – a comparative study', in T. H. Marshall, *Class, Citizenship and Social Development*, op. cit., p. 313; Ambrosius and Hubbard, op. cit., p. 128; Titmuss, *Essays on the Welfare State*, op. cit., p. 241
▽(35) ボールドウィンは、特定の階級と再分配的な社会政策の間にはいかなる必然的な結びつきもないとした。P. Baldwin, *The Politics of Social Solidarity: Class Bases of the European Welfare State, 1875–1975* (Cambridge, 1990), p. 290

のだから。[36]」

ある人には一九五〇年代の個人主義、無責任、自己中心主義に映るものが、別の目からは、より中立的に、貪欲さと豊かさの拡大に見える。しかし「豊かな社会」の到来は、福祉国家に新たな挑戦を提示することになった。福祉国家は、人々の心のなかでは緊縮の時代と結びついていた。また福祉国家の基礎となっていた普遍性の原則は、もはやさほど緊急とは感じられなくなったばかりか、あまつさえ「むしろばかげている」と感じられていたからである。マーシャルはこう結論づけている。「貪欲な社会は、みずからの国境線を拡大し、生来の敵をも自らの信条に改宗させることに成功した」と。

ヨーロッパの個人主義的動員

「われわれの世代の多くは、一九三〇年代に資本主義の根深い破壊性をあたりまえに思うようになっていたが、戦争以来、資本主義システムの変身を、大きな個人的経験として体験することになった」とショーンフィールドは一九六五年に述べた。例えば幻滅した社会主義者のように、この変容を否定的に解釈することもできよう。つまり、これは社会的責任の減少と戦時の平等主義的目標の衰退であるとする見方である。しかし同時に、これは、アレッサンドロ・ピッツォルノが「個人主義的動員」と名づけた方向へと社会が根本的に変化する動きとして、積極的な光を当てる必要もあろう。資本主義の成功によって、階級間の敵対は融解し、活動家的で夢想的な戦間期の大衆政治に、消費と経営の、冷めた政治が代わっていった。人々が求めたのは神ではなく商品だったのだ。[37]

もちろん、ヨーロッパの消費社会の起源は第二次世界大戦前に十分さかのぼることができる。ヘンリー・フォードの合衆国が原型であったにせよ、一九五〇年代から一九六〇年代に明確になるような態度や希望の変化の最初の兆候を戦間期のヨーロッパに見ることも可能である。一九三四年のベルリン自動車ショーの開会にさいし、ヒトラーは次のように演説した。

　自動車が主に特権的な階層の交通手段にとどまる限り、たいがい限られた機会しかもたない数百万の、従順で勤勉で有能な同志たちは苦い気分を味わうだろう。例えば日曜日や休日に未知の喜びに満ちた幸福の可能性を開いてくれる交通手段が、自らには閉ざされているのである。……階級を強調し社会を分断するというこれまでの自動車の性格を取り除かなければならない。車は奢侈の対象のままではなく、日常的使用のためのものにならなければならないのだ！[38]

だが、このように大胆な宣言は一九三〇年代の現実に反するものである。ヒトラーの言に反し、経済的な逼迫と戦争のための動員によって、第三帝国においては一台のフォルクスワーゲンも一般には販売されることがなかった。しかし戦争が終わると、配給制や耐久生活への人々の許容力は急速に消滅した。配給の公正さが認識されていた場合でも、その終結と市場の再開が次第に望まれるようになった。一九五〇年代初頭から、戦時の統制が撤廃されるにつれ、新しいショッピングの文化が明確なかたちをしめすようになった。

　欲望を作り出すことが、商品の購入には先行する。新しい耐久消費財やその他のすばらしい品々を購入できるのがごく少数の人々であった段階から、広告代理業者や小売業者は売り方を革命的に変更した。バートン社の『経営者のための手引き』一九五三年版の言葉を借りればこうである。「強烈な所有欲を作り出し、金と別れたくないという自

▽（36）Marshall, *Class, Citizenship and Social Development*, op. cit., pp. 297–300, 330

▽（37）Shonfield, op. cit., p. xv; フランスの保守主義の再生については、次を参照。R. Vinen, *Bourgeois Politics in France, 1945–1951* (Cambridge, 1995); A. Pizzorno, 'The individualistic mobilisation of Europe', *Daedalus*, 93: 1 (winter 1964)

▽（38）次からの引用。W. Sachs, *For Love of the Automobile: Looking Back into the History of Our Desires* (Berkeley/Los Angeles, Calif., 1992), pp. 55–6〔ヴォルフガング・ザックス『自動車への愛——二十世紀の願望の歴史』土合文夫、福本義憲訳、藤原書店、一九九五年〕

然な感情を克服させよ。そうすれば次々とモノを売ることができる。」伝統的な販売方法は変更された。女性は、無視されるどころか、むしろ「近代的な生活」の「原動力」としてスポットを浴びたのである。一九五〇年代の広告業者は、女性を主に家庭内の存在と捉え、「主婦を狙い打つ」ことに力を注いだ。「電気、エスプレッソ、そしてコーラなしではもうやっていけません。でも、料理はしなくてもいいんです！　こんなすばらしい商品がもうどれもあなたのものですよ、奥さん！　おばあさんやお母さんが手を使って苦労しなければできなかったことが、この小さな奇跡のような機械を使えば、あっという間にできあがり。……さあ、財布の底をもう少しさらってみるよう、ご主人に言ってみましょう。」あるイタリアの経営者は「私は女性のことをまず第一に考える、続いて犬、馬、そして最後が男性だ」とも言っていた。一九六〇年代初頭には、広告業者は「かわいいお母さん」を「平凡な女性」や、モデルが新しい飛び跳ねスタイルで流行らせた独身の「コスモ・ガール」と区別するようになっていた。[39]

俗物性に訴える古いスタイルの広告はある意味で、地位や階級の相違が永続することを承認しているものであった。それに対し、社会的階梯を何段か上ることが可能である、と消費者に信じさせるような広告方法が登場したのである。「アメリカ的」広告の方法は、「エールではなくラガービールを飲み、両切りではなくフィルターつきタバコを吸い、ミルクチョコではなくプレインチョコを食べる下層労働者の通勤者や、郊外に庭付きで開放感のある間取りの住宅を買ったばかりの上・中流管理職、といった地位欲の強い層」を狙ったものだった。一九三七年に合衆国の外に支社をもつアメリカの広告会社は四つだけであった。一九六〇年にはそれが三十六社、二百八十以上の営業所に上った。[40]

潜在的購買層を分類していく彼らのテクニックは、新しい学問分野である市場調査、実験心理学や応用心理学に基礎をおいていた。これについては、一九六〇年代の消費文化を描いたジョルジュ・ペレックの小説『物の時代』において詳細に解剖されている。「われわれは教育を補助する役目をもつ科学として心理学を考えていたのだが、売り込みの目的やインフレ経済のお偉方の役に立つように、売り渡されてしまった」とある観察者は警戒をもって記している。しかしこのような声は荒野の叫びにすぎなかった。職業としての広告業は、戦前にもっていたいかがわしい連想

を払拭し、刺激的な、魅力的ですらある仕事となった。▽(41)

広告革命は新しいマスメディアを通じて広がった。商業広告は一九五〇年代半ばからテレビに登場し、電話の所有が増加したことで、一九六〇年代初めに職業別電話帳が現われた。同じ時期に、新聞の日曜版には色刷りの付録がつくようになり、記事とともに「新しい生活スタイル」を提案する広告を掲載した。このような商品の氾濫にうまく対処できず、不安を抱く消費者に対する支援すら現われた。一九五七年に、アメリカ消費者同盟によって新しく設立された消費者調査協会は、『どれを選ぶ？』誌の出版を開始し、数年後には五十万近くの読者を獲得するにいたった。

このようにして作り出され、広められていった新たな欲望は、これまでになくすみやかに満たされていく。信用取引や借金に関する姿勢も変わっていった。フランス農民の「信用取引は商業という身体の膿んだ傷口である」という考えは、月賦払いの広がりだけではなく、商業銀行自身ですら、「これまで一度も銀行口座をもったことのない顧客の要求を満たすように変化した一連の銀行サーヴィスを積極的に売り込む」ようになったことによっても挑戦をうけていた。このような金融革新によって、消費革命が進行した。緩やかな物価上昇はその誘因となった。「物価が上昇し続けるのだから、欲しいときに欲しいものを手に入れないのは馬鹿げている。もちろん、無理のない範囲でだがな」とある慎重なフランスの村人が一九六一年に述べているように。▽(42)

「満足いく生活」は家庭で始まった。人々が冷蔵庫、洗濯機、テレビといった家庭の装備を優先していたことは、どのような資料にも明らかである。ただし、それらの商品の売れ行きが好調だったとはいえ、より貧しい社会層が消費

▽（39）女性については次を参照。S. Weiner, 'The *consommatrice* of the 1950s in Elsa Triolet's *Roses à crédit*', *French Cultural Studies*, vi (1995), pp. 123–44; C. Duchen, *Women's Rights and Women's Lives in France, 1944–1968* (London, 1994); E. Siepmann, *Bikini: Die Fünfziger Jahre* (Berlin, 1983), p. 200; M. Boneschi, *La grande illusione: i nostri anni sessanta* (Milan, 1996), p. 93

▽（40）F. Mort and P. Thompson, 'Retailing, commercial culture and masculinity in 1950s Britain: the case of Montague Burton, the "Tailor of Taste"', *History Workshop Journal*, 38 (1994), pp. 106–29; J. Pearson and G. Turner, *The Persuasion Industry* (London, 1965), pp. 30–31

▽（41）T. R. Nevitt, *Advertising in Britain: A History* (London, 1982)

▽（42）Wylie, op. cit., pp. 181, 347; R. Harris and A. Seldon, *Advertising in Action* (London, 1962), pp. 23–4

の楽しみにあずかるようになるには時間がかかったことは強調しておくべきだろう。この点において、一九五〇年代から一九六〇年代初頭の宣伝は、現実を描き出しているというよりは、将来を提案したものである。例えば、一九五九年のフランスにおいて自動車を所有していたのは、重役ではだいたい四分の三だが、労働者は五分の一、農業労働者では八分の一だった。テレビの保有の広がりはより緩慢であり、一般に広がったのはようやく一九六〇年代末のことだった。

消費財のなかで最も重要なものといえば、おそらく車であっただろう。西欧における自動車生産は、一九四七年に年産五十万台程度だったものが、一九六七年には九百万台以上に成長した。車の保有も急増した。オーストリアでは、一九五〇年の五一、三一四台が一九六〇年には四〇四、〇四二台に、イタリアでは、一九五〇年から一九六四年の間に、三十四万二千台から四百七十万台へ、西ドイツでは、一九四九年の百四十万台が一九六二年に九百五十万台、という具合である。鉄道の利用が減少するとともに、自動車道路が大陸じゅうに広がった。パリ環状道路は早くも一九五六年に建設が開始され、セーヌ右岸沿いの高速道路は一九六七年に着工した。ミラノとナポリを結ぶ「太陽道路」が完成したのは一九六四年十月のことであり、完成にさいし、フィレンツェ大司教はフィレンツェ北サービスステーションで感謝の祈りをささげていた。▽[43]

渋滞のため交通計画の専門家が求められ、交通監視員、一九五九年に初めて設置されたパーキングメーター、黄色の駐車禁止線が、戦時の爆撃に匹敵する勢いでヨーロッパ都市の歴史的な中心部を平準化していった。自動車が刺激したものには、一九六〇年代末から広まった郊外での買物がある。これにより市街中心部の小商店主が打撃を受け、新しいスーパーマーケットの展開が加速した。例えばフランスでは、一九六〇年には四十のスーパーしかなかったものが、一九七〇年には千店舗を超えていた。プリズュニックとモノプリ〔フランスのスーパーマーケット〕の時代が到来したのである。▽[44]

生活水準の上昇によって、レジャーへの支出も促進された。コカコーラが二十年もの間、ドイツ市場向けの宣伝文句として「一休みしよう」を使い続けたのは偶然ではない。一九四八年のイギリスで、二週間の有給休暇を楽しむことができた肉体労働者は、三百十万人ほどだった。一九五〇年代半ばまでにその数は千二百三十万、すなわちほぼすべての肉体労働者へと増加した。より多くの人々が、以前にはなかった長さの休暇をとり、より多くの費用を投じるようになった。一九六〇年代末から、海外の目的地へのパック旅行が次第に一般的となった。外国を一度でも訪れたことのあるイギリス人は、一九七一年に成人の三分の一にすぎなかったが、一九八四年には、未経験のものの方が三分の一であった。一九六七年を「国際旅行年」とすることで国連も認めたように、いまや旅行は重要な産業であり、旅行者の送り出し元としても目的地としてもヨーロッパはその中心にあった。OECDにとって、旅行は「『レジャー文明』のもっとも目立った特徴の一つであり、西洋世界において徐々に拡大しつつある」ものだった。旅行は再分配機能を果たすものでもあり、一定の環境コストと引き換えに、好況に取り残された地域に資金が還流した。大陸の南の周縁部のようなところでは、旅行者向けに新しく開発された建物が立ち並び、そこなわれていない風景をもつ農村では、働いている人よりも観光客の方が多いような具合であった。▽(45)

これら旅行者たちは文化批判者の好餌となった。彼らは、旅行がもつメリット、例えば過去の島国根性を打ち壊すといったものをほとんど認めようとしなかった。アメリカのポール・フッセルは、戦前の紳士的で理解力のある「旅人」と、現代のパック旅行の野蛮人とを対照させた。ハンス・マグヌス・エンツェンスベルガーの『旅行の理論』は、

▽（43） A. Sampson, *Anatomy of Europe* (New York, 1968), p. 116〔アンソニー・サンプソン『ヨーロッパの解剖――第三の巨人・欧州共同体』小松直幹訳、サイマル出版会、一九七二年〕; R. Wagnleiter, *Coca-Colonization and the Cold War: The Cultural Mission of the United States in Austria after the Second World War* (Chapel Hill, NC/London, 1994), p. 294; S. Gundle, 'L'americanizzazione del quotidiano: televisione e consumismo nell'Italia degli anni cinquanta', *Quaderni storici*, 62 (August 1986), pp. 561–94; Hiscocks, *Germany Revived*, p. 55; K. Ross, *Fast Cars, Clean Bodies: Decolonization and the Reordering of French Culture* (Cambridge, Mass./London, 1995), p. 53; Gundle, op. cit., p. 588

▽（44） C. Dyer, *Population and Society in 20th Century France* (London, 1978), p. 222

▽（45） N. Stacey and A. Wilson, *The Changing Pattern of Distribution* (Oxford, 1965 edn), p. 390; J. Benson, *The Rise of Consumer Society in Britain, 1880–1980* (London, 1994), p. 88; Sampson, op. cit., p. 232

旅行者を、工業社会のつらい仕事からの自由を目指す、望みのない根本的にブルジョワ的な希求とみなした。あるいは、ブルジョワジーがファシズムに影響を受けやすいことを説明する、エーリッヒ・フロムの「自由からの逃走」の概念を用いて、旅行もその一部にすぎないとされた▽(46)。

しかしこれらの厳しい攻撃は、新しい消費主義へのより広範な攻撃の一部をなすものである。それは「家族と道徳秩序」に対する脅威を警戒するカトリック聖職者から、物神崇拝を軽蔑するパゾリーニのような高踏的マルクス主義者までを束ねるものだった。フランコのスペインにおいて、保守派は、一九六〇年代の好況が「有機的民主主義」を蝕み、新しい「テレビ漬けの消費者」を古いカトリック的価値から引き離すとみなしていた。しかし正真正銘の民主政においてすら、「経済の奇跡」がもたらす劇的な社会的反響は満足とともに懸念をも引き起こした。ジョルジョ・ボッカは一九六三年の『イタリアの発見』で、「繁栄によって変形され催眠術をかけられた……イタリア・ブーム！」と書いている。

受動的で順応主義的な、商業的圧力の対象としての消費者が、一九四〇年代の社会理論家が思い描いていた積極的な市民に取って替わったように思われた。いまや、市場調査とテレビ広告のすばらしきこの新世界において、人々の欲求さえも、真に彼ら自身のものではなくなっていた。マルクス主義のフランクフルト学派を中心とする、消費主義についての初期の影響ある理論家たちにとって、新しい「大衆社会」は、現代資本主義の力が一般の人々の「虚偽意識」につけこむのを許すものだった。彼らのような左翼エリート主義者の見るところでは、戦前に自らの判断を捨ててヒトラーに追従したのと同じその大衆が、いまや無思慮に店へ向かう群れとなって集まっていたのである。

このような解釈はスノッブ的な考えを背景にしており、新しい消費主義の同質化と順応主義的傾向を誇張したものだった。実際には、のちの世代の文化批判者が指摘するように、一九六〇年代の「ライフスタイル」の売り込みは、一九五〇年代の規格化を打ち破っていった。ボードリヤールやブルデューのように楽観的な論者によれば、消費文化が実際に人々にもたらしたのは、自らを定義し、自分のアイデンティティをかたちづくる新たな自由であった。

一方、新しい個人主義の出現は、古い集団主義的アイデンティティをすでにはっきりと融解させていた。一九四〇年代末のストライキの波は、とりわけフランスやベルギーで顕著だったが、一九五〇年代になると衰えていった。『プロレタリアート』について語ることにほとんど意味はない、というのもそれはもはや存在しないからである」と一九五八年のある資料は述べている。かつての炭鉱労働者がアメリカのジャーナリストに説明したところでは、「ドンカスターに住んでいる自分の周りを見てみても、十分に食べることもできず、まともな衣服も着られず、調度の貧弱な家に住んでいる人々が目についたのはそう昔の話ではなかった。いまやそのような人々も、きちんとした衣服を身に着け、十分に栄養を摂っている。彼らの家に行ってみたなら、装飾物、ピアノ、じゅうたん、ラジオをもっているだろうし、テレビをもっているものもいるだろう。すべてがかわったんだ」▽[47]。

労働者階級においても中産階級においても、新たな富を享受できるものと、冷遇されているものの間には分裂が生じた。ホワイトカラーと管理職部門は拡大し、農民は急速に縮小した。フェルディナンド・ツヴァイクは、イギリス労働者の研究で、階級の含意が変化していることを発見した。階級の語は「かわりなく俗物根性とは結びついているが、階級闘争とはほとんど関係がない」のである。その語が連想させるものの範囲は縮小しており、職場それ自体にのみ関わるものとみなされつつあった。ある労働者は「俺が労働者階級なのは工場のなかでだけさ。外では他のみんなといっしょだよ」と語っていた。集団行動、アイデンティティ、工場内外での活動を提供するという、時代遅れの意味における階級は消滅しつつあった。古い社会的な境界線は、消費と再生産のパターンが収斂することで、不鮮明になっていったのである▽[48]。

▽（46）P. Fussell, *Abroad* (London/New York, 1980); Hans Magnus Enzensberger, *Eine Theorie des Tourismus* (Frankfurt, 1963)
▽（47）Stacey and Wilson, op. cit., p. 334; ジョー・カリーは次からの引用。Ellwood, op. cit., p. 208
▽（48）次からの引用。Marshall, 'The affluent society in perspective', in *Class*, p. 341; 再生産パターンの収斂については次を参照。D. V. Glass, 'Fertility trends in Europe since the Second World War', *Population Studies*, 22: 1 (March 1968), pp. 103–47

ドイツの論者は、政治的狂信と暴力という一方の極から、受動性とアパシーというもう一方へ振れた社会に潜む危険を、とりわけ強く意識していた。かつて階級闘争に引き裂かれた社会はいまや眠り込んでしまっているように見えた。カール・ブラッハーは、「恐るべきテクノクラシーのイメージ」が「議会制民主主義の権威主義的改造」をもたらすとし、活発な市民なしでは、ヨーロッパは、管理者的な解決に全幅の信をおく「自己満足的な専門家支配」へ退行してしまうと警告した。ユルゲン・ハーバーマスは、テクノロジーと科学はそれ自体一種のイデオロギーと化し、「多くの人々の非政治化された意識に浸透している」と論じた。アメリカの政治学者が「イデオロギーの終焉」を言祝いだのは、同じ過程をより肯定的に語ったものである。▽[49]

かりにアメリカ人が、西欧における階級間の緊張を「生産性の政治」を通じて和らげることを、本当に意図していたとするならば、一九五〇年代には、それは成功したかのように見えた。ここで思い出されるべきは、「自らの政治指導者の相対的な能力よりも、コーンフレークと紙巻タバコの長所により大きな関心をもち始めるまで、イタリアが繁栄状態と内的な静穏に達する見込みはないだろう」とアメリカのイタリア駐留士官が一九四七年に述べていたことである。彼の望みがここにかなったのだろうか。西欧もまた政治を放棄し、フランスの反米主義者〔ジョルジュ・デュアメル、作家・詩人〕が大西洋の向こうに見た「幸福な奴隷」の社会へと変容したのだろうか。▽[50]

ヨーロッパのアメリカ化？

「十年前にはまだ、スナックバー、スーパー、ストリップ劇場といった獲得社会▼[10]のすべてを軽蔑することができた。しかしいまとなっては、それらすべてが多かれ少なかれヨーロッパに定着した。そのような物欲に駆られた社会はまだわれわれのものとはなっていないが、われわれの子供の社会はそのもの、またはそれによく似たものとなるだろう。合衆国は、われわれが好むと好まざるとにかかわらず足を踏み入れようとしている生活のありかたを展示してみせる実験室なのである」と、あるフランスの批判者〔ジャンマリー・ドムナック、『エスプリ』編集長、作家〕は一九六〇年に述べていた▽(51)。

一九五〇年代には、多くの人々にとって、国境、階層の境界をこえた生活パターンの同質化は、アイデンティティの喪失と典型的なアメリカ型の社会に向かう変化を示しているように思われた。大衆消費がアメリカで生まれたものだとするならば、自動車、コカコーラ、テレビといったものが普及することは、ヨーロッパの独自性が終焉する前兆ではないだろうか。ピッツオルノは以下のように問うている。「われわれがいまここで手にしているものは、新しい時代の趨勢であり、それによって将来の社会のパターンを理解することを可能にするのだろうか。あるいは、それは一瞬の閃光にすぎず、その後には古くからの同じ問題や難局と、同じ矛盾や紛争が回帰することが考えうるのだろうか▽(52)。」

アメリカの多くの政策形成担当者に関する限り、アメリカ化はまさに到達目標だった。言い方をかえれば彼らは、アメリカ合衆国が、社会・経済的紛争を解決するうえでのモデルを提供しており、可能であるならば西欧でも忠実に適用されるべきである、と考えていた。生産性向上運動、ヨーロッパ連邦化と自由貿易の促進、新種のテクノロジー（テレビなど）やマーケティング（科学的管理、攻撃的宣伝）の唱道の背後にあったのはこの確信である。

しかし、ヨーロッパ人はどの程度この新しい世界に足を踏み入れたのだろうか。抵抗は確かに耳目を引く規模だっ

▽（49）K. D. Bracher, 'Problems of parliamentary democracy in Europe', *Daedalus*, 93: 1 (winter 1964), p. 185f.; ハーバーマスは次からの引用。R. Kearney, *Modern Movements in European Philosophy*, p. 230

▽（50）次からの引用。P. Ginsborg, *A History of Contemporary Italy: Society and Politics, 1943–1988* (London, 1990), p. 248; デュアメルは次からの引用。Kuisel, op. cit., p. 11

▼（10）イギリスの社会主義思想家、歴史家であるリチャード・ヘンリー・トーニーが物欲という観点から資本主義社会を特徴づけたもの。

▽（51）Jean-Marie Domenach, 'Le modèle américain', *Esprit* (July–August 1960), p. 1221, 次からの引用。Kuisel, op. cit., p. 109

▽（52）Pizzorno, op. cit., p. 199

た。アメリカのヘゲモニーは反米主義の擡頭を招き、それは特にフランスで顕著だった。コカコーラはフランスに地歩を固めようと奮闘したが、これを締め出そうとする動きを、『ル・モンド』紙は意味深長にも「ヨーロッパ文化のダンツィヒ〔第二次大戦は、ダンツィヒ（現グダンスク）のポーランド軍駐屯地への砲撃で始まった〕」のための闘いと希望のない比喩で報じていた。ドーヴァー海峡の向こう側でも、ローマに対するギリシャの役回りをワシントンとの関係で演じていたイギリスは、「特別な関係」のなかでの従属に対し、屈辱とプライドに引き裂かれる思いであった[53]。

しかし、注目すべきことに、反米主義は社会階層を下るほど目立たず、新しい大衆文化を享受している層よりも知識人や古いハイカルチャーの擁護者において目立っていた。また、敗戦国（ドイツ、オーストリア、イタリア）よりも、戦勝したと信じている国において顕著であった。これは確実に、反米主義とその延長である「アメリカ化」への恐怖が、まず第一に中立主義の目標（「コカコーラでもウォッカでもなく」）と、第二に帝国喪失後の屈辱感と結びついていたことによるものである。かつての帝国は植民地の所有を放棄させられただけではすまず、彼らもしくはそのエリートたちからすれば、今度は彼ら自身が植民地へとかえられてしまったように感じていたのである。これとは逆にドイツやオーストリアでは、「アメさん」たちは、近い過去の恐ろしい国民的記憶を覆う新たな近代的アイデンティティを提供してくれるものとして、むしろ建設的な勢力とみなされていた。

さらに、権威への敬意が薄れ、より平等で未来志向の社会が形成されていったのは、実際のところ、アメリカの影響だけの産物ではないのはもちろん、アメリカの影響が主な要因であったということすらできない。一九二〇年代以降の映画に見られるような、アメリカ的生活のイメージがその過程を促進したことは確かである。しかし、大衆民主政、ファシズム、戦争、ナチによる占領といった出来事すべてが、アメリカの到着以前にヨーロッパの古い秩序のほとんどを効果的に一掃していた。その過程がアメリカのヘゲモニーに基づく注視の下で継続したことは確かだが、それはヨーロッパ政治に深く根ざした諸力を反映したものでもあった。アメリカ化の先鋒とみなされることの多い映画をみても、実際にはより複雑な関係が明らかになる。もちろん、ハリウッド映画はヨーロッパでもきわめて人気があった。しかし、イギリスのコメディ「キャリーオン」シリーズ、ドイツの「郷土映画《ハイマートフィルム》」、フランスの「ヌーヴェルヴァーグ」といった各地の映画作成の伝統は、たとえうまく輸出できなかったにせよ、生き残り、そして花開いていった。

一般的に言って、アメリカの影響は、ヨーロッパの伝統と願望に接触することで改変されていった。確かにコカコーラは大西洋の両側で同じ味だったかもしれないが、他のものは変更されていった。例えば自動車は、より小さく質素なものになった。ヨーロッパ人は、フォルクスワーゲン、フィアット５００、モーリス・マイナー、そしてミニを支持していた。ヴェスパやランブレッタのように、同等品がアメリカに存在しないものについては言うまでもない。大型車ですら、外観が異なっていた。ジャガーＸＫ１４０、ゴードン・キーブル、ブリストルのような高価で手作りの「ヨーロッパ的」外観は意図的に維持された。〔アメリカ車の〕サンビーム・レイピアー、ヴォクソール・ヴィクター、フォード・ゼファーといった、ロケットのようなフィンをつけた庶民的な「夢の車」は、市場を席巻することができなかった。例えばイギリスでは、〔アメリカ製の〕フラッシー・クレスタやゾディアックも、断固として伝統を守るオースティン・ウエストミンスターに売り上げで簡単に敗北していた。

建築においても同じことである。モダニズムは西への亡命から帰還し、摩天楼、団地、アメリカ大使館、企業の本社ビルを作り上げた。しかし、結果として生じたスカイラインは、アメリカふうとは言いがたかった。建物はおおむね低く、道に面した既存の前面部と意識的に組み合わされていた。アメリカとは異なり、郊外が街の中心部の生活を破壊することもなかった。これはおそらく、郊外への脱出には、アメリカのような厄介な人種的動機がなかったからであろう[54]。

そもそも、アメリカのさまざまな影響は同質的なものではなく、異質な、しばしば矛盾する潮流の混合物であり、

▽（53）次からの引用。Kuisel, op. cit., p. 65
▽（54）Pizzorno, op. cit.; R. Willett, *The Americanisation of Germany, 1945–1949* (London, 1989), pp. 49–51

あるものは現実であったが、あるものは神話であった。それは現実であるとともに観念であり、ヨーロッパ人の、創造的な幻想の媒体へと転化しうるものだった。ファッションに収入をつぎ込む若者や、フレディ・クィン（本名マンフレート・ニドゥル＝ペルツ）やレイ・ミュラー（ライナー・ミュラー）のようなロックスター、西部劇をスペインやチネチッタのホメロス的叙事詩として再生した映画監督セルジオ・レオーネがその例である。[55]

アメリカはヨーロッパに、社会的・政治的闘争を行なうさいに利用できる、さまざまなモデルも提供した。例えば、「国民安全保障」国家がそれである。もちろん、これは西欧のどこにでも存在した立派な自前の反共主義の伝統の上に立ったものでもある。新しい消費主義もそうである。しかし、反広告運動もまた、ヴァンス・パッカードのようなアメリカの批判者に負っていた。彼のベストセラー『隠れた説得者』は、イギリスで商業テレビ広告が始まった年に出版されたのである。とりわけ公民権運動は、一九六〇年代半ばから一九七〇年代のヨーロッパにおいて、地方での抗議行動や国レヴェルの立法をかたちづくるのに寄与した。

振り返ってみれば、「アメリカ化」をめぐる論議のなかで特筆すべきは、一九六〇年代のある時点からそれが失速したことにある。あたかも、そのころにはヨーロッパ人のほとんどが、大西洋の向こうにいる保護者への劣等感を払拭したかのようである。そのころには帝国の喪失が経済的な衰退には結びつかないことが、明らかになりつつあった。逆に、ヨーロッパは国際経済上の勢力として次第に強力になっていき、その一方でアメリカの力は揺らぐ兆しを見せていた。セルヴァン＝シュレベールが『アメリカの挑戦』で声高に述べたような、アメリカの多国籍企業に買収されるという古くからの恐怖は、いまやヨーロッパがアメリカに対し純債権者であることがあきらかになり、和らいだ。一九四〇年代末にマーシャル・プラン立案者の連邦化の情熱を前に恐れられていたのとは異なり、古くからの国民国家は消え去らなかった。それどころか、生き残り、より強大になりさえしていた。国民文化の究極の解体者であると当初触れ込まれていたテレビですら、実際にはむしろ、地方や地域への忠誠感情を破壊してより強い国民としての感情を作り出した。西欧は、新しい消費主義を自らのものとして受け入れていた。[56]

成長社会における抗議

一九五五年に、戦後イタリア憲法の起草者の一人である法学者ピエロ・カラマンドレイは、民主主義の達成度を批判した。抵抗運動の抱いた希望は保守派の抵抗により破れ、憲法それ自身も「現実化しない」ままにとどまり、表向きの「形式的な民主主義」の裏側には、ファシズムと「警察国家」との連続と妥協という現実がある。一九三一年の公共治安法が引き続き適用されていることは、イタリアにおける民主主義の不完全さのはなはだしい一例にすぎず、移動や集会の実質的な自由、両性の真の平等も存在しないとの非難だった。▽(57)

一九六〇年代には、ヨーロッパのなかでも若く都会的な人々は、戦争以来の大きな社会変動を意識し、政治と法がこの変動に追いつくことを求めるようになった。戦争による破壊がなかったところでも、経済成長を通じて農民と貴族からなる古い世界は消滅し、より流動的で、権威への敬意の薄まった社会が現われていた。これらのヨーロッパ人は、「自由世界」における真の自由を求めた。社会改革の要求を、共産主義者の転覆計画として無視することはもはや受け入れられなかった。年老いたアイゼンハワーにケネディと民主党が取って替わるという、ワシントンでの変化はこの動きを強めた。

ヨーロッパで冷戦への懸念が後退するにつれ、政権にあった保守派が、過去に汚染されたものにみえるようになってきた。一九六〇年のイタリアで、タンブローニ政権がネオ・ファシストの支持を借りて成立したさいには、半ば内

▽（55）次を参照。D. Strinati, 'The taste of America: Americanisation and popular culture in Britain', in Strinati and S. Wagg (eds.), *Come on Down? Popular Music and Culture in Postwar Britain* (London, 1992), pp. 46f.

▽（56）ヨーロッパの世界経済における役割については、次を参照。D. Aldcroft, *The European Economy, 1914–1990* (London, 1993 edn), ch. 5〔デレック・H・オルドクロフト『二〇世紀のヨーロッパ経済――一九一四―二〇〇〇年』玉木俊明、塩谷昌史訳、晃洋書房、二〇〇二年（引用されているのは第三版だが日本語版は第四版の翻訳）〕

▽（57）P. Calamandrei, *Questa nostra costituzione* (Milan, 1995 edn), p. v

戦状態となった。フランスでは、アルジェリアでの戦争が本土に飛び火した。パリでは、警察がデモを鎮圧し、そのさいに数十人もの参加者をセーヌ川に投げ込んで死亡させるという、ほとんど知られていないが戦後西欧で最も残虐な集団的暴力の一つに挙げられる事件が起きた。責任者はモーリス・パポンという、かつてのヴィシー政府の高官だった。ギリシャのカラマンリス政権は、要職にある大臣の戦時の対独協力《コラボ》の暴露で揺るがされたが、選挙操作によって政権の座にしがみついた。西ドイツにおける一九六二年のシュピーゲル事件▼[11]は、ゲシュタポの記憶を呼び起こすものであり、リュプケ大統領と〔数年後に就任した〕キージンガー首相はナチ党員であったという過去に悩まされていた。

一九六一年のアドルフ・アイヒマン裁判はこの問題全体にスポットライトを当てるものとなった。冷戦下の平常と繁栄のもとでは、部分的な、場合によっては名ばかりの民主主義しか許されず、その背後に古く権威主義的な勢力が潜んでいると、次第に思われるようになったのである。

新しいこの雰囲気の政治的受益者は、イギリスのハロルド・ウィルソン、西ドイツの社会民主党、イタリアにおける「左への開放▼[12]」、「終わりなき闘争」を掲げたギリシャのゲオルギオス・パパンドレウといった中道左派の諸政党だった。労働者・社会民主主義政党は政権の座に帰ってきたのだが、現代大衆社会の管理者としてであった。保守的右翼がすでに成し遂げたように、中道左派政党もゆっくりと階級的な帰属から自らを解き放ち、人々の意見の深く漸進的な変化に対応できるような、より広い基礎をもつ包括政党へと変貌していた。これらの中道左派政権は、国家を利用して教育・健康サーヴィスを改善し、社会権・市民権の領域での改革を立法することに、前任の保守主義政権より大きな力を注いでいた。変化の現実的な見通しが立ったことで、改革と現代化を主張する運動やロビー集団の更なる欲求が促される。このようにして一九六〇年代は、西欧における民主主義の新たなる深化の始まり、伝統的な社会の価値観や制度との真の断絶、そして多くの人にとっては現代の始まりを画すこととなった。

一九六五年十二月に、フランカ・ヴィオラというシチリアの若い農婦が、彼女に結婚を申し込み断られた若者によって誘拐され、レイプされるという事件が起き、イタリアの一大ニュースとなった。決してまれとはいえないこのような状況において、通常は、イタリア刑法が「修復的婚姻」とする規定によってその男の罪を帳消しにするため、女性が屈することが予期されていた。しかし、レイプされた女性が結婚を拒否するという、誰の記憶にも前例のない出来事が起きた。その結果、彼女に求婚した男は逮捕され、有罪となり刑務所に送られた。彼女の住む町の世論はヴィオラの頑固さを恥ずべきものだとみなしたが、イタリアのその他の地域では、この事件はセンセーションを巻き起こし、法において女性の地位と尊厳の平等が欠けていることを際立たせることになった。▽(58)

女性の社会的・経済的従属が続いていることがますます意識されるようになったことが、一九六〇年代における、より多くの民主主義の要求を切り開くことになった。確かに憲法は、ジェンダーにかかわらずすべての市民の平等を規定していたかもしれない。しかし当時の刑法の下では、男性と女性でまったく異なる取り扱いが行なわれていたのである。男性の不義は免責されていたのに対し、女性は処罰の対象となっていた。妻が家庭の外での仕事を探すのを夫は禁じることができ、父親は子供に対する絶対的権力を保持していた。スイスでは一九七〇年代にいたるまで、女性が投票権を得ることすらできなかった。フランスでは、女性の多くが自らの銀行口座を開設できなかった。労働市場に参入する女性は継続的に多かったが、そこにいったん入ると、今度は賃金と昇進可能性における差別に直面しなければならなかった。

多くの点において、女性の解放に向けた動きは一九二〇年代以来、ヨーロッパでは退潮にあった。出生率の低下と大量失業による国力低下の恐怖に悩まされた戦間期には、確かに女性の権利の侵食が見られた。ソヴィエト＝ロシア

▼(11) ドイツの週刊誌『シュピーゲル』がNATOの図上演習をスクープし、発行者と編集長が逮捕された。
▼(12) 戦後一貫して政権の中心にあるイタリアのキリスト教民主党が、社会党も連合に加える中道左派連合戦略へ路線を転換したこと。一九六三年にはイタリア社会党がはじめて政権参加する。
▽(58) Boneschi, op. cit., pp. 119–21

においてすら、一九一八年以降に女性に対して前例のない法的平等を付与したものの、一九三〇年代中盤には母性イデオロギーに回帰していた。いまや女性の福利を考慮し、自律性、独立、法の下の平等を拡大する改革が、戦間期に神聖化され、保守的な一九五〇年代に再確認された、伝統的家族の基礎を脅かすことになった。性的自由への要求はさらに驚くべきものだった。イタリアのあるカトリック社会学者は「個人主義の激化によって、アメリカと北欧の家族は完全な解体の際にいたっている」と非難し、「個人のたんなる性的利益として婚姻を考えること」に警鐘を鳴らした[▽59]。

しかし、一群の評論家や精神科医が、家に縛りつけられた孤独というコストや、フランスでいう「ボヴァリー夫人症候群」を発見するなど、流れは改革を利する方向へ向かっていた。『とらわれた妻』において、社会学者ハンナ・ガヴロンは、家庭性という一九五〇年代の理想のイメージを逆転させた。拡大家族や共同体の紐帯が消滅し、テレビや交通手段の改善が核家族を内向きにするにつれ、家庭性の理念が憂鬱や欲求不満をもたらすことを明らかにしたのである。

性に関する実践の変化は、主として一九六〇年代初期に西欧に到達したピルによって可能になった。また、より高いレヴェルの教育と職業上の自律を目指す、新しい独立した世代が出現した。これらに続いて一九六〇年代末には法制改革が実施されることになる。産児制限は、戦前の遺伝優生学的含意から解放され、家族計画医はヨーロッパじゅうに広がった。ほとんどのスカンディナヴィア諸国は、きわめて早い時期から中絶を合法化していた。イギリスは一九六七年に続いた。しかしカトリックのヨーロッパでは、その闘いはさらに長く続き、数十万の女性が動員され、主に一九七〇年代になってようやく中絶の合法化が認められるまでには、大きな政治対立があった。今日〔一九九八年〕においても、ドイツやポルトガルにおいて中絶はきわめて限定的な理由によってのみ可能であり、非合法の中絶は広範に行なわれたままである。

避妊に関する限り、法律の修正は迅速に行なわれたが、これは、人口減少という古くからの懸案がベビーブームによって合理的とはいえないものとなったことが、間違いなく一因となっている。西ドイツでは一九六一年に、避妊に反対するナチスの警察布告が最終的に法典から削除され、フランスでは一九六七年に中絶禁止規定が緩和された。イタリアはその四年後に、ファシスト政権が定めた中絶禁止についての条項を削除した。結婚と家族における女性と男性の同等の地位の実現に関しては、離婚手続きの改革と家族法の全般改正が一九七〇年代に実施され、独裁後の南欧においては一九八〇年代に行なわれた。教会を経ずに相互の同意に基づいて行なわれる離婚が、スウェーデンとボルシェヴィキのロシアで導入されて以来、六十年以上が経過していた。[60]

職場での権利の平等を保障するための実効的な措置は、最も遅れていた。憲法上の保障やヨーロッパ（経済）共同体の指令は、概して空手形にとどまっていた。イギリス、オランダ、フランス、スカンディナヴィアなどでは平等賃金・平等待遇のための立法が行なわれたが、その規定は、あまりにも多くの場合において、強制力を欠くか、長々しい裁判の闘いを経て初めて実現可能であった。西ドイツやオーストリアでは、保守主義の定着のため見通しはさらに暗かった。[61]

全体に、女性の解放と平等を目指す闘いは、戦後デモクラシーへのカラマンドレイの批判を確証するものだった。憲法上の権利への形式的な保障は、それを実現するための効果的な政治行動なしには、ほとんど意味がない、という批判である。このことは、ポスト一九四五年版の憲法と同様、南欧のポスト独裁（スペイン、ポルトガル、ギリシャ）の憲法にもあてはまる。憲法では、女性に完全な政治的権利が提供されていたかもしれない。しかし、私法や商慣習上の平等が同様に伴わなければ、女性は男性に対し従属的な立場のままである。一九六〇年代から七〇年代には、

▽（59）Gundle, op. cit., p. 589

▽（60）G. Kaplan, *Contemporary Western European Feminism* (New York, 1992)

▽（61）F. Thebaud (ed.), *A History of Women: Toward a Cultural Identity in the 20th Century* (Cambridge, Mass., 1994)〔G・デュビィ、M・ペロー監修『女の歴史　V　二〇世紀』（一・二）杉村和子、志賀亮一監訳、藤原書店、一九九八年〕

そのような平等の達成を目指す闘争が、西欧におけるもっとも注目すべき、継続的な社会的抗議運動の一つとなっていた。確かに完全な平等も、女性たちが自らの保護と福祉にとって必要とした権利の多くも獲得できなかった。しかし社会の諸制度が家父長的な基礎をもつことは暴露され、徐々に改革されていった。多くの場合そうであるように、自由民主政における改革は、約束されたものと現実に与えられたものの溝を明らかにすることから始まるのである。

好況の間に勃発した世代間戦争ほど、戦後の保守的なヨーロッパ政治のなかに権威主義が持続していたことを露わにしたものはなかった。一九五七年に、不道徳な影響から若者を保護する法律がオーストリアで制定された。その影響には、「路上の危険、無節操にレストランや催事にでかけること、アルコールやニコチンの消費、その他外部からの有害な影響すべて」が含まれていた。政府には、このような措置が緊急に必要であると感じられたのである。エルヴィス・プレスリーがヨーロッパを訪れたさい、彼は十代の若者を、「恍惚とした粗野な野蛮人」や「音楽によってのみ制御されるジャングルの部族の、霊に取り憑かれた呪医」にすら変えてしまい、西洋文明にアフリカの原始主義で脅威を与え、若い未婚女性を性的非行への「陶酔」においやる、とされた。▽(62)

一九五〇年代におけるロックンロールへの集団的興奮と、主流の報道機関や政治家の同じようにヒステリー的な反応の背後には、戦後保守主義への真の挑戦があった。新しい前線は、戦争をくぐりぬけた大人たちとその子供たちの間に引かれたのである。戦後の経済成長がこれに油を注いだ。世代間の権威構造は、若者文化の分離が生じたことで脅かされたが、その基礎には一九三八年から一九六〇年の間に十代の所得が四倍になるということがあった。若者は、戦後のベビーブームのためかつてないほど多くの割合を占め、使用者や小売業者からひっぱりだことなった。一九五〇年代末の評論家たちが困惑し、懸念したのは、このような豊かさの増大が新しい暴力や無法さと結びついているように思われることだった。これは、ロックンロール映画での暴動に直面したドイツ人が「豊かさの犯罪」と呼んだものである。バイエルンの内務大臣は一九五六年に、「人道主義の甘やかし」では不良《ハルプスタルケ》たちを行儀良くさせることはできなかったのだから、今度は政府が「無慈悲」に対応しなければならない、と宣言した。イタリアでは、暴走する十代のギャングたち《テピースチ》の活動のため、懸念した政府は「不良者鎮圧令」を制定した。ギリシャの保守主義政党もこれに倣っている。無法者たちの車好きと、消費ブームの間に、自動車文化の広がりという接点があることがさっそく指摘された。[63] イングランドは、おそらく他のどこと比べても戦争によるヴィクトリア朝的な道徳の動揺が少なかった国であるが、そこでも問題は同様に深刻だった。憤激した治安判事は「そのスーツを脱いで、社会のきちんとした成員になりなさい」とテディーボーイ〔一九五〇年代から六〇年代はじめの流行にのったイギリスの若者〕に命じた。「テディーボーイに対する戦争遂行に、ダンスホール、映画、警察、社会が力を合わせる」と一九五五年六月二十七日付『サンデー・ディスパッチ』紙は報じ、「イギリスの街頭の危険はついに一掃された」とした。[64]

この問題を、戦争が家族の安定に及ぼした効果にまでさかのぼる見解もある。しかし、青少年の犯罪と騒動が急激に上昇に転じ、大規模なギャング・グループがカフェやクラブで喧嘩を行なうようになったのは、一九五四年からであり、緊縮の終焉とほぼ同時期であった。「反抗する若者たち」に同情的な観察によれば、この傾向は古い社会規範の解体と結びついている。すなわち、支配的な中産階級による「ブルジョワの時代」はより広範な大衆文化によって取って替わられたが、他方で労働者階級も分裂した。このような条件のもとで、労働者階級の若者のなかには社会的上昇を遂げるものもあったが、他のものはこれまで以上に周辺化されることになったのである。

実際のところは、あとから振り返るならば、この問題全体がまったく不釣合いなほど大げさに論じられていたよう

▽（62）オーストリアの法律については次を参照。K. Schmidlechner, 'Youth culture in the 1950s', in G. Bischof, A. Pelinka and R. Steininger (eds.), *Austria in the 1950s: Contemporary Austrian Studies*, vol. 3 (New Brunswick, 1995), pp. 116–37; プレスリーは次からの引用。U. Poiger, 'Rock'n'roll, female sexuality and the Cold War battle over German identities', *Journal of Modern History*, 68: 3 (September 1996), pp. 577–617

▽（63）R. Dorner, 'Halbstark', in *Bikini: Die Fünfziger Jahre*, op. cit., p. 164; S. Piccone Stella, ' "Rebels without a cause": Male youth in Italy around 1960', *History Workshop Journal*, 38 (1994), pp. 157–74

▽（64）Bogdanor and Skidelsky, op. cit., pp. 300–314

に思われる。戦争中および戦後の社会的混乱を大きさを考慮すれば、若者の暴力はむしろ少ない。保守派は、都市ギャング《テピースチ》、テディーボーイ、不良たち《ハルプスタルケ》を悪魔のように描き、その意味を誇張していた。またほとんどの国では、都市の若者による暴動は伝統的に存在していた。しかし、一九五〇年代から一九六〇年代初めにかけての鈍感な大勢順応主義の空気のもとでは、ちょっとした混乱や独立性の印ですら、支配的な世代の権威にとっては脅威となった。東欧と同様に、彼らは自分たちの子供たちを次第に理解できなくなっていったのである。若者世代は従順ではなく、みっともない衣服と髪型をまとい、親たちが戦争後に自己犠牲と勤勉によって達成したものを、現実に攻撃したりはしないまでも当然と思っていた。

「私の両親も、親戚も、彼らの友達も、かごに閉じ込められたネズミのように生きている。……そして私たちにも同じように生きてほしいと思っている」と、ある少女は一九六五年にイタリアの十代向け雑誌『世界《モンド》のビート』に書いていた。「彼らはもっとカネを稼いでそれをばかげたことに使おうとしている。もっと大きなテレビだとか、車のカバーだとか……しかし彼らは、本当に楽しむにはどうすればよいかということがわかっていないのだ。」ドイツの学生運動リーダーであったルディ・ドゥチュケは、「攻撃的でファシズム的な消費主義」に対する厳しい非難を浴びせていた。消費革命の申し子たちはこのようにして消費に背を向け、政治と抗議に回帰していった。きわめて不思議なのは、愛、フラワー・パワー、個々の自己実現といった精神的享楽を反消費主義的に強調することと、社会革命、階級間戦争、ストライキ、バリケードといった古い型の政治的ヴィジョンの結びつけ方である。▽(65)

まず西ベルリンに始まり、続いてフランスとイタリアで、主流派左翼に対する若者の不満が、戦後の社会発展への根源的な批判というかたちで表明された。例えば一九六六年十二月に、学生たちは、ベルリンの新しい消費文化の象徴であるクーダムで、クリスマスを前にデモを行なった。彼らは「西側民主主義の神話」を攻撃し、マルクス主義の消費主義批判に基づいて、自分たちの周囲の空虚さと権威主義を非難した。ヴェトナム戦争はアメリカン・ドリームを破壊したが、それまで根強かった西ドイツやイタリアのような国では特にその傾向が強かった。▽(66)

大衆抗議の再生の兆候は、一九六〇年代初頭の核軍縮運動（ＣＮＤ）による行進や、アメリカのヴェトナム介入、一九六七年のギリシャの「大佐たちのクーデター」[13]、イランにおけるシャー〔国王〕の専制に対する暴力を伴ったデモなど、すでに目に見えるものとなっていた。合衆国における市民権行進のテレビ映像は、第二次大戦のレジスタンスの遺産への関心が呼び起こされたこととあいまって、反権威主義の拡大を助長した。そして一九六八年に爆発のときが来た。キャンパスへの座り込み、暴動、ストライキ、デモがヨーロッパを揺るがせ、一時的にはド・ゴール政権を打倒せんばかりの脅威となった。路上での闘いがパリ、ベルリン、ミラノのさまざまな通りに再び現われた。一九五〇年代に中産階級の若者のアパシーや順応主義を目にしていたものには、騒乱の規模の大きさにショックを受けるものも歓喜するものもあった。あとに続く世代にとって、「一九六八年」は一定の神話性をまとうようになった。その神話性は、のちにその参加者が、著述家として、キャスターとして、教師として、あるいは映画製作者として、全体としてそれがもつ意味についての公式解釈を与えることのできる立場に大量に立ったことで、涵養されてきた。フランスの左翼知識人に関する研究のなかで、スニル・キルナニは「一九六八年とは事件を探し求める解釈であると考えても、不公平とはいえないだろう」と述べている。[67]

のちの、おそらくよりシニカルな世代にとっては、一九六八年の騒乱は主役たちが思うほどの印象を与えるものではなく、長く残る達成物というよりはノイズであり、さまざまな点において学生たちが攻撃した繁栄の、まさにその典型的ではない産物であるように見えるだろう。学生数の急増も戦後民主政の成果であったが、それにもかかわらず、実際その劇的な事件に参加した若者の割合は少なかった。一九六〇年代半ばに、イギリスの二十歳の若者の五・五％

▽（65）Boneschi, op. cit., p. 319
▽（66）G. Statera, *Death of a Utopia: The Development and Decline of Student Movements in Europe* (New York, 1975), pp. 78–89
▼（13）ギリシャ軍の中堅将校らが、軍と緊張関係にあるパパンドレウの首相就任を嫌ったクーデター。アメリカも黙認した。
▽（67）S. Khilnani, *Arguing Revolution: The Intellectual Left in Postwar France* (New Haven, Conn., 1993), p. 122

のみが高等教育を受けていた。イタリアで八・六%、西ドイツで七・七%、フランスでも一六%であった。彼らの要求も明確なものではなかった。未来よりも現在を強調し、絶対的な表現の自由を求めることは、一体性をもつ具体的要求の表明を妨げるものだった。現実に、運動が最終的に組織の形態をとるにいたったとき、選ばれたのは「スターリン、毛沢東、アルバニア人民共和国」のような、過激マルクス主義のセクト主義だった。元来の参加者の多くはこれに魅力を感じることはなかった。

こうして一九六八年の出来事は断片化し、きわめて教条主義的な左翼分派を作り出した。彼らは暴力にひきつけられ、資本主義の勝利がどの程度に及んでいるのかということを理解できないか、しようとはしなかった。そこには、絶え間のない声明・批判・公開テーゼや、教祖的存在の知識人の愛好といった独自の生き方がある。彼らの教祖が意見表明を行なっても、追従者が政治状況に関する完全な誤解から救い出されることはなかった。権力の実態からの遊離が達した一つの極致を表わすのが、西ドイツの赤軍派テロリストである。彼らは、「人民戦争の勝利を!」というスローガンの下で、武装して「反帝国主義闘争」を遂行する「都市ゲリラ部隊」を自認していた。このテロ集団と、彼らが引き起こした警察の抑圧や右翼の対抗テロは、一九七〇年代終わりまでにはほとんど消滅する。しかし、西欧のほとんどの国が永久に捨て去ったと思っていた戦間期の政治的過激主義とイデオロギーの分極化の亡霊を、一時の間、よみがえらせた。▽(68)

それでも、学生過激派に帰すべきいくつかの実質的な功績がある。第一に彼らは、戦後政治の心臓部において信念の真空状態があることへの注意を喚起した。彼らの熱情的な理想主義は、政治的・イデオロギー的な論争の必要性を思い出させるものだった。すべての問題が、科学的な管理や利益団体の交渉に還元できるとは限らないのである。第二に、戦後の権威主義に対して彼らが加えた風刺にとんだ攻撃は、誇張があったとはいえ的を射たものであり、企業権力、軍の権力、政治的権力の中心部分に対し、より批判的な視線を注ぐよう促した。最後に彼らは、大学制度に投じられる資源を確保し、それをより民主的な影響力の行使へと開放するという点では、典型的な利益集団の役目を果たした。

組織された労働者階級も、学生運動ほど華やかではないとはいえ、利益団体として効果的な行動を展開した。労働不安とインフレ圧力の急増が、学生の不満と同時に生じていたのである。一九六八年の抗議で、階級的な積極行動を終わったこととみなすのは早すぎたことが明らかになった。実際に、国家主導の戦後のコーポラティズムはかつてないほどの緊張にさらされた。完全雇用の実現をみて、労組は長らく遅れていた賃上げを要求し、学生の行動により生じた機会を利用して、現状の富の分配を攻撃した。その結果、イタリアやフランスでは、数千人の学生からなる抗議行動を、成長社会のより公正な取り分を求める数百万の労働組合員のストが速やかに補強することになった。

しかし、学生たちが資本主義を廃絶しようとしていたのに対し、労働者たちが求めていたのはそうではなく、その収益をより多く享受することであった。このように彼らの目的は相違しており、労組の要求がほぼ満たされるや、学生と労働者の継続的な同盟という希望が急速に衰えたのは驚くにあたらない。労働者階級はもはや革命的ではなかった。好況のこの最後の数年間、労働者階級の交渉力は頂点に達しており、最も先進的な部門ではそれを自らの利益になるよう利用することが可能だった。その結果、一九七〇年代初めには、労組指導者とそれに怯えた保守派の相手方の双方が、労働の政治的力を誇張して理解するという罠に陥っていた。実際には、西欧の労働者の運命は資本主義それ自体の盛衰と軌を一にしているにもかかわらず。そしてこれは、古い労働者階級が百年にわたる組織的闘争のなかでつかんだ最後の勝利となる。その後十年ほどのうちに、不況、大量失業、世界規模のリストラによって、この勝利は拭い去られてしまうのである。

▽（68）数字については次を参照。G. Therborn, *European Modernity and Beyond: The Trajectory of European Societies, 1945–2000* (London, 1995), p. 259; ドイツ赤軍派については次を参照。Linke Liste (eds.), *Die Mythen knacken: Materialen wider ein Tabu* (Frankfurt, 1987), *passim*

一九六四年にドイツの『シュピーゲル』誌の表紙を、アルマンド・ロドリゲスというポルトガル人労働者が飾った。彼は、ドイツに入国した百万人目の「移民労働者」として歓迎され、ケルンでの公式の歓迎行事に迎えられるとともに、オートバイを贈られた。移民が歓迎され、繁栄を継続させるためには不可欠であると考えられていた時代だったのである。[69]

戦後の資本主義では労働力が不足しており、人間の移動が必要とされた。その一方でヨーロッパの国民国家は、国境をパトロールし、増加していく一連の権利や給付の対象となる自国の市民と外国人とを峻別することを目指していた。それゆえ、資本主義と国民国家の要請の間には、移民に関する限り、内在的な緊張が存在していたのであり、それは現在でも続いている。一九五〇年以降、経済上の必要から大量の移民が開始されたが、まもなくそれは文化的・政治的な争点となり、ヨーロッパ社会になお染みついていた人種主義を表面化させることになった。ファシズムと共産主義は、東欧のエスニック・マイノリティの多くを消滅させた。そこへ資本主義がまったく種類の異なるマイノリティを西欧に導入したのである。多人種社会の展開は、ヨーロッパの戦後デモクラシーにとって、ジェンダー間の平等と同規模の大きな課題となった。[70]

もちろん西欧は、ヨーロッパ大陸全体についても同じだが、昔から大量の人間を送り出し、受け入れてきた。総数で一千万人から千五百万人規模に及ぶ戦後の移民の波は、一九二一年までにヨーロッパからアメリカに移民した者の数が五千五百万から六千万に及ぶのに比べれば小さく見える。労働力の流動性に関しても、十九世紀から二十世紀初めにかけてのドイツの工業や農業は、ポーランド人労働者に大きく依存していたし、同時期に成長していったフランスの労働者階級にはベルギー人、イタリア人、ポーランド人、スイス人が数多く含まれていた。移民労働力の利用は、その多くは恒久的なものとなるのだが、ヨーロッパの歴史において決して新しいものではないのである。[71]

しかし、戦後の大規模な移民の流入はまったく予期されていない事態であり、一九四五年以降にもヨーロッパからの移民の波が起きていた。政府は、長期的な大量失業を回避する可能性を悲観的に見ていたのである。これが、オランダ、イギリス、イタリア等の国が海外への移住を奨励した理由だった。しかしそれと同時に、難民が西ドイツに流入し、数百万に及ぶ、東欧への帰還を拒否する流民たちを他の国も受け入れていた。戦後イギリスに移住したあるポーランド人男性は以下のように回想している。「人々は職を奪われることを恐れていた。彼らは戦前の不景気をなお記憶していたのだから、それはもっともなことだ」と。

この段階でも、移民政策と人種主義の結びつきは明白であった。例えばイギリス政府は、一九四〇年代末にヨーロッパ志願労働者制度を運用していたが、その基礎には人種別の格づけがあり、バルト人が優先される一方、ユダヤ人は排除されていた。人口減少という古くからの懸念になお悩まされていたイギリスでは、ソ連の拡張主義に対する自国の弱体を懸念する戦後の王立人口委員会が、以下のように勧告していた。「われわれの社会のように完全に確立された社会に大規模な移民を受け入れることは、移民が良い人的資質を備えるとともに、地域の現住民と互いに結婚し、融合することを妨げるような宗教もしくは人種上の理由がないという条件のもとでのみ、留保なく歓迎することができる。」その後も、移民と人種問題は密接な連関を保ち続ける▽[72]。

しかし、資本主義の力学はまったく逆の方向にむかう力を加えていた。一九五〇年代半ばから、飽和することのない移民への需要が経済成長の継続によって生み出されていた。当初この需要は、ドイツのように難民によるか、西欧の都市的な中心部に数十万の労働者を毎年送り出していた農村経済によって、国内的に満たされていた。イタリアだ

▽（69）次からの引用。H. Fassmann and R. Münz (eds.), *European Migration in the Late 20th Century: Historical Patterns, Actual Trends and Social Implications* (Aldershot, Hants., 1994), p. 3
▽（70）J. F. Hollifield, *Immigrants, Markets and States: The Political Economy of Postwar Europe* (Cambridge, Mass., 1992)
▽（71）R. King (ed.), *Mass Migrations in Europe: The Legacy and the Future* (London, 1993)
▽（72）D. Cesarani, *Justice Delayed* (London, 1992), p. 70

けでも、九百万以上の人々が、国内のある地方から別の地方へと移動していた。西欧の農業セクター全体で働くものの数は、一九五〇年から一九七二年の間に、三千万人から八百四十万人へ減少し、ヨーロッパ石炭鉄鋼共同体の原加盟六ヶ国では、労働人口の三分の一から十分の一へ減少していた。数世紀にわたるヨーロッパの農民の歴史に幕が引かれたのである。ヨーロッパ経済共同体の共通農業政策のみが、消え行く種に対するある種の歴史遺産保護のような役割を果たしていた。都市において、農村出身者は、仕事、親戚・警官・国家による抑圧的な監視から逃れた匿名性、新しくより近代的な生活を発見した。▽(73)

この供給源が枯渇すると、使用者たちはさらに遠くを見渡すようになった。スイスとスウェーデンはすでに一九四五年からイタリア人労働者を募っていたが、本格的な取り組みが始まったのは一九五〇年代末のことである。一九六〇年代には、フランス、ドイツ、スイスが南欧の労働力をめぐって競合していた。国家はこの取引を統制しようとしていたが、成功とは言いがたかった。西ドイツの連邦雇用庁は地中海沿岸六ヶ国に人材募集事務所を設置した。フランスは、受入れ国と送り出し国の双務協定に基づき、全国移民局を通じて、アフリカを中心とする六十もの事務所を設けていた。イギリスでは国家の関与は少なかった。その理由の一部は、必要とされる労働力をイギリス市民でまかなうことが可能だったことにあるが、帝国からの労働者募集を促進することはもちろん、そこに介入することも伝統的に忌避されてきたためでもある。そこで、国民健康保険制度やロンドン運輸局といった使用者に、自らの制度作りが任されていた。たとえ国家の関与が少なかったにせよ、キプロス、インド亜大陸、そして西インド諸島からの移民が、まもなくイギリス労働市場の必要を満たすこととなった。

また実際には、フランスや西ドイツにおいてすら、移民の流入過程に国家はほとんど統制能力をもっておらず、公式の事務所を通じてやって来た労働者の比率はごく小さいものであった。しかし、このことは一九六〇年代には重要なことではなかった。ドイツに入国した外国人労働者は一九五八年に五万五千人であったが、一九六〇年にはその数が二十五万人に上っていた。フランスでも外国人労働者の数は、一九五〇年末の年間十五万人から、一九七〇年には三十万人に増加している。この傾向がさらに注目すべきものであるのは、この両国が、東ドイツから逃れた三百万人、アルジェリアからのピエ・ノアール〔ヨーロッパ系植民者〕が百万人と、イギリスの基準で考えるならば膨大な数の難民の流入を同時期に受け入れていたことである。大量失業など過去の架空の出来事のように思われた。現代の資本主義の飽和することのない労働需要によって、数百万の難民と、農業労働から工業またはサーヴィスへと移動した二千万前後の西欧人とに加えて、南欧、地中海沿岸、そしてより遠方の植民地から来た約一千万人の労働者に対しても同時に対処することができたのである。三十年の間に西欧に住む外国人の数は三倍になり、ヨーロッパの労働市場は国際化された〔巻末表2参照〕。

新規参入者は当初、若い男性で家族はなく、不十分な設備の場所に投宿し、地元の人々にはぞんざいに扱われていた。スイスの公園の入口には、「犬とイタリア人の立ち入りはお断り」と書かれた標識があった。イギリスの下宿には「黒人、アイルランド人と犬はお断り」と書かれた貼り紙があった。ドイツにおけるギリシャからの「出稼ぎ労働者《ガストアルバイター》」は、第三帝国への戦時中の労働者強制連行から十年もたたないうちに、彼らの跡を追うことになった。生活条件がそのときと同等である場合もあった。ドイツやスイスでは、二国間労働協定に基づいてやって来た労働者たちは短期契約で雇用され、簡易宿泊所をあてがわれ、他の住民から分離されていた。彼らは最小限の権利しか認められず、強制送還が可能だった。イギリスやフランスの労働者の状況は、法的にはこれよりましであったが、社会的には似たような度合いの分離と差別を被っていた。西欧のどの国でも、移民労働者は都市の中心部に集まる傾向があり、一九七〇年代初頭の時点で、パリの人口の一二%、ブリュッセルの一六%、シュトゥットガルトの一一%、ジュネーヴの三四%を占めていた。

このような規模の移民に対し、いかなる長期的な計画も政府が作ることができなかった理由の一つは、これが一時

▽（73）J. Salt and H. Clout (eds.), *Migration in Postwar Europe: Geographical Essays* (Oxford, 1976), p. 34; Ginsborg, op. cit., p. 219

的な現象であると想定していたことにある。少なくとも一世紀にわたって移民は、好況期には不足を補い、景気後退期には地元住民を失業から守る、有用な緩衝材の役割を果たしてきていたのである。フランスやドイツ、そして他の国でも、労働力のフローを規整するための伝統的な手段として、短期契約や場合によっては季節契約すら用いられていた。しかし、短期間のうちに、すべての移民が早期の帰国を意図しているわけではないということが、明らかになった。イタリア人、ユーゴスラヴィア人、ギリシャ人、スペイン人の多くは帰国したが、トルコ、西インド諸島、インドからの移民でそうしたものは多くはなかった。

ヨーロッパから合衆国への十九世紀の移民に見られるのと同じパターンで、これらの移入者たちが今度は妻をつれてくるようになり、家族生活を開始するようになった。実際には、一九七〇年代初めには移民規制が強化される恐れがでてきたため、そうせざるをえなくなったのである。彼らは快適でない簡易宿泊所から自分のアパートへ移動したが、住居の隔離状態は終わらなかった。より小さい規模ではあるが、合衆国と同様に、多くの白人たちは人種的に混合した地区のなかに住むよりも転居する方を選んだため、都市のなかに飛び地のような地区が生まれ始めていた。ほどなくすると、第二世代が生まれることになる。一九六六年のイギリスには九十二万四千人ほどの「有色」の居住者がいたが、二十一万三千人がイギリス生まれであった。移民政策の問題として始まったものが、人種、市民権、国民文化という問題を引き起こすことが不可避だったのである[74]。

ライナー・ヴェルナー・ファスビンダーは、一九七三年の映画『不安と魂』において、モロッコからの「出稼ぎ労働者《ガストアルバイター》」と年上のドイツ人女性エンニの情事を描いている。外国人労働者たちは「ただの下層民で、卑しく不潔な豚」であると、彼女の友人は彼女に告げる。しかし、偏見に囲まれながらも、二人は結婚し、かつてヒトラーが足しげく通ったミュンヒェンのレストランで結婚記念の食事をする。ここでファスビンダーが暗示しているように、戦前と戦後の人種主義は緊密に結びついたものであった。外国人労働者の流入によって、根強い優越意識、文化的不安、偏見が西欧社会の表面下のそう深くないところにあったことが明らかになったのである。一九五五年に、「白人」の名のもとでテディーボーイたちが襲撃したのはロンドンのキプロス人たちであった。三年後に襲われたのはノッティングヒルの西インド人たちだった。人種主義による暴力や、明確な排外主義政策は相対的に見ればまれであり、世論の主流からも批判されるものであったが、より緩やかな人種主義は広汎に広がっており成長しつつあった。一九七〇年代初めには、経済の雲行きが変わり、大規模な移民の継続には都合の悪いものとなった。[75]

一九六〇年代末から一九七〇年代初めにかけて、一連の制限措置が移民に課されるようになり、その制約の人種的偏りも次第に明白となった。イギリスもフランスもかつてのように寛容な、帝国を基にした市民権を賦与することをやめた。帝国はだれの予想よりも早く崩壊し、市民権はまもなく本土に限られることになった。イギリスでは、一九六二年から一九七一年の間に制定された立法により、アイルランド人を除いて新たに到着するものに対するドアは閉ざされた。一九六八年以降、イギリス市民権は、史上初めてイギリス国籍の両親をもつ場合に限られることになった。同様の経緯をフランスもたどり、一九七〇年代初めには移民手続きの厳格化が行なわれた。更なる移民の流入はフランスでは一九七四年に停止され、ドイツは同じ時期に募集を停止していた。

しかし、移民の停止は、人種間関係の改善に向けた活動を行なうよりも容易であった。帝国の過去をもつ諸国とは異なり、西ドイツではエスニックなドイツ人と「出稼ぎ労働者《ガストアルバイター》」が常に区別されてきていた。一九六五年の「外国人法」は、ナチ期の立法に替わるものだったが、より厳格なものであった。国外退去は、もはや個々の労働者の行動には依存せず、たんに国家にとって必要というだけで可能となった。自らの頭を砂に埋めたまま、西ドイツ政府は新たな社会的現実を認めることを断固として拒否したのである。連邦・州合同委員会の一九七七年の決然たる言葉は、「連邦共和国は移民国家ではない。ドイツは、最終的には自発的に帰国することを望む外国人にとっての居住の場所

▽（74）D. Hiro, *Black British, White British: A History of Race Relations in Britain* (London, 1991 edn), p. 51
▽（75）次を全般的に参照。P. Rich, *Race and Empire in British Politics* (Cambridge, 1990 edn)

である」と述べている。しかし、一九六六年には百三十万人、一九七三年には二百六十万人の外国人労働者が存在していた。外国人は、一九六六年には出生の四・三%をなしていたが、一九七四年には一七・三%に及んでいた。[76]

人種偏見の問題に対する真剣な取組みは、多くの国で長いあいだ行なわれてこなかった。「われわれは外国人であり、そのようなものとして扱われた」とヨークシャーに移住した東欧からの移民は述べ、「完全に平等ではないかもしれないが、だいたいにおいては平等なんだと、いつでも自分自身に言い聞かせなければならなかった」と回想している。偏見の存在は、左翼にも右翼にも見ることができ、政治生活上の不幸な事実と一般的にはみなされた。差別に対抗するための制度は存在せず、移民に対して帰国を奨励することが人種間の緊張に対する最良の回答であると、ほとんどの国家は明らかに信じていた。西ドイツで一九八三年に制定された外国人労働者帰還促進法がその一例である。このような政策は現実には問題をむしろ悪化させる、と論じていたのはごく限られた人々だった。[77]

限定的ながら人種関係立法が行なわれていたイギリスにおいてすら、立法を促進したのは広範な公衆の抗議ではなく、小集団の効果的なロビイングだった。「本国への帰還」の規定は一九七一年の移民法にもまた含まれていた。ただし、「良好な人種間関係」を危殆にさらすことを避けるため、この規定は宣伝されることも奨励されることもなかった。現実にも、世論調査から判断するならば、西ヨーロッパの人々は、人種的偏見を戦前のように公けに表明することは許容されていないということは認識していたが、外国人、とりわけヨーロッパ外から来た人々に対する潜在的な敵意はほとんど残されたままだった。労働組合は移民が賃金水準を掘り崩すのではないかと疑い、保守派は外国人が国民文化を汚染すると懸念した。例えば、イギリスが歴史上ほとんどの時期において移民の純送り出し国であったことや、受入れ国に対し移民が差引きで経済的な利得をもたらすこと、あるいは移民人口は一九七〇—七一年の西ヨーロッパの総人口のうち二・三%にすぎないことなどを、認識しているものはほとんどいなかった。ある移民は「あなた方の文化がわれわれの文化を豊かにするのと同じように、われわれの文化もあなた方の文化を豊かにするのだ」と述べたが、この言葉に同意するものもほとんどいなかっただろう。経済に関する楽観が一九七〇年代初めに消失すると、移民はほとんど一夜にして、生産における貴重な要素から、仕事を見つけるうえでは脅威となり、福祉国家を枯渇させる、望まれざる異邦人に変わったのである。▽(78)

▽（76）King, op. cit., p. 96; Rogers Brubaker, *Citizenship and Nationhood in France and Germany* (Cambridge, Mass., 1992), pp. 171–4〔ロジャース・ブルーベイカー『フランスとドイツの国籍とネーション――国籍形成の比較歴史社会学』佐藤成基、佐々木てる監訳、明石書店、二〇〇五年〕

▽（77）S. Collinson, *Beyond Borders: West European Migration Policy and the Twenty First Century* (London, 1993), pp. 92–6; A. Nocon, 'A reluctant welcome? Poles in Britain in the 1940s', *Oral History* (spring 1996), p. 81

▽（78）数字については次を参照。Fassmann and Manz, op. cit., p. 7; Minority Rights Group, *Race and Law in Britain and the United States* (London, 1983 edn), pp. 11–13; Nocon, op. cit., p. 85

第10章　社会契約の危機

社会などというものはありはしない。

——マーガレット・サッチャー、一九八七年

あのころ、時代がどこに向かっているのかを知るものはなかった。何が上で何が下か、どちらが前進でどちらが後退なのかを区別できるものもいなかった。

——ロベルト・ムージル『特性のない男』▽(1)

第二次世界大戦時に民主主義の再検討が始められ、自由主義的議会政という政治形態は社会保障の約束によって補強されることになった。戦争に続く「黄金時代」は、戦時中に多くの思想家が想定していたのに比べて集産主義的ではなく、一九五〇年代における保守的な個人主義の開花や規制された資本主義を通じた経済成長など、予想していなかった要素に多くを負っていた。資本主義と民主主義のこの二重の改革から生まれた社会契約は、その後二十五年のあいだに発展していった。この社会契約に冷戦と超大国の介入が与えた影響は、当時そう見えたほどには大きくなかった。むしろ、影響を与えたのは、人々の切望であり、戦間期の失敗の歴史的記憶であり、経済パフォーマンスであった。なによりもそれは、完全雇用と成長という一対の達成物に依存していた。完全雇用は、急速に発展する福祉国家の資金を調達するための税収をもたらした。成長は、生活水準の上昇があまねく共有されることを可能にした。こ

れらを基礎に、民主的国民国家が新たに構築されたのである。

この時代は、それまでの数十年と比べ驚くべき政治的安定によって特徴づけられ、ヨーロッパの歴史のなかでも際立っていたが、一九七〇年代初めに突然の終焉を迎えた。西欧は危機と沈滞の感覚にとらわれ、労使の緊張は新たに激しさを増して再浮上した。そして石油ショックは、ヨーロッパ資本主義がその外の世界に対して脆弱であることを明らかにした。成長は、もはや究極の善とはみなされず、それが環境に与える危険に光が当てられた。完全雇用は過去の記憶となってしまい、新自由主義経済学が再び流行することになった。

知識人のなかには、すぐさま「ポスト近代」の危機を示す証拠を見つけ出すものもあった。確かに、一九五〇年代と一九六〇年代の、上昇機運にのった繁栄との対照は目立ったものである。しかし、これ以前の数十年との間にある断絶は、どの程度深いものなのだろうか。失業者の増加と経済の不安定にもかかわらず、一九三〇年代への回帰は起きなかった。再建された戦後民主主義秩序は、なんとか嵐に適応し、それをしのいだのであり、共産主義というライヴァルに比べればきわめてうまく処理したのである。貧困化や不安定が社会に最悪の影響をもたらさないよう、福祉制度は緩衝材の役を果たした。保守派は一時的には西洋民主主義の崩壊を恐れていた。しかし、実際に倒れたのは、ギリシャ、スペイン、ポルトガルにおける古い右翼独裁の最後の残党であり、そして共産主義そのものであった。戦後の社会契約は危機のなかに投げ込まれたが、破壊されることはなかった。西欧の国民国家は、自らの力の限界と、世界的な競争に対して自らの生活様式を擁護するためには協調に基づいた行動が必要であるということを、理解するようになったからである。

▽（1）R. Musil (tr. E. Wilkins and E. Kaiser), *The Man without Qualities*, vol. 1 (London, 1982), p. 8〔R・ムージル『特性のない男』（ムージル著作集、第一巻）加藤二郎訳、松籟社、一九九二年〕

インフレーションの危機

一九五〇年代から一九六〇年代を通じて、西欧における経済成長には価格の穏やかな上昇が持続的に伴っていた。これは社会の、そして労使関係の融和に必要なものとして許容されていた。労働者を金で抱き込み、過去にヨーロッパを苦しめた苦い社会紛争を回避するために、明らかに痛みの少なく目立たない手段だったからである。しかし、歴史家チャールズ・メイヤーが指摘するとおり、一九六〇年代末には何かがうまくいかなくなり始め、インフレは「社会的潤滑剤」となるのではなく、「分配をめぐる紛争を円滑にするというより悪化させる」ようになり始めていた。一九七〇年代になると、インフレは経済学における技術的な問題から日々の生活における事実となり、ついには政治それ自体の決定要因となった。インフレは経済秩序に新たな不安定性を持ち込み、人々を消費者として投票させるようになった▽(2)。

一九七三年以前の物価水準の上昇は、一九六〇年代末の労働勢力の戦闘性と結びつきがあるのは確かである。この労資の闘争と同時に、二十年間にわたる産業平和をもたらした生産性の急速な上昇も終わっていた。法外な要求をしたとして労働者を悪者にするか、利潤の減少を是認しようとしないとして資本家を悪者にするかは、好みの問題となった。いずれにせよ、結論は、西欧資本主義は物価の安定を脅かすことなしに完全雇用を維持することはできない、という悲観的な見解であった。

だが、賃上げ圧力がインフレ加速の唯一の原因では決してないということは、記憶しておくべきである。ヴェトナム戦争の資金調達のために合衆国がドルの発行を増加し、また世界市場において商品価格が上昇したため、国際経済においてもインフレに燃料が注がれていた。この二つの要因は結びついたものである。ヴェトナム戦争の資金調達の負荷によりもたらされたドルの減価は金本位制の終焉を余儀なくさせ、通貨の不安定という新たな時代をもたらし、一次生産者が補償措置として商品価格を引き上げることを促進した。一九七三年に石油生産者がこの路線を選択し大幅な価格引き上げを発表してようやく、世界はこのことに突然気づいたのである。[3]

インフレという病はすべての西欧諸国に感染した。ヨーロッパのOECD加盟国全体で集計すると、インフレ率は一九六一—六九年の三・七%、一九六九—七三年の六・四%から一九七三—七九年の一〇・九%に急騰した。同時に、各国の経験はますます広く分岐していった。イギリス、イタリア、スペイン、アイルランドでは、平均すると一九七〇年代の物価上昇が年率一六%程度だったのに対し、西ドイツ、オーストリア、オランダ、スイスでは五%ほどであった。このような不均衡は、統一的な対応を妨げた。変動為替相場により、各国は異なる方向に進むことが可能であり、各国は、おそらくこれが最後だが、別個の金融政策を追求することが可能な立場に立った。[4]

過去には、インフレ圧力は財政緊縮政策によって対処されてきた。一九七〇年代の驚くべき特徴は、これがもはや効力を失った点である。需要管理は無力となり、経済の減速はもはやインフレと択一のものではなく、むしろインフレに随伴するものとなった。この奇妙な現象に対し、「スタグフレーション」という新しい語が生み出された。リフレ策は事態をたんに悪化させるだけであった。対応策の一つは、所得・物価交渉に国家がさらに介入することによって需要管理を補完することであった。コーポラティズムに規制が加えられていない場合にはインフレが生み出されるとしても、政府が参加して使用者と労組に賃上げ抑制を奨励し、場合によっては強制しさえすれば、インフレを封じ込めることも可能かもしれなかった。これが、イギリスにおいて労働党と保守党の双方が選んだ道であった。しかし、これは袋小路であることがまもなく明らかになった。〔保守党の首相〕エドワード・ヒースがイギリスの強力な鉱山労組

▽（2）C. Maier, 'The politics of inflation in the 20th century', in his *In Search of Stability: Explorations in Historical Political Economy* (Cambridge, 1987), p. 223

▽（3）一九七〇年代初頭の危機の背後にある諸要素については、次を参照。N. Kaldor, *The Scourge of Monetarism* (Oxford, 1985, 2nd edn), pp. xi–xii〔N・カルドア『マネタリズム——その罪過』原正彦、高川清明訳、日本経済評論社、一九八四年〕; Maddison, op. cit., pp. 133–42; C. Allsopp, 'Inflation', in Boltho op. cit., pp. 72–104

▽（4）Allsopp, op. cit., p. 79

との闘い[1]に敗れたさいに、まさに政府の権威が疑問に付され、イギリスの政治的な統治可能性という根本的な問題が提起されることになったのである。労働党政権は、一九七六年以降、より巧みに賃金抑制を課していたが、結局は失敗した。これは、イギリスにおいてネオコーポラティズム的賃金政策が信用を喪失し、それぱかりか事態を悪化させたとの非難さえ浴びるようになったということを意味する。

例えばスウェーデンやオーストリアといった他の国において、似たような政策が継続的に実施され、一九七〇年代を通じて一九八〇年代に入るまで多大な成功を収めているということを忘れるのは、イギリス人にとって容易なことだった。両国は失業をイギリスの水準以下に抑え、オーストリアはインフレ率もイギリス以下に保った。イギリスとの相違を説明する要因は、確実に労使関係にある。和解、共同行動、妥協がスウェーデンやオーストリアの労使関係に見出されるのに比し、イギリスにおいては闘争的な伝統があった。またオーストリアのように労働組合が銀行を所有しているところでは、労組は経済全体の健康状態にも関心をもち、要求を穏健化させることになった[5]。

もちろん、物価を抑制するには別の方法もあった。金融政策の引き締めによる意図的なデフレーションである。一九七三年から七四年にかけて、西ドイツがこの方法を最初に、きわめて効果的に実行した。一九七六年に〔イギリス労働党〕キャラハン政権がＩＭＦの命令によりこれに続いた。どちらの場合においても、これは賃金交渉に対する国家介入への代替選択肢であるとは考えられていなかった。しかし、一九七九年のマーガレット・サッチャーの勝利[2]によって、金融政策は宗教的教義の座に引き上げられ、「マネタリズム」[3]という新たな信条となった。国家の野心は抑制されねばならず、その役割は財政の均衡維持と通貨供給量の監視に限定されなければならなかった。新しい政権の支持者も反対者もともに、これが歴史的な瞬間であることを認識していた。経済自由主義の五十年間の失脚状態からの再生である。サッチャーに対する最も激しい批判者の一人である、ニコラス・カルドアは「マネタリズムのドグマはイギリス政府の公式の信条となった。今世紀二度目である」と記している。彼と同様に経済学者であったジョン・ヴェイジーは、一九七九年に労働党を離党して保守党に移り、以下のように述べた。「社会民主主義の構想の組合せのなかに、機能するものはもはや存在しない。ケインズ主義は、知的には死んでいる。▽(6)」

サッチャーの実験

マネタリズムの魅力は多岐にわたる。知的には、戦争以来支配的な地位にあったケインズ主義の正統に対する反革命に参加するという興奮があった。個人のエネルギーが、過保護な国家から解放されるだろうという期待もあった。集産主義が自由に道を譲るだろうとも考えられた。国家は後退し、政府および政策決定者は、経済的成功への鍵である通貨の量という一つの指標に集中するようになるとされた。これは、成功への魅惑的なまでに単純な方程式であり、事実、多くの人が魅了されたのである。

この新しい信条は一九八〇年に「サッチャリズム」と名づけられた。これは実際に失業を増やすために開始されたのだろうか。多くの批判者は、特に失業者の総数が急増すると、これを当然視していた。はるか以前に、ポーランドの経済学者ミハウ・カレツキは、資本家は労働規律を弱める完全雇用を好まず、労働力をコントロールするために一

▼(1) 一九七四年二月から始まった全国の炭鉱での無期限ストライキ。ヒース保守党首相は組合への強硬策の承認をかけた選挙に勝利できず、代わって首相となった労働党のウィルソンは組合の賃上げ要求を容認した。

▽(5) R. Mishra, *The Welfare State in Capitalist Society* (Toronto, 1990), ch. 3

▼(2) イギリス保守党の政治家、首相（一九七九―九〇）。労働組合活動の制限、民営化、国民の自助努力の要請と社会保障の削減などネオ・リベラリズム的政策を実施した。

▼(3) 貨幣供給量のマクロ経済に与える影響を重視し、裁量的ではない、ルールに基づいた貨幣供給でインフレや景気変動を安定化させることを主張した。ミルトン・フリードマンが主唱者。

▽(6) Kaldor, op. cit., p. xx; ヴェイジーは次からの引用。R. Cockett, *Thinking the Unthinkable: Think-Tanks and the Economic Counter-Revolution, 1931–1983* (London, 1995), p. 229

定の水準の失業を作り出すことを常に目指している、と警告していた〔第4章訳注（26）参照〕。カルドアやその他の人々は、一九八〇年代初めにこれが現実となるのを目撃することになった。カルドアの言葉で言えば、「『新しいマネタリズム』は、」これまでの数十年維持されてきた完全雇用状況の結果である、労資の力の不均衡の拡大を逆転させる可能性を提示するものだった▽(7)」。

反論は困難であるように見える。特に、サッチャー政権の悪名高い反組合的な姿勢を考慮すれば、なおさらである。前任者に屈辱を与えた労組によって「身代金目当てで監禁され」ないようにするという決断は、労組を破壊するという欲望へと容易に滑りこんでいった。しかしそうだとしても、このことは、それまで五十年間見たことのない規模の大量失業を意図的に作り出すことを新政権が目指していた、ということを意味するものではない。結果は原因と混同されるべきではない。どの証拠をみても、現実に起きたことは、イギリス政府にとって寝耳に水だったのである。大臣であり、のちに批判者に転じたイアン・ギルモアは「［サッチャーは］キャラハン政権が失業を二倍にしたと一九八〇年二月に批判していたが、もし自分の政権がそこからさらに三倍にする可能性を考慮していたのなら、そうは批判しなかっただろう」と述べている。しかし同時に、彼女の政権は、インフレのコントロールに完全雇用より高い優先順位をつけていたため、大量失業の再出現を政策の根本的な失敗の兆候とはみなさなかった▽(8)。

マルクス主義と同様、マネタリズムも、経済の本質的な真実を政策作成者に提供するどころか、現実に起きていたことから、彼らをなおいっそう遠ざけていくことになった。マネタリズムは、統制することはおろか定義することも困難な、通貨供給量という形而上学的な概念に、政府の施策を依存させることになった。M1、M2▼(4)、PSBR（公共部門借入需要）といったさまざまな指標が、去来していった。利子率、為替相場、財政政策といった伝統的な政策手段は継続され、一九八〇年代半ばにはマネタリズムは静かに放棄された。現実はサッチャーにすら打ち勝った。彼女はそれ以降、政府により作り出された消費景気という伝統的手法によって選挙の成功を追求することになったのである。そして知的にも、マネタリズムはケインズ主義に対してほとんど進歩を示すものではなかった。実際にはむしろ逆である。そのまったくの単純さと教条的な内容の質は知的な後退を意味するものだった。ギルモアの言葉を借りれば、マネタリズムは「サッチャー主義にとって、マルクス主義にとっての史的唯物論に等しい」のであった。新たな出発点というよりも、社会を説明し、そして統治するための純粋なイデオロギーを求める長く多様な探索の最後のあがきであるという点においてである。

しかし、「サッチャー革命」の影響を経済学にのみ限定するのは誤りであろう。むしろその歴史的意義は、近代国家に何が可能であり何が可能ではないかということを、再評価したことにある。なんとなれば、彼女の政権が変えたものは何かと問われたとき、「鉄の女」自らが「すべてを」と答えているのである。これは少なくとも彼女の野心の大きさを伝えている。さらに彼女は「われわれは進むべき方向を完全に変えることを提案した。われわれは人間と国家の関係を好ましい方向へ変更したと考えている」と述べているのである。▽(9)

実際には、新自由主義への大転換という主張は二つの理由でミスリーディングである。第一に、〔サッチャー主義は〕特異な権威主義的形態の新自由主義であった。ある領域での国家介入の廃止は、別の領域での国家権力の強化と手を携えていた。驚くべき集権化の過程を通じて、地方政府は中央政府に対し権力を失った。そのため中央政府は、住宅、教育といった領域において、力を弱めるのではなくむしろ強力になっていた。またわずかに残された地方自治体の租税徴収の権能も削り取ってしまった。警察、大学、学校はすべて、自律性を失った。加えて、新しい公職守秘法は、前例のない権力をイギリスの政治警察に与えることになった。レヴィタスの言葉によれば、新右翼は競争と法令遵守という一対のユートピアを求めるものであるという。言い換えれば、イギリスの経済の「民営化」は行政の「中央集

▽（7）Kalecki, 'Political consequences of full employment', op. cit.; Kaldor, op. cit., p. xii
▽（8）I. Gilmour, *Dancing with Dogma: Britain under Thatcherism* (London, 1992), p. 60
▼（4）通貨供給量の指標。M1はおおむね現金通貨に当座預金など即時支払い可能な預金を加えたもの、M2はそれに定期預金などを加えたものだが、定義は各国中央銀行によって異なる。
▽（9）ibid., p. 131

権国家による国営化」と完全に両立可能なものだったのである。▽(10)

おそらく最も予想に反しているのは、サッチャー政権が国家の経済活動の大規模な縮少をもたらすのに失敗したことが、はっきりと証明されているということである。ＧＤＰ比公的支出は、一九七七年から七八年に四二・五％、その十年後には四一・七％であったが、これはとても革命的規模の巻き返しとはいえない。同じ時期に、福祉支出の比率も、一般政府支出に対しては一九七七年から七八年の五五・七％からその十年後の五五・六％、対ＧＤＰ比は二三・七％、二三・二％とこの間、事実上一定だった。税金は、政府の約束にもかかわらず、対国民所得比率ではおおむね変化しなかった。福祉きりつめの最も注意深い研究の一つによれば、イギリス福祉国家に関する限り、反革命は存在しない。ロンドン政治経済学院（ＬＳＥ）の大規模な調査によれば、「恒常的な衰退という物語を支持する証拠はない」のであった。▽(11)

もちろん、より詳細に検討すれば、いくつもの重要な変化が起きていたことが明らかになる。受給資格の規定を厳しくしたにもかかわらず、大量の失業は社会保障費を押し上げた。住宅への支出は急落し、公営団地の建設が凍結されたこととあわせて、ホームレスの数を目に見えて増加させることになった。都市の住民は、戸口や公園のベンチに人が野宿しているのを目にすることにも慣れてきた。その一方、一般的な認識とは逆に、教育や健康管理への支出はかなりの程度減少した。

このような状況がおおむね気づかれないままに進行したのは、驚くべきことではない。サッチャー政権は、国家の支出を高いままに保ったという業績を誇ろうとはしなかった。政権に反対するものも同様である。一方は支出削減を望ましいとし、他方は邪悪なものとみなしたが、そのインパクトを誇張したかったのは双方同じであった。では、なぜサッチャー革命はこのように失敗したのだろうか。たんなる慣性や、渋る官僚を動かして変革を強行することの困難はともかくとして、主要な理由は、たんに、基本的なサーヴィスを国家が提供することに対して、高いレヴェルで一般民衆の支持があったことにある。このことは、サッチャーの権威主義的な傾向によって集権化が行なわれたこととあわせ、彼女の統治の間に、国家セクターが全体としては弱められるのではなくむしろ強化されたということを意味する。しかしこのことが、ヨーロッパのいかなる国よりも急進的な新自由主義の実験の場となったイギリスに関して正しいとするならば、新自由主義者たちは大陸ではどのようなインパクトを与えたといえるのだろうか。

持続する国家

サッチャーの実験は、戦後西ヨーロッパの現状を打破しようとする試みのうち、最も一貫した、イデオロギー色の強いものだった。合衆国におけるレーガン政権の時期と一致していたため、それは保守主義の優位の新たな時代への案内役を務めるものとみなされた。サッチャーが結局のところはこの期待にこたえることはなかったのであれば、ヨーロッパの他の地域の内政への彼女の影響が限定的であったのも驚くにはあたらない。保守派の仲間であるヘルムート・コール[5]は彼女の先導に従おうという素振りはほとんど見せなかった。労使関係、民営化、福祉国家という鍵となる三つの領域において、イギリスの事例は保守主義の領域の一方の極にとどまったままだった。

イギリスとヨーロッパ大陸の間には二つの根本的な相違がある。それによって、なぜ前者が、ギルモアの言葉では「西欧における最も右翼の国家」となったかの説明が容易となる。一つ目は、歴史的な記憶の問題である。サッチャーが奉じたような意図的な対決型の政治が、大陸全体で起きたイデオロギーの大混乱と政治的暴力をほとんど経験し

▽（10）R. Levitas, 'Competition and compliance: the utopias of the New Right', in Levitas (ed.), *The Ideology of the New Right* (Oxford, 1986); S. Jenkins, *Accountable to None: The Tory Nationalization of Britain* (London, 1995)

▽（11）P. Pierson, *Dismantling the Welfare State? Reagan, Thatcher and the Politics of Retrenchment* (Cambridge, 1994), pp. 147–9; N. Barr *et al.*, *The State of Welfare: The Welfare State in Britain since 1974* (Oxford, 1991), pp. 339–40

▼（5）ドイツ（旧西ドイツ）のキリスト教民主同盟の政治家、首相（一九八二―九八）。一九八九年の東欧の政治変動の機をとらえ、東西ドイツの統一を主導した。

なかった国において展開したのは、確かに偶然ではない。他の国では、過去における分極化の記憶が政策形成者を拘束していた。社会の結束と政治的な統一は、ほんの少し前にそれが血をもって粉砕されたところで最も大きな意味をもつ。階級間紛争という賭けに出ることは、イギリスの首相よりもミッテランやコールにとって憂慮すべきことだったであろう。

二つ目の要素は、一つ目と関連しているが、戦後ヨーロッパの最も重要な政治勢力であるキリスト教民主主義勢力と、イギリスの保守主義は、価値や将来構想における溝によって分かたれているという点である。社会などというものはない、というサッチャーのよく知られた断言を支持するキリスト教民主主義の政治家など想像しがたい。キリスト教民主主義者のなかでも、教会に対する愛着の親密さには相違があり、彼らの政策のうちどこが特別に宗教的なのかわからないこともしばしばある。しかしそうであっても、彼らの信念の核となる部分は、個人間であれ社会集団間であれ、調停と和解の観念を中心に展開されていることは明確である。ある研究者の言によれば、彼らが目指すのは「社会の自然な有機的調和を復活させる」ことであり、この目標のため、戦前には彼らの多くは民主主義と資本主義の双方に敵対的だった。一九四五年以降はこのいずれとも和解したが、キリスト教民主主義は社会政策の重要性に意識的であり、新自由主義の個人主義には懐疑的であった。イタリアや西ドイツのような国では、考え方の実質的な相違によって、彼らは自由主義、自由民主主義者から分かたれていた。家族や慈善組織の役割を強調することで、彼らは「社会的資本主義」の主要な設計者となった。単純化して、しかしまったくのミスリーディングではないかたちで言うならば、彼らとイギリスの保守主義の主要な相違は、第一にカトリシズムであり、第二に占領の記憶なのである。▽(12)

さらに重要なのは、福祉国家への彼らの支持は、たんに彼らの信念や価値の帰結ではないということである。一九五〇年代において、国家の拡大は、彼らの権力とパトロネージ〔支持者に恩恵として提供する利益〕を拡張し、新たな選挙基盤を獲得するための機会を提供した。イタリア、ベルギー、オーストリア、オランダといった国では、クライエンテリズム〔第1章訳注（8）参照〕が公的セクターの成長の糧となっている。したがって、これを縮小することは、政党それ自身を弱体化させることを意味するものであった。このように国民的な記憶、政治上の便宜、モラルのすべてが、国家セクターに対する根本的な攻撃への反対という方向を規定しているならば、サッチャーの実験が集団的自殺のように映るとしても驚くことではない。西欧のどこでも、社会的連帯への人々の愛着は強くかつ継続的であることを考慮すればなおさらである。アメリカのような「納税者の反乱」が欠けていたことも、政治家が国家の役割の急激な縮小によって集票しようとするのを抑止した。この観点からは、一九八〇年代は改めて、西欧のアメリカ化が限定的であることを明らかにしたと言える。[13]

労使関係においても、イギリスに比べヨーロッパの保守勢力は、合意重視のアプローチを継続しており、一九七〇年代との連続性もより大きい。インフレに対する闘いにおいてより厳しいマネタリズム政策が採られた西ドイツのような国でも、この政策には、プラグマティックに、より伝統的な形態での賃金・手当の交渉が伴っていた。ネオコーポラティズム的媒介の構造は依然変わらぬ地位を保っていたのである。職場での労組組織化のパターンに実質的な変化があったにもかかわらず、団体交渉が深刻な融解を被ったのはベルギーとオランダにおいてのみだった。労組と組織された労働者が一九七三年以降、期待を調整した結果、大陸全体が、賃金は物価から切り離され生産性に従うという西ドイツの労使関係のパターンへと、収斂していくことになった。[14]

民営化についても同じことである。ロンドンの一九八六年の「ビッグバン」〔証券市場の大改革〕は、より小さな規模の「爆発」がパリ、ストックホルム、ウィーン、ローマその他で起きるきっかけとなったが、その金融規制緩和や、一九九二年の域内単一市場完成で頂点に達するヨーロッパ共同体による貿易自由化、膨大な政府債務とたたかう必要性、そして技術の変化や国際競争激化による国家独占事業体の弱体化などは、新自由主義の推進要素となった。しか

▽（12）K. van Kersbergen, *Social Capitalism: A Study of Christian Democracy and the Welfare State* (London, 1995)
▽（13）H. Döring, 'Public perceptions of the proper role of the state', *West European Politics*, 17: 1 (January 1994), pp. 1–11
▽（14）G. Baglioni and C. Crouch (eds.), *European Industrial Relations: The Challenge of Flexibility* (London, 1990)

しそれでも、巨大国有産業を売却するという点においては、大陸の国々はなかなかイギリスの先導に従わなかった。これらの国は、民営化が必ず競争力の強化につながるかどうかに疑念をもっており、国益が損なわれることを懸念していた。ドーヴァーを越えた大陸側では、イギリス蔵相ジェフリー・ハウの「消費者主権」を、国家主権という切り札で打ち負かすことができたのである。フランス以外では、脱国有化はそれほどまでには進まず、大衆資本主義は国内の証券市場の小ささに制約されていた。▽(15)

官僚制を削減することが必要であるという主張には、共感者も多かった。例えばポルトガルは、「全国脱官僚制の日」を一九九〇年に宣言し、イタリアでは「官僚制のミクロな迫害」に抗議する「市民防衛委員会」が一九八七年に結成された。しかし、これらのいずれもそれほど進展を見ることはなく、公務員の削減においてイギリスに並ぶものはなかった。イギリスは熱狂的に公的セクターを「経営革命」に服させようとし、おびただしい数の監視・監査組織が急速に設立された。これは大陸の慎重さとは対照的であった。「外注化」のインパクト、特殊法人（「クアンゴ＝擬似自律非政府組織」）の増加、結果として生じる公的セクターと私的セクターの価値の境界の不明確化についても同様である。▽(16)

このようにいわゆる「保守革命」が、一九七三年以後の出来事に関する、英国中心的で自己欺瞞の見方であるようにみえるとするならば、イギリスの評論家の気をもませてきた左翼の崩壊も、同じ方向から見直す必要がある。イギリスにおける労働党の敗退には、ドイツ社会民主党の一九八三年の敗北が続いた。二つの石油ショックは絶え間ない陰鬱な予言を導いた。エリック・ホブズボームは「前に向かう労働の進軍」は停止したと警鐘を鳴らした。ダーレンドルフは、「社会民主主義の世紀の終わり」を告げた。社会民主主義は全盛期を過ぎてしまった、ということについてはマルクス主義者、自由主義者、保守主義者、すべてが合意していた。評論家は、一九七〇年代から一九八〇年代に政治の分布全体が右にシフトした、と警告した。しかしこれは、たとえ真実だとしても、必然的に左翼の衰退を意味するものだろうか。

左翼の衰退？

いつもながら、左翼が衰退しているかどうかは主に見方の問題である。左翼政党は北西ヨーロッパでは苦戦したが、スカンディナヴィアでは自らの地位を堅守し、南欧では成功した。例えばミッテラン▼[6]、クラクシ▼[7]、ゴンザレス▼[8]、パパンドレウ▼[9]はすべて一九八〇年代に政権を保持していた。一九九〇年代の開始にさいし、西欧の十六の社会民主主義政党のうち十一の党が政権についていた。これは一九四五年以降のどの時期よりも多い。全体として、選挙を見るならば、社会民主主義の退潮は存在しない。この主題に関し包括的な検討を行なったある研究者は、説明を必要とすべきは「社会民主主義票の驚くべき安定性である」と結論づけている▽[17]。

あとから見るならば、一九八〇年代の社会民主主義の「危機」は他の要因を反映したものだった。選挙民は、一九七〇年代末に政権にあった政党をなんであれ罰する傾向があった。右翼の側でコールとサッチャーはここから利益を得たが、ミッテランとパパンドレウも同様だった。第二に、政策環境はそれ以前に変化しており、伝統的なケインズ

▽（15） J. Vickers and V. Wright, 'The politics of industrial privatisation in Western Europe: an overview', *West European Politics*, 11 (1988), pp. 1–30

▽（16） V. Wright, 'Reshaping the state: implications for public administration', *West European Politics*, 17: 1 (January 1994), pp. 102–33

▼（6）フランス社会党の政治家、大統領（一九八一―九五）。大統領就任後、国有化、社会保障の拡大、労働時間の削減など社会主義的政策を取ったが（社会主義の実験）、インフレの進行を前に緊縮政策に切り替えざるをえず、その後はヨーロッパ統合推進を中核とした（ミッテランの転回）。

▼（7）イタリア社会党の政治家、首相（一九八三―八七）。キリスト教民主党との連合で戦後はじめての社会党首相となり、イタリアとしては異例の四年にわたって政権を継続した。

▼（8）スペインの社会労働党の政治家、首相（一九八二―九六）。社会保障や教育制度の整備を進める一方で、国営化企業の民営化を実施した。スペインのヨーロッパ共同体への加盟も実現した。

▼（9）全ギリシャ社会主義運動ＰＡＳＯＫの設立者で、ギリシャ首相（一九八一―八九、九三―九六）。

▽（17） W. Merkel, 'After the golden age: is social democracy doomed to decline?' in C. Lemke and G. Marks (eds.), *The Crisis of Socialism in Europe* (Durham, NC, 1992), pp. 136–70

主義的国家主導の一国景気回復計画にとって、きわめて不利なものとなっていた。ミッテランとパパンドレウは両者ともこの路線を試み、結局「緊縮」財政にもどることを余儀なくされた。それゆえ、社会主義者・社会民主主義者は、社会的平等と労働者の権利という伝統的な目標に新しいアプローチを見出さなければならなかった。大方にとって、これはブリュッセルにいたる道〔ヨーロッパ統合の推進〕であった。その結果、一九八〇年代に政権にあった左翼は本当に社会主義を目指していたわけではない、と論じるものもある。確かに、ミッテランは実際に国家主導の「労働者なき社会主義」を実施し、スペインやギリシャにおいて社会主義者は、大規模な社会の革新や、権威主義統治や内戦のあとの国民的和解への見通しを提示することによって、勝利した。三ヶ国すべてにおいて、左翼は国民的使命を担うことを選び、労働者中心主義的運動のレッテルが貼られるのを回避した。しかしこれは、これらの政党が直面していた個別の政治的な過去を反映しているだけではない。これは労働者が階級として消滅しつつあったからでもある。西ヨーロッパ全域で、古い組織された労働者階級は、農民に続いて歴史的存在となっていった。ここにこそ、真の危機が生じていたのである。

一九七三年以降の西ヨーロッパに政治的な「革命」が起きているとする証拠は、あったとしても断片的であるのに対し、社会と経済において生じている変化の規模が大きいことに関しては争う余地がない。これらのうち顕著なのは、脱工業化と組織された労働勢力の力の衰えという関連した現象である。サッチャー政権の最初の三年間にイギリス製造業の大幅な衰退が起き、百万人以上の職が失われたことで、脱工業化はイギリスの報道の見出しを飾った。この急減の大部分は、経済運営の驚異的な失敗、とりわけ為替相場におけるポンド過大評価によるものである。しかし、工業セクターの相対的重要度の長期的・継続的な減少は、より広い範囲で起きていることである。

一九六〇年代末から、西ヨーロッパの工業労働力の絶対規模は縮小し始めた。一九六〇年から一九八五年の間に、総労働力に対する工業労働力比率は、イギリスで四七・七%から三二・三%に、西ドイツで四七%から四一%に、オランダでは四〇%から二六・五%に低下した。十年ほど遅れて南欧もこれに続いた。例えばスペインでは一九八〇年から一九八五年の間に三六・一%から三一・八%となった。工業生産高の対GDP比率も低下した。世界の生産高に対するヨーロッパの生産高の比率もこの時期には低下しており、各国が国際的な競争力の水準についていくさいに、とりわけアジアの新興国に対して、困難に直面していたことを示している。

ヨーロッパの工業化の巨大な中心地の多くは衰退に陥った。石炭と繊維が最初に打撃を受けた産業であり、造船、鉄鋼、自動車の製造がこれに続く。サッチャーと皮肉にも共鳴するのだが、社会理論家たちはすぐに「脱工業社会」の始まりを指摘することになった。そのさい、ときとして見落とされていたのは、工業、とりわけ製造業が経済のなかで果たし続けている重要な役割である。というのも、伝統的な重工業には「構造改革」を被り、衰退するものもあったが、電子産業や医薬品製造は繁栄していたからである。工業の付加価値の減少は、雇用の減少に比べればはるかに小さかった。経済の長期的な健全性は依然として、職業訓練・研究・開発への投資の水準といった要素に依拠していた。にもかかわらず、工業の全体的な衰退は社会全体に衝撃波を送り出したのである▽(18)。

まず第一に、これによって労組の力の本質が根本的に変化した。労働者階級の活動の古くからの中心である、鉱山、港湾、鉄道といったところから、ホワイトカラー、技術職、とりわけ公共セクター労組へとバランスは移行していった。労組の組織率はいくつかの国で低下した。伝統的にも低率だったフランスやスペイン、あるいはオランダやイギリスなどでである。しかし、すべての国ではなく、例えばスウェーデン、デンマーク、ノルウェー、ベルギーのようにコーポラティズム的賃金交渉の継続している国では、依然高率が維持されていた。

大量の失業によりストライキの実効性は減少した。一九八〇年代には、大規模なストライキは散発的にしか起こらなくなり、その結果も、良くて不明瞭（西ドイツ金属産業労組のスト）、悪ければ明確な敗北（一九八四年イギリスの全国鉱山労働者組合（NUM））であった。「連帯」運動▼(10)がポーランドで生まれてまもなく、フィアットの大ストライ

▽（18）M. Sharp, 'Changing industrial structures in Western Europe', in D. Dyker (ed.), *The European Economy* (London, 1992), pp. 233–55

▼（10）ポーランドにおける社会主義体制下の「共産党＝国家」から独立した労働組合運動。体制変革の中心となった。

▼[11]キがトリノで起こったが、これは西欧における争議行為の限界を明らかにするものとなった。「連帯」とは異なり、フィアットの労働者は、ストへの国民の支持は限られていると気づかされた。内部分裂と、国民のためではなく自己利益のための闘争だと思われたためである。フィアットの経営者は成功裡に対抗宣伝を展開し、夢から覚めた労働者が仕事へ戻ることを余儀なくさせた。ある労働者はこう叫んでいた。「すべての労働者の支持を得ることによって、どんなことが達成できるか、ポーランドの例を見たか。イタリアでは、イタリアのような国では、物理的・精神的参加はもちろん、すべての労働者の支持を得ることもできない。今日の労働者階級のなかには、利益対立が存在しているのだ。▽[19]」こうして、労働分配率は一九七〇年代半ば以降、低落していき、ほとんどの労組リーダーはこれを逆転させることはできないと認識していた。労組の影響力を持続させることができるかどうかは、たんに自分たちの行動のみではなく、使用者と政府の側が労組をパートナーとして受け入れる用意があるかどうかにかかっているのである。

このような趨勢は、労働パターンと、仕事そのものの意味についてのより広範な変化と結びついている。ほぼ男性からなる労働力に長期の雇用を約束する大会社は、短期契約で、次第に多くなりつつある女性のスタッフを雇用する小さい会社によって、次第に取って替わられていった。「柔軟化」とパートタイム労働の増加、規制の対象外である「ヤミ経済」の拡大は、古いブルーカラー労働貴族の滅亡とともに、労働者階級の消滅を哀悼する議論を生み出すことにつながった。ブラックウェルとシーブルックは、一九九六年に刊行された労働慣行の変容に関する研究で、「いったい労働者階級などというものは存在していたのだろうか」と問うた。確かに彼らは、革命の前衛でないのはもちろん、もはや、この一世紀にわたってそうであったような、ヨーロッパ政治の心臓部に立つ英雄的な主役ではなくなったのである。メーデーのような労働者階級の集団的な儀式は次第に消滅していった。スウェーデンにおけるメーデーバッジの売り上げを検討した研究によれば、一九六〇年代から一九八〇年代初頭まで数値は上昇し、その後急激に低下していた。他の場所では、衰退はさらに早く始まっていた。▽[20]

労働それ自体も、人々の生活において従来と異なる意味を担うようになった。すでに見たように、共産主義でもファシズムでも自由民主主義の超克という主張において、労働は、権利と義務のいずれにおいても、中心的場所を占めていた。労働は、役立たずであることから解放されるためのものであり、共同体への入場券であった。この考えは、アウシュヴィッツへの入場ゲートにも、「労働は自由にする」という馬鹿にしたようなスローガンとして戯画化されたかたちで掲げられている。この挑戦に対して、戦後の自由民主主義は働く権利を保障するという約束で応えた。働く権利の保障は、世界人権宣言に収められ、戦後期の完全雇用政策のなかで実際に実現されてきた。

突然、もはや仕事はすべての人々にまわるものではなくなった。完全雇用は、ユラン・テルボーンのいう「資本主義の歴史における奇妙な体験」[21]以外の何ものでもなくなった。大量失業と社会保障支出が増大したことで、かつてのどの近代史上の時期よりも、仕事と収入の結びつきは直接的ではなくなっていった。例えばイギリスでは、家計総所得に対する仕事からの収入の比率が、一九七〇年代半ばの八〇%から一九八二年には七三%に減少している。[22]

高等教育の広がりや早期退職への圧力は、寿命の伸びと休日の長期化とあわせ、人々の生活のますます大きな部分が、賃金労働の外で営まれていることを意味する（未払い家事労働は、女性にとっては回避不可能なままであった）。社会学者は、仕事のなかではなく外に人々が満足と自己実現を求め、自らのエネルギーを自由時間のために節約していくにつれ、労働倫理が衰退すると述べている。世論調査の示すところでは、一九六二年にはわずか三三%のドイツ人が仕事よりも余暇を優先していたが、一九七九年にはその数値が四八%にのぼった。ドイツの新聞は危機感を抱き、「われわれは怠け者ではない」、という見出しが『ビルト』紙に躍った。このような態度は、働いているものですら、

▼（11）二万四千人の解雇をきっかけとした三十五日間のストライキ。労働者側の敗北で終わる。
▽（19）Ginsborg, op. cit., p. 405
▽（20）T. Blackwell and J. Seabrook, *Talking Work: An Oral History* (London, 1996), p. 201; メーデーバッジについては次を参照。Therborn, *European Modernity*, op. cit., p. 237
▽（21）Therborn, *European Modernity*, op. cit., p. 57
▽（22）A. B. Atkinson, *Incomes and the Welfare State: Essays on Britain and Europe* (Cambridge, 1995), p. 28〔A・B・アトキンソン『アトキンソン教授の福祉国家論　1』丸谷玲史訳、晃洋書房、二〇〇一年〕

平均すると一年のうち職場での時間と同様の時間を外で過ごしているという事実を反映していた。しかし、これはまた、経済が急速に変化したのに対し、怠けることとレジャーをモラルの欠如として結びつける深く根ざした倫理的伝統は依然として持続し、そこに大きなコントラストが生じていることを示していた[23]。

大量失業は一九七〇年代半ばに現われ、経済の復調とサーヴィス・セクターでの雇用創出にもかかわらず、続く十年の主要な社会問題であり続けた。一九九〇年初めには、EUの失業率は平均で一一―一二％であり千八百万人を数える。しかしこの数値は、二十年前の人々にはほとんど想像もできないものであるにもかかわらず、そこに深刻な騒乱が伴うことはほとんどなかった。確かに、一九三〇年代初頭と同じような出来事は生じず、政治秩序に対する根本的な挑戦もなかったのである。このことは、戦後好況の終焉のあとですら――またはそれゆえ特に――福祉国家の復元力が継続し、社会の緩衝材となっていることに間違いなく帰することができる。

割を食った人々

しかし、二十年ほど前と比べるならば、高い水準の貧困と不平等を人々は受け入れるようになった。一九八〇年代末のEUでは、人口の一四％にあたる四千五百万人を超える人々が貧困のもとに暮らしていた。一九九三年にはこの数値は一七％にのぼり、合衆国と同等となるとともに、東アジアのより平等な「タイガー・エコノミー」諸国〔韓国、台湾、香港、シンガポール〕とは著しい対照をなしている。イギリスでは、サッチャーは「不平等を誇りとする」よう求め、マネタリズムと高所得者への租税優遇措置のために、数値の上昇はとりわけ目立ったものとなった。そしてほぼ半世紀にわたる趨勢は逆転した。ギルモアが辛辣に指摘する通り、「滴下効果《トリクルダウン》」政策が現実に作り出したのは「上向きの滴り」であった。所得分配に関するイギリスの指導的研究者は直截に、「不平等のはっきりとした拡大という点で、一九八〇年代には歴史的趨勢からの離脱が見られた」と述べている。一九九〇年代にイギリスは、四百万人を超える子供を含む千四百万人ほどが貧困のうちに暮らすという、西側世界で最も不平等な社会となった。しかし他の西欧諸国も同じ方向へ進んでいる。[24]

過去と同様に、貧困者はすぐに自らの不運の責任を問われるようになった。社会工学への信頼が薄れたことで、貧困に対する、より道徳主義的で個人主義的な説明が自然と助長された。戦間期の不況の間に、保守的な優生学推進論者たちは「社会的問題集団」について口にした。いまやその考えが「最下層階級《アンダークラス》」という新しい装いをまとって再び現われるようになった。この語を最も積極的に広めているアメリカのチャールズ・マレーによれば、これは貧困の程度を示すものではなく、ある特定の種類の貧困を割り出したものであるという。シングルマザーは、次第に貧困化している集団であるが、福祉国家にたかるものとして攻撃される。失業者は、低賃金で適正な仕事に就くよりも手厚い施しの方を好んでいると、責められる。研究上は、これを否定する証拠があるのだが。これらの非難は、児童手当や補足給付の削減や、福祉の受給権を社会福祉や職業訓練に結びつける制度の正当化を助けていた。「新しい貧困」のうち、もう一つ拡大しつつある部分が老人である。老人は、まずイギリスで、そしてのちには他の国でも、国家による年金の実質価値の低下に悩まされている。福祉のセーフティーネットは、真にそれを必要とするものにとっては、みすぼらしく、不十分で、提供される給付の焦点が絞られていないものとなりつつあった。

貧困化には地理的な特徴もある。クライド川流域や北東イングランド、ルール地域といった古くからの工業の心臓部は衰退し、仕事も人もその周辺部や他の地域へと移動した。例えば一九八〇年代のドイツでは、「南北格差」と南への大移動があった。イタリア南部の貧困は、〔イタリア北部の〕ヴェネトやエミリアの富とこれまで以上に顕著な対照を示している。後者の住民の保護主義的な態度が、自治を求める北部同盟の大量の得票として現われている。とり残されたものは、高い失業率の袋小路で座礁することになる。「インナー・シティ」[12]が、社会的緊張と貧困の多い地区

▽（23）J. Ardagh, *Germany and the Germans* (London, 1995), pp. 114–15
▽（24）Gilmour, op. cit., p. 134; サッチャーは次からの引用。*Guardian*, 21 July 1996; Atkinson, op. cit., p. 39

として語られるようになった。都市のなかでも、職をもっている人々が公営住宅を離れることによって、居住パターンにも変化が見られるようになった。一九九〇年代には、公営団地に住んでいる者には貧困者が圧倒的となった。これは十年前やそれ以前にはなかったことである。ホームレスも増加している。一九九〇年代初めには、EU全体で三百万人という信じがたいほどの数に達した。

貧困が増加し、仕事をもつ者ともたない者の溝は拡大するとともに、西欧全体で在監者数が、一定ではないものの継続的に増加している。社会的な苦難と強硬な「法と秩序」政策への回帰の間のありうる関係をみるためには、なにも、労働の規律化と公的秩序維持の手段として資本主義は監獄を利用しているという、マルクス主義犯罪学者の意見を参考にする必要はない。これまでもそうであったように、収監のリスクが最も高いのは貧困者である。ホワイトカラーの窃盗や腐敗、汚職が「真の」犯罪とみなされることはほとんどない。EUの補助金からだけでも六十万ポンドに及ぶほど、巨額の金が関わっているにもかかわらずである。実際上、経済的に力のあるものの犯罪は治安維持活動の周縁部に追いやられているのである。

犯罪に関しては、数値の信頼性が乏しいか、または現実にはより多くの犯罪があるという、二つの可能性が存在する。犯罪件数の信頼性の乏しさはすべての関係者の認めるところだが、統計のみが増加を説明すると信じるものはほとんどない。過去に比べ、人々の行為が悪化しているのか、それとも犯罪を構成する行動とは何かという定義が変化し、現在ではより多くの種類の行為が犯罪とみなされるようになっているのだろうか。保守派は前者の説明を好み、急進主義者は後者を好む。

もちろん、実際のところ両者は両立不可能なものではない。そして暴力犯罪の増加といった標識を除き、道徳心の低下を証明するのが困難であるのに対し、ホームレス、不法侵入、非暴力抗議行動、浮浪といった新しい種類の行動が犯罪にされる傾向のあることについては、一定の証拠がある。ドラッグに関する限り、社会政策は絶望的に混乱している。例えば大麻の所持が犯罪であるのに、タバコや酒の所持はそうではない。急進主義者の批判は、経済的要因を標的にしている点では正当といえる。もっとも、彼らが示唆するほど機械的に作用しているわけではない。収監率を上昇させるのに失業が一役買っていることは事実だが、それは大部分、再犯率が上昇するからである。というのも、囚人が釈放後に仕事を見つけることが困難になるからである。また失業者には罰金を払うことが困難なためでもある。

同時に、カーラジオや携帯電話のある消費社会は、犯罪につながる新たな誘惑や態度を生み出している。福祉国家も同様である。政府の広報キャンペーンは、納税者に彼らの税金が浪費されているのではないと安心させるため、不正受給を標的とし、不正を通報するよう呼びかける。きわめて一般的なレヴェルの説明として、現代生活における疎外のために人々はお互いに疑念をもって接するようになり、以前は私的に解決されていた問題でも法に頼るようになる、という議論もある。だが、これは真実かもしれないが、比較的最近の犯罪の急増をこのような長期的解釈でどう説明できるのかはわからない。

ヨーロッパ諸国間の比較でも、犯罪と受刑率には明確な関係はない。受刑率には非常に大きな差があり、投獄することに他の国よりもきわめて熱心な国がある。ヨーロッパの囚人数は比率で見るならば、合衆国はもちろんソ連よりも大幅に低く、西欧の率は、急速に上昇しているとはいえ東欧のそれよりも低い。しかし、全般的には囚人数の衝撃的な増加傾向が見られる。例えば、一九七九年から一九九三年の間に住民十万人あたりの囚人数は、オランダで二十三から五十二に、ノルウェーで四十四から六十二に、スペインでは三十七から百十七に上昇した。イギリスは西欧で最も高率であり、一連の保守党政権の次第に厳しくなる政策のもとでも上昇していた。ノルウェーのニルス・クリスティには、ヨーロッパが「西側スタイルの、ソ連的強制収容所に向かって動いている」ように映り、アメリカと同規模の犯罪コントロール産業に最終的にはいたってしまう危険に警鐘を鳴らしている。しかし、いくばくかの兆候はす

▼（12）大都市の周辺部にある住宅、工場、商店の混在する低所得地帯で、治安の悪化、コミュニティの衰退が問題となる。

でに現われている。私的な安全保障会社の成長、刑務所の過剰収容にともなう電子タグその他の監視手段の登場などである。[25]

一九八〇年代のこのような新しい保守的風潮は、伝統的には犯罪者を収監することに消極的であったオランダにおいて、特に明確に見ることができる。収監への消極的姿勢は、占領下の経験から投獄に深い嫌悪感をもつ世代の裁判官によって先導されていた。いまや彼らは退職し、同時に社会工学や社会改良主義一般が疑問に付されるようになった。一九九四年三月の法務省からの公式発表はこう述べていた。「処罰は再び『許容』されるようになった。そして刑事制裁の正統性はもはやその社会復帰効果にではなく、無能力化と報復に再び求められるようになった。」保守的な傾向は一九九〇年代初頭にはスウェーデンにすら達し、一九九一年の選挙では中道右派が「われわれが外に出られるように、やつらは縛りつけておけ」というスローガンで戦うにいたった。[26]

そしてここにも不可避的に人種の次元が存在する。外国人またはエスニック・マイノリティの囚人の数は、一九八〇年代に憂慮すべきほどに急増した。一九八七年にその割合は、ベルギーやフランスで在監者数のほぼ三分の一に達し、スイスでは三分の一を超えた。スペインやポルトガルといった国での増加率も驚くほど高い。多くは、入国管理法違反での収監であり、ベルギーでは拘留された外国人の三分の一が、「行政上の理由から、社会防衛の措置として」収監されていた。[27]

この増加は、一般警官に蔓延するレイシズムのみならず、ドラッグ使用率や失業率の高さといった、特定のエスニック集団の社会的状況を反映している。理由については争いがあるものの、エスニック・マイノリティが失業や収監を被る率が不釣合いに高いことには疑いがない。例えばイギリスでは、ロンドンの若い黒人の失業率は一九九〇年代初めに五一%という驚くべき数値に達しており、エスニック・マイノリティ全体でも三七%である。このような統計数値が、西欧社会では人種的偏見が根強く、マイノリティのメンバーが（女性と同様に）なかなか完全な市民としては認められないことを反映したものでないとは信じがたい。

失業の増加とともに、ヨーロッパ各国はそれまでの移民歓迎政策を逆転させた。ほとんどの国では、一九七〇年代が大量の移民受入れの終焉と移民制限の開始を画している。一九四六年に設置されたフランス入国管理局は国際移住局へと改称され、帰還を促進することになった。しかし、エスニック・マイノリティはもちろん減少せず、本国帰還促進政策もほとんど効果がなかった。例えば西ドイツでは、ヘルムート・シュミットの「凍結政策」もコールの「帰還政策」も外国人数の減少には効果がなかった。コール提案を受け入れたのは一万七千人の移民だったが、彼の政権の最初の十年で、外国人の数はほぼ二百万人増加していた。▽(28)

一九八九年以降、東欧からの移民の殺到という新しい懸念が生まれた。旧共産主義ブロックの貧しい数百万の労働者が、黄金の西欧に向かうという予測のなかで、ＥＵ諸国は入国管理を引き締め、難民法をさらに厳格なものとした。移民・難民問題はしばしば混同された。難民申請者の真正さに疑問が投げかけられ、西側の寛大さにたかるものとして、次第に新聞報道で描かれるようになった。

このような懸念にはまったく理由がないわけではない。西ヨーロッパへの難民申請者は一九八三年の六万五千四百人から一九九一年には五十四万四千人へと増加し、ボスニアでの戦争によってさらに増加した。ドイツのみで全体の八〇%ほどを受理している。いったん庇護が与えられると、彼らは通常扶助や援助を受給することになる。しかし、世界の難民人口のうち、富裕な西欧はそのわずかを受け入れているにすぎない。ほとんどは地球上のより貧しい地域に定住している。六百五十万人ほどがアジアに、四百万人がアフリカに。絶対数でも人口比でも、イランやパキスタ

▽（25） N. Christie, *Crime Control as Industry: Towards GULAGS, Western Style* (London, 1994 edn)〔ニルス・クリスティーエ『司法改革への警鐘——刑務所がビジネスに』寺澤比奈子、平松毅、長岡徹訳、信山社出版、二〇〇二年〕
▽（26） 次からの引用。V. Ruggiero. M. Ryan and J. Sim (eds.), *West European Penal Systems: A Critical Anatomy* (London, 1995), pp. 40, 169
▽（27） B. A. Hudson, *Penal Policy and Social Justice* (London, 1993), p. 68
▽（28） P. O'Brien, 'Migration and its risks', *International Migration Review*, 30: 4 (1996), pp. 1067–77

ンといった国は、吝嗇なイギリスはいうに及ばず、ヨーロッパのなかでも寛大なスウェーデンや西ドイツと比べてはるかに多くの難民を受け入れている。

あまり効果のない抑制措置ではあるが、難民受入れの状況は意図的に魅力のないものとされた。彼らは、難民キャンプ、難民収容センター、古い兵舎、沖合の老朽化した船といったところに収容され、福祉給付や支援の受給権が縮小されることもあった。同時に、彼らが働くこともしばしば阻まれた。彼らがヤミ経済やさまざまな非合法手段へと押しやられたとしても、驚くにはあたらない。庇護を拒否されたものの数は増加したが、彼らはそれでもそこにとどまっていた。一九九〇年初めの数値で、西欧に三百万人程度の不法滞在外国人がいると推計されている。臨時に特赦を行なうことが、彼らの状態を正規のものとするための一つの手段である。もう一つの方法は、イタリア、ギリシャ、フランスで行なわれたように、数万に上る非合法の労働者・滞在者を大量移送することである。とりわけ大きな打撃を受けたのは、市民権法の遡及的な変更の影響を受け、移送や子供との離別に直面した人々である。

難民や移民に向けられる注目は継続的なものであり、増加しさえしている。これは、西欧に定住したマイノリティ・コミュニティのメンバーが日常的に耐え続けている人種的な敵意と結びついている。確かにマイノリティごとに状況は大きく異なっている。また、彼らが直面する高い失業率にもかかわらず（あるいはそのゆえに）、第二・第三世代の多くが滞在を続けて高等教育に進み、少なくとも白人の人口全体と同程度の教育は受けるようになっている。イギリスの場合は、一般的にはより高度ですらある。しかし、この事実やその他の有利な社会の傾向も、根強いレイシズムを覆い隠すものではない。

ＥＵのなかで最も実質的な人種間関係立法をもつイギリスにおいてすら、人種的な嫌がらせは、特に大都市以外で、深刻でますます大きな問題となっている。「ハーロウはとても人種差別的な街だ。白人のうちわれわれを困らせるのは少数の人々だが、他の人たちも止めはしないんだ……。一九九一年以来、街の中心には行ったこともない。われわれは実のところ囚人なんだ」とハーロウで育った若い黒人は述べている。四面楚歌の少数派は、常にそうであるように、それ自体レイシズムに冒された警察の保護に頼るか、路上での暴力行為に屈するか、それとも自衛するかを選ばなければならない。自殺率も高い。「もう十年間いじめに遭っている。自殺しようかと思うこともあるよ」と、ある十六歳は述べている。▽(29)

イギリス以外では、レイシズムの程度はさらに高く、それが禁じられている度合いも小さい。イギリスの子供向け書籍の出版社は、非白人の子供の挿絵によって外国での売上げが減少することに気づいたため、その結果、常に絵を差し替えている。あるフランスの出版社は、「イギリスの本で困るのは、別の文化から来た子供がたくさんいることだ。われわれのところでも異なった人種がいるが、人々はさまざまな人種を代表した本など買いたくないのだ」と述べている。同化というフランスの共和主義的な理想は、エスニックな多様性を消え去るべきものとして否定的に解することを意味する。移民としての過去を公けに誇ったり、移民なしではフランスの一九九〇年代の人口は実際より五分の一ほど少なかったであろうということを評価するものはほとんどいない。▽(30)

中央ヨーロッパでは、古い態度がいまだに表層近くを流れている。西ドイツでは、一九八二年に十六人の大学教授が「ヨーロッパのキリスト教的、西洋的価値」を護るために、すべての移民労働者を移送することを求めるマニフェストに署名していた。多くの国では、人種差別を禁止する実効的な法律が存在しないため、アパートの広告に「ヨーロッパ人のみ」とすることも許されている。排外主義的なスイスでは、「過剰外国人化」に対する草の根の攻撃が行なわれた。ヨーロッパ議会の記録によれば、西欧全体で、一九八四年から一九九〇年の間に人種に基づく攻撃が憂慮すべき増加を見せた。▽(31)

▽(29) Blackwell and Seabrook, op. cit., p. 123; 'Ethnic minority children "still suffer racism daily"', *Guardian*, 23 July 1996
▽(30) 'Publishers bow to colour bar on children's books', *Observer*, 27 October 1996
▽(31) M. Kohn, *The Race Gallery: The Return of Racial Science* (London, 1995); N. Abadan-Unat, 'Turkish migration to Europe', in R. Cohen (ed.), *The Cambridge Survey of World Migration* (Cambridge, 1995), p. 281

このような傾向は、各国の政治において人種・移民問題が新たに突出してきたこととももちろん結びついている。一九八〇年代には、それまで五十年来なかったことだが、公然たる右翼政党が全国規模で顕著な地位を占めた。フランスの国民戦線は、移民問題と失業や犯罪を結びつけ、一九八〇年代に全国的な勢力になった。その指導者であるル・ペンも、一九八八年の大統領選挙第一回投票で自身一四%を獲得した。西ドイツでは、一九八三年に共和党が類似の綱領とともに結成され、一九九二年には一一%程度の支持を得ていた。より暴力的なネオナチの周縁的勢力は、見出しを飾るような事件を統一後の東西ドイツで起こし、庇護申請者の宿泊施設に対する攻撃が続発した。オーストリアでは、自由党がイェルク・ハイダーの指導下に、移民問題を背景として勢力を伸ばした。自由党が主導した一九九二年の反移民法制定国民請願は失敗したが、四十一万七千人の有権者の署名を集めていた。「ウィーンをシカゴのようにしてはならない」というのが首都における自由党のスローガンだった。この奇妙にも一九三〇年代ふうのアメリカ像は、人種に関する態度がヨーロッパのほとんどの場所でこの五十年間にほとんど変化していないことを証明するものである。

これらすべてに、視覚的にもレトリックにおいても戦間期のファシズムの残響を聞くことができる。そして蜂蜜に蜂が群がるように、ジャーナリストたちは、膝を曲げない軍隊式行進をおこなう若いネオナチの周りに群がった。しかし、歴史がそのまま繰り返すことはほとんどない。これらの集団も彼らの祖先の記憶と戦わなければならなかった。もはや、彼らが未来への鍵を握っているかどうか定かではない。彼らはむしろ過去に縛られているのである。反移民のレトリックは、これらの政党への支持を増幅するものであるが、同時に限定するものでもある。そして右翼の登場はSOS人種差別主義▼(13)や教会難民庇護運動のような組織による激しい反対運動を引き起こした。ヨーロッパ人の考え方のなかで、人種主義は依然として強力な潮流ではあるが、反人種主義もまた成長しつつあり、国内の法廷で移民の権利を防衛することも可能となっているのである。国内的な制限措置を防止するために、国際人権法も援用可能である。オーストリアでは外国人取締法が、ヨーロッパ人権条約に抵触することを理由に、一九八五年に違憲と判断されている。

真に問題があるのは、新しい右翼というよりも戦後保守主義の危機である。フランスにおけるゴーリスト右翼の弱さは、ミッテランが巧妙に利用するところとなったが、国民戦線にチャンスを与えるものでもあった。保守政党がより強いところでは、過激反移民政党の躍進は困難であった。保守政党が弱いところでは、保守政党自身がしばしば反移民政党と同じレトリックをもてあそんでいた。例えばウィーンにおける、「ウィーンをウィーンっ子の手に」というオーストリア人民党のスローガンは、自由党のものにくらべ扇動的でないとは言いがたい。イギリスでは、メイジャー政権が反移民カードを束の間もてあそんでいた。「ローマ、パリ、ロンドンがボンベイやアルジェよりも魅力的だからといって、すべての来訪者に門戸を広く開いておくべきではない」、と彼は一九九一年の保守党大会で述べていた。ゴーリストのシラクも、「父と三人か四人の妻、二十人かそこらの子供たちからなる過密家族が、騒音や異臭は言わずもがな、明らかに働くこともなく五万フランの社会保障給付を受けている」というイメージを作り出していた。このような観点からは、ル・ペンとハイダーの重要性は、彼らが保守主流派をしっかりと人質にとった点にある。▽(32)

明らかに、市民権それ自体が移民をめぐる議論の中心にある。入国が厳しくなると同時に、いくつかの国では、社会的緊張を緩和するために市民権の取得手続きが緩和された。福祉国家の興隆と軍事国家の衰退が意味するのは、市民権がいまや政治的権利（投票）と義務（国民国家の防衛）の観点よりも、費用と受益の観点で理解されているということである。右翼が、失業、租税負担の公平性、職の不安定といった他の関心事についての調律道具として移民問題を利用する理由は、ここにある。またこれは、新しい「ポストナショナルな、メンバーシップのモデル」が西側社会において必要であるとする論者がでてきた理由でもある。というのも、納税、国民保険、一定の給付請求権など伝統的には市民であることの属性とされてきたものの一定部分を、移民はすでに分かち合ってきているからである。こ

▼（13）フランスで一九八四年に始まった人種差別に対抗する市民運動で、ヨーロッパ各国に姉妹組織が広がっている。
▽（32）次からの引用。Joly, *Refugees: Asylum in Europe*, pp. 118–19

の意味において、彼ら移民は、投票権や公務に就く権利を欠いているとはいえ、すでに市民なのである。▽(33)

全体として、エスニック・マイノリティに対するヨーロッパ人の考え方の特質は、より明確になっている。ヨーロッパは、アメリカのような「るつぼ」――しかしアメリカももはやそうではないのだが――ではなく、同化という目標も時代遅れである。戦後形成された移民コミュニティは恒常的なものとなったが、多くの場合、文化的には独特で、場合によっては「異質でなじまない」ものとなっている。多くの国において、彼らは完全な市民権からは排除されており、それほどではないイギリスにおいてすら、彼らはより非公式なかたちで周縁に追いやられている。彼らは、ドイツやギリシャのようにナショナリズムがより排他的な国よりも、フランスのような国でより良い境遇にあるとは限らない。フランスの共和主義的同化主義は文化的・宗教的多様性の余地をほとんど許さないのに対し、前者は差異をより受け入れる傾向にあるからである。歴史的、倫理的、経済的な多くの理由から、移送はもはや主流の見解においては受け入れがたいものとなっているが、文化的多様性を包括する新しい種類の市民的アイデンティティの発展は、ヨーロッパのほとんどの場所では起きそうにない。そこでは、国民についての不安が広がり、宗教は依然として所属を決める強力な標識であり、多人種の共存はごく最近の現象なのである。イギリス社会が躊躇しつつも経験してきたことが示唆するのは、国民国家の枠内でもそのような進化が可能だということである。とはいっても、イギリス・ナショナリズムそれ自体が雑種的であり、純粋性を物神化するようなものではないのだが。

確実なのは、「同化」と移民へのさらに高い障壁を組み合わせる政策によって現在の状況を安定化しようとする試みは、失敗を運命づけられているということである。政治家が、あるいはたとえ有権者が、多文化化に対して反対だと宣言したとしても、社会は次第に多文化的でなくなっていったりするものではない。ヨーロッパ資本主義はなお安い労働力を必要としている。とりわけ、ヨーロッパの富裕な社会は、より若く貧しい労働力のプールに働いてもらい、年金を支払うための税金を生み出してもらうことに依存しているのである。地理的条件も「ヨーロッパ要塞」の取締りを不可能にしている。とりわけ、孔の多い東・南の国境がそうである。人々の密輸は大きな商売の種となり、現在、毎年三十─五十万人と推定されている不法入国者の数は増大する可能性があるからである。近年、不法入国者となるはずだったものがエーゲ海で溺死したり、国際線旅客機の倉庫で凍死したり、ウクライナ人船員によって大西洋に突き落とされたりしている。このような事件が見出しを飾ることはほとんどないが、この種の移動の規模を示すものである。当局の願望が何であれ、富と政治的安定に国際的な不均衡があることが、人々をヨーロッパへ駆り立て続けるであろう。

個人主義の勝利？

一九八〇年代半ばに、イタリアの社会主義者ジャンニ・デ・ミケーリスは、一九六八年を振り返って『神々の黄昏』であり、イタリア史における最後の偉大な集団的瞬間、新しい時代を展望するすべての夢が終焉したときである」とした。階級闘争の衰退は、ケインズ主義、そしてより一般的には楽観的に社会を計画することの危機と重なっていた。一九七三年の『アメリカ都市計画機構雑誌』に掲載された「大規模計画モデルへのレクイエム」は、都市管理をこえる、より広い現象に言及するものだった。『スモール・イズ・ビューティフル』が新しい福音であった。一九七〇年代中葉以降、より断片化した形態の政治が集団的な政治的動員の時代に取って替わった。『さらばプロレタリアート』は、あるフランス知識人の総括である。知識人仲間でもさらに野心的な者は、自らの失望をもっと偉大なものへと転換してみせた。かつての左翼ジャン＝フランソワ・リオタールにとって、一九七〇年代は「近代」の終焉に通ずるものに他ならないのであった。▽(34)

▽（33）Y. Soysal, *Limits of Citizenship: Migrants and Postnational Membership in Europe* (Chicago, 1994)
▽（34）次からの引用。Ginsborg, op. cit., p. 424; D. Harvey, *The Condition of Postmodernity* (Oxford, 1989), p. 40〔デヴィッド・ハーヴェイ『ポストモダニティの条件』吉原直樹監訳、青木書店、一九九九年〕

財の蓄積を基礎とする集団的プロジェクトとして社会の進歩を考えるという観念は、その魅力を失った。経済成長と物質的な繁栄はもはや揺るぎのない恩寵ではなくなった。一九七二年のローマクラブのマニフェストである『成長の限界』は一千万部を売り上げ、環境を重視する自然保護主義的な新しい意識に注目を集めた。テルボーンは、原子力に焦点を絞った一九五八年のブリュッセル万博における前方指向の科学への信頼と、一九九二年のセヴィリヤ万博の退行的な郷愁の間に見られる、驚くべき雰囲気の変化を記している。ヨーロッパ楽観主義と考えられていたその年の主題が、五百年前の「新世界」発見であったことはふさわしいもののように思われる。一九九〇年代において、発見されるべき唯一の新世界は過去に存在するのであった。[35]

科学と技術もその魅力を失い、苦役からの解放の手段としてよりも、汚染、不快の原因であるだけでなく死の源とさえみられるようになった。社会学者は、個人にはコントロールできず限られた情報しか得られないような脅威が個人を圧倒する、新しい「リスク社会」について論じるようになった。「人生への恐怖、科学技術への恐怖、そして未来への恐怖」から生まれる「すすり泣くような文化的悲観主義」を政治家たちは非難したが、科学技術をありがたいものとしてみる西ドイツ人は、一九六六年に七二%だったのが一九八一年には三〇%に減少していた。[36]

彼らの不満の背後には日常生活上の現実があった。サッチャーの夢である「偉大な自動車経済」は、交通渋滞が長くなり呼吸器疾患が増加するにつれ、魅力を失っていった。一九七四年に、ドイツ自動車産業協会の会長は「自動車は、さらにもう少しの自由を意味する」と語っていた。十年も経たない間に、広告主は「急いでいかずとも着くべきところには着くのだからゆっくり旅をする男、〔車の〕馬力なしでも十分な個性をもつ男、エネルギーを節約し力を蓄える男」を売り物にするようになった。実際には、一九七五年から一九九四年の間に、歩いたり自転車に乗ったりする時間は平均で二〇%から三〇%減少し、車に乗っている時間は五〇%増加していた。匿名性と不安定性は増大し、公共の場所が駐車場や車のレースコースへと変わっていった。[37]

エコロジー運動は、このような不満の当然の表現であった。石油危機によって刺激されたあと、一九八〇年代には巡航ミサイルと原子力発電所をめぐる論争が運動を高揚させた。西ドイツの新しい「緑の党」は、「森の死」への新たな懸念だけではなく反物質主義の長い伝統に依拠するものであった。同党は小さいながら連邦議会で重要な存在としての位置を占め、環境対策措置を採らせるにさいしては、自らの力にまったく不釣合いなほどの影響を与えることができた。他の国では、環境保護をめぐる動員は政党よりも、グリーンピースやサヴァイヴァル・インターナショナルのような特定キャンペーン型の運動を通じて行なわれた。この種の単一争点組織は、大規模な加盟者を得てはじめて存立を維持できるものであり、公衆に争点を知覚させるための手段としてますます重要となっていった。

全般的にみて、政治的活動はしだいに階級よりも「アイデンティティ」の争点をめぐって行なわれるようになった。一九七〇年代のある時点で、アイデンティティの語は社会心理学から借用され、社会、国民、集団などに、制約なく適用されるようになった。一九八〇年代には、「ナショナルな」「文化的な」「ジェンダーについての」アイデンティティをめぐる論争が始まり、以後減退する兆しもない。著名な社会理論家であるアンソニー・ギデンズは、彼が言うところの「ライフ・ポリティクス」の出現について語っている。これは、より伝統的な政治の概念により「抑圧」されてきた、生物学的、感情的、存在論的な関心事を扱うものである。そこでは、「自己と身体が、さまざまな新しい生活スタイルの選択肢の展示場となる」という[38]。

労働者階級の前進は抑制されたが、新たな諸集団が前進を始めた。まずなによりも第一に、女性の運動は実体的な地歩を獲得した。大量失業、貧困の女性化、経済危機の時期における職業の性別分離傾向の進展といったことすべて

▽（35）Therborn, *European Modernity*, op. cit., p. 268
▽（36）Ardagh, op. cit., pp. 95–6
▽（37）次からの引用。Sachs, op. cit., pp. 97, 200–202. 全国旅行調査は次を参照。*Guardian*, 21 August 1996
▽（38）A. Giddens, *Modernity and Self-Identity: Self and Society in the Late Modern Age* (Cambridge, 1991), ch. 7: 'The emergence of life politics', 引用はp. 225〔アンソニー・ギデンズ『モダニティと自己アイデンティティ——後期近代における自己と社会』秋吉美都、安藤太郎、筒井淳也訳、ハーベスト社、二〇〇五年〕

が、ヨーロッパの労働市場における女性の地位を掘り崩したことは確かである。「ガラスの天井」を突破することは困難であり、専門職でも産業でも管理部門でも、エリートは依然として圧倒的に男性である。この問題への姿勢もすぐに変化するものではない。一九八三年になっても、コールは「われわれの麗しい女性たちはドイツの天然資源の一つである」などということで、女性票を獲得しようとしていたのである[39]。

にもかかわらず、一九六〇年代に始まった性別役割を考え直す動きは、一九七〇年代および一九八〇年代に、とりわけカトリックおよび正教のヨーロッパにおいて、最も大きな立法上のインパクトを与えることに成功した。離婚法制が自由化され、夫と妻の法的平等が再確認された。一九七七年の西ドイツ婚姻法は、夫の許可を得なければ妻は働けないという規定を削除した。一九八〇年代にはギリシャで民事婚が合法化され、独裁から脱したスペインやポルトガルでは女性が新しい権利を獲得した。ゲイやレズビアンの権利のための運動も一九七〇年代に勢いを得た。一九八〇年代のエイズ危機が始まったさいに特に明らかになったように、同性愛嫌悪は固定化し継続しているが、にもかかわらず公的な姿勢や国家の政策は変化しつつある。「逸脱した」性的行動を犯罪とし治療の対象とすることは、次第に時代錯誤とみなされるようになった。それでもなお、ほとんどの国において、異性カップルに比べてゲイの承諾年齢は高い。

このような劇的な変化のため、家族の終焉を予言する論者もある。しかし、むしろ問題は、この根源的な社会制度の目標、意味、魅力がどのように変容していくか、ということである。結婚それ自体は、義務から選択へと変化した。パートナー間の性的快楽、愛、親愛が要求され、精査され、専門家のアドヴァイスの対象となり、処理することができないもののためにはヘルプラインも設けられるようになった。結婚それ自体はそれほど急速に人気を失っているわけではないが、離婚（および再婚）率は急上昇した。「不義の生活」は同棲に変わり、ドブレット社『エチケットと現代マナー』〔イギリスの有名なマナー・ガイド〕ですら一九八一年には、同棲者をどう扱うべきかに関して、上層階級の女主人へのアドヴァイスを記すことが必要であると感じるようになったのである。一九九〇年代初めには、北西ヨーロッパの子供たちに関して、結婚している実の両親と暮らしていると仮定することはできなくなった。南欧やカトリック圏ヨーロッパでは、変化はよりゆっくりとしたものだったが、そこにおいてすら共同生活や離婚がより一般的なものとなっていった。一九七〇年から一九九〇年の間に婚外出産率は、西ドイツ、ポルトガル、ギリシャ、イタリアで倍増し、イギリス、スウェーデン、ノルウェー、オランダ、フランスでは三倍以上となった。▽(40)

医療技術は、伝統的な道徳観に更なる挑戦をもたらした。現在、生殖医療によって、単身の女性や不妊カップルにも親となるチャンスを得ることが可能となった。避妊技術はますます身近なものとなった。中絶も同様である。現在では広く合法とされ、ヨーロッパの多くの国では、要求に応じて福祉国家を通じた利用が可能である。精子銀行や冷凍卵子は医師、そして社会全体に新たな道徳的ディレンマを提示した。子供をもうけることは、なお結婚の主要な目的と広くみなされているが、次第に個人主義的な基礎の上に行なわれるようになり、時期や、ある程度は数が（質に関してはまだだが）、両親の都合に沿うように調整されるようになった。

ある意味では、性的秩序の責任が公的領域から私的領域に移動し、消費の新たな局面にほぼなりつつある。しかし同時に、法的権利の解釈や、健康・教育・福祉サーヴィスの提供を通じて、国家の役割も拡大しつつある。それゆえ、性や再生産に関する争点をめぐる公的な議論は衰えることがない。これまでと、とりわけ戦間期と異なるのは、問題が個人の選択における倫理という点から議論され、エスニックに純粋な国民国家の集団的な政治・軍事的必要という点からではないことにある。しかし、合意に到達することを可能にするような共通の基礎が、コストという頼りないものを除けば欠落しているため、この種の議論はほとんどの場合決着のつかないものとなる。驚くべきことは、戦間期と同様に出生率が低下し始めているにもかかわらず、人口減少に対する戦間期の騒動が再演されていないことである。

▽（39）Ardagh, op. cit., p. 165
▽（40）C. Haste, *Rules of Desire: Sex in Britain, World War I to the Present* (London, 1994), p. 235

繁茂する消費文化は「アイデンティティ・ポリティックス」を、きわめて多様な基礎の上に提供している。「ニュー・コロニアルかサヴィル・ロウか?」[14]と『ガーディアン』紙が服飾コラムにおいて男性読者に問いかけたのは一九八七年だった。ポップ・ミュージックもファッションも、かりにかつてそうであったとしても、支配的な文化的規範に対して単純に一つの代替選択肢を提供するというようなことはしていない。一九五〇・六〇年代の「ティーンエイジャー」は死んだ、とあるファッション・ジャーナリストが喜んで宣言したのが一九八六年のことだった。若者文化は、泡のように吹き出ては消えていくさまざまなオルタナティヴ・スタイルの群れへと解体していった。文化全般もそうである。ロックやポップ・ミュージックが、反・政治を提供すると主張したときがあったかもしれないが、パンクのアナキズムですら怪しいものであり、美術学校出のファッション起業家マルコム・マクラレンの作り出したものである。パンクの政治なら、セックス・ピストルズ[15]ではなく『時計仕掛けのオレンジ』[16]にあたるべきである。「高級」文化と「低俗」文化という区別それ自体、エリートが知的な自信と善意に満ちた道徳的優越を誇っていたかつての時代の産物であり、次第に不明確なものとなった。[41]

二十世紀末期の資本主義は、イメージ、サーヴィス、イヴェントが、かつてのモノ以上に、即座に陳腐化する欲望の源であり、はるかに儲けになることに気がついた。それゆえ、この三十年間に余暇や文化の著しい商品化が生じた。例えば、イギリスにおけるスポーツへの企業の後援は、一九七〇年の二百五十万ポンドから一九八六年の一億二千八百万ポンドに、美術に対しては一九七六年の五十万ポンドから十年後には二千五百万ポンドに上昇した。[42]空間と時間はくまなく探し回られ、圧縮され、包含されていった。「ワールド・ミュージック」や「エスニック・ファッション」は、過去を略奪するのに忙しく、そしてより頻繁に未来をも盗み出そうとする産業の、探索範囲が世界的なものであることを明らかにした。社会・経済の大理論がもはや未来に近づく方法であると主張できなくなったとき、実業界に未来への指針を提供するためにヘンリー予測センターが一九七四年に設立されたのは偶然だろうか。社会科学への信頼が崩壊することで残された真空を埋めたのは、専門的な市場分析だった。

論者のなかには、西洋消費資本主義の全体的パターンは、目が回るような速度で日常生活を送ることを余儀なくさせ、人間存在のある種の危機につながっているとするものもある。「専門家」には長口舌を振るわれて、自分の直感を信じないよう奨められ、さらには無作為に取捨するようさまざまな「アイデンティティ」を提供されて、アノミー〔伝統的規範の崩壊後の無規範状態〕の感覚が増しつつあるとしても、それはまったく自然なことではないだろうか？　このアノミーは、一方では恐れとして、他方では散発的に「本物」を求める動きとして現われる。「ポストモダン」は、政治的に動員解除された選挙民の間に「ルーツ」や「国民的遺産」への執着を生み出した。彼らは、メディアを信じるには洗練されすぎているが、信頼できる知識の源を奪われているのである。テレビはイメージの世界を切り開いたが、個人の体験から真正さを奪ってしまった。占星術や、ニューエイジ哲学その他の非合理主義の広がりは、解釈することのできない世界を前にした、このような不安の増大を反映している。ジャーナリストは「いらだつ一九九〇年代。恐れが市民権の新しいしるしとなるとき」と呼んでいる▽[43]。

富の増大と個人的安定感の減少を両立させる他の解釈が困難である以上、このような線に沿った議論を受け入れるのも魅力的だが、ポストモダンの世紀末不安を誇張すべきでない十分な理由がある。というのも、このような不満は新しいものではなく、資本主義による疎外や個人のアノミーという古い理論によるところが多分にあるからである。確かに、現在では近代の定義が異なっているが、基本的な分析は前からあったものである。「時代は動いている。そ

▼(14) Savile Row. オーダーメイドの伝統的な紳士服店が軒を並べる、ロンドン中心部の通り。「背広」の語源。
▼(15) イギリスのパンク・ロック・ムーブメントを象徴するバンド。エスタブリッシュメントを批判する歌詞や奇抜なファッションは多くの追随者を生んだ。
▼(16) イギリスの小説家アンソニー・バージェスによる小説（一九六二）、およびそれを原作にしたスタンリー・キューブリック監督の映画（一九七一）。人間の暴力への衝動を制御するのは何か、政府は国民に何を強制できるのかを衝撃的に描く。
▽(41) F. Mort, *Cultures of Consumption: Masculinities and Social Space in Late 20th Century Britain* (London, 1996), pp. 16, 25
▽(42) 次からの引用。Strinati and Wagg, op. cit.
▽(43) *Guardian*, 19 August 1996

の当時生きていなかった人々には信じがたいだろうが、実際、時間は駱駝部隊のように速く動いていたのである。時間が速いのは最近だけのことではない。」ロベルト・ムージルは小説『特性のない男』を、一九一四年のウィーンを描写したこのアイロニカルな文章で始めていた。このような描写は、ポストモダニズムの理論家にはきわめて読みなれたものだろう。ハイデガーは、アメリカ／ロシアの大衆文化の荒涼とした科学技術への熱狂における「なること」から、「であること」へ脱出するものとして、ナチズムを歓迎した。現代の理論家はポストモダニズムの始まりを、一九一四年〔第一次世界大戦開戦〕はもちろんのこと、一九三〇年代に遡ることはしない。しかし、ポストモダンの人間存在の危機が、かつての危機と何において根本的に異なるのかは容易には明らかにならない。[44]

かつての時代と二十世紀末期が異なるのは、政治がもはや自己実現や「行為」の主な舞台とはみなされていないことである。有権者のアパシーや危険は増大しつつあり、政党の党員数は下落している。「しらけた人間」とスペイン人が呼ぶ人々が増大している。ベルギー、イタリア、フランス、イギリスでは政治腐敗スキャンダルが、公衆の政治エリートへの信頼を揺るがした。これは幻滅を引き起こしたが、戦間期のような「デモクラシーの危機」は決して生じなかった。というのも、戦間期の危機は、人々がまだイデオロギー政治や救済の政治を信じ、集団主義的解決を期待していた時代の産物だからである。世論調査は一貫して、西欧人の大多数、例えば一九八九年には九三％が統治の原理としてデモクラシーの理念を確固として信じていることを示してきた。[45]

実際のところ、不確かさの感覚は政治的なものというより、主に社会的・経済的なものである。階級は、仕事よりもむしろ生活スタイルやファッションの選択と深く結びついている。雇用や人的関係のパターンはかつてなかったほどに多様で、安定的ではないものとなり、二つの厳しい不況の記憶は一九五〇年代や一九六〇年代の自信を掘り崩した。選択肢の拡大は、不確実性の増大をも意味する。個人主義の拡大は、集団的な動員の可能性を減少させる。過去に見られたような大規模なデモや行進は散発的にしか見られなくなった。人々が大規模に集まるのは、スポーツ・イヴェントやポップ・ミュージックのフェスティヴァルのときであることが多くなった。個人主義は、過去において家族・地域・国家といった連帯によって対処されていたリスクに対する、脆弱性に満ちた世界を開くことになった。犯罪や年金は、国家が責任を個人に投げ返そうとしている事例のうちの二つである。これに対する反応の一つは、かつての社会的な調和に対する後ろ向きのバラ色に染められた視線であり、近隣関係や地域性に基づいた市民のモラルを再生しようとする「共同体主義」である。しかしもう一つは、「たかり屋」「不正受給者」「移民」に対する怒りの政治の再生であることに間違いない。これはグローバルな変化の過程が個人の、そして一国の運命の双方を無視して進んでいることに注意を喚起するものである。保守派、そして次第に多くの社会民主主義者も、権利の過剰な強調と彼らがみなすものへの対抗手段として、義務を語ることへ回帰しようとしている。それでも、権利を語ることは個人主義的な戦後ヨーロッパにおいてゆるぎないものとなっている。社会的な危機や経済的な再調整にもかかわらず、一九三〇年代のような権威主義への回帰は起こらなかった。義務を道徳主義的に強調する新しい動きもきわめて限定的な成果しか挙げていない。

グローバル化と国民国家の危機

経済的な脆弱性が感じられるようになったとはいえ、西欧は、一九七〇年代の危機のあとでもなお世界経済の発電所であった。ヨーロッパ経済は世界的に競争力を維持するための圧力にさらされていたが、一九七〇年代および一九八〇年代には産業構造の再構築をきわめて成功裡に遂行し、一方で高い生活水準を維持していた。変化したのは、一国的経済政策を実施する政府の力であり、すなわちヨーロッパの国民国家に対する資本主義の影響力であった。アメ

▽（44）Musil, op. cit., p. 8
▽（45）Council of Europe, *Disillusionment with Democracy: Political Parties, Participation and Non-Participation in Democratic Institutions in Europe* (Colchester, 1993)

リカの平和の間は、通貨の兌換性が不完全であったこと、住宅等の分野での国内復興が必要であったこと、また、政府に監督されない金融市場が小規模であったことなどに各国のエリートは助けられていた。変動為替相場が出現し、通貨投機を促進すると、とりわけ一九七〇年代のユーロダラー市場の拡大に伴い、各国への制約は急激に増加した。世界の資本市場がオイルダラーで溢れ、そしてユーロダラー建て債券が発行されるようになり、どの中央銀行も単独では統制できない、新しい巨大な市場が出現した。利子率や財政赤字に敏感な「ホットマネー」が、特定の通貨に流れ込み、そこから流れ出すことが、一国の経済政策を完全に破綻させる可能性をもつようになったのである。

イギリス政府は一九七〇年代半ばにこの現象に突き当たることになった。一九八一年には、フランス社会党がケインズ主義的総需要刺激策を試みたが、フランが弱化し、貿易赤字を増加させることとなった。一九八三年初めには、彼らは「アルバニア」オプションとして知られていた一国主義を放棄せざるをえず、代わって反インフレの緊縮政策が選択された。これにより、社会主義者と、一九八〇年代半ばに新自由主義的なプログラムとともに政権に返り咲いたシラクのゴーリストとの間の政策距離は大幅に狭まった。この筋書き全体をより小さな規模で反復したのが、同時期のギリシャにおけるパパンドレウの全ギリシャ社会主義運動のUターン[17]である。このように一九八〇年代に示されたのは、社会民主主義的な一国的景気回復パッケージを狙う政府でも、独力でそうすることは不可能であるということだった。

ここで、ヨーロッパという選択肢が次第に魅力的に映るようになる。沈滞の時期を過ぎ、一九八〇年代に「ヨーロッパというプロジェクト」が再び速度を増し始めたのは、偶然の一致ではない。もちろん、この「プロジェクト」にはいくつもの変種があり、それぞれにまったく異なる支持者がいた。おそらくはアルベルト・シュペーアの末裔とでも呼びうるものたちは、ヨーロッパ共同体がヨーロッパ規模で世界水準の産業を建設し、過剰な国家間競争を合理化して、世界規模の競合からの保護を与えることを考えていた。他には、一九二〇年代イギリスの銀行家の末裔と呼べようか、自由市場主義者たちが、貿易自由化を戦後ヨーロッパの成長の鍵であるとみなし、単一欧州市場によってこれが継続されることを望んだ。最後に、ミッテラン政権の大蔵大臣ジャック・ドロールのようなヨーロッパ社会民主主義者や他の中道左派は、福祉と社会的連帯を保障するものとしての国民国家を、ヨーロッパ共同体が代替するか支援することを考えていた。この三つの選択肢が、相互に両立不可能であると考えるのは、おそらく新自由主義的なイギリス人だけだろう。他の西欧人の多くのものにとって、自由貿易は、産業向け研究や産業構造転換への支援や「社会的資本主義」への援助とまったく両立可能なものである。イギリスは、社会憲章からオプトアウト〔離脱〕し、日本やアメリカの投資家に低賃金労働の代替選択肢を提供することで、ヨーロッパのパートナー国を損なう、細やかさに欠ける行動に出た。しかし、ときに労働コストへの不満の声はあがるにせよ、イギリスの先導に従う他のEU加盟国はほとんどなかった。

この三つの「ヨーロッパ」のヴィジョンの調整をより困難にしているのは、加盟国の財政縮小を余儀なくさせる条件のもとで、完全な通貨同盟に進もうとした決定であった。経済通貨同盟（EMU）は、確かに、国際的な為替相場の調整をきわめて困難にしている通貨投機に対する一つの対応ではある。しかしそれは唯一の対応ではない。各通貨に対し相互変動幅を決めて拘束しつつ全体として変動させる、かつての「スネーク」▼(18)はより柔軟であった。また経済通貨同盟を達成するにしても、あのような厳しい条件で行なう必要もなかった。

重要な象徴的争点である国家の独立性を除いても、通貨同盟は深刻な問題を提示するものである。一国の政府の経済的機能は厳しく縮小され、国家の独立に対して前例のない挑戦をもたらす。さらに、完全な通貨連合のために設定された厳しい収斂基準のために、失業率が上昇し、財政も削減され、社会的な安定の達成をむしろより困難にする。

▼(17) パパンドレウの全ギリシャ社会主義運動政権は、一九八一年からの第一期目は社会保障制度を創設し、ケインズ主義的な経済運営を行なったが、一九八五年からの第二期目には緊縮財政政策に転じた。

▼(18)「トンネルの中のヘビ」とも。一九七一年から一九七六年までとられたヨーロッパの為替相場安定化制度。スミソニアン協定のもとでドルに対する各国通貨の変動幅が上下二・二五％とされていたところ、ヨーロッパ共同体各国通貨相互の間では、変動幅を上下一・一二五％と狭めたもの。最終的にはイギリスやフランスは離脱し、事実上の西ドイツ・マルク圏となった。

このような厳しさは、ブリュッセル〔EU〕に責任を負わせながら不人気な財政政策を押し通す方法として、各国政府が意図的にとった選択である、と論じる人もいる。しかし、一九九四年から一九九八年に西欧のいたるところで起きたストライキや抗議行動の波は、民衆の怒りの深さを表わしている。フランスでは、歴代政府がマルクに追いつくために「強いフラン」を追求したことで、ときに爆発的な投機と記録的な水準の失業がもたらされた。シラクは、政権に就くや否や、ネオケインズ主義的な景気回復政策を放棄せざるをえなかった。スペイン、ギリシャ、オランダでは、政府は緊縮プログラムにより民衆の抗議と闘った。国民国家は、政策に対する真の支配力をもたない、たんなる殻となりつつあるのである。結果として、慎重であるが選挙で選ばれているわけではないドイツの中央銀行家に、西欧のほとんどの領域での経済政策のコントロールがゆだねられた。

この悲観的な見通しには二つの反応がありうる。すでに、実際にはドイツ連邦銀行が決定した利子率に他の通貨は反応せざるをえなくなっていたのだから、経済通貨同盟はこれまでに起きていたこと以上の内容を含むものではない、と指摘するのが一つである。つまり、マルクの圧倒的な強さによって経済主権はすでに大部分侵食されていたのであり、そうだとするならば、より公式のかたちを通じて政策の責任をEU全体で共有した方がよくはないだろうか、というのである。第二の指摘は、EUレヴェルで形成される金融政策が各国政府の金融政策よりデフレ的になるとは必ずしも想定できないというものである。主要な問題は、収斂基準であって、通貨同盟ではない、すなわち目的地ではなくその旅程が問題だというのである。経済通貨同盟それ自体は拡張的な財政・金融政策と両立不可能というわけではない。すべては、各国政府が、他の経済・社会的懸案事項に対しインフレのコントロールが優先することをどの程度まで認めるか、ということにかかってくる。

興味深いのは、旧東ドイツの再建という巨大な課題に直面しているドイツ人がインフレに対し懸念を持ち続けているものの、一九九〇年代半ば、他の国ではインフレに関する古くからの強迫観念が衰え始めている兆候がみられることである。東アジアの「虎」と呼ばれる新興工業地域の経験から引き出される教訓は予期せざるものであり、一九八

○年代の新自由主義的局面のヨーロッパ資本主義が従った原則とは反対のものである。〔東アジアの例に倣えば〕高度成長は、研究に対する高い水準の政府投資および私的投資に依存するのである。このことは、高い研究開発費比率を維持しているドイツのような国を安心させるものだが、過剰に大きな兵器輸出産業の存在により覆い隠されて、民生用研究投資がきわめて低水準にとどまっているイギリスにおける保守党政権の業績をくもらせるものである。また、東アジアの成長は、教育への政府支出の水準が高いこと、より一般的には収入や富を平準化する平等主義的な社会政策にも依存している。

世界銀行は、いくつかの驚くような結論を導いている。不平等は成長に資するものではなく、むしろ平等が有益だというのである。「不平等を縮小することは、貧しいものにとって直接に利益となるだけではなく、高い成長率を通じてすべてのものの利益となる」と世界銀行のチーフ・エコノミストは一九九六年に書いている。「柔軟化」や低賃金労働ではなく、スキルと職業訓練が失業を減らすための道である。ＯＥＣＤは一九九六年に「未来の繁栄は、失業率の削減に、またある程度所得や収入の不平等の減少にもかかっている」と記している。それゆえ、再定義や目標の再設定が必要であるとはいえ、福祉支出は経済的な成功に対する大きな障害というわけではない。逆に、社会的な凝集性は個人主義よりも大きな徳である。一九九〇年末までに、保守の「革命」はその最盛期を過ぎたかのようである。一九九七年のイギリス総選挙における労働党の圧勝は、故国においても新自由主義が死んだことを示唆している。資本主義の下での社会契約は改訂されなければならないかもしれない。しかし、それは人々の支持を受けていることを証明したのであり、今後も生き延びるであろう。▽(46)

▽（46）次からの引用。*Independent on Sunday*, 21 July 1996

第11章　鮫とイルカ：共産主義の崩壊

救いの見込みがないように思える間は忍耐強く耐えることができても、ひとたび解放されるかもしれないと思うと、不満は耐えがたくなる。

——トクヴィル▽[1]

……小さな魚はイルカになる。そして鮫も、鮫までも。そうでなければならないから。

——ルドルフ・リンメル、一九六八年▽[2]

「共産主義を東・中欧に押しつけつづけることによって、ソ連は多くの問題や負担、障害を背負い込んでいる。それにもかかわらず、スターリンの後継者たちが中・東欧から撤退しようとする兆しはまったくないし、この地域を支配しようという政治的意思も決して弱まってはいない。」東欧に関する権威ある教科書は、一九八八年、このように結論づけていた。▽[3]

共産主義の崩壊を予見することにほぼ全員が失敗したことで、西側の政治学の棺には大きな釘が打ち込まれた。しかし、不意打ちを受けたのは学者ばかりではなく、政策担当者や知識人も同じだった。一九八四年、ハンガリーの作家コンラード・ジョルジは、一九五六年（ハンガリー）、一九六八年（チェコスロヴァキア）、一九八〇年から八一年（ポーランド）の失敗した蜂起▼[1]に応えて——完全に本気ではなかったが——「今度はロシア人にやらせよう」と提案した。彼のばかげた提案は、ヴァーツラフ・ハヴェル▼[2]にこき下ろされた。「個人的には、本当にすてきな考えに思えた。しかし、誰が、何が、ソ連にヨーロッパの衛星諸国の固まり全体を解体させるよう促せるのか、私にははっきりわからない。この地域から軍隊が撤退すれば、遅かれ早かれ政治的支配もあきらめなくてはならないのが明らかだから、なおさらである」とハヴェルは書いている。▽[4]

このような判断を思い起こすのは、その書き手たちを嘲笑するためではない。結局、彼らは当時一般的だった見通しを共有していたのだ。むしろ目的は一九八九年に起こったこと〔東欧革命〕の本質を捉えなおすことである。ソ連支配の崩壊は迅速かつ予期せぬものであり、平和的なもので、東欧全体に及んだ。これらの特徴のどれ一つとして、忘れたり、当然のものとして扱うことはできない。これらは出来事の本当の性格をとらえる鍵なのである。

ソ連支配が続くという予測が間違っていたことを考えると、勝ち誇った調子のナイーヴな崩壊の説明に対しても慎重でなくてはなるまい。いったいどういう意味で西側は冷戦に「勝った」のか。もちろん民主主義の勝利はあった。しかし、予想されたような種類、方法での勝利とは言いがたい。そのような勝利は実際、予想されてはいなかった。この輝かしい勝利は「民衆」のため、ヨーロッパの自由の大義の独裁への勝利のためなのか。しかし、コンラードが

▽（1）次からの引用。B. Geremek, 'Between hope and despair', in S. Graubard (ed.), *Eastern Europe...Central Europe...Europe* (Boulder, Colo., 1991), pp. 95–113, 引用箇所は p. 103

▽（2）次からの引用。Misiunas and Taagepera, op. cit., p. 202

▽（3）J. Rothschild, *Return to Diversity: A Political History of East Central Europe since World War 2* (Oxford, 1989), p. 221〔ジョゼフ・ロスチャイルド『現代東欧史――多様性への回帰』羽場久浘子、水谷驍訳、共同通信社、一九九九年〕

▼（1）「連帯」の活動。グダンスクで、レフ・ヴァウェンサを中心にした労働条件をめぐるストライキから始まった。体制批判へと進み幅広い民衆を巻き込んだが、戒厳令の施行で抑圧された。本章四六二―六四頁で詳述。

▼（2）チェコの劇作家、反体制運動家、チェコスロヴァキア大統領（一九八九―九二）、チェコ大統領（一九九三―二〇〇三）。政治が共産党に独占されるなかでいかなる政治が可能かを問い（「反政治の政治」）、反体制運動を展開した。一九八九年の民主化（「ビロード革命」）の担い手の一人となり、大統領に選出された。

▽（4）次からの引用。T. Garton Ash, *The Uses of Adversity* (Cambridge, 1989), pp. 180–81

観察していたように、民衆の抗議は、過去にも試みられたが、力不足であったし、今回も後手に回った。自由は結果であり、自由への要求が原因であるとは限らない。共産党崩壊というテーマはまだ歴史家の関心を惹き始めておらず、この章はヨーロッパのイデオロギーのドラマの最終章を理解するための方法を、いくつか描き出して見せるにすぎない。

世界経済危機と東欧

スターリン主義は一九五六年以降、イデオロギーとしては衰退していったが、スターリン主義の政治経済はその後数十年間ほとんど変わることがなかった。つまり、中央集権的な党と国家機構が重工業の拡大と、貿易、農業、消費財の厳しい統制によって、経済成長を促進したのである。政治的不満を鎮めるために、ときおり、軽工業と生活水準の改善のために投資のバランスが調整されたが、そのような調整は一時的なもので、また逆戻りしてしまうこともあった。経済は市場ではなく、計画に沿って運営され、情報は限られ、経済パフォーマンスに対しては全面的に政治が責任を負った。国家社会主義はポーランドのある経済学者が述べたような、実施のされ方が悪かったよい考えではない。悪い考えだったが、驚くほどうまく実践されたのである。戦後初期にかなりの成功を収めた経済発展の戦略は、その有用性が失われても用いられつづけ、結局は共産主義全体の崩壊をもたらすことになったのだ▽(5)。

一九五〇年代と一九六〇年代には、ヨーロッパじゅうで目を見張るような経済成長がみられた。本当の難問は、一九六〇年代末から一九七〇年代初頭に始まった戦後世界経済の大危機からやってきた。資本主義の西欧ではインフレが進み、大量失業が発生したことで、戦後のケインズ主義コンセンサスは破綻した。同様の経済圧力が東欧を襲い、戦後の経済成長はここでも鈍化した。一九七〇年から七五年には年平均四・九%だったものが、一九七五年から八〇年には二・〇%、一九八〇年から一九八五年には一・四%になった。この落ち込みは最初のうちは比較的遅かった。

一九七〇年代には東欧の経済成長率は三・四%までしか下がらず、西側ＯＥＣＤ諸国の三・二%より高かった。そのため、中央計画経済は資本主義経済よりも危機への脆弱性が小さいという考えが強まりさえした。しかし、一九八〇年代中頃には、はるかに引き離されてしまった。[6]

西と同じように東でも、経済成長の鈍化はそれまでの数十年間に作り上げられた福祉制度をひずませた。主に労働災害が原因で、寿命は実際に短くなりさえした。資本ストックの劣化が労働者を殺害したのである。戦後縮小されてきた西側とのギャップは一九七〇年代から再び開きはじめた。東欧が西側を上回っているのはアルコール消費量だけであった。[7]

共産主義の福祉モデルは西側のそれに比べいよいよ魅力を失っていった。さらに、平等主義の言質をまじめに受け取った社会からみれば、約束を守るのにも失敗していた。所得の平等は効率を引き上げようとする改革によって脅かされ、社会の流動性は固定化され、比較的豊かな行政・専門・技術職エリートの特権や役得に対する、労働者階級の怒りが高まった。福祉給付は、普遍的な社会権というより党の特権へと変わり、実質所得を平等化するのに失敗した。生活水準は悲惨だった。平均的なポーランドの女性工場労働者は五時前に起き、一時間以上かけて仕事に行き、五十三分間食糧のために行列に並び、九時間労働し、睡眠時間は六時間半以下しかなかった。住居不足がなにより人々の心を苦しめていた。「ここには未来はない。アパートを受け取るのに十年間待たなくてはならない。結婚したいのに歳をとってしまう」と、一九七二年にポーランドの造船労働者は不満を述べている。ハンガリーの住居担当の上級役人は一九八五年に書いている。「なにも本質的には変わっていない。なにも改善されていない。住宅事情は前より悪

▽（5）B. Kaminski, *The Collapse of State Socialism: The Case of Poland* (Princeton, NJ, 1991), p. 3
▽（6）成長率については次を参照。K. Dawisha, *Eastern Europe, Gorbachev and Reform: The Great Challenge* (Cambridge, 1990 edn), p. 169
▽（7）M. Bernstam, 'Trends in the Soviet population', pp. 185–214, and N. Eberstadt, 'Health of an empire: poverty and social progress in the CMEA bloc', pp. 221–55 in H. Rowen and C. Wolf (eds.), *The Future of the Soviet Empire* (New York, 1987)

くなっている。実際望みなしだ。」西側の観察者が体制の正統性の基礎と見なしていた共産主義の「社会契約」は、かりに存在していたとしても、いまや壊れてしまった。▽(8)

政治的に、共産主義者が西側に生じているのと同じ方法で適応をするのは不可能だとわかっていた。つまり、病気はほぼ同じだった。生産性の低下、労働者階級の屋台骨を作っていた古い重工業の崩壊である。しかし、症状は異なっていた。インフレは不足の拡大、品質の低下、ますます長い行列に表われたが、当局によって厳しく規制されているため価格の上昇は生じなかった。闇や非公式の取引が同じ傾向のもう一つの結果だった。その結果、棚は空っぽになり、行列で失われる時間はますます長くなり、挙句の果てには、党が価格の引上げを押し通そうとすると、党支配そのものを脅かすような食糧暴動が起こった。

重工業の危機も西側以上に東側で、より深刻な意味をもっていた。巨大製鉄製鋼所は、戦後経済成長の先鋒であり、一九三〇年代のソ連モデルに倣うものだった（これ自身も二十世紀初頭のドイツの成長パターンを模倣していた）が、ますます経済的には非合理的になっていったものの、とてつもなく大きなシンボルとしての力をもっていた。例えばルーマニアではスターリン化を追求するなかで、一九七〇年代に、処理能力の一〇％分しか稼動していない怪物のような原油精製工場が建設され、ブカレスト全体よりもエネルギーを消費するアルミニウム・コンビナートが作られた。

そのコストは人々の肌や肺に現われていた。一九八〇年代の公害は、共産党が自然を支配する試みに失敗したことを示していた。東欧は死の河、荒廃した森、煤けた都市、砕けた記念碑、病に冒された人々が溢れる環境上の被災地となった。東欧ではヨーロッパ共同体全体の二倍もの二酸化硫黄を噴出していた。東ドイツだけでも西ドイツの四倍だった。▽(9) しかしなお、高くつき、非生産的で、自然環境を破壊するこの種の時代遅れの産業は、否認されるどころか、前と変わらず投資されたのである。党幹部は、近代化を主張する人々の挑戦を撥ね退けようとする古いタイプの産業の周辺に権力基盤を構築しており、ポーランドのギエレク▼(3)の場合のように彼らから国家の指導者が出されることもあった。

重工業への偏執は巨大な労働者階級をつくり出し、体制は自らをその代弁者であると主張した。この労働者階級をいけにえとして、経済的合理性の祭壇にささげることがどうしてできようか。こうして、共産党体制は、西側諸国の方法をまねて、デフレや大量解雇によって経済を調整することが、政治的理由からできなかった。そこで彼らは西側とは正反対の戦略をとり、労働者を仕事から追い出すより、消費者を不足や粗悪な商品に苦しませることを選んだのである。しかし労働者は消費者でもあり、体制の気持ちに報いるとは限らなかった。一九八〇年の「連帯」の勃興は、労働者が、彼らの名のもとに権力を握る党に対して背を向けたときの危険を示していた。

あとから考えると、一九八〇年代の共産党のディレンマの中心は、経済改革は必要だが不可能だということだった。しかしながら当時は、一九四〇年代に資本主義が行なったのと同じように、共産主義が自己改革できるのではないだろうかという考えは、問題外とは思えなかった。西側の多くの人々が、資本主義と共産主義は現代の工業経済を運営する二つの収斂しつつある方法であると考えていた。政治学者は二つの競合システムの間の驚くべき形態上の共通性を強調した。それは、巨大な官僚システム、専門家への依存、高等教育や科学技術の促進、物質的繁栄という共通の目標の追求といった点である。このような理論家は、西側と東側の経済は国家介入と市場のさまざまな組合せからなる連続線上の別々の地点にいるのだと主張した。その含意は、共産党の改革者は東欧経済を平和裡に西側の混合経済に近いものにうまく導けるということだった。

▽（8）A. Shub, *An Empire Loses Hope* (London, 1971), p. 109; D. N. Nelson (ed.), *Communism and the Politics of Inequality* (Toronto, 1983); R. Laba, *The Roots of Solidarity: A Political Sociology of Poland's Working-Class Democratization* (Princeton, NJ, 1991), pp. 118–19; P. Hauslohner, 'Gorbachev's social contract', *Soviet Economy*, 3 (1987), pp. 54–89, and J. McAdams, 'Crisis in the Soviet empire: three ambiguities in search of a prediction', *Comparative Politics*, 20: 1 (October 1987), pp. 107–18; S. Miskiewicz, 'Social and economic rights in Eastern Europe', in G. R. Urban (ed.), *Social and Economic Rights in the Soviet Bloc* (New Brunswick, NJ, 1988), p. 98

▽（9）J. Rupnik, 'Central Europe or Mitteleuropa?' in Graubard op. cit., pp. 247–8

▼（3）ポーランドの共産主義政治家、統一労働者党第一書記（一九七〇―八〇）。西側からの借款で一時的に生活水準を改善したが、経済危機のなか、物価引上げを試みた。それに対抗して始まったのが連帯運動であり、ギエレクは連帯を承認したのち、失脚した。

共産主義の改革可能性への確信は東側でも共有されており、東欧とソ連でのいくつもの議論や実験を下支えしていた。これらは、一九六八年のソ連のチェコスロヴァキア侵攻によって縮小させられたが、終わらせられることはなかった。一般的に言って、ブレジネフの長い統治はフルシチョフの即興的な改革の試みに対する保守反動の時期だった。しかし、ブレジネフのもとですら、他の東欧諸国の指導者は、近代化や効率化のための手段として改革運動を始めていた。東ドイツやブルガリアでは、改革は行政の脱中央集権化のかたちをとったが、基本的な中央計画のメカニズムに手をつけることはできなかった。射程がもっと急進的だったのは（侵攻までの）チェコスロヴァキアとハンガリーで試みられた経済の脱中央集権化であり、実際の価格とコストを試験的に経済に導入しようとした。

ハンガリーは、最も長続きした、興味深いケースである。一九六八年に導入されたいわゆる新経済機構（NEM）によって、カーダール・ヤーノシュは漸進的な市場化への過程を慎重に促進した。外側の世界との交易が脱中央集権化され、効率や生産性の増進を促進する手段が導入された。企業は生産目標を達成するだけでなく、利益をあげるよう促された。西側ではNEMに対して大きな関心が集まり、共産主義の改革可能性がおおいに議論された。しかし、ここには一つだけ問題があった。経済的にあまり成功しなかったことである。ハンガリーは鉄のカーテンの向こう側で、一人あたりの兌換通貨債務の最も多い国となるはめに陥り、成長率はチェコ、東ドイツ、ルーマニアなど断固たるスターリン主義諸国にも水をあけられた。〔東ドイツの〕ホーネッカー▼(4)の辛辣な見解によると、資本主義と共産主義は「火と水のように異なり、両立不可能」であり、一九八六年になっても、彼は東ドイツは「決して実験場ではない」と強調していた。▽(10)

彼の考えは経済的な理由からは誤っているとはいえない。東ドイツの経済指標はハンガリーよりもはるかに勝っていたからである。ハンガリーの改革は倒産や失業を避けるソフトな調整だった。振り返って考えると、改革の主な意義は経済的なものではなく政治的なものであった。これによって、カーダールはハンガリーをソ連の包囲から慎重に抜け出させ、貿易政策を通じてこっそりと更なる自立へと進んだのである。これは、大国と接したとき策略を用いたもう一人のハンガリーの指導者と並べてみると、示唆的である。それは一九三三年以降十年にわたりヒトラーを抜け目なく操った、ホルティ提督である。▽(11)

一九二〇年代と同様に、西側から資本を借りるのは、痛みを伴う決定を避け、近代化のショックを和らげるもう一つの方法だった。ロンドンのシティやニューヨークのウォール街に向かう道を、ユーゴスラヴィアやルーマニアが踏み固め、他国も続いた。一九七〇年代に出現した、オイルマネーが溢れるトランスナショナルで移り気な金融市場は、堅固な体制やよく訓練された労働者をもつ東欧諸国をみて、いままで顧みられることのなかった投資市場だと考えた。銀行家は忘れっぽく、五十年にもわたる記憶などまず持ち合わせていないため、ソ連の東欧ブロックへの「保証」があるから、不履行はありえないと信じ込んだ。共産党エリートは西側資本を世論を買収する手段と見、経済の構造改革という不快な衝撃を先送りした。共産主義者と銀行家は互いに抱き合ったのである。

その結果、兌換通貨債務は東欧じゅうで急速に膨らんだ。一九七一年の六十一億ドルから、一九八〇年には六六一億ドル、一九八八年には九五六億ドルである。最も影響を受けた国はポーランドであり、ポーランドの債務は一九七一年の一一億ドルから一九八〇年の二五〇億ドルに上昇した。疑問の余地のない党支配の最後の時期、つまり一九七〇年代の初めに、第一書記ギエレクは消費ブームを人工的につくり出すために多額の借金をした。七〇年代後半にブームが弱まり、再び生活水準が低下すると、二つのことが明らかになった。まず、外国資本を使用してもポーランド経済の近代化や技術の基礎の改善には失敗した。第二に、生活水準を一時的に人工的に引き上げても、社会平和を買うことはできなかった。

▼（4）東ドイツの共産主義政治家、社会主義統一党書記長（一九七一―八九）。彼の統治期に、一九七一年には東西ドイツが「基本条約」を結び、相互に国家承認した。東ドイツ市民は、西ドイツからの借款も得て、他の東欧諸国より高い消費生活を提供されたが、同時に秘密警察による厳しい監視下に置かれた。一九八九年の民主化で失脚した。

▽（10）次からの引用。Dawisha, op. cit., p. 192

▽（11）Gati, op. cit.

ポーランドの問題は全般にいえることだった。指令経済の硬直的な構造のために、外国の貸付けを、外国の技術の取り入れに有効使用するより、食料や消費財に利用する方が簡単だった。東側陣営の輸出先は、ソ連から兌換貨幣による取引先へと徐々に移っていったが、充分ではなかった。ヨーロッパ共同体の貿易障壁が東側商品の流入を阻み、外貨準備への負荷を厳しくした。そのため、この巨額の債務は経済の基礎を近代化するのには役立たず、不人気な体制にたんに息をつく暇を与えただけだった。〔ルーマニアの〕チャウシェスク▼[5]のような暴君にとって、これはたいした問題ではなかった。秘密警察システムのおかげで、ルーマニアの債務者に対する支払いのために、彼はさらに生活水準を押し下げることができたのである。しかし、これほど抑圧的ではない体制では――彼ほど苛酷なものはほとんどいなかった――、債務返済はＩＭＦや世界銀行の監督下におかれることが多く、ますます離反していく労働者たちによって担われなくてはならなかった。このように外国資本は共産主義の苦境を和らげることができず、ますます悪くしたのである。

一九八〇年代初頭までに、全般的な状況は厳しいものとなっていた。ポルトガル、スペイン、ギリシャといった、以前は後進的だった南欧の経済は、独裁の束縛を逃れ、ヨーロッパ共同体市場へのアクセスを得た結果、共産主義ブロックを追い抜き、リードするようになった。東欧内部では経済パフォーマンスにかなりの差が生じ、強硬派の東ドイツとチェコスロヴァキアのほうが、ハンガリーやポーランドを上回っていた。とはいえ、どこでも生活水準は低下し、商品は不足し、体制の不備は明らかだった。しかし、このことが必然的に崩壊を差し迫ったものにしたのだろうか。東ドイツの主任統計官は、一九八二年から八三年ごろに「われわれは経済的破滅に向かっている」と気がついたといっている。しかしその直後には、西側の借款が、短期的な状況を安定化させる手助けとなったとも認めている。経済的停滞という事実だけでは、自己防御のための信頼できる手段を完成させた体制を脅かすことにはならない。それは、支配権の主張の根拠を掘り崩しただけである。▽[12]

萎縮した党

人々が必需品を充分手に入れられるように、また商品売買や公共サーヴィスが改善され、価格が安定するように心を配っているので、人々はニコラエ・チャウシェスクに、しばしば街のショッピング・センターで出会う。新店舗の開店、商品の市場への供給状況の視察などのおりである。こういうときチャウシェスク大統領は、彼らが言うことや、さらに何をすべきかに、耳を傾ける。そして可能ならすぐその場で改善策をとる。このような行ないから、正直な心の人々には、チャウシェスク大統領の考えにそったルーマニアにおける新社会建設の最終的な目的は、人間とその利益の実現であり、人間の精神的物質的な要求を満たし、進歩と文化の理想を実現することにあるとわかる▽(13)。

このスターリン主義的プロパガンダが吹聴されたのは一九八三年で、ルーマニアの水準からしてさえ苛酷な耐久の時期と一致する。外国借款を返済するために消費は締めつけられ、日常生活は「システム化」のばかげた破壊的なプログラムのために荒らされていた。そのプログラムを通して、体制は何千もの村、多数の町、最終的にはブカレストそのものの大部分をも取り壊したのである。ルーマニアでも、他国でも、ますます苛酷となっていく現実と公式のイデオロギーの間の溝が開いていった。あるいは、この溝は共産主義には常に存在していたのだから、一九八〇年代に生じた根本的な変化とは、社会全体が、エリートも基盤となる民衆も、現実とイデオロギーは別々なのだとますます

▼（5）ルーマニアの共産主義政治家、共産党書記長（一九六五―八九）。ソ連から距離を置いた外交政策で西側からの借款を得たが、その返済のために一九八〇年代には国内の食糧消費を制限して輸出を行なった（「飢餓輸出」）。抑圧的な個人独裁を続けたが、一九八九年十二月の革命時に反対派に回った軍によって処刑された。

▽（12）Fulbrook, op. cit., pp. 38–9

▽（13）次からの引用。E. Behr, *'Kiss the Hand You Cannot Bite': The Rise and Fall of the Ceaușescus* (London, 1991), pp. 180–81

はっきりと認めるようになったことである、と言うべきかもしれない。▽[14]

チャウシェスクのルーマニアではこのような認識はたいして重要ではなかった。「カルパチアの巨人」〔チャウシェスク〕本人にはこの認識が及ばなかったからである。しかし他国ではこの認識が権力階層にまで浸透していった。現実が社会主義理論を支配したのであって、逆ではなかったという感覚は、自らの統治の使命についての党の信念を致命的に侵食した。共産主義の最後の二十年間の主要な政治的トレンドはここにあった。公然たる反体制派の出現ではなく、むしろ自信をもった党が徐々に衰退していき、政府官僚、軍部、年長の「小スターリン」など他の統治機関に取って替わられたのである。社会主義イデオロギーへの信奉が崩れ、西側を経済的に追い越すという希望も一九八〇年代初めには説得性を失って放棄され、党は全体的な目的をほとんど失ってしまった。特権的ノーメンクラトゥーラ▼[6]へと堕落し、危機管理の手段としての実効性も失っていった。

党の衰退は特にポーランドで目立った。「連帯」危機の原因と起源を考察するよう一九八一年九月に委託された公式のクビャク報告▼[7]において、党のリベラル派に属する著者は、社会的対立の起源は政治的対立のみにあるのではなく、より基本的に「社会主義の宣言された目標と、獲得された成果の間のギャップが開いた」ことにあると書いている。「連帯」は、グダンスクの労働者が社会主義を真剣に考えていたことの証である。彼らは党ボスの特権を批判したのであり、資本主義や市場への関心はまったく示さなかった。党が直面している非難がこれほどまでに痛烈なのは、まさに、党がもはや社会主義への納得のいく道案内ではないためなのである。▽[15]

ポーランドは七〇年代を通じて、スターリン主義の経済優先順位を継続するパラダイムを提供してきた。大部分の時期には生産財の成長が消費財を上回り、構造改革や近代化はほとんどなかった。重工業への優先的投資は八〇年代まで続けられていた。それゆえに造船所労働者のストライキの衝撃は大きかった。自由労働組合が驚くべきことに数ヶ月間で約八百万にまで拡大したことの衝撃はいうまでもない。この数は、ポーランド統一労働者党（PUWP）自体の党員数の倍にあたる。

「連帯」の遺産は、支配政党が目的も正統性も失ったことである。七〇年代にはすでに国家官僚と工業企業の経営者が党にかわり権力を我がものにしていた。政府はいまや軍部の人間、ヤルゼルスキ将軍[▼8]に引き渡された。これは社会主義のいかなる政治的経験からも離れた行為であり、戦間期の残響を呼び起こすものだった。ヤルゼルスキは、彼の統治や戒厳令の執行はソ連の侵入を防ぐために必要だったと主張した。この主張は、いまや誤りだったと明らかになっているが、そのことは、当時は広く知られてはいなかった。重要なのは、統一労働者党は統治を続ける権威に欠けているという共通認識だった。

「十二月十三日のクーデター［戒厳令の導入］の中心的な理由は、連帯の急進化ではなく、統一労働者党の基盤の弱さだった」と、アダム・ミフニクは書いている。党員は一九八〇年の三百十万人から一九八四年の二百十万に落ち込んだ。憂慮すべきことに、党を離れたのは主に若者だった。一九八七年の党員の半数以上は五十歳以上だった。民衆と統治階級の実際の関係は、ヤルゼルスキが布告し、約二年間続いた戒厳令に現われている。哲学者レシェク・コワコフスキは次のように書いている。「初めて共産党の権力機構が……自分の社会に対して戦争を行なうよう強要されたのである。[▽16]」

共産主義ブロックの他のどこにも、党の状況や展望がポーランドほど明白に絶望的なところはなかった。それにも

▽（14）システム化については次を参照。D. Giurescu, *The Razing of Romania's Past* (New York, 1989)

▼（6）共産党が作成する、党や国家の指導的ポストの人事対象者の名簿。共産党一党支配体制下におけるエリート層。

▼（7）社会学者でポーランド統一労働者党の改革派であったが、戒厳令期にも政治局のメンバーであったヒエロニム・クビャク (Hieronim Kubiak) がまとめた「連帯」運動についての報告書。

▽（15）L. Labedz (ed.), *Poland under Jaruzelski* (New York, 1984), p. 102

▼（8）ポーランドの軍人、政治家。統一労働者党第一書記、首相（一九八一―八五）、国家評議会議長（一九八五―八九）、ポーランド大統領（一九八九―九〇）。「連帯」運動の広がった一九八一年に首相となり、ソ連からの圧力を受けて戒厳令で運動を抑圧した。一九八三年以降徐々に改革を試み、反体制勢力との話し合い（「円卓会議」）による民主化に協力した。

▽（16）Kaminski, op. cit., p. 193; Labedz, op. cit., p. 3

かかわらず、東ドイツやチェコスロヴァキア以外どこでも、党が凝集性のある行政権力として機能しているとは言いがたかった。多くの場合、党は「小スターリン」を頭に、その仲間たちに乗っ取られていた。しかし、東欧じゅうで権力にしがみついているこれらの年配の人物は、まさにその高齢ゆえに、彼らが死去してしまえば何が起こるかわからない、ということを示していた。一九八五年には、ブロック最年長のチェコスロヴァキアのフサークは七十六歳、ヤルゼルスキを除き最年少のチャウシェスクは六十七歳だった。七十四歳のブルガリアのトドル・ジフコフは一九五四年に権力についた。新参者のホーネッカーでさえ東ドイツの指導部を一九七一年に引き継いでいた。彼らは関節炎もちの高齢者からなるエリートで、変化に頑強に抵抗した。一九八〇年のユーゴスラヴィアで八十代のチトーが死んだあとの危機は、気がかりな前触れだった。

個人支配の危険は、特にバルカンでだが、家族王朝を作り出す傾向にあった。ルーマニアはその最もはなはだしい例であり、批評家が「チャウシュヴィッツ」と呼ぶこの国は、事実上個人の領土になってしまった。すべての決定は事前の議論なしにチャウシェスクとその強力で陰険な妻エレナによって下されたので、ノーメンクラトゥーラ階層の最上層にいるものさえ疎外された。党幹部は以前のオスマン朝の官僚のように扱われ、主人を脅かす権力基盤を構築しないように、ポストからポストへと移らされた。彼らの娘のゾヤは数学科の学生だったが、両親から逃れようとしたため、怒ったチャウシェスクはブカレスト数学研究所を閉鎖し、約二百人の同国の優秀な数学者の頭脳流出を招いた。権力の濫用がこれほど言語道断ではない場合でも、身内びいきの非難やうわさは日常茶飯で、エリートは自身の掲げた主義主張を裏切っていると民衆が見なし、深い不信を抱いていることを示していた。▽(17)

ルーマニアは、共産党エリートが人気を取り戻そうとするもうひとつの方法の実例でもあった。強い国民意識を涵養することである。チャウシェスクは他の指導者よりもはるかに強くナショナリズムの利用を推し進め、モスクワから明らかに距離をおくことを成し遂げ、西側から豊かな報酬を受け取った。しかし、国民的共産主義は権力にしがみつくための共通戦略の一部になった。ナショナリストの神殿に祭られていた古い神々が、マルクス－レーニン主義の典礼に導入されたのだ。ピウスツキ▼[9]将軍がポーランドの切手に現われ始めた。ルターやフリードリッヒ大王を記念する祝祭が東ドイツで行なわれた。従順な学者たちは、ブルガリア科学アカデミーの国史十四巻や、セルビア芸術科学アカデミーの悪名高いナショナリストの覚書のようなものを作り出した。人類学、歴史、民俗学のすべてが、国民のなかに社会主義が深いルーツをもっていることを都合良く発見した。「民衆芸術は民衆史における強力で活力ある要素である。なぜならこれは、何世紀ものあいだ絶えず、民主的で愛国的で革命的な労働者大衆の理想を伝えてきたからである」とあるアルバニアの教授が書いている。▽[18]

しかし国民的共産主義もまた、その地域のエスニック・マイノリティの生き残りとの間には、より緊張した、敵対的な関係を含んでいた。例えば反ユダヤ主義は一九六八年のポーランドで短期間表面化した。かつてのヨーロッパ最大のユダヤ人コミュニティがほぼ壊滅しているにもかかわらずである。ユーゴスラヴィアでは、ミロシェヴィッチがコソヴォ問題▼[10]をセルビア・ナショナリズムを覚醒させるために利用するにつれ、チトーの遺産〔民族間宥和政策〕は見捨てられていった。ブルガリアではマイノリティに対する何十年もの中央集権的同化政策は一九八四年から八五年にかけて頂点に達し、トルコ系住民の改名、公式にはむしろ元のブルガリア系の名前への「復帰」を迫った。ルーマニアが同様にハンガリー系マイノリティを公けに迫害することを認めると、ハンガリーへの不満が激化し、のちに見るようにそのことが一九八九年の出来事で重要な役割を果たすことになる。

ナショナリズムはエリートにとって効果が予測しきれない切り札であった。というのは、共産党のモスクワへの服

▽（17）Behr, op. cit., pp. 165–6

▼（9）第一次大戦中ポーランド軍を率いて、独立運動の指導者の一人となった。東に拡大した国境をもち、エスニシティ的に多様なポーランドを望んだ。一九二六年からは議会の役割を制限する権威主義体制を率いた。

▽（18）A. Uci, 'The place of folk art in Socialist artistic culture', in anon., *Questions of the Albanian Folklore* (Tirana, 1984), p. 6

▼（10）コソヴォは旧ユーゴスラヴィア内のアルバニア人が多数派、セルビア人が少数派の地域で、第二次大戦後セルビア内の自治州となっていたが、アルバニア人の自治拡大の動きが増大し、一九七四年に自治権が拡大された。セルビア人とアルバニア人の対立が激化し、九〇年代末、大規模な紛争に発展し多くの被害者、国連、NATOによる介入が行なわれた。

従が、常に人々の頭のなかにあったからである。モスクワから独立した他の集団なら国民的願望についてより確信をもって発言できた。しかし、そういう集団が一九八〇年代に存在しただろうか。これは、政治的反体制派の状況や、その目的と限界を問うことになる。ざっと見渡すならば、二つのことが明らかである。第一に反体制派は、もはや国民的独立に一義的には関心をもっていなかった。一九五六年〔ハンガリー〕や一九六八年〔チェコスロヴァキア〕の教訓はよく学ばれていた。第二に、ポーランドを除けば、反体制派が変化を実現する力は本当に限定的であった。要するに、ナショナリズムの再生は一九八九年〔東欧革命〕の原因というよりむしろ結果だった。

しかしながら反体制派があからさまに公けの対立を行なうという本当に稀なケース以外にも、主張を示すさまざまな方法があった。体制からの撤退は広範に広がっていた。最も直接的には何百万人もの西側への亡命者である（東ドイツ人は差し引き三百五十万人の流出、数十万のポーランド人、その他）。ポーランドの一九八七年の世論調査によると、七〇％の若者がこの国を一時的ないし永久に離れたいと考えていた。消費者としての羨望や自由に旅行したい欲求も強かったが、彼らの動機をそれのみに矮小化することはできない。シュタージ〔東ドイツの秘密警察〕は「社会制度の拒否」も含まれていると書き留めている。一九八九年にはこの形態の反対が決定的となり、東欧全体での変化の引き金を引いた。[19]

国を離れることは東欧の支配者によって阻まれているだけではなかった。体制の敵対者の多く、たとえば教会や、国に留まり変化のために闘うことを選んだ党内外の改革者もそれには難色を示した。国に留まっての闘いは教会指導者や多くの知識人が選んだ道だったが、これはポーランド以外では体制自体に深刻な脅威を与えるものにはならなかった。反体制の知識人はルーマニアやブルガリアのようにまったく意味をもたない場合と、チェコスロヴァキアやポーランドのようにあからさまな刺激や希望の源になる場合に分かれていた。マルクス主義に属さない政治的反体制派はスターリンの時代に壊滅させられており、内部の反対派はためらいがちでセクト的だった。東ドイツの著名な異論派たちのように、マルクス主義の伝統が強く残っているところでは、社会主義の放棄ではなくその改善を求める声が聞かれた。プラハの憲章七十七やポーランドの労働者擁護委員会（KOR）などが、倫理、人間、市民権を強調したことは、反体制運動をより広範で、セクト的でないものにした。しかしそれは共産主義に代わる政治的オルタナティヴという問題の回避をも意味した。

知識人反体制派のさらなる問題は、特に党外にいる場合は、それ自身には力がなかったことだ。何か事を起こす能力を維持したいという欲求から、既存秩序の反対者の多くが党員でありつづけることを選んだ。その他のものにとって、影響力は、他の力ある社会勢力、例えば教会や労働者との同盟を築けるかどうかに決定的に依存していた。しかし、三者の間にはこの時期、ほぼ常に溝があった。例えば反ユダヤ主義は七〇年代から教会指導者をポーランドの重要な知識人と切り離した。これが要因でないところでも、反教権主義の知識人はしばしば教会指導者たちとの合意は困難だと感じた。チェコスロヴァキアの党は知識人と労働者の分離を利用し、一九六八年以降、労働者が忠実でありつづけさせるための手段を講じた。ポーランドでは一九七〇年にこの亀裂が反体制派を弱体化させた。一九八〇年代の「連帯」の強さの一因は、両者を架橋できたことだった。

これらの集団はみな、体制によって浸透されており、ある程度目こぼしされているという事実も反体制派を弱めた。それが真実なのは、秘密警察やその情報提供者が効果的に侵入していたということに最も明確にあらわれている。このような工作活動の規模や恐るべき私的領域への密着ぶり——例えば夫が妻をスパイするなど——は、公式の文書庫からの暴露が一九八九年以後になされることでようやく明らかになった。しかし、妥協や通謀はもっと間接的にも生じていた。例えば宗教的権威はめったに正面きった抵抗を促さず、権力に対してもっと間接的で慎重な態度を好んだ。彼らの第一の目標は結局、彼ら自身の機構と特権を擁護することだった。グレンプ枢機卿下のポーランドのカトリック教会は、「連帯」の結果、「自分自身の力に不安を感じたのだ」とあるイギリスの観察者は一九八三年に書いている。

▽（19）次を参照。N. Naimark, “‘Ich will hier raus’: emigration and the collapse of the German Democratic Republic’, in I. Banac (ed.), *Eastern Europe in Revolution* (Ithaca, NY, 1992), pp. 72–95

鉄のカーテンの向こう側の最も活気ある潜在的な共産主義への反対者がこうであるのだとしたら、もっと従属的な他の地域のカトリック、ルター派、正教の教会当局が選んだ役割がどんなに制約されたものだったか容易にわかるだろう[20]。

このように慎重な態度は、東欧共産主義が基本的に強い耐久性をもっているという評価に基づくものであり、こうした評価は反体制のもう一つの潜在的で強力な源である西側にも共有されていた。西側政府は、決して本気でこの地域の共産党支配に挑戦しようとはしなかったし、一般的な西側世論もそうだった。実際、西側は基本的に八〇年代を通じて冷戦のヨーロッパ分断を黙認してきたわけであり、活力ある反対派がいないと東欧人を批判することは難しい。結局どこでも、〔東欧における〕多党制民主主義の迅速な導入の可能性など、その望ましさすら、信じられていなかったのである。

逆に、七〇年代には共産主義支配が資本主義の西側に新たに受け入れられる事態も見られた。金融上は、すでに見たように、これは信用の拡充というかたちでみられた。政治的には西ドイツの東方政策と超大国の緊張緩和《デタント》によって表現された。八〇年代初頭までに、〔西ヨーロッパ諸国は緊張緩和と信用供与という〕基本的合意に既に深く踏み込んでいたため、レーガンの新保守主義、いわゆる「第二の冷戦」の勃発、西ヨーロッパへの原子力ミサイルの配備をめぐる騒動で、この合意を蝕ませるわけにはいかなかった。西側の政策は金のかかる軍備競争によって、ソ連を長期的に消耗させることだった。しかしこの「二重路線」戦略のもう一つの側面は、東欧に貿易信用を提供しつづけることであり、ポーランドに債務不履行を宣言せず、ハンガリーや東ドイツの銀行システムを支えるという決断だった。西ドイツのコール首相は社民党の前任者たちと同様、東方政策にコミットしており、東ドイツの異論派を買い取り、大規模に共産主義経済に補助金を出し、ヤルゼルスキの戒厳令発令を支持し、しまいには一九八七年にホーネッカーにドイツ連邦共和国（西ドイツ）を訪問させさえした。

まとめると、東欧に存在した反体制派は破片化し、未熟であり、外国の支援も決然としたものではなかった。西側の個人やＮＧＯは異論派を支持したが、西側の政府は主に安定に関心をもっていた。一九八〇年代には共産主義への反対派は政治改革ではなく、道徳的刷新、人権、自由、平和などの一般的な問題を中心にまとまっていた。一党支配の国家ではこれらの問題も政治的な含意をもたざるをえなかったが、反対派は大衆組織の形成や政治的オルタナティヴの提示といった行動はしないようにしていたし、当然ながらそれが存在を許容されている条件だった。

抗議の焦点の一つは環境汚染であり、特にチェルノブイリの惨劇[11]のあとはそうだった。シュタージは東ドイツの教会の庭に張られた「自転車に乗ろう、車の運転は止めよう」というポスターに神経を尖らせた。ハンガリーのドナウ・サークル[12]は何千人もの署名者をもつ非公式運動で、オーストリアに強い結びつきをもっていた。チェコスロヴァキアでは憲章七十七が一九八七年に「人々に呼吸をさせよう」というタイトルの文書を回し、共和国の汚染水準の恐ろしい公式推計値を暴いた。しかしここでも行動の水準はソ連自体、特にバルト諸国と比べて間違いなく低かった。

民衆の意見を監視していた巨大な保安機構も、反体制の水準をそれほど警戒していたようには見えない。「順応と不平」がシュタージによって認識されていたパターンであり、前者はおそらく時間とともに減少するのではなくむしろ大きくなっていった。ソ連が後ろ盾となったスターリン主義はこの地域の運命であり、それに反抗するのは強情者か聖人だけだと見なされるようになっていった。ナチスのゲシュタポにくらべ、シュタージとルーマニアの秘密警察は技術的に進歩したテロルの機構であり、大量の住民を強制したり怖気づかせて容易に服従させることができた。不安定化の源のうち一つだけが、彼らの統制を免れていた。モスクワそのものである。一九八七年、ポーランド副首相ミエチスワフ・ラコフスキは、「誰か」が国の内政に介入するかもしれないという、常に存在する危機についてじっ

▽（20）Garton Ash, op. cit., p. 48

▼（11）一九八六年、ソ連ウクライナ共和国のチェルノブイリ原子力発電所四号炉で起きた原子力事故。ソ連のみならず、東西ヨーロッパ諸国にも放射性物質が到達し、環境運動の促進要因となった。

▼（12）ハンガリーの環境保護運動。スロヴァキアとハンガリーのドナウ川への共同ダム建設計画に対し、生態系や地下水環境を悪化させるとして、一九八四年に結成された。

くり考えていたとき、突然次のような考えに思い至った。「もしその『誰か』が、自分自身の利益を考えて、介入を『望まな』かったとしたら。」そしてもし実際に彼が古い秩序に挑戦するために介入したとしたらどうなるのか。次はこの可能性について考えてみなくてはなるまい▽(21)。

ソ連の政策変容

殺人か自殺か、革命か撤退か。英国のインド支配、あるいはオランダのインドネシア支配の終焉時にしばしば尋ねられた問いを、一九八九年の場合にも提示することができるだろう。これは偶然ではない。共産主義の終焉はヨーロッパの脱植民化のより広いキャンヴァスの一部をなしているのだ。

十五世紀にポルトガルとスペインが始めた長い帝国の時代は、われわれの世紀〔二十世紀〕の中頃に終わりを告げた。それ自体ドイツ帝国の野望の敗北であった第二次世界大戦後、残りのヨーロッパ列強もしぶしぶ植民地を手放していった。速度はさまざまだったが、脱植民化の過程全体は信じられないほど速く、数十年の出来事であり、帝国の征服と併合の長いリズムと対照的だった。西側の経済的影響力が全体として脱植民地化以後低下しなかったのは事実だが、マルクス主義の新帝国主義理論家がどう感じようと、帝国を解体する政治行為はとてつもなく重要な行為だった。

脱植民地化の原因を説明すること、特にその迅速さの解明はそれ以来、歴史家の関心事であった。いくつかのポイントが明らかになった。第一に帝国は全体として勘定に合わないこと、もっと限定的に言えば、帝国は一部の個人や企業に莫大な利益を提供するが、それは大多数の帝国列強の財政を圧迫した。植民地の人々の収奪は本国の納税者の純損失と両立したのである。第二に、帝国列強が軍事的な反乱の直接的な結果として撤退を余儀なくされることは稀であった。アルジェリアは例外であって典型例ではない。反乱は通常押しつぶすことができた。問題はそれにどれだけ人命と金がかかるかであった。ナショナリストの歴史家は帝国主義支配のくびきを振り捨てた勇敢なレジスタンス闘士について語りたがるが、実際には英国政府とフランス政府の看守がいつ牢屋を廃業し（または鍵を開け）、引退するかを決めたのだった。

彼らの決定は金融、軍事、政治イデオロギー上のさまざまな考慮を複合した結果だった。帝国主義列強は、支配を維持するために力に訴えるべきか否かを、常に選ばなくてはならなかった。アルジェリアやヴェトナムのフランス、南部アフリカのポルトガルのように力に訴えた場合、しばしば本国の政治的安定を危険にさらす結果となった。戦後は、力に訴えない方を選ぶことが多くなっていった。もちろん一つの理由は、彼らが求めるものを手に入れるには軍事的支配は高くつき、不器用な方法だと気がついたからである。もう一つの理由は、帝国を握りつづけることは、パトロンである合衆国と、ヨーロッパ内の繁栄に主に関心をもつ国内の世論の両方の心にかなうことではなかったからである。帝国の魅力はますます曇り、帝国の道徳性や合理性は疑問視されるようになった。ヨーロッパ大陸は、地球大の帝国主義的な対抗関係や領地の所有に沿って動くのではなく、トランスナショナルな経済協力によって機能するようになっていたのである。

このように現代では、軍事的敗北が必ずしも帝国を屈服させるわけではない。オスマン帝国、スペイン帝国、ハプスブルク帝国はもちろん軍事的敗北によって崩壊したが、最強の帝国であるイギリス帝国では決してそうとはいえまい。ロシアについて言えば、皇帝《ツァーリ》の帝国は一九一七年に戦争の圧力のもとで倒壊したが、スターリンの帝国はさらにひどい破壊的な戦争をも生き延び、繁栄したあげく、平和の時代に驚くべき速さで崩壊してしまった。時代錯誤であり、もはや現代世界には適合的ではない過去の支配方法の遺物であるというのが、ソ連の東欧支配に対する一つの見方である。一九四七年のイギリスのインドからの撤退や、少しあとの西アフリカからの引上げに匹敵するすばやさと政治的洗練ぶりで、クレムリンは東欧からの撤退を選び、帝国はほとんど一夜にして解体された。ということは、自

▽（21）次からの引用。ibid., p. 264

殺であり、殺人ではないということになろう。クレムリンの決断の背後にある理由は、国内の経済改革の優先と、アフガニスタンのぬかるみによる幻滅であり、これらが一九八九年の出来事の鍵となった。▽[22]

ブレジネフの時代は停滞とイデオロギー上の保守主義の時代であった。ソ連の教義上の純粋性を守る高僧、ミハイル・スースロフ▼[13]が死んだのはようやく一九八二年だったが、東欧との関係に関するソ連の新しい思考方法の徴候は水面下に見られた。ブレジネフの最終的な後継者となったユーリ・アンドロポフは一九五六年当時ハンガリーにソ連大使として駐在しており、その後クレムリンの東欧共産党との連絡部門を率いた。そこで彼は自分の周りに改革主義者のグループを集め、一九八〇年代には彼らが上級のポストにつくようになっていた。アンドロポフ自身は、ブレジネフ期のほとんどはKGBの長官を務めたが、共産主義帝国の破滅的な状態についてクレムリンの多くの人々よりもましな考えをもっていた。一九八〇年から八一年のポーランド危機のあと、彼は新しい思考と経済改革の緊急性を率直に語った。

ソ連の見地からは、東欧に対する新しいアプローチを促進するいくつかの要素があった。第一に東欧は、スターリン期にはモスクワにとって差し引きでプラスとなっていたが、いまや巨大な経済的重荷であり、ある計算では一年あたりGNPの二パーセントにも達する負担だった。一九七〇年代には、主にソ連の石油を安価に輸出することによる大量の援助がなされ、貧しいロシア人が、よい生活をしているポーランド人やチェコ人を援助していることになっていた。東欧のコメコンは〔ヨーロッパ共同体の〕共通市場と異なり、生産性向上と富の好循環を作り出すことに失敗し、二国間貿易協定（コメコンの活動全体の九五％）を硬直化させ、搾取であるという相互の非難を助長することになった。ブレジネフが一九七一年に示した「社会主義統合」の計画は資本主義者のそれと比べると湿気た花火のようなものだった。一九八〇年代のコメコンは東欧人にとってソ連ナショナリズムの手段に見えた。ある批判者の言葉でいえば「あまり中身のないフレームワーク」だった。一九八〇年代の後半にはソ連―東欧間の貿易の総量はまったく増加しなくなっていた。[23]

さらに悪いことに、東欧の何十万もの軍隊を支援するコストも経済力を枯渇させていた。モスクワの安全保障政策は、この地域を完全にソ連の軍事力に依存させたが、その結果、ソ連は新しい兵器システムを生み出すための勘定を支払わなくてはならなかった。平均してソ連はＧＮＰの一二％から一五％を防衛に費やしていたのに対し、衛星諸国は六％だった。皮肉にもＮＡＴＯ諸国とまったく同じ不均等な負担の問題に直面していたのである。違いは、合衆国のほうが超大国としての重荷を担うのにはるかによく備えができていたことである。東欧が一九八〇年代に防衛費を事実上削減したことは、傷口に塩をぬりこむようなものだった。[24]

戦略的見地からすれば、ソ連の安全保障に対して東欧がもつ重要性は一九四五年以来、大きく変化した。冷戦はいまやヨーロッパだけでなくアジアでも戦われていた。緊張緩和のおかげでドイツからの脅威は小さくなり、モスクワは非常に強力で、予測のつかない敵であるライヴァルの中国に集中できるようになった。そしてアフガニスタン戦争が起こると、東欧におけるソ連の軍事力の有効性への疑問が高まった。同時に東欧のエリートは緊張緩和の崩壊に対し、ソ連の意思に反し西側経済との結びつきを維持することの必要性に固執した。ブロックの統一性はますます不確実となった。

これらすべてが、力はもはや時代遅れであるという見解にソ連のエリートが一九八〇年代を通じて達したように見えることの説明となろう。ナチスと異なり共産主義者は、主権国家間の法的平等の考えを決して正式に否認したことはなかった。しかし伝統的に、「社会主義的国際主義」と「社会主義の成果の共同防衛」の名のもとに、モスクワの

▽(22) 興味深い省察として以下を参照。A. Nove, 'The fall of empires – Russia and the Soviet Union', in G. Lundestad (ed.), *The Fall of Great Powers: Peace, Stability and Legitimacy* (Oxford, 1994), pp. 125–46

▼(13) ソ連の共産主義政治家、フルシチョフ、ブレジネフ時代のソ連共産党イデオロギー担当書記。

▽(23) 次からの引用。C. Gati, *The Bloc that Failed: Soviet-East European Relations in Transition* (London, 1990), p. 127

▽(24) Dawisha, op. cit., pp. 104–5

「指導的役割」を認めることを正当化してきた。これらの真の意味は一九六八年に明らかになったのであるが。一九八三年にはブレジネフの死と改革派のアンドロポフの擡頭に刺激されて、ロシアの研究者の間で社会主義共同体が本当に存在するか否かについて活発な議論が戦わされた。改革派たちは、「内政不干渉の共通民主主義原則」を主張した。▽[25]

一九八五年にゴルバチョフ▼[14]が史上最年少の書記長に選ばれた。彼の優先課題は、重工業に基礎をおく外延的発展のスターリン主義的成長モデルを、最新の技術と高度な生産性を用いた現代的なパターンにおきかえることで、ソ連が直面している経済的課題に応えるという、国内の問題であった。実験的で、実践的だが、社会主義の目的にコミットしている、ネップ期のレーニンが彼のモデルとなった。この機敏な共産主義体制の申し子の頭のなかでは、ペレストロイカとはこのようにソ連経済の再生を意味したのであり、破壊ではなかった。

多くの意味で、ゴルバチョフの改革プログラムは以前に東欧の一部で追求されたものと類似していた。しかし、重要な教義上の違いがある。ゴルバチョフは、例えばカーダールよりはるかに自由に、改革の政治的な側面について思いをめぐらすことができた。経済の構造改革と社会主義の再生の成功は、情報の自由化、さらには印象的な言葉で言えば「われわれの社会のすべての部分における民主化」にかかっているということが、すぐにこのソ連指導者には明らかになった。▽[26]

外交政策上の含意が明らかになるには時間がかかった。ゴルバチョフがソ連帝国の解体を構想しているのではないことは明らかであり、ソ連自体の解体はなおさらだった。しかし、彼は国家間、共和国間の将来の協力は強制に基づくのではないかたちで構築すべきだと強調した。彼は一九八七年にこう書いている。「機は熟している。帝国主義的見地に影響された外交政策の見方を放棄する時が来た。……抑圧、強制、収賄、破壊や非難も可能だが、一定期間に限る▽[27]。」

新たな協力の強調にやや反するのは、東欧の体制にソ連の改革努力を真似るよう強く主張したことだった。〔ソ連の〕エリートたちは公然と「ソ連の影響下に東欧の大多数の国で一九五〇年代に構築された社会主義の行政－国家モデルは時間の試練に耐えられなくなった」と口にした。いまやモスクワは彼らに改革を命じる一方で、モスクワの影響力が減少しないことを期待していた。ゴルバチョフ自身、東欧で驚嘆するような人気を勝ち取った。ホーネッカー、フサーク、チャウシェスクのような強硬派の指導者を除いて。しかし、ゴルバチョフより彼らのほうが、ゴルバチョフの政策が共産主義の終焉を導くことをその時点ではっきりとわかっていたのだろう。▽[28]

一九八九年の危機

帝国の崩壊はソ連自体の内部で始まった。一九八七年にバルト諸国で強力な環境抗議運動が繰り広げられ、一九三九年のモロトフ―リッベントロップ協定〔一九三九年八月二十三日の独ソ不可侵条約〕記念日の大規模な非公式デモに移行した。この協定で戦間期の独立したバルト三共和国の運命が封じられたのだった。続く記念日にも大勢の群集が集まり、当局を混乱に陥れ、翌年のさらに強力な政治闘争を準備した。一九八八年末にはエストニアが自治共和国としてソ連で初めて主権を宣言し、共和国法の連邦法に対する優越を宣言した。自治推進グループは大きな支持をえて、地元当

▽(25) J. Valdez, *Internationalism and the Ideology of Soviet Influence in Eastern Europe* (Cambridge, 1993), p. 98
▼(14) ソ連の共産主義政治家、書記長（一九八五―九一）。「ペレストロイカ（建て直しの意）」と名づけた改革を実施し、小規模な私的経営の容認など経済改革を進めると同時に、グラスノスチ（情報公開）として社会問題を隠蔽せずに明らかにし、意見の表明も可能にした。
▽(26) M. Gorbachev, *Perestroika: New Thinking for Our Country and the World* (London, 1988), p. 107〔ミハイル・ゴルバチョフ『ペレストロイカ』田中直毅訳、講談社、一九八七年〕
▽(27) ibid., p. 138
▽(28) 'The place and role of Eastern Europe in the relaxation of tensions between the USA and the USSR' (1988) による（次からの引用。Gati, *The Bloc that Failed*, op. cit., p. 206)

の非公式の承認を受けていた。彼らが組織したデモでは、戦前の共和国の「国章」がますます頻繁にみられるようになった。

地元当局を気弱にし、デモ参加者を厳しく取り締まるのを中止させたのは、強硬路線には反対であるというクレムリンの合図だった。一九八九年初頭には〔バルト諸国の〕人民戦線は大々的な成功を収め、新しいソ連の人民代表者会議への選挙で党に打ち勝ち、慎重に「自治」から完全独立の要求へと移り始めた。[29]

しかしポーランドを除いて東欧では、一九八九年の初めには、まもなく始まろうとしている重大な事件の兆しはほとんど見られなかった。ポーランド自体では、「連帯」以後の均衡政策は明らかに終わり、新しいストライキの波が、政府のみならず、さらに気がかりなことに従来の「連帯」指導部の手による統制もすり抜けようとしていた。今度の脅威はソ連の介入ではなく内戦であった。政府は初めて「連帯」を円卓会議に招き、選挙を認めることを余儀なくされた。こうして一九八九年七月に行なわれた選挙で党は徹底的敗北を被った。この非常事態の最中に、ゴルバチョフは非介入のドクトリンを再確認し、ワルシャワ条約機構諸国の会議は「いかなる普遍的な社会主義モデルも存在せず、誰も真実を独占しない」と宣言した。一九八九年八月にタデウシュ・マゾヴィエツキによって組織された〔ポーランド〕政府は、一九四〇年代以来、東欧で初めて非共産主義者が首相となった政府だった。[30]

振り返ってみると、ポーランドの共産党が「連帯」を円卓会議に招くことで明確にその正統性を認めた四月に、共産主義はすでに終焉していた。しかしこの段階ではなお、これほどまでにすばやく東欧全体で変化が引き起こされると予見したものは少なかった。実際のところ、ゴルバチョフの改革プログラムが確実なものとなったのは、一九八八年十月に彼の主要なライヴァルで保守派のリガチョフが敗北したあとのことにすぎなかった。その後の偶然と失敗が連なって、帝国の解体がもたらされた。ポーランドで変化が生じたのが党の弱さゆえだとするならば、次にハンガリーで起きたのは党が強力で、反体制勢力に対し高圧的で、自信過剰であり、分裂した反体制派など統制可能だと誤って考えたからである。遅くなりすぎるまで気がつかずにいたのは、政治的反対派の背後に、変化への大衆の大きな願望があったことである。これは一八四八年蜂起の記念日を祝うために集まった▼[15]（前年よりはるかに多い）群衆、ナジ▼[16]の再埋葬、あるいは公式のメーデーのデモを矮小なものにみせる、オルタナティヴ・メーデーの巨大な群衆に示された。

変化は経済が絶望的に弱いポーランドで始まったので、東ドイツやチェコスロヴァキアの体制は、自分たちは経済的な強さによって守られていると確信していた。しかし、経済の混乱のみが崩壊を引き起こしたわけではなかった。ドミノ効果のようなものもあった。ハンガリーは、ルーマニア内に閉じ込められているハンガリー系マイノリティの窮状に対して国際的な関心をひきつけるために、オーストリアとの国境を自由化した。その予測せざる結果として、その夏、東ドイツ人がハンガリー経由で大脱出し、ホーネッカー支配が支持されていないことを強調した。一八四八年と同様、一つの蜂起が次の蜂起の引き金を引いたが、今度は帝国側の再征服はなかった。もはや誰も帝国を信じなかったからである。

旧体制《アンシャン・レジーム》の危機はポーランドでは数ヶ月間続いたが、東ドイツやチェコスロヴァキアでは数週間のみだった。

全般に、体制転換は驚くほど平和裡に進み、チェコスロヴァキアと東ドイツの警察の暴力で損なわれただけだった。深刻な市街戦が起こったのはルーマニアだけで、ここではチャウシェスクの専制が他の形態の対話に耳を貸さなかった。天安門広場は、最も強硬派のアパラチキ以外の全員にとって避けるべきモデルとなった。とはいえ、ホーネッカーはもうすこしでそれに続きそうになった。移行のスムーズさは、中国の流血と対照的であった。支配党は自らが弱

▽(29) Misiunas and Taagepera, op. cit., pp. 303–12
▽(30) ibid., p. 120
▼(15) 一八四八年にヨーロッパを席巻した自由主義、国民主義革命の一つで、ハンガリーのハプスブルク帝国からの独立と立憲化を目指した。三月十五日がハンガリーの祝日となっている。
▼(16) ハンガリーの共産主義政治家。首相としてスターリン型の社会主義の改革を試みるが（一九五三―五五）、失脚。一九五六年のハンガリー事件のさい、再び首相となり、改革を率いるが、ソ連軍の侵攻を受け、死刑となった。一九八九年の民主化のさいには、ナジの名誉回復と再埋葬が政治的焦点となった。

く、モスクワから見捨てられ、歴史的に失敗したことを知っていたからである。しかし、これは同時に、権力要求に関心の定まらない反体制派の弱さの反映でもあった。一九八九年の政治改革の参加者となるべき人々全員が直面していたのは、共産党の失敗によって作り出された権力空白の危機だった。公衆の共産主義への反対は紛れもなく明白で、翌二年間に行なわれた選挙に即座に反映された。

それゆえ、旧秩序の死にあたって現われ、反対を誇示した巨大な群衆を見て、多くの観察者が立ちすくんだようだったのは理解できる。これらの群衆――おそらくヨーロッパの歴史のなかで現われるのは最後になるだろう――は、共産党の破滅を断定するものであると同時に、より正統性のある政治秩序が新たに構築されなければ不安定が生じるという兆しでもあった。

新たな統治のルールを作り出すことが、ポスト共産主義の政治における至急の任務だった。ここには一九一九年と驚くほどの類似があり、七十年後、新しい世代が再び東欧に民主主義を作り出そうとしていた。再び、しかし別の理由で、西欧の政治的・憲法的規範が東欧に輸入され、異なる社会政治的現実や歴史的記憶と衝突した。政党は、政党という概念そのものが共産主義によって汚された環境のなかで、設立されなければならなかった。それゆえ、救国戦線、連帯、民主市民フォーラム、民主勢力同盟といった呼称は、みな〔政党という〕嫌われた名称を回避したものであった。共産主義と戦うためにまとまっていた、異質の要素からなる反体制派連合が一九九〇年から九一年にかけて分解すると、政党への懐疑は実際ますます高まった。「連帯」はマゾヴィエツキ周辺のリベラルの知識人と、ヴァウェンサ（ワレサ）周辺のポピュリスト的ナショナリストとに分裂した。これは、政治エリートや知識人が、大衆との結びつきを構築しようとするさいの重要な分断線をかたちづくった。

一九一九年同様に、憲法秩序は再構築されなければならなかったが、今度は前と異なり革命的でない、漸進主義的な傾向があった。ハンガリーとポーランドでは完全に新しい憲法の代わりに、共産党の憲法を修正したものが数年間使われつづけた。これは、過去と突然断絶するより、スムーズに移行したいという欲求を示している。憲法再制定は、最初のうちは、共産党が権力を放棄したことで作り出された不明確な法的状況によって阻まれた。誰が一九九〇年に新しい憲法を作る正統性をもっているのか、という問題である。そしてのちには、はじめのころ存在した反共産主義のコンセンサスが崩れたことによって、再制定が難しくなった。完全に新しい憲法が迅速に作られたのはルーマニアとブルガリアだけであった。

一九一九年同様に、これら憲法は実際よりも紙上での方がよく見えた。絶望的経済危機のなかで、共産主義の過去と比べてさえ（あるいは特にこれと比べたとき）、社会的経済的権利の新しい約束は空しく響いた。一方、市民権、人権、政治的権利は、恣意的な国家権力やナショナリストの権威主義的な衝動でしばしば制限された。言論の自由も抑制された。例えば「公共道徳」や「立憲秩序」と衝突すると見なされたときである。ルーマニアでは「国家と国民の名誉毀損」や「公益に反する反道徳的行為」が法によって禁じられている。同じように非自由主義的な条項がギリシャやイタリアの法典にも残されている事実から、過去の権威主義的態度の残余が生き延びているのが東欧だけではないことがわかるだろう。▽(31)

そのうえ一九一九年と同様に、新しい憲法は、マイノリティの権利として残されているものに対処することに失敗した。民主主義は再び国民コミュニティの再生に巻き込まれ、国際的なマイノリティへの関心やマイノリティのための抗議は国際連盟の時代よりも少なかった。バルト諸国はラドヴィア人口の五〇％、エストニアの四〇％にあたるエスニック上のロシア人とベラルーシ人を「外国人」とする市民権法（国籍法）を導入した。ヨーロッパ評議会の抗議も彼らの状況をわずかに改善しただけだった。バルカンでは憲法のなかで国語の支持が約束されたことを利用して、各国の政府は学校や大学におけるマイノリティ言語での教育を妨害した。チェコ新共和国の市民権法（国籍法）はロマとスロヴァキア人を排除していた。ハンガリーは自国のマイノリティのリベラルな扱いで目立っていたが、憲法で

▽（31）次を参照。A. E. Dick Howard (ed.), *Constitution Making in Eastern Europe* (Washington, 1993)

は人騒がせにも「国外に住むハンガリー人に生じることへの責任」に言及していた。[32]

しかし一九一九年同様に、一九四五年との類似点も見られた。ナチス占領後と同じように、国家――そして法と行政――の旧秩序との連続性の問題に直面しなくてはならなかった。共産党のテロル機構が解体されると、東欧人は誰が罰せられ、償いをすべきかを決めなくてはならなかった。共産党ノーメンクラトゥーラの「浄化」は、一九四〇年代に行なわれた、戦時中の対独協力《コラボ》に汚されたエリートのパージを思い起こさせた。このようなパージの対象や範囲について、同じような議論が起こり、社会を一から新たに作り出す方法などありはしない、ということが明らかになった。チェコスロヴァキアと旧東ドイツでは最も熱心にパージが行なわれたが、秘密警察のファイルは復讐の手段としては当てにならないことがすぐに明らかになった。概して、魔女狩りは驚くほど少なかった。おそらくそれは、旧体制との共犯関係がどれほど深いものだったかに誰もが気づいていたからだろう。一九四〇年代と同様に、過去の亡霊を葬ったほうがよいという強い実際的な議論も存在した。革命ではなく移行とは、旧エリートに支配されていた行政や経済の専門家をそのままにするということを意味した。このために国家の資産を着服したり、ある程度の権力を維持する機会を認めることになってもである。実際、一九八九年後の移行は両大戦後のそれよりも順調であり、東欧の政治的な洗練化や経験の成長をおそらく表わしていた。[33]

おそらく新体制の弾力性を最もよく証明したのは、〔ハンガリーで〕旧共産党が一九九四年に議会選挙で勝利したことだろう。「人々はこんなにも早く忘れるものか」とある保守的なハンガリーの政治家は旧共産党に敗れて不平をもらした。「そう、少なくとも悪いことはすぐ忘れてしまうのだ。有権者は左翼を、一九五〇年代の恐怖よりも、ハンガリーを『社会主義収容所のなかで一番楽しい収容棟』にした、気楽な『グラーシュ共産主義』と結びつけて考えたのだ」と。ハンガリーの保守にとっての問題は、一九八九年以前にハンガリー人は自分たちをルーマニアと比べていたのに、いまやオーストリアが彼らのベンチマークになっていることだった。[34]

新たに解放された東欧の人々は概して、一つの夢をもっていた。一人に放っておかれることにいたたまれず、「ヨーロッパと再びいっしょになる」のが待ちきれなかったのである。しかし、どのようなヨーロッパに再統合するのか。自由のヨーロッパであることは確かだろう。しかしその向こうには、彼らが考えたことがないようなヨーロッパ、彼らのことを考えたこともないヨーロッパがあった。自分自身の福祉の危機に忙殺され、必死に自己の産業を守り、東欧の民主主義と資本主義へのスムーズな移行を助けることの実際的困難には大方関心のないヨーロッパである。西側のネオ・リベラリズムと最高レヴェルの政治的内向性は、一九四五年以後のマーシャル・プランが提供したような包括的なタイプの援助を模倣するどのような試みも排除していた。反対に少なくとも最初の数年間、西側の助言者は、国家社会主義の機構を解体し市場が機能するための法的枠組みを作りさえすれば、資本主義が根づき花開くと考えていた。

サッチャー主義の政策は多くの西ヨーロッパで賢明にも遠ざけられていたが、これが東欧では息を呑むような規模で導入された。西側の経済学者、コンサルタント、会計士、法律家の軍団に指令され、民営化が東欧を席巻した。チェコ経済の約八〇%、他国の四〇—六〇%が五年間で民間の手に渡った。これは一国内部での、そして国家から外国投資家への、前例のない規模での資源の移転だった。▽(35)その結果、代わるものがないまま、従来の共産主義福祉制度が破壊された。西側の銀行は、せいぜい通貨安定のための一種の短期金融支援を提供した程度だったが、これはすでに一九八〇年代に共産主義体制にも出されていたものだった。かつて一九二〇年代にそうであったように、西側政府はこの地域から手を引いたままでいようとし、投資資本の提供を民間に任せた。これではまったく充分ではなかった。一九九〇年から一九九三年の間に旧ソ連ブロック全体へ行なわれた外国投資は一二五億ドルだが、シンガポール単独

▽(32) 'Getting better, getting worse: minorities in East Central Europe', *Dissent* (summer 1996)
▽(33) パージについては次を参照。T. Rosenbaum, *The Haunted Land* (London, 1993)
▽(34) *Financial Times*, 4 May 1994
▽(35) A. Robinson, 'Painful rebirth from the ashes', *Financial Times*, 11 November 1994

でもその約半額を一年で惹きつけている。所有権の法的な不安定性――ドイツの連邦財産返還局だけでも一九九三年に百万件以上の申し立てを抱えていた――に直面し、外国の投資家は慎重なままだった。一方、ヨーロッパ復興開発銀行は、失敗に終わったロイド・ジョージの第一次大戦後の構想の価値ある後継者だったが、初期基金の大方を東欧ではなく、ロンドンの豪華な本部を大理石で飾るのに費やしてしまった。

その結果、工業生産は大規模に、二〇から四〇％も落ち込んだ。失業は急激に上昇し、移民労働者としての流出の増加によって埋め合わされるだけだった。新しい民主主義は、こうして彼らの前任者が先送りしてきたグローバル競争への取組みに直面した。街や産業全体が崩壊し、統制を離れた家賃は高騰し、収入格差が急速に拡大した。共産主義の平等主義的なレトリックが本気で受け止められてきた社会で、新たな資本家階級は富を見せびらかした。「いまや社会のセーフティ・ネットはどこにもない。少なくとも前はあった。いまはひどいレイオフをやっている。払えなければ電気だって止められてしまう」と、あるハンガリーの労働者は不平を述べた。旧体制には結局、不利益と同時に利益もあり、人々は両方に慣れていたのだ。新しい資本主義は不安定で、新しいマフィアを作り出し、犯罪の種をまき、マルチ商法で正直者の預金を台無しにした。彼らは経験不足から普通の銀行だと思ったのである。共産主義のモラル・エコノミーは破綻し、おそらく新しい個人主義と疑惑の感情以外なにもそれに代わるものはまだなかった。▽(36)

ドイツ再統一

ソ連帝国の崩壊によってヨーロッパの権力均衡に生じた最も根本的な変化は、ドイツの再統一だった。これは四十年前の分割と同様に、予測できないことだった。ドイツの分割は（フランスを除く）どの大国も計画していなかったことだが、起こってしまうと誰もそれを急いで覆そうとはしなかった。西ドイツでも東ドイツでも再統一問題は時の経過につれて重要性を減じ、一九八七年にホーネッカーがボンを公式訪問するころには忘れ去られたように見えた。

〔西ドイツの〕東方政策は再統一を実現するための戦略というより、その代替物であった。もちろんこのことは、再統一を求めることがドイツの力への眠っていた恐れを呼び覚ますことになると、国の内外で認識されていたことを反映している。世論調査は、第二次世界大戦の記憶が薄れていくにつれて、ドイツへの恐怖が東欧では急激に低くなっていったことを確認していた。この低下そのものが、ソ連軍がヨーロッパに駐留しつづけることの正当化を困難にし、共産主義の退却を許容することになった。その退却はドイツの再統一を望ましいだけでなく不可避なものにするにもかかわらず、である。この〔再統一が忘れられることで、最終的には可能になったという〕パラドクスは現実のものというより、見かけ上のものである。コールの外交政策の中心的な助言者が気がついていたように、二つのドイツのイデオロギー的相違が消え去ると、国家を分割している理由はもはやなくなってしまった。

ゴルバチョフはヨーロッパの分裂を克服すると語ったが、ドイツの分裂を克服することは明らかに予期していなかった。順番は逆だが、〔当初は分裂させるつもりのなかった〕スターリンと同じように、ゴルバチョフも本当に徐々に再統一にたどり着いた。西側の多くの人々も、二つのドイツを維持したままでの冷戦の終焉を考えていた。例えばサッチャーは一九八八年十一月に「われわれはいまや冷戦のなかにはいない」と宣言したが、ドイツの力に対し懐疑をもちつづけ、再統一には反対した。ジョージ・ブッシュだけが事態に異なる見方をもっていた。ゴルバチョフと異なり、彼はヨーロッパの統一が明確に「西側の価値観」に基づくよう望んでいた。コールと違い、彼はモスクワとのよい関係のために東欧を人質に取る覚悟はできていなかった。▽(37)

だが、再統一は十一月のベルリンの壁の解放なしに起こっただろうか。混乱した、予断を許さない一九八九年の夏に、多くの評論家は、冷戦とそれが作り出した安定の長所を突然、発見した。六月に歴史家ヒュー・トレヴァー＝ローパーはこのように考えをめぐらしていた。「統制が取り除かれれば、東欧の共産主義はおそらく巻物のように縮ま

▽(36) *Financial Times*, 4 May 1994
▽(37) P. Zelikow and C. Rice, *Germany Reunified and Europe Transformed: A Study in Statecraft* (Cambridge, Mass., 1995)

るだろう。しかし、それは革命であり、ヨーロッパの安定が崩れることではないだろうか。四十四年間均衡した平和に生きてきたヨーロッパの。……唯一の問題はドイツ人が本当にそれを望むのか、そしてもしそうだとしたら分割に基礎をおいたデリケートなヨーロッパのバランスを崩すことなしにどうやってそれを実現できるのか、ということである。▽(38)」

確かに八月の難民の大脱出も十月のデモも、その時点では東ドイツ国家の終焉を意味するようには思えなかった。ライプツィヒのデモ参加者は、十二月には「われわれは一つの国民《アイン・フォルク》だ」と叫ぶことになるが、二ヶ月前にはかなり違って「われわれが人民《ダス・フォルク》だ」と叫んでいたのである。壁の向こうでは、統一を求める声は壁そのものが倒れるようやく一ヶ月前になって初めて聞かれた。

それゆえ、冷戦が終焉したのはひょっとすると単純な行政上の過ちの結果かもしれない。幾人もの西側のジャーナリストが、十一月九日の東ベルリンの記者会見で、きわめて重要な質問をしたのは自分の功績だと主張している。東ドイツの新たに自由化された旅行規制――政府の疲れきったスポークスマンのギュンター・シャボウスキがたったいま発表したばかりの――が効力をもつのはいつからですか、という質問である。その点について指示を受けていなかったシャボウスキはその場で答えた。「たったいまからだ。」あとになって彼は、数時間のうちにチェックポイント・チャーリーに向かった「殺到、感情的な突進」を当局は予知していなかったと認めた。当惑した国境警備兵は彼らをどうしたらいいかわからず、政治家が人々を通すように命じるころには、どのみち彼らはそうし始めていた。

一九一七年に始まった革命〔共産主義革命〕の最終幕で、民衆蜂起はドイツにおける共産主義の最後の痕跡も、政治的エリートもいっしょに一掃した。十一月九日のあともなお、政治家や知識人は、ゴルバチョフからギュンター・グラスまで、西側のパートナーと国家連合で結ばれたかたちで、分裂した東ドイツ国家をまだ維持しようとした。十一月の末に、コール自身が再統一への長期的、段階的な道のりを示した。しかし、ドイツ国内の一般民衆の空気は性急であり、それに抗しつづけるにはコールも目端の利いた政治家でありすぎた。壁の解体から一年以内に、通貨統合、そして完全な憲法上の再統一が実現した。

「ドイツの戦後史に最後の一行が記された」と駐東ドイツ・ロシア軍の最後の司令官であるマトヴェイ・ブルラコフ将軍が一九九四年の撤退を前に述べた。西側の軍隊はすでに撤退し、ソ連の戦争記念碑も崩れ始めていた。ネオ・ナチズムが急速に再生し、オッシーと呼ばれる東ドイツ人の間で大量失業が広がると、ヨーロッパの新しい支配的強国に対するある種の憂慮が出てくるのももっともなことである。この憂慮は、もちろん歴史的な恐れの反映であり、特にイギリスとフランスで粘り強く抱かれていた。両国は大国という地位の幻想に必死にしがみつき、現実に対するバランスの取れた見方を曇らされていた。しかしこれはまた、再統一があまりに早く予想できない様子で進んだことに単純に幻惑されたということでもあった。そのために新しいヨーロッパでの出来事を予測したり、ましてやコントロールするのが難しくなったのである。興味深いことに、普通の人々は、一九九〇年の世論調査から判断する限り、知識人や政治家よりも、ドイツ再統一にうろたえていない。

歴史家にとって、コールのドイツが、ヒトラーのドイツがそうだったようなヨーロッパにとっての脅威ではないことは明らかだった。コールのドイツは戦後民主主義の経験の強靱さや、共産主義とファシズムの歴史的失敗によって支えられていた。軍国主義がなくなったのは、前回の戦争での五百万人のドイツ人戦死者の記憶の反映だった。膨張主義もなかった。東方のドイツ人マイノリティ問題は外交政策の優先課題から消え、ロマン主義のナショナリズムの時代から第三帝国までほぼ一世紀にわたって支配的だった、国際関係をダーウィニズム的にみる見方も崩壊した。

ヨーロッパ最強の国はいまや、自らの東の半身の再建に献身することを余儀なくされている。ドイツは内向きとして非難されるべきだろうか。それとも、西側全体の半分以上に及ぶ経済支援と投資で東欧を支配しようとしていると攻撃されるべきだろうか。連邦軍の戦力を半減しているとして称賛されるべきであろうか、それとも国外に兵力を投

▽（38）'On the unification of Germany', *Independent*, 17 June 1989. 次からの引用。G.-J. Glaessner, 'German unification and the West', in Glaessner and I. Wallace (eds.), *The German Revolution of 1989: Causes and Consequences* (Oxford, 1992), pp. 208–9

入する意志がないことを攻撃されるべきだろうか。旧ユーゴの難民を一番たくさん引き受けることを期待される一方で、難民法を少しでも厳格化しようとするとファシズムと叫ばれる。ドイツ人が自らの過去の独裁とどう向かい合ったらいいのかわからないのと同様に、他のヨーロッパ人たちはドイツの民主主義とどう付き合ったらよいのかわからないようにも見える。しかしそれは過去ゆえというよりもむしろ今日のドイツのためだろう。緩やかな連邦主義や揺らぐ社会的市場経済をもつドイツは、彼らの未来のように見えるのである。

旧ユーゴスラヴィアの戦争

一九八九年以降、西側の評論家はナショナリズムに釘づけになった。国民的記憶と昔の憎悪が再び表面化するにつれ、ナショナリズムの再生を歴史の回帰とヨーロッパの将来の混乱の源と見なすのは簡単だった。エスニック・マイノリティの研究はいまや学問の世界でも、安全保障、国際法の専門家の間でも成長産業になった。共産党エリートはナショナリストのリーダーという新しい役割に簡単に乗り移ったが、西側の共産党観察者も彼らに遅れず見事に冷戦の分析技術をマイノリティ研究に切り替えた。

共産主義の崩壊によって、ナショナリズムの潜在的な破壊力が強調されるようになったのはいくつかの理由がある。第一に共産主義からの自由化は、しばしば国民的独立の要求という文脈で見られた。それが最も自明だったのはバルト諸国であるが、多くの東欧諸国でもそうだった。第二にマイノリティをめぐる対立を緩和するワルシャワ条約機構内部の従来のメカニズムはすでにひどく磨り減っていて、一九八九年以降はもはや機能していなかった。第三に、西側の人間が東欧に簡単にいけるようになったことで、東欧の外国人嫌いや人種主義により厳しい光があてられることになった。「俺が手に入れる必要がある武器は火炎放射器だけだ。ジプシーは大人も子供も皆殺し。だけど俺たちは全員一度に殺してやるぜ。そうしたら札を立てよう、ジプシー・フリー・ゾーンって」とハンガリーのスキンヘッド・バンドは歌っている。ロマに対する偏見は、スロヴァキアのメチアル首相とハンガリー人政治家のツルカ・イシュトヴァーンのような敵同士を結びつけた。卑劣な対独協力者《コラボ》や反ユダヤ主義の履歴の持ち主たち、例えばティソ、パヴェリチ、アントネスク将軍らを、戦時中のナショナリストとともに記念しようとする新たな強い感情もそうである。▽(39)

他方で、過去の憎悪がよみがえるという多くの言説は的外れであり、流行の世紀末の憂鬱の一部であって、全体的な政治的展望を真剣に評価した結果に基づいたものではなかった。実際、国際的コンテクストは、ナショナリズムがヨーロッパの安定を揺るがした世紀の前半とは、劇的に異なっていた。戦時中のジェノサイド、大量追放、住民構成の技術的操作によって、マイノリティの割合は戦間期の高水準から劇的に下落した。ユダヤ人、ドイツ人、ウクライナ人は一掃され、移送、追放され、彼らの復帰は生物学的にも政治的にも不可能だった。その結果、ドイツ問題とはいまや国家の統一の問題であり、国土回復主義ではなかった。また、一九九〇年代にドイツがオーストリアと合邦《アンシュルス》することを真剣に予想したものは誰もいなかった。スペインのバスクやカタルーニャ、北イタリアのエスニシティ上のドイツ人、イギリス帝国のますます不穏になる被支配集団たち、これらに比べると東欧は全体としてかなり平和に見える。広範な対立のきっかけとなりそうな唯一のマイノリティはバルト諸国のエスニシティ上のロシア人であり、彼らは差別され、退去するように圧力をかけられている。他の地域ではマイノリティは偏見と非難の的であり、（流行のフランス語を使えば）国民がそれに対して自己定義する「他者」であるが、決して日常的な政治的関心の中心ではない。この点では少なくとも東欧と西欧は互いに似てきている。

もちろんナショナリズムを中心に押し出したのは、流血のユーゴスラヴィア解体である。共産主義の失敗が破滅的な結果をもたらしたケースであり、ロシアが何を避けることができたのかを示してもいる。一九九一年、スロヴェニ

▽（39）L. Kürti, 'Rocking the state: youth and rock music culture in Hungary, 1976–1990', *East European Politics and Society*, 5: 3 (fall 1991), pp. 483–513

アは、ユーゴスラヴィア軍の残部と数日間散発的な戦闘をしたあと離脱し、解体は比較的平和裡に可能だと示した。しかしスロヴェニアにはセルビア人マイノリティはいないが、クロアチアとボスニアには存在し、彼らが連邦から離脱しようとしたときセルビア人は去らせまいとした。

セルビア共産党のボス、スロボダン・ミロシェヴィッチは、セルビアのナショナリストであると同時にユーゴスラヴィアの社会主義者として戦争に打って出ることによって、東欧の他の地域の旧同志たちより何年間も長い権力の掌握を確かなものにした。チャウシェスクがナショナリスト・カードを切ろうとしたとき、群衆や軍隊は反対した。〔これとは対照的に〕ミロシェヴィッチは軍部から敵対者を一掃し、戦車がベオグラード街頭でデモ参加者を追い払った。それ以降、戦争が一九九五年に不名誉な結末を迎えるまで、大勢が逃げ出し、亡命し、引きこもったものの、顕在的な反対派はほとんどなかった。ナショナリズム、自己執着、体制のメディア監視によってセルビア人の戦争自体に対する反対は最小限のものになった。

ボスニアでは、セルビア人は明らかにエスニックな純粋性と領土のために戦い、ヒトラーの生存圏《レーベンスラウム》獲得のさいドイツ人が用いた方法や価値に逆戻りした。民族浄化《エスニック・クレンジング》はこの過程の最初の段階である。非セルビア人を故郷から追い出し、現地のセルビア人を従わせるために作り出されたテロルの戦略である。これは輝かしい成果を収めた。何十万もの難民が数ヶ月の間に作り出され、最終的には難民は全部で二百万人以上に上った。西側は、その根本的な原因に取り組もうとせずに難民危機を収拾しようとし、セルビアの勝利を待った。セルビアが勝てなかったのは、民族浄化自体は軍事的勝利を保証しないからである。都市、特にサラエヴォが爆撃に耐えつづける限りにおいては、セルビアの砲撃力は決定的ではなかったので、勝つためには兵力の重大な損失を伴う市街戦に持ち込むしかなかった。セルビアはこれに逡巡し、手詰まりに陥った。その間に敵の側に有利に戦力バランスが変わった。アメリカの支援で、ボスニア人とクロアチア人はより強力になり、セルビアの士気は下がった。一九九五年、彼らは突然、半世紀前にナチスが理解できなかった真実を学んだ。領土を得るだけでは不充分であり、それを維持しなくてはならない。民族浄化はたくさんの領土をもたらすが、土地を生産的にする人の手を追いやってしまったのである。

このように、セルビアの一九九五年の敗北は、ヨーロッパにおけるアパルトヘイトの考えの敗北であった。しかしこれは西側にとっての敗北でもあった。西側は自由主義的価値に対する冷戦後最初の重大な挑戦を乗り切れなかった。西側が権利の擁護やジェノサイドの阻止よりも現実主義《レアル》政策《ポリティーク》を選んだのは望ましくなかったし、さらによくなかったのはその現実主義政策すら失敗したことだった。軍事介入は役に立たないと三年間いいつづけたあと、突然、一九九五年の夏に、それが大変役に立つことがわかったのだ。西側の外交的圧力によって、ボスニア政府の軍隊が、セルビアにとって欠かせない重要な本拠地であるバニャ・ルカを掌握するのは阻止されねばならなかった。それゆえ戦争の結果、明白な勝者は誰も生まれず、この地域では不確実な状況が続くことになり、西側の優柔不断が勝利を収めた。

西側というと、ボスニアの手詰まりを打ち壊すための重要なイニシアチブがみなアメリカ人によるものだという事実を覆い隠すことになる。中立的な観察者にとってボスニアはヨーロッパの問題に見えるかもしれないが、ヨーロッパ人自身の行動からそのように推論することはできなかっただろう。EUの政策決定者は完全に無視され、WEU（西欧同盟）もそれよりたいしてましな扱いは受けなかったようだ。イギリスとフランスは国際連合やNATOを通じて事態を操作するほうを好んだ。ここではアメリカ人と（国連の場合はロシア人とも）力を共有していたからである。ロンドンとパリは軍隊を送ることによってユーゴ問題へのコミットを誇示したが、軍隊に何をやらせたいのかについては長い間混乱していた。両国ともアメリカの傲慢と偽善に文句をつけるのを好んだが、単独で行動できるほどの決心をすることはできなかった。こうしてボスニアは、ヨーロッパ人にとってワシントン抜きに自分たちの対立を解決することが冷戦終結後であってもどんなに難しいかを示したのである。

ボスニア戦争への介入を支持する論拠の一つは、事態を押さえずにおくと東欧の他地域にも不安定が波及するというものだった。少なくとも短期的にはこの恐れは実証されなかった。コソヴォからマケドニア、アルバニアへとバルカンにひろがるドミノ効果のシナリオは、戦争の抑止効果を考慮に入れていなかった。燃え上がる村や砲撃された町のテレビ映像は、ナショナリストのヒステリーの本当のコストを痛感させ、扇情的なレトリックを抑制し、拡大主義者や国土回復主義者を押さえ込み、妥協や仲介を促進するのに役立ったのだろう。

同時に、西側が戦争を終わらせることができなかったこと、国際行為の規範を強制することに消極的だったことは、この地域全体の緊張感を高めた。ギリシャとトルコの軍拡競争は一九九〇年代初頭にエスカレートし、両国はこれまでの数十年間で最も戦争に近づいた。コソヴォではセルビア人はアルバニア人多数派を長くは抑圧し続けられない様子が見えた。マケドニアでは、アルバニアから波及してきたエスニシティ間の緊張と暴力が、危うくバランスをとっていた体制を不安定化させる恐れがあった。ボスニア戦争の抑止効果はいつまでも続くわけではなく、バルカンに対する首尾一貫したヨーロッパの安全保障政策の代わりになるわけでもない。

ユーゴスラヴィアの戦争は、おそらく一九八九年以後に連邦主義が崩壊したことの産物とみるのが最も適切だろう。これは結果が戦闘によって決まったヨーロッパで唯一の事例である。チェコスロヴァキアは、ヴェルサイユ条約の産物のうちもう一つ生き残っていた連合体だったが、ビロード離婚▼[17]によって、チェコ人とスロヴァキア人の間で平和裡に、文明的に分割された。本当に困難なのは、旧帝国の西や南の辺境地帯に大勢のロシア人マイノリティがいる旧ソ連の領域である。実際には、ヨーロッパ圏ではモルドヴァと一九九一年のバルト諸国が部分的で短期の例外となるものの、それを除けば衝突は政治的レヴェルに制限され、エスカレートしなかった。

総体として東欧は、それゆえヨーロッパ全体も、この世紀〔二十世紀〕のいつの時期よりも安定した場所になった。戦間期の修正主義は、ヴェルサイユ条約によって定められた国境線を変更しようとした。しかし結局、人々が動き、あるいは動かされ、あるいは殺され、ポーランド、ソ連、ドイツを例外として、一九四〇年代末まで国境線の変更はほとんどなかった。一九八九年以降、国境線はいまあるところに留まるべきであるということが広く受け入れられた。これは一九七五年にヘルシンキで合意されたことであり、それがたとえ一九四五年以後の合意の不公正を受け入れることを意味しても、信仰の一項目であり続けていた。ドイツはついにポーランドの西側国境を承認し、旧東方領土へのすべての権利を放棄した。バルト諸国も戦後の国境線内での独立を受け入れ、一九三九年以前の状態への復帰を目指さなかった。安定は危険にさらすにはあまりに貴重である。西側の旧ユーゴに対する非道徳的で矛盾するような政策は、この原則を守ろうとする必死の試みと理解するのがよいだろう。

この全般的な承認はまったく歓迎されるべきものである。なぜなら、東欧の側には互いに協力しあおうという熱意はほとんどないからだ。逆に古い疑念が残っている。西側はなお救世主として行動することを期待され、ロシア人はなお敵と見なされている。西側の無関心は東欧の無責任に対応している。西側が現実主義政策を強調しすぎるのに対し、東欧はナショナリスト的近視眼でありすぎる。例えばロシアは西側にとって常にポーランドやルーマニアより重要であるというような、変わることのない地政学上の真実を、一九八九年以降の新しい現実にいかに適合させていくかという問題をじっくり考えてみることには、いまのところ大陸の東西どちらの側もまだ積極的ではないようである。

▼(17) 一九九三年のチェコとスロヴァキアの分離のこと。国内の分裂反対、連邦支持は多かったものの、共和国首相間の協議で分離が決まり、相互の領土紛争や国民間衝突はなく、スムーズに実現した。一九八九年のチェコスロヴァキアの民主化が平和裡に推移し、ビロード革命と呼ばれていたことから、この分離も「ビロード離婚」といわれた。

エピローグ　ヨーロッパの形成

この数年来、ヨーロッパとヨーロッパ文明、反ヨーロッパとヨーロッパ文明への反対者について、ありとあらゆることが語られてきた。声明でも、新聞雑誌記事でも、議論や論争でも、適切にも不適切にも、異例の頻度で「ヨーロッパ」という言葉が論じられた。しかし、「ヨーロッパ」という言葉によって意味されているものが何か、立ち止まってもう少し詳細に分析してみれば、それを語る人の頭の中がいかに混乱しているかにすぐさま気がつくだろう……。

——F・シャボー（一九四三—四四年）[1]

「民主主義は勝利した」と、ズビグネフ・ブレジンスキーは一九九〇年に書いた。「自由市場が勝利をおさめた。しかしこの偉大なイデオロギー上の勝利のあと、何が今日われわれの信念の本質なのだろうか。」冷戦の終結を祝うユートピアが憂鬱な不安にかわるころ、フランシス・フクヤマは、共産主義の崩壊は歴史の終焉と、散文的で英雄的でない時代の始まりを意味すると考えた。一方、歴史の悪魔がよみがえると考えるものもいた。ナショナリズム、ファシズム、人種や宗教をめぐる闘争である。彼らは「歴史の復活」を説き、サラエヴォが見出しに登場すると、一九九二年と第一次世界大戦前夜の不気味な類似点を描いた。

実際には、歴史はヨーロッパを去りもしなければ、戻って来もしなかった。しかし、冷戦の終焉に伴い、歴史におけるヨーロッパの位置は変わった。ヨーロッパは再び一つになったが、冷戦前のような世界の出来事における中心的な役割はもはや果たしていない。このように、われわれが今日どこに立っているかを理解するためには、現在が過去にどのように似通っているかだけではなく、どう異なっているかも知る必要がある。場合によっては、例え悪夢でも古き夢を見ているほうが、目覚めて見知らぬ現実に向き合うよりも容易だからである。

「幾世紀かの間に、ヨーロッパは、言葉や習慣の違いを超えて、その人々は文化をともにしていることを発見した。……ヨーロッパはヨーロッパ・アイデンティティの存在に気づきつつある。▽(2)」これは一九九二年、タイミングの悪いことにユーゴスラヴィア内戦が勃発したその年になされた、フランスの二人の歴史家による大胆な主張だが、これまでも同様の主張が著名な歴史家から提示されてきた。一九三六年、これも内戦の年だが、イギリスの歴史家Ｈ・Ａ・Ｌ・フィッシャーは、ヨーロッパは「思想と成果の継承と、宗教的大志」に基づき、「際立ち、すべてに広がる、圧倒的な」文明によって、一つに結ばれていると断言した。さらに数年後、ポーランドの亡命学者オスカー・ハレツキは『ヨーロッパ史の時間と空間』のなかで、彼の故国がまさに共産主義陣営に組み込まれていたときに、ヨーロッパ大陸の根本的な一体性を弁護したのである。▽(3)

二十世紀の血みどろの戦いに対する一つの反応は、ヨーロッパの内輪争いという性格の否定にあるようである。「ヨーロッパ的ヨーロッパ」というゴンザーグ・ド・レノルドの印象的な言葉にあるように、一方は真のヨーロッパの側に立つ。そしてもう一方は強奪者、野蛮人として考慮の対象外にされるのである。ヨーロッパを自由の源と同一視する知識人の伝統は何世紀も前にさかのぼる。しかし、自由民主主義が戦間期に失敗した事実を直視し、共産主義

▽（1）F. Chabod, *Storia dell'idea d'Europa* (Bari, 1961), p. 8〔フェデリコ・シャボー『ヨーロッパの意味――西欧世界像の歴史的探求』清水純一訳、サイマル出版会、一九六八年〕
▽（2）S. Berstein and P. Milza, *Histoire de l'Europe*, vol. 3 (Paris, 1992), conclusion
▽（3）A. Fisher, *A History of Europe*, vol. 1 (London, 1960 edn), pp. 13–18; Halecki, op. cit.

とファシズムもまたヨーロッパ大陸の政治的遺産の一部であると認めるのならば、この世紀にヨーロッパをかたちづくってきたものは、思想や感情の緩やかな収斂ではなく、敵対的な新秩序と新秩序の間の相次ぐ暴力的な衝突だったことは否定しがたい。もし地理的な表現としてではなく、フェデリコ・シャボーのいう「歴史的で道徳的な一つの個性」としてのヨーロッパを求めるとしたら、二十世紀の大半、そのようなものはなかったと気づかざるをえまい。▽(4)

ヨーロッパの歴史において、対立は目新しいものではない。しかし、二十世紀におけるその対立の規模は新しい現象であった。何世紀にも及ぶビザンチン、ハプスブルク、オスマンの支配のような過去の大王朝帝国と比べ、二十世紀のイデオロギーのユートピア的実験は目を見張るような速度でやって来ては去っていった。その闘争はヨーロッパの生活にいままでなかったようなレヴェルの暴力を持ち込み、社会を軍国主義化し、国家を強化し、近代的な官僚制と技術の助けを借りて何百万人もの人々を殺害した。一八七〇年から七一年の普仏戦争の死者は全部で十八万四千人だったが、第一次世界大戦では八百万人以上、そして第二次世界大戦では四千万人以上のヨーロッパ人が死に、その半数は民間人だった。その傷の深さは、さまざまな主唱者たちの野心の壮大さに比例していた。彼らはみなヨーロッパを、その内も外も、前例がないほど徹底的に作り直す野心をもっていた。今日、ヨーロッパがイデオロギーに疲れ、政治がまったく想像力もヴィジョンもない活動になったのも驚きではない。オーストリアの元首相フランツ・フラニツキが語ったといわれているように、「ヴィジョンなどをもっている人は医者に行ったほうがいい」のである。

この幻滅が、ヨーロッパにおける一九八九年以降の民主主義の奇妙な勝利を染めている。七十年以上前、第一次世界大戦後にヨーロッパ大陸全体で民主主義が受け入れられたのは、新しい世界秩序に対する自由主義的な夢に呼応するものであった。ヨーロッパは人類のモデルとなるよう運命づけられているように見えた。国際連盟を通じて、東欧の新国家は西側の進歩的で成熟した国家から民主主義の習慣を学び、植民地や委任統治を通じて帝国主義列強は民主主義をさらに広めるだろう、と思われていた。一九八九年の共産主義の敗北はこのような地球大の意味も、福音主義的な夢も携えていなかった。民主主義が今日ヨーロッパ人に適しているのは、部分的にはそれが資本主義の勝利と関連しているからであり、またある程度は他の選択肢のどれよりも彼らの生活に関わろうとせず、介入しないからである。ヨーロッパ人が民主主義を受け入れるのは、もはや政治を信じていないためである。だからこそ、国際世論調査での民主主義への高レヴェルの支持と、高い割合の政治的無関心の両方が見出される。今日のヨーロッパでは、民主主義は右翼の人種差別主義政党と前例のない人権の積極的な保護とが共存することを容認している。民主主義はスイスの草の根政治とポスト共産主義クロアチアの準独裁の両方を包み込む。

一九八九年の真の勝者は民主主義ではなく資本主義である。いまやヨーロッパ全体が、西欧が一九三〇年代以来直面してきた問題、つまり民主主義と資本主義の間に機能しうる関係を作り上げるという課題に直面している。戦間期の恐慌によって、民主主義は資本主義の重大な危機を生き延びることはできないことが明らかになった。実際、民主主義が共産主義に最後には勝利をおさめたのは、第二次世界大戦ののち、社会契約を再生できたことぬきには想像できない。しかし、完全雇用は終わり福祉削減が始まっている。特に高齢化によって特徴づけられる社会では、この成果を維持することはこれまでになく困難になった。金融市場のグローバル化によって、国民国家が行動の自律性を維持するのはますます難しくなった。一連のパニックや破綻が示したように、市場も固有の非合理性や社会的緊張を生み出す。労働力のグローバル化も、国籍、国民文化、国民的伝統の従来の定義に挑戦している。ヨーロッパが社会的連帯と政治的自由の独自のブレンドを維持し、アメリカ資本主義の個人主義と東アジアの権威主義の間の航路を描けるかどうかはまだわからない。しかしこの目的に向かうにあたって、冷戦の終焉が意味するのは、対抗相手がもはや存在しないということ、そしてそれとの対比によって自らが擁護するものを定義することが、民主主義者にはできない、ということである。古い政治の道しるべは引き抜かれ、大方の人々は方向がはっきりわからないでいる。

世紀末の方向性喪失感は主にヨーロッパの問題であり、この世紀のヨーロッパの特異な歴史的経験と、ユートピア

▽（4）Chabod, op. cit., p. 20

への熱狂的な信頼に続く殺戮を反映している。キリスト教、資本主義、啓蒙、大いなる技術的な優越への自信に基づき、ヨーロッパ人は長いあいだ自らを世界の文明モデルと見なしていた。ヨーロッパの世界的使命への信頼はすでに十七世紀、十八世紀にも明らかであり、帝国主義の時代にその頂点に達した。ヒトラーは多くの点でその究極の姿であり、ナチスの新秩序によって、誰よりもその実現に近づいた。いまや冷戦が終結し、ヨーロッパは再び統一された。そのことで、ヨーロッパがその文明や価値の卓越性への信頼を失っていることが、かえっていっそう明らかになった。旧ソ連帝国から新たに自由になった国々の多くは、「ヨーロッパ」に加わることが待ちきれない。それなのに、その「ヨーロッパ」とは何なのか、世界のどこに立っているのかは、ますます明らかでなくなっているようにみえる。

この挑戦を受けて立つ将来図をもつのは、ブリュッセルに群れるヨーロッパ主義者だけである。さらに統合されたヨーロッパ連合（EU）の構想だけが、現在〔一九九八年原著刊行当時〕指し示されているヴィジョンである。EUの侍者たちの語り口は、いまなお昔と変わらない。共通市場から通貨統合へ、そしてゆくゆくは政治連合へと、まるで歴史が一方方向に動いているかのように。彼らはこのユートピア以外の選択肢は、過去の国民間の対抗関係に引き戻され、ドイツに支配され、戦争に脅かされる混乱のヨーロッパ大陸しかないと主張する。

恒久平和の夢はヨーロッパ思想において長い歴史をもつ。二十世紀中頃の流血のなかから再び現われたのも当然だろう。特に一世紀の間に三回の戦争を生み出したフランスとドイツの対立を止めたいという願望は、共通市場の形成において重要な役割を果たした。恒久平和が考えられた最初のころには、それはヨーロッパにおいて国家が多数存在する、まさにそのことによって保障されるとされた。だが国民国家の擡頭とそれがもたらした流血によって、第二次大戦中から戦後にかけて国民国家そのものが戦争の原因とみなされるようになった。しかし過去の亡霊は未来への導き手としては不十分である。また大陸で戦争が起きるのではないかという恐れと、それに関連する国民国家への悲観的な見方は、現状に照らし合わせて考慮されるべきであり、自明の真実に基づくものと受け止める必要はない。スタンリー・ホフマンの三十年ほど前〔一九六六年〕の意見がなお正鵠を得ているといえよう。「今日と過去における『国民国家性』がもつ国際的な意味をよく検討してみることは、儀礼的に国民国家を攻撃するのと少なくとも同じくらい重要だ。▽(5)」

今日、ヨーロッパの二十世紀がはっきりと二分されているのは明らかである。一九五〇年以前は戦争や国家が後ろ盾となった暴力で六千万人以上の人が死んだ。対照的に一九五〇年以降そのように死んだ人の数は、ユーゴスラヴィア戦争を含めても百万人以下である。このように、国民国家が今世紀〔二十世紀〕前半の流血で批判されるとすれば、後半の平和的性格に対する功績もある程度正当に評価されるべきである。結局、国民国家はナチスも冷戦も生き延びて、世紀を通じて繁栄し続けたのである。アメリカもソ連も、異なるやりかたではあれ、それぞれのヨーロッパ同盟国の持続的回復力と折り合っていかなくてはならなかった。共通市場自体が国民国家間の一連の交渉として始まり、大方の期間はそのような交渉のフォーラムに留まっていた。連邦主義的な方向への推進力が高まったのはようやく一九八〇年代中頃になってからであり、フランスがドイツの強さに不安を覚えたのが主な原因だった。

ドイツへの警戒心は、過去が未来に投影されたときどうなるかについての古典的な例である。ドイツとロシアは実際、この世紀における自由民主主義の二大脅威を供給してきた。ドイツの優位は、一世紀の間そうであったように、ヨーロッパの権力構造における根本的な特徴でありつづける。しかし、ドイツの帝国への夢は消え、戦前のシレジアや東プロイセンのノスタルジックな写真集に残っているだけだ。軍人特権階級は破壊され、ヒトラーの開戦の理由だった東欧のドイツ系マイノリティは数百万のわずかな残余にまで減ってしまった。五百万人の戦死者はヒトラーの大勝利よりもドイツ人の脳裏に強く焼きついている。ドイツ企業が今日東欧に投資するのは、第四帝国の前衛をなしているからではなく、彼らが資本主義者だからであり、その資本は常にヨーロッパの健全な経済にとって不可欠である。

▽(5) S. Hoffmann, 'Obstinate or obsolete: the fate of the nation-state and the case of western Europe', *Daedalus* (summer 1966), pp. 862–915

ロシアではさらに歴史が繰り返すことはないだろう。ロシアは、バルト諸国と、西南の旧ソ連邦の共和国を奪われ、この二世紀で最も小さくなってしまった。国内では、共産主義の崩壊が一種のジャングル資本主義の擡頭を招き、巨万の富が築かれる一方で、他のヨーロッパのどこにもないような貧困が存在する。社会的再建が必死に求められ、ロシア軍の状況も惨めななかで、ナショナリズムと共産主義へのノスタルジーが醸成されている。しかし、結局のところそれゆえに、失地回復主義や帝国建設はリスクを伴い、ありえないものとなった。バルト諸国に残ったロシア人マイノリティは、冷戦終結後に残された腐食していく原子力兵器や危険な軍事設備ほどは、ヨーロッパの安定にとって脅威ではない。

危険なのは、西側が弱体化したロシアの問題を真剣に受け止めていないことである。ことにEUは――第二次大戦後のアメリカの西欧への援助とは対照的に――わずかな財政支援しかせず、ヨーロッパが長期的な展望に立って計画できないことを憂鬱にも思いださせている。「以前われわれは偉大だったがいまは小さい」とデンマークの学校では歌われているが、大国が帝国の解体に適応するのは簡単ではない。特に、ヨーロッパの植民地列強が共通市場にみいだしたような魅力的な代替案がないときには難しい。

ここに、第二次世界大戦以降の国民国家の大きな変化がある。協力が競争に取って替わったのである。帝国国民国家は植民地を捨て、繁栄のためには植民地は必要ではないことを理解した。原子力兵器はそれまでの戦略思考を時代遅れにし、国家政策の一部として戦争を考えることを困難にした。軍隊は拡大するより小さくなっていき、徴集兵は専門的な職業軍隊に取って替わられた。今日、国境は、軍隊ではなく主に警察の問題である。非合法の移民が隣国の軍隊より大きな関心事なのである。マイノリティは依然として存在しているが、一九五〇年以前より数のうえではるかに少なくなった。ジェノサイド、追放、同化のおかげで、第二次世界大戦の主要な原因は実際上消滅した。あわせると、ヨーロッパは戦争、帝国、領土がみな、以前よりはるかに国民の福祉にとって重要ではない新しい時代に入ったのだ。その結果、今日ヨーロッパで人口が減少しても、一九三〇年のように国民的生殖力、人種的純粋さ、軍事力についての興奮したパニックをまったく引き起こさず、年金スキームや福祉改革と関係して議論されているのである。ヨーロッパの大部分はEUやNATOにすでに加盟しているか、加盟しようとしており、これは歴史的にまったく前例のない状況だ。それゆえ今日の観点からは、「ヨーロッパ主義者」のプロジェクトは実在しない恐れや期待に基づいていたように思える。国民国家は常に強さを失わず、勝手に片づけられはしない。というよりむしろ、大陸の平和になんら脅威を与えないのだからその必要はないのである。

おそらくヨーロッパ連合は、西欧国民国家の資本主義への歩み寄りと考えるのが最も有益だろう。言い換えればEUの存在は、加盟国が国家ごとの経済政策はもはや成功を保証しないと理解し、EUを通して可能となる一種の協力と共同行動に繁栄があると考えているという事実に基づいている。EUが経済的存在として最も重要でありつづけるのはそのためであり、EUは、ますますグローバル化していく時代の要請にヨーロッパの資本主義を適応させる試みの一環なのである。

しかし経済がすべてではなく、資本のグローバル化は、多くの人が今日主張するように、国民国家がヨーロッパで終焉したことを意味しない。イタリアのルチオッリは、物質的商品が多様なヨーロッパ諸国民の間に帰属意識を作り出すのに充分だと考えたとして、ナチスの新秩序を批判したが、彼の批判は不穏な「民主主義の赤字」を伴うヨーロッパ連合に向けるのがより適切だろう。自分たちが住んでいる国に多くの人々が感じている忠誠心に匹敵するような帰属意識を資本主義は作り出せない、というのが実際のところなのである。むしろ、今日の資本主義は従来の階級連帯を破壊し、個々人をより不安にさせているため、他の集団的アイデンティティがますます重要になってきている。資本主義は経済的理由と同様、非経済的理由からも国民国家を必要としていて、その力をこれ以上弱めようとは望んでいない。「国民意識はヨーロッパ意識よりもはるかに強くありつづける」とレイモン・アロンは一九六四年に書いた。今日も同じことが真実であり、ヨーロッパ連合はそれゆえ、ベルギーの外交官の言葉で言えば、「経済の巨人、政治的小人、軍事的虫けら」でありつづけるだろう。▽(6)

これらすべては、ヨーロッパの今日の状況はさっぱりと片づかず、複雑なものでありつづけそうだということを意味する。ヨーロッパには、かつてないほど多くの国民国家が存在するようになり、EUやNATOに加えヨーロッパ評議会やOSCE、WEU〔西欧同盟、EUに事実上吸収され、二〇一一年に廃止〕、その他多数の多様な国際組織で協力している。国民国家の自立性の偉大な時代は過去となり、資本（と労働）のグローバル化によって、国家は一定の政策領域の排他的支配を放棄することを余儀なくされている。しかし、この重なり合った主権のヨーロッパを、国民国家が姿を消し、より大きな統一体に消えていくヨーロッパと混同してはならない。マキャベリをはじめ思想家たちが貴重なものとして重んじたヨーロッパの文化や伝統の多様性は、今日のヨーロッパ大陸の理解にとっても基本でありつづけている。

諸国民の文化、歴史、価値の多種多様性は、ヨーロッパ人が危機にさいして一つにまとまり迅速に行動するのを困難にはする。鉄のカーテンの両側のヨーロッパ人が自分たちの問題に関するイニシアチブを超大国に譲り渡していた冷戦期には、これは問題ではなかった。何十年もヨーロッパ人はアメリカ人やロシア人を非難する一方で、問題を解決してもらうのを期待するのになれていた。しかしボスニアの戦争は、冷戦後にもこの習慣が消え去っていないことを明らかにした。ヨーロッパのどの機構もユーゴスラヴィア戦争では周辺的な役割しか果たさなかった。一九九二年は新しい、自信に満ちた統一ヨーロッパの創造を告げる年〔ヨーロッパ単一市場の形成〕となるはずだったが、同年の春から夏のドリナ渓谷の民族浄化はこれが空虚なレトリックであったことを示した。客観的な状況ではなく、統一的意思が欠けていたために、ヨーロッパのヨーロッパはボスニアで決定的な対応をすることができず、ヨーロッパの国民国家はワシントンによって強いられるまで政策合意ができなかったのだ。

しかし、ヨーロッパが自分の問題について責任をとることを拒否するのは啓発的な眺めとはいえないが、以前ほど問題にはならないのも確かである。ボスニアがヨーロッパの流血の新時代の前奏曲であったならば、危機に直面してこのような決断力の欠如は危険なことだ。しかし、旧ユーゴスラヴィアの戦争はエスニック対立の新時代の幕開けではなく、少なくともヨーロッパでは、第一次世界大戦の講和の産物の最後の舞台だったのであり、マイノリティ問題に対する連邦主義的な解決策――この場合は共産主義による連邦主義――の終局的な崩壊だった。対立はバルカンやエーゲ海ではまだ考えうるが、大陸の平和を脅かすことは絶対にできまい。一九九一年から一九九五年のユーゴスラヴィア戦争が一九一二年から一三年のバルカン戦争のように全面戦争に発展しなかったのには十分な理由がある。今日のヨーロッパ列強は軍事的なライヴァルではなく、相互にパートナーなのだ。

グローバルにみて、ヨーロッパは優位を失った。おそらくこれが大多数のヨーロッパ人にとって一番受け入れにくいことだろう。しかしなお、歴史上の他の時代や今日の世界の他の地域と比べ、ヨーロッパ大陸の住民は個人の自由、社会的連帯、平和のめざましい組合せを享受している。二十世紀が終焉に向かうなか、国際的な展望はこれまでのどの時代よりも平和である。ヨーロッパ人が自分自身に関する単一の、役に立つ定義を見つけようと必死に望むのをあきらめ、世界における多少慎ましやかな地位を受け入れるのであれば、過去と同様、彼らの未来にも存在しつづける多様性や軋轢と折り合いをつけることができるだろう。

▽（6）R. Aron, ‘Old nations, new Europe’, *Daedalus* (winter 1964), pp. 43–67. 次も参照。M. Mann, ‘Nation-states in Europe and other continents: diversifying, developing, not dying’, in G. Balakrishnan (ed.), *Mapping the Nation* (London, 1996), pp. 295–317

1900年のヨーロッパ

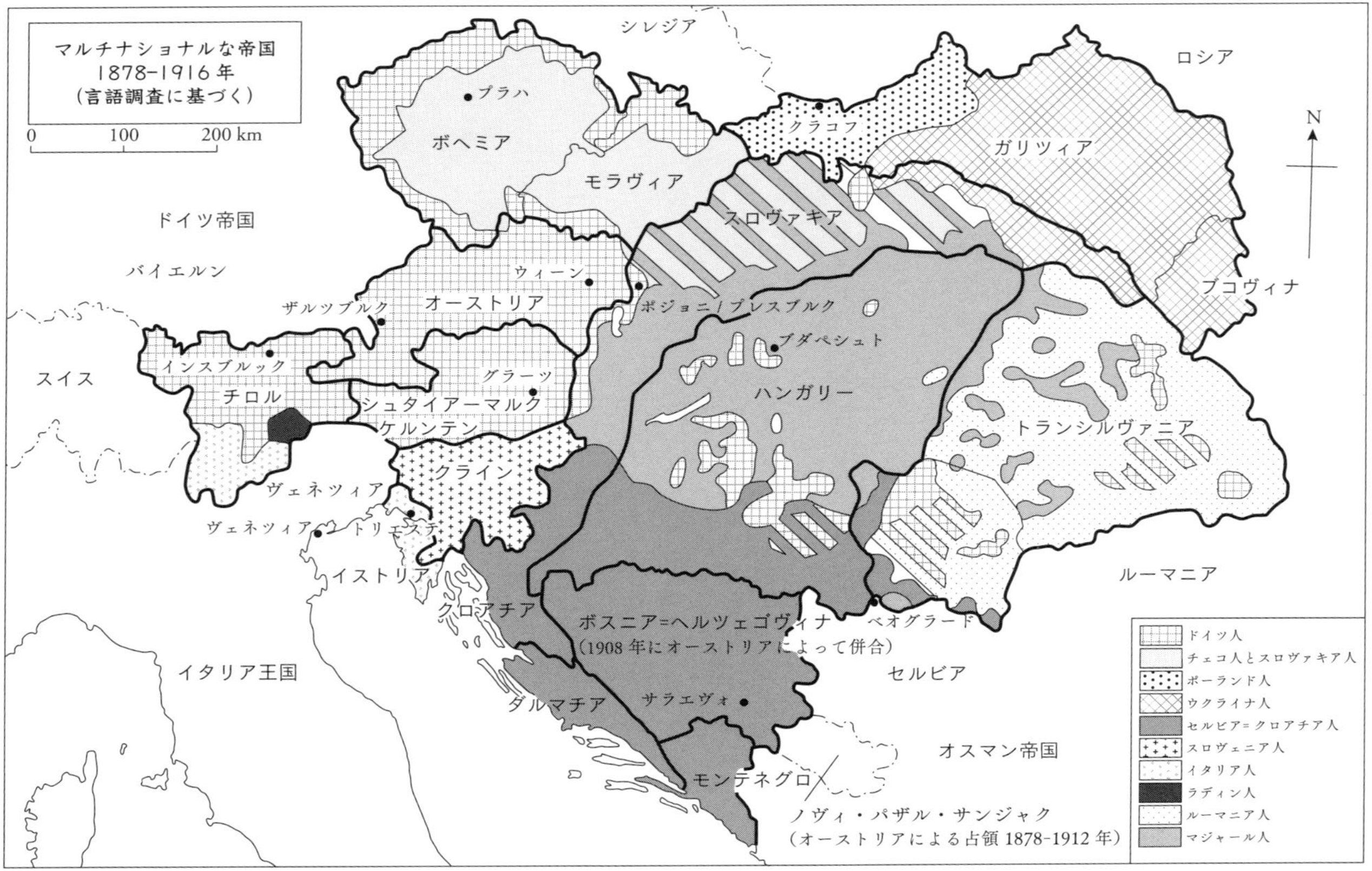

マルチナショナルな帝国
1878–1916年
(言語調査に基づく)

N
ルテニア
ロシア
オーストリア=ハンガリー
プルート川
ドナウ川
ドラヴァ川
トランシルヴァニア
ベオグラード
ルーマニア
ボスニア=ヘルツェゴヴィナ
ドブロジャ
1878
1908
ドナウ川
ブカレスト
サラエヴォ
セルビア
ベッサラビア
ノヴィ・パザル・サンジャク
1913
ニシェ
1878
1878
モンテネグロ
ブルガリア
ドブロヴニク
1913
コソヴォ
ソフィア
黒海
東ルメリ自治州
アドリア海
1885
ヴァルダル川
アドリアノープル
ドゥラス
1913
1913
アルバニア
オフリド
イスタンブール
マケドニア
1913
マルマラ海
テッサロニキ
1913
トルコ
ギリシャ
ケルキラ(コルフ)島
スミュルナ
ケファロニア島
アテネ
1830
0
200 km
ヨーロッパにおけるオスマン帝国の退却
1880 年のオスマン帝国
1880 年の国境線
1914 年の国境線
1885 オスマン帝国から獲得した年
1913 独立年
地中海
クレタ
(ギリシャへ 1908-13 年)

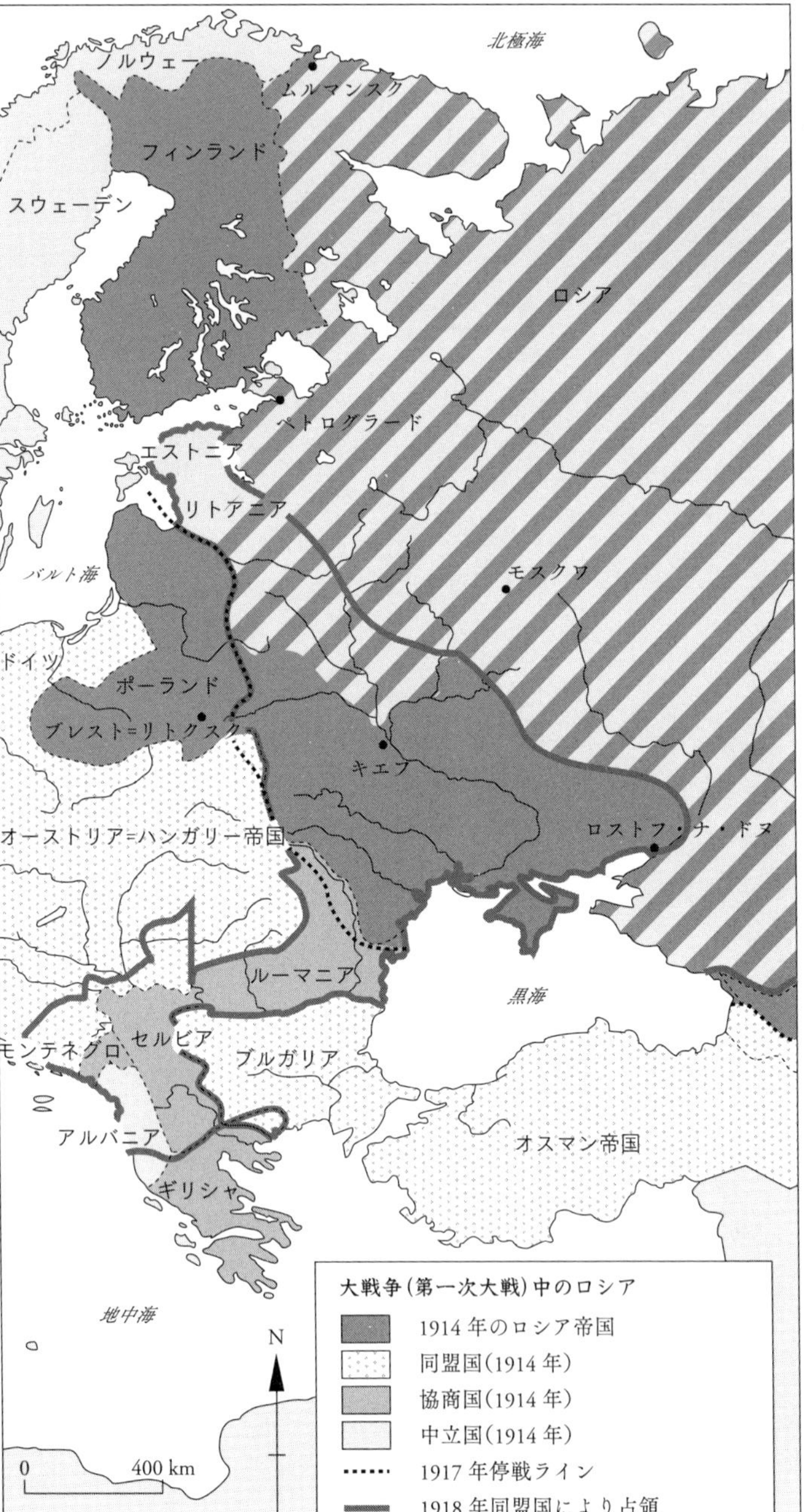

大戦争(第一次大戦)中のロシア
1914 年のロシア帝国
同盟国(1914 年)
協商国(1914 年)
中立国(1914 年)
1917 年停戦ライン
1918 年同盟国により占領
北極海
ノルウェー
ムルマンスク
フィンランド
スウェーデン
ロシア
ペトログラード
エストニア
リトアニア
バルト海
モスクワ
ドイツ
ポーランド
ブレスト=リトクスク
キエフ
オーストリア=ハンガリー帝国
ロストフ・ナ・ドヌ
ルーマニア
黒海
モンテネグロ
セルビア
ブルガリア
アルバニア
オスマン帝国
ギリシャ
地中海
N
0
400 km

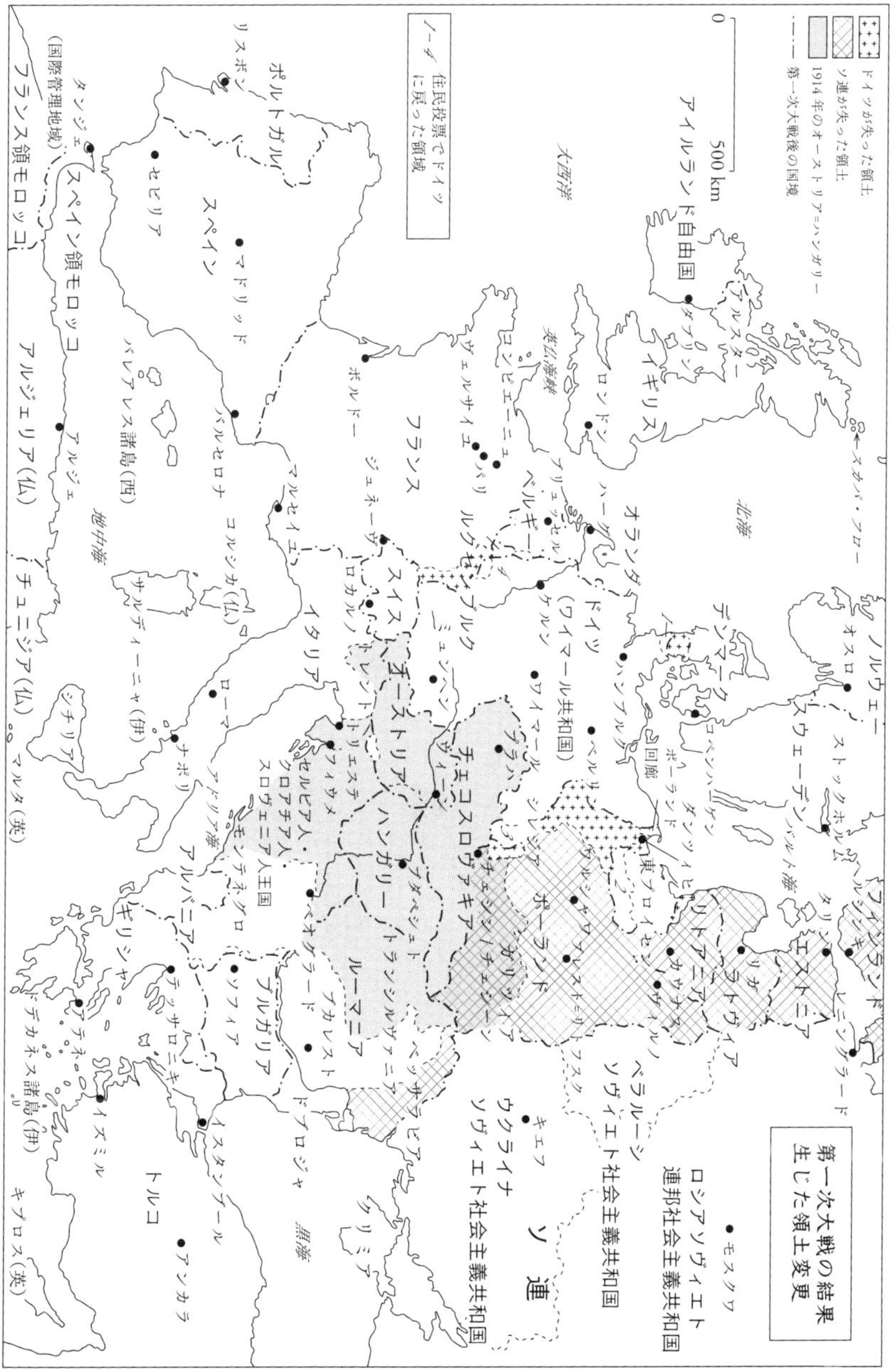
第一次大戦の結果
生じた領土変更
ドイツが失った領土
ソ連が失った領土
1914年のオーストリア＝ハンガリー
第一次大戦後の国境
0
500 km
住民投票でドイツ
に戻った領域
ソ連
ロシアソヴィエト
連邦社会主義共和国
ウクライナ
ソヴィエト社会主義共和国
ベラルーシ
ソヴィエト社会主義共和国
モスクワ
キエフ
レニングラード
フィンランド
ヘルシンキ
エストニア
タリン
ラトヴィア
リガ
リトアニア
カウナス
ヴィルノ
東プロイセン
ダンツィヒ
ポーランド
ポーランド回廊
ワルシャワ
ブレスト＝リトフスク
ガリツィア
ベッサラビア
ルーマニア
ブカレスト
トランシルヴァニア
ブルガリア
ソフィア
ドブロジャ
クリミア
黒海
イスタンブール
アンカラ
トルコ
イズミル
キプロス(英)
ドデカネス諸島(伊)
ギリシャ
アテネ
テッサロニキ
アルバニア
モンテネグロ
ベオグラード
セルビア人・
クロアチア人・
スロヴェニア人王国
フィウメ
トリエステ
アドリア海
チェコスロヴァキア
チェシン
プラハ
ハンガリー
ブダペシュト
オーストリア
ヴィーン
シレジア
ドイツ
(ワイマール共和国)
ベルリン
ワイマール
ハンブルク
ケルン
ミュンヘン
ザール
ルクセンブルク
オランダ
ハーグ
ベルギー
ブリュッセル
デンマーク
コペンハーゲン
ノルウェー
オスロ
スウェーデン
ストックホルム
バルト海
北海
スカパ・フロー
イギリス
ロンドン
アルスター
ダブリン
アイルランド自由国
英仏海峡
大西洋
フランス
パリ
ヴェルサイユ
コンピエーニュ
ボルドー
マルセイユ
ジュネーヴ
スイス
ロカルノ
イタリア
トレント
ローマ
ナポリ
コルシカ(仏)
サルディーニャ(伊)
シチリア
マルタ(英)
地中海
スペイン
マドリッド
バルセロナ
セビリア
バレアレス諸島(西)
ポルトガル
リスボン
タンジェ
(国際管理地域)
スペイン領モロッコ
フランス領モロッコ
アルジェ
アルジェリア(仏)
チュニジア(仏)

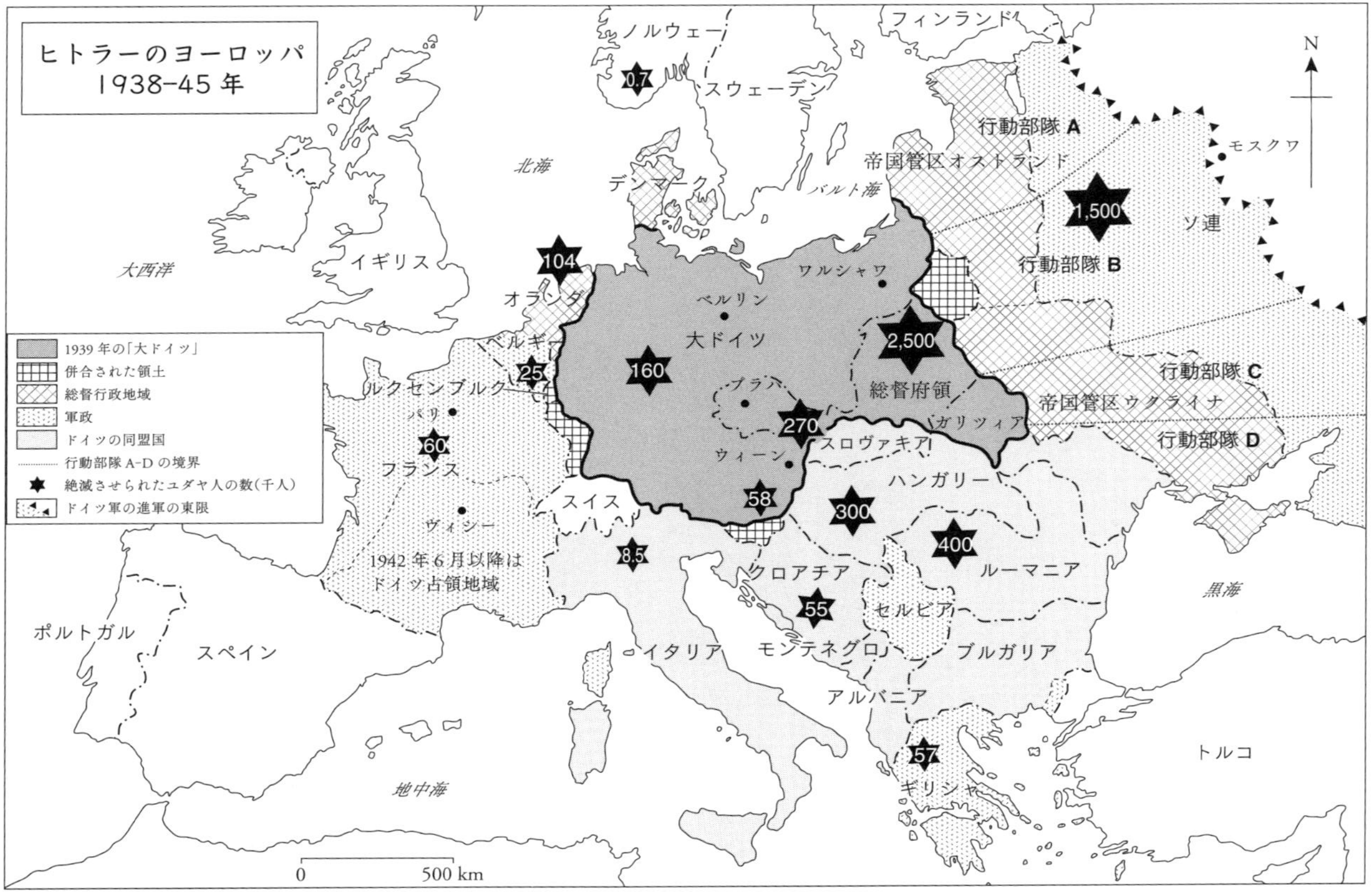
ヒトラーのヨーロッパ
1938-45 年
1939 年の「大ドイツ」
併合された領土
総督行政地域
軍政
ドイツの同盟国
行動部隊 A-D の境界
絶滅させられたユダヤ人の数(千人)
ドイツ軍の進軍の東限
N
ノルウェー
スウェーデン
フィンランド
行動部隊 A
帝国管区オストランド
モスクワ
1,500
ソ連
行動部隊 B
北海
デンマーク
バルト海
大西洋
イギリス
104
オランダ
ワルシャワ
ベルリン
大ドイツ
2,500
ベルギー
25
160
行動部隊 C
ルクセンブルク
プラハ
総督府領
帝国管区ウクライナ
パリ
270
ガリツィア
60
行動部隊 D
ウィーン
スロヴァキア
フランス
ハンガリー
スイス
58
300
ヴィシー
400
8.5
1942 年 6 月以降は
ドイツ占領地域
クロアチア
ルーマニア
黒海
55
セルビア
ポルトガル
スペイン
イタリア
モンテネグロ
ブルガリア
アルバニア
トルコ
57
ギリシャ
地中海
0
500 km

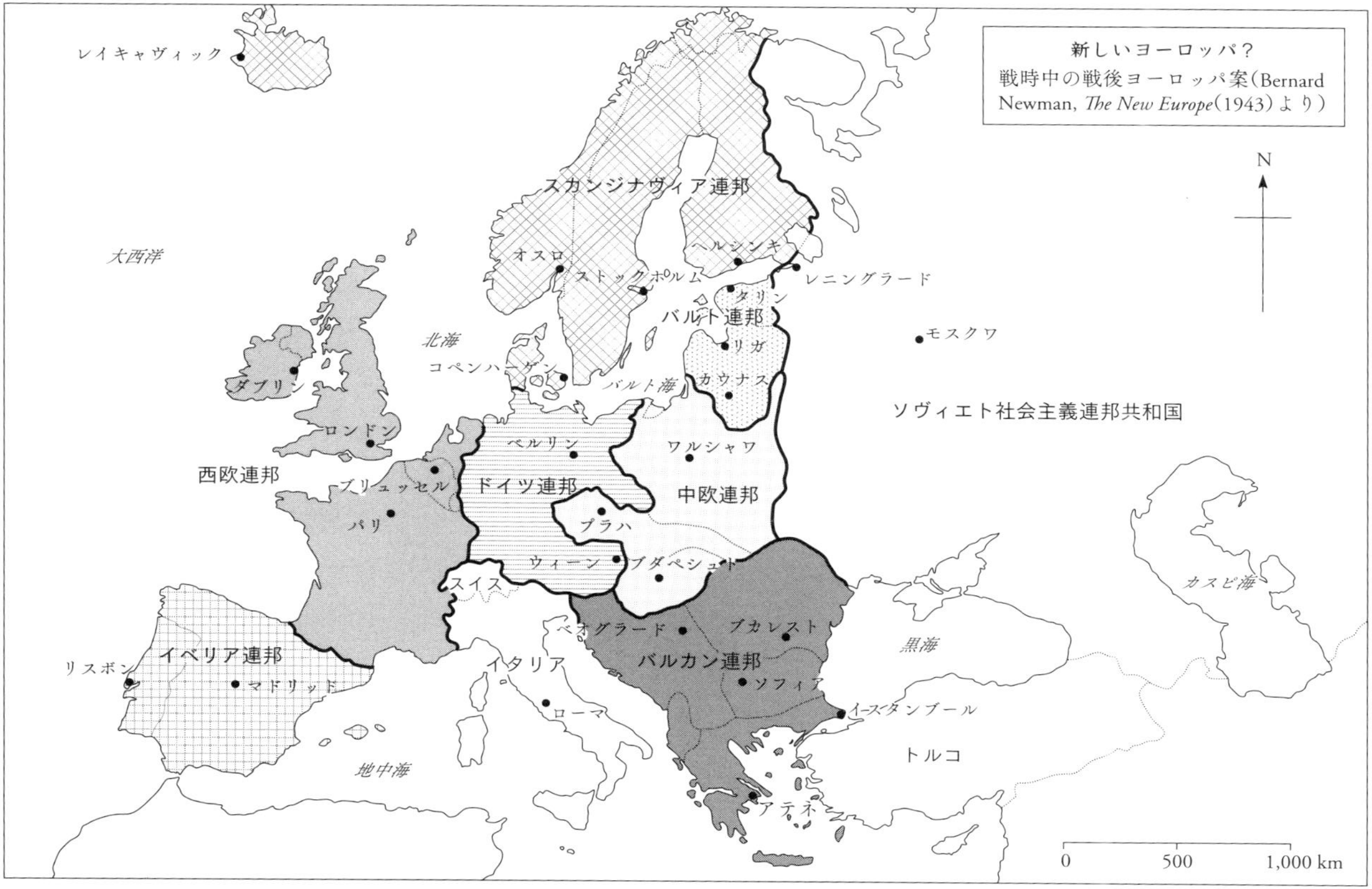

新しいヨーロッパ?
戦時中の戦後ヨーロッパ案(Bernard Newman, *The New Europe*(1943)より)

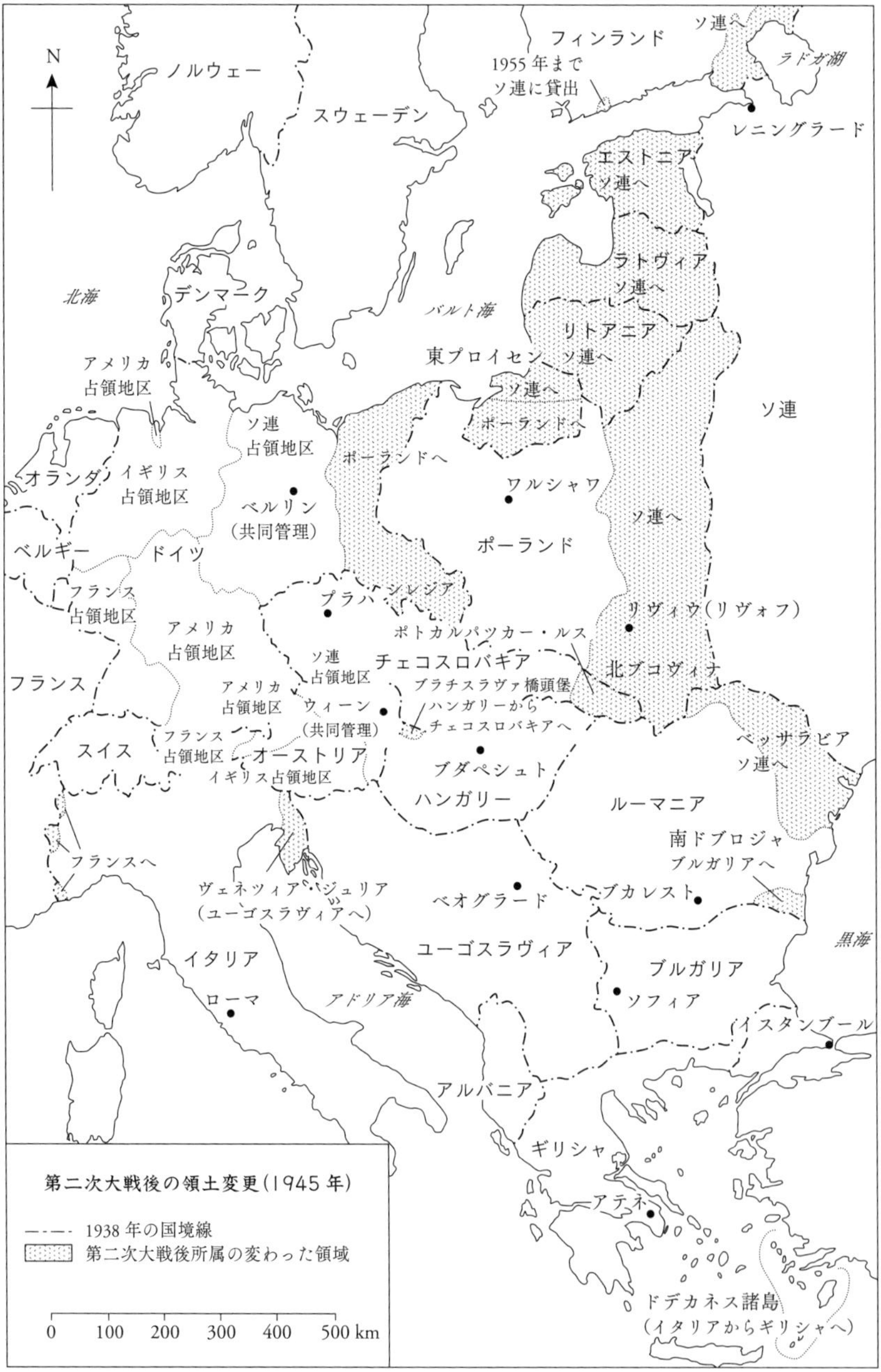

第二次大戦後の領土変更(1945年)

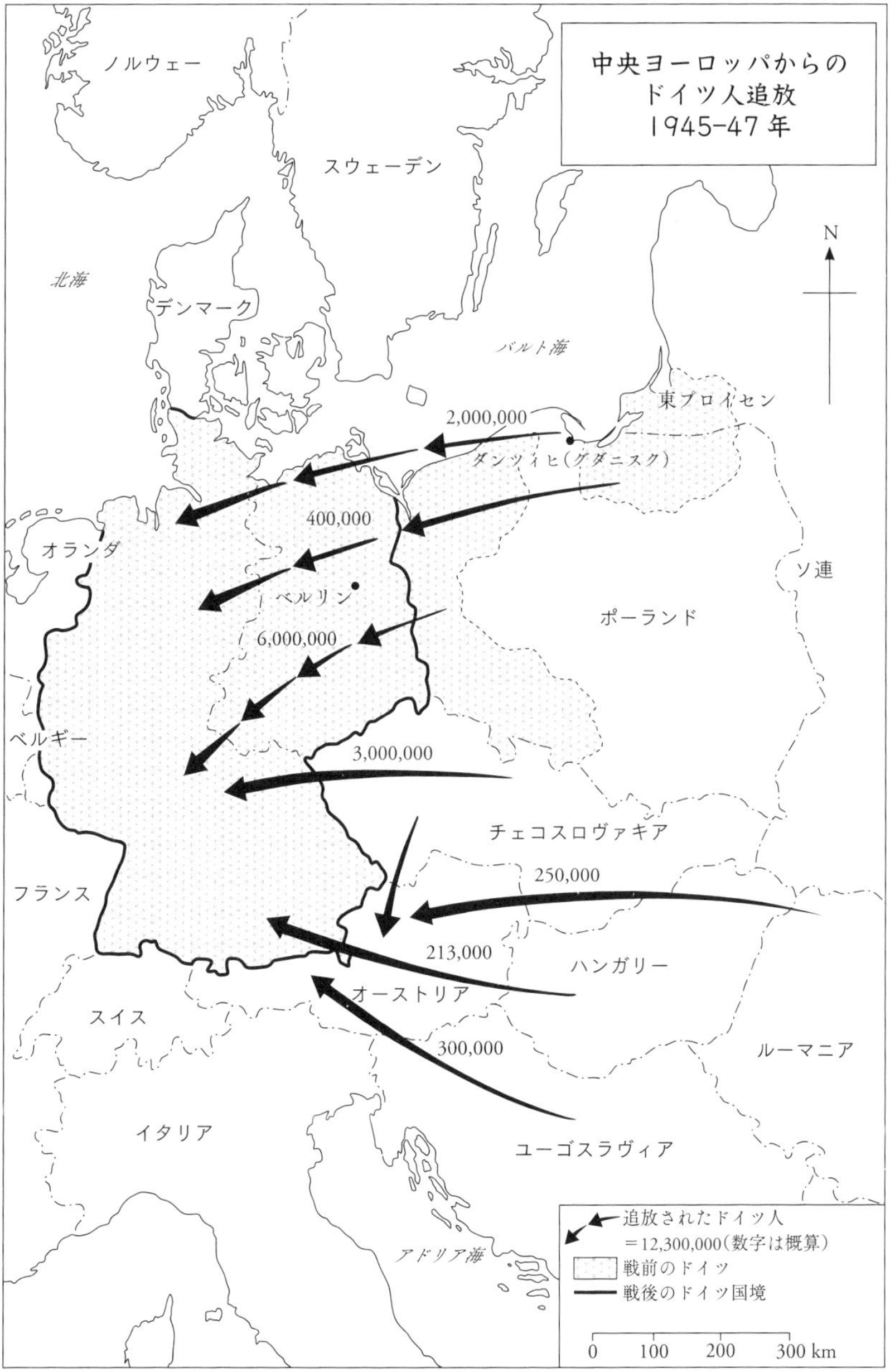

中央ヨーロッパからの
ドイツ人追放
1945-47年

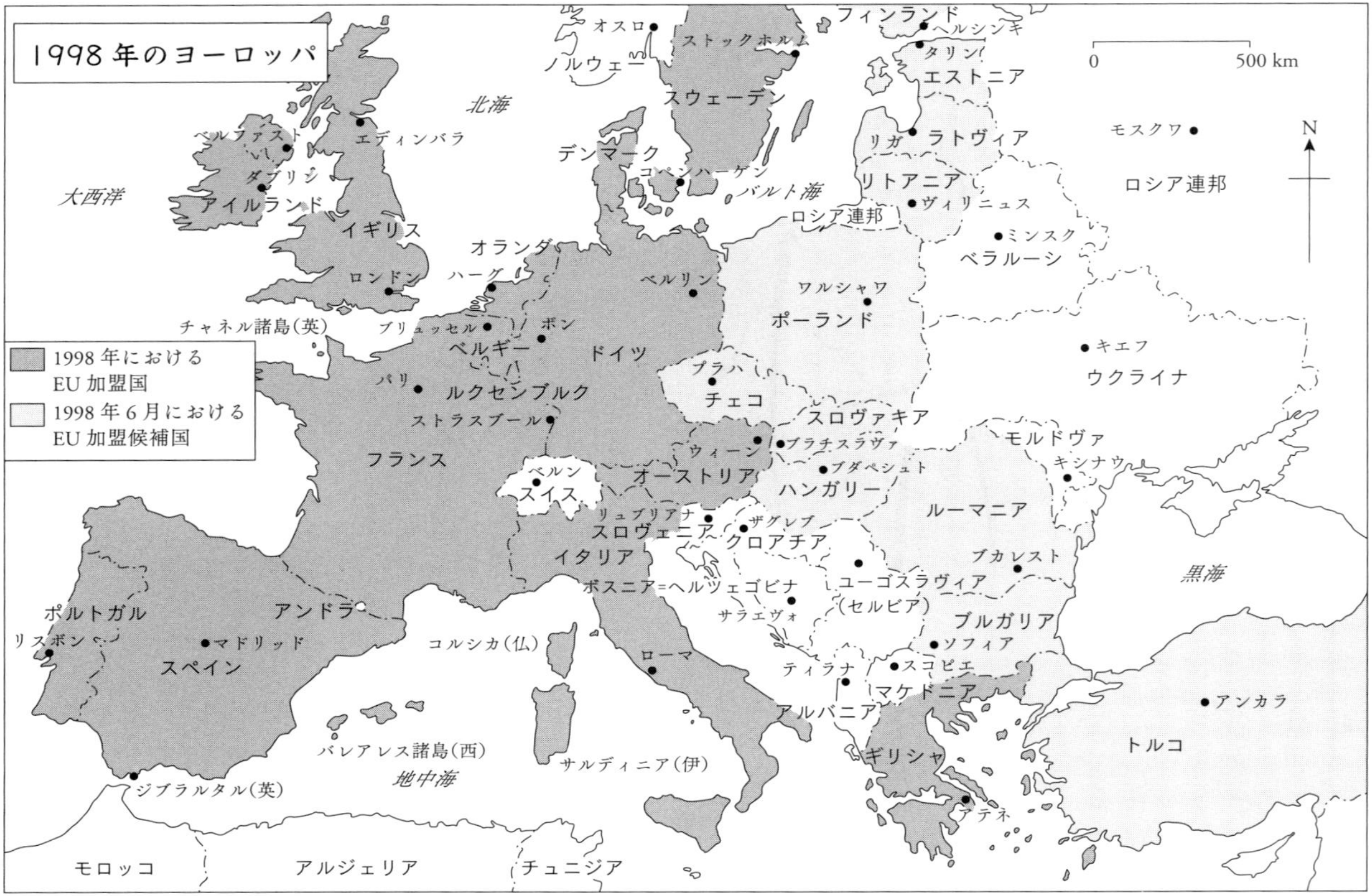
1998年のヨーロッパ
1998年における
EU加盟国
1998年6月における
EU加盟候補国
0
500 km
N
大西洋
北海
バルト海
黒海
地中海
アイルランド
ダブリン
ベルファスト
イギリス
エディンバラ
ロンドン
チャネル諸島(英)
ノルウェー
オスロ
スウェーデン
ストックホルム
フィンランド
ヘルシンキ
エストニア
タリン
ラトヴィア
リガ
リトアニア
ヴィリニュス
ロシア連邦
モスクワ
ロシア連邦
ベラルーシ
ミンスク
ウクライナ
キエフ
デンマーク
コペンハーゲン
オランダ
ハーグ
ベルギー
ブリュッセル
ルクセンブルク
ドイツ
ベルリン
ボン
ポーランド
ワルシャワ
チェコ
プラハ
スロヴァキア
ブラチスラヴァ
フランス
パリ
ストラスブール
スイス
ベルン
オーストリア
ウィーン
ハンガリー
ブダペシュト
モルドヴァ
キシナウ
ルーマニア
ブカレスト
スロヴェニア
リュブリアナ
クロアチア
ザグレブ
ボスニア=ヘルツェゴビナ
サラエヴォ
ユーゴスラヴィア
(セルビア)
ブルガリア
ソフィア
マケドニア
スコピエ
アルバニア
ティラナ
ギリシャ
アテネ
トルコ
アンカラ
イタリア
ローマ
コルシカ(仏)
サルディニア(伊)
ポルトガル
リスボン
スペイン
マドリッド
アンドラ
バレアレス諸島(西)
ジブラルタル(英)
モロッコ
アルジェリア
チュニジア

表1　東ヨーロッパにおけるマイノリティの消滅、1931–91年

ポーランド　人口総数：31,900,000（1931年）；36,100,000（1991年）

ドイツ人	741,000（2.3%）	500,000（1.4%）
ユダヤ人	2,700,000（8.5%）	15,000（0.0%）
ウクライナ人	4,400,000（13.8%）	250,000（0.7%）
ベラルーシ人	1,700,000（5.3%）	200,000（0.6%）

チェコスロヴァキア　人口総数：14,500,000（1930年）；15,600,000（1991年）

ドイツ人	3,200,000（22.1%）	53,000（0.3%）
ユダヤ人	354,000（2.4%）	12,000（0.1%）
ウクライナ人	549,000（3.8%）	40,000（0.3%）
ハンガリー人	692,000（4.8%）	587,000（3.8%）

ハンガリー　人口総数：8,700,000（1930年）；10,400,000（1990年）

ドイツ人	478,000（5.5%）	22,000（0.2%）
ユダヤ人	500,000（4.8%）	1000,000（1%）

ルーマニア　人口総数：18,100,000（1930年）；21,600,000（1977年）

ドイツ人	745,000（4.1%）	349,000（1.6%）
ユダヤ人	728,000（4.0%）	25,000（0.1%）
ウクライナ人	582,000（3.2%）	54,000（0.3%）
ハンガリー人	1,400,000（7.7%）	1,700,000（7.9%）

ユーゴスラヴィア　人口総数：13,900,000（1931年）；22,400,000（1981年）

ドイツ人	500,000（3.6%）	9,000（0.0%）
ユダヤ人	18,000（0.1%）	1,000（0.0%）
ウクライナ人	28,000（0.2%）	13,000（0.1%）
ハンガリー人	468,000（3.4%）	427,000（1.9%）

出典＝P. R. Magocsi, *Historical atlas of East Central Europe* (Washington, 1993).

表2　ヨーロッパ諸国における外国人人口の割合、1960、1976、1990年（千人単位、%は総人口に対して占める割合）

	1960		*1976*		*1990*	
	人口	%	人口	%	人口	%
オーストリア	102	1.4	271	3.6	413	5.3
ベルギー	453	4.9	835	8.5	905	9.1
デンマーク	17	0.4	91	1.8	161	3.1
フランス	—	4.7	3,442	6.6	3,608	6.4
ドイツ*	686	1.2	3,948	6.4	5,242	8.2
オランダ	118	1.0	351	2.6	692	4.6
スウェーデン	191	—	418	5.1	484	5.6
スイス	495	9.2	1,039	16.4	1,100**	16.3**
イギリス	—	—	1,542	2.9	1,875	3.3

出典＝ Y. Soysal, *Limits of Citizenship* (Chicago, 1994).

* 1960、1976＝西ドイツ；1990＝ドイツ

** 季節労働者、越境労働者を除く

表 3 農地からの逃亡、1930、1980 年（農業就労人口の割合）

国名	*1930*	*1980*
デンマーク	30	7
フィンランド	71	11
ノルウェー	36	7
スウェーデン	39	5
オーストリア	32	9
ベルギー	17	3
フランス	36	8
ドイツ	29	—
西ドイツ	—	4
東ドイツ	—	10
アイルランド	34	18
オランダ	21	6
スイス	21	5
イギリス	6	3
ブルガリア	80	37
チェコスロヴァキア	37	11
ハンガリー	55	20
ポーランド	66	31
ルーマニア	77	29
ユーゴスラヴィア	78	29
ギリシャ	54	37
イタリア	47	11
ポルトガル	55	28
スペイン	50	14

G. Ambrosius and W. Hubbard, *A Social and Economic History of Twentieth Century Europe* (Cambridge, Mass., 1989), pp. 58–9 から改作。

訳者あとがき

本書は、Mark Mazower, *Dark Continent: Europe's Twentieth Century* (London: Penguin, 1998) の書誌ガイドを除く全訳である。ハードカバー版がまず Penguin グループの Allen Lane 社から出版されているが、翻訳は Penguin 社版のペイパーバックを底本としている。

ヨーロッパの二十世紀の通史を書くことは、第一次世界大戦から東欧変革までの「短い二十世紀」に絞っても困難である。世紀前半のヨーロッパが戦争や国家の暴力による六千万人もの死者を生み出したのに対し、後半はユーゴスラヴィアの惨状を含めても百万人に満たない。

この著しいコントラストを一つの通史の枠に収めようと試みたのが、本書の著者、マーク・マゾワーである。マゾワーは、一九五八年の生まれで、オクスフォード大学で古典と哲学を、ジョン・ホプキンズ大学のボローニャセンターで国際関係論を学んだのち、オクスフォード大学で近代史の博士号を得た。プリンストン大学、サセックス大学、ロンドン大学バークベック・カレッジを経て、現在はニューヨークのコロンビア大学歴史学教授である。

マゾワーは、両大戦間期からナチ占領下のギリシャを主な研究対象に研究を開始し、近年は国際的な規範や組織の歴史でもすぐれた著作を生み出している、この世代の指導的歴史研究者の一人である。*Inside Hitler's Greece: the Experience of Occupation, 1941–44* (Yale University Press, 1993) は Ernst Fraenkel Prize と Longman/History Today Book of the Year を、*Salonica, City of Ghosts: Christians, Muslims and Jews, 1430–1950* (HarperCollins, 2004) は、二〇〇四年のダフ・ク

ーパー賞を、*Hitler's Empire: Nazi Rule in Occupied Europe* (Allen Lane, 2008) は、二〇〇八年の『ロサンジェルス・タイムズ』紙の歴史書賞を受賞している。本書 *Dark Continent* もイタリアのすぐれた近現代史の著作に与えられる賞である Premio Acqui Storia やドイツの歴史書の賞を得ている。マゾワーは『ファイナンシャル・タイムズ』をはじめ『ガーディアン』『ニューヨーク・タイムズ』紙、『ロンドン・レビュー・オブ・ブックス』『ニュー・ステイツマン』『ネイション』誌など英米の一流紙・誌にたびたび書評や現状分析を寄稿しており、二〇一一年にはアメリカ芸術科学アカデミーの会員にも選ばれている。

マゾワーの研究は日本の歴史研究者の間でも早くから注目され、二〇〇二年には日本西洋史学会のシンポジウム「グローバル化とヨーロッパ史の可能性」に招かれ、Does Modern Europe have a History? というタイトルの報告も行なっているが、これまで著作の邦訳はなかった。しかし、本年（二〇一五年）になって国際連合を作り出した「世界秩序」についてのイデオロギー的なヴィジョンを描いた *No Enchanted Palace: The End of Empire and the Ideological Origins of the United Nations* (Princeton University Press, 2009) の翻訳が『国連と帝国――世界秩序をめぐる攻防の20世紀』（池田年穂訳、慶應義塾大学出版会、二〇一五年八月）として、十九世紀から二十世紀にかけての「世界を統治」する思想の歴史を辿る *Governing the World: The History of an Idea* (Penguin Press, 2012) の翻訳が『国際協調の先駆者たち――理想と現実の200年』（依田卓巳訳、NTT出版、二〇一五年六月）として相次いで出版された。そこへ、本書が続くことで、日本でもマゾワーの著作がさらに広く知られるようになるだろう。

本書『暗黒の大陸――ヨーロッパの20世紀』は、マゾワーの一連のモノグラフとは異なり、二十世紀のヨーロッパ史を総体として扱うジンテーゼとして書かれている。一九九八年に出版された同書では、九〇年代のユーゴ紛争やオーストリアのポピュリスト右翼ハイダーの台頭など、執筆直前の時期に生じた出来事も扱われており、通常の「歴史研究」の枠に収まらない。また、第二次大戦後の時期については、歴史学の先行研究が少ないなか、政治学、経済学、社会学、文学など、社会・人文科学の研究成果を精力的に感度良く援用している。

著者自身の説明によれば、本書の執筆当時、マゾワーはサセックス大学の国際関係学科の教員であり、歴史研究を専門とする学生ではなく、さまざまな学問に関心をもつ学生にヨーロッパ現代史を教えるという課題に取り組んでいた。その結果、歴史研究者のみならず、ヨーロッパの現代や、広く二十世紀史を考えようとする人々にとって刺激的な本書が生まれたのである。

デモクラシー、ファシズム、共産主義の三つのイデオロギーのライヴァル関係、国民とマイノリティに関わる問題、資本主義と社会変容、これらのテーマがこの本のなかで見事に編みあわされており、二十世紀史に関心をもつ読者は、元来の関心領域がどこであれ、必ずなんらかの刺激を受けるであろう。

本書の根底には、現在のヨーロッパのある種の見解への批判的姿勢がある。それは、ヨーロッパにおいては民主主義と自由を求める道程が現在まで途切れなく続いているという見方である。そこでは、ファシズムやナチズム、さらには共産主義もがすべて過去の「逸脱」、一時的なエピソードとして片づけられる。これに対して著者は、ヨーロッパ文明の優越に疑いを抱かぬ十九世紀イギリスでアジアに対して用いられた「暗黒の大陸」の語を標題とし、ヨーロッパの「暗部」をも正当に位置づけ、戦後の安定・繁栄との連関を明らかにすることで、明暗両面を結びつけた通史叙述を試みている。

このような本書の見解は、日本の読者にとってことに重要な意味をもつ。ヨーロッパは伝統的にリベラルで民主的であるという前提では、日本の戦前のデモクラシーの試みやそれに対抗する政治構想の興隆は、ヨーロッパに属さない、つまり、リベラルで民主的な伝統のない国の経験として、個別ケースとして扱われかねない。しかし、本書が描いたような、ヨーロッパに内在したデモクラシーの脆弱性や、デモクラシーへの疑念、挑戦を考慮すれば、日本の経験もヨーロッパとの比較の枠組みの中におくことができる。イタリアやドイツの経験のみならず、大陸全体の広いスペクトラムを考慮したうえの比較が可能になることで、新たな論点の発見や、理解の深まりがあるだろう。

叙述の重点は自身の専門でもあった戦間期から第二次大戦期に置かれている。そのさい、ロシア革命に代表される左からの挑戦に比し、これまで看過されがちであった右からの挑戦に焦点が当てられる。これにより、権威主義的な新しい政治秩序への希求が普遍的に見られたこと、優生学的思想の広がりなどもナチスの専売特許ではなく既存の社会秩序観の延長線上にあったこと、それゆえ大戦当初のナチスの攻勢の下での対独協力はむしろ自然な選択肢であったことなどが明らかにされる。著者の挑発的な表現を用いれば、ナチスの独自性と破綻の原因はたんにそれらを極端に推し進めた点にすぎないのである。このように、十九世紀的な秩序観が破綻した戦間期・戦時期において、「逸脱」が一部少数者に限られないことが明らかにされる。

そのうえで、著者はこれらと戦後体制との関連をも明らかにする。例えば、戦後体制の特徴である国家の経済介入は戦時経済下の経験の連続線上にある。東欧における国家統制計画経済がドイツ占領下での変革を土台としているのみならず、西欧の福祉国家も、ファシストの「成功」と民主主義の失敗の経験を受け継いだものである。この点を正面に据えた戦後史記述は本書の独自の視角として評価されている。加えて、戦後西欧における「民主主義」が逆説的にも戦間期・戦時期の暗い体験のうえに成り立っている点を本書は明らかにする。総力戦による血みどろの体験は、イデオロギー政治への疲弊と倦怠を引き起こし、冷笑と無気力、政治からの退却をもたらした。私的世界へ引きこもり、プライヴァシー、個人、家族といった「民主主義社会」の静かな美徳を楽しむ市民の姿勢が、戦後の民主制を支えたという指摘は、皮肉な逆説であり、戦後体制を解くうえでの一つの鍵である。

本書の最後の数章では、社会契約の危機、社会の融解と社会契約の危機、経済のグローバル化とヨーロッパ統合、そして移民問題と、戦後体制の転換と新たな問題の登場が扱われる。二十世紀の終わりに向けて顕著となり、二十一世紀の課題となる問題群である。原著の出版から十七年が経過しているが、問題状況の叙述はそのまま現状と直結しており、本書の視角の的確さに改めて驚く。長い歴史的スパンで見ることが、現在の課題に対するうえでも重要であることを示しているだろう。

本書の特徴は、階級対立や国民という、これまでの歴史学の中心的な位置を占めていた分析枠組みを超えて、政治体制、国家と経済の関係、国際関係、ジェンダー、再帰的近代化など、さまざまな社会・人文科学の分析枠組みを応用しつつ、歴史分析を行なっていることである。その点で、例えば同じ短い二十世紀を対象とするホブズボームの『極端の時代』があくまでマルクス主義的歴史解釈の枠組みからの分析であることと大きく異なる。また、ホブズボームが社会主義、共産主義の社会構想の可能性に希望をもっていたのに対し、マゾワーはイギリスの左派歴史学の伝統に連なるものの、リベラル・デモクラシーを含め、特定の理想に肩入れせず叙述を進めているところが興味深い。ヨーロッパ統合深化の理想化に冷や水を浴びせ、国民国家の実際上の協力の成果を指摘するあたりのプラグマティズムが、著者の持ち味といえよう。

同時に、多様な社会科学、人文学の研究成果を結び合わせた歴史分析が、歴史家ならではのナラティヴによって編みあげられているところが、本書の魅力であり、社会科学者には書けないまさにストーリーとしての「歴史」になっている。逆説的な側面がクローズアップされたり、具体的な事実や出来事に語らせたりする手法が光っているが、なによりも、意外な方面からの引用も含め、当事者、目撃者の証言が叙述に巧みに組み合わされている点が特徴となっている。

本書には多くの人物が登場する。訳注や索引注で人物には簡単な説明を付したが、その立場は実に多様であり、そこから引用される多角的な同時代の視点が記述に多用される。どの人物についても、著者の「温かいまなざし」やコミットメントは示されないが、アクチュアルな問題に焦点を絞る歴史叙述が陥りがちな、後づけの評価や断罪もない。あくまでも当時のパースペクティヴから、なぜそのような行動や判断がとられたのかを理解しようとする知的営為が、叙述を貫いている。そのことが、連続と断絶、共通性と相違点についてのニュアンスのある、しかし明晰な理解を可能にしているといえるだろう。

本書の翻訳については、中・東欧史研究の先達である小沢弘明氏から、古典になる本だが挑戦してみますかと、未來社にご紹介いただいたのが、二〇〇〇年のことであった。大部で対象時期も長く、内容も多岐にわたるため、網谷龍介との共同作業にし、二〇〇五年に一度訳し終わったがそのときには出版には至らなかった。この間、あの翻訳はどうなったのかと多くの方に心配していただき、訳者としてこれだけ面白い本を紹介する責任を果たせていないことを申し訳なくおもっていた。今回改めて原稿を見直し、出版にこぎつけられたことで、本当に肩の荷を下ろす思いである。人名の日本語表記について親身に教えてくださった各地域の専門家の方々にも御礼を申し上げたい。

最後になったが、編集の西谷能英氏、長谷川大和氏の先導、後押しに心から感謝したい。

二〇一五年十月十二日

訳者を代表して　　中田瑞穂

索 引

・索引項目には原著の英語表記を併記したが、人名、組織名などはおおむね現地語表記に改めた。国名、地名については（英語；現地語）の順に表記している。ただし、キリル文字、ギリシャ文字、アラビア文字については、ラテン文字で表記した。
・人名の生没年、および注は訳者が加えたものである。また原著では項目に挙げられていない一部の人名を新たに加えている。
・* 付きのページ番号は該ページに訳注があることを示す。

ア行

アーリア化（aryanization）　134, 199, 223
アイゼンハワー、ドワイト・D（Eisenhower, Dwight D., 1890–1969）　391
　アメリカ合衆国の軍人、政治家、大統領（1953–61）。
アイヒマン、アドルフ（Eichmann, Adolf, 1906–62）　206, 223, 392
　ナチス親衛隊将校、ユダヤ人の絶滅収容所への移送の責任者。
アイルランド（Ireland; Eire）　11, 26, 83, 114, 123, 129, 358, 366, 367, 405, 407, 413
アイルランド自由国（Irish Free State）→アイルランド（Eire）
アウシュヴィッツ（Auschwitz）　134, 207, 219, 220, 223, 225–27, 231, 427
アクトン卿、ジョン・E（Acton, Lord John E., 1834–1902）　64
　イギリスの思想家、歴史家。
アスネール、ピエール（Hassner, Pierre, 1933– ）　356
　ルーマニア出まれのフランスの国際関係研究者。
アッシュ、ショーレム（Asch, Sholem, 1880–1957）　140
　ポーランドのイーディッシュ語作家。
アディス・アベバ（Addis Ababa）　102
アディソン、ポール（Addison, Paul, 1943– ）　234
　イギリスの歴史家、著述家。
アデナウアー、コンラート（Adenauer, Konrad, 1876–1967）　101, 360*, 361, 373
アテネ（Athens; Athína）　151, 212, 265, 296, 375
アトリー、クレメント（Attlee, Clement, 1883–1967）　234, 362, 374
　イギリス労働党党首（1935–55）、首相（1945–51）。
アビシニア（Abyssinia）→エチオピア（Ethiopia; Ityop'iya）
アメリカ合衆国（United States of America）　17, 95, 168, 171, 256, 257
　――と救援活動（– and relief work）　125
　――における断種（sterilization in –）　132
　――の経済力（economic power of –）　141, 144–46
　――と人種（– and race）　250
　――と戦後ヨーロッパ（– and post-war Europe）　368–70
　ヨーロッパ人の――への恐れ（European of fear of –）　388–90
アメリカ化（Americanization）　386–90, 421
アルジェリア（Algeria; al-Jazā'ir）　11, 85, 91, 136, 268, 294, 392, 405, 470, 471
アルゼンチン（Argentina）　165
アルバニア（Albania; Shqipëria）　67, 68, 89, 259, 290, 319, 321, 332, 334, 337, 356, 400, 489, 490
アルミニウム（aluminium）　174, 204, 456
アルメニア人（Armenians）　65, 67, 88, 90

アルント、H・W（Arndt, Heinz Wolfgang, 1915–2002）　179
　オーストリアの経済学者。
アレクサンダル、ユーゴスラヴィア国王（Alexander I, King of Yugoslavia; Alexander Karađorđević, 1888–1934）　38
アレント、ハンナ（Arendt, Hannah, 1906–75）　15
　ドイツ出身のユダヤ人で、亡命先のアメリカで活躍した哲学者、政治思想家。
アロン、レイモン（Aron, Raymond, 1905–83）　18, 499
　フランスの社会学者、哲学者。
アンジェレスク、コンスタンティン（Angelescu, Constantin, 1869–1948）　86
　ルーマニアの政治家。
アンシュルス（合邦）（Anschluss）　54, 82, 96, 104, 134, 169, 256
アントネスク将軍（Antonescu, General Ion Victov, 1882–1946）　55, 487
　ルーマニアの軍人。1940年にカロル2世を退位させ、国家指導者の地位に就いた。独裁政治をおこない、ナチス・ドイツと協力関係を結んだ。
アンドリッチ、イヴォ（Andrić, Ivo, 1892–1975）　245, 286
　ユーゴスラヴィアの作家、詩人。
アンドロポフ、ユーリ（Andropov, Yurii Vladimirovich, 1914–84）　472, 474
　ソ連の共産主義政治家、KGB議長（1967–82）、書記長（1982–84）。
安楽死（euthanasia）　133, 213, 218, 219, 223
イーデン、アンソニー（Eden, Anthony, 1897–1977）　286*, 287, 289
イオネスク、ギータ（Ionescu, George Ghiţá, 1913–96）　356
　ルーマニア出身でイギリスで活躍したジャーナリスト、政治学者。外交官として出発し、ルーマニアの社会主義体制化で亡命、東欧諸国や国際関係の分析を行なった。ラジオ・フリー・ヨーロッパのディレクター（1958–63）であり、政治学の専門誌 *Government and Opposition* 編集者を務めた。
イギリス（Britain）　44–46, 48, 66, 69, 70, 78, 96, 116, 118, 143, 144, 148, 415–19
　ドイツとの戦争（– and war with Germany）　104–06
　——の人種観（racial attitudes in –）　105, 106, 408, 434, 435
　——の社会政策（social policy in –）　110, 125, 126, 130–32, 239, 240
　——の国民保健サービス（National Health Service in –）　266
イギリス帝国（British empire）　69, 70, 84, 85, 105, 135, 146, 250
イギリス・ファシスト同盟（Fascists, British Union of）　176
イシュトヴァーン、ツルカ（István, Csurka, 1934–2012）　487
　ハンガリーの右翼政党である、正義・生活党の党首。反ユダヤ主義を掲げ、第一次大戦後のトリアノン講和条約でハンガリーの隣国に暮らすことになった300万のハンガリー人の代弁者を自任した。
イスタンブール（Istanbul; İstanbul）　24, 88
イタリア（Italy; Italia）　22, 32, 39, 82, 94, 122, 287, 292
　——のファシズム（Fascism in –）　33–36, 48, 49, 60, 61, 63, 116–18, 128, 136
　——の民主主義の失敗（failure of democracy in –）　45
　——とエチオピア侵略（– and invasion of Abyssinia）　102, 103
　——の経済（economy of –）　151–53, 168, 429
(出国の) 移民（emigration）→人口（population）
(入国の) 移民（immigration）　121, 136, 137, 402–09, 433–38, 447, 498
イングランド銀行（Bank of England）　143, 144, 150
インド（India）　70, 72, 147, 192, 232, 251, 404, 406, 470, 471
インフレーション（inflation）　22, 146, 150, 366, 371, 412
ヴァインハンドル、フェルディナンド（Weinhandl, Ferdinand, 1896–1973）　54
　オーストリアの哲学者。
ヴァウェンサ（ワレサ）、レフ（Wałęsa, Lech, 1943– ）　453, 478
　ポーランド「連帯」の反体制運動家、政治家。電気技師として働いていたグダンスク造船所のストライキ時に「連帯」の創設に加わり、リーダーとなった。戒厳令で逮捕されたが、解放後は活動を続け、

民主化を導いた。1990年には大統領に選出されたが、1995年には旧共産党系のクファシニェフスキに敗れた。
ヴァチカン（Vatican）　25, 117, 334, 335
ヴァルテ管区（Warthegau）　210, 218
ヴァルデック伯爵夫人、R・G（Waldeck, Countess Rosie Goldschmidt, 1898–1982）　184–86, 197, 211
ドイツ出身のユダヤ人でアメリカに亡命した作家、ジャーナリスト。
ヴァンゼー会議（Wannseekonferenz [1942]）　220*
ウィーン（Vienna; Wien）　18, 33, 52, 67, 86, 122, 123, 125, 130, 134, 140, 223, 232, 364, 421, 436, 437, 446
——会議（Congress of – [1815]）　92
ウィーン裁定（1940年）（Vienna accords [1940]）　104
ヴィオラ、フランカ（Viola, Franca, 1947– ）　392, 393
シチリアの女性、「修復的婚姻」を拒否。
ヴィシンスキー、アンドレイ（Vyshinsky, Andrei, 1883–1954）　325, 344
ソ連の法律家、外交官。スターリンの政敵に対する政治裁判を検察官として主導した。戦中には外務次官、戦後は外務大臣をつとめた。
ウィスケマン、エリザベス（Wiskemann, Elisabeth, 1899–1971）　370
イギリスのジャーナリスト、歴史家。1930年代、ナチスの危険性をイギリス世論に訴えようとした。戦中はスイスで情報活動に従事した。ナチス、ファシズム、ドイツと隣国の関係についての著作がある。
ヴィステル、アルバン（Vistel, Alban, 1905–94）　246
フランスの歴史家、著述家。
ヴィットリーニ、エリオ（Vittorini, Elio, 1908–66）　245, 284
イタリアの作家、批評家、編集者。1940年代は共産党に加わり、レジスタンス活動を行なった。
ヴィリニュスをめぐる危機（1923年）（Vilna crisis [1923]）　94*
ウィルソン、ウッドロー（Wilson, Woodrow, 1856–1924）　12, 21, 24, 27, 28, 44, 79, 92, 93
アメリカ大統領（1913–21）。
ウィルソン、ハロルド（Wilson, Harold, 1916–95）　392
イギリス労働党の政治家、首相（1964–70、74–76）。
ヴィルダームート、エーベルハルト（Wildermuth, Eberhard, 1890–1952）　358
ドイツ民主党、自由民主党の政治家。
ヴィルト、クリスティアン（Wirth, Christian, 1885–1944）　219
ナチスの親衛隊将校。ベウジェツ、ソビボル、トレブリンカの3つの絶滅強制収容所の総監として、ユダヤ人、ロマのガス殺を監督した。
ウィルヘルミナ、オランダ女王（Wilhelmina Helena Pauline Maria van Oranje-Nassau, 1880–1962）　251
在位1890–1948。第二次大戦中はイギリスに亡命し、亡命政府を組織した。
ヴィルヘルムII世皇帝（Wilhelm II, Kaiser; Friedrich Wilhelm Viktor Albert von Preußen, 1859–1941）　21, 195, 206
ドイツ帝国皇帝（1888–1918）。
ヴェイジー、ジョン（Vaizey, John, 1929–84）　415
イギリスの教育を専門とする経済学者。
ウェーバー、マックス（Weber, Max, 1864–1920）　57
ドイツの社会学者。
ウェッブ、ベアトリス＆シドニー（Webb, Beatrice [1858–1943] and Sidney [1859–1947]）　161, 164, 239
イギリスの社会改革活動家、理論家の夫妻。社会主義の立場に立ちつつ、漸進的な改革を指向し、フェビアン協会等で活躍した。
ヴェトナム戦争（Vietnam War）　398, 412
ヴェニゼロス、エレフテリオス（Venizelos, Eleftherios, 1864–1936）　21

ギリシャの政治家、首相（1910–15、17–20、24、28–32）。
ヴェベリン（Woebbelin） 231
ヴェルサイユ条約（Versailles, Treaty of） 182, 184, 209, 490
ウェルズ、H・G（Wells, Herbert George, 1866–1946） 22, 43, 164, 234, 260
イギリスの作家。
ヴェントテーネ宣言（Ventotene Manifesto; Manifesto di Ventotene [1941]） 258*
ウォール街株価大暴落（1919 年）（Wall Street crash [1919]） 147, 149
ヴォクソール・ヴィクター（Vauxhall Victor） 389
ウクライナ（Ukraine; Ukrajina） 28, 72, 74–76, 78, 125, 145, 188, 192, 195, 199, 200, 204, 207, 217, 224, 227, 229, 231, 232, 314, 338
ウクライナ人（Ukrainians; Ukrayintsi） 27, 65, 67, 70, 73, 75–78, 81, 83, 90, 200, 206, 221, 228, 271, 272, 278, 329, 487
ウッジ（Lodz; Łódź） 214, 218
ウルブリヒト、ヴァルター（Ulbricht, Walter, 1893–1973） 302*, 343, 347
エアハルト、ルードヴィヒ（Erhard, Ludwig, 1897–1977） 372*
映画（cinema） 128, 152, 388, 397
エイクランド、リチャード（Acland, Richard, 1906–90） 240
イギリスの政治家。
エイナウディ、ルイジ（Einaudi, Luigi, 1874–1961） 263, 268
イタリアの自由主義経済学者、政治家。第二次大戦後のイタリア共和国の第 2 代大統領（1948–55）。
エーベルト、フリードリヒ（Ebert, Friedrich, 1871–1925） 24
ドイツ社会民主党の政治家、ドイツ帝国臨時宰相（1918–19）、ワイマール共和国初代大統領（1919–25）。
エーリッヒ、ヴェラ（Erlich, Vera, 1897–1980） 285
ユーゴスラヴィア出身の社会文化人類学者、心理学者。農村の家族関係の研究者で、1945 年から 1950 年には UNRRA でイタリアにおける流民に対する心理ソーシャルワーカーとして働いた。
エストニア（Estonia; Eesti） 37, 40, 88, 132, 143, 190, 209, 314, 475, 479
エチオピア（へのイタリアの侵攻）（Ethiopia; Ityop'iya, Italian invasion of） 67, 96, 97, 102, 103, 168
エホバの証人（Jehovah's Witnesses） 59
エリアーデ、ミルチャ（Eliade, Mircea, 1907–86） 43
ルーマニア出身の宗教学者、作家。
エリオ、エドゥワール（Herriot, Edouard, 1872–1957） 112
フランス急進党の政治家、首相（1924–25、26、32）。
エンツェンスベルガー、ハンス・マグヌス（Enzensberger, Hans Magnus, 1929– ） 383
ドイツの作家、批評家。
沿ドニエストル（Transnistria） 221
欧州マイノリティ会議（European Congress of Nationalities） 81*
オーウェル、ジョージ（Orwell, George, 1903–50） 44, 152*
オークショット、マイケル（Oakeshott, Michael, 1901–90） 49
イギリスの政治哲学者。現代保守主義の代表的な理論家の 1 人。
オーストリア（Austria; Österreich） 11, 16, 24, 26, 27, 39, 40, 44, 46, 47, 50–54, 69, 82, 91, 104, 295, 363, 364, 436, 437
——の中立（neutrality of –） 354, 356
——の経済（economy in –） 140, 143, 256, 413, 414
オーストリア・マルクス主義者（Austro-Marxists）
オーランド諸島紛争（Åland islands dispute）
オスマン帝国（Ottoman empire; Devlet-i Aliyye-i Osmâniyye; Osmanlı İmparatorluğu） 11, 21, 24, 65, 67, 68, 70, 78, 88, 103, 154, 463, 471, 494
——とギリシャ－トルコ住民交換（– and Greco-Turkish population exchange） 89, 90, 209
汚染／公害（pollution） 440, 456, 469

オランダ（Netherlands, the; Nederland; Holland）　124, 152, 169, 258, 295, 296, 431, 432

カ行

カー、E・H（Carr, Edward Hallett, 1892–1982）　79, 89, 97, 233, 235, 237, 261, 262
イギリスの歴史家、国際政治研究者。歴史家としてはソ連の研究で、国際政治については戦間期の理想主義を批判してリアリズムを提唱したことで知られる。
カーダール、ヤーノシュ（Kádár, János, 1912–89）　333, 345*, 356, 458, 474
外国人労働者（workers, foreign）　201–03, 402–09
ガヴロン、ハンナ（Gavron, Hannah, 1936–65）　394
イギリスの社会学者。
核兵器（nuclear weapons）　310, 312
カザミアス、ディミトリ（Kazamias, Dimitri）　151
ガス、大量殺人に使用された（gas, use of in mass murder）　102, 133, 207, 218–20
家族（family）　108–25, 266, 267, 281–286, 348
カナダ（Canada）　83, 165, 211, 232
カマーツ、フランシス（Cammaerts, Francis, 1916–2006）　293
フランスのレジスタンス活動家。
カミュ、アルベール（Camus, Albert, 1913–60）　246
フランスの小説家。
カラマンドレイ、ピエロ（Calamandrei, Piero, 1889–1956）　391, 395
イタリアの著述家、法律家、政治学者。
ガリツィア、東部（Galicia; Halytschyna; Galicja; Galizien, eastern）　78, 85, 200, 212
カルスキ、ヤン（Karski, Jan, 1914–2000）　222
外交官、軍人の訓練を受け、第二次大戦中は、ポーランドの抵抗運動に従事した。ナチスによるユダヤ人の絶滅作戦について調査し、英米に直接伝える役割を果たした。戦後はアメリカで国際政治、共産主義思想の研究者となった。
カルデリ、エドヴァルド（Kardelj, Edvard, 1910–79）　346
スロヴェニア出身のジャーナリスト、ユーゴスラヴィア共産党員、労働者自主管理制度の理論家。
カルドア、ニコラス（Kaldor, Nicholas, 1908–86）　414, 416
ハンガリー出身のイギリスの経済学者。貯蓄と投資の均衡過程の動態的な分析に着目するポストケインズ主義について多くの研究を行ない、マネタリズムを批判した。
カルロ・アルベルト・ディ・サヴォイア（Carlo Alberto di Savoia, 1798–1849）　33
サルディーニャ国王。
カレツキ、ミハウ（Kalecki, Michal, 1899–1970）　179*, 180, 415
カレッタ、ドナート（Carretta, Donato）　291, 292
ファシスト・イタリア期のローマの監獄所長。
カロル2世、ルーマニア国王（Carol II, King of Romania; Carol de Hohenzollern-Sigmaringen, 1893–1953）　50
監獄（prison）　430–32
完全雇用（full employment）　166, 172, 180, 239, 240, 266, 364, 367, 371, 372, 374, 376, 377, 401, 410–12, 415, 416, 427, 495
ガンツヒル（Gants Hill）　153
ガンディー、モーハンダース・カラムチャンド（Gandhi, Mohandas Karamchand, 1869–1948）　251
インドの独立運動指導者。
カンブログル、デメトリオス（Kambouroglou, Dimitri）　65
カンボ、フランシスコ（Cambó, Francisco, 1876–1947）　34, 37
カタルーニャの政治家。
キース卿、アーサー（Keith, Sir Arthur, 1866–1955）　128, 138
スコットランド出身の解剖学者、人類学者。

ギエレク、エドヴァルト（Gierek, Edward, 1913–2001）　456*, 459
飢餓（famine）　145, 152, 154, 199, 200
議会（parliaments）　11, 20–24, 26, 28–30, 34–42, 50, 51, 185, 186, 358–60
ギデンズ、アンソニー（Giddens, Anthony, 1938– ）　441
　イギリスの社会学者。ブレア政権のブレーンとして「第三の道」路線を理論的に支えた。
キドロン、マイケル（Kidron, Michael, 1930–2003）　358
　南アフリカ生まれ、イスラエル出身で、イギリスで活躍した左翼思想家、ジャーナリスト。
キャラハン、ジェイムス（Callaghan, James, 1912–2005）　414, 416
　イギリス労働党の政治家、首相（1976–79）。
教育（education）　75, 214, 305, 306, 349, 399, 400
恐慌、戦間期の（depression, inter-war）　22, 46, 52, 91, 95, 150, 151, 160, 165, 166, 177, 318, 335, 495
共産主義（communism）　28–32, 76, 117, 141, 153–65, 281, 290, 291, 297–300, 302, 308–10, 313, 316ff., 361, 362, 452ff.
強制収容所（camps, concentration）　61, 205, 206, 208, 212, 214, 218, 224, 225, 230, 273, 293, 304, 320
　第三帝国の――（– in Third Reich）　57, 61, 173
　ソ連の――（– in Soviet Union）　61, 162, 163
共通市場（Common Market）→ヨーロッパ連合（European Union）
共通農業政策（Common Agricultural Policy）　404
ギリシャ（Greece; Elláda）　26, 36, 37, 53, 65, 80, 125, 136, 143, 169, 190, 196, 265, 298
　――と小アジアの惨劇（– and Asia Minor disaster）　89, 90
　――のオットー王（King Otto of – ; Otto Friedrich Ludwig von Wittersbach）　212
　内戦（civil war）　296, 297, 313, 332
キリスト教民主主義（Christian Democracy）　248, 259, 272, 296, 313, 420
キルナニ、スニル（Khilnani, Sunil, 1960– ）　399
　インド出身でイギリス、合衆国で活躍する政治学者、歴史家。
ギルモア、イアン（Gilmour, Ian, 1926–2007）　416, 417, 419, 428
　イギリス保守党の政治家、ヒース内閣の防衛相。保守党内の中道左派（「ウェット」）に属した。
銀行家、西側の（bankers, Western）　142, 143, 459
金本位制（gold standard）　141, 146–50, 152, 166, 169, 177, 184, 197, 238, 412
金融政策（financial policy）　143, 144
クヴィスリング、ヴィドクン（Quisling, Vidkunm, 1887–1945）　190*, 194, 195
グーゼン（Gusen）　231
クーデンホフ＝カレルギー伯爵、リヒャルト（von Coudenhove-Kalergi, Graf Richard Nikolaus Eijiro 1894–1972）　98
　1920年代から汎ヨーロッパ運動を始めた欧州統合の先駆けの1人。現在のチェコに領地をもつハプスブルク帝国の外交官と日本人の妻、光子の二男として生まれた。
クーベ、ヴィルヘルム（Kube, Wilhelm, 1887–1943）　200
　ナチ党の政治家。ブランデンブルク管区長官や、ベラルーシの総督を務めた。
クーロンドル、ロベール（Coulondre, Robert, 1885–1959）　106
　フランスの外交官。
グラーグ（Gulag）→強制収容所（camps, concentration）
クラクシ、ベッティーノ（Craxi, Bettino, 1934–2000）　423*
クラクフ（Cracow; Kraków）　212
グラス、ギュンター（Grass, Günter, 1927–2015）　484
　ドイツの小説家、劇作家、ノーベル文学賞受賞（1999）。皮肉と風刺の効いた文章で、過去に蓋をして生きるドイツ人を刺激し続けた。文化共同体としてのドイツの統一を支持し、政治的再統一には反対した。
グラツィアニ、ロドルフォ（Graziani, Rodolfo, 1882–1955）　102*
グラディオ（Gladio）　312
グラムシ、アントニオ（Gramsci, Antonio, 1891–1937）　121

イタリアのマルクス主義思想家。
グラント、ケーリー（Grant, Cary, 1904–86）　131
イギリス出身の俳優。
クリスタルナハト（水晶の夜）のポグロム（Kristallnacht pogrom）106
クリスティ、アガサ（Christie, Agatha, 1890–1976）　112
イギリスの推理小説家。
クリスティ、ニルス（Christie, Nils, 1928–2015）　431
ノルウェーの社会学者、犯罪学者。
クルコフスキ、ジグムント（Klukowski, Zygmunt, 1885–1959）　213, 214, 231
ポーランドの医師、歴史家。
クルチェフスキ、ヤチェク（Kurczewski, Jacek, 1943– ）　324
ポーランドの社会学者。法的・政治的代表の社会学と人類学を専門とする。「連帯」のアドヴァイザーとしても活躍。
クルド人（Kurds; Kurd）　88
クレマンソー、ジョルジュ（Clemenceau, Georges, 1841–1929）　21
フランス急進党の政治家、首相（1906–09、17–20）。
グレンプ枢機卿、ユゼフ（Glemp, Józef, 1929–2013）　467
ポーランド・カトリック教会の聖職者。共産主義者と対峙したカリスマ的なブレジンスキ枢機卿が「連帯」運動の最中に亡くなったあとを継ぎ、ポーランド主席大司教（1981–2009）となったが、戒厳令と政府当局に対し容認的と見られた。
クレンペラー、ヴィクトル（Klemperer, Victor, 1881–1960）　205*, 246, 247
クロアチア（Croatia; Hrvatska）　53, 188, 192, 221, 222, 488, 495
クロアチア農民党（Croat Peasant Party; Hrvatska pučka seljačka stranka）　38
グローザ、ペトル（Groza, Petru, 1884–1958）　325, 326
ルーマニアの法律家、政治家。1933年には左翼系の耕民戦線を結成、戦後は国民民主戦線の結成に参加し、1945年にはソ連の後押しで首相に就任（1945–52）、ルーマニアの人民民主主義体制化を進めた。
グロース・ローゼン（Groß-Rosen）　225
クローチェ、ベネデット（Croce, Benedetto, 1866–1952）　48
イタリアの自由主義者的哲学者。
グロガウ（Glogau; Głogów）　280
クロスマン、リチャード（Crossman, Richard, 1907–74）　364*
クン、ベーラ（Kun, Béla, 1886–1939）　22, 31
ハンガリーの共産主義政治家、ハンガリ--共産党の指導者。1919年の革命でタナーチ（ソヴィエト）共和国を設立。
軍縮会議（1932年）（Disarmament Conference [1932]）　95, 96
計画（planning）　166, 174–81, 237–44, 335–38, 364, 372, 454, 455, 458
ソ連経済――（Soviet economic）　155, 159, 160, 165
経済再建（economic reconstruction）
第一次世界大戦後の――（– after the First World War）　141–43
第二次世界大戦後の――（– after the Second World War）　259–63, 365–68
経済通貨同盟（Economic and Monetary Union）　449, 450
ゲイツケル、ヒュー（Gaitskell, Hugh, 1906–63）　364*
ケインズ、ジョン・メイナード（Keynes, John Maynard, 1883–1946）　45, 126, 179*, 180, 238, 239, 244
ゲーリング、ヘルマン（Goering, Hermann, 1893–1946）　138, 174, 197–202, 210
ナチ党の政治家、航空相、総統後継者。
ゲシュタポ（Gestapo）　56, 57, 243, 246, 392, 469
ケスケメティ、ポール（Kecskemeti, Paul/Kecskeméti, Pál, 1901–80）　356
ハンガリー生まれで、ドイツとアメリカで活躍した政治学者、社会学者、歴史家。

結婚／婚姻（marriage）　108, 113, 114, 123, 133, 392, 393, 395, 442, 443
ゲッベルス、ヨーゼフ（Goebbels, Josef, 1897–1945）　171, 172, 187, 190, 191, 194, 196, 221, 223, 232
　ナチ党の政治家、宣伝相。
ケナン、ジョージ（Kennan, George, 1904–2005）　49
　アメリカ合衆国の外交官、政治学者。
ケネディ、ジョセフ（Kennedy, Joseph, 1888–1969）　236
　アメリカ合衆国の政治家、実業家、ジョン・F・ケネディ大統領の父。
ケネディ、ジョン・F（Kennedy, John F., 1917–63）　391
　アメリカ合衆国の政治家、大統領（1961–63）。
ケマル、（アタテュルク・）ムスタファ（Kemal [Atatürk] Mustapha, 1881–1938）　88*
ケム（アルバニア語を話すムスリム）（Chams [Albanian-speaking Muslims]）　298
ケルゼン、ハンス（Kelsen, Hans, 1881–1973）　20, 25*, 38, 44, 52, 253, 254
ケレンスキー、アレクサンドル（Kerenskii, Aleksandr Fyodorovich, 1881–1970）　29
　ロシア社会革命党の政治家、ロシア革命の指導者の 1 人、臨時政府首相（1917）。
検閲（censorship）　61, 330
ケンドール卿、ノーマン（Kendal, Sir Norman, 1880–1966）　134
　ロンドン警視庁長官。
憲法（constitutions）　21–56, 359, 391–96, 478, 479
工業化（industrialization）
　ソ連の——（– of Soviet Union）　159, 160, 162, 163
　東欧の——（– of eastern Europe）　142, 318, 325, 332, 334–36, 340, 342
　——の危機（crisis of –）　456, 457
広告（advertising）　361, 379–81, 384, 390
交通（traffic）→自動車（cars）
行動党（イタリアの）（Partito d'Azione [Italian]）　257, 264
行動部隊（Einsatzgruppen）　213, 217, 218, 222, 224
コーカサス（Caucasus）　72, 201
コーヘア、リヒャルト（Korherr, Richard, 1903–89）　116, 220
　ドイツの国民経済学者、統計学者。
コーポラティズム（corporatism）　51, 52
コール、ヘルムート（Kohl, Helmut, 1930– ）　419*, 420, 423, 433, 442, 468, 483–85
国際経済会議（1927 年）（International Economic Conference [1927]）　146
国際連合（United Nations）　255, 268, 269, 282, 287, 312, 337, 338, 358, 383, 489
国際連盟（League of Nations）　12, 66, 80–83, 92–94, 99, 100, 193, 206, 494
　——と経済再生（– and economic recovery）　143, 144
　——と委任統治制度（– and mandates system）　85
　マイノリティ条約（minorities treaties）　76–82, 87, 88, 91, 92, 209, 479
　——と人種差別撤廃条項（– and racial-equality clause）　84, 92
　——とスペイン内戦（– and the Spanish civil war）　97
国防軍（Wehrmacht）　187, 190, 198, 201, 212, 216, 217, 226, 287
国民赤ちゃん週間（National Baby Week）　116
国民国家（nation-state）　11
　——と同化（– and assimilation）　64–66, 69, 77–80, 84, 85, 88–90, 408, 409, 438, 439, 465, 466
　——と経済（– and economics）　152, 153, 165–70, 178–80, 447–51
国民失業労働者運動（National Unemployed Workers' Movement）　152*
孤児（orphans）　154, 282, 283
コッホ、エーリッヒ（Koch, Erich, 1896–1986）　200, 201
　ナチス・ドイツの政治家。ウクライナ総督を務めた。
コミンテルン（Comintern）　310
コミンフォルム（Cominform）　310*, 311, 331, 332, 336, 354

ゴムウカ、ヴワディスワフ（Gomułka, Władisław, 1905–82）　277*, 316, 331, 332, 343, 355
小麦闘争（Battaglia del grano）　170*
コメコン（Comecon）　351, 356, 472
雇用闘争（Arbeitsschlacht）　170*
ゴランツ、ヴィクター（Gollancz, Victor, 1893–1967）　164
　イギリスの出版業者。
ゴルバチョフ、ミハイル（Gorbachev, Mikhail Sergeevich, 1931–）　474*–76, 483, 484
コルフ島事件（1923 年）（Corfu crisis [1923]）　94
コレイン、ヘンドリック（Colijn, Hendrik, 1869–1944）　184
　オランダ反革命党の政治家、首相（1925–26、33–39）。
コワコフスキ、レシェク（Kołakowski, Leszek, 1927–2009）　463
　ポーランド出身の哲学者、思想史家。ポーランドの大学を追われ、英米圏で研究を続けた。マルクス主義の歴史的決定論を批判し、権威主義統治に対抗する市民組織の可能性を説いた。
コンヴィツキ、タデウシュ（Konwicki, Tadeusz, 1926–2015）　314, 355
　ポーランドの作家。
ゴンザレス、フェリペ（González, Felipe, 1942–）　423*
コンラード、ジョルジ（Konrád, György, 1933–）　452, 453
　ハンガリーの作家、エッセイスト、反体制運動家。

サ行

ザーポトツキー、アントニーン（Zápotocký, Antonín, 1884–1957）　337
　チェコスロバキアの共産党政治家。共産党一党支配期に首相（1948–53）、大統領（1953–57）を務めた。
サーラシ、フェレンツ（Szálasi, Ferenc, 1897–1946）　43
　ハンガリーのファシズム運動である、矢十字党の指導者。
在外ドイツ人協会（Verein für das Deutschtum im Ausland）　82
再軍備（rearmament）　63, 96, 167, 168, 174, 201
ザウケル、フリッツ（Sauckel, Fritz, 1894–1946）　201–05
　ナチ党の政治家、労働力配置総監。
ザクセンハウゼン（Sachsenhausen）　212
サスーン、ドナルド（Sassoon, Donald, 1946–）　46
　イギリスの比較ヨーロッパ史研究者。社会民主主義の研究などで知られる。
サッチャー、マーガレット（Thatcher, Margaret, 1925–2013）　260, 373, 410, 414*–21, 423–25, 428, 429, 440, 481, 483
サッベ、アウクスト（Sabe, August, 1909–78）　314
　エストニアの「森の兄弟」のメンバー。
サヌーシー（Senussi）　102*
サノク（Sanok）　280
サマラ（Samara）　29
ザモシチ（Zamość）　228
サラザール、アントニオ（Salazar, António, 1889–1970）　22, 50, 52, 358, 367
　ポルトガル権威主義体制の指導者。政治経済学の研究者から蔵相、首相（1932–68）となり、保守派諸勢力に支えられた権威主義体制を築いた。
サルトル、ジャン＝ポール（Sartre, Jean-Paul, 1905–80）　246
　フランスの哲学者。
サロー、アルベール（Sarraut, Albert, 1872–1962）　84
　フランスの急進党の政治家、首相（1933、36）。
サロニカ（Salonika）→テッサロニキ（Thessaloniki）
産業合理化（rationalization, industrial）　167

サンビーム・レイピアー（Sunbeam Rapier）　389
シーグフリード、アンドレ（Siegfried, André, 1875–1959）　145*
シートン＝ワトソン、ヒュー（Seton-Watson, Hugh, 1916–84）　318, 319, 327
　ロシア、東欧を対象とするイギリスの歴史学者・政治学者。
ジイド、アンドレ（Gide, André, 1869–1951）　186
　フランスの作家。
ジェノサイド（genocide）　88, 206, 216–25, 230, 231, 269, 271, 275, 298, 487–89, 498, 500
ジェノサイド条約（Genocide Convention, UN）　206, 269
ジェンダー役割（gender roles）　112, 113, 131
ジェンティーレ、エミリオ（Gentile, Emilio, 1946– ）　60
　イタリアの歴史家。
シオニズム（Zionism）　69
シオラン、エミール（Cioran, Emil, 1911–95）　43, 284
　ルーマニア出身でフランスでも活躍した哲学者、批評家。
仕事／雇用／働くこと（work）　120, 148, 160, 170, 426
シコルスキー将軍（Sikorski, General Władysław, 1881–1943）　244
　ポーランドの軍人、首相（1922–23、39–43）。
失業（unemployment）　140, 141, 148–53, 160, 166, 172, 173, 176, 264, 366, 367, 415, 416, 418, 425, 427, 428, 432–34, 454, 482
自動車（cars）　204, 350, 351, 364, 378, 379, 382, 387, 389, 397, 425, 440
死の行進（death marches）　88
ジフコフ、トドル（Zhivkov, Todor, 1911–98）　344, 364
　ブルガリアの共産党政治家。1954 年から 89 年まで共産党書記長として同国の最高権力者の地位にあった。
シベリア（Siberia）　163, 200
資本主義（capitalism）　130, 140ff., 260, 261, 363–72, 403–05, 444, 445, 447–51, 495–99
ジマーン、アルフレッド（Zimmern, Alfred, 1879–1957）　93
　イギリスの歴史学者、政治学者。
市民権（citizenship）　30, 34, 80, 245, 295, 374, 375, 392, 399, 406, 434, 437, 438, 445, 467, 479
　ヨーロッパ諸帝国の——（– in European empires）　84, 85, 407
社会主義者（socialists）　34, 53, 178, 237, 238, 336, 363, 372, 378, 424
社会政策（social policy）　109, 110, 125, 126, 133, 134, 139, 239, 244, 374, 420, 430, 451
社会的問題集団（social problem group）　110, 132, 137, 429
社会民主主義／社会民主党（social democracy）　27, 28, 38, 44–46, 58, 69, 73, 126, 127, 175–80, 185, 238–42, 308, 309, 361–64, 392, 422–24
　戦後ヨーロッパの——（– in post-war Europe）　423–28
シャボウスキ、ギュンター（Schabowski, Günter, 1929–2015）　484
　東ドイツのジャーナリスト、政治家。ドイツ社会主義統一党の機関紙 *Neues Deutschland* の編集長。1989 年には党のスポークスマンを務めていた。
シャボー、フェデリコ（Chabod, Federico, 1901–60）　492, 494
　イタリアの歴史家、政治家。
住宅（housing）　31, 58, 120, 122–25, 127–29, 162, 167, 340, 342, 348, 364, 375, 380, 417, 418, 430, 431, 448, 455
集団化（collectivization）　156, 158, 159, 162, 314, 322, 336, 338, 340, 342
自由貿易（free trade）　141, 142, 144, 165
　——の終焉（end of –）　170, 184
シューマン、ロベール（Schuman, Robert, 1886–1963）　234, 370*
シュコダ工場（Škoda works）　170
シュシュニク、クルト（Schuschnigg, Kurt Alois Josef Johann Edler, 1897–1977）　54
　オーストリアのキリスト教社会党の政治家。暗殺されたドルフスの後任として、1934 年から 1938 年

のナチス・ドイツによる合邦まで、オーストリアの首相を務めた。
出生率増加主義（pro-natalism）　115, 117, 118, 120
シュテッカー、ヘレーネ（Stöcker, Helene, 1869–1943）　119
ドイツのフェミニスト。
シュトライヒャー、ユリウス（Streicher, Julius, 1885–1946）　138
ナチス・ドイツの政治家、反ユダヤ主義の新聞『シュテルマー』の発行人。
シュトラッサー、グレゴール（Strasser, Gregor, 1892–1934）　172*
シュトレーゼマン、グスタフ（Stresemann, Gustav, 1878–1929）　81
ドイツの自由主義政治家、ワイマール共和国外相・首相（1923）。
シュペーア、アルベルト（Speer, Albert, 1905–81）　198, 201, 203–05, 226, 448
ドイツの建築家、政治家。ヒトラーのお気にいりの建築家としてナチ党大会会場などナチス建築の設計、建築を手がけ、1942 年からは軍需大臣を務めた。
シュペングラー、オズヴァルド（Spengler, Oswald, 1880–1936）　147
ドイツの哲学者、歴史家。著書『西洋の没落』でしられ、ヨーロッパ中心的、進歩主義的歴史観を否定した。
シュミット、カール（Schmitt, Carl, 1888–1985）　40, 41, 49, 84, 193
ドイツの法学者。
シュミット、ヘルムート（Schmidt, Helmut, 1918–2015）　433
ドイツ社会民主党の政治家、連邦首相（1974–82）。
シュライヒャー将軍（Schleicher, General Kurt von, 1882–1934）　41
ドイツの軍人、政治家、首相（1932–33）。
シュリック、モーリツ（Schlick, Moritz, 1882–1936）　53*, 54
小アジア（Asia Minor）　89, 90
小協商（Little Entente）　94
ショースキー、カール（Schorske, Carl, 1915–2015）　312
アメリカの文化史家。
所得分配（income distribution）　350
消費者の支出（consumer spending）　162, 167, 350, 351
消費主義（consumerism）　351, 378–86, 390, 398, 431, 444–46
ショーンフィールド、アンドリュー（Shonfield, Andrew, 1917–81）　372*, 378
食料供給（food supply）　101, 149, 160, 168, 200, 307, 366
女性（women）
——と選挙権（– and the vote）　113, 266, 359, 393
戦間期の——（– in inter-war period）　111–19, 122
第二次大戦期の——（– in the Second World War）　131, 133, 160, 166, 198, 203, 214, 217, 218, 265, 266, 267
——と市民権（– and civil rights）　30, 393–96, 432, 441–43
ショッピング（shopping）→消費主義（consumerism）
ジョンストン卿、ハリー（Johnston, Sir Harry, 1858–1927）　135
イギリスの植民地行政官、探検家、植物学者、言語学者。
シラー、カール（Schiller, Karl, 1911–94）　373
ドイツの経済学者、社会民主党の政治家。「可能な限りの競争を、必要な限りの計画を」とのテーゼを示し、社会民主党の経済政策上の転換を支えた。キージンガー内閣、ブラント内閣のケインズ主義的経済政策の立案者であり、1966 年から 72 年には経済相を務めた。
シラク、ジャック（Chirac, Jacques, 1932– ）　437, 448, 450
フランスの政治家、大統領（1995–2007）。官僚からポンピドー大統領のもとで閣僚を経験し、早くからド・ゴール派のリーダーとして頭角をあらわした。ジスカール＝デスタン大統領の首相、パリ市長を務めた。
ジラス、ミロヴァン（Đjilas, Milovan, 1911–95）　298*, 332, 345, 346, 354
シリガ、アンテ（Ciliga, Ante, 1898–1992）　164

クロアチアの左派政治家、ジャーナリスト。
シレジア（Silesia; Śląsk; Slezsko; Sehlesien）　276, 280, 360, 366, 497
シローネ、イニャツィオ（Silone, Ignazio, 1900–78）　14
イタリアの左翼政治家、文筆家。
親衛隊（SS）（Schutzstaffel [SS]）　116, 120, 135, 188
第二次世界大戦中の——（– in Second World War）　190, 207–30
「新計画」（Der Neue Plan）　169*, 337
人口／住民／国民（population）　109, 111, 114, 119–21, 123, 139, 168, 240, 285, 286, 374
——減少の恐れ（decline, fears of –）　101, 114–16, 120, 121, 267, 394, 443
一般的な移動（movements in general）　89, 229, 230, 237, 279, 402–09
戦争がユダヤ系住民に与えた影響（impact of war on Jewish）　91, 207, 220, 274, 275
ギリシャ—トルコ住民交換（1922–23年）（Greco-Turkish exchange [1922–23]）　89, 90, 209
戦時の住民追放／排除（wartime expulsion of –）　158, 206, 207, 272, 273
戦後の住民追放／排除（post-war expulsion of –）　274–278
海を越える移民（transoceanic emigration）　90, 127, 366
人種政策（racial policy）　134, 135, 206–22, 228–232
ファシスト・イタリアでの——（– in Fascist Italy）　102, 118, 136
戦前ドイツ植民地における——（– in pre-war German colonies）　102
——と精神病（– and mental illness）　131–33
人種理論（racial theory）　108, 109, 135–39, 249–51
国際問題における——（– in international affairs）　99, 100
シントン、デリック（Sington, Derrick）　281
人民戦線（Popular Front）　46, 178, 186, 242, 322, 476
『新ヨーロッパ』（*New Europe* magazine）　70
水泳プール（swimming pools）　109, 123
スイス（Switzerland; Schweiz; Suisse）　25, 110, 132, 152, 169, 222, 223, 358, 359, 393, 402, 404, 405, 413, 432, 435, 495
スウェーデン（Sweden; Sverige）　88, 110, 132, 133, 166, 176, 177, 189, 222, 240, 241, 249, 358, 363, 374–76, 395, 404, 414, 425, 426, 432, 434, 443
スースロフ、ミハイル（Suslov, Mikhail Andreevich, 1902–82）　472*
スカンジナヴィア（Scandinavia）　17, 46, 126, 128, 131, 189
スクリャービナ、エレーナ（Skrjabina, Elena, 1906–96）　273
スコットランド（Scotland）　31
スコロパードシクィイ、パウロ（Skoropadsky, Paul, 1873–1945）　195*
スターリン、ヨシフ（Stalin, Joseph, 1879–1953）　14, 31, 49, 60–62, 73, 74, 76, 105, 106, 156, 159–64, 184, 212, 272, 287–90, 310, 311, 322, 324, 326, 341–43, 353
ソ連共産党の指導者。
スターリングラード（Stalingrad）　196, 243
スタウニング、トルヴァルト（Stauning, Thorvald, 1873–1942）　181, 185
デンマーク社会民主党の政治家、首相（1924–26、29–42）。
ストープス、マリー（Stopes, Marie, 1880–1958）　118
イギリスの古生物学、化石学者、産児制限論の先駆者。
ストライト、C（Streit, Clarence K., 1896–1986）　233
アメリカのジャーナリスト、汎大西洋主義者。
ストラング卿、ウィリアム（Strang, Sir William, 1893–1978）　288
イギリスの外交官。
スパーク、ポール・アンリ（Spaak, Paul-Henri, 1899–1972）　244
ベルギー労働党の政治家、首相（1938–39、46、47–49）も務める。
スパイ（spies）　312, 332–35, 341, 362, 467
スペイン（Spain; España）　22, 27, 32, 39, 46, 48, 53, 55, 118

——内戦（civil war in –）　22, 50, 91, 97, 313, 334
スポーツ（sports）　126, 130, 173, 444, 446
スマッツ（Smuts, Jan, 1870–1950）　92
　南アフリカの政治家、軍人。
スランスキー、ルドルフ（Slánsky, Rudolf, 1901–52）　333
　チェコスロヴァキア共産党の政治家。
スロヴァキア（Slovakia; Slovensko）　53, 86, 104, 192, 220, 222, 486
スロヴェニア人（Slovenes; Slovenci）　70, 228, 298
政治的カトリシズム（catholicism, political）　44, 45, 49, 54
　→キリスト教民主主義（Christian Democracy）
性に関する政治（sexual politics）　392–96, 442, 443
青年（youth）　43, 110–12, 128, 132, 176, 277, 352, 353, 396–401
青年トルコ党（Young Turks）　68
青年の非行（juvenile delinquency）→青年（youth）
セヴェーレン、ヨルス・ヴァン（Severen, Joris van, 1894–1940）　43
　ベルギーのフランデレン運動の指導者。
世界人権宣言（Universal Declaration of Human Rights）　268, 427
赤軍（Red Army）　13, 29, 76, 154, 155, 196, 213, 229, 265, 270, 274, 276, 287, 289, 290, 300, 314, 319, 321, 323, 354
赤軍派（Rote Armee Fraktion）　400
赤十字国際委員会（Red Cross, International Committee of the）　91
石油（oil）　169, 411, 412, 422, 440, 472
セシル卿、ロバート（Cecil, Lord Robert, 1864–1958）　71
　イギリス保守党の政治家。国際連盟の創設、活動に尽力。
絶滅収容所（camps, extermination）　208, 225, 229, 230
セティフ（Setif）　268
ゼネスト（1926年）（General Strike [1926]）　148
セルヴェンティ、ガエターノ（Serventi, Gaetano）　34
セルジ、ジュゼッペ（Sergi, Giuseppe, 1841–1936）　114
　イタリアの人類学者。
セルバ、マリオ（Scelba, Mario, 1901–91）　313
　イタリアのキリスト教民主主義の政治家。戦後、デ・ガスペリ政権の内相として、警察を重武装化し、共産主義勢力を抑圧した。
セルビア（Serbia; Srbija）　36, 68, 78, 111, 192, 196, 207, 320, 350, 465, 488, 489
セルビア人（Serbs; Srbi）　27, 81, 221, 298, 329, 488, 490
セルビア人・クロアチア人・スロヴェニア人王国（Serbs, Croats and Slovenes, Kingdom of; Kraljevina Srba, Hrvata i Slovenaca）→ユーゴスラヴィア（Yugoslavia; Jugoslavija）
『世論調査』（*Mass Observation*）　237, 264, 267
戦時共産主義（War communism）　155*
戦争捕虜（prisoners of war）　200, 271, 274, 278
　ソ連の——（Soviet –）　201, 202, 216, 217, 219, 225
　ドイツの——（German –）　273
全体主義（totalitarianism）　35, 43, 56, 58, 61, 178, 236, 247, 254, 260, 261, 317, 319
ソヴィエト連邦（Soviet Union; Soyuz Sovetskikh Sotsialisticheskikh Respublik）　12, 22, 29–31, 73, 96, 122, 229, 257, 307–10
　——とナショナリズム（– and nationalism）　66, 73–76
　——の1923年の憲法（1923 constitution of –）　76
　——の経済政策（economic policies in –）　153–63
　——とテロル（– and Terror）　159, 163
　——と東欧（– and eastern Europe）　266, 288–90, 325–27, 350, 351, 353–57, 452ff.

——と中ソ対立（– and Sino-Soviet split）　356
——と共産主義の崩壊（– and collapse of communism）　452–54
総督府（Generalgouvernement）　191, 193, 209, 210, 214–16, 218
ソビボル（Sobibor）　219, 220

タ行

ダーレンドルフ、ラルフ（Dahrendorf, Ralf, 1929–2009）　422
ドイツ出身でのちにイギリスで活躍した社会学者。
第一次世界大戦（First World War）　12, 14, 20, 21, 24, 27, 64, 65, 68–70, 109, 115, 126, 137, 139, 140, 154, 176, 199, 256, 271, 273, 359, 365, 368, 482, 492, 494, 501
——の死亡者数（death toll in –）　111, 494
対外債務（debt, foreign）　148, 166
大使会議（1923 年）（Conference of Ambassadors [1923]）　94
大西洋憲章（Atlantic Charter）　236*, 254
第二次世界大戦（Second World War）　105, 110, 135, 139, 148, 163, 184, 206, 233, 234, 248, 284, 368, 374, 378, 410, 470, 483, 494, 495, 498
——の帰結（aftermath of –）　270–72
ダイムラー・ベンツ（Daimler-Benz）　167
脱植民地化（decolonization）　268, 470–72
ダッハウ（Dachau）　134, 225
タバコ（tobacco）　112, 169, 380, 386, 431
ダフ・クーパー、アルフレッド（Duff Cooper, Alfred, 1890–1952）　238
イギリス保守党の政治家、著作家。戦争大臣（1935–37）、海軍大臣（1937–38）、情報省担当大臣（1940–41）などを歴任した。
ダレス、ジョン・F（Dulles, John F., 1888–1959）　311*
ダンケルク条約（Dunkirk, Treaty of）　309
断種／不妊化（sterilization）　58, 110, 126, 131–34, 223, 241
ダンツィヒ（Danzig; Gdańsk）　25, 210, 276, 388
チアーノ、ガレアッツォ（Ciano, Count Galeazzo, 1903–44）　102*, 188
チェコスロヴァキア（Czechoslovakia; Československo）　24, 26, 32, 38, 40, 47, 94, 96, 106, 151, 152, 276, 333, 334
——のマイノリティ（minorities in –）　86, 91, 278
ドイツによる——占領（German occupation of –）　106, 170, 190, 191
——からのドイツ人追放（expulsion of Germans from –）　276, 277, 299
チェルノヴィッツ（Czernowitz; Tscherniwzi）　67
チェンバレン、オースティン（Chamberlain, Austen, 1863–1937）　36
イギリス保守党の政治家、蔵相（1919–21）、外相（1924–29）、ネヴィルは異母弟。
チェンバレン、ネヴィル（Chamberlain, Neville, 1869–1940）　236
イギリス保守党の政治家、首相（1937–40）。
チトー（ヨシップ・ブロズ）（Tito, Josip Broz, 1892–1980）　267, 298, 311, 321*, 322, 331, 332, 344–46, 464, 465
チャーチル、ウィンストン（Churchill, Winston, 1874–1965）　36, 104, 131, 148, 222, 234, 237, 248, 250, 257, 287, 289, 290, 325, 371
イギリスの政治家、首相（1940–45、51–55）。
チャウシェスク、ニコラエ（Ceaușescu, Nicolae, 1919–89）　344, 356, 460*–62, 464, 475, 477, 488
中絶（abortion）　109, 114, 115, 117–19, 348, 394, 395, 443
中東（Middle East）　70, 71, 275
ツヴァイク、フェルディナンド（Zweig, Ferdynand, 1896–1988）　385
ポーランド出身の労働関係を専門とする経済学者、社会学者。1940 年代以降はイギリスとイスラエ

ルで活躍した。
通商政策（trade policy） 147, 166
ツーリズム（tourism） 352, 383, 384
ツォウデロス、エンマヌイル（Tsouderos, Emmanuel, 1882–1956） 244
ギリシャの政治家、首相（1941–44）。
帝国特恵圏（Imperial Preference） 168
ティソ、ヨゼフ（Tiso, Jozef, 1887–1947） 487
カトリック司祭、フリンカスロヴァキア人民党の政治家。ナチス・ドイツの介入で、スロヴァキア国の首相（1939）、大統領（1939–45）となった。
ティトマス、リチャード（Titmuss, Richard, 1907–73） 376
イギリスの社会学者、社会政策学者。
テイヤール・ド・シャルダン、ピエール（Teilhard de Chardin, Pierre, 1881–1955） 186
フランスののカトリック司祭、古生物学者。
テイラー、A・J・P（Taylor, Alan John Percivale, 1906–90） 105*
ディミトロフ、ゲオルギ（Dimitrov, Georgy, 1882–1949） 353*
デヴィッドソン、バジル（Davidson, Basil Risbridger, 1914–2010） 300
イギリスのジャーナリスト、小説家、歴史家、アフリカ研究者。アフリカ脱植民地の活動家。
デーニッツ提督（Dönitz, Großadmiral Karl, 1891–1980） 301
ドイツの海軍軍人、政治家。海軍総司令官として、自殺したヒトラーの遺言で大統領、国防軍最高司令官となり、連合軍への降伏を行なった。
デ・ガスペリ、アルチデ（de Gasperi, Alcide, 1881–1954） 265*
テッサロニキ（Thessaloniki） 11, 24, 67, 89, 221, 223
テディーボーイ（Teddy Boys） 397, 398, 407
デトロイト（Detroit） 140
デフレ（deflation） 147, 148, 150, 186, 414, 450, 457
テヘラン会談（Teheran Conference） 288
デ・マン、ヘンドリク（de Man, Hendrik, 1885–1953） 175, 177, 178, 185
ベルギーの社会主義理論家。
デ・ミケーリス、ジャンニ（De Michaelis, Gianni, 1940– ） 439
イタリア社会党の政治家、外相。
テルボーン、ユラン（Therborn, Göran, 1941– ） 427
スウェーデン出身でイギリスで活躍する社会学者。
テロ（terrorism） 400
天安門広場（Tiananmen Square） 477
テンプル、ウィリアム（Temple, William, 1881–1944） 240*, 248
デンマーク（Denmark; Danmark） 88, 132, 181, 185, 191, 222, 223, 364, 376, 425, 498
ドイツ（Germany; Deutschland） 55–63, 65, 91, 182ff., 275–278, 496, 497
——の分割（division of –） 300–10
ワイマール——（Weimar –） 24, 26, 27, 32, 37–42, 45, 46, 56, 81, 91, 109, 115–19, 128, 132, 135, 141, 150, 177
「マイノリティの擁護者」としての——（– as ‘defender of minorities’） 81
——における中絶（abortion in –） 119
——における不妊化（sterlization in –） 132
——における経済（economy in –） 141, 144–47, 150, 166–70
——と四カ年計画（– and Four-Year Plan） 174, 201
——の国際連盟脱退（– leaves League of Nations） 87, 95
——とヨーロッパ新秩序（– and New Order in Europe） 98, 169, 182ff., 233, 234, 236, 238, 242, 257, 272, 292, 316, 317, 496
西——（West –） 261, 268, 340, 347, 360, 361, 363, 364, 366, 367, 370, 373–75, 382, 392, 395, 398, 400, 403, 404, 407, 408, 413, 414, 420, 421, 424, 433–36, 441–43, 456, 468, 482

戦後の人種主義（racism in post-war）　435, 436
——再統一（reunification of –）　482–86
東——のソ連政策（Soviet policy in eastern –）　322, 323
『ドイツ家族のためのハンドブック』（*Hausbuch für die deutsche Familie*）　108
ドイツ少女連盟（Bund Deutscher Mädel）　212
ドイツ人、エスニック上の／エスニック・（Germans, ethnic）　207–12, 228, 231, 487
チェコスロヴァキアの——（– in Czechoslovakia）　47, 86
ポーランドの——（– in Poland）　77
南チロルの——（– in South Tyrol）　82
ソ連の——（– in Soviet Union）　159, 229
「人種的同胞」としての——（– as 'racial comrades'）　99, 104
第二次大戦後の——（– after the Second World War）　275–281, 299
西ドイツ政治における——（– in West German politics）　360, 361
ドイツ労働戦線（Deutsche Arbeitsfront [DAF]）　172*
トイブナー、マックス（Taubner, Max, 1910–43）　224
ナチス親衛隊下級指揮官。
ドゥグレル、レオン（Degrelle, Leon, 1906–94）　195*
同性愛者（homosexuals）　56, 442
ドゥニエプロペトロフスク（Dniepropetrovsk）　158
東部総合計画（Generalplan Ost）　227
ドゥプチェク、アレクサンデル（Dubček, Alexander, 1921–92）　316, 356*, 357
ドゥミトリウ、ペトル（Dumitriu, Petru, 1924–2002）　337
ルーマニア出身の小説家。1960 年代にドイツ、フランスに亡命し、その後は主にフランス語で執筆活動を行なった。
ドーポラヴォーロ（Dopolavoro）　172*
ド・ゴール、シャルル（de Gaulle, Charles, 1890–1970）　235, 242, 244, 265, 288, 293, 294, 296, 302, 360, 399
フランスの軍人、政治家、大統領（1959–69）。
都市化（urbanization）　127, 129, 162, 347, 352
ド・ジュヴネル、ベルトラン（de Jouvenel, Bertrand, 1903–87）　22, 23, 43
フランスの哲学者、政治経済学者。
ド・スゴンザック、デュノワイエ（de Segonzac, Dunoyer, 1884–1974）　128
フランスの画家。
土地改革（land reform）　27, 32, 33, 299–301, 322, 338
ドナウ川（Danube）　144, 256, 324
ドナウ—黒海運河（Danube–Black Sea canal; Canalul Dunăre–Marea Neagră）　340
ドネプロストロイ（Dneprostroi）　162
ドモフスキ、ロマン（Dmowski, Roman, 1864–1939）　77, 79
ポーランドの政治家。
ド・モンテルラン、アンリ（de Montherlant, Henri, 1895–1972）　43
フランスの作家、随筆家。
トラビィー・キング卿、フレデリック（Truby King, Sir Frederick, 1858–1938）　116
ニュージーランドの医師、保健改革者。
トリアッティ、パルミロ（Togliatti, Palmiro, 1893–1964）　289, 297
イタリア共産党の指導者。
トリエステ（Trieste）　11, 311, 332
トリノ（Turin; Torino）　33, 426
ドリュ・ラ・ロシェル、ピエール（Drieu La Rochelle, Pierre, 1893–1945）　42, 246
フランスの作家、対独協力者。
トルコ（Turkey; Türkiye）　72, 88–90, 406, 490

ドルフス、エンゲルベルト（Dollfuß, Engelbert, 1892–1934）　27, 52–54
オーストリアのキリスト教社会党の政治家で、首相として 1933 年以降のオーストリアの権威主義体制下を主導した。1934 年、オーストリアのナチス党員に暗殺された。
トレヴァー＝ローパー、ヒュー（Trevor-Roper, Hugh, 1914–2003）　483
イギリスの歴史家。ナチス・ドイツ、ヒトラーの研究や近世史の研究で知られる。
ドレスデン（Dresden）　116, 246
トレブリンカ（Treblinka）　219, 220
ドロール、ジャック（Delors, Jacques Lucien Jean, 1925– ）　449
フランス社会党の政治家、ヨーロッパ委員会委員長（1985–95）。ミッテラン大統領の下で経済・財務大臣をつとめたのち、ヨーロッパ委員会委員長として、欧州単一市場の形成を軸とする統合のブレイクスルーを主導した。
トロツキー、レフ（Trotsky, Lev, 1879–1940）　29, 156
ソ連共産党の政治家。
トンプソン、ダッドレー（Thompson, Dudley, 1917–2012）　250
ジャマイカのパン・アフリカ主義者、政治家。

ナ行

ナーゲル、オットー（Nagel, Otto, 1894–1967）　342
東ドイツの画家。
ナウマン、フリードリッヒ（Naumann, Friedrich, 1860–1919）　71
ドイツ民主党の政治家、『中欧論』の著者。
長いナイフの夜（Nacht der langen Messer）　55*, 62, 172
ナジ、イムレ（Nagy, Imre, 1896–1958）　477*
ナチズム（国民社会主義）（National Socialism）　135
オーストロ・ファシズムとの比較（compared with Austro-fascism）　54
ナチ党（Nationalsozialistische Deutshce Arbeiterpartei [NSDAP]）　40, 43, 51, 59–63, 65, 82, 87
ナポレオン、ボナパルト（Napoléon, Bonaparte, 1769–1821）　118, 232
フランスの軍人、皇帝。
ナンセン・パスポート（Nansen passport）　91*
難 民（refugees）　66, 89–91, 125, 127, 140, 143, 145, 154, 209, 211, 222, 230, 273–78, 307, 360, 361, 368, 403, 405, 433, 434, 436, 484, 486, 488
難民救済法（アメリカ合衆国）（US Displaced Persons Act）　275
ニーマイヤー卿、オットー（Niemeyer, Sir Otto, 1883–1971）　143
イギリスの官僚、銀行家。大蔵省、イングランド銀行、国際決済銀行で要職を歴任した。
ニコライ大公（Nikolai, Grand Duke; Nikolaj Michajlovič Romanov, 1859–1919）　70
ロシアの皇族。
ニコルソン、ハロルド（Nicolson, Harold, 1886–1968）　234
イギリスの外交官、歴史家。
ニッティ、フランチェスコ（Nitti, Francesco, 1868–1953）　20
イタリアの左派自由主義政治家、経済学者、第一次大戦時の首相（1919–20）。
日本（Japan）　61, 84, 92, 252, 351, 449
ニューマン、バーナード（Newman, Bernard, 1897–1968）　256, 257
イギリスの作家。
ニューヨーク（New York）　152, 459
ニュルンベルク裁判（Nuremberg trials; Nürnberger Prozesse）　206
ニュルンベルク法（Nürnberger Gesetze）　57, 102*, 104, 108, 134
ネーベ、アルトゥール（Nebe, Arthur, 1894–1945）　134
ナチスの親衛隊員、治安警察長官。
ネオナチ（neo-Nazis）　360, 436

ネップ（新経済政策）（New Economic Policy）　155*, 156, 474
ノイバッハー、ヘルマン（Neubacher, Hermann, 1893–1960）　197
　オーストリア出身のナチス政治家。
ノイブルク、パウル（Neuburg, Paul）　352, 353
ノイマン、ジグムント（Neumann, Sigmund, 1904–62）　38
　ドイツ政治、独裁の研究で知られるドイツの政治学者。ナチス期に移住したアメリカでも活動。
ノイマン、フランツ（Neumann, Franz, 1900–54）　284
　ドイツ出身でアメリカに亡命した政治学者・社会学者。
農 業（agriculture）　62, 141, 149, 151, 155–59, 166, 168, 199, 200, 318, 335, 336, 338, 339, 351, 366, 402, 454
農民（peasantry）　424
ノーマン、モンタギュー（Norman, Montagu, 1871–1950）　144
　イングランド銀行総裁。
ノルウェー（Norway; Norge）　132, 189, 192, 194, 195, 225, 244, 258, 262, 295, 376, 425, 431, 443
ノルトハウゼン（Nordhausen）　231

ハ行

バーカー、エリザベス（Barker, Elisabeth, 1910–86）　328
　イギリス出身で、中・東欧諸国を専門とするジャーナリスト、歴史家。
ハーグの常設国際司法裁判所（Permanent Court of International Justice at the Hague）　80, 100
パージ（purges）　160, 162, 295–98, 300, 302, 320, 330, 332, 334, 343, 480
パーシー、ユースタス（Percy, Eustace, 1887–1958）　22
　イギリスの外交官、保守党政治家。
バーナード・ショー、ジョージ（Bernard Shaw, George, 1856–1950）　164
　イギリスの作家、社会主義者、批評家。
ハーバーマス、ユルゲン（Habermas, Jürgen, 1929– ）　386
　フランクフルト学派第二世代を代表するドイツの哲学者。
パーペン、フランツ・フォン（Papen, Franz von, 1879–1969）　41
　ドイツの軍人、首相（1932）。
バーリン、アイザイア（Berlin, Isaiah, 1909–97）　260
　リガ出身のユダヤ人でイギリスで活躍した哲学者。自由概念の分析で知られる。
バーンズ、ジェイムズ（Byrnes, James F., 1882–1972）　309
　アメリカ合衆国国務長官。
ハイエク、フリードリヒ・フォン（Hayek, Friedrich von, 1899–1992）　179*, 259–63
バイエルン（Bavaria; Bayern）　25, 47, 134, 212, 396
賠償（reparations）　94, 95, 144, 145, 148, 302, 306–08
ハイダー、イェルク（Haider, Jörg, 1950–2008）　436, 437
　オーストリア自由党の政治家、党首（1986–2000）。ポピュリスト政党化を主導し、党勢の拡大をもたらした。
ハイデガー、マルティン（Heidegger, Martin, 1889–1976）　49, 446
　ドイツの哲学者。
ハイドリッヒ、ラインハルト（Heydrich, Reinhard, 1904–42）　207*, 217, 220
パイプス、リチャード（Pipes, Richard, 1923– ）　74
　ポーランド出身で亡命したアメリカ合衆国で活躍する歴史家。ロシア近現代史が専門。
ハウ、ジェフリー（Howe, Geoffrey, 1926– ）　422
　イギリス保守党の政治家。サッチャー内閣で外相を務めた。
パヴェリチ、アンテ（Pavelić, Ante, 1889–1959）　487
　クロアチアのナショナリスト準軍事組織ウスタシャの指導者、ナチス・ドイツの影響下に作られたクロアチア独立国の総統。

ハヴェル、ヴァーツラフ（Havel, Václav, 1936–2011）　453*
ハウス大佐、エドワード（Colonel House, Edward, 1858–1938）　92
　アメリカ合衆国の外交官、政治家。ウィルソン大統領のアドヴァイザー。
バカン、ジョン（Buchan, John, 1875–1940）　70
　スコットランドの小説家、政治家、カナダ総督。
白海—バルト海運河（White Sea canal; Byelomorsko–Baltiyskiy Kanal）　163
パッカード、ヴァンス（Packard, Vance, 1914–96）　390
　アメリカ合衆国のジャーナリスト、批評家、作家。
ハックスリー、ジュリアン（Huxley, Julian, 1887–1975）　137–39
　イギリスの進化生物学者、優生学者。
パッサウ（Passau）　212
バッシュ、ヴィクトル（Basch, Victor, 1863–1944）　40
　フランスの政治家、ドイツ文学研究者。
ハッドン、A・C（Haddon, Alfred Cort, 1855–1940）　137, 138
　イギリスの人類学者。
パッリ、フェルッチオ（Parri, Ferruccio, 1890–1981）　265*
パドヴァー、ソール（Padover, Saul, 1905–82）　304
　ウィーン生まれのアメリカ合衆国の歴史家、政治学者。トマス・ジェファーソン、マルクスについての著作がある。戦中、戦後は情報将校として働いた。
パドモア、ジョージ（Padmore, George, 1903–59）　250
　トリニダード・トバゴ出身の共産主義者、パン・アフリカニスト。
パトラシュカヌ、ルクレツィウ（Pătrăşcanu, Lucreţiu, 1900–54）　332
　ルーマニア共産党の政治家。
バトル・オブ・ブリテン（Battle of Britain）　187, 216
母の日（Mother's Day）　116
パパンドレウ、アンドレアス（Papandreou, Andreas, 1919–96）　423*, 424, 448
パパンドレウ、ゲオルギオス（Papandreou, Georgios, 1888–1968）　392
　ギリシャの政治家、首相（1944–45、63、64–65）。
ハプスブルク帝国（Habsburg empire; Habsburgermonarchie）　11, 24, 67–69, 70, 71, 73–75, 77, 98, 154, 229, 232, 256, 471, 494
パポン、モーリス（Papon, Maurice, 1910–2007）　392
　ヴィシー政権から70年代に至るまで重要な内務ポストを占めたフランスの高級官僚。ヴィシー政権期にフランスのユダヤ人の強制収容所への輸送を命じたことが1980年代に発覚した。
パリ（Paris）　22, 24, 29, 128, 186, 223, 258, 382, 392, 399, 405, 421, 437
パリ講和会議（1918–19年）（Paris Peace Conference [1918–19]）　78*–80, 85, 92
ハリファックス卿（Lord Halifax, Edward, 1881–1959）　106*
ハル、コーデル（Hull, Cordell, 1871–1955）　263
　アメリカ合衆国の政治家。フランクリン・ルーズヴェルト大統領の下で国務長官（1933–44）。日米交渉時の当事者であり、1941年の交渉文書は「ハル・ノート」と呼ばれる。国際連合の設立に尽力した。
バルカン（Balkans）　11, 17, 21, 24, 32, 50, 51, 68, 136, 145, 169, 189, 197–99, 289, 328, 332, 344, 356, 464, 479, 489, 490
バルカン戦争（1912–13年）（Balkan Wars [1912–13]）　78, 271, 501
バルカン連合（Balkan Union）　256
バルザン、ジャック（Barzun, Jacques, 1907–2012）　137
　フランス出身でアメリカ合衆国で活躍した思想史、文化史の歴史家。
バルト諸国（Baltic states; Balti riigid; Baltijas valstis; Baltijos valstybēs）　24, 32, 68, 72, 74, 209, 212, 274, 275, 314, 319, 320, 329, 338, 353, 469, 475, 479, 486, 487, 491, 498
バルバロッサ作戦（Unternehmen Barbarossa [1941]）　160*, 216, 226, 227
バルフォア、アーサー（Balfour, Arthur, 1848–1930）　78*

ハルプスタルケ（不良たち）(Halbstarken)　396, 398
ハレツキ、オスカー（Halecki, Oskar, 1891–1973）　493
ポーランドの歴史家、カトリック社会活動家。国際連盟の知識人協力の分野で働いたのち、ナチス・ドイツから逃れ、パリに、さらにアメリカ合衆国に亡命し、東・中欧史の研究を続けた。
パン・アフリカ会議（Pan-African Congress）　268*
ハンガリー（Hungary; Magyarország）　21, 22, 31, 32, 50, 51, 80, 86, 114, 136, 143, 289, 297–99, 311, 324, 327, 328, 332–34, 338, 344, 354–56, 452, 458, 465, 476
反共産主義（anti-communism）　32, 96, 170, 196, 320, 324, 331, 340, 479
犯罪（crime）　118, 132, 134, 135, 224, 283, 294, 397, 430–32, 436, 442, 447, 482
バンチ、ラルフ（Bunche, Ralph, 1903–71）　250
アメリカの政治学者、外交官。
汎ドイツ連盟（Alldeutscher Verband）　72
反ファシズム（anti-fascism）　164, 243, 258, 264, 284, 297, 308, 313
反ボルシェヴィズム・ヨーロッパ統一戦線（European United Front against Bolshevism）　196
反ユダヤ主義（anti-Semitism）　53, 70, 98, 110, 126, 136, 222, 226, 241, 249, 267, 274, 275, 465, 467, 487
——と戦間期の民主主義（—— and inter-war democracy）　54, 86, 87
——とファシズムの帝国（—— and fascist empires）　102
汎ヨーロッパ連盟構想（Pan-European Union, schemes for）　98
ビアホール一揆（Hitlerputsch）　98
ヒース、エドワード（Heath, Edward, 1916–2005）　413
イギリス保守党の政治家、首相（1970–74）。
ピウス 11 世教皇（Pius XI, Pope, 1857–1939）　117*
ピウスツキ、ユゼフ（Piłsudski, Józef, 1867–1935）　40, 78, 465*
ビシュロン、ジャン（Bichelonne, Jean, 1904–1944）　204
フランスの実業家、ヴィシー政権の政治家。
ビスマルク、オットー・フォン（Bismarck, Otto von, 1815–98）　98
ピッツオルノ、アレッサンドロ（Pizzorno, Alessandro, 1924– ）　378, 387
イタリアの社会学者、政治学者。工業化社会における政治システムと経済システムの関係について労働組合や階級対立に焦点を当てつつ研究した。
ヒトラー、アドルフ（Hitler, Adolf, 1889–1945）　12–14, 42, 43, 47, 49–51, 53, 55, 56, 58, 60–63, 67, 73, 87, 95, 98–102, 106, 138, 164, 173, 174, 378, 379, 406
第二次大戦期の——（—— in the Second World War）　181ff., 270
ナチ党指導者。
ヒトラー・ユーゲント（Hitlerjugend）　59, 212, 225, 230
避妊（contraception）　109, 115, 118, 119, 128, 394, 395, 443
秘密警察（police, secret）　296, 317, 469
ドイツの——（– in Germany）　57, 60, 134, 466, 469
ソヴィエト連邦の——（– in the Soviet Union）　30, 156, 157, 163
東欧の——（– in eastern Europe）　330, 334, 343, 355, 460, 467, 469, 480
西欧の——（– in western Europe）　361, 362
ヒムラー、ハインリヒ（Himmler, Heinrich, 1900–45）　116, 207–10, 212, 214–16, 218, 220, 226, 228, 229, 232
ナチスの親衛隊の長官。強制収容所の設立、運営を指揮した。
被抑圧諸国民会議（Congress of Oppressed Nationalities）　70
ヒルシュフェルト、マグヌス（Hirschfeld, Magnus, 1868–1935）　111
ドイツの医師、性科学者。性的マイノリティに対する科学的理解を推進し、社会の敵意を拭う運動を展開した。
ヒルシュフェルド、ハンナ & ルドヴィク（Hirszfeld, Hanna and Ludwig [1884–1954]）　137
ポーランドの医師、免疫学者。血液型の ABO 式 4 分類の名称を提唱し、それが遺伝することを発見

した。キリスト教に改宗したユダヤ人で、ナチス支配期にはゲットーに収容されたが、逃走して匿われ、戦後もポーランドの医学教育に貢献した。
ヒルトン・ヤング委員会（Hilton Young Commission [1929]） 85*
貧困（poverty） 110, 142, 149, 350, 376, 377, 411, 428–30, 441
ヒンデンブルク将軍（Hindenburg, General Paul von, 1847–1934） 71, 98
ドイツ帝国の軍人、ワイマール共和国大統領（1925–34）。ヒトラーを首相に任命した。
ファスビンダー、ライナー・ヴェルナー（Fassbinder, Rainer Werner, 1945–1982） 406
ドイツの映画監督。
フィウメ（Fiume） 67
フィグル首相（Figl, Leopold, 1902–65） 295
オーストリア人民党の政治家。第二次大戦後、オーストリア首相に就任（1945–53）。
フィッシャー、H・A・L（Fisher, Herbert Albert Laurens, 1865–1940） 493
イギリスの歴史家、自由党政治家。
フィンランド（Finland; Suomi） 28, 31, 68, 70, 72, 74, 88, 132, 192, 290, 291, 327
フェイト、フランソワ（Fejtö, François, 1908–2008） 357
ハンガリー出身で、フランスで活動したジャーナリスト。戦前ハンガリーで社会民主党員として政治活動を開始し、戦中はフランスでレジスタンスに参加した。スターリン体制化したハンガリーには戻らず、フランスで東欧諸国についての著作や記事を執筆した。
フェレーロ、グリエルモ（Ferrero, Guglielmo, 1871–1942） 45
イタリアの自由主義歴史家、著述家。
フォード、ヘンリー（Ford, Henry, 1863–1947） 378
アメリカ合衆国の自動車会社フォード・モーターの創立者。
フォルクスゲマインシャフト（民族共同体）（Volksgemeinschaft） 56, 58, 61, 62, 110, 135, 206, 230
フォルクスドイッチュ（民族ドイツ人）（Volksdeutsche）→（エスニック上の）ドイツ人（ethnic Germans）
フォルクスワーゲン（Volkswagen） 167, 379, 389
フォルストホフ、エルンスト（Forsthoff, Ernst, 1902–74） 374*
ブカレスト（Bucharest; București） 87, 106, 186, 282, 340, 348, 456, 461, 464
福祉国家（welfare state） 62, 110, 134, 135, 139, 206, 239, 240, 266, 336, 348, 373–78, 409, 410, 418, 419, 420, 428, 429, 431, 437, 443
フクヤマ、フランシス（Fukuyama, Francis, 1952– ） 492
アメリカの政治学者。著書『歴史の終わり』で著名。
ブコヴィナ（Bukovina; Bucovina; Bukowyna） 210
フサーク、グスターフ（Husák, Gustáv, 1913–91） 464, 475
スロヴァキア出身の共産党政治家。チェコスロヴァキア共産党第一書記（1969–87）、大統領（1975–89）。「プラハの春」後、ソ連から選ばれて党第一書記となり、改革派、反体制派を抑圧する「正常化体制」を指導した。
武装親衛隊（Waffen-SS） 226, 274, 279, 298
ブダペシュト（Budapest） 31, 33, 67, 330, 340
ブッシュ、ジョージ・H・W（Bush, George Herbert Walker, 1924– ） 483
アメリカ合衆国の政治家、大統領（1989–93）。
フッセル、ポール（Fussell, Paul, 1924–2012） 383
アメリカ合衆国の文化史、文学史の歴史家。
普仏戦争（Franco-Prussian war [1870–71]） 271, 494
ブライス、ジェームス（Bryce, James, 1838–1922） 21
イギリスの歴史学者、法学者。
フライスラー、ローランド（Friesler, Roland, 1893–1945） 56
ドイツの法律家。熱心なナチ党員であり、国家反逆罪を対象とする人民法廷の長官として、「白バラ」のメンバーを含め多くの被告に死刑の判決を下した。
ブライトシャイト、ルドルフ（Breitscheid, Rudolf, 1874–1944） 362
ワイマール期ドイツ社民党左派の政治家。ブーヘンヴァルト強制収容所で死去。

ブラウニング、クリストファー（Browning, Christopher, 1944– ）　216
　アメリカのホロコースト歴史家。ホロコーストの原因については、個人の邪悪な意思に還元せず、構造や制度に原因を求める機能主義派の立場をとる。
ブラザビル会議（Brazzaville Conference）　251
ブラジヤック、ロベール（Brasillach, Robert, 1909–45）　195, 246
　フランスのジャーナリスト、著述家、映画評論家。戦間期にはフランスのナショナリスト的な雑誌のジャーナリストとして活躍し、フランス降伏後は、ヴィシー政権に協力した。
ブラチスラヴァ（Bratislava）　67
ブラッハー、カール（Bracher, Karl, 1922– ）　386
　ドイツの政治学者、歴史家。
フラニツキ、フランツ（Vranitzky, Franz, 1937– ）　494
　オーストリアの社会党政治家、首相（1986–97）。
プラハ（Prague; Praha）　187, 194, 310, 324, 333, 341, 467
プラハの春（Prague Spring; Pražské jaro）　323, 356, 357
フランク、ハンス（Frank, Hans, 1900–46）　193, 210, 216
　ドイツの法律家。ナチスの弁護士から党幹部となり、ポーランド総督を務めた。
フランクフルト・アム・マイン（Frankfurt on Main; Frankfurt am Main）　215
フランコ将軍（Franco, General Francisco, 1892–1975）　51
　スペインの軍人、権威主義体制の指導者（1938–75）。
フランス（France）　11, 16, 144, 150–52, 166, 268
　第三共和国（Third Republic）　22, 23, 37, 39*, 44–47, 91, 186, 189, 190, 235, 360
　——と東欧（– and eastern Europe）　78, 94, 96, 106
　——のカトリック（Roman Catholics in –）　83
　独墺関税同盟の拒否（vetoes Austro-German customs union）　95
　——と人口政策（– and population policies）　112, 114–16, 122, 136
　——のヴィシー政権（Vichy government in –）　50*, 53, 87, 103, 204, 238, 242, 243, 247, 293, 294, 392
　戦後——（post-war –）　292–94, 360, 399, 400, 407, 435, 448, 450
フランス帝国（French empire; Empire français）　84, 85
ブリアン、アリスティード（Briand, Aristide, 1862–1932）　95*, 142, 143, 146
ブリアン―ケロッグ協定（Briand–Kellogg Pact）　95
プリーストリー、J・B（Priestley, John Boynton, 1894–1984）　145*
フリック、ヴィルヘルム（Frick, Wilhelm, 1877–1946）　57
　ナチ党の政治家。
フリッチェ、ハンス（Fritzsche, Hans, 1900–53）　192
　ドイツのジャーナリスト、ナチス政権下の宣伝省新聞局長。
プリモ・デ・リベラ、M（Primo de Rivera, Miguel, 1870–1930）　22
　スペインの軍人、1923年から30年までの権威主義体制期の指導者。
ブリューニング、ハインリヒ（Brüning, Heinrich, 1885–1970）　32, 41, 47, 51, 150
　ドイツの政治家、首相（1930–32）。
ブリュッセル（Brussels; Bruxelles; Brussel）　39
ブリュッセル条約（Brussels, Treaty of）　309
ブルガリア（Bulgaria; Bulgarija）　33, 67, 68, 78, 89, 166, 169, 192, 257, 289, 290, 326, 327, 332, 334, 336, 337, 340, 341, 345, 348, 349, 351, 353, 458, 464–66, 479
フルシチョフ、N（Khrushchev, Nikita, 1894–1971）　344, 347, 350, 354, 355, 458
　ソ連共産党の指導者、第一書記（1953–64）。
ブルダン、リュシアン（Bourdin, Lucien）　366
ブルデュー、ピエール（Bourdieu, Pierre, 1930–2002）　384
　フランスの社会学者。
ブルム、レオン（Blum, Léon, 1872–1950）　178, 179, 238, 242, 362

フランス社会党の政治家、首相（1936–37、38、46–47）。
ブルラコフ将軍、マトヴェイ（Burlakov, General Matvei）　485
ブレイルスフォード、H・N（Brailsford, Henry Noel, 1873–1958）　78, 164
イギリスの左派ジャーナリスト。
ブレジネフ、レオニード（Brezhnev, Leonid, 1906–82）　355, 356, 458, 472, 474
ソ連の共産主義政治家、第一書記（1964–66）、書記長（1966–82）。長期にわたる統治期間の間、外交的にはプラハの春への侵攻に見られるように、東側陣営を引き締める一方でデタントを進めるなど超大国としてふるまった。内政的には経済の停滞に対処できず、汚職の蔓延を招いた。
ブレジンスキー、ズビグネフ（Brzezinski, Zbigniew, 1928– ）　492
ポーランド生まれで、アメリカで活躍する政治・外交研究者。「全体主義体制」概念を提示し、スターリン体制とナチ体制とを同一類型の下にまとめた。カーター大統領の安全保障問題担当補佐官も務めた。
ブレスト＝リトフスク条約（Brest-Litovsk, Treaty of）　72, 188*
プレスブルク（Pressburg）→ブラチスラヴァ（Bratislava）
ブレスラウ（Breslau; Wrocław）　225, 280
プレスリー、エルヴィス（Presley, Elvis, 1935–77）　396
アメリカ合衆国のミュージシャン。ロックンロールの世界的流行をもたらした。
プロイス、フーゴ（Preuß, Hugo, 1860–1925）　25*, 28, 47
プロイセン（Prussia; Preußen）　11, 25, 41, 47, 112, 218, 276, 309, 360, 366, 497
ブロック、マルク（Bloch, Marc, 1886–1944）　186
フランスのアナール派歴史家。
フロム、エーリッヒ（Fromm, Erich, 1900–80）　384
ドイツの社会心理学者。著書『自由からの逃走』で、個人の自由に不安を覚え、権威主義に逃れる人々がナチズムの基盤になったと分析した。
フンク、ヴァルター（Funk, Walther, 1890–1960）　197, 238
ナチス・ドイツの経済専門家として1938年から経済大臣、1939年からライヒスバンク総裁を務めた。
ブント、ユダヤ人労働者（Bund, Jewish Workers'）　73, 74
平和主義（pacifism）　93, 96
ベヴァリッジ卿、ウィリアム（Beveridge, Sir William, 1879–1963）　126, 139*, 239, 240, 264
ベヴィン、アーネスト（Bevin, Ernest, 1881–1951）　370*
ベウジェツ（Belzec）　219, 220
ヘウムノ（Chełmno）　207, 218, 220
ベートマン＝ホルヴェーグ（Bethmann-Hollweg, Theobald von, 1856–1921）　71
ドイツ帝国の政治家、首相（1909–17）。
ペーネミュンデ（Peenemunde; Peenemünde）　226
ベオグラード（Belgrade; Beograd）　38, 67, 190, 488
ベス、グスタフ（Böß, Gustav, 1873–1946）　123
ワイマール期のドイツ民主党の政治家。ベルリン市長。
ペタン元帥、フィリップ（Pétain, Maréchal Philippe, 1856–1951）　103, 194, 242
フランスの軍人、ヴィシー政権の国家主席（1940–44）。
ベッカー、カール（Becker, Carl, 1873–1945）　264
アメリカ合衆国の歴史家。
ベック大佐、ユゼフ（Beck, Colonel Józef, 1894–1944）　87
ポーランドの軍人、政治家。
ベッサラビア（Bessarabia）　209, 210
ベッツ、R・R（Betts, Reginald Robert, 1903–1961）　318
イギリスの中世史家、ボヘミアを専門とし、現代のチェコスロヴァキアについての専門家としてジャーナリズムでも活躍した。
ヘッドラム＝モーリー、ジェームズ（Headlam-Morley, James, 1863–1929）　82
イギリスの歴史家。

ベネシュ（Beneš, Edvard, 1884–1948）　21, 39, 244, 254, 277, 325
チェコスロヴァキアの政治家、外相、大統領（1935–38、45–48）。
ヘラー、ヘルマン（Heller, Hermann, 1891–1933）　46
ドイツの国法学者。
ベラルーシ人（Belorussians; Belarusy）　73, 76, 77, 200, 479
ベルギー（Belgium; Belgique; België）　46, 80, 116, 118, 152, 166, 175, 177, 178, 185, 244
ベルゼン（Belsen）　281
ベルリン（Berlin）　33, 108, 124, 130, 310, 342, 399, 483
ペレツ、I・L（Peretz, Isaac Leib; Perec, Jicxok-Lejbuš, 1852–1915）　69
ポーランドのイーディッシュ語作家。
ペレック、ジョルジュ（Perec, Georges, 1936–82）　358, 380
フランスの小説家、随筆家。
法（law）　44, 55–58, 226
国際——（international –）　92, 93, 99, 100, 193, 252–55, 268, 269
——と権利（– and rights）　134, 135, 245, 248, 249, 268, 359
共産主義体制下の——（– under communism）　28–31, 344, 345
ボーア戦争（Boer War）　114, 271
ボーキサイト（bauxite）　169
ホー・チ・ミン（Ho Chi Minh, 1890?–1969）　252*
ホート大将、ヘルマン（Hoth, General Hermann, 1885–1971）　182
ドイツの軍人。
ボードリヤール、ジャン（Baudrillard, Jean, 1929–2007）　384
フランスの哲学者。
ホーネッカー、E（Honecker, Erich, 1912–94）　458*, 464, 468, 475, 477, 482
ポーランド（Poland; Poland）　21, 24, 27, 37, 40, 68, 70, 76, 125, 136, 259, 278, 280, 325, 336
——と戦間期のマイノリティ（– and inter-war minorities）　75–81, 86, 87, 91, 277, 278
——の経済（economy in –）　140, 152, 165, 180, 459, 460, 462
——のドイツ政策（German policy in –）　209–15
——のソ連政策（Soviet policy in –）　213, 265, 288–90, 320, 324, 476
→総督府（Generalgouvernement）
ポーランド農民党（Peasant Party, Polish; Polskie Stronnictwo Ludowe）　86
ポール＝ボンクール（Paul-Boncour, Joseph, 1873–1972）　39
フランス社会党の政治家。1930年代に閣僚を歴任し、1932年12月から1933年1月まで1ヶ月あまり首相も務めた。
保健政策／健康政策（health policies）　109, 122, 123, 266
ホジャ、エンヴェル（Hoxha, Enver, 1908–85）　337, 344
アルバニアの共産主義政治家、労働党第一書記（1941–85）、首相（1944–54）。
ポスタン、M（Postan, Michael, 1899–1981）　371
ベッサラビア（モルドヴァ）出身のイギリスの経済史研究者。
ポズナン（Poznań）　214
ボスニア戦争（Bosnia, war in）　489, 490
ボッカ、ジョルジョ（Bocca, Giorgio, 1920–2011）　384
イタリアのジャーナリスト、批評家、第二次大戦期のパルチザン。
ポツダム会議（Potsdam Conference）　276
ボドナラシュ、エミル（Bodnaras, Emil, 1904–76）　325
ルーマニアの共産主義政治家、軍人。ソ連のNKVDの士官。
ホブズボーム、エリック（Hobsbawm, Eric, 1917–2012）　16, 422
イギリスの近現代史研究者。マルクス主義的歴史学の伝統の上に、グローバルに歴史を俯瞰しつつ、細部に語らせる叙述で知られる。
ホフマン、スタンリー（Hoffmann, Stanley, 1928–2015）　497

ウィーン生まれでフランスで教育を受け、アメリカ合衆国で活躍した政治学者。フランス政治、国際政治の研究で知られる。ヨーロッパ統合の自動的進展という目的論的見方を批判し、国民国家の強靭さを指摘した。
ボヘミア＝モラヴィア（Bohemia-Moravia） 104, 106, 191, 192
ポメラニア（Pomerania; Pommern; Pomorze） 276
ホルヴァート、エーデン・フォン（Horvath, Odon von, 1901–38） 67
オーストリア＝ハンガリーの作家、劇作家。
ホルティ提督、ミクローシュ（Horthy Miklós, 1868–1957） 22, 32*, 334, 459
ポルトガル（Portugal） 22, 36, 50, 52, 53, 85, 262, 358, 367, 376, 394, 395, 411, 422, 432, 442, 443, 460, 470, 471
ボローニャ（Bologna） 16, 292
ホロコースト（Holocaust）→（第二次大戦期の）ユダヤ人（Jews in the Second World War）
ボン、モーリッツ（Bonn, Moritz, 1873–1965） 22, 38, 42
ワイマール・ドイツの国民経済学者。
香港（Hong Kong） 90

マ行

マーシャル、ジョージ（Marshall, George, 1880–1959） 368
アメリカ合衆国の軍人、国務長官、マーシャル・プランで知られる。
マーシャル、T・H（Marshall, Thomas Humphrey, 1893–1981） 374, 375, 377, 378
市民権の三段階発展モデルで知られるイギリスの社会学者。
マーシャル・プラン（Marshall Plan） 310*, 336, 338, 351, 358, 365, 368–70, 390, 481
マーチャーシュ、ラーコシ（Mátyás, Rákosi, 1892–1971） 343*
マールブルク（Marburg） 303
マイ、エルンスト（May, Ernst, 1886–1970） 164
ドイツの建築家、都市計画家。フランクフルトでの公営住宅による新しい住宅都市「ノイエ・フランクフルト」の計画、建設で名声を博し、1930年からはソ連で都市計画にかかわった。
マイダネク（Majdanek） 219, 320
マウトハウゼン（Mauthausen） 224, 231
マクドナルド、ラムゼイ（MacDonald, Ramsay, 1866–1937） 146, 149*
マグニトゴルスク（Magnitogorsk） 160, 162, 163
マクラレン、マルコム（McLaren, Malcolm, 1946–2010） 444
イギリスの音楽、ファッションプロデューサー。セックス・ピストルズを世に出した、パンク・ムーブメントの仕掛け人として知られる。
マケドニア（Macedonia; Makedonija） 11, 65, 68, 76, 81, 85, 90, 329, 489, 490
ギリシャ化（Greek） 89
マサリク、トマーシュ（Masaryk, Thomáš Garrigue, 1850–1937） 12, 21, 354*
マジノ線（Ligne Maginot） 96
マストニー、ヴォイチェフ（Mastný, Vojtěch, 1936– ） 331
チェコ出身でアメリカ合衆国で活躍する冷戦史研究者。
マゾヴィエツキ、タデウシュ（Mazowiecki, Tadeusz, 1927–2013） 476, 478
ポーランドのカトリック運動家、ジャーナリスト、政治家。「連帯」の指導者の1人。民主化後のポーランドで首相を務めた（1989–91）。
マダガスカル計画（Madagaskarplan） 207, 216*
マダリアーガ、サルバドル・デ（Madariaga, Salvador de, 1886–1978） 22, 46
スペイン出身でイギリスに亡命した、外交官、ジャーナリスト、作家、歴史家。
マッカートニー、C・A（Macartney, Carlile Aylmer, 1895–1978） 100
イギリスの、中・東欧史研究者。
マックス、バーデン公（Max, Prinz von Baden, 1867–1929） 24

ドイツのバーデン大公家の出身で、ドイツ帝国最後の宰相（1918）。
マッケイ、R・W・G（Mackay, Ronald William Gordon, 1902–60）　236, 256
オーストラリア出身の法律家、政治家、政治思想家。1932年、イギリスに移住し、労働党に加わり、戦後は下院議員、ヨーロッパ評議会への代表も務めた。社会主義実現のためにも、欧州統合が必要であると説いた。白人中心の英連邦諸国が連邦化された欧州に加わることを想定した。
マニング、C・A（Manning, Clarence Augustus, 1893–1972）　262
南アフリカ出身でイギリスで活躍した国際関係、国際機構研究者。英国学派と呼ばれる潮流の中心人物の1人。
マネタリズム（monetarism）　414*–16, 421, 428
マリタン、ジャック（Maritain, Jacques, 1882–1973）　233, 247–49
フランスの哲学者。人を全体としてとらえる統合的ヒューマニズム、知性ある人間の協力の可能性を主張し、キリスト教民主主義運動に影響を与えた。
マリネッティ、F・T（Marinetti, Filippo Tommaso, 1876–1944）　42
イタリアの未来派の詩人。
マルシャル、ルネ（Martial, René, 1852–1955）　137*
マルトフ（Martov, Yuliy, 1873–1923）　30
ロシアの社会主義革命家、メンシェビキの指導者。
マレー、チャールズ（Murray, Charles, 1943– ）　429
アメリカの政治学者。福祉国家の貧困層の労働意欲への悪影響や、階級や人種と知能の結びつきを実証的に研究して注目された。
満州危機（1931年）（Manchurian crisis [1931]）　95
マンハイム、カール（Mannheim, Karl, 1893–1947）　260*
ミーゼス、L、フォン（Mises, Ludwig, von, 1881–1973）　179*
ミッテラン、フランソワ（Mitterrand, François, 1916–96）　136, 420, 423*, 424, 437, 449
『ミッテルオイローパ（中欧）』（*Mitteleuropa*）　71
緑の党（西ドイツ）（die Grünen）　441
ミハイロヴィッチ、D（Mihailović, Draža, 1893–1946）　313*, 320
ミフニク、アダム（Michnik, Adam, 1946– ）　463
ポーランドの歴史家、評論家、反体制運動家。ポーランド最大の新聞 *Gazeta Wyborcza* の編集長。労働者擁護委員会（KOR）に関与し、「連帯」の助言者を務めるなど反体制活動を行ない、1989年には円卓会議による民主化を実現した。
ミュッセルト、アントン（Mussert, Anton, 1894–1946）　194*, 195
ミュラー、ヘルマン（Müller, Hermann, 1876–1931）　44
ドイツ社会民主党の政治家、ワイマール共和国首相（1920、28–30）。
ミュルダール、アルヴァ（Myrdal, Alva, 1902–86）　241
スウェーデンの社会学者、社民党の政治家。教育、福祉、軍縮問題の解決を目指し、国内や国連で活動した。1924年に経済学者のグンナー・ミュルダールと結婚した。
ミュルダール、グンナー（Myrdal, Gunnar, 1898–1987）　249
スウェーデンの経済学者。
ミュンヘン（Munich; München）　33, 67, 96, 98, 106, 135, 209
ミル、J・S（Mill, John Stuart, 1806–73）　84
自由主義、功利主義の立場にたつイギリスの哲学者、政治・経済思想家。
ミルウォード、アラン（Milward, Alan, 1935–2010）　201
イギリス出身のヨーロッパ経済史研究者。
ミルキヌ＝ゲツェヴィチ（Mirkine-Guetzévitch, Boris, 1882–1955）　25
ロシア出身でフランスで活躍した法学者。
ミロシェヴィッチ、スロボダン（Milošević, Slobodan, 1941–2006）　465, 488
セルビアの政治家。セルビア大統領（1990–97）、ユーゴスラヴィア大統領（1997–2000）。ユーゴ内戦の当事者の1人。コソヴォにおけるジェノサイドに関し、国連旧ユーゴスラビア国際戦犯法廷で裁判を受けている途中に死亡した。

民族浄化（ethnic cleansing）→ジェノサイド（genocide）
ムージル、ロベルト（Musil, Robert, 1880–1942）　43, 410, 446
　オーストリアの作家。
ムーニエ、エマニュエル（Mounier, Emmanuel, 1905–50）　46, 246, 247
　フランスのカトリック哲学者。カトリック知識人の雑誌『エスプリ』を創刊し、創造的な人格の完成と、その交わりと連帯による社会を目指す、人格主義の立場をとった。
ムッソリーニ、ベニート（Mussolini, Benito, 1883–1945）　16, 29, 33–36, 49–52, 60, 63, 67, 94, 96, 102, 103, 112, 116, 129, 170–72, 182, 374
　イタリアのファシズム指導者。
ムリナーシ、ズデニェク（Mlynář, Zdeněk, 1930–97）　323*, 349
メイジャー、ジョン（Major, John, 1943– ）　437
　イギリス保守党の政治家、首相（1990–97）。
メイヤー、チャールズ（Maier, Charles S., 1939– ）　412
　アメリカ合衆国の歴史学者。政治経済的側面に着目し、ヨーロッパの現代史を研究する。本書第9章で言及された「生産性の政治」は彼の概念。
メタクサス将軍（Metaxas, General Ioannis, 1871–1941）　136
　ギリシャの軍人、首相（1936–41）として権威主義体制を率いた。
メチアル、ヴラジミール（Mečiar, Vladimír, 1942– ）　487
　スロヴァキアの政治家。民主スロヴァキア運動を設立し、1992年選挙後スロヴァキア共和国首相となり、チェコ側の首相クラウスとの協議でチェコスロヴァキア連邦の解体を決めた。分離後のスロヴァキア共和国首相を務めたが（1993–94、94–98）、権威主義的政治手法を国内反対派やEUに批判され、1998年選挙で敗北した。
メンゲレ、ヨゼフ（Mengele, Josef, 1911–79）　134
　ナチス親衛隊の医師。
モスクワ（Moscow; Moskva）　140, 153, 162
モズレー、オズワルド（Mosley, Oswald, 1896–1980）　43, 175, 176, 178
　イギリスの政治家。イギリス・ファシスト同盟の指導者。
モロトフ、V（Molotov, Vyacheslav, 1890–1986）　289*, 309, 321, 354, 475
モンタギュー、アシュレイ（Montagu, Ashley, 1905–99）　137
　イギリス出身でアメリカ合衆国で活躍した人類学者。
モンロー主義（Monroe Doctrine）　193*, 196

ヤ行

ヤーシ、オスカール（Jaszi, Oscar, 1875–1957）　69
　ハンガリーの歴史家、政治家。
矢十字運動（Nylaskeresztes Párt-Hungarista Mozgalom）　43, 298
ヤルゼルスキ将軍（Jaruzelski, General Wojciech, 1923–2014）　463*, 464, 468
ヤルタ協定（Yalta Agreement）　274, 290
ユーゴスラヴィア（Yugoslavia; Jugoslavija）　16, 26*, 27, 38, 81, 94, 147, 165, 169, 190, 191, 298, 321, 331, 332, 352, 354, 486–88, 490, 497, 500, 501
優生学（eugenics）　114, 118, 119, 122, 126, 127, 129–32, 134–37, 394, 429
ユダヤ人（Jews）　65, 69, 70, 76, 90, 91, 116
　第一次大戦期の――（– during the First World War）　70
　――と戦間期のマイノリティの権利（– and inter-war minority rights）　77–79
　チェコスロヴァキアの――（– in Czechoslovakia）　47
　第三帝国の――（– in the Third Reich）　55–57, 108, 134, 135
　第二次大戦期の――（– in the Second World War）　200, 206, 207, 215–26
　戦後の――（– in post-war Europe）　267, 274, 275, 281, 283
ユネスコ（Unesco）　313

ユンガー、エルンスト（Jünger, Ernst, 1895–1998）　42, 43
　ドイツの作家、思想家。
ヨーロッパ決済連合（European Payments Union）　370
ヨーロッパ石炭鉄鋼共同体（European Coal and Steel Community）　204, 268, 404
ヨーロッパ評議会（Council of Europe）　268, 479, 500
ヨーロッパ復興開発銀行（European Bank of Reconstruction and Development）　142, 482
ヨーロッパ防衛共同体（European Defence Community）　268
ヨーロッパ連合（European Union [EU]）　268, 434, 449, 450, 496, 498–500

ラ行

ラーコシ、マーチャーシュ（Rákosi, Mátyás, 1892–1971）　343
　ハンガリー共産党の指導者、書記長（1945–56）。
ラーフェンスブリュック（Ravensbrück）　225
ライク、ラースロー（Rajk László, 1909–49）　332, 333, 343, 345
　ハンガリー共産党の政治家、内相。
ライクマン、ルドヴィク（Rajchman, Ludwik, 1881–1965）　248
　ポーランドの医師、バクテリア研究者、公衆衛生学者、ユニセフの創設者。
ライト、クインシー（Wright, Quincy, 1890–1970）　248, 253
　アメリカ合衆国の国際法学者。
ライヘナウ陸軍元帥（Reichenau, Generalfeldmarschall Walter von, 1884–1942）　218
　ドイツの軍人。ナチ党員であり、独ソ戦のさい、指揮下の国防軍に対しユダヤ人虐殺を命じた。
ラインラント、ドイツによる再武装（Rhineland, German remilitarization of）　97
ラヴァル、ピエール（Laval, Pierre, 1883–1945）　194, 203
　フランス社会党の政治家、第三共和政、ヴィシー政権の首相（1942–44）。
ラウターパクト、ハーシュ（Lauterpacht, Hersch, 1897–1960）　248, 253, 254
　イギリスの国際法学者。
ラコフスキ、ミエチスワフ（Rakowski, Mieczysław, 1926–2008）　469
　ポーランドの共産主義政治家、ジャーナリスト。週刊誌 *Polityka* の編集長。1988 年から 89 年に首相を務め、円卓会議による民主化のキープレーヤーのひとりとなった。
ラトヴィア（Latvia; Latvija）　37, 88, 209, 212, 314
ラパール、ウィリアム（Rappard, William, 1883–1958）　22
　スイスの外交官。
ラフォン、エミール（Laffon, Émile, 1907–57）　244
　フランスのレジスタンス活動家。
リー、トリグヴ（Lie, Trygve, 1896–1968）　244
　ノルウェー労働党の政治家、初代国連事務総長。1930 年代にノルウェー政府で重要閣僚を務め、ナチス・ドイツによるノルウェー侵攻後は、ノルウェー亡命政権の外相となった。
リウ、ガストン（Riou, Gaston, 1883–1985）　97
　フランスの作家、社会党の政治家。平和主義の立場に立ち、ヨーロッパ統合を唱えた。
リヴァプール（Liverpool）　83
リヴィウ（Lviv; Lwiw）　195
リヴォフ公爵、ゲオルギー（Lvov, Prince Georgi, 1861–1925）　28
　ロシアの貴族、政治家。
リオタール、ジャン＝フランソワ（Lyotard, Jean-François, 1924–98）　439
　フランスのポストモダン哲学者。「大きな物語」の消滅、という表現で、社会全体の方向性を指し示す世界像が共有されなくなったことを指摘した。
リガチョフ、エゴール（Ligachyov, Egor Kuz'mich, 1920– ）　476
　ソ連、ロシアの共産主義政治家。保守派としてゴルバチョフに対抗。
リシツキー、エル（Lissitsky, El, 1890–1941）　12

ロシア・ソ連のグラフィックデザイナー、建築家。
リッベントロップ（Ribbentrop, Joachim von, 1893–1946）　188, 209, 475
ナチス・ドイツの外相。
リトアニア（Lithuania; Lietuva）　26, 40, 77, 94, 210, 227, 272, 314, 328
リビア（Libya）　102, 127
リューディン、エルンスト（Rüdin, Ernst, 1874–1952）　134
ナチスの精神科医、遺伝学者、優生学者。
流民（Displaced Persons）→難民（refugees）
ルーズヴェルト大統領、F・D（Roosevelt, President Franklin Delano, 1882–1945）　52, 178, 290
アメリカ合衆国の政治家、大統領（1933–45）。
ルーデンドルフ将軍、エーリッヒ（Ludendorff, General Erich, 1865–1937）　71, 98*
ルーマニア（Romania; România）　27, 36, 50, 51, 55, 80, 86, 87, 91, 104, 106, 166, 184, 211, 278, 298, 460–66, 479, 480
ルール占領（Ruhr, occupation of the）　144*
ルクセンブルク（Luxembourg; Lëtzebuerg）　191, 228
ル・コルビュジエ（Le Corbusier, 1887–1965）　127, 164
スイス出身（のちにフランス国籍取得）のモダニズム建築家。
ルチオッリ、マリオ（Luciolli, Mario, 1910–1988）　182–84, 194, 499
イタリアの外交官。
ルブリン（Lublin）　213, 215, 218, 219, 228, 231, 265
ル・ペン、ジャン＝マリー（Le Pen, Jean-Marie, 1928– ）　436, 437
フランスの極右政党国民戦線の創設者、2011 年までの党首。
ルンデスタット、ガイル（Lundestad, Geir, 1945– ）　290, 370
ノルウェーの歴史学者。
レイシズム、戦後の（racism, post-war）　405–09, 432, 434, 435
冷戦（cold war）　146, 249, 272, 288, 310–15, 358, 361, 362, 453, 483, 484, 492, 495–98, 500
レーヴェンシュタイン、カール（Loewenstein, Karl, 1891–1973）　48
ドイツからナチ体制期にアメリカに亡命した公法・政治学者。
レーガン、ロナルド（Reagan, Ronald, 1911–2004）　419, 468
アメリカ合衆国の政治家、大統領（1981–89）。サッチャー、コール、中曾根康弘ら保守派の指導者と緊密な関係を築いた。
レーニン（Lenin, Vladimir Ilyich, 1870–1924）　12, 28–30, 43, 62, 73, 74, 76, 155, 156, 158, 322, 349, 474
ロシア革命の指導者。ボリシェヴィキ派（のちソ連共産党）をまとめあげ、ソヴィエト連邦、ソ連共産党の指導者に就く。
レーム、エルンスト（Röhm, Ernst, 1887–1934）　43, 55, 63
ナチ党突撃隊（SA）の隊長。「長いナイフの夜事件」で粛清される。
レオポルド III 世、ベルギー国王（Leopold III, King of the Belgians; Léopold Philippe Charles Albert Meinrad Hubertus Marie Miguel; Leopold Filips Karel Albert Meinrad Hubertus Maria Miguel, 1901–1983）　185, 190
レジスタンス／抵抗運動（resistance）　203, 212, 227, 229, 235, 242–47, 255, 264–66, 292, 293, 391
レッドフィールド、ロバート（Redfield, Robert, 1897–1958）　251
アメリカ合衆国の人類学者、民俗言語学者。
レム、スタニスワフ（Lem, Stanislav, 1921–2006）　245
ポーランドの SF 作家。
レムキン、ラファエル（Lemkin, Raphael, 1900–59）　206, 252, 269
ユダヤ系ポーランド人の法律家で、1941 年にアメリカ合衆国に亡命した。
「連帯」（Solidarność）　425*, 426, 457, 462, 463, 467, 476, 478
レンナー、カール（Renner, Karl, 1870–1950）　69
オーストリア社会民主党の政治家、首相（1918–20、45）、大統領（1945–50）。

連邦主義（federalism）　255–59
　ヨーロッパ――（European –）　100
　ソヴィエト――（Soviet –）　73–76
連邦的連合運動（Federal Union movement）　255
ロイド・ジョージ、デヴィッド（Lloyd George, David, 1863–1945）　21, 78*, 88, 142–44, 482
労働者／労働力（labour）　141, 160, 161, 171–73, 240, 340, 341, 368, 402
　強制――（forced –）　162, 163, 202–04, 224, 334, 340
労働者階級（working class）　424–26, 441
ローゼンベルク、アルフレート（Rosenberg, Alfred, 1893–1946）　72, 105, 138, 200*, 201, 215, 223
ロート、ヨーゼフ（Roth, Joseph, 1894–1939）　11
　　オーストリアの作家。
ロードス島（Rhodes; Ródos）　102
ローマ（Rome; Roma）　33, 70, 182, 291, 375, 388, 421, 437
ローレンツ、コンラート（Lorenz, Konrad, 1903–89）　128
　　オーストリアの動物学者、動物行動学者。
ロカルノ条約（Locarno, treaties of）　146*
ロシア（Russia; Rossiya）　21, 33, 60, 113, 141, 497, 498
　――のボルシェヴィキ革命（Bolshevik revolution in –）　21, 28–31, 111, 159
　――の内戦（civil war in –）　28, 29, 31, 154, 155
　ボルシェヴィキ（Bolshevik）　62, 72–76
　白系ロシア人の難民（White Russian refugees from –）　90, 91
　ドイツの――占領（German occupation of –）　199
　→ソヴィエト連邦（Soviet Union）
ロシア被抑圧民族連盟（League of Oppressed Nations of Russia）　70
ロシア・ポーランド戦争（Russo-Polish War）　66
ロストウ、ウォルト（Rostow, Walt, 1916–2003）　371
　　アメリカ合衆国の経済学者。経済発展論で知られる。
ロストフ（Rostov）　72
ロックフェラー基金（Rockefeller Foundation）　125
ロトチェンコ（Rodchenko, Alexander, 1891–1956）　130
　　ロシア・アヴァンギャルドの画家、写真家、グラフィックデザイナー。
ロドリゲス、アルマンド（Rodríguez, Armando）　402
　　ポルトガル出身のドイツの外国人労働者。
ロマ／ジプシー（gypsies）　65, 79, 134, 206, 221, 479, 486, 487
　第三帝国の――（– in Third Reich）　56, 132
ロンドン（London）　124, 153
ワット、アレクサンダー（Wat, Alexander, 1900–67）　20
　　ポーランドの未来派詩人。
ワルシャワ（Warsaw; Warszawa）　11, 87, 106, 202, 284, 348

A–Z

I・G・ファルベン（IG Farben）　219*
NATO（北大西洋条約機構）（North Atlantic Treaty Organization）　268, 313, 355, 473, 489, 499, 500
NKVD（内務人民委員部）（Narodnyi komissariat vnutrennikh del）　163, 274, 314, 325
OECD（経済協力開発機構）　371, 383, 413, 451, 455
OGPU（統合国家政治局）　156, 162, 163
RSHA（国家保安本部）（Reichssicherheitshauptamt der SS）　207
RKFDV（ドイツ民族性強化国家委員本部）（Hauptamt Reichskommissar für die Festigung deutschen Volkstums）　208–11

著者略歴

マーク・マゾワー（Mark Mazower）

1958年生まれ。コロンビア大学教授。歴史学、特にギリシャを中心とするバルカン近代史、20世紀ヨーロッパ史、国際関係史を専門とする。邦訳に『国際協調の先駆者たち——理想と現実の200年』（依田卓巳訳、NTT出版、2015年）、『国連と帝国——世界秩序をめぐる攻防の20世紀』（池田年穂訳、慶應義塾大学出版会、2015年）。

訳者略歴

中田瑞穂（なかだ・みずほ）

1968年生まれ。東京大学大学院法学政治学研究科博士課程単位取得退学。博士（法学、東京大学）。明治学院大学国際学部教授。専門は東・中欧の政治史、比較政治。著書に『農民と労働者の民主主義——戦間期チェコスロヴァキア政治史』（名古屋大学出版会、2012年）。

網谷龍介（あみや・りょうすけ）

1968年生まれ。東京大学大学院法学政治学研究科修士課程修了。津田塾大学学芸学部教授。専門は現代ヨーロッパ政治、EUの政治。著書に『ヨーロッパのデモクラシー』（共編著、ナカニシヤ出版、2009年、改訂第2版、2014年）。

暗黒の大陸——ヨーロッパの20世紀

発行——二〇一五年十二月十日　初版第一刷発行
二〇二〇年二月二十八日　第三刷発行

定価——（本体五八〇〇円＋税）

著　者——マーク・マゾワー

訳　者——中田瑞穂・網谷龍介

発行者——西谷能英

発行所——株式会社　未來社
東京都世田谷区船橋一—一八—九
振替〇〇一七〇—三—八七三八五
電話・（03）6432-6281（代表）
http://www.miraisha.co.jp/
Email:info@miraisha.co.jp

印刷・製本——萩原印刷

ISBN 978-4-624-11205-9 C0022